RESPONSABILIDADE DO GESTOR NA ADMINISTRAÇÃO PÚBLICA

ASPECTOS FISCAIS, FINANCEIROS, POLÍTICOS E PENAIS

JOSÉ MAURÍCIO CONTI
THIAGO MARRARA
SABRINA NUNES IOCKEN
ANDRÉ CASTRO CARVALHO

Coordenadores

RESPONSABILIDADE DO GESTOR NA ADMINISTRAÇÃO PÚBLICA

ASPECTOS FISCAIS, FINANCEIROS, POLÍTICOS E PENAIS

Volume 2

Belo Horizonte

2022

© 2022 Editora Fórum Ltda.

É proibida a reprodução total ou parcial desta obra, por qualquer meio eletrônico, inclusive por processos xerográficos, sem autorização expressa do Editor.

Conselho Editorial

Adilson Abreu Dallari
Alécia Paolucci Nogueira Bicalho
Alexandre Coutinho Pagliarini
André Ramos Tavares
Carlos Ayres Britto
Carlos Mário da Silva Velloso
Cármen Lúcia Antunes Rocha
Cesar Augusto Guimarães Pereira
Clovis Beznos
Cristiana Fortini
Dinorá Adelaide Musetti Grotti
Diogo de Figueiredo Moreira Neto (*in memoriam*)
Egon Bockmann Moreira
Emerson Gabardo
Fabrício Motta
Fernando Rossi
Flávio Henrique Unes Pereira

Floriano de Azevedo Marques Neto
Gustavo Justino de Oliveira
Inês Virgínia Prado Soares
Jorge Ulisses Jacoby Fernandes
Juarez Freitas
Luciano Ferraz
Lúcio Delfino
Marcia Carla Pereira Ribeiro
Márcio Cammarosano
Marcos Ehrhardt Jr.
Maria Sylvia Zanella Di Pietro
Ney José de Freitas
Oswaldo Othon de Pontes Saraiva Filho
Paulo Modesto
Romeu Felipe Bacellar Filho
Sérgio Guerra
Walber de Moura Agra

Luís Cláudio Rodrigues Ferreira
Presidente e Editor

Apoio: Associação dos Magistrados Brasileiros

Coordenação editorial: Leonardo Eustáquio Siqueira Araújo
Aline Sobreira de Oliveira

Rua Paulo Ribeiro Bastos, 211 – Jardim Atlântico – CEP 31710-430
Belo Horizonte – Minas Gerais – Tel.: (31) 2121.4900
www.editoraforum.com.br – editoraforum@editoraforum.com.br

Técnica. Empenho. Zelo. Esses foram alguns dos cuidados aplicados na edição desta obra. No entanto, podem ocorrer erros de impressão, digitação ou mesmo restar alguma dúvida conceitual. Caso se constate algo assim, solicitamos a gentileza de nos comunicar através do *e-mail* editorial@editoraforum.com.br para que possamos esclarecer, no que couber. A sua contribuição é muito importante para mantermos a excelência editorial. A Editora Fórum agradece a sua contribuição.

Dados Internacionais de Catalogação na Publicação (CIP) de acordo com ISBD

R434	Responsabilidade do gestor na Administração Pública: aspectos fiscais, financeiros, políticos e penais / José Maurício Conti ... [et al.]. - Belo Horizonte : Fórum, 2022.
	369p. ; 17cm x 24cm. – (v.2)
	ISBN: 978-65-5518-411-2
	1. Direito. 2. Direito Administrativo. 3. Direito Financeiro. 4. Direito Público. 5. Administração Pública. I. Conti, José Maurício. II. Marrara, Thiago. III. Iocken, Sabrina Nunes. IV. Carvalho, André Castro. V. Título.
	CDD: 341.3
	CDU: 342.9
2022-1640	

Elaborado por Vagner Rodolfo da Silva - CRB-8/9410

Informação bibliográfica deste livro, conforme a NBR 6023:2018 da Associação Brasileira de Normas Técnicas (ABNT):

CONTI, José Maurício; MARRARA, Thiago; IOCKEN, Sabrina Nunes; CARVALHO, André Castro (coord.). *Responsabilidade do gestor na Administração Pública*: aspectos fiscais, financeiros, políticos e penais. Belo Horizonte: Fórum, 2022. 369p. ISBN 978-65-5518-411-2. v.2

SUMÁRIO

APRESENTAÇÃO 13

A RESPONSABILIDADE COMO PROCESSO: O ART. 28 DA NOVA LINDB E O PARECER PRÉVIO DO TRIBUNAL DE CONTAS
Geraldo Costa da Camino 15

1	Introdução 15	
2	A responsabilidade por contas de chefe de Poder Executivo 17	
3	A apreciação das contas mediante parecer prévio do Tribunal de Contas 17	
4	O julgamento das contas pelo Poder Legislativo 18	
5	Rejeição de contas e inelegibilidade 19	
6	O art. 28 da nova LINDB 19	
7	Pessoalidade, culpa e dolo nas contas 20	
8	A responsabilidade como processo 21	
9	Conclusão 24	
	Referências 24	

RESPONSABILIDADE DE ADMINISTRADORES DE EMPRESAS ESTATAIS POR ATOS DE GESTÃO EMPRESARIAL: COMO O TCU ENXERGA A QUESTÃO?
Mário Saadi, Matheus Palhares Vieira 27

1	Introdução 27	
2	Responsabilidade dos administradores na legislação: deveres e a *business judgement rule* 29	
2.1	A responsabilidade civil dos administradores em sociedades anônimas 32	
2.1.1	Responsabilidade do administrador por atos dentro de suas funções (art. 158, I) 34	
2.1.2	Responsabilidade do Administrador por violação legal ou estatutária (art. 158, II) 35	
3	Metodologia de busca de acórdãos 35	
4	Análise de resultados encontrados 36	
5	Conclusão 37	
	Anexo Único 39	

RESPONSABILIZAÇÃO FINANCEIRA DOS CHEFES DE PODER EXECUTIVO PELOS TRIBUNAIS DE CONTAS
Donato Volkers Moutinho 65

1	Introdução 65	
2	Separação entre fiscalização, julgamento de contas e responsabilização 70	
2.1	Fiscalização da Administração Pública pelos Tribunais de Contas 70	

2.2	Julgamento de contas ordinárias e especiais	71
2.3	Atribuição de responsabilidade financeira	72
3	Aplicação de multa e/ou imputação de débito a presidentes, governadores e prefeitos	73
4	Alterações legais e regimentais necessárias	76
5	Conclusão	78
	Referências	79

RESPONSABILIDADE FISCAL: SANÇÕES INSTITUCIONAIS, INELEGIBILIDADE POR REJEIÇÃO DAS CONTAS ANUAIS E INTRANSCENDÊNCIA SUBJETIVA DAS SANÇÕES

Rafael Antonio Baldo 83

1	Introdução	83
2	A tutela jurídica da responsabilidade fiscal	83
3	Novos contornos para a responsabilização fiscal do Estado e de seus agentes	94
4	Conclusões	102
	Referências	103

A DESPESA COM PESSOAL NA CONSTITUIÇÃO FEDERAL E NA LEI DE RESPONSABILIDADE FISCAL: LIMITES E CONTROLES

Leandro Maciel do Nascimento 105

1	Introdução	105
2	Regras constitucionais para o controle da despesa com pessoal	106
3	Regras da Lei de Responsabilidade Fiscal para o controle da despesa com pessoal	112
3.1	Parâmetros e limites para despesas com pessoal	112
3.2	Controle das despesas com pessoal	116
3.2.1	Atos nulos de pleno direito	116
3.2.2	Monitoramento e consequências do descumprimento dos limites de despesa com pessoal	119
4	Considerações finais	125
	Referências	125

COMPLIANCE E BUSCA DE INTEGRIDADE NA GESTÃO PÚBLICA: BREVES NOTAS SOBRE A ATUAÇÃO DO TRIBUNAL DE CONTAS DA UNIÃO (TCU)

Paulo Soares Bugarin 127

1	Introdução	127
2	Aspectos doutrinários – uma apresentação	129
3	O *compliance* (programa de integridade) no ordenamento jurídico nacional – uma abordagem panorâmica	130
4	A visão da Controladoria-Geral da União (CGU)	132
5	Tribunal de Contas da União (TCU) – alguns estudos e publicações fundamentais	133
6	*Compliance* e integridade na jurisprudência do TCU	135
7	Considerações finais	141
	Referências	143

A RESPONSABILIDADE SUBJETIVA FINANCEIRA DO GESTOR PÚBLICO, COM FOCO EM SEUS LIMITES TEMPORAIS, LASTREADA NO PRINCÍPIO DA TRANSPARÊNCIA FISCAL E DA *ACCOUNTABILITY* – FINANÇAS PÚBLICAS SAUDÁVEIS PARA O DESENVOLVIMENTO ECONÔMICO MUNDIAL

Vanessa Cerqueira Reis de Carvalho 145

1 Introdução 145
2 O princípio da transparência e a moralidade como sua base densificadora 146
3 A nova *accountability* 150
4 Dos limites propostos da responsabilidade subjetiva na LRF 152
5 Finanças públicas e desenvolvimento 158

RESPONSABILIZAÇÃO DOS GESTORES PÚBLICOS APÓS O ART. 28 DA LINDB: O QUE ESTÁ ACONTECENDO NA PRÁTICA DO TCU?

Victoria Malta Corradini 163

1 Introdução 163
2 O art. 28 da LINDB 164
3 Aplicação prática do art. 28 DA LINDB pelo TCU 166
4 Conclusões 177
   Referências 179

A INELEGIBILIDADE DECORRENTE DA IRREGULARIDADE DAS CONTAS DE GESTÃO RECONHECIDA PELO TRIBUNAL DE CONTAS: CRÍTICAS AO MODELO VIGENTE

André Zech Sylvestre 181

1 Introdução 181
2 Breve análise histórica da causa de inelegibilidade fixada no art. 1º, inciso I, alínea "g", da LC nº 64/90 182
3 A inelegibilidade decorrente da rejeição de contas públicas à luz da Lei da Ficha Limpa (Lei Complementar nº 135/10): aspectos gerais e requisitos para sua incidência 186
4 Da (in)constitucionalidade do juízo de valor virtual realizado pela Justiça Eleitoral: críticas ao modelo vigente 189
5 Conclusão 195
   Referências 196

O PRINCÍPIO DA INTRANSCENDÊNCIA SUBJETIVA DAS SANÇÕES FINANCEIRAS COMO MECANISMO FLEXIBILIZADOR DAS EXIGÊNCIAS PARA AS TRANSFERÊNCIAS VOLUNTÁRIAS: UMA ANÁLISE CRÍTICA

Evandro Maciel Barbosa 197

1 Introdução 197
2 A gênese da lei de responsabilidade fiscal 199
2.1 O contexto nacional e a grande reforma administrativa: o advento da ideia de austeridade fiscal 199
2.2 A Lei de Responsabilidade Fiscal e suas influências externas 202

3	O federalismo fiscal e as transferências voluntárias	205
3.1	Os contornos do federalismo fiscal	205
3.2	As transferências voluntárias como instrumentos do federalismo cooperativo	206
3.3	O princípio da intranscendência subjetiva das sanções financeiras e a flexibilização das exigências para o recebimento das transferências voluntárias	210
4	Conclusão	217
	Referências	218

A APLICAÇÃO DO ART. 30 DA LINDB PELO PODER REGULAMENTAR DOS TRIBUNAIS DE CONTAS
Cláudio Augusto Kania 221

1	Introdução	221
2	A gênese do art. 30 da LINDB	222
3	Natureza jurídica do Tribunal de Contas: órgão judicial ou administrativo?	223
4	Poder regulamentar dos Tribunais de Contas	224
5	Consultas aos Tribunais de Contas	226
6	O alcance e a eficácia das respostas a consultas pelos Tribunais de Contas	230
7	Conflito entre os atos normativos previstos no art. 30 da LINDB	233
8	Considerações finais	234
	Referências	234

RESPONSABILIDADE PESSOAL DOS GESTORES POR MULTAS E ENCARGOS LEGAIS PAGOS PELO ENTE FEDERATIVO
Harrison Ferreira Leite 237

1	Introdução	237
2	Da responsabilidade civil dos administradores públicos	238
3	O ordenador de despesa. O responsável pelo não pagamento	239
4	Do papel do Tribunal de Contas na apuração dos danos	242
5	Da impossibilidade de apuração de responsabilidade no parecer prévio. Necessidade de abertura de processo administrativo – Tomada de Contas	243
6	Diferenciação injustificada. Ausência de isonomia. Irrazoabilidade da cobrança	246
7	Das excludentes de ilicitude. Mora resultante de circunstância alheia à vontade do agente	248
8	Do regramento próprio quanto às obrigações tributárias	250
9	Do necessário processo administrativo para apuração de responsabilidades. Da proporcionalidade da pena	251
10	Conclusões	252
	Referências	253

POR QUE O DIREITO PENAL DEVE SER LEVADO A SÉRIO NOS TRIBUNAIS DE CONTAS?
Odilon Cavallari 255

1	Introdução	255
2	Dificuldades na identificação do regime jurídico incidente sobre a responsabilização promovida pelos Tribunais de Contas: por que recorrer a outros ramos do Direito?	256

3	O Direito Penal e o Direito Administrativo Sancionador	259
4	O Direito Penal e a responsabilização promovida pelos Tribunais de Contas	262
5	Institutos de Direito Penal aplicáveis à responsabilidade subjetiva apurada pelos Tribunais de Contas	265
6	O Direito Penal diante das múltiplas decisões dos Tribunais de Contas	269
6.1	Decisões que impõem uma sanção	270
6.2	Decisões que condenam à reparação de um dano ao erário	270
6.3	Decisões que emitem um juízo depreciativo sobre as contas do agente público	272
7	Conclusão	274
	Referências	275

OMISSÃO IMPOSITIVA FISCAL E INEFICIÊNCIA ADMINISTRATIVA: UMA PERSPECTIVA DE RESPONSABILIZAÇÃO NA GESTÃO PÚBLICA
Sérgio Assoni Filho..277

1	Introdução	277
2	Federalismo e autonomia financeira dos entes políticos no Brasil	277
3	Exercício da impositividade tributária em prol dos direitos fundamentais	281
4	Ineficiência na gestão fiscal e perspectiva de responsabilização	285
5	Conclusão	291
	Referências	292

A CARÊNCIA DE EFICÁCIA DA RESPONSABILIZAÇÃO FRENTE À INOBSERVÂNCIA DA ORDEM CRONOLÓGICA DE PAGAMENTOS NAS CONTRATAÇÕES PÚBLICAS: INOVAÇÕES INTRODUZIDAS PELA LEI Nº 14.133/2021
Doris de Miranda Coutinho..295

1	Introdução	295
2	Traçando as fronteiras jurídicas acerca do dever de atendimento à ordem cronológica de pagamentos	297
3	Ineficácia dos impactos da norma contida no art. 5º, *caput*, da Lei nº 8.666/1993	300
4	Regime jurídico-normativo proporcionado pela Lei nº 14.133/2021 e a expectativa de reversão do cenário de ineficácia	302
5	Conclusão	306
	Referências	306

O PESO DOS ENTENDIMENTOS DO TCU DIANTE DO SUPREMO E VICE-VERSA: QUEM POSSUI A PALAVRA FINAL SOBRE O CONTROLE PÚBLICO?
José Vicente Santos de Mendonça, Luciano Morandi Batalha..................................309

1	Introdução	309
2	A questão da "última palavra" acerca do sentido da Constituição	309
2.1	A discussão sobre a "última palavra" na interpretação constitucional	309
2.2	O TCU como intérprete da Constituição na sociedade aberta	311
3	O STF, o TCU e o sentido da Constituição	312
3.1	O peso da interpretação do controlador acerca de suas próprias competências: o alcance dos "poderes implícitos" da Corte de Contas	312

3.2	O peso da intepretação do TCU acerca de normas de Direito Público	314
4	A outra via da relação: a modulação do TCU a entendimento do Supremo	315
5	Encerramento	316
	Referências	317

RESPONSABILIDADE PENAL DOS ADMINISTRADORES PÚBLICOS. CRIMES CONTRA AS FINANÇAS PÚBLICAS
Nino Oliveira Toldo 319

1	Introdução	319
2	Art. 359-A: contratação de operação de crédito	320
3	Art. 359-B: inscrição de despesas não empenhadas em restos a pagar	322
4	Art. 359-C: assunção de obrigação no último ano do mandato ou legislatura	322
5	Art. 359-D: ordenação de despesa não autorizada	324
6	Art. 359-E: prestação de garantia graciosa	324
7	Art. 359-F: não cancelamento de restos a pagar	325
8	Art. 359-G: aumento de despesa total com pessoal no último ano do mandato ou legislatura	325
9	Art. 359-H: oferta pública ou colocação de títulos no mercado	325
10	Conclusão	326

ASPECTOS DO COMBATE À CORRUPÇÃO EM CRIMES CONTRA AS FINANÇAS PÚBLICAS (ARTIGO 359-A A 359-H DO CÓDIGO PENAL)
Mariana Seifert Bazzo, Diogo Luiz Cordeiro Rodrigues 327

1	Introdução	327
2	Corrupção: conceito amplo, histórico de suas origens no Brasil	328
3	Crimes contra as finanças públicas (art. 359-A a 359-H CP): aspectos gerais	329
4	Crimes em espécie	330
4.1	Contratação de operação de crédito	330
4.2	Inscrição de despesas não empenhadas em restos a pagar	332
4.3	Assunção de obrigação no último ano do mandato ou legislatura	333
4.4	Ordenação de despesa não autorizada	334
4.5	Prestação de garantia graciosa	335
4.6	Não cancelamento de restos a pagar	336
4.7	Aumento de despesa total com pessoal no último ano do mandato ou legislatura	337
4.8	Oferta pública ou colocação de títulos no mercado	338
5	Conclusão	338
	Referências	339

O ABUSO DE AUTORIDADE NAS INVESTIGAÇÕES CONDUZIDAS PELO MINISTÉRIO PÚBLICO E O DISTANCIAMENTO DE SUA ATUAÇÃO PERANTE OS COMANDOS CONSTITUCIONAIS
Cesar Caputo Guimarães, Gabriela Luiggi Senatore 341

| 1 | Introdução | 341 |
| 2 | As funções do Ministério Público | 342 |

3	Das medidas investigativas em caráter *"ad aeternum"* – evidente utilização da prática de fishing expedition	343
4	Do excesso de prazo para conclusão das investigações	345
5	Distanciamento do Ministério Público como fiscal da lei	346
6	Conclusão	347
	Referências	348

INSTRUMENTOS DE CONTROLE DA RESPONSABILIDADE POLÍTICA: OS CRIMES DE RESPONSABILIDADE E A REVOGAÇÃO DO MANDATO
Estevão Horvath, Marcelo Signorini Prado de Almeida..................351

1	Introdução	351
2	O controle do Poder Público e o mandato popular no contexto democrático	352
3	O mandato popular e a representação política no controle financeiro	354
4	O mandato popular, a representação política e a tripartição de poderes	357
5	Os poderes do mandato e a responsabilidade política	358
6	O crime de responsabilidade como instrumento de controle	360
7	O instituto do *recall* no Brasil – sistema revocatório de mandato	361
8	Conclusão	363
	Referências	364

SOBRE OS AUTORES..................367

APRESENTAÇÃO

Por longo tempo, a doutrina especializada concentrou sua atenção sobre a responsabilidade do Estado na ordem interna ou internacional. Esse tema clássico de tantos ramos de Direito Público, como o Internacional, o Administrativo e o Financeiro, é frequentemente apontado como sinônimo da própria teoria da responsabilidade. Nos cursos e manuais de Direito Administrativo, isso fica evidente, pois, de maneira geral, o tratamento da responsabilidade centra-se em debates acerca da responsabilidade extracontratual das pessoas jurídicas em exercício de funções públicas.

Ao longo dos anos, porém, percebeu-se que a responsabilização institucional do Estado não é suficiente para dissuadir práticas ilícitas nas mais diversas esferas. É preciso ir além para inibir as pessoas físicas que movem as pessoas jurídicas no sentido do ilícito. É preciso dedicar mais atenção e normas à responsabilização das pessoas físicas, principalmente as que exercem função de gestão com poderes decisórios.

Essa percepção explica, nas últimas décadas, o fenômeno da multiplicação das esferas de responsabilidade, lastreado na edição de leis que estipulam infrações e sanções aos gestores não apenas de entidades estatais, como também de entidades não estatais que atuam perante o Estado, seja na qualidade de contratadas, seja como delegatárias de suas funções, seja como destinatárias da regulação e de outros poderes estatais.

Forma-se, assim, um conjunto de normas jurídicas que atribuem, com crescente intensidade, mais deveres e responsabilidades tanto aos que tomam decisões finais quanto aos que auxiliam de maneira decisiva na sua preparação, a exemplo dos agentes de assessoramento e de consultoria.

No plano legislativo, a multiplicação das normas de responsabilização ocasionou a superação da tríade repetida tradicionalmente. Novas esferas surgiram, extrapolando a clássica divisão das responsabilidades penal, civil e administrativa. Para além dessas esferas, fala-se igualmente de responsabilidade política, de responsabilidade financeira, de responsabilidades híbridas, a exemplo da regida pela lei de improbidade e pelas leis dos crimes de responsabilidade, além de responsabilidades administrativas especiais, como a dos gestores de empresas estatais, entre outras.

A multiplicação das esferas de responsabilidade, agora igualmente voltadas a coibir comportamentos do gestor, não veio acompanhada, porém, de um regramento geral, de um corpo de normas básicas, capaz de promover a necessária articulação processual e decisória, de assentar pilares fundamentais ao exercício do poder fiscalizatório e punitivo do Estado.

As esferas de responsabilidade passaram a se somar de modo relativamente caótico, gerando, entre outras distorções, conflitos positivos de competência, conflitos negativos, abusos punitivos, violações do *bis in idem*, desrespeito a garantias processuais fundamentais vinculadas à ampla defesa e ao contraditório, violações ao princípio da intranscendência, entre outros.

Os problemas não param por aí. Paralelamente à constituição de novas formas de responsabilização, um movimento de consensualização passou a caracterizar o Direito

Público brasileiro e a afetar os processos sancionatórios ao oferecer ferramentas dialógicas como os acordos de leniência (para cooperação instrutória) e os ajustamentos de conduta. Ocorre que a consensualização tampouco veio acompanhada de normas gerais. Seus institutos emergiram pontualmente em uma ou outra lei específica, criando um regime assimétrico, seletivo e marcado por um grau precário de articulação.

Esses e outros problemas derivados da expansão nem sempre prudente e planejada do Direito positivo ocasionam um risco fatal: o de reduzir ainda mais a legitimidade do Estado no exercício de seus poderes punitivos e de, em vez de incrementar o Direito Sancionador, contribuir para seu enfraquecimento e sua derrocada. Em certa medida, essas forças de reação à expansão irrefletida do Direito Público Sancionador, sobretudo em detrimento dos gestores, já se sentem no Brasil. Exemplo disso é a Lei Federal nº 14.230/21, editada pelo Congresso para modificar a Lei de Improbidade com o objetivo evidente de coibir a vulgarização dessa esfera de responsabilização e controlar excessos punitivos.

Atento a esses fenômenos instituiu-se, no programa de pós-graduação *stricto sensu* da Faculdade de Direito da USP, uma disciplina de mestrado e doutorado exclusivamente voltada ao tratamento da responsabilidade do administrador. De início, seu foco recaiu sobre a responsabilidade dos agentes públicos como gestores, principalmente aqueles em função decisória ou em funções de assessoramento, fundamentais à tomada das decisões. Aos poucos, porém, mostrou-se essencial cuidar igualmente do regime dos gestores de pessoas não estatais, mas que interagem com o Estado e submetem-se ao seu poder punitivo, como os gestores de empresas acusadas no âmbito da Lei de Defesa da Concorrência, da Lei de Improbidade ou da Lei Anticorrupção.

Em repetidas edições, a disciplina ensejou a realização de inúmeros eventos, disponíveis à comunidade jurídica em plataformas digitais. Promoveu, ainda, o diálogo dos mestrandos e doutorandos com grandes especialistas no tema e gerou um corpo robusto de reflexões teóricas sobre a responsabilidade dos gestores na e perante a Administração. A série de livros que ora se traz ao público reflete os debates conduzidos em proporção à importância que o tema ganhou no mundo jurídico.

Para apresentar essas reflexões de forma minimamente sistematizada aos leitores, optou-se por repartir a obra em volumes temáticos. O volume I cuida de aspectos gerais da teoria da responsabilidade. O volume II dedica-se a temas novos como o da responsabilidade financeira e fiscal, entre outras. O volume III trata da improbidade administrativa, cujo regime jurídico foi objeto de amplas reformas recentes, além de outros assuntos relacionados à responsabilidade administrativa.

Com essa iniciativa, espera-se contribuir com o avanço da ciência jurídica no tratamento de um tema tão relevante ao gestor, aos entes responsáveis pela execução de políticas públicas, aos órgãos de controle e às empresas. Aos coautores, nosso agradecimento pelo tempo dedicado às reflexões, à participação nos debates e à redação dos textos que agora compõem esta coletânea.

Os coordenadores
Maurício Conti, Thiago Marrara, Sabrina Iocken
e André de Castro Carvalho

A RESPONSABILIDADE COMO PROCESSO: O ART. 28 DA NOVA LINDB E O PARECER PRÉVIO DO TRIBUNAL DE CONTAS

GERALDO COSTA DA CAMINO

No princípio, existia só a responsabilidade que recaía sobre o próprio corpo do responsável.
Clóvis V. do Couto e Silva, A obrigação como processo, 1976[1]

Toda chefia principia um jeito de governar [...].
Aldir Blanc, Agora eu sou Diretoria, 2021

1 Introdução

Há alguns anos, uma conversa entre colegas no Tribunal de Contas sobre, em abstrato, pareceres a serem exarados em contas de governo quase chegou a um impasse. A não aplicação dos recursos mínimos em educação ou saúde seria uma causa inafastável de rejeição de contas ou a demonstração da impossibilidade do atingimento dos índices mitigaria a responsabilidade do gestor? Se a opção fosse pela postura que alguns chamariam de "intransigência", o governante, então, já tomaria posse com suas contas virtualmente rejeitadas? Se, ao contrário, a escolha fosse pelo entendimento que outros rotulariam de "leniência", o comando constitucional seria tratado como letra morta?

---

[1] Neste 2022, completam-se 30 anos da morte de Clóvis do Couto e Silva, grande civilista gaúcho, de projeção internacional. Sua obra-prima, *A obrigação como processo*, além de fornecer a epígrafe, inspirou o título deste estudo. Talvez soasse mais natural, por se tratar de um administrativista, uma citação do igualmente grande, e também respeitado no exterior, Almiro do Couto e Silva. Quer-se crer, todavia, que o saudoso Professor Almiro, com sua verve, acharia graça da "troca", e ficaria feliz com a homenagem ao irmão.

A solução aventada foi intermediária: primeiramente, recomendar medidas, a serem aferidas, no sentido da regularização das falhas, postergando-se a rejeição das contas, consequência da qual ficaria o gestor expressamente advertido. Se, por um lado, ninguém é obrigado ao impossível,[2] por outro, quando um problema não pode ser resolvido imediatamente, deve ao menos ser mitigado de forma gradativa – a responsabilidade como processo, em sua constituição.

Este estudo tentará demonstrar que a responsabilidade do agente público por suas contas, mais especificamente a de Chefe de Poder Executivo, deve ser imputada em um processo (como em um processo é constituída) que não se restringe ao julgamento em si, mas abarca também o parecer prévio que o informa, e que deve sofrer, em alguma medida, a incidência de determinados princípios do Direito Administrativo Sancionador.

Isso porque, se no julgamento o Parlamento aborda politicamente a gestão, o Tribunal de Contas, ao emitir seu parecer prévio, deve analisá-la do ponto de vista administrativo. A responsabilidade do governante tem, portanto, caráter híbrido – político e administrativo –, em dúplice processo,[3] razão pela qual o viés jurídico deve ser sobrelevado no parecer prévio.

Os tribunais de contas são órgãos constitucionais autônomos, que não integram o Poder Legislativo, ao contrário do que ainda hoje – mais de 33 anos passados da promulgação da Constituição – é erroneamente afirmado por muitos. Esse erro talvez seja fruto da (1) necessária conjunção das funções de controle desempenhadas por ambos (órgão e Poder), do (2) fato de constarem do mesmo capítulo da Constituição e, principalmente, da (3) interpretação equivocada do que seja "auxílio".

Quanto à conjunção de funções, Helio Saul Mileski observa, cotejando o parecer prévio do Tribunal de Contas e o julgamento respectivo pelo Poder Legislativo, que "[...] embora sejam competências de controle distintas, [...] possuem unidade de objetivo [...]".[4] Já em face da "topologia" constitucional, considera-se que não seja critério eficaz para a definição da natureza jurídica de um órgão, a qual deflui de suas competências – e o Tribunal de Contas as têm, de forma expressa –, e não do *locus* de sua enunciação. Por fim, a locução "[...] com o auxílio do [...]" denota colaboração, e não confusão orgânica,[5] muito menos subordinação.[6]

De qualquer forma, encampe-se a tese da feição institucional de órgão autônomo ou de auxiliar, certo é que a Corte detém competências próprias – a maioria delas dissociadas formalmente da fiscalização parlamentar –, a demandarem normas de regência específicas.

---

[2] *Ad impossibilia nemo tenetur*, no brocardo latino.

[3] A corroborar com a visão da responsabilidade como processo, calha a lição de Odete Medauar, ao afirmar que o parecer prévio do Tribunal de Contas, "[e]mbora opinativo, integra o *iter* do controle dessas contas [...]" (MEDAUAR, Odete. *Controle da administração pública*. 3. ed. rev., atual. e ampl. São Paulo: Revista dos Tribunais, 2014. p. 142. Itálico no original).

[4] MILESKI, Helio Saul. *O controle da gestão pública*. 2. ed. rev., atual. e aum. Belo Horizonte: Fórum, 2011. p. 308.

[5] Para maior detalhamento do tema, ver a seção 2.1.3 ("Posição do Tribunal de Contas frente aos Poderes") de livro do autor. CAMINO, Geraldo Costa da. *A investidura no Tribunal de Contas*. Belo Horizonte: Fórum, 2021. p. 41-43.

[6] "Os Tribunais de Contas ostentam posição eminente na estrutura constitucional brasileira, não se achando subordinados, por qualquer vínculo de ordem hierárquica, ao Poder Legislativo, de que não são órgãos delegatários nem organismos de mero assessoramento técnico." (BRASIL. Supremo Tribunal Federal. ADI 4190-MC-REF. Relator: Min. Celso de Mello. Plenário. Sessão de 10 mar. 2010. *DJE* 11 jun. 2010).

2 A responsabilidade por contas de chefe de Poder Executivo

A responsabilidade, concretização que é do princípio republicano, a todos alcança no Estado de Direito Democrático. Igualmente aos chefes de Poder Executivo, no regime disposto pela Constituição. Cabe ao Congresso Nacional "julgar anualmente as contas prestadas pelo Presidente da República e apreciar os relatórios sobre a execução dos planos de governo".[7]

Para subsídio[8] do Parlamento, o Tribunal de Contas da União desempenha a atribuição de "apreciar as contas prestadas anualmente pelo Presidente da República, mediante parecer prévio que deverá ser elaborado em sessenta dias a contar de seu recebimento".[9] E, em conjunção com a competência congressual, consta a presidencial de "prestar, anualmente, ao Congresso Nacional, dentro de sessenta dias após a abertura da sessão legislativa, as contas referentes ao exercício anterior".[10]

3 A apreciação das contas mediante parecer prévio do Tribunal de Contas

A primeira fase da responsabilização de um chefe de Poder Executivo é a da apreciação de sua gestão por parte do órgão de controle externo. Nessa, ao contrário da análise que faz a Corte em relação às contas dos demais gestores, não há julgamento, em sentido estrito, senão a emissão de um parecer ("prévio"). Do opinativo, dirigido ao Poder Legislativo respectivo, constará a posição do Tribunal (favorável ou desfavorável à aprovação das contas).

Mas não é a apreciação das contas de governo um evento único, consubstanciado em uma sessão de tribunal na qual um colegiado emite uma opinião que, vista fora de seu contexto, pode parecer singela – a de ser favorável ou desfavorável à aprovação das contas sob exame. Mais do que isso, o desempenho dessa que é a competência mais destacada do Tribunal de Contas, a da emissão de parecer sobre contas governamentais, demanda o acompanhamento dos atos e fatos da administração ao longo do exercício por uma equipe de auditores dedicada exclusivamente à tarefa.

A corroborar essa visão, importante relembrar que o STF referendou a necessidade de que, na elaboração do parecer prévio sobre as contas, o órgão de controle externo observe as garantias do devido processo legal e do contraditório. Destaca-se da decisão do Min. Celso de Mello:

> A circunstância de o Tribunal de Contas exercer atribuições desvestidas de caráter deliberativo não exonera essa essencial instituição de controle – mesmo tratando-se da apreciação simplesmente opinativa das contas anuais prestadas pelo Governador do Estado – do dever de observar a cláusula constitucional que assegura o direito de defesa e as demais

---

[7] Constituição da República, art. 49, inc. IX.
[8] É o que se depreende da leitura de José dos Santos Carvalho Filho, que aponta o "[...] parecer prévio sobre as contas [...] como subsídio para a apreciação [...]" pelo Poder Legislativo." (CARVALHO FILHO, José dos Santos; ALMEIDA, Fernando Dias Menezes de. Controle da Administração Pública e Responsabilidade do Estado. *In*: DI PIETRO, Maria Sylvia Zanella (coord.). *Tratado de direito administrativo*. 2. ed. rev., atual. e ampl. São Paulo: Revista dos Tribunais, 2019. v. 7, p. 159).
[9] Constituição da República, art. 71, inc. I.
[10] Constituição da República, art. 84, inc. XXIV.

prerrogativas inerentes ao *due process of law* aos que possam, ainda que em sede de procedimento administrativo, eventualmente expor-se aos riscos de uma sanção jurídica.[11]

Deduz-se do julgado que o parecer prévio não é, ao contrário do que, não raro, pejorativamente é dito, "meramente opinativo". Ora, de uma opinião cabe um contraponto, não uma defesa. Defesa se faz de uma "acusação" – no caso, uma imputação de responsabilidade. O Tribunal de Contas, em sua "opinião", imputa responsabilidade, que se consolida ou não conforme o julgamento que a considera, circunstância que em absoluto não o menoscaba.

4 O julgamento das contas pelo Poder Legislativo

O segundo momento da responsabilização governamental se dá no âmbito do Poder Legislativo, a quem incumbe o julgamento em si das contas, a partir do parecer prévio que sobre elas emite o Tribunal de Contas. Na esfera municipal, a opinião da Corte prevalece, exceto se contrariada pela maioria de dois terços dos membros da Câmara de Vereadores. Já nos planos estadual e federal, não há vinculação ao parecer prévio, que pode ser superado pela maioria simples dos parlamentares.[12]

A decisão do Parlamento é política, evidentemente, o que não isenta os parlamentares de respeitarem parâmetros jurídicos[13] para o exercício da competência de julgamento de contas. Assim, ao governante com gestão sob análise são assegurados o contraditório e a ampla defesa, bem como o devido processo legal, de acordo com as normas regimentais sobre a matéria.[14]

Mesmo quando se maneja a responsabilidade político-administrativa,[15] de caráter mais escassamente jurídico, "[...] as infrações são apreciadas e julgadas em relação à conduta [...]",[16] como registra Paulo Brossard em clássico sobre o *impeachment*. É dizer, subjetivamente, e não de forma objetiva, sem que se aponte ação ou omissão do agente político.

---

[11] BRASIL. Supremo Tribunal Federal. SS 1197. Relator Min. Celso de Mello. Monocrática. Decisão de 15 set. 1997. *DJ* 22 set. 1997.

[12] "A divergência entre o parecer prévio do Tribunal de Contas e o julgamento das contas pelo Poder Legislativo é não apenas possível – ou não haveria sentido nas duas etapas em que se divide essa essencial função do controle externo –, mas comum." (CAMINO, Geraldo Costa da. *República como responsabilidade*: o conteúdo jurídico do princípio republicano na Constituição brasileira. Rio de Janeiro, 2022 (no prelo). p. 179).

[13] Como pontua Olivier Beaud, "[...] la responsabilité politique et la responsabilité administrative ont en commun d'être une responsabilité de l'État." (BEAUD, Olivier. La responsabilité politique face à la concurrence d'autres formes de responsabilité des gouvernants. *Pouvoirs – Revue française d'études constitutionnelles et politiques*, n. 92, p. 17-30, 2000. p. 29). Em tradução livre: "[...] a responsabilidade política e a responsabilidade administrativa têm em comum o fato de serem uma responsabilidade de Estado".

[14] Caldas Furtado frisa que deve a Casa Legislativa [...] atuar com total autonomia, [...] mas não se descuidando das normas de procedimento (devido processo legal, contraditório, ampla defesa, publicidade, motivação das decisões etc.) [...] sob pena de nulidade a ser imposta pelo controle do Judiciário." (FURTADO, J. R. Caldas. *Direito financeiro*. 4. ed. rev., ampl. e atual. Belo Horizonte: Fórum, 2013. p. 629).

[15] Convém lembrar, conforme destaca Mônica Nicida Garcia, que a Constituição "[...] não determina [...] que os agentes políticos respondam apenas pelas infrações político-administrativas." (GARCIA, Mônica Nicida. *A responsabilidade do agente público*. 2. ed. rev. e atual. Belo Horizonte: Fórum, 2007. p. 162).

[16] BROSSARD, Paulo. *O impeachment*: aspectos da responsabilidade política do Presidente da República. 2. ed. ampl. e atual. São Paulo: Saraiva, 1992. p. 137.

5 Rejeição de contas e inelegibilidade

A rejeição de contas em decisão irrecorrível pode acarretar a inelegibilidade do gestor,[17] como prevê o art. 1º, I, "g", da Lei Complementar Federal nº 64/1990, norma regulamentadora do art. 14, §9º, da Constituição, em face da "moralidade no exercício do mandato". Esse dispositivo legal já sofreu duas intervenções, ambas com o efeito de reduzir as possibilidades de que a desaprovação das contas implique efetivamente a restrição ao direito político passivo do gestor.

A redação original exigia apenas que as contas houvessem sido rejeitadas "por irregularidade insanável". A Lei da Ficha Limpa (Lei Complementar Federal nº 135/2010) passou a restringir o escopo da cláusula de inelegibilidade, uma vez que "qualificou" a irregularidade insanável apta a produzir tal efeito, apondo a ela a expressão "que configure ato doloso de improbidade administrativa" (e não se adentrará aqui a discussão sobre a possível inconstitucionalidade dessa alteração legal, matéria já tangenciada alhures).

Mais recentemente, a Lei Complementar Federal nº 184/2021, sem alterar o texto do Estatuto das Inelegibilidades, reduziu-lhe ainda mais o alcance, dispondo que a "inelegibilidade prevista na alínea "g" do inciso I do *caput* deste artigo não se aplica aos responsáveis que tenham tido suas contas julgadas irregulares sem imputação de débito e sancionados exclusivamente com o pagamento de multa".

6 O art. 28 da nova LINDB

A vetusta Lei de Introdução ao Código Civil Brasileiro (Decreto-Lei nº 4.657/1942), que já dispunha sobre bem mais do que sugeria sua denominação, sofreu importantes alterações através da Lei nº 13.655/2018, passando a ser chamada, mais apropriadamente, de Lei de Introdução às Normas do Direito Brasileiro (LINDB). Dentre as inúmeras inovações está a do art. 28,[18] introduzido pela lei nova, que trata da responsabilidade do agente público.

O projeto de lei aprovado contava com três parágrafos no artigo em estudo, que foram vetados. Essa informação não é dada a título de curiosidade, mas por seu possível reflexo na interpretação a ser dada ao respectivo *caput*, que restou íntegro na lei sancionada. O §1º se propunha a definir erro grosseiro, enquanto os §§2º e 3º disciplinavam a defesa jurídica, pela advocacia pública, dos agentes responsabilizados "[...] por ato ou conduta praticada no exercício regular de suas competências e em observância ao interesse geral [...]".

A subsistência dos §§2º e 3º sugeriria um mais restrito âmbito de incidência ao *caput* do artigo, fazendo crer, erradamente, referir-se apenas às atividades delegadas por mandatários, e não também aos atos de governo valorados pelo controle externo. Não tendo sido incorporados à lei, todavia, resta afastada dúvida quanto ao alcance da

---

[17] Relembra Patrícia Brito e Sousa que o "[p]arecer prévio contrário confirmado pelo Poder Legislativo, ou favorável rejeitado pela Casa Legislativa, implicará inclusão do nome do Chefe do Poder Executivo na lista de inelegíveis [...]" (SOUSA, Patrícia Brito e. *Inelegibilidade decorrente de contas públicas*. Rio de Janeiro: Forense, 2010. p. 62).

[18] "Art. 28. O agente público responderá pessoalmente por suas decisões ou opiniões técnicas em caso de dolo ou erro grosseiro".

cláusula, que assoma ao ordenamento com caráter ainda mais amplo. Se lacuna havia, a ausência daqueles parágrafos a preencheu.

O art. 28 da LINDB adquiriu feição de regime jurídico infraconstitucional de responsabilidade dos agentes públicos,[19] [20] em consonância com o que a Constituição instituiu no seu art. 37, §6º. Contra a Medida Provisória nº 966/2020, que dispôs sobre erro grosseiro em seu art. 2º,[21] diversas ações diretas de inconstitucionalidade foram propostas, tendo o STF conferido interpretação conforme à norma em questão, evitando, assim, um possível vácuo de responsabilidade que a redação atacada suscitava em meio à pandemia de covid-19.

A Corte deixou de avançar, porém, em sede de cautelar, no exame da constitucionalidade do art. 28 da LINDB, em específico quanto ao alcance a se dar, genericamente, à expressão "erro grosseiro", à luz do art. 37, §6º, e do princípio republicano. Restringiu-se a afirmar que, para sua configuração, no contexto da MP, "[...] deve-se levar em consideração a observância [...] (i) de *standards*, normas e critérios científicos e técnicos [...] bem como (ii) dos princípios constitucionais da precaução e da prevenção [...]".[22]

7 Pessoalidade, culpa e dolo nas contas

O regime jurídico da responsabilidade do Estado brasileiro tem sede no art. 37, §6º, da Constituição, que reza que "[a]s pessoas jurídicas de direito público e as de direito privado prestadoras de serviços públicos responderão pelos danos que seus agentes, nessa qualidade, causarem a terceiros, assegurado o direito de regresso contra o responsável nos casos de dolo ou culpa". Interessa mais a este estudo a parte final do dispositivo, que desempenha um papel referencial no que se poderia chamar de subsistema de responsabilidade do agente público.[23]

Embora a responsabilidade do Estado seja, como regra geral, objetiva, a do agente público causador do dano pelo qual respondeu o Estado é subjetiva.[24] Apenas

---

[19] Em sentido contrário, Rodrigo Valgas dos Santos entende "[...] não se tratar [o art. 28] de uma cláusula geral de restrição à responsabilidade dos agentes públicos em qualquer atividade [...]", considerando-o aplicável somente àqueles "[...] que exerçam função tipicamente administrativa [...]" (SANTOS, Rodrigo Valgas dos. *Direito administrativo do medo*: risco e fuga da responsabilização dos agentes públicos. São Paulo, Revista dos Tribunais, 2020. E-book. RB-4.4).

[20] Abordando o escopo do art. 28, Regis Fernandes de Oliveira defende que, "[...] embora tenha caráter de norma geral [...]", o dispositivo não se aplique a "[...] magistrados e membros do Ministério Público bem como conselheiros dos Tribunais de Contas, que [...] têm *regime jurídico próprio*." (OLIVEIRA, Régis Fernandes de. *Curso de direito financeiro*. 8 ed. São Paulo: Revista dos Tribunais, 2019. p. 936). Em itálico no original.

[21] "Art. 2º Para fins do disposto nesta Medida Provisória, considera-se erro grosseiro o erro manifesto, evidente e inescusável praticado com culpa grave, caracterizado por ação ou omissão com elevado grau de negligência, imprudência ou imperícia."

[22] BRASIL. Supremo Tribunal Federal. ADI 6421 MC. Relator Min. Roberto Barroso. Plenário. Sessão de 21 maio 2020. *DJE* 12 nov. 2020.

[23] Nesse sentido, Fabrício Motta e Irene Patrícia Nohara apresentaram as conclusões do IBDA em encontro promovido em Tiradentes (MG) no ano de 2019, no sentido de que a LINDB "[...] é norma jurídica que impacta todas as regras de direito público, especialmente as que tratam da responsabilização dos agentes públicos que decidem [...]" (MOTTA, Fabrício; NOHARA, Irene Patrícia. *LINDB no direito público*: lei 13.655/2018. São Paulo: Thomson Reuters Brasil, 2019. p. 92).

[24] Como concluem Floriano de Azevedo Marques Neto e Rafael Véras de Freitas, "[...] o artigo 28 da Nova LINDB revitaliza no nosso sistema a responsabilidade subjetiva do gestor." (MARQUES NETO, Floriano de Azevedo; FREITAS, Rafael Véras de. *Comentários à Lei nº 13.655/2018:* Lei da Segurança para a Inovação Pública. Belo Horizonte: Fórum, 2019. p. 138).

tendo agido com dolo ou culpa – avaliação subjetiva, portanto – é que o agente poderá responder perante o ente público que arcou com a indenização a que deu causa.

Ainda que se pudesse cogitar de alguma forma de responsabilidade objetiva de agente público, o que se admite para fins de argumentação, certo é que essa deveria vir expressa na norma, e não deduzida de seu silêncio, que nada tem de eloquente.

Há quem diga que os Tribunais de Contas passaram a apurar subjetivamente a responsabilidade do gestor somente após o advento da Nova LINDB, o que pode configurar grave equívoco se generalizante for a afirmativa. Melhor seria dizer que, eventualmente, decisões deixavam de explicitar claramente a conduta ensejadora da responsabilização subjetiva, tarefa da qual as cortes vêm se desincumbindo com maior rigor desde a edição da lei referida.

8 A responsabilidade como processo

A responsabilidade penal, para se traçar um paralelo algo simplista com a responsabilidade por contas, concretiza-se, como se sabe, com a decisão acerca da condenação de um réu em processo criminal. Para que ao julgamento se chegue, entretanto, diversos atores participam e inúmeras etapas se sucedem ao longo desse *iter*.

Exemplifica-se. Um cidadão relata à autoridade policial a prática de um crime por alguém. Um inquérito é instaurado, no bojo do qual esse alguém é indiciado. Remetidas as peças à Justiça, delas tem vista o Ministério Público, que oferece denúncia contra o indiciado. Recebida a denúncia pelo juiz, procede-se à instrução criminal, que redunda na condenação a que se fez referência.

Em todas essas fases – note-se – a alguém se lhe imputou uma conduta, a qual foi devidamente valorada por quem de direito. Pode-se dizer, assim, que a responsabilidade foi apurada apenas no elo final dessa cadeia de eventos? Parece evidente que não. A responsabilidade foi sendo apurada ao longo de um processo (na acepção genérica, e não jurídica, do termo), foi-se consubstanciando, até resultar efetiva.

Assim também a responsabilidade por contas, que é apurada como em um processo, formado, no caso, pela apreciação, de competência do Tribunal de Contas, e pelo julgamento, de atribuição do Poder Legislativo. Ora, se a responsabilidade é subjetiva na etapa de julgamento, não poderia ser objetiva na fase de apreciação, já que esta informa aquela. Os mesmos direitos que são observados no procedimento de julgamento devem ser preservados nas especificações do parecer prévio, ainda que este não seja vinculante daquele.

A reação de alguns controladores a essa visão de responsabilidade subjetiva do gestor[25] é a de que, uma vez vigorando, estaria o Tribunal impedido, em última instância, de dar por irregulares (leia-se, emitir parecer prévio desfavorável à aprovação) as contas em relação às quais não tivesse logrado apontar expressamente as condutas do gestor que contribuíram para sua configuração. Talvez isso se deva a uma concepção de contas que merece reflexão mais detida, por ora apenas suscitada.

---

[25] Quanto ao alcance da expressão "agente público", Edilson Pereira Nobre Júnior explica que se trata de "[...] definição que, para fração majoritária da doutrina, é empregada num sentido de notável amplitude, para abranger todo aquele que, por habilitação legal, possua aptidão para expressar a vontade estatal." (NOBRE JÚNIOR, Edilson Pereira. *As normas de direito público na lei de introdução ao direito brasileiro*: paradigma para interpretação e aplicação do direito administrativo. São Paulo: Contracorrente, 2019. p. 188).

Embora haja casos em que, desatendidos, por razões estruturais, comandos constitucionais e legais cujo descumprimento enseja a rejeição de contas, impõe-se separar a gestão, como objeto – ou seja, a situação do ente auditado –, do gestor, como sujeito[26] – do qual devem ser perquiridas suas condutas, comissivas ou omissivas.

Todavia, enquanto o modelo de contas não evoluir, não pode o formal prevalecer sobre o material. O julgamento pela irregularidade de contas ainda se refere ao gestor, e não ao órgão,[27] e é sobre ele – gestor – que recaem as consequências desse julgamento. Espera-se, portanto, que a ele se impute somente o que diz com sua própria ação ou inação, esperada ou concreta.

Deve a Corte de Contas, assim, seguir procedendo à relevantíssima análise que faz acerca dos aspectos contábeis, financeiros, orçamentários, operacionais e patrimoniais da gestão, a fim de subsidiar as ações do Poder Executivo e a fiscalização do Poder Legislativo. Todavia, o parecer prévio sobre as contas, favorável ou desfavorável à sua aprovação, deve lastrear-se nas condutas do gestor[28] que tenham, no exercício analisado, nexo de causalidade[29] com os fatos apontados, além de culpa ou dolo na sua constatação.

Não se propõe este trabalho a definir "erro grosseiro" para os fins da responsabilidade do agente público, questão a ser explorada oportunamente. Propõe-se, isso sim, a caracterizar a apreciação das contas governamentais pelo Tribunal de Contas mediante parecer prévio como parte integrante do processo de responsabilização do gestor.

Toma-se, no presente contexto, "erro grosseiro" por culpa, em sentido lato, abstraída sua gradação, porque despicienda para os fins aqui colimados. Um volume inteiro poderia ser escrito sobre a indeterminação da expressão "erro grosseiro", a começar pelo relativismo da adjetivação, conforme a capacidade de o agente acertar,[30] e de acordo com o que, normativamente, dele é esperado.[31]

Também por escapar ao pretendido, deixa-se de pôr em discussão as modalidades de culpa *in eligendo* e *in vigilando*, tantas vezes invocadas no âmbito do controle.[32] Basta,

---

[26] Como ensina Jacoby Fernandes, o "Tribunal de Contas [...] não julga a conta dos poderes, mas tão somente a atuação dos administradores públicos [...]" (FERNANDES, Jorge Ulysses Jacoby. *Tribunais de Contas do Brasil*: jurisdição e competência. 2. ed. Belo Horizonte: Fórum, 2005. p. 109).

[27] As limitações suportadas pelo ente público decorrem de indicadores estabelecidos normativamente (como aqueles de que trata a Lei de Responsabilidade Fiscal, *v. g.*), e não das contas em si mesmas, objeto de parecer prévio e de julgamento.

[28] É o que ressalta Benjamin Zymler, apontando a "[...] necessidade imposta ao aplicador do direito de examinar exaustivamente os aspectos fáticos e normativos inerentes aos atos de gestão sob apreciação". (ZYMLER, Benjamin. *Direito administrativo e controle*. Belo Horizonte: Fórum, 2005. p. 356).

[29] Uma vez que "[...] não há como dizer que uma conta é irregular sem identificar a causa da irregularidade e o agente responsável". (FERNANDES, *op. cit.*, p. 353).

[30] "O dispositivo reconhece de forma expressa a existência de um espaço ainda maior de tolerância jurídica ao erro." (DIONISIO, Pedro de Hollanda. *O direito ao erro do administrador público no Brasil*: contexto, fundamentos e parâmetros. Rio de Janeiro: GZ, 2019. p. 93).

[31] Acerca da possibilidade de diferenciação, Klaus Günther demonstra que "[o] conceito de pessoa é caracterizado de modo diverso de acordo com o contexto [...] para a imputação da violação de uma lei a um indivíduo ou para a responsabilização de um ministro." (GÜNTHER, Klaus. Responsabilização na sociedade civil. *In*: PÜSCHEL, Flávia Portela; MACHADO, Marta Rodriguez de Assis (org.). *Teoria da responsabilidade no estado democrático de direito*: textos de Klaus Günther. São Paulo: Saraiva, 2009. p. 14).

[32] Ontologicamente, não há distinção entre culpa – seja em que grau for – e erro grosseiro. A essência das categorias é a mesma – um agente produziu, sem que o quisesse, um resultado danoso, não esperado e evitável. Em que medida era evitável o dano e o que se esperava do agente são questões de grau, não de essência. A essência é a conduta do sujeito, daí a responsabilidade subjetiva.

por ora, afirmar a pessoalidade[33] da conduta em escrutínio nas contas, e a circunstância de dela advir responsabilidade somente na modalidade subjetiva.[34]

A responsabilidade como processo, no âmbito das contas, abarca, repete-se, todos os atos do Tribunal de Contas e do Poder Legislativo tendentes a avaliar a conduta do gestor. Tendo como consequência potencial a cominação de inelegibilidade, de caráter quase sancionatório,[35] incidem ao longo de todo o processo de responsabilização determinados princípios de Direito Administrativo Sancionador.

Fábio Medina Osório, na obra referencial sobre o tema, diferencia as sanções em sentido estrito do que denomina de "medidas de responsabilidade por incumprimento de gestão",[36] emanadas da esfera controladora. Ressalta, contudo, que "[...] as garantias aplicáveis aos processos devem ser aquelas similares aos processos sancionadores [...]"[37] e que o regime jurídico se aproxima substancialmente do Direito Administrativo Sancionador,[38] inclusive no sentido de "[...] vedar responsabilidades objetivas [...]".[39]

Portanto, princípios como o da legalidade, do contraditório e da ampla defesa têm aplicação na atividade de controle externo, bem assim o devido processo legal substantivo, no qual está compreendida a responsabilidade subjetiva, também conectada à presunção de não culpabilidade.

Quanto à tipicidade dos atos de gestão, ainda que não se advogue sua incidência irrestrita, em face do que se poderia chamar de uma textura aberta das normas de

---

[33] Que, se desconsiderada, pode levar à situação aventada por Celso Antônio Bandeira de Mello, no sentido de que "[...] nas órbitas estaduais ou municipais, Tribunais de Contas destas esferas têm rejeitado contas de Governador e Prefeito, por atos que, muitas vezes, não lhes podem ser diretamente imputáveis, pois não se faz a devida acepção entre o que é de responsabilidade direta das autoridades em questão e o que é de responsabilidade de subordinados seus." (BANDEIRA DE MELLO, Celso Antônio. *Curso de direito administrativo*. 6. ed. rev., atual. e ampl. São Paulo: Malheiros, 1995. p. 115).

[34] Ainda que a peculiaridade da função de controle, de estatura constitucional, possa eventualmente demandar adaptações nos parâmetros para sua configuração, matéria para outra discussão.

[35] Na jurisprudência do STF, destaca-se que o Min. Cezar Peluso, em seu voto no RE 633.703, transcreve e reafirma seu posicionamento no sentido de que "[...] a consequência gravosa da inelegibilidade [...] só pode corresponder ao conceito de sanção stricto sensu [...]". Já o Min. Celso de Mello doutrina que "[...] a inelegibilidade, em situações como a prevista na alínea 'l' do inciso I do art. 1º da LC nº 64/90, na redação dada pela LC nº 135/2010, qualifica-se como sanção, configurando, sob tal perspectiva, a denominada inelegibilidade cominada". No julgamento do RE 929.670, todavia, o Pretório Excelso decidiu que "[a] interpretação lógico-sistemática do regime jurídico das inelegibilidades rechaça o caráter sancionatório do art. 22, XIV, uma vez que a condenação em ações de impugnação de mandato eletivo atrai, reflexamente, a restrição do art. 1º, I, d, da LC nº 64/90. Seria um contrassenso lógico afirmar que a procedência do pedido em outra ação (AIJE), que visa igualmente a apurar abusos de poder econômico, consigne uma hipótese de inelegibilidade-sanção". Ainda assim, como asseverou o Min. Celso de Mello no RE 633.703, "[m]esmo que não se considere a inelegibilidade como sanção (o que se concede como mero favor dialético), o fato irrecusável é que ela traduz gravíssima limitação ao direito fundamental de participação política, pois impõe severa restrição à capacidade eleitoral passiva do cidadão [...]".

[36] As quais relaciona aos "ilícitos atípicos" de que falam Manuel Atienza e Juan Ruíz Manero.

[37] Por sua vez, Regis Fernandes de Oliveira já afirmava, ao tratar do tema, que "[...] [o]s princípios constitucionais do art. 5º da CF não [...] se aplicam apenas ao réu no processo-crime [...], seu conteúdo é o mais amplo possível". (OLIVEIRA, Régis Fernandes de. *Infrações e sanções administrativas*. 2. ed. rev., atual. e ampl. São Paulo: Revista dos Tribunais, 2005. p. 129).

[38] Outra nomenclatura é cogitada por Fernando Facury Scaff, que, ao analisar a função de controle, entende como um seu elemento consequente a responsabilidade, que situa no âmbito do que denomina de "*direito financeiro sancionador*" (SCAFF, Fernando Facury. *Orçamento republicano e liberdade igual*: ensaio sobre direito financeiro, república e direitos fundamentais. Belo Horizonte: Fórum, 2018. p. 423). Em itálico no original.

[39] OSÓRIO, Fábio Medina. *Direito administrativo sancionador*. 8. ed. rev. e atual. São Paulo: Revista dos Tribunais, 2022. E-book. RB-2.12.

apreciação de contas, as resoluções editadas pelas Cortes,[40] elencando hipóteses ensejadoras de parecer prévio desfavorável, revelam progressiva assimilação do princípio, em reforço da responsabilidade subjetiva do administrador, a permitir a individualização de condutas em aferição.

9 Conclusão

Espera-se ter sido alcançado o propósito do estudo, restando demonstrado que a responsabilidade de chefe de Poder Executivo por suas contas, tendo feição quase sancionatória, deve ser imputada subjetivamente, com a incidência do art. 28 da LINDB, que exige dolo ou erro grosseiro para que aquela se caracterize.

Ademais, a responsabilidade por contas deve ser vista como um processo, que engloba o parecer prévio e o julgamento, em ambas as fases devendo ser sindicada a conduta pessoal do gestor, como sujeito em relação ao objeto em apreciação – as contas –, e não como se destas fizesse parte.

Acredita-se ter explicitado esse quadro. Corolário disso, às fases de um processo de responsabilização se aplicam os mesmos princípios, notadamente os que dizem com o fundamento constitucional da dignidade da pessoa humana, como o do devido processo legal substantivo, no qual está englobada a responsabilidade subjetiva.

O art. 28 da LINDB, em suma, incide sobre a atividade do Tribunal de Contas desenvolvida para a apreciação das contas de governo mediante parecer prévio. Os chefes de Poder Executivo respondem por suas decisões (*rectius*, suas condutas administrativas), desde que subjetivamente aferidas, impondo-se a constatação de dolo ou culpa[41] em seu agir.

Referências

BANDEIRA DE MELLO, Celso Antônio. *Curso de direito administrativo*. 6. ed. rev., atual. e ampl. São Paulo: Malheiros, 1995.

---

[40] *V.g.*: Resolução n.º 1.142/2021, do Tribunal de Contas do Estado do Rio Grande do Sul:
"Dispõe sobre os critérios a serem observados na apreciação das contas anuais, para fins de emissão de parecer prévio, e no julgamento das contas dos administradores e demais responsáveis por bens e valores públicos da Administração Direta e Indireta e dá outras providências. [...]
Art. 2º A prática dos seguintes atos ou omissões, arrolados exemplificativamente abaixo, poderá ensejar, conforme a natureza e o objeto do processo, a emissão de parecer prévio desfavorável ou favorável, com ressalvas, sobre as contas anuais do Chefe do Poder Executivo ou o julgamento pela irregularidade ou regularidade, com ressalvas, das contas dos administradores e demais responsáveis: [...]
Art. 3º Diante da ocorrência de quaisquer das situações previstas no artigo 2º, o Tribunal de Contas do Estado, para emitir parecer desfavorável ou favorável com ressalvas ou julgar pela irregularidade ou pela regularidade com ressalvas, deverá ponderar, dentre outros, os aspectos arrolados nos incisos deste artigo, naquilo em que estes se mostrarem aplicáveis, considerando o objeto e a natureza do processo:
I - a materialidade qualitativa ou quantitativa envolvida nas ocorrências detectadas;
II - a extensão dos efeitos das inconformidades ou irregularidades e a repercussão sobre a gestão;
III - a ocorrência de perda, extravio ou prejuízo ao erário público; e
IV - a gravidade das condutas comissivas ou omissivas praticadas.
Parágrafo único. A prática isolada de inconformidades ou irregularidades que não sejam consideradas suficientes para comprometer as contas do agente, diante de seu conteúdo e amplitude, não impedirá a emissão de parecer favorável ou julgamento pela regularidade, com ou sem ressalvas. [...]".

[41] Abstraída – repete-se – a discussão sobre o grau de culpa e sua correlação com o conceito de erro grosseiro elencado na Nova LINDB.

BEAUD, Olivier. La responsabilité politique face à la concurrence d'autres formes de responsabilité des gouvernants. *Pouvoirs* – Revue française d'études constitutionnelles et politiques, n. 92, p. 17-30, 2000.

BRASIL. *Decreto nº 9.830, de 10 de junho de 2019*. Regulamenta o disposto nos art. 20 ao art. 30 do Decreto-Lei nº 4.657, de 4 de setembro de 1942, que institui a Lei de Introdução às normas do Direito brasileiro. Disponível em: http://www.planalto.gov.br/ccivil_03/_ato2019-2022/2019/decreto/D9830.htm. Acesso em: 30 dez. 2021.

BRASIL. *Lei nº 13.655, de 25 de abril de 2018*. Inclui no Decreto-Lei nº 4.657, de 4 de setembro de 1942 (Lei de Introdução às Normas do Direito Brasileiro), disposições sobre segurança jurídica e eficiência na criação e na aplicação do direito público. Disponível em: http://www.planalto.gov.br/ccivil_03/_ato2015-2018/2018/lei/L13655.htm. Acesso em: 30 dez. 2021.

BRASIL. Supremo Tribunal Federal. ADI 4190-MC-REF. Relator: Min. Celso de Mello. Plenário. Sessão de 10 mar. 2010. *DJE* 11 jun. 2010.

BRASIL. Supremo Tribunal Federal. ADI 6421 MC. Relator Min. Roberto Barroso. Plenário. Sessão de 21 maio 2020. *DJE* 12 nov. 2020.

BRASIL. Supremo Tribunal Federal. RE 633.703. Relator Min. Gilmar Mendes. Plenário. Sessão de 23 mar. 2011. *DJE* 18 nov. 2011. Disponível em: https://redir.stf.jus.br/paginadorpub/paginador.jsp?docTP=AC&docID=629754. Acesso em: 5 jan. 2022.

BRASIL. Supremo Tribunal Federal. RE 929.670. Relator Min. Ricardo Lewandowski. Redator do acórdão: Min. Luiz Fux. Plenário. Sessão de 1 mar. 2018. *DJE* 12 abr. 2019. Disponível em: https://redir.stf.jus.br/paginadorpub/paginador.jsp?docTP=TP&docID=749587890. Acesso em: 2 jan. 2022.

BRASIL. Supremo Tribunal Federal. SS 1197. Relator Min. Celso de Mello. Monocrática. Decisão de 15 set. 1997. *DJ* 22 set. 1997.

BROSSARD, Paulo. *O impeachment*: aspectos da responsabilidade política do Presidente da República. 2. ed. ampl. e atual. São Paulo: Saraiva, 1992.

CARVALHO FILHO, José dos Santos; ALMEIDA, Fernando Dias Menezes de. Controle da Administração Pública e Responsabilidade do Estado. *In*: DI PIETRO, Maria Sylvia Zanella (coord.). *Tratado de direito administrativo*. 2. ed. rev., atual. e ampl. São Paulo: Revista dos Tribunais, 2019. v. 7.

CAMINO, Geraldo Costa da. *A investidura no Tribunal de Contas*. Belo Horizonte: Fórum, 2021.

CAMINO, Geraldo Costa da. *República como responsabilidade*: o conteúdo jurídico do princípio republicano na Constituição brasileira. Rio de Janeiro: Lumen Juris, 2022 (no prelo).

DIONISIO, Pedro de Hollanda. *O direito ao erro do administrador público no Brasil:* contexto, fundamentos e parâmetros. Rio de Janeiro: GZ, 2019.

FERNANDES, Jorge Ulysses Jacoby. *Tribunais de Contas do Brasil*: jurisdição e competência. 2. ed. Belo Horizonte: Fórum, 2005.

FURTADO, J. R. Caldas. *Direito financeiro*. 4. ed. rev., ampl. e atual. Belo Horizonte: Fórum, 2013.

GARCIA, Mônica Nicida. *A responsabilidade do agente público*. 2. ed. rev. e atual. Belo Horizonte: Fórum, 2007.

GÜNTHER, Klaus. Responsabilização na sociedade civil. *In*: PÜSCHEL, Flávia Portela, MACHADO, Marta Rodriguez de Assis (org.). *Teoria da responsabilidade no estado democrático de direito*: textos de Klaus Günther. São Paulo: Saraiva, 2009. p. 1-26.

MARQUES NETO, Floriano de Azevedo; FREITAS, Rafael Véras de. *Comentários à Lei nº 13.655/2018:* Lei da Segurança para a Inovação Pública). Belo Horizonte: Fórum, 2019.

MEDAUAR, Odete. *Controle da administração pública*. 3. ed. rev., atual. e ampl. São Paulo: Revista dos Tribunais, 2014.

MILESKI, Helio Saul. *O controle da gestão pública*. 2. ed. rev., atual. e aum. Belo Horizonte: Fórum, 2011.

MOTTA, Fabrício; NOHARA, Irene Patrícia. *LINDB no direito público*: lei 13.655/2018. São Paulo: Thomson Reuters Brasil, 2019.

NOBRE JÚNIOR, Edilson Pereira. *As normas de direito público na lei de introdução ao direito brasileiro*: paradigma para interpretação e aplicação do direito administrativo. São Paulo: Contracorrente, 2019.

OLIVEIRA, Régis Fernandes de. *Curso de direito financeiro*. 8 ed. São Paulo: Revista dos Tribunais, 2019.

OLIVEIRA, Régis Fernandes de. *Infrações e sanções administrativas*. 2. ed. rev., atual. e ampl. São Paulo: Revista dos Tribunais, 2005.

OSÓRIO, Fábio Medina. *Direito administrativo sancionador*. 8. ed. rev. e atual. São Paulo: Revista dos Tribunais, 2022. E-book.

SANTOS, Rodrigo Valgas dos. *Direito administrativo do medo*: risco e fuga da responsabilização dos agentes públicos. São Paulo: Revista dos Tribunais, 2020. E-book.

SCAFF, Fernando Facury. *Orçamento republicano e liberdade igual*: ensaio sobre direito financeiro, república e direitos fundamentais. Belo Horizonte: Fórum, 2018.

SOUSA, Patrícia Brito e. *Inelegibilidade decorrente de contas públicas*. Rio de Janeiro: Forense, 2010.

ZYMLER, Benjamin. *Direito administrativo e controle*. Belo Horizonte: Fórum, 2005.

Informação bibliográfica deste texto, conforme a NBR 6023:2018 da Associação Brasileira de Normas Técnicas (ABNT):

CAMINO, Geraldo Costa da. A responsabilidade como processo: o art. 28 da nova LINDB e o parecer prévio do Tribunal de Contas. In: CONTI, José Maurício; MARRARA, Thiago; IOCKEN, Sabrina Nunes; CARVALHO, André Castro (coord.). *Responsabilidade do gestor na Administração Pública*: aspectos fiscais, financeiros, políticos e penais. Belo Horizonte: Fórum, 2022. p. 15-26. ISBN 978-65-5518-411-2. v.2.

RESPONSABILIDADE DE ADMINISTRADORES DE EMPRESAS ESTATAIS POR ATOS DE GESTÃO EMPRESARIAL: COMO O TCU ENXERGA A QUESTÃO?

MÁRIO SAADI

MATHEUS PALHARES VIEIRA

1 Introdução

A Lei nº 13.303, de 30 de junho de 2016, dispõe sobre o estatuto jurídico da empresa pública, da sociedade de economia mista e de suas subsidiárias, no âmbito da União, dos Estados, do Distrito Federal e dos Municípios (Lei das Empresas Estatais).

Nos termos da lei, a empresa pública é a entidade dotada de personalidade jurídica de direito privado, com criação autorizada por lei e com patrimônio próprio, cujo capital social é integralmente detido pela União, pelos Estados, pelo Distrito Federal ou pelos Municípios (art. 3º da Lei das Empresas Estatais).

A sociedade de economia mista, por sua vez, é a entidade dotada de personalidade jurídica de direito privado, com criação autorizada por lei, sob a forma de sociedade anônima, cujas ações com direito a voto pertençam em sua maioria à União, aos Estados, ao Distrito Federal, aos Municípios ou a entidade da administração indireta (art. 4º da Lei das Empresas Estatais).[1]

Não obstante a legislação preveja a obrigatoriedade de adoção de sociedade anônima apenas para a criação de sociedades de economia mista, fato é que os administradores de ambas são submetidos ao regime de responsabilidade previsto na Lei nº 6.404, de 15 de dezembro de 1976, que dispõe sobre as sociedades por ações (Lei das S.A.). Conforme a Lei das Empresas Estatais, "o administrador de empresa pública e de sociedade de economia mista é submetido às normas previstas na Lei nº 6.404, de

---

[1] Em complementação, o art. 5º da Lei das Empresas Estatais prevê que a "sociedade de economia mista será constituída sob a forma de sociedade anônima e, ressalvado o disposto nesta Lei, estará sujeita ao regime previsto na Lei nº 6.404, de 15 de dezembro de 1976".

15 de dezembro de 1976" (art. 16 da Lei das Empresas Estatais).[2] Consideram-se administradores da empresa pública e da sociedade de economia mista os membros do conselho de administração e da diretoria (art. 16, parágrafo único).

Há determinados requisitos subjetivos e objetivos para que pessoas sejam indicadas para a composição da diretoria e do conselho de administração de empresas estatais. Tais pontos, em boa medida, possuem como objetivo garantir que tais entidades sejam bem geridas, atendendo aos propósitos para os quais foram criadas, em linha com a sua lei de criação e às diretrizes legais e infralegais aplicáveis a cada empresa pública e sociedade de economia mista.

Dentre os requisitos subjetivos, a Lei das Empresas Estatais prevê que membros do conselho de administração e pessoas indicadas para os cargos de diretoria, inclusive presidência e diretoria-geral, serão escolhidos entre cidadãos ou cidadãs de reputação ilibada e de notório conhecimento, devendo ser atendidos alguns requisitos, como (art. 17):

(i) ter experiência profissional de, no mínimo:
(a) dez anos, no setor público ou privado, na área de atuação da empresa pública ou da sociedade de economia mista ou em área conexa àquela para a qual forem indicados em função de direção superior; ou
(b) quatro anos ocupando pelo menos um dos seguintes cargos:
1. cargo de direção ou de chefia superior em empresa de porte ou objeto social semelhante ao da empresa pública ou da sociedade de economia mista, entendendo-se como cargo de chefia superior aquele situado nos dois níveis hierárquicos não estatutários mais altos da empresa;
2. cargo em comissão ou função de confiança equivalente a DAS-4 ou superior, no setor público;
3. cargo de docente ou de pesquisador em áreas de atuação da empresa pública ou da sociedade de economia mista;
(c) quatro anos de experiência como profissional liberal em atividade direta ou indiretamente vinculada à área de atuação da empresa pública ou sociedade de economia mista;
(ii) ter formação acadêmica compatível com o cargo para o qual foi indicado;
(iii) não se enquadrar nas hipóteses de inelegibilidade previstas nas alíneas do inciso I do *caput* do art. 1º da Lei Complementar nº 64, de 18 de maio de 1990.

Dentre os requisitos objetivos, é condição para investidura em cargo de diretoria a assunção de compromisso com metas e resultados específicos a serem alcançados, que deverá ser aprovado pelo Conselho de Administração, a quem incumbe fiscalizar seu cumprimento (art. 23 da Lei das Empresas Estatais). A diretoria deverá apresentar, até a última reunião ordinária do Conselho de Administração do ano anterior, a quem compete sua aprovação (art. 23, §1º, da Lei das Empresas Estatais): (i) plano de negócios para o exercício anual seguinte; (ii) estratégia de longo prazo atualizada com análise de riscos e oportunidades para, no mínimo, os próximos cinco anos.

---

[2] Note-se que há outras equiparações societárias e de governança corporativa previstas na Lei das Empresas Estatais. Como exemplo, seu art. 7º prevê que se aplicam "a todas as empresas públicas, as sociedades de economia mista de capital fechado e as suas subsidiárias as disposições da Lei nº 6.404, de 15 de dezembro de 1976, e as normas da Comissão de Valores Mobiliários sobre escrituração e elaboração de demonstrações financeiras, inclusive a obrigatoriedade de auditoria independente por auditor registrado nesse órgão".

Por sua vez, compete ao conselho de administração, sob pena de seus integrantes responderem por omissão, promover anualmente análise de atendimento das metas e resultados na execução do plano de negócios e da estratégia de longo prazo, devendo publicar suas conclusões e informá-las ao Congresso Nacional, às Assembleias Legislativas, à Câmara Legislativa do Distrito Federal ou às Câmaras Municipais e aos respectivos Tribunais de Contas, quando houver (art. 23, §2º, da Lei das Empresas Estatais).

Tais pontos deixam evidente a preocupação legal com a gestão das empresas estatais. Para além do mapeamento dos pontos previstos na legislação em comento, queremos, por meio do presente estudo, aprofundar certo aspecto sobre os atos de gestão praticados por gestores de empresas estatais: *se, na jurisprudência recente do Tribunal de Contas da União (TCU), consolidada após a publicação da Lei das Empresas Estatais, a regra do business judgement rule, tal como discutida no Direito Societário, tem sido aplicada para a responsabilização de pessoas que são integrantes da diretoria e do conselho de administração de empresas públicas e sociedades de economia mista, consideradas indistintamente.*

Buscamos, portanto, mapear precedentes do TCU que, depois da veiculação da Lei das Empresas Estatais (e considerando, como recorte temporal, o final do exercício do ano de 2021), tenham imposto algum tipo de penalidade a gestores de empresas estatais por decisões por eles tomadas em assuntos de gestão da empresa.

Nossos achados demonstram, de maneira evidente, que os gestores têm sido responsabilizados por atos de gestão de empresas estatais. A consolidação dos dados encontrados está disposta na "Tabela Única", anexa ao presente artigo. Nela, além das especificações dos precedentes analisados, indicamos: (i) a conduta dos gestores que é questionada; (ii) a razão de decidir pela condenação ou não, com base em aspectos da *business judgement rule*; e (iii) a penalidade efetivamente imposta às pessoas gestoras das empresas estatais.

Note-se que não tivemos como objetivo realizar qualquer análise crítica sobre as decisões efetivamente exaradas pelo TCU nos casos levantados, mas simplesmente apontar as razões de decidir nos casos em que houve a condenação de gestores de empresas estatais em casos nos quais eram utilizadas, direta ou indiretamente, noções referentes à *business judgement rule*.

Para cumprir o itinerário aqui proposto, além desta introdução e da conclusão, apresentamos como os aspectos de eventual responsabilização de pessoas gestoras de sociedades anônimas (e, nos termos da Lei das Empresas Estatais, de empresas públicas e de sociedades de economia mistas) apresentam-se na Lei das S.A., inclusive sob a ótica da *business judgement rule*. Depois disso, apresentamos alguns aspectos metodológicos sobre os acórdãos do TCU levantados para os fins do presente trabalho, com os detalhamentos apresentados na análise de resultados e no Anexo Único que o compõem. Passamos a fazê-lo na sequência.

2 Responsabilidade dos administradores na legislação: deveres e a *business judgement rule*

Os principais deveres dos administradores das sociedades por ações estão elencados nos artigos 153 a 157 da Lei das S.A. São eles: (i) o dever de diligência; (ii) o dever de dar cumprimento às finalidades das atribuições do cargo; (iii) o dever de lealdade; (iv) o dever de não intervir na vida social em situação de conflito de interesses; (v) o dever de informar. Tais dispositivos da Lei das Sociedades Anônimas enunciam padrões de comportamento, gerais e abstratos, que constituem elementos orientadores da conduta dos administradores.

O dever de diligência se encontra disciplinado no art. 153 da Lei das S.A, o qual estabelece que "o administrador da companhia deve empregar, no exercício de suas funções, o cuidado e diligência que todo homem ativo e probo costuma empregar na administração dos seus próprios negócios". A diligência exigida do administrador deve ser avaliada casuisticamente, levando-se em consideração o tipo de atividade desenvolvida pela companhia, os recursos disponíveis aos administradores, as circunstâncias que envolveram a tomada das decisões, dentre outros. Com base em tais critérios será possível definir qual seria a conduta que se poderia razoavelmente esperar do administrador em cada hipótese específica.

Com relação ao mérito das decisões empresariais tomadas pelos administradores de sociedades por ações, aplica-se a chamada *business judgement rule*, segundo a qual, em teoria, não cumpriria ao Poder Judiciário rever o mérito da decisão empresarial, desde que alguns cuidados sejam observados pelos administradores, em razão do dever de diligência. Neste sentido, as decisões empresariais poderiam ser avaliadas quanto ao processo decisório conforme segue:[3]

(i) *decisão informada*: é a decisão na qual os administradores se basearam nas informações razoavelmente necessárias para tomá-la. Podem os administradores, nesses casos, utilizar, como informações, análises e memorandos dos diretores e outros funcionários, bem como de terceiros contratados;

(ii) *decisão refletida*: é a decisão tomada depois da análise das diferentes alternativas ou possíveis consequências ou, ainda, em cotejo com a documentação que fundamenta o negócio. Mesmo que deixe de analisar um negócio, a decisão negocial pode ser considerada refletida, caso, de forma informada, tenha o administrador decidido não analisar esse negócio;

(iii) *decisão desinteressada*: é a decisão que não resulta em benefício pecuniário ao administrador. Esse conceito vem sendo expandido para incluir benefícios que não sejam diretos para o administrador ou para instituições e empresas ligadas a ele. Quando o administrador tem interesse na decisão, como, por exemplo, interesse no bônus que lhe será devido em razão da tomada daquela determinada decisão, aplicam-se os *standards* do dever de lealdade.

Já o dever de cumprir as finalidades das atribuições do cargo está fixado no art. 154 da Lei das S.A. Segundo ele, o administrador deve sempre guiar a sua atuação para a consecução do objeto social da companhia. Referido dispositivo determina, ainda, que, mesmo sendo o administrador eleito por grupo ou classe de acionistas, não pode deixar, por lealdade estrita àqueles que o elegeram, de atender aos interesses legítimos e superiores da companhia, já que o administrador não é representante de seus eleitores.

Conforme disposto no art. 155 da Lei das S.A., os administradores devem também observar o dever de lealdade: "o administrador deve servir com lealdade à companhia

---

[3] Para mais detalhes sobre o teste de verificação sobre o ato de gestão sob a perspectiva da *business judgment rule* vale a pena conferir o julgado da CVM da relatoria de Pedro Marcílio, qual seja, CVM. PAS 21/2004. Diretor relator Pedro Marcílio. j. 15.05.2007; PAS 2009/2610. Diretor relator Marcos Barbosa. j. 28.09.2010; PAS 25/2003. Diretor relator Eli Loria. j. 28.03.2008 (ver voto da Diretora Maria Helena Santana); e PAS 24/2006. Diretor relator Otávio Yazbek. j. 18.02.201.

e manter reserva sobre os seus negócios", sendo vedado: (a) usar, em benefício próprio ou de terceiros, com ou sem prejuízo para a companhia, as oportunidades comerciais de que tenha conhecimento em razão do exercício de seu cargo; (b) omitir-se no exercício ou proteção de direitos da companhia ou, ainda, deixar de aproveitar oportunidades de negócio de interesse da companhia; (c) adquirir, para revender com lucro, bem ou direito que sabe ser essencial à companhia.

O dever de lealdade engloba também o dever de guardar sigilo acerca das informações relevantes ainda não divulgadas ao mercado, bem como o zelo para que referido sigilo não seja violado por quaisquer subordinados ou terceiros de confiança do administrador.

Adicionalmente, também constitui o dever de lealdade a vedação à prática de *insider trading*, entendido como a negociação de valores mobiliários de emissão de determinada companhia aberta por administradores ou quaisquer indivíduos que, por qualquer circunstância, tenham tido acesso a informações relevantes e não divulgadas ao público acerca da companhia, e delas se utilizam com o intuito de auferir vantagens às custas de terceiros, mesmo que referida vantagem não tenha sido de fato experimentada.

Os administradores também têm o dever de não intervir na vida social em situação de conflito de interesses. Esse dever consta na Lei das S.A, em seu art. 156: o administrador não pode participar de qualquer operação social em que tiver interesse conflitante com o da companhia, do mesmo modo que deve se abster de votar em qualquer deliberação tomada pelos demais administradores nesta situação. O administrador deverá, ainda, (a) cientificar os demais membros sobre o seu impedimento e (b) fazer consignar, na respectiva ata, a natureza e extensão do seu interesse.

A Lei das S.A não veda, no entanto, a possibilidade de o administrador contratar com a companhia, desde que cientifique os demais administradores a respeito do impedimento e registre na respectiva ata da reunião da diretoria ou conselho de administração, a natureza e extensão do seu interesse. O objetivo de tais formalidades é justamente fazer com que as condições exigidas em tais situações se assemelhem àquelas que prevalecem no mercado ou em que a companhia contrataria com terceiros normalmente. Ainda nos termos do art. 156 da Lei das S.A, a contratação entre administradores e companhia com infração aos requisitos indicados é anulável.

Por fim, há o dever de informar, aplicável apenas aos administradores de companhias abertas, conforme art. 157 da Lei das S.A. É um dever indispensável para que os acionistas possam exercer os seus respectivos direitos, bem como negociar suas respectivas ações, de modo fundamentado. O dever de prestar informações pode ser dividido em duas espécies, quais sejam:
  (a) atender aos pedidos de esclarecimento dos acionistas da companhia a respeito das demonstrações financeiras e demais documentos relacionados à ordem do dia, quando solicitados em assembleia;
  (b) a divulgação imediata ao mercado de fatos relevantes, conforme exigido no art. 157, §4º, da Lei das S.A., entendidos como qualquer decisão de acionista controlador, deliberação da assembleia geral ou dos órgãos de administração da companhia aberta, ou qualquer outro ato ou fato de caráter político-administrativo, técnico, negocial ou econômico-financeiro ocorrido ou relacionado ao negócio de determinada companhia aberta que possa influir de modo ponderável (*i*) na cotação dos valores mobiliários de sua emissão ou a eles referenciados; (*ii*) na decisão dos investidores de comprar, vender ou

manter aqueles valores mobiliários; (*iii*) na decisão dos investidores de exercer quaisquer direitos inerentes à condição de titular de valores mobiliários emitidos pela companhia ou a eles referenciados.

Deve haver compatibilização entre os deveres de informação e sigilo, podendo o administrador se recusar a prestar informações ou deixar de divulgá-las se entender que sua revelação poderá ser prejudicial à companhia. Cabe à Comissão de Valores Mobiliários (CVM) a decisão definitiva acerca da obrigação ou não de divulgar referida informação.

Contudo, é preciso que exista um legítimo propósito empresarial na manutenção do sigilo, de modo que a companhia não pode deixar de prestar informações simplesmente por acreditar que seus negócios podem ser prejudicados pela divulgação, tampouco recusar-se a confirmar, negar ou complementar uma informação já dispersa pelo mercado.

2.1 A responsabilidade civil dos administradores em sociedades anônimas

O art. 158[4] da Lei das S.A. estabelece que, como regra, o administrador não é pessoalmente responsável pelas obrigações que contrair em nome da sociedade, ou pelas ações realizadas em nome da companhia decorrente de atos regulares de sua gestão. Todavia, o mesmo artigo classifica duas exceções a este aspecto geral, em que, cumpridos os requisitos legais, o administrador será pessoalmente responsável: (i) quando atuar dentro de suas atribuições, agir com culpa ou dolo ou (ii) quando seus atos forem resultados de violação de lei ou do estatuto social da companhia.

O art. 158 da Lei das S.A. define como regra a não responsabilização do administrador por danos patrimoniais causados à companhia desde que tenham sua origem atrelada em ato regular de sua gestão. Contudo, não há definição legal do que seria considerado como ato regular de gestão.

Alguns doutrinadores, como Nelson Eizirik, definem que a expressão "ato regular de gestão" deve ser entendida como aquele praticado dentro dos limites das atribuições sociais dos administradores, isto é, em conformidade e sem violação da lei ou do estatuto social da companhia.[5] O autor exemplifica:

> Assim, serão irregulares os atos em violação da lei ou do estatuto, como, por exemplo, se o administrador, visando a obtenção de vantagem, deixar de aproveitar a oportunidade de negócio de interesse da Companhia, infringindo o artigo 155, hipótese em que responderá pessoalmente pelos danos causados à Companhia, por ter praticado ato irregular de gestão.

Em outras palavras: ainda que o ato do administrador cause danos à companhia, somente poderá ser imputada a ele responsabilidade pessoal se ficar demonstrado que as decisões tomadas foram calcadas com má-fé ou eivadas de ato ilícito.

---

[4] Art. 158 da Lei das S/A. "O administrador não é pessoalmente responsável pelas obrigações que contrair em nome da sociedade e em virtude de ato regular de gestão; responde, porém, civilmente, pelos prejuízos que causar, quando proceder: I - dentro de suas atribuições ou poderes, com culpa ou dolo; II - com violação da lei ou do estatuto".

[5] EIZIRIK, Nelson. *A Lei das S/A Comentada*. Volume II - Arts. 121 a 188. São Paulo: Quartier Latin, 2011, p. 400.

Nesse sentido, cabe ressaltar o art. 159, §6º, da Lei das S.A., o qual estabelece o princípio da *regra da decisão negocial*, que corresponde à já citada *business judgement rule*: "§6º O juiz poderá reconhecer a exclusão da responsabilidade do administrador se convencido de que este agiu de boa-fé e visando ao interesse da companhia".

De acordo com essa regra, presume-se que, ao tomar uma decisão empresarial, os administradores agem dotados de todos os conhecimentos e informações mercadológicas adequadas, em estrita boa-fé, acreditando que tal decisão está em perfeita consonância com os interesses sociais da companhia.

Para Nelson Eizirik, a *regra da decisão negocial*, capaz de isentar o administrador da companhia de responsabilidade, será aplicável se atendidos cumulativamente os seguintes requisitos objetivos:

(i) o administrador deve ter manifestado uma decisão, tendo em vista que esta regra não abrange as condutas omissivas (com exceção as decisões expressas de não se tomar qualquer medida);

(ii) o administrador deve agir de boa-fé e em prol do interesse social da companhia, não podendo atuar de forma a priorizar qualquer interesse pessoal em detrimento da companhia, agindo sem qualquer conflito de interesses;

(iii) o administrador deve ter tomado decisões com base em informações previamente obtidas a respeito do tema, cabendo demonstrar que sua atuação se deu de forma substanciada e diligente;

(iv) a atuação do administrador deve estar adstrita aos poderes que lhe são concedidos pela lei e/ou pelo estatuto social da companhia.

Em tais circunstâncias, as decisões tomadas diariamente por administradores de companhias não poderiam ser desafiadas por decisões judiciais ou, até mesmo, gerar qualquer tipo de responsabilização pessoal do administrador. Dessa forma, não haveria qualquer questionamento cabível com relação às decisões dos administradores eivadas dos princípios acima, ainda que tais decisões sejam posteriormente verificadas como inadequadas ou malsucedidas do ponto de vista do mercado.[6]

A finalidade dessa regra é justamente oferecer uma maior segurança jurídica aos administradores, visto que estes devem ser encorajados a correr os riscos que são inerentes a atividade empresarial que desempenham,[7] e devem ter a garantia de que não serão pessoalmente responsabilizados pelo insucesso comercial de suas decisões.

Com base no acima exposto, não faria sentido que o sistema legal brasileiro punisse administradores de companhias com a responsabilização pelos insucessos de seus atos regulares de gestão, sobretudo, porque muitas vezes, tais consequências do empreendimento empresarial advêm de fatores externos de mercado que fogem às suas respectivas esferas de controle.

Na mesma linha, já se pronunciou o Colegiado da CVM nos autos do Processo Administrativo Sancionador nº 8/2015:

> [...] a Lei das S.A estabelece que o administrador não é pessoalmente responsável em virtude de ato regular de gestão, conforme disposto em seu art. 158, não respondendo

---

[6] EIZIRIK, Nelson, *idem*, p. 416.

[7] EIZIRIK, Nelson *idem*. Apud Denis J. Block, Nancy e Barton, Stephan A. Radin. *The Business Judgement Rule – Fiduciary Duties or Corporate Directors*. New York: Aspen Law and Business, 1998.

por eventuais prejuízos de decisões bem informadas e tomadas de boa-fé. Assim, desde que o administrador tenha cumprido com seus deveres legais, contratuais e estatutários, ele não responde pelo eventual insucesso de sua decisão, inclusive porque o insucesso resulta, muitas vezes, de alguma situação de mercado sobre a qual o administrador não tem qualquer controle. [...]
Entende-se que eventual revisão posterior de decisão negocial deve restringir-se apenas ao processo que levou até ela, deixando de lado o mérito, a conveniência ou a oportunidade da medida.[8]

É justamente o que defende também Fábio Konder Comparato:

Em regra, na condução dos negócios sociais a obrigação do administrador é de meio, e não de resultado. Com isso, o administrador somente será responsável quando se provar a ausência do comportamento exigido, ou comportamento pouco diligente ou leal.[9]

Portanto, verificados os requisitos objetivos listados anteriormente, o administrador terá realizado um ato regular de gestão e não poderia, de forma alguma, ser responsabilizado por eventual insucesso do empreendimento.

2.1.1 Responsabilidade do administrador por atos dentro de suas funções (art. 158, I)

A hipótese de que trata o inciso I do art. 158 da Lei das S.A. refere-se à chamada responsabilidade subjetiva. Isto é: tendo o administrador atuado dentro de suas atribuições, a responsabilidade não pode ser presumida objetivamente. Deve, ao contrário, ser comprovado o elemento subjetivo da conduta que ensejou danos à companhia (culpa ou dolo).

Entende-se por conduta culposa quando são verificados os parâmetros estabelecidos no art. 186 do Código Civil,[10] compreendendo uma violação de um dever jurídico e as condutas negligentes, imperitas ou imprudentes. Já a conduta dolosa, de acordo com o art. 145 e ss. do Código Civil, são atos praticados deliberadamente com o intuito de causar dano à companhia.

De maneira geral, para que seja considerada a culpa do administrador, devem ser observadas falhas de cumprimento nos parâmetros objetivos do dever de diligência, estabelecido pelo próprio art. 153 da Lei das S.A.[11] Portanto, ainda que o administrador tenha atuado dentro de seus poderes e atribuições, será considerado como responsável caso seja comprovado que seus atos foram incompatíveis como a diligência que se espera de alguém que cumpre tal função, a partir de um juízo objetivo de culpabilidade.

---

[8] Na mesma esteira o Colegiado da CVM já se posicionou, a saber: Processo 21/04, julgado em 15.05.2017, Inquérito Administrativo 09/03, julgado em 25.01.06, Processo 2005/8542, julgado em 29.08.06, Processo 2005/1443, já citado, Processo 2005/0097, julgado em 15.03.07, Processo 2004/5392, julgado em 29.08.06, Processo 2004/3098, julgado em 25.01.05, Inquérito Administrativo 03/02, julgado em 12.02.04.

[9] COMPARATO, Fabio Konder. *Ensaio e pareceres de Direito Empresarial*. Rio de Janeiro: Forense,1978, p. 538.

[10] Art. 186 do Código Civil. "Aquele que, por ação ou omissão voluntária, negligência ou imprudência, violar direito e causar dano a outrem, ainda que exclusivamente moral, comete ato ilícito".

[11] Art. 153 da Lei das S.A. "O administrador da companhia deve empregar, no exercício de suas funções, o cuidado e diligência que todo homem ativo e probo costuma empregar na administração dos seus próprios negócios".

No que se refere aos atos dolosos, estes serão verificados quando o administrador, agindo dentro de suas responsabilidades, tanto legais, quanto estatutárias, busca de maneira deliberada prejudicar a companhia, desde que devidamente comprovados.

Em conclusão, na hipótese de o administrador causar dano à Companhia por meio de ato ou omissão, ainda que esteja atuando nos limites de sua esfera legal e estatutária, mas, entretanto, de forma não diligente, haveria nesse caso a obrigação de reparação dos danos que sua conduta causar à companhia, desde que comprovados os elementos fáticos necessários da culpa ou dolo, conforme aplicável.

Não obstante, se a culpa ou dolo não forem devidamente comprovados, o ato do administrador se presumirá regular e não acarretará nenhum tipo de responsabilidade ao administrador.

2.1.2 Responsabilidade do Administrador por violação legal ou estatutária (art. 158, II)

Por sua vez, o inciso II do artigo 158 trata da hipótese de responsabilidade do administrador por dano decorrente de conduta que viola dispositivo legal (sempre entendido em sentido amplo – como violação de qualquer norma jurídica, seja legal, estatutária ou regulamentar). Diversamente da hipótese citada no item anterior, estando caracterizado o ato ilícito praticado pelo administrador, haveria presunção relativa de culpa, cabendo, então, ao administrador responsável provar que agiu sem culpa ou dolo.

De acordo com boa parte da doutrina, a única defesa cabível ao administrador nessa hipótese é a comprovação de que, ainda que tenha sido seu ato contrário a lei ou ao estatuto social, era a única alternativa viável diante de uma determinada situação fática para atender o interesse social da empresa.[12]

Feito o levantamento legislativo e doutrinário passaremos a verificar de que maneira tais questões estão sendo vistas pelo controle do Tribunal de Contas da União (TCU), conforme metodologia de pesquisa que será detalhada a seguir.

3 Metodologia de busca de acórdãos

Para o levantamento dos acórdãos aqui destacados, cujas principais informações constam no Anexo Único, realizamos pesquisa no sítio eletrônico de "Jurisprudência" do TCU.[13] Os critérios de pesquisa, utilizados de maneira, combinada, foram *business judgment rule* e "empresa estatal".

Como recorte, fizemos o mapeamento de acórdãos do Plenário do TCU no qual as duas expressões tenham sido mencionadas, publicados após a veiculação da Lei das Empresas Estatais.

Como resultado, encontramos 14 acórdãos publicados, com base nos dois critérios de busca alocados de maneira conjunta, com veiculação entre as datas de 30 de junho de 2016 e 31 de dezembro de 2021. Com base nos critérios de pesquisa utilizados, outros

---

[12] FONTINI, Paulo Salvador. Responsabilidade dos Administradores em Face da Nova Lei das Sociedades por Ações. *Revista de Direito Mercantil, Industrial, Econômico e Financeiro*, São Paulo, v. 26, p. 46, 1977.

[13] Disponível em: https://pesquisa.apps.tcu.gov.br/#/pesquisa/acordao-completo. Último acesso em: 30 jan. 2022.

dois acórdãos foram encontrados, mas referentes a períodos não compreendidos entre a data-base pesquisada.

4 Análise de resultados encontrados

No Acórdão nº 2.733/2017, houve a decretação de indisponibilidade de bens de gestores de empresa estatal em função de suposta conduta omissiva na apuração de determinadas irregularidades que teriam causado danos ao patrimônio da empresa. Conforme o voto do Min. Rel. Benjamin Zymler:

> [...] em razão do cargo que ocupava e das propinas que supostamente recebeu, há indícios de que, no mínimo, o responsável agiu omissivamente para permitir a atuação do cartel e a consecução dos prejuízos dele decorrente. É irrelevante nesse contexto se o responsável detinha atribuições específicas de verificar a regularidade dos preços praticados, pois, com sua conduta permissiva em prejudicar a competitividade do certame, assumiu o risco da prática do superfaturamento.[14]

No Acórdão nº 678/2018, a condenação de gestores ocorreu pela suposta existência de "informações disponíveis no período que permitiam uma decisão mais refletida dos administradores"[15] a respeito dos negócios da empresa que não teriam sido observadas. Em função disso, houve a conclusão de que não "agiram em consonância com o dever de diligência, ou seja, tomaram uma decisão informada, refletida e ponderada".[16] [17]

No Acórdão nº 492/2019, entendeu-se que a teoria do *business judgment rule* não deveria ser aplicada, pois a decisão tomada pelos gestores não teria se amparado no dever de cautela necessário com vistas a impedir o ingresso de uma empresa que não reunia condições técnicas e econômico-financeiras suficientes para ser sócia da empresa estatal, ocasionando os danos discutidos no caso.[18]

---

[14] Acórdão TCU 2.733/2017, §69, do voto do Min. Rel. Benjamin Zymler.
[15] Acórdão nº 678/2018, §46, do Min. Rel. Benjamin Zymler.
[16] Acórdão nº 678/2018, §48, do Min. Rel. Benjamin Zymler.
[17] Continua o Min. Rel. Benjamin Zymler no Acórdão nº 678/2018:
"66. Nesse sentido, cabe destacar a possibilidade de responsabilização civil dos administradores que derem causa a prejuízo a companhia, mesmo que ajam dentro de suas atribuições ou poderes, nos termos do art. 158, inciso I, da Lei 6.404/1976: 'Art. 158. O administrador não é pessoalmente responsável pelas obrigações que contrair em nome da sociedade e em virtude de ato regular de gestão; responde, porém, civilmente, pelos prejuízos que causar, quando proceder: I - dentro de suas atribuições ou poderes, com culpa ou dolo.'
67. Conforme os arts. 153 e 154 da referida norma, os administradores estão sujeitos aos seguintes deveres: "Art. 153. O administrador da companhia deve empregar, no exercício de suas funções, o cuidado e diligência que todo homem ativo e probo costuma empregar na administração dos seus próprios negócios. Art. 154. O administrador deve exercer as atribuições que a lei e o estatuto lhe conferem para lograr os fins e no interesse da companhia, satisfeitas as exigências do bem público e da função social da empresa." 68. Ainda que fosse legítimo o investimento da Petrobras em usinas termelétricas, o que se admite apenas para argumentar, mesmo assim os administradores deveriam pautar suas decisões negociais, de avançar ou não em um dado empreendimento, segundo a possibilidade de lucro e satisfação dos fins e interesses da companhia.
69. Por essa razão, cabe a responsabilização dos administradores que se sujeitaram, sem o devido cuidado, à orientação do Poder Executivo e anuíram negócio jurídico absolutamente prejudicial ao interesse da companhia. Os gestores não incidiram em nenhuma excludente de culpabilidade nem de ilicitude, pois não agiram sob obediência hierárquica, nem por coação irresistível. Eles tinham plenas condições fáticas de obstarem o negócio, mas preferiram não fazê-lo, se rendendo a uma alegada coação do Poder Executivo, que, em verdade, não foi comprovada. Se agiram de forma temerária, são culpáveis e merecem ser sancionados".
[18] Acórdão nº 492/2019, §19, do voto do Min. Rel. Vital do Rêgo.

No Acórdão nº 2.619/2019, entendeu-se que a atuação do gestor de maneira responsável "não pode ser considerada como uma mera formalidade ou como um ato de cunho gerencial não passível de punição por parte do Tribunal, uma vez que se destina a manifestar expressa concordância com as análises técnicas precedentes de seus subordinados".[19] O gestor deve atuar com "razoável diligência, precipuamente se detentor de formação técnica como o ora defendente, [que] poderia detectar níveis de sobrepreço nesses patamares [discutidos no julgado]".[20]

Finalmente, merece destaque o Acórdão nº 784/2021, no qual se destacou que o princípio do *business judgment rule* não poderia ser invocado no caso concreto em virtude da falta de informação e de reflexão por parte dos responsáveis observadas de forma recorrente nas decisões em exame. Era esperada a observância do dever de diligência e de lealdade tanto dos ex-gerentes quanto dos então diretores da empresa estatal. Nessa linha, a proposição de documentos e orientações por parte das gerências para subsidiar a decisão da Diretoria Executiva faria parte de processo decisório propriamente dito, que se constituiria ato composto, com informações que haviam sido desconsideradas.[21]

5 Conclusão

Em conclusão, após a veiculação da Lei das Empresas Estatais, tem havido reiterado entendimento do TCU pela responsabilização de gestores de empresas estatais em função da ausência de observância do princípio do *business judgement rule*. Noutros termos: o TCU tem, efetivamente, analisado como determinadas decisões são tomadas em casos concretos pelas pessoas gestoras, fazendo com que, em diversos casos, haja a aplicação direta de sanções.

Isso faz com que haja atenção prática ao tema, especialmente para o fato de que as decisões empresariais dos gestores precisam, corriqueiramente, ser bem motivadas, à luz de todas as circunstâncias envolvidas no caso, sob pena de responsabilização das pessoas gestoras.

* * * * *

---

[19] Acórdão nº 2.619/2019, §112, do voto do Min. Rel. Benjamin Zymler.
[20] Acórdão nº 2.619/2019, §115, do voto do Min. Rel. Benjamin Zymler.
[21] Acórdão nº 784/2021, §90, do voto do Min. Rel. Vital do Rêgo.

ANEXO ÚNICO

QUADRO-RESUMO DOS ACÓRDÃOS ANALISADOS DO TCU

(continua)

Análises de acórdãos do Tribunal de Contas da União

	Informações do Acórdão	Ementa	Conduta questionada?	Condenação ou não do gestor?	Razão de decidir pela condenação?	Qual a penalidade imposta?
1.	Acórdão nº 3.052/2016 – Plenário. TC 026.363/2015-1. Rel. Min. Benjamin Zymler. Data da Sessão: 30/11/2016 – Ordinária.	RELATÓRIO DE AUDITORIA. IMPLANTAÇÃO DA REFINARIA ABREU E LIMA (RNEST). FALHAS GRAVES DE GESTÃO. NECESSIDADE DE APROFUNDAMENTO DOS ESTUDOS PARA QUANTIFICAÇÃO E QUALIFICAÇÃO DO DANO CAUSADO AOS COFRES PÚBLICOS. DETERMINAÇÕES. AUDIÊNCIA DOS RESPONSÁVEIS.	- Relatório: Item 168. "Destarte, com base nessa premissa, uma vez que o escopo do presente trabalho inclui a apuração das causas de prejuízo de US$ 14,5 bilhões, ocorrido em sociedade de economia mista controlada pela União, o padrão de conduta que servirá de base de comparação para efeitos de análise de responsabilidades será aquele imposto pelos deveres dos administradores fixados pela Lei das S/A". Item 317. "No entanto, a violação injustificada do dever de conduta imposto por normativo interno para conduzir seus gestores em matéria específica (aprovação de projetos de investimento), proteger o patrimônio da Companhia e dar a justa medida dos riscos que poderiam ser assumidos na condução dos negócios é evidência suficiente para caracterizar descumprimento das citadas obrigações de	Não, mas houve a determinação de audiência dos envolvidos para a prestação de esclarecimentos sobre os fatos imputados (item 9.1 do Acórdão).	Não houve condenação, mas a determinação de audiência se deu com base em supostos indícios de gestão temerária no desenvolvimento do projeto de investimento em pauta.	Não houve a aplicação de penalidade. De todo modo, no voto do Min. Rel. Benjamin Zymler, destaca-se o seguinte: "entendo tipificada a hipótese prevista no art. 43, inciso II, da Lei nº 8.443/1992 relativamente às ocorrências adiante especificadas. Dada a sua gravidade, cumpre salientar, potencializada pelo vulto dos valores envolvidos, sujeitam-se os responsáveis, uma vez não elididas as imputações, não apenas à multa prevista no art. 58, incisos II e III, da norma, mas, ainda, à sanção de inabilitação para o exercício de cargo ou função de confiança na Administração Pública, prevista no art. 60. Isso, naturalmente, sem prejuízo da eventual instauração, em momento posterior, de tomada de contas especial para reparação dos danos causados à Petrobras" (§115).

(continua)

Análises de acordãos do Tribunal de Contas da União

Informações do Acórdão	Ementa	Conduta questionada?	Condenação ou não do gestor?	Razão de decidir pela condenação?	Qual a penalidade imposta?
		meio, independentemente de ter havido dano para a estatal. O descumprimento injustificado de orientação interna, seja com dolo ou culpa, por imprudência ou negligência, significa extrapolação do limite de discricionariedade a eles atribuído e pode significar ousadia excessiva dos gestores". Item 722. A principal conclusão do trabalho é que a gestão da implantação da Refinaria Abreu e Lima se deu de forma irregular, resultando em um empreendimento inviável economicamente e ocasionando prejuízo aos cofres da Petrobras no valor de US$ 18,93 bilhões. A metodologia utilizada para quantificação do dano se caracteriza por uma visão econômica do empreendimento por toda sua vida útil, que reflete danos atuais, já incorridos, e danos futuros, relacionados à perspectiva insuficiente de			

(continua)

Análises de acórdãos do Tribunal de Contas da União

Informações do Acórdão	Ementa	Conduta questionada?	Condenação ou não do gestor?	Razão de decidir pela condenação?	Qual a penalidade imposta?
		gerar receitas. Essa quantificação possui suporte em estudo elaborado pela própria Petrobras, que indica o valor que a Rnest retira da estatal. Item 723. Com base nas evidências angariadas na auditoria restou assente que o Projeto Rnest não era economicamente viável desde as fases iniciais de implantação e os dirigentes jamais deveriam ter autorizado o início das obras.			
2. Acórdão nº 2.546/2017 – Plenário. TC 006.981/2014-3 [Apenso: TC 007.853/2015-7]. Rel. Min. Vital do Rêgo. Data da Sessão: 14/11/2017 – Extraordinária.	RELATÓRIO DE AUDITORIA. IMPLANTAÇÃO DO COMPLEXO PETROQUÍMICO DO RIO DE JANEIRO (COMPERJ). FALHAS GRAVES DE GESTÃO. NECESSIDADE DE APROFUNDAMENTO DOS ESTUDOS PARA QUANTIFICAÇÃO E QUALIFICAÇÃO DO DANO CAUSADO AOS COFRES PÚBLICOS. DETERMINAÇÕES. AUDIÊNCIA DOS	Relatório: Item 2. A referida deliberação resultou da auditoria originária realizada no período de maio a julho de 2014, decorrente do Acórdão 3.143/2013-TCU-Plenário, com o objetivo de avaliar a regularidade da gestão das obras do Complexo Petroquímico do Rio de Janeiro — Comperj.	Não, mas houve a determinação de audiência dos envolvidos para a prestação de esclarecimentos sobre os fatos imputados (item 9.1 do Acórdão).	Não houve condenação, mas a determinação de audiência se deu com base em supostos indícios de gestão temerária no desenvolvimento do projeto de investimento em pauta.	Não houve condenação.

(continua)

Análises de acórdãos do Tribunal de Contas da União

	Informações do Acórdão	Ementa	Conduta questionada?	Condenação ou não do gestor?	Razão de decidir pela condenação?	Qual a penalidade imposta?
		RESPONSÁVEIS.	Item 3. No âmbito da auditoria originária, foram elaboradas quatro questões principais de auditoria: 1) em quais projetos/contratos se identificam os principais desvios de prazo e custo observados nas obras do Comperj; 2) que decisões ou omissões deram causa aos principais desvios de prazo e custo observados nas obras do Comperj; 3) como se deu o processo de gerenciamento de riscos do empreendimento; e 4) qual o volume de recursos necessários para concluir as obras de implantação do Comperj. Item 4. As análises empreendidas pela equipe de auditoria culminaram em dois achados: falta de clareza na divulgação dos custos do Comperj e gestão temerária na implantação do complexo.			
3.	Acórdão nº 2.733/2017 TCU – Plenário.	REFINARIA ABREU E LIMA (RNEST). CONTRATO DAS TUBOVIAS. INDÍCIOS DE SUPERFATURAMENTO POR	Voto do Min. Rel.: "3. Mediante o Acórdão 2.428/2016-Plenário, foram	Embora ainda não tenha havido condenação, foi decretada medida	- Omissão de um dos administradores:	Acórdão: Item 9.1: "decretar cautelarmente, com fundamento art. 44, §2º, da

(continua)

Análises de acórdãos do Tribunal de Contas da União

	Informações do Acórdão	Ementa	Conduta questionada?	Condenação ou não do gestor?	Razão de decidir pela condenação?	Qual a penalidade imposta?
	TC 004.038/2011-8 [Apensos: TC 000.922/2013-7, TC 007.868/2015-4]. Rel. Min. Benjamin Zymler. Data da Sessão: 6/12/2017 – Ordinária.	PREÇOS EXCESSIVOS. AFARTADO. OITIVA PRÉVIA À REALIZAÇÃO DE MEDIDAS CAUTELARES. FUMAÇA DO BOM DIREITO E PERIGO NA DEMORA. DECRETAÇÃO DA INDISPONIBILIDADE DE BENS DOS RESPONSÁVEIS.	apurados indícios de sobrepreço no valor original de aproximados R$ 689 milhões, equivalente a significativos 19,4% do valor total do contrato ou 40,2% do valor da amostra (a execução do contrato encontra-se quase que integralmente finalizada). 4. Devido ao fato de a execução financeira do contrato encontrar-se quase que integralmente finalizada, verificou-se que o sobrepreço supracitado gerou um superfaturamento de R$ 682.404.146,73. Esse valor alcança a quantia de cerca de R$ 960 milhões com atualização monetária e incidência de juros de mora.".	cautelar contra os administradores da empresa estatal, que tiveram bens bloqueados.	"[...] se omitiu no seu poder-dever de adotar medidas administrativas para impedir a atuação das Empresas [...]" (voto do Min. Rel., §67). - Ausência de cuidados com dever geral de supervisão, bem como omissão e negligência na apuração de eventuais irregularidades anteriormente apontadas pelo TCU: "caberia ao administrador um dever geral de supervisão dos seus subordinados, o que parece não ter sido apropriadamente realizado [...] não há como afastar sua responsabilidade diante de sua omissão e negligência na apuração de irregularidades reiteradamente apontadas pelo Tribunal" (voto do Min. Rel., §73).	Lei nº 8.443/1992, c/c os arts. 273 e 274 do Regimento Interno deste Tribunal, pelo prazo de um ano, a indisponibilidade de bens dos responsáveis a seguir relacionados, envolvidos com o superfaturamento de R$ 960.962.757,70 no contrato 0800.005.7000.10-2 (Tubovias Rnest), devendo esta medida alcançar os bens considerados necessários para garantir o integral ressarcimento do débito em apuração imputado a cada responsável, ressalvados os bens financeiros necessários ao sustento das pessoas físicas e à continuidade das operações das pessoas jurídicas: [...]".
4.	Acórdão nº 678/2018 – Plenário. TC 018.402/2014-3.	TOMADA DE CONTAS ESPECIAL. SUPOSTAS IRREGULARIDADES NA CELEBRAÇÃO DE CONTRATO	Voto do Min. Rel.: "Até a aquisição das usinas pela Petrobras, em 2005 e 2006,	Sim, houve condenação.	Ausência de atuação cuidadosa e com diligência: "[...] os elementos acostados aos autos permitem concluir	Aplicação de multas aos responsáveis, com fulcro nos incisos I, II e III do art. 58 da

(continua)

Análises de acórdãos do Tribunal de Contas da União

Informações do Acórdão	Ementa	Conduta questionada?	Condenação ou não do gestor?	Razão de decidir pela condenação?	Qual a penalidade imposta?
Re. Min. Benjamin Zymler. Data da Sessão: 28/3/2018 – Extraordinária.	DE PARTICIPAÇÃO EM CONSÓRCIO PARA A CONSTRUÇÃO, OPERAÇÃO E MANUTENÇÃO DA USINA TERMELÉTRICA TERMOCEARÁ. SUPOSTA DISTRIBUIÇÃO IRREGULAR DE RISCO. DESCUMPRIMENTO DE DEVERES DE DILIGÊNCIA. SUPOSTO PREJUÍZO AO ERÁRIO POR CONTA DO AUMENTO INJUSTIFICADO DA TARIFA DE ALOCAÇÃO ENTRE O 2º TERMO DE COMPROMISSO E O CONTRATO DEFINITIVO. ASSINATURA DE TERMO DE COMPROMISSO SEM AUTORIZAÇÃO DA DIRETORIA E SEM PARECER JURÍDICO. CITAÇÃO E AUDIÊNCIA. NOTÍCIAS DE IRREGULARIDADES EXTRAÍDAS DA IMPRENSA SOBRE A OCORRÊNCIA DE ATOS DE CORRUPÇÃO NA AQUISIÇÃO DE TURBINAS. FATOS NÃO RELACIONADOS AOS OBJETOS DESTE PROCESSO. SUPOSTAS IRREGULARIDADES	a equipe de fiscalização do TCU estimou que a Petrobras teria pagado, a título de contribuição de contingência para as três usinas, aproximadamente, R$ 2,83 bilhões. Segundo a equipe, porém, o prejuízo causado pela assunção desproporcional de riscos não poderia ser quantificado, o que inviabilizou a citação dos gestores" (§34). "Além da conclusão de negócio jurídico antieconômico, a equipe de fiscalização verificou que o contrato foi celebrado sem EVTE, que o 2º Termo de Compromisso e o Contrato de Consórcio com a MPX (Termoceará) foram celebrados sem parecer jurídico e sem prévia aprovação da Diretoria Executiva e que houve aumento do valor das tarifas de capacidade no 2º Termo de Compromisso e o Acordo de Participação sem justificativas adequadas e reajuste do valor da tarifa com base na data do		que os agentes administrativos e administradores da Petrobras que participaram da celebração dos contratos preliminares e do acordo de participação não agiram segundo o padrão imposto pelo art. 153 da Lei nº 6.404/1976, ou seja, com o cuidado e a diligência que todo homem ativo e probo costuma empregar na administração dos seus próprios negócios" (§39 do Voto do Min. Rel.). "Sendo assim, a conduta esperada dos administradores da Petrobras era, diante do cenário do mercado apresentado, promover nova análise de risco do empreendimento a fim de tomar uma decisão mais informada e refletida sobre a continuidade ou não do negócio entabulado no 1º Termo de Compromisso" (§44 do Voto do Min. Rel.).	Lei nº 8.443/1992 (item 9.7 do Acórdão). Aplicação da sanção de inabilitação para o exercício de cargo em comissão ou função de confiança no âmbito da Administração Pública, nos termos do art. 60 da Lei 8.443/1992 (item 9.9 do Acórdão).

Análises de acórdãos do Tribunal de Contas da União

(continua)

Informações do Acórdão	Ementa	Conduta questionada?	Condenação ou não do gestor?	Razão de decidir pela condenação?	Qual a penalidade imposta?
	OCORRIDAS EM OUTRAS USINAS OPERADAS EM CONSÓRCIO INTEGRADO PELA PETROBRAS. AUTORIZAÇÃO PARA QUE A UNIDADE TÉCNICA AUTUE PROCESSO DE PRODUÇÃO DE CONHECIMENTO PARA A OBTENÇÃO DE PROVAS JUNTO A OUTRAS INSTÂNCIAS E A AVALIAÇÃO DA OPORTUNIDADE DE CONTROLE. JUNTADA DE RELATÓRIO DE COMISSÃO INTERNA DE INVESTIGAÇÃO DA PETROBRAS. FATOS QUE NÃO GUARDAM CONEXÃO COM AS OCORRÊNCIAS RELATADAS NESTE FEITO. DETERMINAÇÃO PARA AUTUAÇÃO DE PROCESSO APARTADO DE TOMADA DE CONTAS ESPECIAL. ACATAMENTO DAS ALEGAÇÕES DE DEFESA DOS RESPONSÁVEIS CITADOS. CONTAS REGULARES COM QUITAÇÃO PLENA. ACATAMENTO DAS RAZÕES DE JUSTIFICATIVA DE RESPONSÁVEL PELA PRESENÇA DE CLÁUSULA	2º Termo (5/2/2002), mas com o valor do Acordo de Participação (18/3/2002)" (§35).		"Em vez disso, a Diretoria da Petrobras preferiu aprovar o 2º Termo de Compromisso, assinado anteriormente pelo Sr. Antônio Luiz Silva de Menezes, sem o parecer prévio do Departamento Jurídico, e, na sequência, aprovar o contrato definitivo de participação no empreendimento, com o respaldo do escalão hierárquico imediatamente inferior" (§45 do Voto do Min. Rel.). "Por essa razão, cabe a responsabilização dos administradores que se sujeitaram, sem o devido cuidado, à orientação do Poder Executivo e anuíram negócio jurídico absolutamente prejudicial ao interesse da companhia. Os gestores não incidiram em nenhuma excludente de culpabilidade nem de ilicitude, pois não agiram sob obediência hierárquica, nem por coação irresistível. Eles tinham plenas condições	

(continua)

Análises de acórdãos do Tribunal de Contas da União

	Informações do Acórdão	Ementa	Conduta questionada?	Condenação ou não do gestor?	Razão de decidir pela condenação?	Qual a penalidade imposta?
		SUPRALEGAL EXCLUDENTE DA CULPABILIDADE. REJEIÇÃO DAS RAZÕES DE JUSTIFICATIVA DOS DEMAIS RESPONSÁVEIS. RECONHECIMENTO DA GRAVIDADE DOS FATOS. MULTA E INABILITAÇÃO PARA O EXERCÍCIO DE CARGO EM COMISSÃO OU FUNÇÃO DE CONFIANÇA NO ÂMBITO DA ADMINISTRAÇÃO PÚBLICA. CIÊNCIA AOS RESPONSÁVEIS E ÓRGÃOS INTERESSADOS.			fáticas de obstarem o negócio, mas preferiram não fazê-lo, se rendendo a uma alegada coação do Poder Executivo, que, em verdade, não foi comprovada. Se agiram de forma temerária, são culpáveis e merecem ser sancionados" (§69 do Voto do Min. Rel.).	
5.	Acórdão nº 1.839/2018 – Plenário TC-003.502/2016-3. Rel. Min. José Múcio Monteiro. Data da Sessão: 8/8/2018 – Ordinária.	AUDITORIA. AVALIAÇÃO DA CONDUTA DO CONSELHO DE ADMINISTRAÇÃO DA PETROBRAS EM RELAÇÃO AOS PROJETOS DAS REFINARIAS RNEST, COMPERJ E PREMIUM I E II. INDICATIVOS DE VULNERABILIDADES RELEVANTES NA GOVERNANÇA DO ESTADO EM RELAÇÃO À PETROBRAS. INDÍCIOS DE ATOS DE GESTÃO ILEGÍTIMOS E ANTIECONÔMICOS.	Relatório: "8. Em cumprimento ao Acórdão 2.824/2015-TCU-Plenário, relatado pelo Exmo. Ministro José Múcio, realizou-se a auditoria na Petróleo Brasileiro S/A, no período compreendido entre 18/04/2016 e 31/03/2017. O trabalho originou-se da auditoria realizada pelo TCU para apurar as causas e eventuais responsabilidades relacionadas à baixa contábil de R$ 2,8 bilhões lançada no	Não houve condenação.	Não houve condenação.	Não houve condenação.

(continua)

Análises de acórdãos do Tribunal de Contas da União

Informações do Acórdão	Ementa	Conduta questionada?	Condenação ou não do gestor?	Razão de decidir pela condenação?	Qual a penalidade imposta?
	O-TIVAS. CRIAÇÃO DE PROCESSO APARTADO PARA TRATAR DAS FRAGILIDADES NA GOVERNANÇA.	balanço patrimonial da Petrobras do 3º Trimestre de 2014, atribuída ao encerramento do projeto das refinarias Premium I e II (Fiscalização 78/2015 – TC 004.920/2015-5). 9. Naquele trabalho, apontou-se o achado de Gestão Temerária, caracterizado, basicamente, pelo descumprimento do dever de diligência por parte dos membros da Diretoria Executiva (DE) da Petrobras em decisões consideradas cruciais para a consubstanciação do prejuízo observado. 10. Em relação ao Conselho de Administração (CA) da empresa, vislumbrou-se, na Fiscalização 78/2015, possível omissão em relação ao seu dever estatutário e legal de fiscalizar a gestão da DE, visto que não se identificou naquele trabalho uma atuação sistemática por parte do CA no sentido de			

(continua)

Análises de acórdãos do Tribunal de Contas da União

Informações do Acórdão	Ementa	Conduta questionada?	Condenação ou não do gestor?	Razão de decidir pela condenação?	Qual a penalidade imposta?
		acompanhar o andamento físico-financeiro, nem de avaliar a viabilidade dos projetos de investimento das refinarias Premium, inobstante sua relevância estratégica para o atingimento da meta de ampliação da capacidade de refino da Petrobras no Brasil, bem como a gravidade das irregularidades observadas na gestão da DE na condução desses projetos".			
6. Acórdão nº 2.488/2018 – Plenário. Processo TC 022.981/2018-7. Re. Min. Benjamin Zymler. Data da Sessão: 31/10/2018 – Ordinária.	REPRESENTAÇÃO. PARCERIA FIRMADA COM FULCRO NA LEI Nº 13.303/2016. INDÍCIOS DE FALTA DE FUNDAMENTAÇÃO PARA CONTRATAÇÃO DIRETA. NÃO COMPROVAÇÃO DO EQUILÍBRIO ECONÔMICO-FINANCEIRO. INDÍCIOS DE CLÁUSULAS PREJUDICIAIS PARA A TELEBRAS. DETERMINAÇÕES. RETENÇÃO CAUTELAR DE VALORES. MONITORAMENTO.	Relatório: "Trata-se de representação formulada pela Secretaria de Fiscalização de Infraestrutura Hídrica, de Comunicações e de Mineração (SeinfraCom), em face de possíveis irregularidades na celebração do acordo de parceria celebrado pela empresa Telecomunicações Brasileiras S.A. (Telebras) e pela empresa estadunidense Viasat Inc., por meio de sua representante no Brasil, a empresa Viasat Brasil Serviços de Comunicações Ltda. (Viasat), com o fito de	Não.	Não houve condenação.	Não houve aplicação de penalidade.

(continua)

Análises de acórdãos do Tribunal de Contas da União

	Informações do Acórdão	Ementa	Conduta questionada?	Condenação ou não do gestor?	Razão de decidir pela condenação?	Qual a penalidade imposta?
			estabelecer o compartilhamento da receita decorrente da utilização da capacidade do Satélite Geoestacionário de Defesa e de Comunicações Estratégicas (SGDC), com possível afronta aos arts. 37, XXI, da Constituição Federal e 28, §§3º e 4º, da Lei 13.303/2016".			
7.	Acórdão nº 492/2019 –Plenário. Processo TC 002.564/2011-4 [Apensos: TC 003.805/2011-5, TC 006.930/2016-6, TC 033.405/2011-5]. Rel. Min. Vital do Rêgo. Data da Sessão: 13/3/2019 – Ordinária.	PEDIDO DE REEXAME. REPRESENTAÇÃO. FURNAS. ATO DE GESTÃO ANTIECONÔMICO POR OCASIÃO DA REESTRUTURAÇÃO SOCIETÁRIA DA EMPRESA SERRA DO FAÇÃO PARTICIPAÇÕES S.A. (SFP S.A.), EMPRESA DE PROPÓSITO ESPECÍFICO VOLTADA À CONSTRUÇÃO DA UHE SERRA DO FAÇÃO/GO. SANÇÃO DE ENCARGO POR RESERVA DE CRÉDITO IMPOSTA PELO BNDES, DECORRENTE A DESAPROVAÇÃO CADASTRAL DA NOVA SÓCIA DE FURNAS. ATO DE GESTÃO COM REFLEXOS	Relatório: "Cuidam os autos, originalmente, de representação formulada por unidade técnica do TCU acerca de supostas irregularidades, noticiadas pela imprensa nacional, relacionadas à aquisição, por parte da empresa pública Furnas Centrais Elétricas S.A., de ações da empresa privada Companhia Energética Serra da Carioca II (Cesc), com o objetivo de constituírem a empresa Serra do Fação Participações S.A., voltada à construção da Usina Hidrelétrica de Serra do Fação, em Goiás".	Sim, manutenção da condenação.	Voto do Min. Rel.: "7. Os recorrentes foram multados pela antieconomicidade e ilegitimidade de suas decisões no âmbito do Conselho de Administração de Furnas e da diretoria executiva, por autorizarem a alteração da composição societária da empresa Serra do Fação Participações S.A. (SFP), admitindo a substituição da Oliveira Trust Servicer S/A pela Cesc II, empresa recém-criada e que tinha capital social de apenas R$ 1.000,00. 8. Essa alteração resultou, como já dito, no pagamento de multa ao BNDES no valor	Multa.

(continua)

Análises de acórdãos do Tribunal de Contas da União

Informações do Acórdão	Ementa	Conduta questionada?	Condenação ou não do gestor?	Razão de decidir pela condenação?	Qual a penalidade imposta?
	ANTIECONÔMICOS. MULTA A ALGUNS RESPONSÁVEIS. ARGUMENTOS INSUFICIENTES PARA DESCONSTITUIR A DECISÃO RECORRIDA. NÃO PROVIMENTO. CIÊNCIA.	Voto do Min. Rel.: "Em apreço, pedido de reexame em processo de representação interposto por Luiz Fernando Silva de Magalhães Couto e Valter Luiz Cardeal de Souza contra o Acórdão 1.362/2015-TCU Plenário, mantido em relação aos referidos responsáveis em sede de embargos de declaração pelo Acórdão 2.280/2016-TCU-Plenário, por meio do qual o TCU aplicou multa no valor de R$ 15.000,00 aos recorrentes, em decorrência da aprovação da operação de reestruturação societária que permitiu o ingresso da Companhia Energética Serra da Carioca II (Cesc II), sem as cautelas suficientes à avaliação da real capacidade da nova parceira societária para habilitar-se ao financiamento do Banco Nacional de Desenvolvimento Econômico e Social (BNDES) necessário à consecução do empreendimento, o que gerou		de R$ 7.567.084,96, a título de encargo de reserva de crédito, em decorrência do atraso na assinatura do contrato de financiamento do empreendimento UHE Serra do Facão/GO, ocasionado pela reprovação pelo banco de fomento da inclusão da Cesc entre as empresas vinculadas ao aludido contrato". "19. Consoante o caso análogo trazido acima, a teoria do *business judgment rule* não deve ser aplicada na situação em tela, uma vez que a decisão tomada pelos recorrentes não se amparou no dever de cautela necessário com vistas a impedir o ingresso de uma empresa que não reunia condições técnica e econômico-financeira suficientes para ser sócia de Furnas na consecução da Usina Hidrelétrica de Serra do Facão/GO, por meio da sociedade de propósito específico Serra do Facão Participações S.A. O referido	

(continua)

Análises de acórdãos do Tribunal de Contas da União

Informações do Acórdão	Ementa	Conduta questionada?	Condenação ou não do gestor?	Razão de decidir pela condenação?	Qual a penalidade imposta?
		retardo na liberação do crédito em virtude da reprovação cadastral da nova sócia e consequentemente sanção de encargo por reserva de crédito imposta pelo BNDES, no valor de R$ 7.567.084,96" (§1º).		empreendimento estava orçado em R$ 600 milhões, enquanto a empresa Cesc II possuía capital social de apenas R$ 1.000,00, não tinha nenhuma experiência no setor elétrico, havia sido criada dias antes de ingressar na SFP, e era desconhecida dos demais membros da Sefac – Serra do Facão Energia S.A."	
8. Acórdão nº 2.619/2019 – TCU – Plenário. TC 028.533/2017-8 [Apenso: TC 014.254/2016-6]. Re. Min. Benjamin Zymler. Data da Sessão: 30/10/2019 – Ordinária.	TOMADA DE CONTAS ESPECIAL. OBRAS DE MODERNIZAÇÃO E ADEQUAÇÃO DO SISTEMA DE PRODUÇÃO DA REFINARIA DO VALE DO PARAÍBA – REVAP, EM SÃO JOSÉ DOS CAMPOS/SP. SOBREPREÇO DECORRENTE DE PREÇOS EXCESSIVOS ANTE O MERCADO. APURAÇÃO DO DANO ESTIMADO MEDIANTE TÉCNICAS DE ECONOMETRIA E DE ANÁLISE DE REGRESSÃO CONSAGRADAS INTERNACIONALMENTE. DESCONSIDERAÇÃO DE PERSONALIDADE JURÍDICA.	Relatório: Tomada de Contas Especial instaurada com vistas à apuração dos indícios de superfaturamento verificados em determinados contratos	Sim.	Voto do Min. Rel.: "111. O cargo exercido pelo defendente é de natureza eminentemente técnica, de sorte que seu ocupante deve contar com conhecimentos e habilidades que lhe permitam escolher os funcionários mais adequados para avaliar cada projeto, orientá-los quanto aos aspectos a serem observados e diretrizes a serem seguidas, assim como para revisar os trabalhos que lhe sejam submetidos em maior ou menor grau de minúcia, a depender dos riscos envolvidos em cada etapa da análise.	Recolhimento da dívida aos cofres da Petróleo Brasileiro S.A., atualizada monetariamente e acrescida dos juros de mora, calculados a partir das datas discriminadas, até a data do recolhimento, na forma prevista na legislação em vigor, abatendo-se na oportunidade os valores já ressarcidos (item 9.3 do Acórdão), além de multa, nos termos do art. 57 da Lei nº 8.443/1992, bem como inabilitação para o exercício de cargo em comissão ou função de confiança no âmbito da Administração Pública por um período de 8

Análises de acórdãos do Tribunal de Contas da União

Informações do Acórdão	Ementa	Conduta questionada?	Condenação ou não do gestor?	Razão de decidir pela condenação?	Qual a penalidade imposta?
	CITAÇÃO DOS RESPONSÁVEIS. REVELIA DE UM DOS RESPONSÁVEIS. ACOLHIMENTO DAS ALEGAÇÕES DE DEFESA DE OUTRO COM JULGAMENTO PELA REGULARIDADE DAS CONTAS E QUITAÇÃO PLENA. REJEIÇÃO DAS ALEGAÇÕES DE DEFESA DOS DEMAIS RESPONSÁVEIS. CONTAS IRREGULARES. DÉBITO. MULTA. INABILITAÇÃO PARA O EXERCÍCIO DE CARGO EM COMISSÃO OU FUNÇÃO DE CONFIANÇA. ARRESTO DE BENS.			112. A atuação do responsável não pode ser considerada como uma mera formalidade ou como um ato de cunho gerencial não passível de punição por parte do Tribunal, uma vez que se destina a manifestar expressa concordância com as análises técnicas precedentes de seus subordinados, os quais designou para análise (*culpa in eligendo*) e que tinha o dever de supervisionar (culpa in vigilando), chancela sem a qual as irregularidades não poderiam ser levadas a cabo. 113. Não só a importância do empreendimento, mas também o vulto da contratação e o elevado valor do seu aditamento (R$ 804 milhões e R$ 111 milhões, respectivamente) demandariam do responsável uma atuação mais diligente".	(oito) anos (item 9.6 do Acórdão).
9. Acórdão nº 2.688/2020 – Plenário.	TOMADA DE CONTAS ESPECIAL. PETROBRAS.	Relatório:	Sim, houve condenação.	Voto do Min. Rel.:	Pagamentos de débitos, nos valores fixados no Acórdão (itens 9.4, 9.5);

(continua)

(continua)

Análises de acórdãos do Tribunal de Contas da União

Informações do Acórdão	Ementa	Conduta questionada?	Condenação ou não do gestor?	Razão de decidir pela condenação?	Qual a penalidade imposta?
Processo TC 023.301/2015-5. Apensos: TC 034.884/2017-3; TC 034.882/2017-0; TC 034.885/2017-0; TC 021.481/2009-6; TC 034.868/2017-8; TC 034.887/2017-2; TC 034.874/2017-8; TC 034.875/2017-4; TC 034.886/2017-6; TC 034.878/2017-3; TC 034.880/2017-8; TC 034.894/2017-9; TC 034.881/2017-4; TC 034.876/2017-0; TC 034.892/2017-6; e TC 034.871/2017-9. Rel. Ministro-Substituto André Luis de Carvalho. Data da Sessão: 7/10/2020 – Telepresencial.	CONVERSÃO DO TC 021.481/2009-6 NESTA TCE POR FORÇA DC ACÓRDÃO 2.166/2015-PLENÁRIO. OBRAS DE MODERNIZAÇÃO DA REFINARIA PRESIDENTE GETÚLIO VARGAS – REPAR. CONTRATO Nº 0900.0043363.08.2 (CT 111). INDÍCIOS DE SUPERFATURAMENTO POR PREÇOS EXCESSIVOS. CELEBRAÇÃO DE ADITAMENTOS IRREGULARES. ANÁLISES A PARTIR, ENTRE OUTROS, DOS ELEMENTOS PROVENIENTES DA OPERAÇÃO LAVA-JATO. QUANTIFICAÇÃO DO DÉBITO. CITAÇÃO DOS RESPONSÁVEIS. REVELIA DE UM RESPONSÁVEL. PARCIAL ACOLHIMENTO DAS DEFESAS E EXCLUSÃO DA RESPONSABILIDADE PARA 9 (NOVE) AGENTES. PARCIAL REJEIÇÃO DAS DEFESAS E CONTAS IRREGULARES PARA 2 (DOIS) RESPONSÁVEIS. INTEGRAL REJEIÇÃO DAS DEFESAS E CONTAS IRREGULARES PARA	Trata-se de tomada de contas especial autuada a partir da conversão do TC 021.481/2009-6, por força do Acórdão 2.166/2015-TCU-Plenário, diante dos indícios de superfaturamento sob o valor original aproximado de R$ 743 milhões em determinado contrato.		"a) [...] teria deixado de observar os deveres previstos no art. 158 da Lei nº 6.404, de 1976, por ter atuado com imperícia, imprudência ou negligência em relação à necessária apuração dos ilícitos perpetrados na entidade"; b) teria "deixado de agir para prevenir, evitar ou impedir a prática desses ilícitos, por falhar no seu dever de diligência previsto no art. 153 da Lei nº 6.404, de 1976, e por ter atuado de forma reprovável em relação à deficiente supervisão e controle das irregularidades praticadas pelos seus subordinados" incorrendo em culpa in vigilando" (§61).	Pagamento de multa, nos termos do art. 58, III, da Lei 8.443, de 1992 (item 9.6 do Acórdão); Pagamento de multa, nos termos do art. 57 da Lei 8.443, de 1992 (itens 9.7 e 9.15 do Acórdão); Inabilitação, pelo período de 8 (oito) anos, para o exercício de cargo em comissão e de função de confiança no âmbito da administração federal, nos termos do art. 60 da Lei nº 8.443, de 1992, e do art. 270 do RITCU (itens 9.13 e 9.16 do Acórdão).

(continua)

Análises de acórdãos do Tribunal de Contas da União

	Informações do Acórdão	Ementa	Conduta questionada?	Condenação ou não do gestor?	Razão de decidir pela condenação?	Qual a penalidade imposta?
		14 (QUATORZE) RESPONSÁVEIS. DÉBITO. MULTA. INABILITAÇÃO TEMPORÁRIA PARA O EXERCÍCIO DE FUNÇÃO PÚBLICA NA ADMINISTRAÇÃO FEDERAL EM DESFAVOR DE 7 (SETE) RESPONSÁVEIS. SOLICITAÇÃO PARA O ARRESTO DOS BENS DOS RESPONSÁVEIS EM DÉBITO. RECONHECIMENTO DO TRATAMENTO FAVORECIDO EM PROL DOS COLABORADORES COM A JUSTIÇA. AUTUAÇÃO DE PROCESSO APARTADO PARA A APURAÇÃO DO EVENTUAL DÉBITO PELO INDEVIDO PAGAMENTO DOS TERMOS DE ADITAMENTO DE PRAZO POSTERIORMENTE AO ADITIVO Nº 14. DETERMINAÇÃO. CIÊNCIA.				
10.	Acórdão nº 2.750/2020 – Plenário.	RELATÓRIO DE AUDITORIA. IMPLANTAÇÃO DA REFINARIA ABREU E LIMA (RNEST). FALHAS GRAVES DE	Relatório: "1. Cuidam os autos de auditoria realizada no âmbito	Sim, houve condenação.	Voto do Min. Rel.: "De fato, na condição de diretores da empresa, os	Aplicação de multa, nos termos do art. 58, inciso II, da Lei nº 8.443/1992 (itens 9.1 a 9.12 do Acórdão);

(continua)

Análises de acórdãos do Tribunal de Contas da União

Informações do Acórdão	Ementa	Conduta questionada?	Condenação ou não do gestor?	Razão de decidir pela condenação?	Qual a penalidade imposta?
TC 026.363/2015-1 [Apenso: TC 027.402/2017-7]. Rel. Min. Benjamin Zymler. Data da Sessão: 14/10/2020 – Telepresencial.	GESTÃO. AUDIÊNCIA. REJEIÇÃO DAS RAZÕES DE JUSTIFICATIVA DE PARTE DOS RESPONSÁVEIS. MULTA E INABILITAÇÃO PARA O EXERCÍCIO DE CARGOS COMISSIONADOS NA ADMINISTRAÇÃO FEDERAL. REJEIÇÃO PARCIAL DAS RAZÕES DE OUTROS. MULTA. ACOLHIMENTO DAS DEMAIS.	do Fiscobras 2016, com o objetivo de avaliar a gestão da implantação da Refinaria Abreu e Lima (Rnest), construída no Complexo Portuário e Industrial de Suape, localizado no Município de Ipojuca, estado de Pernambuco. 2. Naquela fiscalização foram identificados atos decisórios irregulares, tomados em sequência por um grupo de diretores e gerentes executivos da Petrobras, responsáveis pelo planejamento e fiscalização das obras. O relatório da fiscalização concluiu que o empreendimento economicamente inviável causou prejuízo estimado em US$ 18,93 bilhões à Petrobras".		responsáveis não poderiam faltar com seus deveres para com a companhia, ainda que para prestigiar os interesses da União, acionista controlador (art. 154 da Lei n° 6.404/1976). De qualquer modo, o que aqui se questiona não é a participação da PDVSA no empreendimento, o que seria uma diretriz política e estratégica absolutamente legítima. Na verdade, como já mencionado, nem mesmo a aprovação do avanço de fase, tomada de per si, enseiaria censura do Tribunal. A falha realmente grave no episódio foi a autorização para a realização de investimentos irreversíveis numa obra com desenho incipiente e, mais importante, umbilicalmente associada a um plano de negócios bem maior – a possibilidade de exploração de petróleo na Venezuela – cujas balizas não estavam assentadas e sem nenhuma salvaguarda jurídica a	Inabilitação para o exercício de cargo em comissão ou função de confiança no âmbito da administração pública (item 9.16 do Acórdão).

Análises de acórdãos do Tribunal de Contas da União

Informações do Acórdão	Ementa	Conduta questionada?	Condenação ou não do gestor?	Razão de decidir pela condenação?	Qual a penalidade imposta?
				comprometer a empresa parceira" (§103). "Naturalmente, não se poderia exigir, e não se exige aqui, dos diretores de outras áreas conhecimento técnico aprofundado de aspectos específicos da área proponente. No entanto, não se pode olvidar que todos os diretores contavam com assessores especialistas e tinham pleno acesso aos técnicos da empresa que elaboraram os documentos integrantes do PSD. De toda sorte, o que se aponta como irregular na conduta dos responsáveis, a caracterizar negligência e desinformação, é apenas o que se apresenta como o desvio em relação ao comportamento esperado de um gestor mediano ao decidir: começar a execução de obra bilionária, inserida numa parceria essencial para a viabilidade do projeto e atingimento dos objetivos estratégicos da ação, sem prévio e formal	

(continua)

(continua)

Análises de acórdãos do Tribunal de Contas da União

	Informações do Acórdão	Ementa	Conduta questionada?	Condenação ou não do gestor?	Razão de decidir pela condenação?	Qual a penalidade imposta?
					comprometimento da empresa parceira e sem nem mesmo o projeto básico de engenharia do empreendimento" (§108).	
11.	Acórdão nº 2.916/2020 – Plenário. Processo TC 006.546/2017-0 [Apenso: TC 017.377/2015-3]. Rel. Min. Raimundo Carreiro. Data da Sessão: 28/10/2020 – Telepresencial.	Não há.	Relatório: "Cuidam os autos de tomada de contas especial instaurada por determinação do Acórdão 6.763/2016 - TCU - 1ª Câmara (Rel. Min. José Mucio), em desfavor de 28 responsáveis ligados à Diretoria Executiva, ao Conselho de Administração e ao Conselho Fiscal da Companhia de Geração Térmica de Energia Elétrica (CGTEE), em razão de aquisição de energia elétrica para revenda com prejuízo de R$ 17.871.518,40 no exercício de 2012 e com prejuízo de R$ 25.072.394,16 no exercício de 2013, com as finalidades de recompor "insuficiência de lastro" e de atender obrigações contratuais, bem como em virtude do pagamento da participação nos lucros e resultados (PLR) aos membros	Não houve condenação.	Não houve condenação.	Não houve penalidade.

(continua)

Análises de acórdãos do Tribunal de Contas da União

Informações do Acórdão	Ementa	Conduta questionada?	Condenação ou não do gestor?	Razão de decidir pela condenação?	Qual a penalidade imposta?
		da diretoria executiva nos exercícios de 2007 (no valor de R$ 79.264,84), de 2008 (no valor de R$ 65.481,35), de 2009, (no valor de R$ 51.008,01), de 2010 (no valor de R$ 62.147,76), de 2011 (no valor de R$ 84.577,52), de 2012 (no valor de R$ 95.691,17) e de 2013 (no valor de R$ 85.568,70)".			
12. Acórdão nº 784/2021 – Plenário. Processo TC 006.981/2014-3 [Apenso: TC 007.853/2015-7]. Rel. Min. Vital do Rêgo. Data da Sessão: 7/4/2021 – Telepresencial.	RELATÓRIO DE AUDITORIA. IMPLANTAÇÃO DO COMPLEXO PETROQUÍMICO DO RIO DE JANEIRO (COMPERJ). FALHAS GRAVES DE GESTÃO. ANÁLISE DAS RAZÕES DE JUSTIFICATIVA. PRESENÇA DE DANO AO ERÁRIO SEM CONVERSÃO EM DÉBITO. ACOLHIMENTO DE JUSTIFICATIVAS DE UNS E REJEIÇÃO DE OUTROS. MULTA. INABILITAÇÃO PARA EXERCÍCIO DE CARGO EM COMISSÃO OU FUNÇÃO DE CONFIANÇA NA ADMINISTRAÇÃO PÚBLICA. CIÊNCIA.	Relatório: "Cuidam os autos de auditoria realizada no âmbito do Fiscobras 2014, com o objetivo de avaliar a gestão das obras do Complexo Petroquímico do Rio de Janeiro (Comperj), situado em Itaboraí no Estado do Rio de Janeiro. 2. Após a constatação dos achados de falta de clareza na divulgação dos custos do Comperj e de gestão temerária na sua implantação, abriu-se manifestação à Petrobras. Diante dos elementos trazidos e da complexidade das análises, decidiu-se por	Sim.	Voto do Min. Rel.: "88. A alta administração tem o dever de conduzir os negócios por meio de tomada de decisão que poderá não se concretizar no melhor resultado para a companhia. Esse risco é intrínseco à área negocial, e o administrador não poderia ficar exposto à possibilidade de ser punido por escolhas que resultaram em prejuízos, não obstante ele tenha se cercado de todos os cuidados na hora de decidir. 89. Para avaliar se ele pode ser punido ou não, a doutrina enumera alguns requisitos	Aplicação de multa individual prevista no art. 58, inciso II, da Lei 8.443/1992 (item 9.1 do Acórdão); Pena de inabilitação para o exercício de cargo em comissão ou função de confiança no âmbito da administração pública (item 9.4 do Acórdão).

Análises de acórdãos do Tribunal de Contas da União

(continua)

Informações do Acórdão	Ementa	Conduta questionada?	Condenação ou não do gestor?	Razão de decidir pela condenação?	Qual a penalidade imposta?
		realizar inspeção para sanear as questões em aberto. 3. A citada inspeção, realizada no âmbito do Fiscobras 2016, identificou atos decisórios irregulares tomados em sequência por um grupo de diretores e gerentes executivos da Petrobras, responsáveis pelo planejamento e fiscalização das obras. O resultado foi um empreendimento economicamente inviável que causou prejuízo estimado em US$ 12,5 bilhões à Petrobras".		que devem ser observados para que os julgadores possam aplicar o *business judgment rule*, todos eles ligados aos principais deveres dos administradores: (i) decisão desinteressada e independente; (ii) respeito ao dever de diligência; (iii) presença de boa-fé; e (iv) não deve haver abuso de discricionariedade por parte do administrador. 90. Nessa seara, o princípio do *business judgment rule* não pode ser avocado no caso concreto em virtude da falta de informação e de reflexão por parte dos responsáveis observadas de forma recorrente nas decisões aqui em exame. Era esperado observância do dever de diligência e de lealdade tanto dos ex-gerentes quanto dos então diretores. A proposição de documentos e orientações por parte das gerências para subsidiar a decisão da Diretoria Executiva faz parte do processo decisório	

(continua)

Análises de acórdãos do Tribunal de Contas da União

	Informações do Acórdão	Ementa	Conduta questionada?	Condenação ou não do gestor?	Razão de decidir pela condenação?	Qual a penalidade imposta?
13.	Acórdão nº 2.519/2021 – Plenário. Processo TC 004.981/2011-1. Rel. Min. Benjamin Zymler. Data da Sessão: 20/10/2021 – Telepresencial.	RELATÓRIO DE AUDITORIA. DEFICIENTE GESTÃO DA CARTEIRA DE RECEBÍVEIS DA BR DISTRIBUIDORA. SUPOSTA ATUAÇÃO EM DESACORDO COM OS DEVERES DE DILIGÊNCIA E LEALDADE DOS ADMINISTRADORES EM FUNÇÃO DO CRESCIMENTO DA DÍVIDA DAS EMPRESAS GERADORAS DOS SISTEMAS ISOLADOS SEM A ADOÇÃO DE MEDIDAS CONCRETAS PARA A COBRANÇA E O EQUACIONAMENTO DA DÍVIDA. SUBSTITUIÇÃO DA SISTEMÁTICA DE FINANCIAMENTO DA INSUFICIÊNCIA DE CAIXA DA BR DISTRIBUIDORA, A PARTIR DA ASSINATURA DE CONTRATO DE MÚTUO, COM AUMENTO DE CUSTOS PARA A COMPANHIA. DESCUMPRIMENTO DAS OBRIGAÇÕES DO TESOURO NACIONAL PERANTE A CDE.	Relatório: Cuidam os autos de relatório de auditoria na empresa Petrobras Distribuidora S/A (BR Distribuidora), realizado pela Secretaria de Controle Externo, com vistas a verificar a atuação dessa companhia no financiamento de atividades econômicas de seus clientes e avaliar a gestão de sua carteira de recebíveis.	Não houve condenação.	Não houve condenação. propriamente dito, que se constitui um ato composto".	Não houve condenação.

(continua)

	Análises de acórdãos do Tribunal de Contas da União				
Informações do Acórdão	Ementa	Conduta questionada?	Condenação ou não do gestor?	Razão de decidir pela condenação?	Qual a penalidade imposta?
	AUDIÊNCIAS DOS MEMBROS DA DIRETORIA E DOS MEMBROS DO CONSELHO DE ADMINISTRAÇÃO. OITIVA DO TESOURO NACIONAL. ACOLHIMENTO DAS RAZÕES DE JUSTIFICATIVA DE ALGUNS MEMBROS DO CONSELHO DE ADMINISTRAÇÃO, QUE DEMONSTRARAM AGIR DE ACORDO COM A LEI. ACOLHIMENTO PARCIAL DAS RAZÕES DE JUSTIFICATIVA DOS DEMAIS GESTORES, DEVIDO À PRESENÇA DE CAUSA EXCLUENTE DE CULPABILIDADE E À NÃO OCORRÊNCIA DE DANO EM CONCRETO, POR CONTA DA ASSINATURA DO CONTRATO DE MÚTUO. CIÊNCIA DO ACÓRDÃO À SEGECEX.				
14. Acórdão nº 981/2017 – Plenário. Processo TC 031.029/2013-2	SUMÁRIO: RELATÓRIO DE AUDITORIA. OMISSÃO NA APLICAÇÃO DE SANÇÕES DIANTE DO ATRASO NA OBRA DE CONSTRUÇÃO DAS TUBOVIAS DO COMPLEXO	Relatório: Trata-se de auditoria realizada nas obras de construção das tubovias do Comperj no período de 4/11 a 6/12/2013, no âmbito do Fiscobras/2014. O	Sim.	Descumprimento do dever de diligência. O que se discute, no caso em questão, é a conduta esperada da dirigente máxima da	Multa.

(continua)

Análises de acórdãos do Tribunal de Contas da União

Informações do Acórdão	Ementa	Conduta questionada?	Condenação ou não do gestor?	Razão de decidir pela condenação?	Qual a penalidade imposta?
Rel. Min. Ana Arraes Data da Sessão: 17/05/2017 – Ordinária	PETROQUÍMICO DO RIO DE JANEIRO - COMPERJ. AUDIÊNCIA. ACOLHIMENTO DAS JUSTIFICATIVAS DE UM RESPONSÁVEL. REJEIÇÃO DAS DOS DEMAIS. MULTA. DETERMINAÇÃO. CIÊNCIA.	escopo desta instrução é examinar as razões de justificativa relativas às audiências determinadas pelo Acórdão 908/2014-TCU-Plenário, em razão da possível omissão na aplicação de sanções diante do atraso na obra de construção das tubovias no Comperj.		Companhia. Ainda que não tivesse acesso regular aos já mencionados boletins mensais da Área Estratégica Corporativa – o que, como dito há pouco, já seria altamente improvável –, é inadmissível que a presidente da empresa não tenha apontado, em suas justificativas, iniciativas por ela adotadas para acompanhar e corrigir problemas naquele que, como mencionado, era o principal contrato de uma etapa crítica do maior empreendimento da história da Companhia por ela dirigida e um dos maiores projetos de investimento da história do Brasil. 37. Tal omissão caracteriza, indiscutivelmente, descumprimento dos deveres de diligência e de supervisão ínsitos ao cargo por ela exercido, conduta que caracteriza infração aos deveres legais dos administradores previstos nos arts. 153, 154 e 155 da Lei 6.404/1976 e grave infração a	

(conclusão)

Análises de acórdãos do Tribunal de Contas da União

Informações do Acórdão	Ementa	Conduta questionada?	Condenação ou não do gestor?	Razão de decidir pela condenação?	Qual a penalidade imposta?
				norma legal e a sujeita à penalidade cuja aplicação se proporá a este colegiado com base no art. 58, inciso II, da Lei nº 8.443/1992. Rejeito, assim, as justificativas apresentadas pela ex-presidente da Companhia, devendo as atenuantes acima descritas ser consideradas na definição do valor da multa a ser aplicada.	

Informação bibliográfica deste texto, conforme a NBR 6023:2018 da Associação Brasileira de Normas Técnicas (ABNT):

SAADI, Mário; VIEIRA, Matheus Palhares. Responsabilidade de administradores de empresas estatais por atos de gestão empresarial: como o TCU enxerga a questão? *In*: CONTI, José Maurício; MARRARA, Thiago; IOCKEN, Sabrina Nunes; CARVALHO, André Castro (coord.). *Responsabilidade do gestor na Administração Pública*: aspectos fiscais, financeiros, políticos e penais. Belo Horizonte: Fórum, 2022. p. 27-63. ISBN 978-65-5518-411-2. v.2.

RESPONSABILIZAÇÃO FINANCEIRA DOS CHEFES DE PODER EXECUTIVO PELOS TRIBUNAIS DE CONTAS

DONATO VOLKERS MOUTINHO

1 Introdução

Com a inevitável[1] adoção do instituto da representação nas democracias contemporâneas, a responsabilidade pela execução e direção das atividades estatais é atribuída a representantes, que as exercem em nome da sociedade e assumem o compromisso de fazê-lo não para vantagem própria, mas em benefício da coletividade.

Para bem cumprir suas funções, como ensinava Rui Barbosa, tais homens públicos devem ser pessoas de confiança, sábias e inteligentes, probas e transparentes, altruístas e leais, atentas à lei e à justiça.[2] Todavia, ainda que atendam aos exigentes requisitos defendidos pelo "Águia de Haia", os agentes públicos de modo algum estarão à altura das figuras ideais de intelecto, caráter e virtude dos anjos que, na fantasia de James Madison,[3] dispensariam a necessidade de controle sobre suas atividades.

Na vida real, por maiores que sejam, as habilidades, conhecimentos e atitudes das pessoas encarregadas dos governos e demais atividades públicas, nunca se aproximam do ideal madisoniano, de modo que a desconfiança nutrida pelos cidadãos em relação aos que detêm o poder é natural, esperada, razoável e desejável.[4] Em verdade, tendo em vista as limitações inerentes à natureza humana dos representantes, os riscos

---

[1] De acordo com Robert Alan Dahl, a representação é a mudança mais óbvia, em relação à antiga democracia, decorrente da mudança de escala do Estado e é "[...] adotada como um elemento essencial da democracia moderna", cf. DAHL, Robert Alan. *Democracy and its critics*. New Haven: Yale University Press, 1989. p. 215 (tradução nossa).

[2] BARBOSA, Rui. *A imprensa e o dever da verdade*. São Paulo: Com-Arte, 1990. p. 43.

[3] MADISON, James. The Federalist, No. LI: The structure of government must furnish the proper checks and balances between the different departments. *In*: *The Constitution of the United States of America*: and selected writings of the founding fathers. New York: Barnes & Noble, 2012. p. 486.

[4] O'DONNELL, Guillermo. Horizontal accountability: the legal institutionalization of mistrust. *In*: MAINWARING, Scott; WELNA, Christoper. *Democratic accountability in Latin America*. New York: Oxford University Press, 2003. p. 41.

decorrentes da representação[5] exigem a adoção de um aparato institucional que incentive a tomada de decisões sempre no melhor interesse do povo, reduza a assimetria de informação entre governantes e governados e desencoraje a corrupção.

A resposta das instituições democráticas aos riscos inerentes à representação, voltada a mitigá-los, é a *accountability*,[6] aqui entendida como a relação em que um ou mais agentes públicos são limitados em sua discricionariedade, na medida em que têm a obrigação de prestar contas a outros agentes, os quais detêm a capacidade de sancionar ou premiar os responsabilizados.

Nas democracias, o principal instrumento de *accountability* é a seleção dos governantes e parlamentares por meio de eleições periódicas, nas quais os eleitores podem utilizar o seu voto para premiar os ocupantes anteriores ou atuais do poder, com a sua recondução ou indicação de quem eles apoiam ao cargo, ou para puni-los, com a escolha de seus opositores. Entretanto, como mostram Larry Diamond, Marc F. Plattner e Andreas Schedler,[7] por si só, as eleições são fracas demais para responsabilizar um governo e manter o poder do Estado sob controle, ainda que sejam competitivas, livres e justas.

É que, no momento da escolha, os eleitores não utilizam o seu voto apenas para responsabilizar os agentes públicos, numa visão retrospectiva. Ao contrário, James D. Fearon[8] observou que eles primordialmente utilizam as eleições com uma visão prospectiva, para escolha dos que, segundo seu julgamento, serão provavelmente os melhores agentes no próximo mandato, considerando, além do histórico dos candidatos, as políticas que estes prometem implementar. Na verdade, como alerta Jeremy Waldron,[9] a multiplicidade de aspectos envolvidos na política moderna torna a conexão do sufrágio com a *accountability* muito complexa.

Em consequência, os eleitores geralmente não são capazes de vincular os governos às suas instruções e possuem limitado potencial para assegurar que os representantes ajam em seu melhor interesse e façam tudo o que puderem para maximizar o bem-estar dos cidadãos. Nesse contexto de insuficiente eficácia da *accountability* eleitoral, torna-se imprescindível submeter os agentes públicos, em geral, e os governantes, em particular, em todos os campos de sua atuação, ao dever de prestar contas a instituições públicas, às quais é atribuída a missão de atuar como controladores.

---

[5] Embora viabilize os regimes democráticos em larga escala, a representação política tem efeitos colaterais relevantes, entre os quais Luís Felipe Miguel destaca a tomada de decisões por um pequeno grupo, no lugar da maioria, a baixa rotatividade dos representantes e o distanciamento entre as vontades de representantes e representados, cf. MIGUEL, Luís Felipe. Impasses da *accountability*: dilemas e alternativas da representação política. *Revista de Sociologia e Política*, Curitiba, n. 25, p. 25-38, nov. 2005. p. 26-27.

[6] Cf. O'DONNELL, Guillermo. Delegative democracy. *Journal of Democracy*, Washington, v. 5, n. 1, p. 55-69, Jan. 1994. p. 61-62; MIGUEL, Luís Felipe. Impasses da *accountability*: dilemas e alternativas da representação política. *Revista de Sociologia e Política*, Curitiba, n. 25, p. 25-38, nov. 2005. p. 27; e MOTA, Ana Carolina Yoshida Hirano de Andrade. *Accountability no Brasil*: os cidadãos e seus meios institucionais de controle dos representantes. 2006. 243 f. Tese (Doutorado em Ciência Política) – Departamento de Ciência Política, Faculdade de Filosofia, Letras e Ciências Humanas, Universidade de São Paulo, São Paulo, 2006. f. 232.

[7] SCHEDLER, Andreas; DIAMOND, Larry; PLATTNER, Marc F. Introduction. In: *The self-restraining state*: power and accountability in new democracies. Boulder: Lynne Rienner Publishers, 1999. p. 2.

[8] FEARON, James D. Electoral accountability and the control of politicians: selecting good types versus sanctioning poor performance. In: PRZEWORSKI, Adam; STOKES, Susan C.; MANIN, Bernard (org.). *Democracy, accountability, and representation*. Cambridge: Cambridge University Press, 1999. p. 56-57.

[9] WALDRON, Jeremy. *Accountability*: fundamental to democracy. School of Law, New York University. New York: New York School of Law, 2014 (Public Law & Legal Theory Reserch Paper Series; Working Paper n. 14-13, apr. 2014). p. 14-15.

Devendo conduzir os negócios do Estado com o objetivo de satisfazer as necessidades públicas, os governantes levam os entes públicos a explorarem seu patrimônio, imporem tributos e se endividarem, enquanto aplicam os recursos auferidos na consecução das finalidades públicas, na forma definida no orçamento aprovado pelo parlamento.[10] Tal intensa atividade financeira[11] implica a inteira sujeição dos governantes à prestação de contas no âmbito da gestão contábil, financeira, orçamentária e patrimonial da Administração Pública.

Assim, é seu dever apresentar todas as informações e argumentos que evidenciem a correção de sua atuação em relação à imposição de tributos e ao endividamento público, à administração dos recursos auferidos, do patrimônio público e da dívida pública, bem como à realização das despesas públicas, tanto aos eleitores e à sociedade de maneira geral como perante os órgãos estatais encarregados de exercer a fiscalização contábil, financeira, orçamentária e patrimonial.

No país, a Constituição da República Federativa do Brasil de 1988 (CRFB/1988) consagra como fundamental a *accountability* contábil, financeira, orçamentária, operacional e patrimonial da administração direta e indireta, de todos os poderes e órgãos independentes de todas as esferas federativas, na medida em que o parágrafo único de seu art. 70 exige que todo aquele que manejar recursos públicos deve prestar contas. Na outra face da moeda, o *caput* desse artigo estabelece que a fiscalização deve ser exercida, concomitantemente, mediante controle interno e externo.

Portanto, a Constituição requer o funcionamento do controle interno em cada poder e órgão autônomo, subordinado diretamente ao dirigente máximo deste, cujas atribuições, segundo o art. 74 da CRFB/1988, vão do controle de legalidade ao de resultados. Por outro lado, na sistemática constitucional, o controle externo é imputado aos parlamentos, que não o exercem isoladamente, uma vez que, nessa seara, parcela das competências é conferida aos Tribunais de Contas.

Na distribuição de competências de controle externo entre o Poder Legislativo e as cortes de contas, a CRFB/1988 atribui a estas um extenso rol, delimitado nos seus arts. 31, §§1º e 2º, 33, §2º, 71, incisos I a XI e §§1º e 2º, 72, §2º, 74, §§1º e 2º, 75 e 167-A, §6º. Adicionalmente, a legislação infraconstitucional pode acrescer a tal relação outras atribuições, desde que compatíveis com aquelas constitucionalmente previstas.

Dessa maneira, por exemplo, é papel dos Tribunais de Contas a realização de auditorias e inspeções nas unidades administrativas dos poderes Legislativo, Executivo e Judiciário e dos órgãos autônomos, incluindo a administração direta e indireta, assinar prazo para que adotem as providências necessárias ao exato cumprimento da lei, se verificada ilegalidade, e sancionar os responsáveis por ilegalidade de despesa ou irregularidade de contas.

Também é sua competência, conforme o art. 71, inciso II, da CRFB/1988, o julgamento das contas prestadas pelos administradores e demais responsáveis por dinheiros, bens e valores públicos e as contas daqueles que derem causa a perda, extravio ou

---

[10] Em sociedades democráticas e republicanas, deve ser coletiva a decisão a respeito de quais necessidades devem ser satisfeitas pelo Estado, cf. STIGLITZ, Joseph E.; ROSENGARD, Jay K. *Economics of the Public Sector*. 4. ed. New York: W.W. Norton & Company, 2015. p. 14.

[11] A atividade financeira do Estado compreende "[...] a arrecadação de receitas, orçamento, despesas, controle, partilha federativa e responsabilidade fiscal", cf. CONTI, José Maurício. *O planejamento orçamentário da Administração Pública no Brasil*. São Paulo: Blucher, 2020. p. 36.

outra irregularidade de que resulte prejuízo ao erário público. Todavia, embora sejam apreciadas pelas cortes de controle externo, o julgamento das contas prestadas especificamente pelos chefes de Poder Executivo cabe às casas legislativas, por força dos arts. 31, §2º, 49, inciso IX, 71, inciso I, e 75 da Constituição.

Percebe-se, portanto, um tratamento diferenciado das contas prestadas por presidentes da República, governadores e prefeitos em relação àquelas dos demais responsáveis por dinheiros, bens e valores públicos, que se justifica na ampla gama de atribuições políticas e administrativas, que confere a eles proeminência em relação às demais autoridades públicas, na condição de principais condutores dos negócios públicos em seu âmbito de atuação. O legislador constituinte entendeu que suas contas não deveriam ser julgadas por um órgão puramente técnico da burocracia, mas pelos legítimos representantes da população, que saberiam ponderar adequadamente o impacto de sua figura nos rumos econômicos e sociais da nação, regionais ou locais, conforme o caso, na estabilidade governamental e na prestação dos serviços públicos.[12]

Reconhecida tal distinção, é necessário entender as suas consequências para o funcionamento do sistema constitucional de controle e delimitar a atuação dos encarregados pelo controle externo – parlamentos e tribunais de contas – em relação às figuras dos governantes.

Por exemplo, a divergência acerca de qual das duas instituições seria a competente para julgar as contas de prefeitos que ordenassem despesas persistiu por quase três décadas, com insegurança e modificações de jurisprudência, especialmente, no âmbito da justiça eleitoral. Nessa demarcação, não sem reação contrária da comunidade das cortes de controle externo e de relevante parcela da doutrina especializada,[13] o

---

[12] Cf. MOUTINHO, Donato Volkers. *Contas dos governantes*: apreciação das contas dos chefes de Poder Executivo pelos tribunais de contas do Brasil. São Paulo: Blucher, 2020. p. 166-184 e 253.

[13] GARCIA, Viviane Macedo. Competência para julgamento das contas municipais de governo e de gestão: análise da jurisprudência do Supremo Tribunal Federal. *Revista Brasileira de Direito Eleitoral – RBDE*, Belo Horizonte, v. 9, n. 16, p. 171-201, jan./jun. 2017. p. 183; MOTTA, Fabrício. Julgamento dos prefeitos municipais: apreciação crítica da mudança imposta pelo Supremo Tribunal Federal. *Fórum Municipal & Gestão das Cidades – FMGC*, Belo Horizonte, v. 4, n. 15, p. 38-44, jul./set. 2016. p. 38; WILLEMAN, Marianna Montebello. *A accountability democrática e o desenho institucional dos tribunais de contas no Brasil*. 2. ed. Belo Horizonte: Fórum, 2020. p. 290; COUTINHO, Doris de Miranda. A inelegibilidade decorrente de decisões dos tribunais de contas pela prática de ato doloso de improbidade administrativa – condutas vedadas a agentes públicos. *Fórum Administrativo – FA*, Belo Horizonte, v. 16, n. 187, p. 36-51, set. 2016. p. 50-51; COUTINHO, Doris de Miranda. *Prestação de contas de governo*: relação entre o parecer prévio elaborado pelo Tribunal de Contas do Estado do Tocantins e o julgamento das contas pelo Legislativo referente aos exercícios de 2013 a 2015. 2019. 469 f. Dissertação (Mestrado Profissional em Prestação Jurisdicional e Direitos Humanos) – Escola Superior da Magistratura Tocantinense, Palmas, 2019. f. 210; LIMA, Luiz Henrique. O controle da responsabilidade fiscal e os desafios para os tribunais de contas em tempos de crise. *In*: LIMA, Luiz Henrique; OLIVEIRA, Weder de; CAMARGO, João Batista (coord.). *Contas governamentais e responsabilidade fiscal*. Belo Horizonte: Fórum, 2017. p. 133 e 137; CUNHA, Isaias Lopes da. A auditoria contábil financeira e o julgamento das contas públicas. *In*: LIMA, Luiz Henrique; OLIVEIRA, Weder de; CAMARGO, João Batista (coord.). *Contas governamentais e responsabilidade fiscal*. Belo Horizonte: Fórum, 2017. p. 263-264; ASSOCIAÇÃO DOS MEMBROS DOS TRIBUNAIS DE CONTAS DO BRASIL. *Nota pública sobre decisão do STF que retira dos Tribunais de Contas a competência para julgar contas de prefeito ordenador de despesa*. Brasília, 11 ago. 2016. Disponível em: http://www.atricon.org.br/imprensa/nota-publica-sobre-o-re-848826/. Acesso em: 13 fev. 2022; ASSOCIAÇÃO DOS MEMBROS DOS TRIBUNAIS DE CONTAS DO BRASIL. *Resolução n. 4, de 25 de agosto de 2016*. Aprova recomendações para fins de aplicação no âmbito dos Tribunais de Contas da tese jurídica de repercussão geral editada pelo STF, em sede do RE 848.826/DF. Disponível em: http://www.atricon.org.br/wp-content/uploads/2016/09/Resolu%C3%A7%C3%A3o-Atricon-04-2016.doc.pdf.pdf. Acesso em: 13 fev. 2022; e ASSOCIAÇÃO DOS MEMBROS DOS TRIBUNAIS DE CONTAS DO BRASIL. *Nota explicativa à Resolução n. 4, de 25 de agosto de 2016*. Aprova recomendações para fins de aplicação no âmbito dos Tribunais de Contas da tese jurídica de repercussão geral editada pelo STF, em sede do RE 848.826/DF. Disponível em: http://www.atricon.org.br/wp-content/uploads/2016/09/NOTA-EXPLICATIVA-RESOLU%C3%87%C3%83O-04-2016.pdf. Acesso em: 13 fev. 2022.

Supremo Tribunal Federal (STF) decidiu que a competência para julgar as contas dos chefes de Poder Executivo ordenadores de despesas é do Poder Legislativo. Esse foi o entendimento por ele exarado em 1992, no julgamento do Recurso Extraordinário (RE) nº 132.747- 2/DF, e confirmado em 2016, no RE nº 848.826/DF, agora com a fixação de tese no tema de Repercussão Geral nº 835.[14]

No caso, a interpretação da CRFB/1988 que o STF adotou é a correta, pois conforme se verifica nos arts. 49, inciso IX, e 71, incisos I e II, da CRFB/1988, o critério definido, pelo constituinte, para a seleção do regime jurídico ao qual deve se submeter o julgamento de determinadas contas públicas, é o cargo ocupado por quem tem a responsabilidade de prestá-las. Por conseguinte, sendo elas prestadas por governante, qualquer que seja o seu conteúdo, o juízo deve ser parlamentar. Sendo qualquer outro responsável, a competência para julgar as contas é do Tribunal de Contas. O conteúdo das contas, se de governo ou de gestão, não é previsto no texto constitucional como critério para definir o regime jurídico aplicável ao julgamento das contas.[15]

Entretanto, a definição acerca da competência para o julgamento das contas dos governantes cria novas questões referentes ao comportamento do sistema constitucional de controle. É necessário investigar qual o impacto da ausência de competência para julgar tais contas no exercício das demais atribuições das cortes de controle externo em relação à atuação desses agentes públicos na gestão contábil, financeira, orçamentária, patrimonial e operacional da Administração Pública.

É nesse filão que se encaixa o objeto deste trabalho, a saber, a responsabilidade financeira dos chefes de Poder Executivo. Seu objetivo é entender se a ausência de competência para julgar as contas de presidentes da República, governadores de estado e do Distrito Federal (DF) e prefeitos municipais impede os Tribunais de Contas de sancioná-los ou lhes imputar débito.

Em geral, a dinâmica de imputação de débito e aplicação de multa e/ou outras sanções pelas cortes de contas brasileiras foi desenhada em suas leis orgânicas e regimentos internos em torno da premissa de sua competência para o julgamento de contas dos responsabilizados. Nessa sistemática, a depender da interpretação que se dê ao conjunto normativo, a responsabilidade financeira dos governantes pode restar enfraquecida.

Tal panorama reforça a importância da realização de pesquisas sobre o tema, que possam direcionar o aperfeiçoamento da legislação e iluminar a jurisprudência em sua aplicação. Entende-se que um trabalho que examine a responsabilização dos chefes de Poder Executivo pelos Tribunais de Contas e investigue se as normas infraconstitucionais condizem com o sistema de controle contábil, financeiro, orçamentário, operacional e patrimonial, instituído pela CRFB/1988, é relevante.

---

[14] Cf. BRASIL. Supremo Tribunal Federal. Recurso extraordinário n.º 132.747-2 Distrito Federal. Relator: Ministro Marco Aurélio. Tribunal Pleno, Brasília, 17 de junho de 1992. *Diário da Justiça*, Brasília, 7 dez. 1995. Disponível em: http://redir.stf.jus.br/paginadorpub/paginador.jsp?docTP=AC&docID=207690. Acesso em: 13 fev. 2022; BRASIL. Supremo Tribunal Federal. Recurso extraordinário n.º 848.826 Distrito Federal. Relator: Ministro Roberto Barroso. Relator do acórdão: Ministro Ricardo Lewandowski. Plenário, Brasília, 10 de agosto de 2016. *Diário da Justiça Eletrônico*, Brasília, n. 187, 23 ago. 2017. Disponível em: http://redir.stf.jus.br/paginadorpub/paginador.jsp?docTP=TP&docID=13432838. Acesso em: 13 fev. 2022; e BRASIL. Supremo Tribunal Federal. *Tese de repercussão geral no recurso extraordinário n.º 848.826 Distrito Federal*. Relator: Ministro Roberto Barroso. Relator para o acórdão: Ministro Ricardo Lewandowski. Plenário, Brasília, 17 de agosto de 2016. Disponível em: https://portal.stf.jus.br/processos/downloadTexto.asp?id=4128544&ext=RTF. Acesso em: 13 fev. 2022.

[15] Cf. MOUTINHO, Donato Volkers. *Contas dos governantes*: apreciação das contas dos chefes de Poder Executivo pelos tribunais de contas do Brasil. São Paulo: Blucher, 2020. p. 255.

Pressupondo que o Direito Financeiro deve partir da CRFB/1988 para construir seus fundamentos, analisa-se a responsabilidade financeira dos chefes de Poder Executivo à luz da Constituição. Para cumprir o seu objetivo e contribuir com a ciência jurídica nacional, este trabalho é dividido em três seções, além desta introdução.

Na seção 2, contextualizam-se as funções judicante, sancionadora e reintegradora dentre as demais funções atribuídas às cortes de contas pela CRFB/1988. Apresentam-se as competências para o julgamento de contas, a fiscalização e a responsabilização financeira no sistema constitucional de controle contábil, financeiro, orçamentário, patrimonial e operacional, ressaltando as diferenças e a autonomia entre elas.

Em seguida, na seção 3, examinam-se, especificamente, os aspectos concernentes à aplicação de multa ou imputação de débito aos chefes de Poder Executivo. Para complementar, na seção 4, demonstra-se a necessidade de promoção de alterações legais e regimentais, para adequar a legislação à CRFB/1988. Em seguida, conclui-se o trabalho com a reunião de seus principais apontamentos.

2 Separação entre fiscalização, julgamento de contas e responsabilização

Com intenção didática, a literatura especializada agrupa as competências das cortes de controle externo brasileiras – especialmente as previstas nos arts. 31, §§1º e 2º, 33, §2º, 71, incisos I a XI e §§1º e 2º, 72, §2º, 74, §§1º e 2º, 75 e 167-A, §6º, da CRFB/1988 – em funções. Aqui, com adaptação às lições de José Maurício Conti,[16] adota-se uma classificação em dez funções, a saber: fiscalizadora, judicante, sancionadora, reintegradora, consultiva, informativa, corretiva, normativa, ouvidoria e administrativa.

Embora tais funções muitas vezes se desenvolvam em conjunto, não há conexão obrigatória entre elas. Ao contrário, como estão previstas em dispositivos constitucionais específicos, elas são independentes umas das outras. Neste trabalho, adiante, lança-se mão dessa independência para mostrar a separação e interação entre a fiscalização da aplicação dos recursos públicos, os julgamentos de contas e a responsabilização financeira realizados pelos Tribunais de Contas.

2.1 Fiscalização da Administração Pública pelos Tribunais de Contas

O exercício da função fiscalizadora pelas cortes de contas abrange uma ampla gama de atividades. Envolve desde o registro de atos de pessoal à fiscalização da gestão fiscal e de atos e contratos, de repasses a outros entes da federação e a particulares, das desestatizações, da gestão do patrimônio, do pagamento de salários e benefícios a seus servidores, benefícios previdenciários e assistenciais, do desempenho de entidades governamentais, projetos, programas de governo, políticas públicas, da renúncia de receitas etc.

Entre os dispositivos da CRFB/1988 que suportam a sua função fiscalizadora, o inciso IV de seu art. 71 confere às cortes de controle externo competência para fiscalizar, por iniciativa própria ou de terceiros, inclusive por meio de inspeções e auditorias, as

---

[16] CONTI, José Maurício. *Direito financeiro na Constituição de 1988*. São Paulo: Oliveira Mendes, 1998. p. 23-25.

unidades administrativas do Legislativo, do Executivo, do Judiciário, dos ministérios públicos, das defensorias públicas e dos tribunais de contas dos municípios, nos Estados em que houver, abrangendo os órgãos da Administração direta e indireta, inclusive as fundações, as empresas públicas e as sociedades de economia mista.

O escopo dessa fiscalização abrange todos os atos e contratos relacionados à gestão contábil, financeira, orçamentária, patrimonial ou operacional da Administração Pública, inclusive os eventualmente emitidos ou firmados por chefes do Executivo. Assim, por exemplo, se o prefeito de um pequeno município for responsável pela ordenação de despesas, os atos decorrentes dessa atuação podem ser objeto de fiscalização da corte de controle externo competente.

Como resultado das ações de fiscalização, as cortes de contas relatam as condições dos objetos fiscalizados e destacam as eventuais não conformidades materiais e/ou insuficiências de desempenho relevantes identificadas, descrevendo os critérios utilizados para a avaliação do objeto, a situação encontrada e as causas e os efeitos dos achados, e apresentando as evidências que os comprovam.

Tais não conformidades relatadas podem desembocar em sua atuação informativa, corretiva, judicante, sancionadora e/ou reintegradora, conforme o caso. Ademais, caso impactem de forma relevante as demonstrações contábeis consolidadas ou a execução dos orçamentos do ente, devem também ser consideradas no exercício da função consultiva, quando os Tribunais de Contas emitem pareceres prévios acerca das contas anualmente prestadas por presidentes, governadores e prefeitos.

Como exemplos: se a irregularidade apurada na fiscalização estiver no âmbito de competência de outro poder ou órgão, cabe à corte de contas representar àquele, em sua função informativa, prevista no art. 71, inciso XI, da CRFB/1988; caso a fiscalização verifique uma ilegalidade, há a possibilidade de assinar prazo para a adoção das providências necessárias ao exato cumprimento da lei, no exercício da função corretiva, conforme o art. 71, inciso IX, da CRFB/1988. A função fiscalizadora tem como característica intrínseca ser fonte de informações para o exercício das demais funções das cortes de controle externo.

2.2 Julgamento de contas ordinárias e especiais

A função judicante é exercida pelos Tribunais de Contas com fundamento no art. 71, inciso II, da CRFB/1988, segundo o qual, compete-lhes "julgar as contas dos administradores e demais responsáveis por dinheiros, bens e valores públicos [...] e as contas daqueles que derem causa a perda, extravio ou outra irregularidade de que resulte prejuízo ao erário público".[17] Com base no dispositivo, dividem-se as contas em ordinárias – principalmente, anuais – e especiais.

Nas primeiras, em geral, apresentadas periodicamente conforme critérios definidos nas leis orgânicas, regimentos internos e outros atos normativos de cada corte de contas, o juízo expressa se as demonstrações contábeis apresentadas pelos administradores e demais responsáveis por dinheiros, bens e valores públicos representam adequadamente as posições financeira, orçamentária e patrimonial do órgão ou entidade por eles

---

[17] BRASIL. *Constituição (1988)*. Constituição da República Federativa do Brasil. Disponível em: http://www.planalto.gov.br/ccivil_03/Constituicao/Constituicao.htm. Acesso em: 14 fev. 2022.

dirigidas, no encerramento do exercício ao qual as contas se referem. Adicionalmente, o julgamento dessas contas ordinárias ou anuais expressa se a execução dos orçamentos nessas instituições ocorreu em conformidade com os princípios constitucionais e legais regentes da Administração Pública e com as demais normas constitucionais, legais e regulamentares aplicáveis.

Por sua vez, as contas especiais são tomadas e julgadas quando chega ao conhecimento da corte de controle externo que a atuação de qualquer pessoa que utilize, arrecade, guarde, gerencie ou administre dinheiros, bens e valores públicos causou perda, extravio ou outra não conformidade das quais resulte prejuízo ao erário. Seu fundamento é a parte final do inciso II do art. 71 da CRFB/1988.

Tanto nas contas ordinárias quanto nas especiais, vale destacar, o julgamento pela irregularidade de contas, em si, não constitui sanção jurídica. Nas prestações de contas, trata-se, unicamente, do resultado do juízo que identifica distorções relevantes e generalizadas nas demonstrações contábeis apresentadas e/ou não conformidades relevantes na execução do orçamento do órgão ou entidade. Semelhantemente, no caso das tomadas de contas especiais, o juízo pela irregularidade de contas é, simplesmente, o reconhecimento de que determinado responsável deu causa a não conformidade da qual resulte prejuízo ao erário.

Embora não se confundam, no julgamento tanto das ordinárias quanto das especiais, o juízo pela irregularidade de contas pode reclamar, quando presentes os demais requisitos, o exercício da função sancionadora dos Tribunais de Contas e, no caso de dano ao erário, também da reintegradora. É no exercício dessas, não da função judicante, que tais instituições atribuem eventual responsabilidade financeira.

De qualquer modo, independentemente das sanções que possam o acompanhar, o juízo negativo sobre as contas produz efeitos sobre a *accountability*, na medida em que comunica claramente a existência de problemas relevantes na gestão contábil, financeira, orçamentária ou patrimonial a cargo de seu responsável. Assim, por exemplo, os resultados de julgamentos de contas podem influenciar as decisões dos eleitores, nas próximas eleições, sobre em quem votar.

Ademais, a depender da situação que a ocasionou, o julgamento pela irregularidade das contas de determinado agente público pode resultar: na instituição de comissão parlamentar de inquérito pela casa legislativa respectiva; na propositura de ação de improbidade administrativa pelo ministério público competente; ou na ação de impugnação de registro de candidatura por candidato, partido político, coligação ou pelo ministério público eleitoral competente.

2.3 Atribuição de responsabilidade financeira

A doutrina classifica a responsabilidade financeira entre sancionatória e reintegratória, respectivamente, resultantes das obrigações de suportar as sanções legais – multa aplicada – e repor recursos públicos – débito imputado.[18]

---

[18] GOMES, Emerson Cesar da Silva. *Responsabilidade financeira*: uma teoria sobre a responsabilidade no âmbito dos tribunais de contas. 2009. 379 f. Dissertação (Mestrado em Direito) – Departamento de Direito Econômico, Financeiro e Tributário, Faculdade de Direito, Universidade de São Paulo, São Paulo, 2009. f. 32; CATARINO, João Ricardo. *Finanças públicas e direito financeiro*. 4. ed. Coimbra: Almedina, 2018. p. 422-423; MARTINS, Maria D'Oliveira. *Lições de finanças públicas e direito financeiro*. 3. ed. Coimbra: Almedina, 2015. p. 289-291.

Na modalidade sancionatória, de acordo com o art. 71, inciso VIII, da CRFB/1988, a responsabilidade financeira pode ser atribuída aos responsáveis em caso de ilegalidade de despesa ou irregularidade de contas. Como não há responsabilidade financeira objetiva, além da caracterização de uma dessas duas hipóteses, para que determinada pessoa sofra a aplicação de multa, a corte de contas competente precisa demonstrar a sua conduta dolosa ou com erro grosseiro – como prevê o art. 28 do Decreto-lei nº 4.657, de 4 de setembro de 1942, a Lei de Introdução às Normas do Direito Brasileiro (LINDB) –, o nexo de causalidade entre tal conduta e a ilegalidade de despesa ou a distorção ou não conformidade – ou o conjunto delas – relevante que levou ao juízo pela irregularidade de contas. Presentes tais requisitos, o Tribunal de Contas poderá aplicar multa ao responsável, desde que não estejam presentes excludentes de culpabilidade e/ou causas extintivas de punibilidade.

A responsabilidade financeira reintegratória, por seu turno, fundamenta-se no art. 71, §3º, da CRFB/1988, que prevê a imputação de débito pelas cortes de controle externo. Nesse caso, a hipótese de aplicação – ou tipicidade – é o dano ao erário resultante da violação de normas pertinentes à gestão pública, como ensina Emerson Cesar da Silva Gomes.[19] Como a sancionatória, a responsabilidade financeira reintegratória é sempre subjetiva, de modo que a imputação de débito também exige a identificação de dolo ou erro grosseiro na conduta e o nexo de causalidade entre ela e a não conformidade que resultou em dano, além da não configuração de excludentes de culpabilidade e/ou causas extintivas de punibilidade.

Consideradas as hipóteses específicas em que as cortes de contas têm competência para aplicar aos responsáveis multa – ilegalidade de despesa ou irregularidade de contas – ou lhes imputar débito – dano ao erário resultante de violação a normas aplicáveis à gestão contábil, financeira, orçamentária e/ou patrimonial –, verifica-se que pode haver responsabilidade financeira dentro ou fora de processos de julgamento de contas. Isso ocorre porque as suas funções sancionadora e reintegradora são autônomas, embora normalmente operem em face de situações apuradas em processos de fiscalização ou de julgamento de contas.

Pontuadas as diferenças e a autonomia entre as competências para o julgamento de contas, a fiscalização da gestão contábil, financeira, orçamentária, patrimonial e operacional e a responsabilização financeira, a próxima seção deste trabalho, com a finalidade de cumprir o objetivo apresentado em sua introdução, examinará os aspectos especificamente concernentes à aplicação de multa ou imputação de débito aos governantes.

3 Aplicação de multa e/ou imputação de débito a presidentes, governadores e prefeitos

Durante o julgamento do RE n.º 848.826/DF, o ministro Luiz Fux[20] argumentou que, se o STF decidisse que os Tribunais de Contas não possuem competência para

---

[19] GOMES, Emerson Cesar da Silva. *Responsabilidade financeira*: uma teoria sobre a responsabilidade no âmbito dos tribunais de contas. 2009. 379 f. Dissertação (Mestrado em Direito) – Departamento de Direito Econômico, Financeiro e Tributário, Faculdade de Direito, Universidade de São Paulo, São Paulo, 2009. f. 181-182.

[20] BRASIL. Supremo Tribunal Federal. Recurso extraordinário nº 848.826 Distrito Federal. Relator: Ministro Roberto Barroso. Relator do acórdão: Ministro Ricardo Lewandowski. Plenário, Brasília, 10 de agosto de 2016. *Diário da Justiça Eletrônico*, Brasília, n. 187, 23 ago. 2017. Disponível em: http://redir.stf.jus.br/paginadorpub/paginador.jsp?docTP=TP&docID=13432838. Acesso em: 13 fev. 2022. p. 95.

julgar as contas de chefes de Poder Executivo que ordenassem despesas, lhes bastaria avocar a ordenação de todas as despesas para escapar a qualquer tipo de controle. Semelhantemente, o ministro Luís Roberto Barroso[21] afirmou que, a prevalecer tal tese, não haveria como responsabilizar qualquer pessoa pelo eventual prejuízo à Administração Pública apurado em decorrência de sua má gestão, uma vez que as casas legislativas não têm competência para imputar débito ou aplicar multa. Nessa linha, o ministro Teori Zavascki previu um "[...] temerário 'ponto cego' institucional na realidade dos Tribunais de Contas".[22]

Acerca deste ponto, antes do julgamento, Juliana Silva Rodrigues e Julianna Vasconcelos de Alcântara[23] alegaram que, sem o julgamento das contas dos governantes pelos Tribunais de Contas, não haveria quem resguardasse os cofres públicos se tais agentes públicos deles se apropriassem. Por outro lado, Lilian Maria Salvador Guimarães Campos,[24] José Nilo de Castro[25] e Adílson José Selim de Sales de Oliveira e Graziela de Castro Lino[26] já defendiam a impossibilidade de as cortes de controle externo imputarem débito ou aplicarem multa aos presidentes, governadores e prefeitos.

Entretanto, os dois posicionamentos apresentados no parágrafo anterior são equivocados. E a causa do erro é uma só, a saber, ambos partem da premissa de que os Tribunais de Contas somente podem aplicar multas e/ou imputar débito a responsáveis em processos de julgamento de contas.

A partir dessa premissa, por entender que é necessária a responsabilização, por exemplo, do prefeito que cause dano ao erário, as autoras que manifestaram o primeiro posicionamento defenderam que as cortes de contas precisavam ser competentes para julgar suas contas de gestão, quando atue como ordenador de despesas. Por sua vez, percebendo que a CRFB/1988 não conferiu às cortes de controle externo competência para julgar as contas de chefes de Poder Executivo, os demais autores referidos deduziram que eles não podem ser responsabilizados por tais instituições.

O engano, repita-se, está na premissa. Na realidade, como se demonstra na seção 2.3 deste trabalho, não há conexão obrigatória entre as funções sancionadora e

---

[21] BRASIL. Supremo Tribunal Federal. Recurso extraordinário nº 848.826 Distrito Federal. Relator: Ministro Roberto Barroso. Relator do acórdão: Ministro Ricardo Lewandowski. Plenário, Brasília, 10 de agosto de 2016. *Diário da Justiça Eletrônico*, Brasília, n. 187, 23 ago. 2017. Disponível em: http://redir.stf.jus.br/paginadorpub/paginador.jsp?docTP=TP&docID=13432838. Acesso em: 13 fev. 2022. p. 42.

[22] BRASIL. Supremo Tribunal Federal. Recurso extraordinário n.º 848.826 Distrito Federal. Relator: Ministro Roberto Barroso. Relator do acórdão: Ministro Ricardo Lewandowski. Plenário, Brasília, 10 de agosto de 2016. *Diário da Justiça Eletrônico*, Brasília, n. 187, 23 ago. 2017. Disponível em: http://redir.stf.jus.br/paginadorpub/paginador.jsp?docTP=TP&docID=13432838. Acesso em: 13 fev. 2022 p. 91-92.

[23] RODRIGUES, Juliana Silva; ALCÂNTARA, Julianna Vasconcelos de. A competência dos tribunais de contas estaduais acerca do julgamento das contas dos prefeitos que exercem a função de ordenadores de despesa. *Revista Controle*, Fortaleza, v. 11, n. 1, p. 46-68, jan./jun. 2013. DOI: 10.32586/rcda.v11i1.256. p. 64.

[24] CAMPOS, Lilian Maria Salvador Guimarães. Da ilegalidade das multas aplicadas pelos tribunais de contas ao chefe do Poder Executivo. *Fórum de Contratação e Gestão Pública – FCGP*, Belo Horizonte, v. 1, n. 6, jun. 2002. Disponível em: https://www.forumconhecimento.com.br/periodico/138/10632/19912. Acesso em: 16 fev. 2022. p. 3 (Versão digital).

[25] CASTRO, José Nilo de. Parecer prévio emitido pelos Tribunais de Contas, em relação às contas apresentadas pelos Chefes do Executivo. Natureza meramente opinativa. Imposição de penalidades. Impropriedade. Invasão de competência do Poder Legislativo. O parecer do Tribunal. *Revista Brasileira de Direito Municipal – RBDM*, Belo Horizonte, v. 4, n. 8, p. 185-210, abr./jun. 2003. Parecer. p. 4-5 (Versão digital).

[26] OLIVEIRA, Adílson José Selim de Sales de; LINO, Graziela de Castro. Competência dos tribunais de contas e efeitos de suas decisões na esfera eleitoral. *Revista Brasileira de Direito Municipal – RBDM*, Belo Horizonte, v. 13, n. 43, p. 69-77, jan./mar. 2012. p. 2 (Versão digital).

reintegradora e a judicante e as cortes de contas também podem aplicar multa e/ou imputar débito fora de processos de contas.

Isso ocorre porque a irregularidade de contas não é a única hipótese de atribuição de responsabilidade financeira pelos Tribunais de Contas prevista na CRFB/1988. Na verdade, com base no inciso VIII do seu art. 71, eles são competentes para aplicar sanções, inclusive multa, em caso de ilegalidade de despesa. Ademais, por força do §3º desse artigo, podem imputar débito quando apurarem dano ao erário resultante da violação de normas direcionadas à gestão contábil, financeira, orçamentária e/ou patrimonial.

Portanto, por exemplo, seja em auditoria, no exame de denúncia ou representação ou no decorrer de outro processo de fiscalização, se acaso identificar uma ilegalidade de despesa cuja individualização da responsabilidade aponte para um prefeito municipal que agiu como ordenador de despesas, a corte de contas competente poderá lhe aplicar multa prevista em lei. Adicionalmente, caso tal ilegalidade tenha resultado em dano ao erário, poderá imputar débito ao governante. Para isso, a CRFB/1988 não exige julgamento de contas.[27]

Pelo exposto, apesar de – como decidiu o STF no julgamento dos RE nº 132.747-2/DF e nº 848.826/DF – não terem competência para julgar as contas de presidentes da República, governadores de estado e do DF e de prefeitos municipais, os Tribunais de Contas são competentes para lhes aplicar sanções e/ou imputar débito quando forem individualmente responsáveis, respectivamente, por ilegalidade de despesa ou dano ao erário decorrente de infração a normas aplicáveis à gestão contábil, financeira, orçamentária e/ou patrimonial.

Dessa maneira, não há ponto cego institucional, na medida em que as ilegalidades eventualmente cometidas pelos governantes ao administrarem dinheiros, bens e valores públicos, especialmente os desvios de recursos e danos ao erário apurados, podem ser objeto de responsabilização pelas cortes de controle externo no exercício conjunto de suas funções fiscalizadora e sancionadora e/ou reintegradora. Adicionalmente, caso as não conformidades que levarem à responsabilização de chefes de Poder Executivo sejam relevantes quando cotejadas com a materialidade das contas consolidadas dos respectivos entes, elas devem ser consideradas para fins de mudança de opinião nos pareceres prévios emitidos na apreciação das contas anuais por eles prestadas, efetuada no exercício da função consultiva, prevista nos arts. 31, §2º, e 71, inciso I, da CRFB/1988. Ademais, caso a não conformidade verificada seja passível de responsabilização, também, em outras esferas – como a cível e a criminal –, as cortes de contas, no exercício de sua função informativa, prevista no art. 71, inciso XI, da CRFB/1988, têm competência para representar aos poderes ou órgãos competentes para promovê-la.

---

[27] A multa por infração administrativa contra as leis de finanças públicas, tipificada no art. 5º da Lei nº 10.028, de 19 de outubro de 2000, é exemplo de sanção aos chefes de Poder Executivo pelos Tribunais de Contas cuja aplicação não ocorre em processos de contas. Eduardo Carone Costa Junior e André Janjácomo Rosilho apresentam outros exemplos de situações e fiscalizações nas quais as cortes de contas podem sancionar ou imputar débito a governantes, sem julgar-lhes as contas, cf. COSTA JUNIOR, Eduardo Carone. As funções jurisdicional e opinativa do tribunal de contas – distinção e relevância para a compreensão da natureza jurídica do parecer prévio sobre as contas anuais dos prefeitos. *Fórum Administrativo – FA*, Belo Horizonte, v. 1, n. 8, out. 2001. Disponível em: https://www.forumconhecimento.com.br/periodico/124/149/1750 . Acesso em: 25 abr. 2017. p. 22 (Versão digital); e ROSILHO, André Janjácomo. *Tribunal de Contas da União*: competências, jurisdição e instrumentos de controle. São Paulo: Quartier Latin, 2019. p. 185.

4 Alterações legais e regimentais necessárias

Como os Tribunais de Contas não possuem competência para o julgamento das contas de chefes de Poder Executivo, ainda que sejam responsáveis por dano ao erário, para garantir a coerência do conjunto normativo que orienta a sua atuação, é necessária a reforma de dois pontos específicos das leis orgânicas e regimentos internos de boa parcela deles. Explica-se.

A competência para o julgamento das contas especiais de responsáveis por prejuízo ao erário, prevista na parte final do art. 71, inciso II, da CRFB/1988, tem a finalidade de agravar a situação daquele que já teria contra si atribuída responsabilidade financeira, com fundamento no §3º do citado artigo, marcando-o com a irregularidade de suas contas. Assim, para aplicação daquele comando constitucional, o art. 47 da Lei nº 8.443, de 16 de julho de 1992, que dispõe sobre a Lei Orgânica do Tribunal de Contas da União (TCU), estabelece que:

> Art. 47. Ao exercer a fiscalização, se configurada a ocorrência de desfalque, desvio de bens ou outra irregularidade de que resulte dano ao Erário, o Tribunal ordenará, desde logo, a conversão do processo em tomada de contas especial, salvo a hipótese prevista no art. 93 desta Lei.[28]

Outrossim, no âmbito das demais 32 cortes de controle externo, 22 leis orgânicas e 20 regimentos internos contêm dispositivo cuja redação reproduz ou se assemelha ao transcrito artigo.[29]

Em consequência, caso as redações desses dispositivos sejam observadas, quando, num processo de fiscalização – por exemplo, numa auditoria ou inspeção –, os auditores de controle externo verificarem a ocorrência de desfalque, desvio de bens ou qualquer outra irregularidade em razão da qual haja prejuízo ao erário, haverá a sua conversão em processo de contas, na forma de Tomada de Contas Especial (TCE), para que sejam julgadas as contas do responsável, e consideradas irregulares caso se confirme a sua responsabilidade pelo prejuízo. Por outro ângulo, como sempre que se verifica dano ao erário os processos são convertidos em tomadas de contas especiais, são sempre nesses processos que as cortes de contas imputam débito aos responsáveis.

Porém, isso leva a um problema quando há chefes de Poder Executivo responsáveis pelo dano ao erário apurado, seja isoladamente, seja em conjunto com outros. É que, como tais dispositivos não preveem exceções, é comum que sejam tais processos convertidos em TCE e julgadas contas de prefeitos, como se fossem de quaisquer outros responsáveis.

Porém, como os Tribunais de Contas não têm competência para julgar as contas dos governantes, ainda quando atuem como ordenadores de despesa e sejam

---

[28] BRASIL. *Lei nº 8.443, de 16 de julho de 1992*. Dispõe sobre a Lei Orgânica do Tribunal de Contas da União e dá outras providências. *Diário Oficial da União*, Brasília, ano CXXX, n. 136, Seção 1, p. 9.449-9.456, 17 jul. 1992. Disponível em: http://www.planalto.gov.br/ccivil_03/leis/L8443.htm. Acesso em: 16 fev. 2022. A hipótese ressalvada na parte final do dispositivo transcrito, quando se refere ao artigo 93 da Lei Orgânica do TCU, trata dos casos em que, devido ao reduzido valor do dano ao erário, o custo da cobrança do débito eventualmente imputado seja superior ao valor do ressarcimento ao erário.

[29] Cf. MOUTINHO, Donato Volkers. *Contas dos governantes*: apreciação das contas dos chefes de Poder Executivo pelos tribunais de contas do Brasil. São Paulo: Blucher, 2020. p. 267.

responsáveis por danos ao erário, na forma como estão redigidos, os dispositivos referentes à conversão em TCE passam a impressão de que ou se julga as contas daqueles, ao arrepio da CRFB/1988, ou se deixa de os responsabilizar, com o aparecimento de um "ponto cego" no controle.

Para remediar essa situação e garantir a coerência do conjunto normativo, as cortes de controle externo devem buscar, junto ao Poder Legislativo, a reforma desses dispositivos de suas leis orgânicas e promover a alteração de comandos semelhantes em seus regimentos internos. A nova redação deve deixar claro que, ao se apurar prejuízo ao erário, o processo de fiscalização deve ser convertido em TCE desde que não haja chefe de Poder Executivo arrolado entre os responsáveis.

Nos casos em que presidente da República, governador ou prefeito esteja arrolado em conjunto com outros responsáveis, o processo deve ser convertido apenas em relação a estes, mantendo a natureza original em relação aos governantes. Finalmente, nos casos em que os chefes de Poder Executivo sejam os únicos responsáveis pelo dano, a conversão do processo em TCE não deve ser realizada.

Ademais, as cortes de contas devem, imediatamente, começar a atuar nos moldes indicados nos dois parágrafos anteriores, independentemente da mudança dos dispositivos indicados, de modo que o sistema constitucional de controle contábil, financeiro, orçamentário, patrimonial e operacional seja observado.

Contudo, o necessário remodelamento não para por aí. Além da alteração dos artigos que determinam a conversão do processo em TCE sempre que detectada a ocorrência de dano ao erário, é importante que sejam modificados outros dispositivos das leis orgânicas dos tribunais de contas, com o objetivo de prever, em consonância com a CRFB/1988, a imputação de débito nas hipóteses de prejuízo resultante de violação a normas aplicáveis à gestão pública fora dos processos de contas. Isso porque, quando há previsão de conversão em TCE sempre que houver dano, comumente, não existe previsão expressa de imputação de débito quando se aprecia processos de fiscalização – na verdade, quando a conversão é obrigatória, não há processo de fiscalização que chegue à fase de deliberação pelo tribunal com perspectiva de imputação de débito, pois todos são convertidos.

Na Lei Orgânica do TCU, por exemplo, nas hipóteses em que as contas sejam julgadas irregulares com a existência de débito a ser imputado, o art. 19 prevê a condenação do responsável ao pagamento da dívida atualizada e com juros, podendo ser-lhe aplicada, cumulativamente, uma multa. Por outro lado, na apreciação dos processos de fiscalização, conforme o art. 43, incisos e parágrafo único, da Lei Orgânica do TCU, não há previsão expressa de imputação de débito, apenas da aplicação de multa. Nas leis orgânicas de, pelo menos, 19 cortes de controle subnacionais isso também ocorre e não há expressa previsão de imputação de débito nos processos de fiscalização.[30]

Aliás, é importante que as cortes de contas procurem sensibilizar os parlamentares a promover as alterações legislativas descritas nos parágrafos anteriores o quanto antes, como a única opção que se amolda à escolha constitucional de atribuir unicamente às casas legislativas a competência para o julgamento das contas dos presidentes da República, dos governadores de estado e do DF e dos prefeitos municipais,

---

[30] Cf. MOUTINHO, Donato Volkers. *Contas dos governantes*: apreciação das contas dos chefes de Poder Executivo pelos tribunais de contas do Brasil. São Paulo: Blucher, 2020. p. 269.

com a impossibilidade de se admitir "ponto cego" no sistema de controle instituído pela CRFB/1988. Com as modificações, toda a legislação aplicável deixaria claro que, em processos com natureza diversa dos processos de contas – como os processos de fiscalização –, as contas dos governantes não são julgadas, mas as cortes de controle externo podem lhes imputar débito ou multa, no exercício conjunto de suas funções fiscalizadora, sancionadora e reintegradora.

5 Conclusão

Os Tribunais de Contas têm competência para aplicar multa e/ou imputar débito aos presidentes da República, governadores de estado e do Distrito Federal e prefeitos municipais desde que eles sejam individualmente responsáveis, respectivamente, por ilegalidade de despesa ou dano ao erário decorrente de infração a normas aplicáveis à gestão contábil, financeira, orçamentária e/ou patrimonial da Administração Pública. O fundamento constitucional de suas funções sancionadora e reintegradora está no art. 71, inciso VIII e §3º, da CRFB/1988.

Entretanto, ao atribuírem responsabilidade financeira a tais agentes, não podem julgar as suas contas, pois, como decidiu o Supremo Tribunal Federal nos Recursos Extraordinários nº 132.747-2/DF e nº 848.826/DF, a competência para o julgamento de contas dos chefes de Poder Executivo, ainda que sejam ordenadores de despesas, é do Poder Legislativo.

Por outro lado, caso as não conformidades que levarem à responsabilização financeira de governantes sejam relevantes quando cotejadas com a materialidade das contas consolidadas dos respectivos entes, elas devem ser consideradas para fins de mudança de opinião nos pareceres prévios emitidos na apreciação das contas anuais por eles prestadas, efetuada no exercício da função consultiva, prevista nos arts. 31, §2º, e 71, inciso I, da CRFB/1988, com reflexo no julgamento de suas contas nas casas legislativas. Além disso, caso o ilícito verificado seja passível de sanção, também, em outras esferas – como a cível e a criminal –, as cortes de contas, no exercício de sua função informativa, prevista no art. 71, inciso XI, da CRFB/1988, têm competência para representar aos poderes ou órgãos competentes para promovê-la.

Dessa forma, todos os agentes públicos, inclusive presidentes da República, governadores e prefeitos, podem ser responsabilizados pelas ilegalidades eventualmente cometidas ao administrarem dinheiros, bens e valores públicos, especialmente os desvios de recursos e danos ao erário apurados. Não há ponto cego no sistema constitucional de controle da gestão contábil, financeira, orçamentária, patrimonial e operacional da Administração Pública no Brasil.

Apesar da higidez do sistema, para garantir a coerência do conjunto normativo, são essenciais duas alterações nas leis orgânicas dos Tribunais de Contas e em seus regimentos internos.

A primeira mudança é nos artigos que preveem a conversão dos processos de fiscalização em tomada de contas especial sempre que se verificar a ocorrência de desfalque, desvio de bens ou qualquer outra irregularidade em razão da qual haja prejuízo ao erário. É necessária reforma para deixar claro que tal conversão deve ser realizada desde que não haja chefe de Poder Executivo indicado entre os responsáveis. Caso haja governante arrolado em conjunto com outros responsáveis, o processo deve ser convertido apenas em relação a estes, mantendo a natureza original em relação àqueles. Por sua vez, nos casos em que presidentes da República, governadores e/ou prefeitos sejam os únicos responsáveis pelo dano, a conversão do processo não deve ser realizada.

A segunda modificação indispensável para a harmonia do conjunto normativo tem a finalidade de prever a imputação de débito nas hipóteses de prejuízo ao erário resultante de violação a normas aplicáveis à gestão pública fora dos processos de contas. Tal medida harmonizaria as leis orgânicas e regimentos internos com a CRFB/1988, que delineia a função reintegradora das cortes de contas como autônoma da judicante.

Uma vez efetuados esses ajustes normativos, toda a legislação aplicável deixaria claro que, em processos com natureza diversa dos processos de contas – como os de fiscalização –, as contas dos governantes não são julgadas, mas as cortes de controle externo podem lhes imputar débito ou multa, no exercício conjunto de suas funções fiscalizadora, sancionadora e reintegradora. Porém, antes mesmo da reforma dos dispositivos indicados, recomenda-se que os Tribunais de Contas façam uso da interpretação de suas leis orgânicas e regimentos internos conforme a CRFB/1988 e, imediatamente, comecem a atuar nos moldes indicados nos dois parágrafos anteriores.

Caso sejam observadas, tais recomendações têm potencial para aperfeiçoar o conjunto normativo e o Direito Financeiro, na medida em que mostram como corrigir as desconformidades com o sistema constitucional de controle contábil, financeiro, orçamentário, patrimonial e operacional identificadas neste trabalho. Em consequência, espera-se que seja qualificada, na prática, a atuação das cortes de contas na atribuição de responsabilidade financeira quando identificada ilegalidade de despesa ou apurado dano ao erário resultante de violação a normas aplicáveis à gestão pública e, ao fim e ao cabo, seja fortalecida a *accountability* no país.

Referências

ASSOCIAÇÃO DOS MEMBROS DOS TRIBUNAIS DE CONTAS DO BRASIL. *Nota explicativa à Resolução nº 4, de 25 de agosto de 2016*. Aprova recomendações para fins de aplicação no âmbito dos Tribunais de Contas da tese jurídica de repercussão geral editada pelo STF, em sede do RE 848.826/DF. Disponível em: http://www.atricon.org.br/wp-content/uploads/2016/09/NOTA-EXPLICATIVA-RESOLU%C3%87%C3%83O-04-2016.pdf. Acesso em: 13 fev. 2022.

ASSOCIAÇÃO DOS MEMBROS DOS TRIBUNAIS DE CONTAS DO BRASIL. *Nota pública sobre decisão do STF que retira dos Tribunais de Contas a competência para julgar contas de prefeito ordenador de despesa*. Brasília, 11 ago. 2016. Disponível em: http://www.atricon.org.br/imprensa/nota-publica-sobre-o-re-848826/. Acesso em: 13 fev. 2022.

ASSOCIAÇÃO DOS MEMBROS DOS TRIBUNAIS DE CONTAS DO BRASIL. *Resolução nº 4, de 25 de agosto de 2016*. Aprova recomendações para fins de aplicação no âmbito dos Tribunais de Contas da tese jurídica de repercussão geral editada pelo STF, em sede do RE 848.826/DF. Disponível em: http://www.atricon.org.br/wp-content/uploads/2016/09/Resolu%C3%A7%C3%A3o-Atricon-04-2016.doc.pdf.pdf. Acesso em: 13 fev. 2022.

BARBOSA, Rui. *A imprensa e o dever da verdade*. São Paulo: Com-Arte, 1990.

BRASIL. *Constituição (1988)*. Constituição da República Federativa do Brasil. Disponível em: http://www.planalto.gov.br/ccivil_03/Constituicao/Constituicao.htm. Acesso em: 14 fev. 2022.

BRASIL. *Lei nº 8.443, de 16 de julho de 1992*. Dispõe sobre a Lei Orgânica do Tribunal de Contas da União e dá outras providências. *Diário Oficial da União*, Brasília, ano CXXX, n. 136, seção 1, p. 9.449-9.456, 17 jul. 1992. Disponível em: http://www.planalto.gov.br/ccivil_03/leis/L8443.htm. Acesso em: 16 fev. 2022.

BRASIL. Supremo Tribunal Federal. Recurso Extraordinário nº 132.747-2 Distrito Federal. Relator: Ministro Marco Aurélio. Tribunal Pleno, Brasília, 17 de junho de 1992. *Diário da Justiça*, Brasília, 7 dez. 1995. Disponível em: http://redir.stf.jus.br/paginadorpub/paginador.jsp?docTP=AC&docID=207690. Acesso em: 13 fev. 2022.

BRASIL. Supremo Tribunal Federal. Recurso Extraordinário nº 848.826 Distrito Federal. Relator: Ministro Roberto Barroso. Relator do acórdão: Ministro Ricardo Lewandowski. Plenário, Brasília, 10 de agosto de 2016. *Diário da Justiça Eletrônico*, Brasília, n. 187, 23 ago. 2017. Disponível em: http://redir.stf.jus.br/paginadorpub/paginador.jsp?docTP=TP&docID=13432838. Acesso em: 13 fev. 2022.

BRASIL. Supremo Tribunal Federal. *Tese de repercussão geral no recurso extraordinário nº 848.826 Distrito Federal*. Relator: Ministro Roberto Barroso. Relator para o acórdão: Ministro Ricardo Lewandowski. Plenário, Brasília, 17 de agosto de 2016. Disponível em: https://portal.stf.jus.br/processos/downloadTexto.asp?id=4128544&ext=RTF. Acesso em: 13 fev. 2022.

CAMPOS, Lilian Maria Salvador Guimarães. Da ilegalidade das multas aplicadas pelos tribunais de contas ao chefe do Poder Executivo. *Fórum de Contratação e Gestão Pública – FCGP*, Belo Horizonte, v. 1, n. 6, jun. 2002. Disponível em: https://www.forumconhecimento.com.br/periodico/138/10632/19912. Acesso em: 16 fev. 2022.

CASTRO, José Nilo de. Parecer prévio emitido pelos Tribunais de Contas, em relação às contas apresentadas pelos Chefes do Executivo. Natureza meramente opinativa. Imposição de penalidades. Impropriedade. Invasão de competência do Poder Legislativo. O parecer do Tribunal. *Revista Brasileira de Direito Municipal – RBDM*, Belo Horizonte, v. 4, n. 8, p. 185-210, abr./jun. 2003.

CATARINO, João Ricardo. *Finanças públicas e direito financeiro*. 4. ed. Coimbra: Almedina, 2018.

CONTI, José Maurício. *Direito financeiro na Constituição de 1988*. São Paulo: Oliveira Mendes, 1998.

CONTI, José Maurício. *O planejamento orçamentário da Administração Pública no Brasil*. São Paulo: Blucher, 2020.

COSTA JUNIOR, Eduardo Carone. As funções jurisdicional e opinativa do tribunal de contas – distinção e relevância para a compreensão da natureza jurídica do parecer prévio sobre as contas anuais dos prefeitos. *Fórum Administrativo – FA*, Belo Horizonte, v. 1, n. 8, out. 2001. Disponível em: https://www.forumconhecimento.com.br/periodico/124/149/1750 . Acesso em: 25 abr. 2017.

COUTINHO, Doris de Miranda. A inelegibilidade decorrente de decisões dos tribunais de contas pela prática de ato doloso de improbidade administrativa – condutas vedadas a agentes públicos. *Fórum Administrativo – FA*, Belo Horizonte, v. 16, n. 187, p. 36-51, set. 2016.

COUTINHO, Doris de Miranda. *Prestação de contas de governo*: relação entre o parecer prévio elaborado pelo Tribunal de Contas do Estado do Tocantins e o julgamento das contas pelo Legislativo referente aos exercícios de 2013 a 2015. 2019. 469 f. Dissertação (Mestrado Profissional em Prestação Jurisdicional e Direitos Humanos) – Escola Superior da Magistratura Tocantinense, Palmas, 2019.

CUNHA, Isaias Lopes da. A auditoria contábil financeira e o julgamento das contas públicas. *In*: LIMA, Luiz Henrique; OLIVEIRA, Weder de; CAMARGO, João Batista (coord.). *Contas governamentais e responsabilidade fiscal*. Belo Horizonte: Fórum, 2017. p. 249-280.

DAHL, Robert Alan. *Democracy and its critics*. New Haven: Yale University Press, 1989.

FEARON, James D. Electoral accountability and the control of politicians: selecting good types versus sanctioning poor performance. *In*: PRZEWORSKI, Adam; STOKES, Susan C.; MANIN, Bernard (org.). *Democracy, accountability, and representation*. Cambridge: Cambridge University Press, 1999. p. 55-97.

GARCIA, Viviane Macedo. Competência para julgamento das contas municipais de governo e de gestão: análise da jurisprudência do Supremo Tribunal Federal. *Revista Brasileira de Direito Eleitoral – RBDE*, Belo Horizonte, v. 9, n. 16, p. 171-201, jan./jun. 2017.

GOMES, Emerson Cesar da Silva. *Responsabilidade financeira*: uma teoria sobre a responsabilidade no âmbito dos tribunais de contas. 2009. 379 f. Dissertação (Mestrado em Direito) – Departamento de Direito Econômico, Financeiro e Tributário, Faculdade de Direito, Universidade de São Paulo, São Paulo, 2009.

LIMA, Luiz Henrique. O controle da responsabilidade fiscal e os desafios para os tribunais de contas em tempos de crise. *In*: LIMA, Luiz Henrique; OLIVEIRA, Weder de; CAMARGO, João Batista (coord.). *Contas governamentais e responsabilidade fiscal*. Belo Horizonte: Fórum, 2017. p. 105-143.

MADISON, James. The Federalist, No. LI: The structure of government must furnish the proper checks and balances between the different departments. *In*: *The Constitution of the United States of America*: and selected writings of the founding fathers. New York: Barnes & Noble, 2012.

MARTINS, Maria D'Oliveira. *Lições de finanças públicas e direito financeiro*. 3. ed. Coimbra: Almedina, 2015.

MIGUEL, Luís Felipe. Impasses da *accountability*: dilemas e alternativas da representação política. *Revista de Sociologia e Política*, Curitiba, n. 25, p. 25-38, nov. 2005.

MOTA, Ana Carolina Yoshida Hirano de Andrade. *Accountability no Brasil*: os cidadãos e seus meios institucionais de controle dos representantes. 2006. 243 f. Tese (Doutorado em Ciência Política) – Departamento de Ciência Política, Faculdade de Filosofia, Letras e Ciências Humanas, Universidade de São Paulo, São Paulo, 2006.

MOTTA, Fabrício. Julgamento dos prefeitos municipais: apreciação crítica da mudança imposta pelo Supremo Tribunal Federal. *Fórum Municipal & Gestão das Cidades – FMGC*, Belo Horizonte, v. 4, n. 15, p. 38-44, jul./set. 2016.

MOUTINHO, Donato Volkers. *Contas dos governantes*: apreciação das contas dos chefes de Poder Executivo pelos tribunais de contas do Brasil. São Paulo: Blucher, 2020.

O'DONNELL, Guillermo. Delegative democracy. *Journal of Democracy*, Washington, v. 5, n. 1, p. 55-69, Jan. 1994.

O'DONNELL, Guillermo. Horizontal accountability: the legal institutionalization of mistrust. *In*: MAINWARING, Scott; WELNA, Christoper. *Democratic accountability in Latin America*. New York: Oxford University Press, 2003. p. 34-54.

OLIVEIRA, Adílson José Selim de Sales de; LINO, Graziela de Castro. Competência dos tribunais de contas e efeitos de suas decisões na esfera eleitoral. *Revista Brasileira de Direito Municipal – RBDM*, Belo Horizonte, v. 13, n. 43, p. 69-77, jan./mar. 2012.

RODRIGUES, Juliana Silva; ALCÂNTARA, Julianna Vasconcelos de. A competência dos tribunais de contas estaduais acerca do julgamento das contas dos prefeitos que exercem a função de ordenadores de despesa. *Revista Controle*, Fortaleza, v. 11, n. 1, p. 46-68, jan./jun. 2013. DOI: 10.32586/rcda.v11i1.256.

ROSILHO, André Janjácomo. *Tribunal de Contas da União*: competências, jurisdição e instrumentos de controle. São Paulo: Quartier Latin, 2019.

SCHEDLER, Andreas; DIAMOND, Larry; PLATTNER, Marc F. Introduction. *In*: *The self-restraining state*: power and accountability in new democracies. Boulder: Lynne Rienner Publishers, 1999. p. 1-10.

STIGLITZ, Joseph E.; ROSENGARD, Jay K. *Economics of the Public Sector*. 4. ed. New York: W.W. Norton & Company, 2015.

WALDRON, Jeremy. *Accountability*: fundamental to democracy. School of Law, New York University. New York: New York School of Law, 2014 (Public Law & Legal Theory Research Paper Series; Working Paper n. 14-13, Apr. 2014).

WILLEMAN, Marianna Montebello. *A accountability democrática e o desenho institucional dos tribunais de contas no Brasil*. 2. ed. Belo Horizonte: Fórum, 2020.

Informação bibliográfica deste texto, conforme a NBR 6023:2018 da Associação Brasileira de Normas Técnicas (ABNT):

MOUTINHO, Donato Volkers. Responsabilização financeira dos chefes de Poder Executivo pelos Tribunais de Contas. *In*: CONTI, José Maurício; MARRARA, Thiago; IOCKEN, Sabrina Nunes; CARVALHO, André Castro (coord.). *Responsabilidade do gestor na Administração Pública*: aspectos fiscais, financeiros, políticos e penais. Belo Horizonte: Fórum, 2022. p. 65-81. ISBN 978-65-5518-411-2. v.2.

RESPONSABILIDADE FISCAL: SANÇÕES INSTITUCIONAIS, INELEGIBILIDADE POR REJEIÇÃO DAS CONTAS ANUAIS E INTRANSCENDÊNCIA SUBJETIVA DAS SANÇÕES

RAFAEL ANTONIO BALDO

1 Introdução

Não há dúvidas a respeito da centralidade da Lei Complementar nº 101/2000, conhecida como Lei de Responsabilidade Fiscal ou LRF. Contudo é necessário ir além e pensar a responsabilidade fiscal de maneira mais ampla, como um bem jurídico que é tutelado por várias normas constitucionais e infraconstitucionais, justificando a interpretação sistemática e a inserção do tema no campo mais abrangente da teoria das responsabilidades. Violada a regra jurídica que tutela a responsabilidade fiscal, surge a possibilidade de aplicar uma sanção que pode atingir, diretamente, tanto o Poder Público, na forma das chamadas sanções institucionais, quanto o gestor público infrator, acionando os remédios atrelados à responsabilidade política, à responsabilidade penal e à responsabilidade por ato de improbidade administrativa. Há situações em que a conduta praticada pela Administração Pública acarreta uma sanção que impacta, de modo indireto, na esfera jurídica do gestor público e vice-versa. Aqui despontam duas questões relevantes que serão objeto de estudo: a inelegibilidade do gestor em virtude da rejeição das contas anuais do Poder Público e a aplicação do princípio da intranscendência subjetiva das sanções com a finalidade de desonerar o Poder Público com relação às condutas praticadas pelo antigo gestor público.

2 A tutela jurídica da responsabilidade fiscal

É preciso ampliar os contornos formais da responsabilidade fiscal, porque o tema não se restringe à Lei Complementar nº 101/2000. Em linhas gerais, a responsabilidade fiscal remete à ideia de que as atividades financeiras do Estado devem ser planejadas, executadas e fiscalizadas de forma transparente e cautelosa, com o propósito de assegurar o controle e o equilíbrio das contas públicas. Se o governo gasta mais do que arrecada, as contas públicas não fecham. Surge um déficit operacional que pode acarretar a venda dos bens públicos disponíveis, a contratação de empréstimos ou o aumento da carga tributária em detrimento dos cidadãos. Por isso, desde o constitucionalismo liberal, o ordenamento jurídico costuma prever formas de proteger a responsabilidade fiscal, a começar pela fiscalização realizada pelo Poder Legislativo ao aprovar a lei orçamentária anual, ao autorizar a contratação dos empréstimos públicos e ao analisar a prestação das contas anuais.

Na época da redemocratização do Brasil, a responsabilidade fiscal não era uma expressão muito conhecida ou utilizada no país, mas ela já era protegida de forma embrionária. Isto porque a Constituição Federal de 1988 reestruturou as finanças públicas com a preocupação subjacente de controlar o aumento da inflação, do déficit operacional e da dívida pública, repercutindo nos contornos do federalismo e da separação dos Poderes. Sob o prisma do federalismo, admitiu-se intervenção da União nos Estados e dos Estados nos Municípios quando não houvesse a prestação de contas, a realização das transferências obrigatórias, nem o pagamento da dívida fundada por mais de dois anos (art. 34, CF/88). Sob o enfoque da tripartição dos Poderes, o papel do legislador foi fortalecido no controle do orçamento e da dívida pública, como revelam as exigências e as vedações previstas nos artigos 165 e 167 do Texto Maior. A autorização legislativa foi exigida para a criação de fundos, para a abertura de créditos especiais e suplementares, para a movimentação das dotações orçamentárias e para a aplicação dos recursos do orçamento fiscal e do orçamento da seguridade social no custeio ou na cobertura do déficit dos fundos, das empresas públicas e das fundações.

Sob o prisma orçamentário, a Constituição Federal proibiu a realização de investimentos duradouros sem a prévia inclusão no plano plurianual, o início de programas ou projetos sem a prévia inscrição no orçamento, a realização de despesas ou a assunção de obrigações superiores ao montante das dotações orçamentárias, a concessão de créditos ilimitados e a previsão de temas estranhos às receitas e despesas na lei orçamentária, salvo a autorização excepcional para abrir créditos suplementares e para contratar operações de crédito por antecipação de receitas. Na tentativa de limitar a dívida pública, o Poder Constituinte Originário impediu o Banco Central de financiar o Tesouro e exigiu a inclusão das amortizações, dos juros e dos encargos da dívida no orçamento fiscal. Também foi prevista a chamada "regra de ouro", que impede a contratação de empréstimos para suportar o déficit corrente do governo, proibindo a realização de operações de créditos que excedam o montante das despesas de capital, salvo se elas tiverem lastro em créditos especiais ou suplementares com finalidade precisa (art. 167, III, CF). Mais tarde, o Constituinte Reformador também mostrou preocupação com a dívida pública ao flexibilizar o princípio da não vinculação da receita dos impostos a determinados órgãos, fundos ou despesas (art. 167, IV, CF). De início, a vinculação só era permitida para garantir as transferências constitucionais obrigatórias aos Estados e Municípios, os gastos mínimos do ensino e as operações de crédito por antecipação de receita. A Emenda Constituição nº 3/1993 permitiu que os recursos oriundos das transferências obrigatórias, dos impostos estaduais e dos impostos municipais também fossem vinculados para saldar as garantias e os débitos dos Estados e Municípios em favor da União.

Depois do Plano Real, os problemas da hiperinflação e da estabilização da moeda foram contornados, mas ainda era necessário criar mecanismos mais eficazes para controlar o déficit operacional e a dívida pública. Nesse cenário, o governo realizou uma reforma administrativa que levou à privatização de várias estatais, à terceirização dos serviços públicos não exclusivos e à diminuição das despesas com pessoal (EC nº 19/1998 e nº 20/1998). A reforma proibiu o repasse de verbas federais e estaduais com a finalidade de pagar as despesas com pessoal ativo e inativo dos Estados e Municípios. Para reduzir os gastos com os servidores em atividade, a reforma fortaleceu o teto constitucional dos subsídios e vencimentos, limitou as hipóteses de reingresso no serviço público, restringiu a acumulação dos vencimentos com proventos e alterou a redação do artigo 169 do Texto Maior. O dispositivo já exigia a autorização específica na LDO e a existência de dotação suficiente para promover a concessão de vantagem, o aumento de salário, a alteração da carreira, a criação de novos cargos e a admissão de pessoal. A partir de então, o texto constitucional passou a disciplinar a recondução dos gastos com pessoal aos limites legais, mediante a redução de funções e cargos comissionados em 20%, a exoneração dos servidores não estáveis e, em última instância, a extinção motivada de cargos, empregos ou funções sem a possibilidade de recriá-los no prazo de quatro anos, prevendo a suspensão dos repasses enquanto perdurar o excesso. Para controlar os gastos com servidores inativos e pensionistas, outras emendas enrijeceram os requisitos de aposentação dos funcionários públicos e reforçaram o custeio dos benefícios, extinguindo as regras da paridade e da integralidade para os novos servidores (EC nºs 20/1998, 41/2003, 47/2005).

Mas, tão importante quanto reduzir as despesas correntes com o pessoal ativo e inativo, era a necessidade de o governo fortalecer a confiança dos credores internacionais, criando mecanismos destinados a melhor controlar o volume total dos gastos e das dívidas. Ao renegociar a dívida externa, o governo brasileiro foi pressionado pelo FMI a criar um novo regime de gestão fiscal. Desde a década de 1970, os economistas defendiam a criação de mecanismos que pudessem controlar os gastos e as dívidas, com o objetivo de garantir a responsabilidade fiscal, pelo menos até o ponto de assegurar os interesses dos credores internacionais. Esse cenário levou à paulatina ascensão do modelo norte-americano de contingenciamento automático, do modelo neozelandês de responsabilidade fiscal e do modelo europeu de austeridade fiscal. A partir da experiência desenvolvida nos Estados Unidos, na União Europeia, na Austrália e na Nova Zelândia, o FMI tinha elaborado um Código de Boas Práticas para a Transparência Fiscal, que serviu de inspiração para a reforma da gestão fiscal brasileira, com a edição da Lei Complementar nº 101/2000.[1]

Em reforço à LRF, o Poder Constituinte Reformador tem criado novas regras fiscais com a finalidade de driblar a crise econômica e financeira que se instalou no país depois de 2014. Além de prorrogar a desvinculação das contribuições sociais e de estendê-la para os demais entes federativos (EC nº 93/2016), as regras de pagamento dos precatórios foram reformuladas, postergando a quitação da dívida oriunda das condenações judiciais (EC nº 94/2016 e EC nº 99/2017). Para a União, o regime fiscal do "teto dos gastos" procurou congelar as despesas primárias para os próximos vinte anos, considerando as despesas que foram pagas em 2016, com sua correção monetária (EC nº 95/2016). A violação do teto acarreta proibições que estão relacionadas à alteração do quadro de pessoal, à concessão de vantagens, à revisão de salários, à elevação de despesas obrigatórias, à expansão

---

[1] OLIVEIRA, Regis Fernandes de. *Curso de direito financeiro*, 6. ed. São Paulo: RT, 2014, p. 684-687.

das linhas de financiamento, à ampliação de subsídios, à renegociação das dívidas e à concessão de benefícios tributários. Para os Estados, a Lei Complementar nº 159/2017 criou um "regime de recuperação fiscal". A renegociação da dívida foi autorizada desde que fossem cumpridas medidas como a redução dos benefícios tributários, a extinção dos benefícios inaplicáveis aos servidores federais, a instituição do regime de previdência complementar, a limitação dos gastos com pessoal e a privatização das empresas de energia, de saneamento e do setor financeiro.

Apesar destas medidas de aperto fiscal, os riscos à responsabilidade fiscal aumentaram depois que o Poder Constituinte Reformador instituiu as emendas impositivas dos parlamentares individuais e das bancadas estaduais (EC nº 86/2015; EC nº 100/2019; EC nº 102/2019). A situação se agravou após a chegada da covid-19, pois a promoção da saúde se sobrepôs à persecução das metas fiscais, ao controle dos gastos com pessoal e ao monitoramento da dívida. Além da abertura de vários créditos extraordinários para custear programas emergenciais, a Lei Complementar nº 173/2020 instituiu o Programa Federativo de Enfrentamento da Covid-19, com o propósito de suspender o pagamento das dívidas anteriores, autorizar a renegociação dos empréstimos e prever a concessão de um auxílio financeiro da União para os Estados, os Municípios e o Distrito Federal no montante de R$ 60 bilhões. Em troca, a União conseguiu aprovar o "orçamento de guerra", facilitando a contratação de bens, serviços e pessoas, a negociação dos novos títulos públicos e a contabilização separada das despesas e receitas extraordinárias (EC nº 106/2020). Sem alterar o texto constitucional, essa emenda afastou a eficácia das vedações relacionadas à regra de ouro e ao limite dos gastos com pessoal durante a pandemia, com efeitos retroativos desde 20 de março de 2020. Com isso, o governo federal pode se endividar mediante a contratação de empréstimos ou a emissão de títulos públicos em limites superiores às despesas de capital com os investimentos e as inversões. Permitiu-se, ainda, a aplicação desses recursos extraordinários no custeio de despesas correntes com a máquina estatal, o refinanciamento da dívida e o pagamento de juros e encargos. Assim, esse resgate demonstra a existência de regras jurídicas que já protegiam a responsabilidade fiscal, como bem jurídico que é tutelado pelo direito, antes mesmo da edição da Lei Complementar nº 101/2000.

O Congresso Nacional aprovou a Lei Complementar nº 101/2000 com a preocupação subjacente de criar novos mecanismos preventivos, reparatórios e sancionatórios que pudessem ser acionados quando o volume total dos gastos públicos e das dívidas estivesse ameaçado, fosse ultrapassado e não conseguisse ser reconduzido dentro do prazo legal. O fundamento constitucional para a edição dessa lei complementar pode ser encontrado nos artigos 163, 165, §9º, 168 e 169 do Texto Maior. Nesse sentido, as normas veiculadas pela LRF integram várias normas constitucionais de eficácia limitada, disciplinando, por exemplo, as finanças públicas, a dívida pública externa e interna, a concessão de garantias pelos entes, a emissão e o resgate dos títulos da dívida pública, a fiscalização financeira da Administração Pública, a elaboração e a organização da tríade orçamentária (plano plurianual, lei de diretrizes orçamentárias e lei orçamentária anual), a gestão financeira e patrimonial, o repasse dos duodécimos e o limite da despesa de pessoal. Naquela época, a constitucionalidade da LRF foi questionada perante o Supremo Tribunal Federal, sob o argumento de que a lei não teria esgotado todas as normas gerais que foram referidas no artigo 163 do Texto Maior, tendo a União violado o pacto federativo com os Estados e os Municípios.

Em agosto de 2019, o Supremo Tribunal Federal retomou o julgamento das ações que versam sobre a constitucionalidade da LRF. Sob o aspecto formal, a lei foi reputada constitucional, porque a lei complementar não precisa esgotar todas as matérias referidas no artigo 163 da *Lex Mater*. Sob o aspecto material, a Corte entendeu que a lei não ofende o pacto federativo, pois ela equilibra as exigências de competição e de cooperação, sem prejudicar a repartição constitucional das competências tributárias. Ao criar as normas gerais de finanças públicas, a União deve combater o comportamento individualista dos entes subnacionais que prejudica o federalismo fiscal como um todo. Após a estabilização da moeda, o esgotamento das receitas inflacionárias realçou a dívida pública e o *déficit* estrutural dos entes, exigindo novas formas de gestão financeira e orçamentária. Nesse sentido, os Ministros do STF entenderam que a LRF criou medidas gerais de transparência, de programação orçamentária, de controle e de acompanhamento da execução das despesas e de avaliação dos resultados, sincronizando a política fiscal dos Estados e dos Municípios com os objetivos macroeconômicos da União.[2]

A Lei de Responsabilidade Fiscal parte da premissa de que o planejamento e a transparência das atividades financeiras do Estado são essenciais para prevenir os riscos e corrigir os desvios que podem afetar o equilíbrio das finanças e das contas públicas. Para alcançar esse objetivo, a gestão fiscal responsável e transparente pressupõe o cumprimento das metas de resultado primário e de resultado nominal, com a obediência dos limites relacionados à renúncia de receita, às despesas com pessoal, ao endividamento público, incluindo a dívida consolidada, a dívida mobiliária, as operações de crédito, a concessão de garantia e os restos a pagar. Com os olhos voltados para o volume total de gastos e de dívidas, a LRF adotou o conceito básico de "receita corrente líquida" para melhor controlar a geração das despesas e a realização das operações de crédito, balizando o acionamento de mecanismos preventivos, reparatórios e sancionatórios, dentre os quais se incluem o contingenciamento das despesas públicas, a recondução dos gastos com pessoal e das dívidas aos limites normativos e a proibição de receber transferências voluntárias.[3]

De acordo com a LRF, o planejamento das finanças públicas ocorre sobretudo no momento de elaboração das leis orçamentárias. A gestão fiscal é planejada a partir da tríade orçamentária, se bem que foram vetadas as regras concernentes ao plano

---

[2] Além de julgar improcedente a ADI nº 2.261/DF, o STF não conheceu a ADI nº 2.365/DF por entender que o artigo 20, inciso III (limite de gastos com pessoal nos Municípios), violaria norma constitucional posterior, decorrente da EC nº 25/2000, impondo o manejo da ADPF. Por sua vez, a ADI nº 2.238/DF foi conhecida parcialmente com relação aos seguintes dispositivos: (i) artigo 7º, §§2º e 3º, porque o conflito com medida provisória deve ser revolvido pela hermenêutica; (ii) artigo 15, porque as normas não foram impugnadas dentro do contexto normativo necessário; (iii) artigo 30, inciso I, e o artigo 72, porque a fixação dos limites da dívida pelo Senado Federal e o limite provisório de gasto com pessoal referem-se a normas temporárias. Ademais, o STF entendeu que a constitucionalidade do artigo 26, §1º, do artigo 28, §2º, do artigo 29, I e §2º, e do artigo 39 da LRF foi abordada quando da rejeição da inconstitucionalidade formal (BRASI, Supremo Tribunal Federal, Tribunal Pleno. ADI nº 2.238/DF, ADI nº 2.256/DF, ADI nº 2.241/DF, ADI nº 2.261/DF, ADI nº 2.365/DF, Rel. Min. Alexandre Moraes, *dje*. 01.09.2020).

[3] A Receita Corrente Líquida (RCL) é identificada mediante a soma das receitas tributárias, das contribuições, das receitas próprias (patrimoniais, industriais, agropecuárias, de serviços), das transferências correntes e de outras receitas correntes recebidas no mês em referência e nos onze meses anteriores (com a exclusão das duplicidades), considerando os valores pagos e recebidos em virtude do ICMS e do FUNDEB. Na União, essa conta precisa deduzir os valores transferidos para os Estados e os Municípios, as contribuições do PIS/PASEP, as contribuições do servidor e outras contribuições sociais. Nos Estados, é preciso deduzir os valores transferidos para os Municípios e as contribuições do servidor. Nos Municípios, descontam-se as contribuições do servidor para seu regime de previdência e assistência (art. 2º, IV, §§1º e 3º, da LRF).

plurianual. Enquanto as metas fiscais da LDO previnem os riscos futuros, a reserva de contingência da LOA pode ser utilizada para corrigir os desvios que ocorrem durante a execução do orçamento em virtude de eventos imprevistos e de passivos contingentes. Quando o cumprimento das metas de resultado primário ou de resultado nominal ficar ameaçado, o curso normal da programação financeira e do cronograma de desembolso pode ser desviado pelo contingenciamento dos gastos, com a consequente limitação do empenho e da movimentação financeira. Com relação ao controle dos gastos, a LRF criou vários requisitos para a expansão dos gastos tributários (na forma da renúncia de receitas) e das despesas obrigatórias de caráter continuado, prevendo a estimativa do impacto sobre as metas fiscais e a adoção de medidas compensatórias. Ainda no plano dos gastos, a LRF estabeleceu várias condições a serem observadas nas despesas com a seguridade social e nos repasses destinados para o setor privado.

A LRF também fixou os limites dos gastos com pessoal, definindo os limites aplicáveis para cada ente federativo, com a subdivisão desses limites entre os Poderes e as outras instituições, como o Tribunal de Contas e o Ministério Público (art. 19 e 20, LRF). Por maioria dos votos, o Supremo Tribunal Federal declarou a constitucionalidade dos dispositivos legais que escalonaram os limites de gastos com pessoal por Poder e por órgão, não havendo prejuízo à autonomia financeira dos entes federativos, dos Poderes e das instituições. Também foi reputada constitucional a obrigação de contabilizar os gastos com a terceirização da mão de obra entre as despesas com pessoal (art. 18, §1º, da LRF), porque o gestor público não pode utilizar essa estratégia para burlar o teto de gastos do funcionalismo. Além disso, a Corte manteve a interpretação conforme tinha sido dada para a norma constante do artigo 21, inciso II, da Lei Complementar nº 101/2000, ratificando a cautelar anteriormente concedida no ponto em que condicionava a limitação das despesas com pessoal inativo à previsão específica em lei complementar.

O monitoramento da dívida pública é outro ponto relevante da Lei de Responsabilidade Fiscal. As três esferas de governo devem observar os limites globais de endividamento público estabelecidos pelas Resoluções nº 40/2001 e nº 43/2001 do Senado Federal, havendo uma lacuna normativa com relação aos limites impostos para a dívida mobiliária federal. Além disso, a lei disciplinou a contratação das operações de crédito, incluindo as operações por antecipação de receita, com regras específicas sobre garantias, contragarantias e restos a pagar no último ano do mandato eletivo. Depois de cuidar da gestão patrimonial, a LRF dedicou-se pormenorizadamente à transparência, ao controle e à fiscalização das finanças públicas, pressupondo a correta escrituração e consolidação das contas. Dentre os instrumentos que promovem a transparência da gestão fiscal estão as leis orçamentárias, as prestações de contas, os pareceres prévios, o Relatório Resumido de Execução Orçamentária (RREO), o Relatório de Gestão Fiscal (RGF), as audiências do orçamento participativo, a divulgação destes documentos no Portal da Transparência. O RREO e o RGF são documentos essenciais para monitorar a execução do orçamento. Eles servem de base para os alertas dos Tribunais de Contas, permitem o acionamento dos mecanismos de recondução dos gastos, orientam a prestação de contas e facilitam a fiscalização da gestão fiscal.

Até trinta dias após o término de cada bimestre, o governo deve publicar o Relatório Resumido de Execução Orçamentária, abrangendo os Poderes e o Ministério Público. O descumprimento do prazo impede o recebimento de transferências voluntárias e a contratação de operação de crédito, salvo se ela se destinar ao refinanciamento da dívida mobiliária. Esse relatório traz a evolução das receitas e despesas que foram inscritas, executadas e a serem realizadas. Ele também mostra a situação da receita corrente líquida, do fluxo previdenciário, do serviço da dívida e dos restos a pagar, viabilizando o cálculo do resultado primário e do resultado nominal. Se a avaliação bimestral mostrar que a evolução da receita pode comprometer a obtenção das metas de resultado primário e nominal, os Poderes e o Ministério Público devem limitar os empenhos e a movimentação financeira. Contudo, o contingenciamento não pode prejudicar as obrigações constitucionais e legais, nem os serviços da dívida, nem as despesas ressalvadas na lei de diretrizes orçamentárias (art. 9º, LRF). No último bimestre do ano, o relatório resumido de execução orçamentária também deve verificar o cumprimento da "regra de ouro", a projeção atuarial dos regimes previdenciários e a variação patrimonial, com a indicação dos ativos alienados e dos produtos aplicados (art. 53, LRF).

Até trinta dias após o término de cada quadrimestre, os Poderes, o Tribunal de Contas e o Ministério Público devem publicar o relatório de gestão fiscal, sob pena de serem proibidas as transferências voluntárias e as operações de crédito, com exceção das operações destinadas ao refinanciamento da dívida mobiliária. Esse relatório verifica o cumprimento dos limites de despesa com pessoal e de endividamento público, com a finalidade precípua de controlar o volume total dos gastos e das dívidas, levando em conta a dívida consolidada e mobiliária, as operações de crédito e as antecipações de receita. Se os limites forem violados, o relatório precisa indicar as medidas adotadas para reconduzir as dívidas e os gastos com pessoal aos parâmetros legais. No último quadrimestre, o relatório deve expor a disponibilidade do caixa na virada do ano, a regularidade das operações de crédito por antecipação de receita e a situação dos restos a pagar processados e não processados, indicando as despesas que tiveram seus empenhos cancelados e as despesas que não foram inscritas na conta dos restos a pagar por indisponibilidade de caixa (art. 55, LRF). Até o final de maio, setembro e fevereiro, o Poder Legislativo de cada esfera deve realizar uma audiência pública nas comissões de orçamento, de modo que o Poder Executivo possa demonstrar o cumprimento das metas fiscais de cada quadrimestre (art. 9º, §4º, LRF).

Essa breve síntese dos temas abordados pela Lei Complementar nº 101/2000 indica que o principal bem jurídico por ela tutelado consiste no equilíbrio das contas públicas, enfatizando o monitoramento e o controle dos gastos com pessoal e das dívidas públicas por meio dos diversos instrumentos de planejamento e de transparência. Para alcançar esse objetivo, suas normas jurídicas prescrevem uma série de comandos que devem ser observados pelo Estado e seus agentes, sob pena de acarretar a anulação do ato ilícito, a adoção de medidas destinadas à restituição ao estado anterior ou a aplicação das sanções cominadas pela lei. É neste sentido que a Lei Complementar nº 101/2000 insere-se no campo mais abrangente da teoria das responsabilidades, remetendo ao dever geral de retorno ao *status quo ante*. Afinal, violado o regime fiscal, a ordem jurídica pode ser restaurada por um vasto rol de remédios que constam da LRF e de outras leis. A anulação do ato ilícito ocorre, por exemplo, quando houver o aumento dos gastos de pessoal sem observar o artigo 21 da LRF ou quando houver a realização daquelas condutas vedadas pelo artigo 36 da LRF que foram equiparadas às operações de créditos. A restituição ao estado anterior ocorre, por exemplo, quando o ente que tenha violado os limites de despesa com pessoal reduz as funções e os cargos comissionados em 20%. Por fim, a aplicação da sanção ocorre, por exemplo, quando o ente deixa transcorrer o prazo para a recondução das despesas com pessoal, sendo-lhe vedado o recebimento de transferências voluntárias, a obtenção de garantias e a contratação das operações de crédito. Desta forma, existe a possibilidade de serem acionados vários mecanismos preventivos, corretivos e sancionatórios que se destinam a proteger, reconduzir ou penalizar o ente federativo que violar as regras de transparência e os limites legais de despesa com pessoal e de endividamento público.

As *medidas preventivas* aplicam-se sobretudo na fase de planejamento e de elaboração das leis orçamentárias. Nesse sentido, a Lei Complementar nº 101/2000 converteu a LDO num poderoso instrumento de controle das metas fiscais. Enquanto o Anexo de Riscos Fiscais descreve os passivos contingentes e os outros riscos que podem afetar as contas públicas, o Anexo de Metas Fiscais cria uma ponte entre o passado e o futuro, fazendo um diagnóstico dos três anos anteriores e um prognóstico para os três seguintes. O Anexo define as metas anuais para as receitas e as despesas, para os resultados nominal e primário e para a dívida pública. O governo precisa levar em conta os demonstrativos das metas anteriores, das renúncias de receita e das despesas obrigatórias de caráter continuado, assim como a evolução do patrimônio líquido e a avaliação financeira e atuarial dos fundos públicos. Ao abordar a necessidade de alinhar as metas fiscais da LDO aos objetivos nacionais da política monetária, creditícia e cambial, o Supremo Tribunal Federal entendeu que tal medida não ofende o pacto federativo, sendo razoável considerar os indicadores da economia nacional, como o PIB, a inflação e as taxas de juros. Ademais, os Ministros do STF frisaram que as metas e as prioridades da Administração devem ser contempladas na LDO, como lei de caráter vinculante e impositivo, sem a possibilidade de inscrevê-las numa peça administrativa.

Em última instância, as metas fiscais buscam evitar o crescimento do déficit do governo, equilibrando as receitas e as despesas. Como medida preventiva, a LRF estabeleceu regras específicas para a inscrição orçamentária das receitas e despesas. No cálculo das receitas, a proposta orçamentária precisa demonstrar sua evolução no triênio anterior e sua projeção para o próximo biênio, considerando o efeito provocado pelas mudanças legislativas, pelas flutuações econômicas e pelos gastos tributários (art. 12, LRF). A decisão política pela renúncia de receitas pressupõe a estimativa do impacto orçamentário-financeiro, o abatimento no cálculo das receitas e a observância das metas fiscais, havendo a possibilidade de compensá-la com o aumento de outras receitas ou a redução das despesas. Para proteger a fonte de recursos, foi proibida a realização de transferência voluntária para o ente federativo que não instituir e arrecadar todos os tributos de sua competência. Ao examinar o tema, o Supremo Tribunal Federal entendeu que essa proibição não viola o pacto federativo, porque a norma dirige-se à União, não havendo prejuízo para as transferências obrigatórias. A norma proibitiva busca evitar o desequilíbrio causado pelo excesso de isenções, diminuir a dependência financeira dos repasses federais e impedir que os demais entes federativos façam "cortesia com chapéu alheio".[4]

No cálculo das despesas, a proposta da LOA precisa mostrar a compatibilidade com o PPA e a LDO, indicar as medidas compensatórias para o aumento das despesas obrigatórias de caráter continuado e prever uma reserva de contingência com o objetivo de custear os riscos e os eventos fiscais imprevisíveis (art. 5º, LRF). Além disso, a proposta

---

[4] BRASIL. Supremo Tribunal Federal, Tribunal Pleno. ADI nº 2.238/DF, ADI nº 2.256/DF, ADI nº 2.241/DF, ADI nº 2.261/DF, ADI nº 2.365/DF, Rel. Min. Alexandre Moraes, *dje*. 01.09.2020.

orçamentária deve inscrever todas as receitas e as despesas relacionadas à dívida mobiliária e contratual, destacando o refinanciamento da dívida pública. Neste ponto, é necessário considerar os limites globais para o montante da dívida pública consolidada e da dívida pública mobiliária dos Estados, do Distrito Federal e dos Municípios, nos termos fixados pela Resolução nº 40/2001 do Senado Federal. No orçamento federal, as despesas da União também devem incluir os gastos do Banco Central com o custeio administrativo, os investimentos, os gastos com pessoal e encargos sociais. Nas três esferas de governo, as propostas orçamentárias devem observar o limite total das despesas com pessoal, sem a possibilidade de exceder 50% da RCL na União e 60% da RCL nos Estados e Municípios, com seu desdobramento entre os Poderes, o Ministério Público e o Tribunal de Contas. A LRF autorizou que sejam desconsiderados os gastos relacionados à indenização dos funcionários demitidos, aos programas de demissão voluntária e aos benefícios dos inativos e pensionistas que forem custeados pelas contribuições previdenciárias (art. 19 e 20, LRF).

Outras medidas preventivas de responsabilidade fiscal são aplicadas na fase de execução das receitas e das despesas. Após a publicação da lei orçamentária anual, o Poder Executivo tem trinta dias para desdobrar as receitas estimadas em metas bimestrais de arrecadação, indicando as medidas de combate à evasão e à sonegação, os créditos passíveis de cobrança administrativa e os créditos inscritos em dívida ativa que estão sendo cobrados judicialmente (art. 13, LRF). Concluída a etapa inicial de detalhamento dos créditos, de programação financeira e de descentralização das verbas, os três estágios da despesa podem ser percorridos, com a realização do empenho, da liquidação e do pagamento. Contudo, quando os atos normativos e as ações do governo aumentarem as despesas obrigatórias de caráter continuado por período superior a dois anos, também será necessário mostrar a origem dos recursos, a estimativa do impacto orçamentário-financeiro e a adequação com relação às metas fiscais, indicando que seus efeitos financeiros serão compensados pelo aumento das receitas ou pela redução das despesas em caráter permanente. Todas essas medidas condicionam a realização dos empenhos, das licitações e das desapropriações (art. 16 e 17, LRF).

Durante o exercício financeiro, existem outras medidas preventivas que buscam monitorar os gastos com pessoal e as dívidas públicas. Para evitar a extrapolação dos limites de gasto com pessoal, o aumento desse tipo de despesa deve observar várias medidas de cautela, como a indicação dos recursos e a estimativa do impacto, sob pena de nulidade (art. 21, LRF). Além disso, o Tribunal de Contas deve emitir alerta nas avaliações quadrimestrais, quando o gasto total com pessoal ultrapassar 90% do limite fixado. No final do exercício, as despesas pendentes devem ser inscritas na conta dos restos a pagar, compondo a dívida flutuante. Em reforço, no final do mandato, o gestor público precisa deixar dinheiro em caixa para honrar as obrigações assumidas nos dois últimos quadrimestres que vencerem ao longo do exercício seguinte, impedindo, assim, a utilização abusiva dos restos a pagar (art. 42, LRF). Por sua vez, para evitar a extrapolação dos limites de endividamento, o Ministério da Fazenda verifica se os entes cumpriram todos os requisitos legais e constitucionais para contratar as operações de crédito, incluindo a observância da regra de ouro, a prévia autorização legal, a autorização específica do Senado nas operações externas, o cumprimento dos limites e a inscrição orçamentária dos recursos oriundos do empréstimo. Além disso, o Banco Central não pode emitir títulos da dívida pública, conceder garantia, permutar títulos federais por títulos estaduais e municipais, nem comprar os títulos do Tesouro na data de sua colocação no Mercado, salvo para refinanciar a dívida mobiliária federal que estiver vencendo na sua carteira.

As *medidas corretivas* enfatizam o controle do déficit, dos gastos com pessoal e das dívidas públicas. Quanto ao déficit, as medidas corretivas procuram restaurar o curso programado de execução das receitas e despesas, variando conforme o desempenho das metas fiscais. A cada bimestre, se o relatório resumido de execução orçamentária constatar que a receita arrecadada pode não ser suficiente para atingir as metas fiscais de resultado primário ou nominal, a Administração Pública deve limitar o empenho e a movimentação financeira nos trinta dias seguintes, conforme os critérios definidos na LDO, sem prejudicar o cumprimento das obrigações constitucionais e legais, nem o pagamento dos serviços da dívida (art. 9º, LRF). Se o Legislativo, o Judiciário e o Ministério Público não tomarem as medidas cabíveis dentro do prazo, o Executivo poderia realizar os cortes na forma indicada pela LDO (art. 9º, §3º, LRF). A constitucionalidade desta norma autorizativa foi objeto de divergência no Supremo Tribunal Federal. Enquanto a corrente vencida defendia a interpretação conforme, no sentido de admitir o corte linear e uniforme para todos os Poderes até o limite fixado pelo orçamento, com a possibilidade de arrestar as contas do governo se os duodécimos não fossem repassados até o dia 20 de cada mês, a corrente vencedora declarou a inconstitucionalidade deste dispositivo por entender que os cortes violam a separação dos Poderes. Na fase de elaboração, o Executivo pode ajustar as propostas parciais dos demais Poderes aos limites fixados pela LDO, mas, na fase de execução, o orçamento aprovado pelo Legislativo deve ser cumprido fielmente, promovendo os ajustes necessários com base nas receitas e despesas efetivamente realizadas no exercício, sem transformar o orçamento numa peça de ficção.[5]

No que diz respeito aos limites de gasto com pessoal, o Tribunal de Contas deve emitir um alerta nas avaliações quadrimestrais, quando o relatório de gestão fiscal indicar o atingimento de 90% do limite fixado. Atingido 95% deste limite, algumas medidas corretivas são acionadas, sendo proibido pagar horas extras, conceder vantagens, fazer alterações onerosas na carreira, criar novas vagas, admitir pessoal, salvo a reposição excepcional dos servidores alocados na área da segurança, do ensino e da saúde. Se o gasto com pessoal ultrapassar 100% do limite previsto, o excesso deve ser reduzido nos dois quadrimestres seguintes, sendo autorizada a adoção das medidas previstas no artigo 169 do Texto Maior e de outras medidas fixadas pela LRF, como a redução temporária da jornada de trabalho com a adequação dos vencimentos à nova carga horária (art. 23, §§1º e 2º, LRF). A questão também causou divergência entre os Ministros do STF. De início, foi admitida a diminuição temporária da jornada laboral com a redução proporcional dos vencimentos devidos para o servidor estável, sob o argumento de que a LRF teria criado uma solução menos severa do que aquela prevista no artigo 169, §3º, da *Lex Mater*, sendo uma medida intermediária, temporária e alinhada à garantia da estabilidade funcional. Mas, levantada a divergência, a Corte concluiu pela inconstitucionalidade do dispositivo, pois a lei complementar não pode flexibilizar a regra constitucional e criar alternativas menos onerosas politicamente. Nesse sentido, a recondução dos gastos com pessoal só pode ser alcançada através

---

[5] BRASIL. Supremo Tribunal Federal, Tribunal Pleno. ADI nº 2.238/DF, ADI nº 2.256/DF, ADI nº 2.241/DF, ADI nº 2.261/DF, ADI nº 2.365/DF, Rel. Min. Alexandre Moraes, *dje*. 01.09.2020.

das medidas previstas no artigo 169 do Texto Maior, mediante o desligamento dos comissionados, a exoneração dos servidores não estáveis e, em último caso, a extinção de cargos públicos.[6]

Quanto aos limites de endividamento, o Ministério da Fazenda e o Tribunal de Contas são fundamentais para o acionamento das medidas corretivas. O Ministério da Fazenda desempenha um papel central no controle da dívida consolidada e da dívida mobiliária, cabendo-lhe divulgar mensalmente a relação dos entes que ultrapassaram os limites estabelecidos (art. 31, LRF). Por sua vez, o Tribunal de Contas analisa os valores comprometidos com as operações de crédito, as garantias concedidas e as dívidas consolidada e mobiliária (art. 59, §1º). Se a dívida consolidada, a dívida mobiliária e as operações de crédito violarem os limites fixados, o ente não poderá antecipar as receitas orçamentárias, nem realizar operação de crédito interna ou externa, salvo as operações destinadas ao pagamento da dívida mobiliária. Nestes casos, o ente deve diminuir o endividamento em três quadrimestres, com a redução de um quarto do excedente já no primeiro quadrimestre, valendo-se de medidas como o contingenciamento dos gastos para alcançar o resultado primário que for necessário para reconduzir a dívida aos limites. Se os precatórios não forem pagos durante a execução do respectivo orçamento, eles passam a integrar a dívida consolidada no cálculo dos limites de endividamento (art. 30, §7º, LRF). Além disso, a gestão fiscal responsável requer a observância de várias regras que combatem o falseamento dos resultados obtidos no exercício. Por isso, várias condutas foram equiparadas às operações vedadas, incluindo a antecipação de dividendos e a postergação de obrigações assumidas sem lastro orçamentário (art. 37, LRF).

Por fim, as *medidas sancionatórias* são acionadas se os relatórios não forem encaminhados tempestivamente ou se tiver transcorrido o prazo legal sem a necessária recondução dos gastos com pessoal e das dívidas. Assim, não havendo a remessa tempestiva do Relatório Resumido de Execução Orçamentária (RREO) ou do Relatório de Gestão Fiscal (RGF), ficam proibidos o recebimento das transferências voluntárias, a contratação das operações de crédito, com exceção daquelas voltadas ao refinanciamento da dívida mobiliária. Por sua vez, se as despesas com pessoal não forem reconduzidas em dois quadrimestres, o órgão responsável ficará sujeito às sanções institucionais, sendo-lhe proibido receber as transferências voluntárias, obter garantia de outro ente e contratar operações de crédito, salvo os empréstimos destinados ao refinanciamento da dívida mobiliária e à redução dos gastos com pessoal (art. 23, LRF).

Por fim, se as dívidas públicas não forem reconduzidas depois do prazo legal de três quadrimestres, o ente federativo também ficará proibido de receber transferência voluntária da União ou dos Estados. Essas proibições são aplicadas imediatamente se a dívida extrapolar o limite no primeiro quadrimestre do último ano do mandato (art. 31, LRF). Os prazos de recondução aos limites de despesa com pessoal e de endividamento público ficarão suspensos nas situações excepcionais de calamidade pública, estado de defesa e estado de sítio, sendo dispensada a limitação dos empenhos (art. 65, LRF). Esses prazos poderão ser dobrados quando o PIB nacional, regional ou estadual tiver um crescimento real baixo ou negativo por período igual ou superior a quatro trimestres, conforme o diagnóstico realizado pelo IBGE (art. 66, LRF). Além disso, a Lei Complementar

---

[6] BRASIL. Supremo Tribunal Federal, Tribunal Pleno. ADI nº 2.238/DF, ADI nº 2.256/DF, ADI nº 2.241/DF, ADI nº 2.261/DF, ADI nº 2.365/DF, Rel. Min. Alexandre Moraes, *dje.* 01.09.2020.

nº 164/2018 deixou de aplicar as sanções institucionais para os Municípios, quando sua receita real cair mais de 10% com relação ao mesmo quadrimestre do ano anterior nas situações em que as isenções concedidas pela União levarem à diminuição dos *royalties* e das transferências obrigatórias do Fundo de Participação Municipal.

Num federalismo marcado pela distribuição assimétrica das competências tributárias, a proibição de receber transferências voluntárias representa uma sanção institucional gravíssima, sendo evitada a todo custo pelos Estados e pelos Municípios. Talvez por isso tenham sido previstas algumas exigências para o recebimento das transferências voluntárias por meio de convênios e outros instrumentos que viabilizam o repasse das verbas públicas. Assim, se o ente beneficiário quiser receber as transferências voluntárias, deve instituir todos os impostos de sua competência (art. 11, parágrafo único, LRF), cumprir as condições fixadas pela lei de diretrizes orçamentárias e comprovar sua regularidade fiscal. Nesse sentido, é necessário comprovar o pagamento dos tributos, empréstimos e financiamentos devidos para o ente transferidor, a prestação de contas dos recursos transferidos anteriormente, a previsão orçamentária de contrapartida, o cumprimento do gasto mínimo nas áreas da saúde e do ensino, assim como a observância dos limites relacionados à despesa total com pessoal e ao endividamento público, incluindo as dívidas consolidada e mobiliária, as operações de crédito, as antecipações de receitas orçamentárias e os restos a pagar (art. 25, IV, LRF). Além disso, o ente favorecido não pode aplicar as verbas repassadas em finalidade distinta daquela pactuada e no pagamento de despesas com pessoal ativo, inativo e pensionista. Mas, para resguardar as prioridades alocativas com maior repercussão na sociedade e no eleitorado, as áreas da educação, da saúde e da assistência social não são consideradas na aplicação da sanção institucional que proíbe as transferências voluntárias (art. 25, §3º, LRF).

No âmbito do governo federal, o cumprimento destas exigências pelos Estados, Municípios e organizações sociais pode ser verificado mediante consulta ao CAUC, Cadastro Único de Convênios da União. Desde 31 de março de 2021, o CAUC também passou a indicar a publicação tempestiva do RGF e do RREO, a remessa do Anexo 12 do RREO para o Ministério da Saúde e a adequação do ente aos limites de despesas com as parcerias público-privadas (art. 28 da Lei nº 11.079/2004). Nos últimos anos, a jurisprudência do Supremo Tribunal Federal consolidou o entendimento de que a inscrição dos entes e das organizações inadimplentes no CAUC requer a observância das garantias constitucionais do contraditório e da ampla defesa após o devido processo legal. A título ilustrativo, o Plenário do STF confirmou a liminar concedida para o Estado do Rio de Janeiro no sentido de determinar sua retirada do CAUC/SIOPE, permitindo a transferência voluntária das verbas relacionadas ao Termo de Compromisso que se destinava ao cumprimento do Programa Nacional Comum Curricular.[7]

3 Novos contornos para a responsabilização fiscal do Estado e de seus agentes

Como visto no tópico anterior, a Lei Complementar nº 101/2000 estabelece diversas condutas que se destinam a preservar a responsabilidade fiscal, como bem jurídico

---

[7] BRASIL, Supremo Tribunal Federal, Tribunal Pleno. ACO 3152-DF, Rel. Min. Marco Aurélio, *dje*. 08.06.2021.

tutelado pelo Direito. Não raro, a compreensão dessas condutas requer o conhecimento de normas jurídicas que constam de outros atos normativos, incluindo uma série de resoluções, portarias e instruções. A violação das regras fiscais abre a possibilidade de serem aplicadas sanções institucionais para a União, os Estados, o Distrito Federal e os Municípios. Além das sanções institucionais da Lei Complementar nº 101/2000, outras leis prescrevem condutas e sanções que também estão voltadas à proteção da responsabilidade fiscal, principalmente quando se trata da responsabilização penal, política e de improbidade administrativa dos agentes responsáveis. Logo, a responsabilidade fiscal abrange uma gama de prescrições e sanções legais e constitucionais que vão além da Lei Complementar nº 101/2000, mas que estão materialmente relacionadas ao planejamento, à gestão e ao controle das finanças públicas, exigindo um esforço hermenêutico de interpretação sistemática. Daí a necessidade de investigar os pontos de contato da responsabilidade fiscal com a responsabilidade legal, a responsabilidade contratual e a responsabilidade civil pela prática de atos ilícitos, inserindo o tema no campo mais abrangente da teoria geral das responsabilidades.

Em termos gerais, a ideia de responsabilidade está relacionada à violação do direito pela prática de uma conduta reprovável e inescusável que desestabiliza a situação inicial de normalidade do ordenamento jurídico ou de equidade entre as pessoas envolvidas, justificando a consequente necessidade de se impor ao agente responsável o dever de restaurar a ordem violada (*status quo ante*). A ordem pode ser restaurada por um vasto rol de remédios, como a simples anulação do ato, o ressarcimento do dano, a realização de medida compensatória ou o cumprimento de penalidade cominada pela lei e aplicada pela autoridade competente, como o pagamento de multa pecuniária e a privação temporária de determinados direitos, incluindo a liberdade e os direitos políticos. Uma pessoa capaz pode assumir o dever de responsabilidade por força da própria lei, independentemente da sua própria vontade, ou por força das obrigações e dos atos ilícitos, valendo-se da aplicação das lições basilares do Direito Civil.

A responsabilidade legal ocorre quando a lei prescreve uma obrigação ou uma proibição, de modo que a violação dos comandos normativos pode acarretar a aplicação de uma sanção se as normas tiverem o necessário autorizamento. A sanção pode ser imposta não só aos particulares, mas também ao próprio Leviatã que edita as leis. A responsabilidade legal do Estado surgiu como decorrência das teorias do contrato social, do constitucionalismo liberal, da tripartição dos poderes e do princípio da estrita legalidade, tornando-se o verdadeiro cânone do Direito Administrativo ao longo do século XIX. Afinal, apregoava-se que à Administração Pública somente era permitido fazer aquilo que estava prescrito na lei. Essa máxima era aplicada não só ao Estado propriamente dito, como pessoa jurídica autônoma, mas também aos agentes que lhe davam vida e movimento. Aqui se insere o emaranhado de normas jurídicas que disciplinam a responsabilidade civil, penal, administrativa e política dos agentes públicos, na esteira do princípio da estrita legalidade. Sendo a responsabilidade fiscal um bem jurídico que é objetivamente tutelado pela lei, a violação das regras fiscais pode acarretar tanto a responsabilização política e penal dos agentes responsáveis quanto a sua responsabilização pela prática de ato de improbidade administrativa.

No campo da responsabilidade política e penal, a Lei Complementar nº 101/2000 criou uma série de regras fiscais que devem ser seguidas pela Administração e por seus agentes. Com relação aos agentes públicos, a observância dessas regras fiscais foi reforçada pelas sanções instituídas pela Lei nº 10.028/2000. Essa lei incluiu um novo capítulo no Código Penal com o objetivo de tipificar as condutas praticadas contra as finanças públicas. Para evitar o crescimento do déficit operacional, foram criados os crimes de ordenação de despesa não autorizada, inscrição das despesas não empenhadas nos restos a pagar, a falta de cancelamento formal dos restos a pagar, a assunção de obrigação e o aumento da despesa total com pessoal no final do mandato ou da legislatura. E, para impedir o crescimento irregular da dívida pública, foram criados os crimes de colocação de títulos públicos no mercado sem a observância das formalidades legais, prestação de garantia em operação de crédito sem contrapartida, assim como a ordenação, autorização ou realização de operação de crédito interno ou externo sem prévia autorização legislativa. Comprovada a prática destes crimes, ao agente responsável podem ser aplicada as penas de reclusão ou detenção, de três meses a quatro anos, variando conforme a conduta e a gravidade do ilícito.

A Lei nº 10.028/2000 também modificou o artigo 10 da Lei nº 1.079/1950 e o artigo 4º do Decreto-lei nº 201/1967 com o objetivo de ampliar o rol de condutas qualificadas como crime de responsabilidade contra a lei orçamentária. Além das hipóteses preexistentes de não apresentar a proposta orçamentária, exceder as dotações consignadas pelo orçamento anual, realizar o estorno de verbas e violar os dispositivos da lei orçamentária, esta lei tipificou as condutas de não ordenar a redução da dívida consolidada, não liquidar as operações de crédito por antecipação de receita, não cancelar, amortizar ou constituir reserva para anular os efeitos do endividamento irregular, não obedecer às formalidades legais na abertura dos créditos e nas transferências voluntárias, arrecadar receita derivada antes do fato gerador, destinar os recursos oriundos dos títulos emitidos para finalidade diversa e realizar operação de crédito com os demais entes federativos e suas entidades. Estão sujeitos às penalidades desta lei não só os Chefes do Poder Executivo, os Ministros de Estado e os Secretários estaduais ou municipais, como também as autoridades responsáveis pelos órgãos do Poder Judiciário e do Ministério Público, pelos Tribunais de Contas e pela Advocacia-Geral da União, quando eles ordenarem ou praticarem as condutas tipificadas nas hipóteses cabíveis.

No campo da responsabilidade por ato de improbidade administrativa, a Lei nº 8.429/1992 já condenava a prática de várias condutas que atentam contra as finanças públicas, antes mesmo da edição da LRF. Dentre as condutas que violam os princípios da Administração Pública, vale destacar a falta de prestação de contas quando o gestor responsável ocultar irregularidades (art. 11, VI). E, dentre as condutas que causam lesão ao erário, constam a realização de despesas, a liberação de verbas públicas, a realização de operação financeira e a concessão de garantias ou de benefícios fiscais sem a observância das formalidades legais (art. 10). Recentemente, a Lei nº 8.429/1992 foi modificada pela Lei nº 14.230/2021, com a finalidade de restringir a responsabilização pelos atos culposos (art. 10, *caput*), de condicionar o ressarcimento à perda patrimonial efetiva (art. 10, §1º) e de estabelecer novas hipóteses de improbidade por ato lesivo ao erário. Dentre elas, duas estão diretamente relacionadas à responsabilidade fiscal: agir ilicitamente na arrecadação das receitas e na conservação do patrimônio público (art. 10, X); e conceder, aplicar ou manter benefício financeiro ou tributário no campo de incidência do ISS (art. 10, XXII). A Lei nº 14.230/2021 também alterou as penalidades aplicáveis. No caso de lesão ao erário, o agente pode ser condenado à perda dos bens e valores, ao pagamento de multa, à perda da função pública, à proibição de receber benefícios fiscais e de contratar com o Poder Público e, por fim, a suspensão dos direitos políticos. No caso de violação dos princípios, o agente pode ser condenado a pagar multa equivalente a 24 vezes o valor da remuneração, além da proibição de receber benefícios fiscais e de contratar com o Poder Público.

Nem sempre é fácil distinguir, na prática, a responsabilidade do Estado e a responsabilidade dos agentes públicos, porque o Estado é uma abstração criada pela sociedade e referendada pelo Direito, cabendo a seus agentes materializar os atos governamentais. Nesse sentido, Maria Sylvia Zanella Di Pietro aponta o surgimento de várias teorias que procuravam explicar a relação entre o Estado e seus agentes. A teoria do mandato defendia que o Estado concede ao agente o poder de representá-lo, mas essa teoria foi superada, porque o Estado não consegue manifestar vontade por si próprio. A teoria da representação legal sustentava que a lei equipara o agente público à figura do tutor. Essa teoria também caiu por terra por compreender o Estado como um incapaz, de modo que ele não poderia ser responsável pelos seus atos. Por fim, a teoria do órgão ou da imputação foi desenvolvida por Otto Gierke com a finalidade de criar uma relação estatutária que imputa a vontade do Estado aos órgãos que são ocupados pelos agentes. Para que o agente público possa servir como meio de exteriorização da vontade estatal, ele deve estar investido de competência.[8] Excepcionalmente, basta a aparência de poder investido, mas o terceiro de boa-fé precisa demonstrar a razoabilidade da situação de acordo com o critério do homem médio.

Segundo Celso Antônio Bandeira de Mello, os órgãos são unidades abstratas que reúnem um conjunto de atribuições do Estado, resultando na divisão de competências entre os agentes que corporificam, presentam e funcionam como veículos de expressão da vontade estatal. O órgão não detém personalidade jurídica, nem vontade própria, limitando sua capacidade para ser sujeito de direitos e deveres. Da teoria da imputação decorre o princípio da imputação volitiva, de modo que a vontade exteriorizada pelo agente do órgão será imputada ao Estado.[9] Desta forma, ao longo do tempo, os agentes públicos que dão corpo, vida e movimento ao Poder Público são substituídos, mas o Estado permanece, sem solução de continuidade no cumprimento das suas missões e sem prejudicar a responsabilização pelos atos governamentais praticados por aquelas pessoas que já não desempenham as funções públicas. Todas essas considerações a respeito das relações entre o Estado, seus órgãos e seus agentes públicos repercutem, de modo direto e indireto, nos domínios da responsabilidade fiscal, como ilustram as situações relacionadas à inelegibilidade do gestor responsável pela rejeição das contas anuais do Poder Público e à proibição de recebimento de transferência voluntária em decorrência de falhas que foram cometidas pelo antigo gestor responsável.

Quanto à inelegibilidade pela rejeição das contas anuais, existem situações em que os agentes são prejudicados por condutas ilícitas que são atribuídas ao Estado. Nesse sentido, a satisfação das necessidades públicas envolve a realização de várias atividades financeiras por inúmeros agentes. Na saúde municipal, por exemplo, a luta contra o coronavírus requer a instalação de hospitais de campanha, a compra de remédios e a admissão de funcionários. Para custear essas ações, o prefeito municipal,

---

[8] DI PIETRO, Maria Sylvia Zanella. *Direito administrativo*. 23. ed. São Paulo: Atlas, 2010, p. 505-508.
[9] BANDEIRA DE MELLO, Celso Antônio. *Curso de direito administrativo*, 24. ed. São Paulo: Malheiros, 2008, p. 139-144.

o secretário de saúde, os diretores das autarquias e fundações afins precisam alocar os créditos orçamentários ou, na sua falta, remanejar as dotações de outros setores, contratar empréstimos ou buscar repasses estaduais e federais, com a posterior realização dos atos de empenho, liquidação, pagamento, além da eventual inscrição dos valores pendentes na conta dos restos a pagar. Todas essas medidas repercutirão nos resultados orçamentários, financeiros e patrimoniais, podendo acarretar a reprovação das contas anuais. Cabe ao Tribunal de Contas julgar as contas do secretário e dos diretores na qualidade de gestores, ordenadores de despesa e responsáveis pelos bens e valores públicos da Administração Direta e Indireta. Por sua vez, as contas do prefeito serão julgadas pelos vereadores, levando em conta o parecer prévio do Tribunal de Contas. Nos pequenos Municípios, o prefeito costuma acumular as funções de governante e de ordenador de despesas e, mesmo nestes casos, a Câmara Municipal será competente para julgar as contas de governo e as contas de gestão.

A rejeição das contas anuais pelos Tribunais de Contas (no caso ordenadores de despesas) ou pelo Poder Legislativo (no caso do Chefe do Poder Executivo) pode acarretar a inelegibilidade dos gestores. Nesse sentido, são inelegíveis os agentes públicos que tiverem suas contas rejeitadas por irregularidade insanável que configure ato doloso de improbidade administrativa, e por decisão irrecorrível do órgão competente, salvo se esta houver sido suspensa ou anulada pelo Poder Judiciário, para as eleições que se realizarem nos oito anos seguintes, contados a partir da data da decisão (art. 64, inciso I, alínea "g", da LC nº 64/1990). Por isso, os Tribunais de Contas têm o prazo de até cinco de julho do ano eleitoral para enviar à Justiça Eleitoral a relação dos gestores e responsáveis cujas contas anuais foram rejeitadas (art. 11, §5º, Lei nº 9.504/1997). Embora o mau desempenho fiscal do Poder Público possa acarretar a rejeição das contas anuais do gestor público, a inelegibilidade não é uma consequência automática da rejeição das contas anuais. Isto porque a limitação do *jus honorum*, isto é, da capacidade de ser eleito, depende de um conjunto de requisitos procedimentais e substanciais que estão submetidos ao crivo da Justiça Eleitoral.

Sob o viés procedimental, imprescindível que haja decisão irrecorrível do órgão competente, seja do Tribunal de Contas, seja do Poder Legislativo, no caso das contas prestadas pelo Chefe do Poder Executivo, sendo que esta decisão pode ter sido suspensa ou anulada pelo Poder Judiciário. Nesse sentido, o TSE deu provimento ao recurso especial que se insurgia contra o indeferimento do registro de candidatura para o cargo de prefeito municipal, afastando a inelegibilidade do artigo 1º, I, "g", da LC nº 64/1990 com fundamento na decisão da Justiça Comum que anulou o decreto legislativo de rejeição de contas. Essa decisão foi posterior à interposição do recurso especial eleitoral, mas anterior à realização do pleito, deixando de substituir o suporte fático que deu origem à inelegibilidade existente no mundo jurídico.[10] Sob o viés substancial, é necessário constatar a presença de falha insanável que configure ato doloso de improbidade administrativa. Ao julgar recurso especial eleitoral, o TSE deu provimento ao agravo interposto pelo Ministério Público com o objetivo de indeferir o registro de nova candidatura para o cargo de vereador. No caso, o TCE/RO tinha rejeitado as contas anuais do candidato na qualidade de antigo Presidente de uma Câmara Municipal diante da ausência dos recolhimentos previdenciários e do recebimento dos

---

[10] BRASIL, Tribunal Superior Eleitoral, REspe nº 15705, Rel. Min. João Otávio de Noronha, *dje*. 06.05.2014.

subsídios acima dos limites constitucionais. No caso, o TSE reputou presente a causa de inelegibilidade por ser inconstitucional a lei municipal que autorizava o pagamento de parcelas indenizatórias acima do teto dos subsídios, configurando ato doloso de improbidade administrativa.[11]

Quanto à proibição de recebimento de transferência voluntária, há situações em que o Poder Público acaba sendo indevidamente prejudicado por condutas ilícitas que foram praticadas por seus agentes, levando à consolidação do princípio da intranscendência subjetiva das sanções. No âmbito do Superior Tribunal de Justiça, o enunciado da Súmula nº 615 estabelece que "não pode ocorrer ou permanecer a inscrição do Município em cadastros restritivos fundada em irregularidades na gestão anterior quando, na gestão sucessora, são tomadas as providências cabíveis à reparação dos danos eventualmente cometidos". No âmbito do Supremo Tribunal Federal, os Ministros acompanham o voto condutor do Ministro Celso de Mello que dava provimento ao agravo regimental que tinha sido interposto no curso de Ação Cível Originária em que se discutia a inscrição do Estado do Maranhão no CAUC, sem a prévia instauração do processo de tomadas de contas especial, em virtude da falta de prestação de contas das verbas repassadas com base em convênio firmado com a União. Além da violação ao devido processo legal e do risco para a execução contínua dos programas, o voto condutor ressaltou que o princípio da intranscendência das medidas restritivas de direitos impede que as sanções e as restrições jurídicas superem a dimensão estritamente pessoal do infrator, principalmente quando a negativação do Estado ocorreu em virtude de irregularidades praticadas pelas entidades da Administração Pública Indireta.[12]

A inelegibilidade pela rejeição das contas e o princípio da intranscendência subjetiva das sanções ilustram a dificuldade de se distinguir a responsabilidade do Estado e a responsabilidade dos agentes públicos em decorrência da violação das regras fiscais. No final das contas, a análise do dolo e da culpa do gestor ainda é um fator importante ao estender as sanções cominadas do ente para o gestor e, inversamente, do gestor para o ente. Talvez seja oportuno intensificar no Direito Público a aplicação das novas diretrizes que norteiam a responsabilidade civil pela prática dos atos ilícitos. O tema vem passando por várias mudanças devido à superação da lógica dualista que separa a responsabilidade por culpa e a responsabilidade objetiva pelo dano. Segundo Richard Epstein, o Direito norte-americano do século XIX consagrava a responsabilidade civil objetiva, de acordo com a lição clássica de Blackstone, segundo a qual o agente deveria responder pelo dano causado à vítima. Aos poucos, o voluntarismo liberal e a sensibilização moral da sociedade teriam ressaltado a responsabilidade civil por dolo ou culpa do agente. Contudo, era necessário ajustar a lógica da culpa à necessidade de reparar o dano. Por isso, autores como Guido Calabresi e Ronald Coase criaram teorias de responsabilidade que enfatizavam a análise econômica do Direito. Apesar dos avanços, Richard Epstein afirma que seria necessário criar uma teoria normativa dos danos, porque os conceitos de justiça e de equidade não foram explicados satisfatoriamente.[13]

Consoante George P. Fletcher, a discussão a respeito da responsabilidade civil reascendeu nos Estados Unidos durante a década de 1970 diante da necessidade de

---

[11] BRASIL, Tribunal Superior Eleitoral, AgR-REspe nº 8670, Rel. Min. Napoleão Nunes Maia Filho, *dje.* 03.10.2017.
[12] BRASIL, Supremo Tribunal Federal, Tribunal Pleno. ACO 1848-AgR, Rel. Min. Celso de Mello, *dje.* 06.02.2015.
[13] EPSTEIN, Richard. A Theory of Strict Liability. In: *Journal of Legal Studies*, (2): 151-204, 1973.

se alterar o *First Restatement*, uma consolidação de leis que regulamenta o contrato, a propriedade e a responsabilidade civil. Na sua opinião, as divergências doutrinárias revelariam a existência de dois paradigmas com padrões diferentes de argumentação e de resolução do conflito entre o interesse individual e o bem coletivo. O paradigma da reciprocidade leva em conta a conduta do agente e da vítima no gerenciamento dos riscos. A vítima deve ser ressarcida se o risco causado pelo agente for excessivo, desproporcional e não recíproco. Esse paradigma tem forte apelo moral, operando pela classificação abstrata dos riscos recíprocos e não recíprocos, pelos juízos hipotéticos e pelas percepções atreladas ao senso comum. Por sua vez, o paradigma da razoabilidade promove a definição inicial dos riscos e das consequências, com a posterior avaliação dos custos e dos benefícios, considerando o impacto da decisão na sociedade. Com isso, a avaliação subjetiva da culpa foi substituída pela avaliação objetiva das causas justificantes. Esse paradigma tem prevalecido atualmente devido à popularidade do homem médio e dos objetivos sociais na avaliação dos riscos causados e das causas justificantes, aproximando a responsabilidade subjetiva por culpa e a responsabilidade objetiva pelo dano. Ainda assim, esse paradigma não conferiu um tratamento adequado para a ideia de justiça corretiva.[14]

Atento ao problema, Ernest Weinrib afirma que a ideia de justiça corretiva compõe o cerne do Direito Privado e baliza o julgamento de todos os casos de responsabilidade civil. Ao formular seu conceito de justiça corretiva, o autor considera tanto a visão comutativa de Aristóteles quanto a visão subsuntiva de Hans Kelsen. Sob o prisma aristotélico, o ilícito praticado pelo agente viola a equidade inicial entre as partes, impondo um remédio, isto é, uma nova injustiça, para restituir a vítima ao estado original. O foco reside no ilícito (conduta reprovável do agente), e não no remédio (reparação ou compensação do dano), sendo este uma simples continuação do direito violado. Sob o prisma kelseniano, o ilícito deixa de ser a razão normativa do remédio e se converte na condição antecedente para a aplicação subsequente do remédio. Noutras palavras, o ilícito não tem essa natureza por ser injusto, mas por estar atrelado à sanção prevista pela ordem jurídica. O foco reside no remédio, que passou a ser visto como uma categoria independente. De acordo com Ernest Weinrib, a justiça corretiva não seria uma categoria instrumental e utilitarista que serve à lógica econômica da eficiência em torno dos riscos, dos custos e dos benefícios. Afinal, a justiça corretiva requer a continuidade entre o direito violado da vítima e o remédio imposto ao agente, fornecendo as razões normativas para a pretensão reparatória.[15]

Essas discussões acadêmicas a respeito da responsabilidade civil repercutiram nos domínios da responsabilidade extracontratual do Estado, sendo agora necessário avançar para os campos da responsabilidade fiscal. Superada a fase absolutista de irresponsabilidade do Estado (*the King can do no wrong*), a teoria divisionista passou a distinguir os atos de império e os atos de gestão, que se submetiam às regras ordinárias de responsabilidade subjetiva por culpa. Aos poucos, surgiram teorias que mitigavam a responsabilidade subjetiva por culpa. Pela teoria da culpa *in eligendo*, o Estado deveria responder pelos atos de seus prepostos, mas, mesmo assim, a vítima tinha dificuldade para comprovar a culpa dos funcionários. Pela teoria do acidente administrativo, o

---

[14] FLETCHER, George. P. Fairness and Utility in Tort Theor. In: *Harvard Law Review*, 83 (3): 537-573 1972.
[15] WEINRIB, Ernest. *Corrective Justice*. Oxford: Oxford Press, 2012, p. 81-116.

Estado deve responder pela falha na prestação dos serviços. A partir do *arrêt* Blanco de 1873, o Direito francês previu responsabilidade por *faute du service*, deslocando a culpa do agente para a estrutura administrativa. No Brasil, o artigo 37, §6º, da Constituição Federal de 1988 buscou respaldo na teoria do risco para consagrar a responsabilidade objetiva do Estado em torno da conduta reprovável, do dano e do nexo causal, assegurando o direito de regresso contra o agente responsável nos casos de dolo ou culpa.[16]

Assim, a prática dos atos ilícitos pode ensejar tanto a responsabilidade objetiva do Estado quanto a responsabilidade subjetiva dos agentes públicos, no exercício do direito de regresso. Essa lógica dualista foi posteriormente reforçada pelos artigos 927 e 944 do Código Civil de 2002. Os dispositivos estabelecem que a prática do ato ilícito impõe o dever de reparar o dano, levando em conta a gravidade da culpa e do dano, assim como o comportamento da vítima no caso de concorrência culposa. Foram previstas tanto a responsabilidade subjetiva por culpa quanto a responsabilidade objetiva. A responsabilidade subjetiva por culpa ocorre nos casos de ação ou omissão voluntária, negligência ou imprudência, assim como nas situações de exercício abusivo do direito, conforme os critérios da boa-fé, dos bons costumes e dos fins sociais e econômicos. Por sua vez, a responsabilidade objetiva pressupõe a conduta, a ocorrência do dano e o nexo de causalidade, sendo desnecessário comprovar a culpa do agente quando a lei assim fixar ou quando a atividade normalmente desenvolvida criar risco injustiçado para terceiros. A princípio, essas considerações a respeito da responsabilidade civil não teriam nada a ver com a responsabilidade fiscal, mas o olhar mais detido sobre o tema revela que elas são relevantes quando se avaliam aquelas condutas praticadas pelo Estado e pelos agentes públicos que violam as regras fiscais.

Dada a necessidade de promover a justiça corretiva, a violação das regras fiscais pelos agentes que representam o Estado configura um ilícito que deve ser reparado. Contudo, as sanções vinculadas à responsabilidade fiscal do Estado não podem depender, em última instância, apenas da verificação da culpa ou do dolo atribuído ao agente público, nos moldes tradicionais como essas duas categorias têm sido aplicadas no âmbito do Direito Público. É preciso considerar os desdobramentos mais recentes da teoria geral da responsabilidade civil, ainda mais no atual contexto em que o paradigma argumentativo da razoabilidade tem aproximado a responsabilidade subjetiva por culpa e a responsabilidade objetiva pelo dano, avaliando os riscos causados e as causas justificantes a partir dos objetivos sociais e do critério do homem-médio. Assim, ao avaliar a inelegibilidade pela rejeição das contas do Poder Público, seria relevante investigar a conduta do gestor na criação dos riscos fiscais que estão relacionados à extrapolação das metas fiscais, do limite das despesas com pessoal e do limite de endividamento público. Muitas vezes o gestor não consegue evitar o descumprimento das metas fiscais, o crescimento das despesas com pessoal e o endividamento público, porque surgem situações complexas e imprevisíveis que vão muito além da sua capacidade de atuação, como demonstrou o caos provocado pela covid-19. Mas, não raro, os cidadãos são prejudicados pelo exercício abusivo das prerrogativas ou pela inércia do gestor, desconsiderando, por exemplo, os diversos alertas que são emitidos pelos Tribunais de Contas durante o exercício financeiro.

---

[16] BANDEIRA DE MELLO, Celso Antônio. *Curso de direito administrativo*. 24. ed. São Paulo: Malheiros, 2008, p. 983-1022.

Da mesma forma, ao aplicar o princípio da intranscendência subjetiva das sanções, seria oportuno verificar se o novo gestor tomou todas as medidas cabíveis no sentido de sanar aquelas falhas praticadas pelo antecessor que levaram à negativação do ente nos cadastros federais (Siafi, Cadin e Cauc). Dentre as medidas, é possível ilustrar a prestação de contas das verbas repassadas, ainda que tardiamente, a abertura de sindicância ou de processo administrativo disciplinar contra os agentes públicos de execução, a celebração de termos aditivos ao convênio original no sentido de corrigir as falhas e, por fim, o eventual parcelamento dos débitos pendentes. No âmbito do Poder Executivo, também seria conveniente apurar o quanto os governantes e seus secretários exerceram e exercem adequadamente as prerrogativas de tutela e de supervisão ministerial com relação às entidades da Administração Pública Indireta que deixaram de dar o cumprimento adequado às metas fixadas nos convênios federais. Do contrário, corre-se o risco de se utilizar a Administração Pública Indireta não só como uma forma de descentralizar o feixe de atribuições, segundo o princípio da especialidade, mas também como uma forma sub-reptícia de se criar uma blindagem jurídica contra as sanções institucionais de responsabilização fiscal. Com isso, o princípio da intranscendência subjetiva das sanções seria aplicado sobretudo nas situações que buscam preservar a separação dos poderes e a autonomia administrativa, financeira e orçamentária dos demais Poderes e das instituições autônomas, como o Ministério Público e o Tribunal de Contas.

4 Conclusões

Em síntese, o dever de responsabilidade surge com a prática do ilícito, impondo um remédio para restaurar a lei, o acordo ou a normalidade entre as pessoas. Quando se trata do Estado e de seus agentes públicos, os contornos da responsabilidade legal, da responsabilidade contratual e da responsabilidade civil pela prática de atos ilícitos influenciam e são influenciados pelas regras fiscais. Isto significa que, ao expedir atos administrativos, celebrar contratos e editar ou aplicar leis que possam impactar no cumprimento das metas fiscais ou que levem ao aumento dos gastos e da dívida pública, o Estado e seus agentes precisam seguir as regras de responsabilidade fiscal, sob pena de serem aplicadas determinadas sanções. Nesse sentido, a responsabilidade fiscal desponta com um bem direito que é tutelado pelo Direito, não só pelas regras inscritas na Lei Complementar nº 101/2000 (LRF), mas também por outras normas jurídicas de caráter constitucional e infraconstitucional, exigindo um esforço de interpretação sistemática. Não raro, a tutela da responsabilidade fiscal ocorre antes mesmo da ocorrência de ilícitos fiscais, como a extrapolação das metas fiscais, do teto dos gastos com pessoal e do limite de endividamento público, como mostra o acionamento escalonado dos vários mecanismos preventivos, corretivos e sancionatórios da LRF.

Dada a necessidade de também promover a justiça corretiva no campo da responsabilidade fiscal, a violação das regras fiscais pelos agentes que representam o Estado configura um ilícito que deve ser reparado. No entanto, nem sempre é fácil distinguir quando o ilícito fiscal do Estado deve repercutir na esfera jurídica do gestor responsável ou quando o ilícito fiscal do gestor pode restringir os direitos e as prerrogativas do Poder Público. É o que demonstram o reconhecimento judicial da inelegibilidade do gestor público em virtude da rejeição das contas prestadas pela Administração Pública, assim como a consolidação jurisprudencial do princípio da intranscendência subjetiva das medidas restritivas, que vem restringindo a proibição de receber transferências voluntárias. Além da violação objetiva das regras fiscais, é necessário considerar tanto a reprovabilidade da conduta separadamente atribuída ao gestor e ao Poder Público quanto a extensão do dano causado para o equilíbrio das contas públicas e para a sociedade como um todo, além do nexo causal entre a conduta e o dano. Essa lógica mostra sua relevância principalmente nos casos em que a conduta do gestor for avaliada com o objetivo de lhe imputar a inelegibilidade por rejeição das contas ou de afastar a sanção imposta ao Poder Público no sentido de proibir o recebimento das transferências voluntárias.

Referências

BANDEIRA DE MELLO, Celso Antônio. *Curso de direito administrativo*. 24. ed. São Paulo: Malheiros, 2008.

BRASIL. Supremo Tribunal Federal, Tribunal Pleno. ADI nº 2.238/DF, ADI nº 2.256/DF, ADI nº 2.241/DF, ADI nº 2.261/DF, ADI nº 2.365;/DF, Rel. Alexandre Moraes, *dje*. 01.09.2020.

BRASIL. Supremo Tribunal Federal, Tribunal Pleno. ACO 3152-DF, Rel. Min. Marco Aurélio, *dje*. 08.06.2021.

BRASIL. Supremo Tribunal Federal, Tribunal Pleno. ACO 1848-AgR, Rel. Min. Celso de Mello, *dje*. 06.02.2015.

BRASIL. Tribunal Superior Eleitoral, REspe nº 15705, Rel. Min. João Otávio de Noronha, *dje*. 06.05.2014

BRASIL. Tribunal Superior Eleitoral, AgR-REspe nº 8.670, Rel. Min. Napoleão Nunes Maia Filho, *dje*. 03.10.2017.

DI PIETRO, Maria Sylvia Zanella. *Direito administrativo*. 23. ed. São Paulo: Atlas, 2010.

EPSTEIN, Richard. A Theory of Strict Liability. *In*: *Journal of Legal Studies*, (2): 151-204, 1973.

FLETCHER, George. P. Fairness and Utility in Tort Theory. *In*: *Harvard Law Review*, 83 (3): 537-573, 1972.

OLIVEIRA, Regis Fernandes de. *Curso de direito financeiro*. 6. ed. São Paulo: RT, 2014.

WEINRIB, Ernest. *Corrective Justice*. Oxford: Oxford Press, 2012.

Informação bibliográfica deste texto, conforme a NBR 6023:2018 da Associação Brasileira de Normas Técnicas (ABNT):

BALDO, Rafael Antonio. Responsabilidade fiscal: sanções institucionais, inelegibilidade por rejeição das contas anuais e intranscendência subjetiva das sanções. *In*: CONTI, José Maurício; MARRARA, Thiago; IOCKEN, Sabrina Nunes; CARVALHO, André Castro (coord.). *Responsabilidade do gestor na Administração Pública*: aspectos fiscais, financeiros, políticos e penais. Belo Horizonte: Fórum, 2022. p. 83-103. ISBN 978-65-5518-411-2. v. 2

A DESPESA COM PESSOAL NA CONSTITUIÇÃO FEDERAL E NA LEI DE RESPONSABILIDADE FISCAL: LIMITES E CONTROLES

LEANDRO MACIEL DO NASCIMENTO

1 Introdução

O presente texto a aborda as principais regras de despesa de pessoal no âmbito da gestão pública brasileira. Trata-se de assunto relevante e atual. Seja em razão do elevado montante, em termos absolutos e relativos, destinado ao pagamento de agentes públicos, ativos e inativos, e de pensionistas. Seja porque, com frequência, debates sobre o tema despertam reações apaixonadas, cuja consequência é desviar o foco de propostas de alterações respaldadas em fundamentos técnicos, as quais poderiam aperfeiçoar a gestão de pessoas no setor público.

O tema é conhecido e já foi exaustivamente trabalhado, sob diversos enfoques, ao longo da vigência da Constituição brasileira de 1988 (CF/88). No entanto, em razão de recentes alterações legislativas, tanto por sucessivas leis complementares quanto por emendas constitucionais, e diante de decisões recentes do Supremo Tribunal Federal (STF), mostra-se útil e necessária uma abordagem que sistematize o atual panorama normativo e jurisprudencial acerca das regras que limitam a despesa com pessoal no Brasil e seus reflexos na responsabilização de gestores, ordenadores de despesas e beneficiários.

Dessa forma, o trabalho se divide em duas partes, além da introdução e das considerações finais. Na primeira, são apresentadas regras constitucionais que visam a estabelecer limites ao gasto com pessoal. Desde a limitação ao número de parlamentares até a previsão de lei complementar a disciplinar percentuais de gastos, passando por regras dirigidas aos municípios, assim como as emendas parlamentares de execução obrigatória e as regras fiscais voltadas para os governos subnacionais. Na segunda parte, o foco é a Lei de Responsabilidade Fiscal (LRF). São apresentados parâmetros e limites para as despesas com pessoal, incluindo alterações legislativas ocorridas nos últimos anos, além dos mecanismos de controle, monitoramento e responsabilização, para o caso de descumprimento das normas estabelecidas.

Busca-se, ao longo do texto, abordagem mais descritiva do que valorativa. O objetivo é caracterizar o panorama normativo e jurisprudencial sobre esse relevante aspecto da gestão pública brasileira.

2 Regras constitucionais para o controle da despesa com pessoal

A despesa com pessoal está entre as matérias que mais despertam preocupações no âmbito da gestão pública no Brasil. Trata-se de despesa de natureza obrigatória, de longo prazo, propensa ao crescimento e triplamente reforçada pela CF/88: de um lado, há a previsão de irredutibilidade de vencimentos e de subsídios dos agentes públicos (art. 37, XV); de outro, os ocupantes de cargo efetivo são, em regra, protegidos pela estabilidade (art. 41) ou pela vitaliciedade (art. 95, I, e art. 128, §5º, I, "a") e, por fim, a proposta de despesa com pessoal anualmente apresentada pelo Poder Executivo no projeto de lei orçamentária não pode ser objeto de anulação, por emenda, quando de sua tramitação legislativa (art. 166, §3º, II, "a").

Em face de uma série de características da formação e da evolução da administração brasileira, é possível afirmar que, sem essas restrições normativas, haveria total descontrole tanto no quantitativo de cargos e empregos públicos quanto nos valores pagos aos ocupantes. Somando-se esse montante às despesas com inativos e pensionistas (civis e militares), o resultado seria o direcionamento da quase totalidade dos recursos públicos disponíveis para o gasto com pessoal, tendo por consequência o comprometimento da política fiscal.[1] Tal situação inviabilizaria o custeio de políticas públicas e de investimentos finalísticos, como se a única finalidade estatal relevante fosse o gerenciamento de folhas de pagamento. Principalmente nos estados e municípios brasileiros (GIAMBIAGI, 2021, p. 116).

A Constituição brasileira de 1988 reflete esse estado de coisas e traz, desde sua redação original, um conjunto de regras que limitam tais despesas. Esses limites encontram-se dispersos no texto e têm como destinatários chefes de poder, chefes de órgãos autônomos, administradores e ordenadores de despesa. Ademais, há diversos comandos constitucionais que são regulamentados por normas infraconstitucionais. Destas, a mais importante é a LRF, que tem como um de seus fundamentos o art. 169 da CF/88.[2] O descumprimento de tais limites acarreta sanções institucionais (dirigidas ao ente ou órgão descumpridor) e pode levar à responsabilização dos ordenadores de despesa.

O detalhamento das principais regras constitucionais permanentes de controle de despesa com pessoal, incluindo a despesa com agentes políticos, será feito a seguir.

Primeiramente, o constituinte originário estabeleceu limites aos gastos com membros dos poderes legislativos de todos os entes federativos. No âmbito do Congresso Nacional, o texto constitucional limita o número de senadores a três para cada estado e para o Distrito Federal (art. 46, §1º). No entanto, não prevê o número total de deputados

---

[1] "O grande peso da despesa de pessoal no gasto total do governo faz com que esta seja uma variável de grande importância para a política fiscal. *Qualquer descontrole no gasto com pessoal pode reduzir sensivelmente o resultado primário, levando à deterioração da política fiscal*" (MENDES, 2016, p. 56. Grifado).

[2] "Art. 169. A despesa com pessoal ativo e inativo e pensionistas da União, dos Estados, do Distrito Federal e dos Municípios não pode exceder os limites estabelecidos em lei complementar."

federais (nem as respectivas representações), determinando que será "estabelecido por lei complementar, proporcionalmente à população, procedendo-se aos ajustes necessários, no ano anterior às eleições, para que nenhuma daquelas unidades da Federação tenha menos de oito ou mais de setenta Deputados" (art. 45, §1º). Tal dispositivo é regulamentado pela Lei Complementar (LC) nº 78, de 30.12.1993, a qual estabelece: 1) que é quinhentos e treze o número total de membros da Câmara dos Deputados; 2) que o estado mais populoso terá setenta e os menos populosos terão oito parlamentares 3) que, no ano anterior às eleições gerais, o Instituto Brasileiro de Geografia e Estatística (IBGE) fornecerá as estatísticas populacionais para o Tribunal Superior Eleitoral (TSE), o qual atualizará os cálculos e definirá as bancadas.

Estabelecido o número de senadores e de deputados federais, a CF/88 determina as seguintes vinculações quanto aos demais entes da federação: 1) "O número de Deputados à Assembleia Legislativa corresponderá ao triplo da representação do Estado na Câmara dos Deputados e, atingido o número de trinta e seis, será acrescido de tantos quantos forem os Deputados Federais acima de doze" (art. 27 e art. 32, §3º); e 2) o número de vereadores de cada município deve respeitar proporção quanto à respectiva população, em vinte e quatro faixas, indo do mínimo de nove, para municípios com até quinze mil habitantes, até o máximo de cinquenta e cinco vereadores, para municípios com mais de oito milhões de habitantes (art. 29, IV, com redação dada pela Emenda Constitucional nº 58, de 23.09.2009).

Fixado o quantitativo de parlamentares em todos os níveis de governo, o constituinte estabeleceu limites às respectivas remunerações. No âmbito federal, o subsídio dos congressistas é limitado ao valor previsto para os ministros do STF (art. 37, X) e são fixados, por decreto legislativo (art. 49, VII), em valor idêntico para deputados federais e senadores. Os deputados estaduais e distritais terão seus subsídios fixados por lei (portanto, com valor sujeito a veto por parte dos governadores) e limitados a setenta e cinco por cento do valor do que recebem seus colegas federais (art. 27, §2º, e art. 32, §3º). Quanto aos vereadores, o cálculo do limite dos subsídios é mais complexo, pois utiliza dois parâmetros: o subsídio de deputados estaduais e a população de cada município. Nesse caso, existem seis faixas de teto (art. 29, VI). Nos municípios menores (até dez mil habitantes), a remuneração dos edis é limitada a vinte por cento da dos deputados estaduais (art. 29, VI, "a"); por sua vez, nos maiores (acima de quinhentos mil habitantes), a remuneração dos vereadores está limitada a setenta e cinco por cento do subsídio dos membros da respectiva assembleia legislativa (art. 29, VI, "f"). Ademais, há um expresso limite temporal: o valor do subsídio dos vereadores só poderá ter vigência na legislatura seguinte à da edição da norma da câmara municipal que o fixar (art. 29, VI).

Para tornar ainda mais complexa a situação dos municípios, o Poder Legislativo municipal está submetido a diversos outros limites de despesa, nos termos do art. 29-A, da CF/88. Especificamente quanto ao gasto com pessoal, a "Câmara Municipal não gastará mais de setenta por cento de sua receita com folha de pagamento, incluído o gasto com subsídio de seus Vereadores" (art. 29-A, §1º). E mais: o descumprimento dessa regra "[c]onstitui crime de responsabilidade do Presidente da Câmara Municipal" (art. 29-A, §3º). Ou seja, é importante que o gestor do legislativo local tenha uma excelente equipe de apoio para não confundir os limites de despesa com pessoal (ou "folha de pagamento"): de um lado, deve acompanhar os números da receita corrente líquida do município (e respeitar o limite de seis por cento previstos no art. 20, III, "a", da LRF) e, de outro, deve acompanhar atentamente as receitas da Câmara Municipal e respeitar o limite constitucional de setenta por cento (art. 29-A, §3º).

Ainda especificamente quanto aos poderes legislativos, em caso de sessões extraordinárias, está vedado o pagamento aos parlamentares de parcela indenizatória em razão da convocação, nos termos do art. 57, §7º, da CF/88. Tal dispositivo deve ser aplicado, por simetria, aos demais entes da federação.

Além das limitações específicas para os poderes legislativos, a CF/88 traz normas gerais de limites aos gastos com pessoal, voltadas para a administração pública como um todo. Nesse sentido, há a regra de que a remuneração e o subsídio dos agentes públicos "somente poderão ser fixados ou alterados por lei específica, observada a iniciativa privativa em cada caso" (art. 37, X). Por sua vez, como extensão da necessidade de lei específica, "é vedada a vinculação ou equiparação de quaisquer espécies remuneratórias para o efeito de remuneração de pessoal do serviço público" (art. 37, XIII). Ou melhor, são nulas as concessões de aumentos, bem como as equiparações e/ou as vinculações de remuneração entre cargos distintos por atos infralegais. Além disso, há o estabelecimento de tetos de pagamento. Nesse sentido, o valor devido aos agentes públicos (excluídas as parcelas de natureza indenizatória, conforme art. 37, §11) não deve exceder, como regra geral, o subsídio mensal dos ministros do STF, o qual é fixado e alterado mediante lei aprovada pelo Congresso Nacional (art. 48, XV), de iniciativa privativa do mencionado tribunal (art. 96, II, "b"). No contexto dos estados, Distrito Federal e municípios, devem ser respeitados diversos subtetos, que variam de acordo com o poder e conforme determinadas categorias, como os membros do Ministério Público, procuradores e defensores públicos (art. 37, XI e §12).

Deve ser mencionado também o fato de que a CF/88 proíbe a prática, muito comum no passado recente, de tornar permanente o pagamento de parcelas que, por sua natureza, são específicas, temporárias e inerentes a determinadas atribuições passageiras. Dessa forma, "os acréscimos pecuniários percebidos por servidor público não serão computados nem acumulados para fins de concessão de acréscimos ulteriores" (art. 37, XIV) assim como passou a ser "vedada a incorporação de vantagens de caráter temporário ou vinculadas ao exercício de função de confiança ou de cargo em comissão à remuneração do cargo efetivo" (art. 39, §9º).

Na parte do texto constitucional reservada aos orçamentos públicos, há constante e reforçada preocupação com o controle das despesas com pessoal. Uma das alterações mais relevantes, em anos recentes, foi a que tornou obrigatória a execução de emendas parlamentares à lei orçamentária anual, as chamadas emendas impositivas. Nos termos do art. 166-A, as emendas individuais (de execução obrigatória) ao orçamento da União poderão alocar recursos aos governos subnacionais por meio de transferência especial ou transferência com finalidade definida. Em ambos os casos, os recursos transferidos poderão ser destinados às mais diversas finalidades, exceto para "encargos referentes ao serviço da dívida" e para "despesas com pessoal e encargos sociais relativas a ativos e inativos, ou pensionistas". Ademais, os recursos das emendas parlamentares não poderão afrouxar, nem mesmo de modo indireto, os limites de despesa com pessoal, pois "não integrarão a receita do Estado, do Distrito Federal e dos Municípios para fins de repartição e para o cálculo dos limites da despesa com pessoal ativo e inativo" (art. 166-A, *caput* e §1º). Em outras palavras, o valor "não integrará a base de cálculo da receita corrente líquida para fins de aplicação dos limites de despesa de pessoal de que trata o art. 169" (art. 166, §16). Como se pode perceber, uma das contrapartidas para a criação das emendas parlamentares impositivas foi a vedação da aplicação dos recursos para o custeio de despesas com pessoal.

Ainda no contexto das recentes alterações das normas financeiras e orçamentárias, foi acrescentado o art. 167-A ao texto constitucional, por meio da EC nº 109, de 15.03.2021. Por esse dispositivo, fica estabelecida mais uma regra fiscal permanente aos entes subnacionais, formatada a partir da relação entre as despesas correntes e receitas correntes. O principal objetivo é reforçar a limitação à despesa com pessoal, por meio da extensão das limitações temporárias dirigidas à União por meio do "Novo Regime Fiscal" (ou "Teto de Gastos"), nos termos do art. 109, da EC nº 95, de 15.12.2016. Note-se:

> Art. 167-A. Apurado que, no período de 12 (doze) meses, a *relação entre despesas correntes e receitas correntes supera 95%* (noventa e cinco por cento), no âmbito dos Estados, do Distrito Federal e dos Municípios, *é facultado* aos Poderes Executivo, Legislativo e Judiciário, ao Ministério Público, ao Tribunal de Contas e à Defensoria Pública do ente, enquanto permanecer a situação, *aplicar o mecanismo de ajuste fiscal de vedação da:*
> I - concessão, a qualquer título, de vantagem, aumento, reajuste ou adequação de remuneração de membros de Poder ou de órgão, de servidores e empregados públicos e de militares, exceto dos derivados de sentença judicial transitada em julgado ou de determinação legal anterior ao início da aplicação das medidas de que trata este artigo;
> II - criação de cargo, emprego ou função que implique aumento de despesa;
> III - alteração de estrutura de carreira que implique aumento de despesa
> IV - admissão ou contratação de pessoal, a qualquer título, ressalvadas:
> a) as reposições de cargos de chefia e de direção que não acarretem aumento de despesa;
> b) as reposições decorrentes de vacâncias de cargos efetivos ou vitalícios;
> c) as contratações temporárias de que trata o inciso IX do caput do art. 37 desta Constituição; e
> d) as reposições de temporários para prestação de serviço militar e de alunos de órgãos de formação de militares;
> V - realização de concurso público, exceto para as reposições de vacâncias previstas no inciso IV deste caput;
> VI - criação ou majoração de auxílios, vantagens, bônus, abonos, verbas de representação ou benefícios de qualquer natureza, inclusive os de cunho indenizatório, em favor de membros de Poder, do Ministério Público ou da Defensoria Pública e de servidores e empregados públicos e de militares, ou ainda de seus dependentes, exceto quando derivados de sentença judicial transitada em julgado ou de determinação legal anterior ao início da aplicação das medidas de que trata este artigo; [...] (Grifado)

É bem verdade que o *caput* do art. 167-A utiliza o verbo "facultar". Ou seja, na hipótese de a relação entre a despesa corrente e a receita corrente atingir a razão de noventa e cinco por cento, "é facultada" aos poderes e órgãos autônomos a adoção das medidas restritivas ali previstas. Tal redação afastaria, a princípio, eventual inconstitucionalidade por violação da autonomia federativa. No entanto, o que se diz facultativo no *caput* pode se tornar obrigatório[3] caso o ente venha a realizar operações de crédito

---

[3] "Importante ressaltar que, embora a adoção dos mecanismos de ajuste seja facultativa, até que todas as medidas previstas nos incisos I a X sejam adotadas por todos os Poderes e órgãos, serão vedadas, conforme o §6º do art. 167-A, ao ente da Federação que se encontrar nessa situação, a concessão de garantias por qualquer outro ente da Federação e a tomada de operações de crédito com outro ente, ainda que sob a forma de novação, refinanciamento ou postergação de dívida contraída anteriormente" (BRASIL, 2021, p. 101).

ou solicitar garantias de outro ente para realizá-las, nos termos do §6º do mesmo artigo, segundo o qual,

> §6º Ocorrendo a hipótese de que trata o caput deste artigo, *até que todas as medidas nele previstas tenham sido adotadas por todos os Poderes e órgãos nele mencionados*, de acordo com declaração do respectivo Tribunal de Contas, é vedada:
> I - *a concessão, por qualquer outro ente da Federação, de garantias ao ente envolvido*;
> II - *a tomada de operação de crédito* por parte do ente envolvido com outro ente da Federação, diretamente ou por intermédio de seus fundos, autarquias, fundações ou empresas estatais dependentes, ainda que sob a forma de novação, refinanciamento ou postergação de dívida contraída anteriormente, ressalvados os financiamentos destinados a projetos específicos celebrados na forma de operações típicas das agências financeiras oficiais de fomento. (Grifado)

Está-se diante de importante restrição à autonomia financeira do ente federativo caso este não reduza o gasto com pessoal na hipótese prevista. A vedação à realização de operações de crédito abrange novações, refinanciamentos e postergação de dívidas. A única exceção diz respeito às avenças "destinadas a projetos específicos celebrados na forma de operações típicas das agências financeiras oficiais de fomento" (art. 167-A, §6º, II, parte final). Acrescente-se que a verificação dos indicadores fica a cargo dos respectivos Tribunais de Contas, os quais declararão o atendimento (ou não) dos limites estabelecidos.[4]

Por fim, convém detalhar o art. 169 da CF/88. Trata-se do dispositivo que constitucionaliza a prioridade em restringir, já no planejamento orçamentário, a despesa com pessoal. Sua regulamentação já foi objeto da LC nº 82, de 25.03.1995, substituída pela LC nº 96, de 31.03.1999, que, por sua vez, foi revogada pela LRF, de 04.05.2000.

Originalmente, a norma constitucional estabelecia que a "despesa com pessoal ativo e inativo" de todos os entes da federação "não poderá exceder os limites estabelecidos em lei complementar". Tal redação poderia gerar dúvidas sobre a possibilidade de a lei complementar inovar e incluir as despesas com pensionistas no cálculo dos respectivos limites de gastos com pessoal. Note-se que tanto a LRF (art. 18), quanto sua antecessora, a LC nº 96, de 31.03.1999 (art. 2º, I),[5] incluem os gastos com pensionistas no conceito de "despesa total com pessoal". Daí, surgia a pergunta: poderia a lei complementar, a título de regulamentar o art. 169, ampliar seu alcance ou apenas estabelecer limites quantitativos para ativos e inativos? Em 2019, o STF enfrentou a questão quando da apreciação de medida cautelar na ADI nº 6.129-GO. No caso, tratava-se de emenda à constituição estadual que estabelecia novo regime fiscal (teto de gastos) e expressamente excluía os gastos com pensionistas do cômputo das despesas com pessoal. Ao decidir, o STF

---

[4] "[...] para a aplicação do disposto no caput do art. 167-A na verificação dos limites e condições para contratação de operações de crédito, o Manual de Instrução de Pleitos – MIP, publicado pela Secretaria do Tesouro Nacional, estabelece que '*a apuração de que trata o caput do art. 167-A da Constituição da República cabe aos Tribunais de Contas locais, por força do disposto no §6º desse mesmo dispositivo*'" (BRASIL, 2021, p. 101).

[5] Art. 2º Para os fins do disposto nesta Lei Complementar, consideram-se:
I - *Despesas Totais com Pessoal*: o somatório das Despesas de Pessoal e Encargos Sociais da administração direta e indireta, realizadas pela União, pelos Estados, pelo Distrito Federal e pelos Municípios, considerando-se os ativos, inativos e *pensionistas*, excetuando-se as obrigações relativas a indenizações por demissões, inclusive gastos com incentivos à demissão voluntária; (Grifado)

entendeu que a LRF, por veicular normas gerais sobre finanças públicas, é compatível com a CF/88; assim, norma estadual que não a seguir é formalmente inconstitucional.[6]

De todo modo, a EC nº 109, de 15.03.2021, estabeleceu a seguinte redação ao art. 169, da CF/88: "A despesa com pessoal ativo e inativo e *pensionistas* da União, dos Estados, do Distrito Federal e dos Municípios não pode exceder os limites estabelecidos em lei complementar" (grifado). Ficou, pois, afastada qualquer dúvida: as despesas com pensionistas devem entrar no cálculo dos limites de gastos com pessoal.

Ademais, o art. 169, §1º, da CF/88 estabelece exigências para o caso de expansão de tais despesas: 1) a existência de prévia dotação orçamentária e 2) autorização específica na lei de diretrizes orçamentárias. Note-se:

> §1º A concessão de qualquer *vantagem ou aumento de remuneração*, a *criação de cargos, empregos e funções* ou *alteração de estrutura de carreiras*, bem como a *admissão ou contratação de pessoal*, a qualquer título, pelos órgãos e entidades da administração direta ou indireta, inclusive fundações instituídas e mantidas pelo poder público, só poderão ser feitas:
> I - se houver *prévia dotação orçamentária suficiente* para atender às projeções de despesa de pessoal e aos acréscimos dela decorrentes;
> II - se houver *autorização específica na lei de diretrizes orçamentárias*, ressalvadas as empresas públicas e as sociedades de economia mista. (Grifado)

Acrescente-se que os demais parágrafos do art. 169 da CF/88 trazem um conteúdo mínimo para a lei complementar prevista, no caso de violação dos limites de despesa com pessoal: 1) estabelecimento de prazos para a readequação aos limites legais; 2) providências que deverão ser adotadas pelos gestores; 3) sanções institucionais ao ente responsável.

Com efeito, conforme previsão constitucional, na hipótese de descumprimento dos limites de despesa com pessoal, o governo responsável deverá, sucessivamente, adotar as seguintes medidas para readequação: 1) redução de despesa com cargos em comissão e funções de confiança; 2) exoneração de servidores não estáveis e 3) perda do cargo em desfavor de servidores estáveis, por meio de ato normativo motivado de cada poder, bem como o pagamento de indenização, extinção do posto e proibição de recriação pelo prazo de quatro anos. Note-se:

> §3º Para o cumprimento dos limites estabelecidos com base neste artigo, durante o prazo fixado na lei complementar referida no caput, a União, os Estados, o Distrito Federal e os Municípios *adotarão as seguintes providências*:
> I - redução em pelo menos vinte por cento das despesas com cargos em comissão e funções de confiança;
> II - exoneração dos servidores não estáveis.
> §4º Se as medidas adotadas com base no parágrafo anterior não forem suficientes para assegurar o cumprimento da determinação da lei complementar referida neste artigo, *o servidor estável poderá perder o cargo*, desde que ato normativo motivado de cada um dos

---

[6] Trecho da ementa: "3. O art. 113, §8º, da Constituição goiana, com a redação dada pela EC 55/2017, *ao determinar a exclusão do limite de despesa de pessoal das despesas com proventos de pensão e dos valores referentes ao Imposto de Renda devido por seus servidores, contraria diretamente o art. 18 da LRF*, pelo que incorre em inconstitucionalidade formal." (ADI nº 6.129-MC/GO. Rel. Min. Marco Aurélio. J. 11.09.2019. Disponível em: http://portal.stf.jus.br/processos/downloadPeca.asp?id=15342737064&ext=.pdf . Acesso em: 31 jan. 2022).

Poderes especifique a atividade funcional, o órgão ou unidade administrativa objeto da redução de pessoal.

§5º O servidor que perder o cargo na forma do parágrafo anterior fará jus a *indenização correspondente a um mês de remuneração por ano de serviço.*

§6º O cargo objeto da redução prevista nos parágrafos anteriores *será considerado extinto, vedada a criação de cargo, emprego ou função com atribuições iguais ou assemelhadas pelo prazo de quatro anos.* (Grifado)

Acrescente-se que, entre os instrumentos previstos para redução da despesa de pessoal, o texto constitucional em vigor não autoriza, de modo expresso, a redução da jornada dos agentes públicos com redução de remuneração. A rigor, tal possibilidade não está entre as ressalvas ao art. 37, XV, da CF/88 ("o subsídio e os vencimentos dos ocupantes de cargos e empregos públicos são irredutíveis, ressalvado o disposto nos incisos XI e XIV deste artigo e nos arts. 39, §4º, 150, II, 153, III, e 153, §2º, I").

Ademais, decorrido o prazo estabelecido em lei complementar, sem que haja a adequação dos limites nela previstos, o ente estará sujeito a sanções institucionais. No caso, a suspensão imediata de "todos os repasses de verbas federais ou estaduais aos Estados, ao Distrito Federal e aos Municípios que não observarem os referidos limites" (art. 169, §2º), ressalvadas as transferências constitucionais e legais.

3 Regras da Lei de Responsabilidade Fiscal para o controle da despesa com pessoal

Na parte que trata do controle da despesa com pessoal, as regras da LRF encontram fundamento no art. 169 da Constituição brasileira de 1988. Tal gasto é um dos mais relevantes da gestão pública e sua limitação é um dos pressupostos de zelo e de eficiência no trato dos recursos públicos. Nesse sentido, tem força de lei a diretriz segundo a qual a responsabilidade fiscal "pressupõe a ação planejada e transparente, em que se previnem riscos e corrigem desvios capazes de afetar o equilíbrio das contas públicas, mediante [...] a obediência a limites e condições no que tange a [...] geração de despesas com pessoal [...]" (art. 1º, §1º, da LRF).

Ao longo de sua vigência, a LC nº 101, 04.05.2000, foi alterada diversas vezes e muitos de seus dispositivos tiveram sua constitucionalidade questionada perante o STF. No que tange especificamente ao controle das despesas com pessoal, as alterações foram realizadas por meio da LC nº 164, de 18.12.2018, da LC nº 173, de 27.05.2020, e da LC nº 178, de 13.01.2021. Por sua vez, em 24.06.2020, o STF concluiu o julgamento da Ação Direta de Inconstitucionalidade (ADI) nº 2.238/DF (cuja tramitação iniciara-se em 04.07.2000), sob a relatoria do Min. Alexandre de Moraes. A exposição a seguir levará em conta esse panorama normativo e jurisprudencial.

3.1 Parâmetros e limites para despesas com pessoal

Ao tratar da despesa com pessoal como espécie de "despesa obrigatória de caráter continuado" (art. 21, I, "a", c/c art. 17), a LRF estabelece no art. 18 o seguinte conceito:

Art. 18. Para os efeitos desta Lei Complementar, entende-se como *despesa total com pessoal*: o *somatório dos gastos* do ente da Federação com os *ativos*, os *inativos* e os *pensionistas*, relativos a *mandatos eletivos, cargos, funções* ou *empregos, civis, militares* e de *membros de Poder*, com *quaisquer espécies remuneratórias*, tais como *vencimentos* e *vantagens*, fixas e variáveis, *subsídios, proventos* da aposentadoria, reformas e pensões, inclusive *adicionais, gratificações, horas extras* e *vantagens pessoais* de qualquer natureza, bem como *encargos sociais* e *contribuições recolhidas* pelo ente às entidades de previdência. (Grifado)

Note-se que, desde a redação original, o conceito abrange as despesas com pensionistas. Havia dúvidas sobre a possibilidade de a LRF ampliar o conceito, visto que originalmente o art. 169 da CF fazia menção apenas a ativos e inativos. No entanto, não só o STF (ADI nº 6.129-GO) ratificou o entendimento de que o art. 18 da LRF é plenamente constitucional (visto se tratar do exercício da competência da União para editar normas gerais sobre finanças públicas), como posteriormente a EC nº 109, de 15.03.2021, incluiu expressamente os pensionistas, no *caput* do art. 169 do texto constitucional, como categoria de gastos sujeitos a controle quantitativo, nos termos de lei complementar.

Quanto à natureza dos pagamentos em si, o dispositivo menciona apenas parcelas de natureza remuneratória, tais como vencimentos, subsídios, vantagens, adicionais, gratificações e horas extras, além de proventos de aposentadorias, reformas e pensões. Dessa forma, pagamentos de cunho indenizatórios não são considerados como despesa com pessoal, para fins de apuração de limites, nos termos da LRF. Tal constatação leva ao entendimento de que diárias, indenizações de férias, indenizações de licença-prêmio e auxílios de natureza indenizatória não impactam a despesa total com pessoal, embora possam apresentar elevado custo financeiro.

Por outro lado, os valores pagos a título de encargos sociais devem ser contabilizados como despesa com pessoal. São gastos decorrentes da gestão de pessoas e que ficam a cargo do ente ou órgão pagador, como as contribuições ao regime de previdência e ao FGTS, entre outras. Tais despesas estão expressamente previstas no art. 18 da LRF.

Questão relevante diz respeito à contabilização dos pagamentos relativos a título de terceirização de mão de obra. Segundo a LRF, as obrigações pecuniárias decorrentes de tais contratos "que se referem à substituição de servidores e empregados públicos serão registrados como 'Outras Despesas de Pessoal'" (art. 18, §1º). A princípio, o dispositivo tem como objetivo evitar a tentativa de redução da despesa com pessoal, por meio da substituição de servidores efetivos por terceirizados, com vínculo precário, para a realização de atividades finalísticas. Caso essa substituição ocorra, a remuneração paga aos terceirizados deve ser computada no cálculo do limite com pessoal. Contudo, se a terceirização for destinada à realização de atividades-meio, a remuneração paga não será computada como despesa com pessoal. Ainda assim, trata-se de dispositivo que dá margem a entes, que estejam próximo ou mesmo que já tenham extrapolado os limites, utilizem mão de obra terceirizada, em desvio de finalidade, para contornar as vedações à admissão de pessoas no serviço público (FURTADO, 2013, p. 465).

Ainda quanto à forma de cálculo do montante da despesa total com pessoal, a LC nº 178, de 13.01.2021, trouxe duas novidades.

A primeira é o acréscimo da parte final ao art. 18, §2º, que ficou com a seguinte redação: "A despesa total com pessoal será apurada somando-se a realizada no mês em referência com as dos 11 (onze) imediatamente anteriores, adotando-se o regime de competência, *independentemente de empenho*" (Grifado). A inclusão de tal expressão afasta qualquer dúvida quanto à possibilidade de se postergar empenhos de despesa de pessoal (como, por exemplo, as folhas de pagamento relativas ao mês de dezembro e ao décimo-terceiro) para os primeiros dias de janeiro do exercício seguinte, com o objetivo de reduzir a despesa de pessoal do exercício anterior. O fundamento jurídico de tal prática de contabilidade criativa[7] seria o art. 35, II, da Lei nº 4.320, de 17.03.1964, segundo o qual pertencem ao exercício financeiro "as despesas nêle legalmente empenhadas" (art. 35, II).[8] Com a recente alteração trazida pela LC nº 178, de 13.01.2021, a LRF reforça o regime de competência em matéria de despesa com pessoal, independentemente da data do empenho da folha de pagamento.

A segunda alteração está na inclusão de um terceiro parágrafo ao art. 18 da LRF, nos seguintes termos: "Para a apuração da despesa total com pessoal, *será observada a remuneração bruta do servidor, sem qualquer dedução ou retenção*, ressalvada a redução para atendimento ao disposto no art. 37, inciso XI, da Constituição Federal" (art. 18, §3º, grifado). Com essa mudança legislativa, fica afastada a possibilidade de excluir do cômputo da despesa com pessoal da parcela do imposto de renda retido na fonte, sob a alegação de que tal receita pertenceria ao ente pagador (por previsão constitucional) e não ao agente público. Com o novo dispositivo, fica claro que deverá ser observado o valor bruto da remuneração do servidor "sem qualquer dedução ou retenção", para fins de cálculo da despesa total com pessoal.

Outra parcela relevante de recursos públicos diz respeito à cobertura dos déficits financeiros dos regimes próprios de previdência. Trata-se de despesa pública relevante em todos os níveis de governo no Brasil. Em outras palavras, quando as receitas próprias (contribuição dos agentes públicos e dos entes pagadores) são insuficientes para as despesas dos benefícios, o respectivo tesouro deve aportar recursos para cobrir as diferenças e garantir o pagamento de aposentadorias, reformas e pensões.[9] Nessa situação, em mais um caso de contabilidade criativa, poderia haver a alegação de que tais recursos seriam destinados a cobrir não o déficit financeiro, mas o déficit atuarial

---

[7] "Um dos temas mais frequentes do debate internacional sobre regras fiscais é a utilização da chamada 'contabilidade criativa' com o fim de subestimar despesas, superestimar receitas e reduzir o endividamento. Tais práticas assumem diversas formas, mas usualmente implicam a mudança de uma forma de cálculo adotada tradicionalmente, a exclusão de certos itens de despesa do cálculo do déficit público, a realização de operações pouco convencionais entre entes governamentais. O ponto central é que a contabilidade criativa enfraquece as regras fiscais por diminuir a credibilidade dos números anunciados e representam uma redução da transparência das contas públicas." (LIMA, 2014, p. 256-257).

[8] "Já no tocante às despesas, o inciso II do art. 35 concebe como pertencente ao exercício financeiro somente aquelas legalmente empenhadas. Configura-se empenho o recurso usado pela Administração para gerir a execução orçamentária, abrangendo tal ato a constatação de dotação orçamentária para a concretização da despesa, assim como a autorização para que essa mesma despesa seja realizada. Ora, se a Lei menciona a palavra empenho, evidente que a despesa ainda não foi realizada, motivo pelo qual fica clara a adoção do regime de competência (ou de exercício). A adoção desse procedimento permite estabelecer a associação entre a despesa e a correspondente autorização orçamentária para a realização do gasto, que nada mais é do que a explicitação do princípio da legalidade. Propicia-se, também, estabelecer a vinculação entre os gastos do governo e os recursos que lhes deram origem" (CARVALHO, 2019, p. 134).

[9] "*Entende-se como custo dos regimes o aporte realizado pelo Tesouro Estadual para cobrir o déficit previdenciário de todos os Poderes.* Ou seja, o montante de recursos gastos além dos vinculados à Previdência. Segundo os números do PAF, tem-se uma variação positiva dos aportes para a maioria dos Estados. *Tal crescimento é indício do problema da insustentabilidade dos regimes de previdência estaduais, tendo em vista o consumo cada vez maior de recursos financeiros, que poderiam estar sendo direcionados para atender e ampliar os serviços básicos exigidos pela sociedade.* Alguns Estados apresentam quedas abruptas do repasse de recursos por conta da extinção do plano de previdência capitalizado e utilização das suas reservas no plano deficitário. Os aportes, em valores agregados, cresceram mais do que a inflação. Algumas variações individuais foram muito acima disso. Destaca-se que em virtude das restrições de atos que aumentem despesa com pessoal da Lei Complementar nº 173, de 2020, esses aumentos possuem caráter inercial e, portanto, controlá-los no curto prazo é desafiador. *Como resultado, o déficit da previdência cresceu significativamente em relação à RCL, ainda mais em um ano com crescimento relevante da arrecadação*" (BRASIL, 2021, p. 39. Grifado).

dos regimes previdenciários. Note-se que há uma diferença relevante, que vai além da nomenclatura: em se entendendo que a destinação seria para a recomposição atuarial, tais coberturas não deveriam ser computadas no cálculo das despesas com pessoal. No entanto, afastando as dúvidas, a LC nº 178, de 13.01.2021, acrescentou novo dispositivo à LRF, de acordo com o qual na "verificação do atendimento dos limites definidos neste artigo [art. 19], *é vedada a dedução* da parcela custeada com *recursos aportados para a cobertura do déficit financeiro dos regimes de previdência*" (art. 19, §3º. Grifado).

Em todo caso, as demais exclusões previstas na LRF continuam em vigor, sem prejuízo das alterações estabelecidas pela LC nº 178, de 13.01.2021, nos termos art. 19 transcrito:

> Art. 19. Para os fins do disposto no *caput* do art. 169 da Constituição, a despesa total com pessoal, em cada período de apuração e em cada ente da Federação, não poderá exceder os percentuais da receita corrente líquida, a seguir discriminados:
> I - União: 50% (cinquenta por cento);
> II - Estados: 60% (sessenta por cento);
> III - Municípios: 60% (sessenta por cento).
> §1º Na verificação do atendimento dos limites definidos neste artigo, não serão computadas as despesas:
> *I - de indenização por demissão de servidores ou empregados;*
> *II - relativas a incentivos à demissão voluntária;*
> *III - derivadas da aplicação do disposto no inciso II do §6º do art. 57 da Constituição;*
> *IV - decorrentes de decisão judicial e da competência de período anterior ao da apuração a que se refere o §2º do art. 18;*
> *V - com pessoal, do Distrito Federal e dos Estados do Amapá e Roraima*, custeadas com recursos transferidos pela União na forma dos incisos XIII e XIV do art. 21 da Constituição e do art. 31 da Emenda Constitucional nº 19;
> VI - *com inativos e pensionistas*, ainda que pagas por intermédio de unidade gestora única ou fundo previsto no art. 249 da Constituição Federal, *quanto à parcela custeada por recursos provenientes*: (Redação dada pela Lei Complementar nº 178, de 2021)
> a) da arrecadação de contribuições dos segurados;
> b) da compensação financeira de que trata o §9º do art. 201 da Constituição;
> c) de transferências destinadas a promover o equilíbrio atuarial do regime de previdência, na forma definida pelo órgão do Poder Executivo federal responsável pela orientação, pela supervisão e pelo acompanhamento dos regimes próprios de previdência social dos servidores públicos. (Redação dada pela LC nº 178, de 2021)
> §2º Observado o disposto no inciso IV do §1º, as despesas com pessoal decorrentes de *sentenças judiciais* serão incluídas no limite do respectivo Poder ou órgão referido no art. 20. [...] (Grifado)

Cada um dos limites globais estabelecidos nos incisos do art. 19 da LRF são subdivididos, em cada uma das esferas de governo, entre os poderes e órgãos autônomos. Note-se:

> Art. 20. A repartição dos limites globais do art. 19 não poderá exceder os seguintes percentuais:

I - na esfera federal:
a) 2,5% (dois inteiros e cinco décimos por cento) para o Legislativo, incluído o Tribunal de Contas da União;
b) 6% (seis por cento) para o Judiciário;
c) 40,9% (quarenta inteiros e nove décimos por cento) para o Executivo, destacando-se 3% (três por cento) para as despesas com pessoal decorrentes do que dispõem os incisos XIII e XIV do art. 21 da Constituição e o art. 31 da Emenda Constitucional nº 19, repartidos de forma proporcional à média das despesas relativas a cada um destes dispositivos, em percentual da receita corrente líquida, verificadas nos três exercícios financeiros imediatamente anteriores ao da publicação desta Lei Complementar;
d) 0,6% (seis décimos por cento) para o Ministério Público da União;
II - na esfera estadual:
a) 3% (três por cento) para o Legislativo, incluído o Tribunal de Contas do Estado;
b) 6% (seis por cento) para o Judiciário;
c) 49% (quarenta e nove por cento) para o Executivo;
d) 2% (dois por cento) para o Ministério Público dos Estados;
III - na esfera municipal:
a) 6% (seis por cento) para o Legislativo, incluído o Tribunal de Contas do Município, quando houver;
b) 54% (cinquenta e quatro por cento) para o Executivo. (Grifado)

Quando do julgamento da ADI nº 2.238/DF, o STF reafirmou a constitucionalidade do art. 20 da LRF com todas as suas subdivisões. No julgado, entendeu-se que:

A definição de um teto de gastos particularizado, segundo os respectivos poderes ou órgãos afetados (art. 20 da LRF), não representa intromissão na autonomia financeira dos entes subnacionais. Reforça, antes, a autoridade jurídica do art. 169 da CF, no propósito, federativamente legítimo, de afastar dinâmicas de relacionamento predatório entre os Entes componentes da Federação.[10]

Em outras palavras, de acordo com o STF, o detalhamento dos limites para os poderes e para os órgãos autônomos de todos os entes da federação fortalece a separação dos poderes e a autonomia federativa, ao invés de comprometê-las.

Estabelecidos o conceito, as parcelas incluídas, as parcelas excluídas e os limites, serão analisados os instrumentos de controle e as consequências para o caso de serem violados.

3.2 Controle das despesas com pessoal

3.2.1 Atos nulos de pleno direito

Como mecanismo de controle das despesas com pessoal, a LRF elenca, primeiramente, um rol de atos para os quais determina a nulidade "de pleno direito", nos termos do art. 21, conforme alterações a partir da LC nº 173, de 27.05.2020. Nesse sentido, é

---

[10] Disponível em: https://redir.stf.jus.br/paginadorpub/paginador.jsp?docTP=TP&docID=753826907 . Acesso em: 31 jan. 2022.

possível dividir as nulidades em três grupos. O primeiro diz respeito ao cumprimento de formalidades constitucionais e da própria LRF. É o que determina o art. 21, I, da LRF:

> Art. 21. É nulo de pleno direito: (Redação dada pela LC nº 173, de 2020)
> I - o ato que provoque aumento da despesa com pessoal e não atenda:
> a) às exigências dos arts. 16 e 17 desta Lei Complementar e o disposto no inciso XIII do caput do art. 37 e no §1º do art. 169 da Constituição Federal; e (Incluído pela LC nº 173, de 2020)
> b) ao limite legal de comprometimento aplicado às despesas com pessoal inativo; (Incluído pela LC nº 173, de 2020)

A geração de despesa pública pressupõe diversas etapas de planejamento e transparência, as quais devem ter respaldo nos planos plurianuais, nas leis de diretrizes orçamentárias e previsão nas leis orçamentárias anuais, de modo que possam ficar evidenciados os custos e os impactos financeiros. Nesse sentido, serão "consideradas não autorizadas, irregulares e lesivas ao patrimônio público a geração de despesa ou assunção de obrigação que não atendam o disposto nos arts. 16 e 17" (art. 15 da LRF). Por sua vez:

> Art. 16. A criação, expansão ou aperfeiçoamento de ação governamental que acarrete aumento da despesa será acompanhado de:
> I - *estimativa do impacto orçamentário-financeiro* no exercício em que deva entrar em vigor e nos dois subsequentes;
> II - declaração do ordenador da despesa de que o aumento *tem adequação orçamentária e financeira com a lei orçamentária anual e compatibilidade com o plano plurianual e com a lei de diretrizes orçamentárias*. (Grifado)

Por "gasto obrigatório de caráter continuado", considera-se "despesa corrente derivada de lei, medida provisória ou ato administrativo normativo que fixem para o ente a obrigação legal de sua execução por um período superior a dois exercícios" (art. 17, *caput*, da LRF). Por sua vez, os "atos que criarem ou aumentarem despesa de que trata o *caput* deverão ser instruídos com a estimativa prevista no inciso I do art. 16 e demonstrar a origem dos recursos para seu custeio" (art. 17, §1º, da LRF). No entanto, a LRF prevê exceções ao estabelecer, no art. 17, §6º, que as exigências não se aplicam "[1] às despesas destinadas ao serviço da dívida nem [2] ao reajustamento de remuneração de pessoal de que trata o inciso X do art. 37 da Constituição".

Trata-se de redação confusa, uma vez que o art. 21 passou a determinar, de modo expresso, que as despesas com pessoal, como qualquer despesa obrigatória de caráter continuado, devem cumprir as formalidades previstas nos arts. 16 e 17. No entanto, a "concessão de reajustamento de remuneração" estaria isenta das justificativas. Dessa forma, qual seria a melhor interpretação a ser adotada? Como conciliar dispositivos aparentemente conflitantes? Em resposta, há que se concluir que, como regra geral, a geração de despesa com pessoal, para ser juridicamente válida, deve sim apresentar previamente a estimativa de impacto orçamentário e financeiro e indicar a origem dos recursos públicos que serão utilizados. No entanto, é possível reconhecer uma exceção: em se tratando da "revisão geral anual, sempre na mesma data e sem distinção de índices" (parte final do art. 37, X, da CF/88), estão dispensadas as formalidades exigidas pela

LRF quanto aos impactos e aos recursos necessários. Mas deve ser realçado: somente quando se tratar da hipótese de revisão geral anual.

Voltando ao art. 21 da LRF, há um segundo grupo de nulidades. Este diz respeito à preocupação quanto ao impacto que a transição de gestores pode causar às finanças públicas. Principalmente, no que diz respeito às despesas com pessoal. Partindo do pressuposto de que, no Brasil, as mudanças de gestão são situações que representam riscos fiscais, a LRF foi alterada para reforçar as restrições de fim de mandato. Note-se:

> Art. 21. É nulo de pleno direito: (Redação dada pela LC nº 173, de 2020)
> [...]
> II - o ato de que resulte aumento da despesa com pessoal *nos 180 (cento e oitenta) dias anteriores ao final do mandato do titular* de Poder ou órgão referido no art. 20; (Redação dada pela LC nº 173, de 2020)
> III - o ato de que resulte aumento da despesa com pessoal que preveja *parcelas a serem implementadas em períodos posteriores ao final do mandato do titular* de Poder ou órgão referido no art. 20; (Incluído pela LC nº 173, de 2020) (Grifado)

Observe-se que há situações distintas. A primeira trata do aumento de despesas com pessoal nos últimos 180 dias de mandato do titular de poder ou de órgão autônomo (art. 21, II). A segunda diz respeito ao aumento verificado antes dos 180 dias que antecedem o fim do mandato, mas estabelece parcelas para a próxima gestão (art. 21, III).

Nessas duas situações, o ato de aumento de gasto com pessoal será nulo de pleno direito. Observe-se que, a princípio, tais restrições abrangem os chefes do Poder Executivo, do Poder Legislativo, do Poder Judiciário, do Ministério Público e do Tribunal de Contas de cada uma das esferas de governo. Desse modo, os efeitos de qualquer ato dessa natureza devem ser iniciados e concluídos dentro do prazo estabelecido na nova redação da LRF, sob pena de nulidade. Além disso, não poderão estabelecer parcelas a serem implementadas na gestão posterior. Por fim, há um terceiro grupo de casos de nulidades previstas art. 21, da LRF. Não se trata aqui apenas do impacto da transição de mandato entre pares; ou seja, dentro de um mesmo poder ou órgão autônomo. Na verdade, o objeto de preocupação corresponde à situação em que os chefes de Poder e dos órgãos autônomos venham a aprovar, ainda que pela via legislativa, aumento da despesa com pessoal que venha a se estender pela gestão do próximo Presidente da República, governador ou prefeito. Note-se

> Art. 21. É nulo de pleno direito: (Redação dada pela LC nº 173, de 2020)
> [...]
> IV - a aprovação, a edição ou a sanção, *por Chefe do Poder Executivo*, por *Presidente e demais membros da Mesa ou órgão decisório equivalente do Poder Legislativo*, por *Presidente de Tribunal do Poder Judiciário* e pelo *Chefe do Ministério Público*, da União e dos Estados, *de norma legal* contendo *plano de alteração, reajuste e reestruturação de carreiras* do setor público, ou a *edição de ato*, por esses agentes, para *nomeação de aprovados em concurso público*, quando: (Incluído pela LC nº 173, de 2020)
> a) resultar em *aumento da despesa com pessoal nos 180 (cento e oitenta) dias anteriores ao final do mandato do titular do Poder Executivo*; ou (Incluído pela LC nº 173, de 2020)
> b) resultar em aumento da despesa com pessoal que preveja *parcelas a serem implementadas em períodos posteriores ao final do mandato do titular do Poder Executivo*. (Incluído pela LC nº 173, de 2020) (Grifado)

De acordo com a nova regra, são nulos os atos de aumento de despesa de pessoal realizados nos últimos 180 dias de mandato do chefe do Poder Executivo ou que prevejam parcelas a serem implementadas na gestão seguinte. Trata-se de regra rígida, que alcança inclusive "a edição de ato, por esses agentes, para nomeação de aprovados em concurso público" (art. 21, IV), se dele resultar "aumento da despesa com pessoal nos 180 (cento e oitenta) dias anteriores ao final do mandato do titular do Poder Executivo" (art. 21, IV, "a", da LRF) ou "aumento da despesa com pessoal que preveja parcelas a serem implementadas em períodos posteriores ao final do mandato do titular do Poder Executivo" (art. 21, IV, b, da LRF).

Por fim, observe-se que as restrições previstas nos incisos II, III e IV "devem ser aplicadas inclusive durante o período de recondução ou reeleição para o cargo de titular do Poder ou órgão autônomo" (art. 21, §1º, I, da LRF). No entanto, "aplicam-se somente aos titulares ocupantes de cargo eletivo dos Poderes referidos no art. 20" (art. 21, §1º, II, da LRF). Percebe-se, nesse caso, uma incoerência na redação dos dispositivos: de um lado, as restrições abrangem o "titular de Poder ou órgão autônomo" (inciso I); de outro, seriam aplicáveis apenas aos que ocupam "cargo eletivo dos Poderes referidos no art. 20" (inciso II). Dessa forma, as chefias dos tribunais (judiciais e de contas), do ministério público e das defensorias públicas estariam isentas das medidas de controle da despesa com pessoal durante o período em questão.

Tal conclusão, embora possa ser extraída de uma leitura isolada de seu art. 21, §1º, II, não se coaduna com os fundamentos, os pressupostos, os objetivos da LRF, principalmente em relação ao detalhamento dos órgãos abrangidos por suas disposições.

3.2.2 Monitoramento e consequências do descumprimento dos limites de despesa com pessoal

A LRF estabeleceu um sistema de monitoramento quadrimestral das despesas com pessoal, nos termos de seu art. 22.[11] De acordo com as regras em vigor, os poderes e órgãos autônomos prestam informações através de relatórios de gestão fiscal assinados pelos respectivos chefes e as autoridades da administração financeira e do controle interno. Esses relatórios, aos quais deve ser dada ampla publicidade,[12] deverão conter, entre outras informações, os montantes da despesa com pessoal:

> Art. 54. Ao final de cada quadrimestre será emitido pelos titulares dos Poderes e órgãos referidos no art. 20 Relatório de Gestão Fiscal, assinado pelo:
> I - Chefe do Poder Executivo;
> II - Presidente e demais membros da Mesa Diretora ou órgão decisório equivalente, conforme regimentos internos dos órgãos do Poder Legislativo;
> III - Presidente de Tribunal e demais membros de Conselho de Administração ou órgão decisório equivalente, conforme regimentos internos dos órgãos do Poder Judiciário;
> IV - Chefe do Ministério Público, da União e dos Estados.

---

[11] "Art. 22. A verificação do cumprimento dos limites estabelecidos nos arts. 19 e 20 será realizada ao final de cada quadrimestre."

[12] "O relatório [de gestão fiscal] será publicado até trinta dias após o encerramento do período a que corresponder, com amplo acesso ao público, inclusive por meio eletrônico", conforme disposto no art. 55, §2º, da LRF.

Parágrafo único. O relatório também será assinado pelas autoridades responsáveis pela administração financeira e pelo controle interno, bem como por outras definidas por ato próprio de cada Poder ou órgão referido no art. 20.

Art. 55. O relatório conterá:
I - comparativo com os limites de que trata esta Lei Complementar, dos seguintes montantes:
a) despesa total com pessoal, distinguindo a com inativos e pensionistas;

Uma vez divulgados os relatórios, foi atribuída aos Tribunais de Contas a competência para verificar os cálculos que foram declarados a título de despesa com pessoal pelos Poderes e órgãos autônomos, nos termos do art. 59, §2º, da LRF.[13] Em outras palavras, as informações prestadas deverão ser auditadas pelo órgão de controle externo.

Ressalte-se que, nesse ponto, a competência dos Tribunais de Contas não é de natureza punitiva nem sancionatória. Consiste, basicamente, em atestar a veracidade e a idoneidade dos números apresentados pelos órgãos que ordenam a despesa com pessoal. Em todo caso, para fins de monitoramento, a LRF estabeleceu um sistema gradativo, prevendo três situações: 1) de alerta; 2) de proximidade de violação dos limites e 3) de violação dos limites.

No primeiro caso, quando a despesa total com pessoal atingir noventa por cento da receita corrente líquida, os Tribunais de Contas deverão emitir alertas para os poderes e órgãos autônomos, nos termos do art. 59, §1º, da LRF:

Art. 59. [...]
[...]
§1º Os Tribunais de Contas alertarão os Poderes ou órgãos referidos no art. 20 quando constatarem:
I - a possibilidade de ocorrência das situações previstas no inciso II do art. 4º e no art. 9º;
II - que o montante da despesa total com pessoal ultrapassou 90% (noventa por cento) do limite;
III - que os montantes das dívidas consolidada e mobiliária, das operações de crédito e da concessão de garantia se encontram acima de 90% (noventa por cento) dos respectivos limites;
IV - que os gastos com inativos e pensionistas se encontram acima do limite definido em lei;
V - fatos que comprometam os custos ou os resultados dos programas ou indícios de irregularidades na gestão orçamentária. (Grifado)

O segundo caso ocorre quando as despesas com pessoal continuam a crescer e atingem o montante de noventa e cinco por cento da receita corrente líquida, o chamado limite prudencial. Nessa situação, devidamente confirmada pelo respectivo tribunal de contas, o poder ou órgão constitucional autônomo deverá adotar medidas de controle de despesas. Note-se:

Art. 22. A verificação do cumprimento dos limites estabelecidos nos arts. 19 e 20 será realizada ao final de cada quadrimestre.

---

[13] "Compete ainda aos Tribunais de Contas verificar os cálculos dos limites da despesa total com pessoal de cada Poder e órgão referido no art. 20."

Parágrafo único. *Se a despesa total com pessoal exceder a 95% (noventa e cinco por cento) do limite, são vedados ao Poder ou órgão referido no art. 20 que houver incorrido no excesso*:

I - *concessão de vantagem, aumento, reajuste ou adequação de remuneração a qualquer título*, salvo os derivados de sentença judicial ou de determinação legal ou contratual, ressalvada a revisão prevista no inciso X do art. 37 da Constituição;

II - *criação de cargo, emprego ou função*;

III - *alteração de estrutura de carreira* que implique aumento de despesa;

IV - *provimento de cargo público, admissão ou contratação de pessoal* a qualquer título, ressalvada a reposição decorrente de aposentadoria ou falecimento de servidores das áreas de educação, saúde e segurança;

V - *contratação de hora extra*, salvo no caso do disposto no inciso II do §6º do art. 57 da Constituição e as situações previstas na lei de diretrizes orçamentárias. (Grifado)

O terceiro caso ocorre quando há violação do limite para despesa com pessoal. Quando tal situação ocorre, o poder ou órgão autônomo responsável pela violação terá o prazo de dois quadrimestres para reduzir as despesas de modo a que o montante retorne a percentual compatível com o limite previsto na LRF. Note-se:

Art. 23. Se a despesa total com pessoal, do Poder ou órgão referido no art. 20, ultrapassar os limites definidos no mesmo artigo, sem prejuízo das medidas previstas no art. 22, *o percentual excedente terá de ser eliminado nos dois quadrimestres seguinte*s, sendo pelo menos um terço no primeiro, adotando-se, entre outras, as providências previstas nos §§3º e 4º do art. 169 da Constituição.
[...]

Trata-se de um conjunto de medidas restritivas, as quais demandam atenção por parte dos intérpretes. Nesse sentido, algumas observações devem ser feitas. Em primeiro lugar, a LRF previa, em sua redação original, a possibilidade de diminuição da remuneração de cargos em comissão, de funções de confiança (art. 23, §1º) e de cargos efetivos (art. 23, §2º):

Art. 23. [...]
[...]
§1º No caso do inciso I do §3º do art. 169 da Constituição, o objetivo poderá ser alcançado tanto pela extinção de cargos e funções quanto pela redução dos valores a eles atribuídos.
§2º É facultada a redução temporária da jornada de trabalho com adequação dos vencimentos à nova carga horária.

Os dispositivos foram objeto de ação direta de inconstitucionalidade (ADI nº 2.238-DF), julgada definitivamente pelo STF. Por ocasião da decisão de mérito, foi confirmada a impossibilidade de redução da remuneração de servidores públicos, ainda que o ente pagador tenha ultrapassado os limites para despesa com pessoal previstos na LRF. Um dos dispositivos da LRF (art. 23, §1º) foi declarado inconstitucional sem redução de texto e o outro (art. 23, §2º) foi considerado inconstitucional sem ressalvas. Consta da ementa:

4. ARTIGOS 9º, §3º, 23, §2º, 56, CAPUT. AÇÃO JULGADA PROCEDENTE COM DECLARAÇÃO DE INCONSTITUCIONALIDADE DOS DISPOSITIVOS.

[...]
4.2. Em relação ao parágrafo 2º do artigo 23 da LRF, é entendimento iterativo do STF considerar a irredutibilidade do estipêndio funcional como garantia constitucional voltada a qualificar a prerrogativa de caráter jurídico-social instituída em favor dos agentes públicos.
[...]
6. ARTIGO 23, §1º, PROCEDENTE PARA DECLARAR INCONSTITUCIONALIDADE SEM REDUÇÃO DE TEXTO.
6.1. Irredutibilidade do estipendio funcional como garantia constitucional voltada a qualificar a prerrogativa de caráter jurídico-social instituída em favor dos agentes públicos. Procedência do pedido tão somente para declarar parcialmente a inconstitucionalidade sem redução de texto do art. 23, §1º, da LRF, de modo a obstar interpretação segundo a qual é possível reduzir valores de função ou cargo que estiver provido.[14]

Em segundo lugar, a LC nº 178, de 13.01.2021, trouxe aperfeiçoamentos às sanções institucionais. Da forma como o art. 23, §3º, foi aprovado no ano 2000, a proibição de receber transferências voluntárias, obter garantias e realizar operações de crédito era dirigida ao "ente". Nesse caso, se um dos poderes ou órgão autônomo descumprisse o limite de pessoal, por exemplo, todo o ente federativo (estado, Distrito Federal ou município) ficaria impossibilitado de realizar empréstimos, firmar convênios ou receber garantias. Ainda que houvesse questionamentos judiciais em situações desproporcionais, a redação do dispositivo apontava para essa possibilidade interpretativa, ainda que todos os demais poderes e órgãos estivessem com seus gastos com pessoal adequados à LRF. A nova redação corrigiu essa situação e determinou que somente o poder ou órgão responsável sofrerá as consequências pelo descumprimento dos limites. Note-se:

> Art. 23. [...]
> [...]
> §3º Não alcançada a redução no prazo estabelecido, e enquanto perdurar o excesso, o ente não poderá:
> §3º Não alcançada a redução no prazo estabelecido e enquanto perdurar o excesso, o Poder ou órgão referido no art. 20 não poderá: (Redação dada pela LC nº 178, de 2021)
> I - receber transferências voluntárias;
> II - obter garantia, direta ou indireta, de outro ente;
> III - contratar operações de crédito, ressalvadas as destinadas ao refinanciamento da dívida mobiliária e as que visem à redução das despesas com pessoal.
> III - contratar operações de crédito, ressalvadas as destinadas ao pagamento da dívida mobiliária e as que visem à redução das despesas com pessoal. (Redação dada pela LC nº 178, de 2021)
> §4º As restrições do §3º aplicam-se imediatamente se a despesa total com pessoal exceder o limite no primeiro quadrimestre do último ano do mandato dos titulares de Poder ou órgão referidos no art. 20.

Em terceiro lugar, a LC nº 164, de 18.12.2018, estabeleceu atenuações das restrições impostas aos municípios pelo descumprimento da despesa com pessoal. De acordo com a alteração legislativa, as consequências do descumprimento dos limites

---
[14] Disponível em: https://redir.stf.jus.br/paginadorpub/paginador.jsp?docTP=TP&docID=753826907 . Acesso em: 31 jan. 2022.

não se aplicam ao município que sofrer considerável redução de receitas do Fundo de Participação dos Municípios (FPM), de *royalties* e de participações especiais. Conforme art. 23, §§5º e 6º da LRF:

> Art. 23. [...]
> [...]
> §5º As restrições previstas no §3º deste artigo *não se aplicam ao Município em caso de queda de receita real superior a 10% (dez por cento)*, em comparação ao correspondente quadrimestre do exercício financeiro anterior, devido a: (Incluído pela LC nº 164, de 2018)
> I – diminuição das transferências recebidas do *Fundo de Participação dos Municípios decorrente de concessão de isenções tributárias pela União*; e (Incluído pela LC nº 164, de 2018)
> II – diminuição das receitas recebidas *de royalties e participações especiais.* (Incluído pela LC nº 164, de 2018)
> §6º O disposto no §5º deste artigo só se aplica caso a despesa total com pessoal do quadrimestre vigente não ultrapasse o limite percentual previsto no art. 19 desta Lei Complementar, considerada, para este cálculo, a receita corrente líquida do quadrimestre correspondente do ano anterior atualizada monetariamente. (Incluído pela LC nº 164, de 2018)

Parcela relevante das receitas municipais é oriunda do FPM, do qual impostos federais (principalmente os que incidem sobre produtos industrializados e sobre a renda e proventos de qualquer natureza, conforme art. 159, I, da CF/88) são componentes importantes. Quando a União concede benefícios por meio de tais tributos, a renúncia das receitas impacta o FPM e, consequentemente, os orçamentos locais. A mesma situação ocorre, em inúmeros outros municípios, com as receitas de *royalties* e de participações especiais. Nesse caso, por conta dos preços internacionais de insumos como ferro e petróleo, ou por questões cambiais, tais receitas podem apresentar variações consideráveis, comprometendo os ingressos municipais. Assim, a redução das receitas de FPM poderá levar os municípios a descumprirem os limites de despesa com pessoal. No entanto, não se mostra justo nem razoável que tais entes sejam penalizados, caso a redução da receita seja superior a 10% (dez por cento), em decorrência de ato político praticado por outro ente (benefícios tributários, art. 23, §5º, I, da LRF) ou de flutuações do comércio internacional, em face das quais não possuem instrumentos jurídicos econômicos adequados para compensar as perdas (art. 23, §5º, II, da LRF).

Para além das sanções institucionais, a LRF estabelece um sistema compartilhado de fiscalização e controle, em que as informações (auditadas pelos Tribunais de Contas) serão objeto de atuação de diversos mecanismos e órgãos de controle. É o que dispõe o art. 59 da LRF:

> Art. 59. O *Poder Legislativo*, diretamente ou com o auxílio dos *Tribunais de Contas*, e o *sistema de controle interno* de cada Poder e do *Ministério Público* fiscalizarão o cumprimento desta Lei Complementar, consideradas as *normas de padronização metodológica editadas pelo conselho de que trata o art. 67*, com ênfase no que se refere a: (Redação dada pela LC nº 178, de 2021)
> [...]
> III - medidas adotadas para o retorno da despesa total com pessoal ao respectivo limite, nos termos dos arts. 22 e 23;
> [...] (Grifado)

Ou seja, são competentes para o monitoramento, a fiscalização e o controle: os Poderes Legislativos, os controles internos e os ministérios públicos. Estes últimos, além das atribuições extrajudiciais, têm a competência de propor aos órgãos do Poder Judiciário medidas de responsabilização e de sanção aos responsáveis por irregularidades e ilícitos. De todo modo, a LRF amplia o controle social, nos termos do art. 73-A, incluído pela LC nº 131, de 27.05.2009:

> Art. 73-A. Qualquer *cidadão, partido político, associação* ou *sindicato* é parte legítima para denunciar ao respectivo Tribunal de Contas e ao órgão competente do Ministério Público o descumprimento das prescrições estabelecidas nesta Lei Complementar. (Grifado)

Deve ser destacada, a inserção do Conselho de Gestão Fiscal[15] no âmbito do sistema de controle previsto no *caput* do art. 59 da LRF, fruto de alteração promovida pela LC nº 178, de 13.01.2021. Tal órgão está previsto desde a aprovação da LRF, no ano 2000. Entretanto, decorridos mais de 20 anos de vigência da lei, esse conselho nunca foi implantado. Diante de tal lacuna, a competência para a padronização metodológica, a partir da edição de normas gerais de consolidação, é exercida pelo órgão central de contabilidade da União, no caso, a Secretaria do Tesouro Nacional, por força do art. 50, §2º, da LRF,[16] e do art. 163-A, da CF/88,[17] fruto da EC nº 108, de 26.08.2020.

Por fim, quanto às sanções previstas para os agentes públicos, em razão de irregularidades quanto às despesas com pessoal, a LRF estabelece os parâmetros normativos para sanção dos gestores que violarem alguns de seus comandos. Nesse sentido, seu art. 73 indica o Código Penal (ao qual foi inserido um capítulo destinado aos "crimes contra as finanças públicas", entre os arts. 359-A e 359-H[18]), as leis de crimes de responsabilidade, a Lei de Improbidade Administrativa "e demais normas da legislação pertinente".

---

[15] "Art. 67. O acompanhamento e a avaliação, de forma permanente, da política e da operacionalidade da gestão fiscal serão realizados por *conselho de gestão fiscal*, constituído por representantes de *todos os Poderes e esferas de Governo*, do *Ministério Público* e de *entidades técnicas representativas da sociedade*, visando a:
I - *harmonização e coordenação entre os entes da Federação*;
II - *disseminação de práticas que resultem em maior eficiência na alocação e execução do gasto público, na arrecadação de receitas, no controle do endividamento e na transparência da gestão fiscal*;
III - *adoção de normas de consolidação das contas públicas, padronização das prestações de contas e dos relatórios e demonstrativos de gestão fiscal de que trata esta Lei Complementar, normas e padrões mais simples para os pequenos Municípios, bem como outros, necessários ao controle social*;
IV - divulgação de análises, estudos e diagnósticos. [...]" (Grifado)

[16] "Art. 50. [...]
[...]
§2º A edição de normas gerais para consolidação das contas públicas caberá ao *órgão central de contabilidade da União*, enquanto não implantado o conselho de que trata o art. 67." (Grifado).

[17] "Art. 163-A. A União, os Estados, o Distrito Federal e os Municípios disponibilizarão suas informações e dados contábeis, orçamentários e fiscais, conforme periodicidade, formato e sistema estabelecidos pelo *órgão central de contabilidade da União*, de forma a garantir a rastreabilidade, a comparabilidade e a publicidade dos dados coletados, os quais deverão ser divulgados em meio eletrônico de amplo acesso público." (Grifado)

[18] "*Aumento de despesa total com pessoal no último ano do mandato ou legislatura*
Art. 359-G. Ordenar, autorizar ou executar ato que acarrete aumento de despesa total com pessoal, nos cento e oitenta dias anteriores ao final do mandato ou da legislatura:
Pena – reclusão, de 1 (um) a 4 (quatro) anos."

4 Considerações finais

A despesa com pessoal está entre os temais mais relevantes no âmbito da Administração Pública brasileira. Juridicamente, é despesa obrigatória, de duração continuada, propensa ao crescimento inercial e protegida por normas constitucionais, como a que prevê a irredutibilidade de vencimentos e de subsídios dos agentes públicos, a estabilidade ou a vitaliciedade em cargos efetivos, a proibição de redução da proposta de despesa apresentada pelo Poder Executivo no projeto de lei orçamentária enviado ao Poder Legislativo.

Tal relevância reflete-se no grau de detalhamento com que a Constituição brasileira de 1988 e a legislação complementar (no caso, a Lei de Responsabilidade Fiscal) regulam o tema.

De todo modo, a abordagem das regras que limitam as despesas com pessoal, e seus reflexos na responsabilização de gestores, demanda a sistematização do tema a partir das recentes alterações constitucionais, especialmente a Emenda Constitucional nº 109, de 15.03.2021, alterações na LRF, especificamente a Lei Complementar nº 164, de 18.12.2018, a Lei Complementar nº 173, de 27.05.2020, e a Lei Complementar nº 178, de 13.01.2021. Acrescente-se, igualmente, o julgamento da Ação Direta de Inconstitucionalidade nº 2.238/DF, sob a relatoria do Min. Alexandre de Moraes, a qual estabeleceu os parâmetros jurisprudenciais para a interpretação e aplicação da Lei de Responsabilidade Fiscal, especialmente a confirmação de que a remuneração dos agentes públicos é irredutível, ainda que o ente pagador esteja em situação de descumprimento dos limites estabelecidos.

A partir de tal panorama normativo e judicial, é possível melhor delimitar o campo de atuação de gestores públicos e dos ordenadores de despesa, de modo a proporcionar maior segurança jurídica quanto aos atos praticados, assim como aos riscos de responsabilização, seja no âmbito do controle externo, perante os Tribunais de Contas, com reflexos eleitorais, seja no âmbito judicial, tanto em matéria criminal quanto nas sanções por improbidade administrativa.

Referências

ABRAHAM, Marcus. *Lei de responsabilidade fiscal comentada*. 2. ed. Rio de Janeiro: Forense, 2017.

ABRAHAM, Marcus. *Curso de direito financeiro brasileiro*. 6. ed. Rio de Janeiro: Forense, 2021.

BRASIL. Secretaria do Tesouro Nacional. *Boletim de finanças dos entes subnacionais 2021*. Brasília: Ministério da Economia, 2021. Disponível em: https://sisweb.tesouro.gov.br/apex/f?p=2501:9::::9:P9_ID_PUBLICACAO:41464. Acesso em: 31 jan. 2022.

BRASIL. Secretaria do Tesouro Nacional. *Boletim de finanças dos entes subnacionais 2020*. Brasília: Ministério da Economia, 2020. Disponível em: https://sisweb.tesouro.gov.br/apex/f?p=2501:9::::9:P9_ID_PUBLICACAO:34026. Acesso em: 31 jan. 2022.

CATARINO, João Ricardo. *Finanças públicas e direito financeiro*. 2. ed. Coimbra: Almedina, 2014.

CONTI, José Maurício (coord.). *Orçamentos públicos*: a lei 4.320/64 comentada. 4. ed. São Paulo: Revista dos Tribunais, 2019.

CONTI, José Maurício. *O planejamento orçamentário da administração pública no Brasil*. São Paulo: Blucher, 2020.

FURTADO, J. R. Caldas. *Direito financeiro*. 4. ed. Belo Horizonte: Fórum, 2013.

GIAMBIAGI, Fabio. *Tudo sobre o déficit público*: o Brasil na encruzilhada fiscal. Rio de Janeiro: Alta Books, 2020.

GOMES, Emerson Cesar da Silva. *O direito dos gastos públicos no Brasil*. São Paulo: Almedina, 2015.

LIMA, Edilberto Carlos Pontes de. *Curso de finanças públicas*: uma abordagem contemporânea. São Paulo: Atlas, 2015.

MACHADO JR., J. Teixeira; REIS, Heraldo da Costa. *A lei 4.320 comentada*. 30. ed. Rio de Janeiro: IBAM, 2000.

MILESKI, Helio Saul. *O controle da gestão pública*. 2. ed. Belo Horizonte: Fórum, 2011.

MENDES, Marcos. A política de pessoal do governo federal. *In*: ALMEIDA, Mansueto; SALTO, Felipe (coord.). *Finanças públicas*: da contabilidade criativa ao resgate da credibilidade. Rio de Janeiro: Record, 2016. p. 53-92.

MENDONÇA, Eduardo Bastos Furtado de. *A constitucionalização das finanças públicas no Brasil*: devido processo orçamentário e democracia. Rio de Janeiro: Renovar, 2010.

OLIVEIRA, Weder. *Curso de responsabilidade fiscal*: direito, orçamento e finanças públicas. Belo Horizonte: Fórum, 2013.

OLIVEIRA, Regis Fernandes. *Curso de direito financeiro*. 8. ed. São Paulo: Malheiros, 2019.

PISCITELLI, Tathiane. *Direito financeiro*. 7. ed. São Paulo: Atlas, 2021.

Informação bibliográfica deste texto, conforme a NBR 6023:2018 da Associação Brasileira de Normas Técnicas (ABNT):

NASCIMENTO, Leandro Maciel do. A despesa com pessoal na Constituição Federal e na Lei de Responsabilidade Fiscal: limites e controles. *In*: CONTI, José Maurício; MARRARA, Thiago; IOCKEN, Sabrina Nunes; CARVALHO, André Castro (coord.). *Responsabilidade do gestor na Administração Pública*: aspectos fiscais, financeiros, políticos e penais. Belo Horizonte: Fórum, 2022. p. 105-126. ISBN 978-65-5518-411-2. v.2.

COMPLIANCE E BUSCA DE INTEGRIDADE NA GESTÃO PÚBLICA: BREVES NOTAS SOBRE A ATUAÇÃO DO TRIBUNAL DE CONTAS DA UNIÃO (TCU)

PAULO SOARES BUGARIN

1 Introdução

O debate sobre a busca da necessária *integridade* na gestão pública em nosso país, nas três esferas da nossa federação, tem merecido uma grande e permanente atenção por parte de todos os segmentos da nossa sociedade civil, com destaque para a imprensa, as redes sociais e os órgãos de controle – em especial, o Ministério Público e os Tribunais de Contas.

É, sem dúvida, um debate que não deixa ninguém indiferente e que gera múltiplas manifestações de inconformismo e indignação por parte do nosso corpo social.

A busca da máxima integridade administrativa possível e a luta permanente contra a corrupção e a fraude no setor público se qualificam como elementos fundamentais para a consolidação de um verdadeiro Estado Democrático de Direito em nosso país e o mecanismo do *compliance público* se insere como um dos instrumentos essenciais para o seu alcance, no amplo contexto dos chamados *programas de integridade*.

Cabe destacar, por oportuno, que o tema da busca da *integridade* na gestão pública se faz presente em múltiplas esferas no plano internacional.

A *OCDE* – Organização para a Cooperação e Desenvolvimento Econômico, ao consignar que: "A corrupção é uma das questões mais corrosivas do nosso tempo. Destrói recursos públicos, amplia as desigualdades econômicas e sociais, cria descontentamento e polarização política e reduz a confiança nas instituições", elaborou importante *recomendação (2017)*[1] sobre o tema da integridade, sintetizada no quadro/ilustração:

---

[1] Disponível em: oecd.org/gov/ethics/integrity-recommendation-brazilian-portuguese.pdf. Acesso em: 9 fev. 2022. Cabe realçar que a aderência do Brasil à referida *Recomendação* assume, no presente momento, especial importância, tendo em vista a recente aprovação pela OCDE de convite para o nosso país negociar a sua adesão como membro da entidade, nos termos de *Resolução* do seu Conselho adotada em 25.01.22, conforme amplamente divulgado pelos nossos meios de comunicação (OCDE aprova convite para Brasil negociar entrada na entidade. Disponível em: valor.globo.com, em 25.01.22, entre outras matérias jornalísticas).

Outro ponto fundamental, dentro de uma perspectiva internacional, foi a celebração, em 2006, no âmbito das Nações Unidas, da Convenção contra a Corrupção.

O Brasil foi signatário da referida Convenção, que se incorporou ao ordenamento jurídico nacional por meio do *Decreto nº 5.687/2006*, que contemplou as seguintes finalidades (art. 1º):
  i) promover e fortalecer as medidas para prevenir e combater mais eficaz e eficientemente a corrupção;
  ii) promover, facilitar e apoiar a cooperação internacional e a assistência técnica na prevenção e na luta contra a corrupção, incluída a recuperação de ativos;
  iii) promover a integridade, a obrigação de prestar contas e a devida gestão dos assuntos e dos bens públicos.

Nesse contexto, assume especial relevância a Lei nº 12.846/2013 – a Lei Anticorrupção, que dispõe sobre a responsabilização administrativa e civil de pessoas jurídicas pela prática de atos contra a administração pública, nacional ou estrangeira.

Nesse amplo, dinâmico e complexo cenário, este singelo ensaio visa trazer a lume uma contribuição para esse fundamental e oportuno debate, no âmbito do nosso país, tendo como foco principal a atuação do órgão constitucional de controle externo da administração pública federal, o *Tribunal de Contas da União – TCU*.

Para tal fim, se estrutura em *seis* partes autônomas, porém interdependentes, além desta introdução:
  - Aspectos doutrinários – uma apresentação;
  - O *compliance* (programa de integridade) no ordenamento jurídico nacional – uma abordagem panorâmica;

- A visão da Controladoria-Geral da União (CGU);
- Tribunal de Contas da União (TCU) – alguns estudos e publicações fundamentais;
- *Compliance* e integridade na jurisprudência do TCU;
- Considerações finais.

2 Aspectos doutrinários – uma apresentação

O compliance no setor público, como instrumento de controle, visa garantir a atuação do ente ou entidade em observância ao conjunto de normas jurídicas, tanto no plano legal como no plano regulamentar ou das regras internas, assumindo um papel estratégico fundamental de poderosa *ferramenta de integridade*.

Funda-se, em regra geral, em quatro passos essenciais: identificar, analisar, prevenir e corrigir situações de desconformidade que possam gerar riscos legais, operacionais e morais para a entidade pública.

Tem por pressuposto que a alta administração se comprometa a respeitar os valores e princípios éticos e as normas internas de controle, irradiando tal postura para todos os integrantes, dirigentes e colaboradores da organização estatal (GRAZZIOLI; SABO PAES, 2018, p. 158-160).

Compliance significa, em síntese, agir de acordo com a lei (do inglês *to comply*). Neste plano, adotar uma política de *compliance* é seguir um padrão de conformidade legal, mas também é algo mais do que aderência, envolvendo questões éticas e a busca de se evitar o fenômeno da corrupção no âmbito da organização (BRAGA; GRANADO, 2017, p. 1-5).

Ademais, *compliance*, no âmbito *empresarial*, se qualifica como:

> Estratégias para que se mude a postura da empresa em relação à ética e aos normativos, para que esta se ajuste às mudanças no ambiente regulatório, de modo a evitar riscos oriundos desse processo, e suas devidas punições, com o consequente prejuízo à imagem e ao caixa da empresa, por força das multas. Uma postura fundamental em um País como o Brasil, no qual algumas leis não pegam, em que pese a existência de uma alta carga normativa, e que padece de fissuras culturais na questão moral (BRAGA; GRANADO, 2017, p. 1-5).

Compliance diz respeito às ferramentas de concretização da missão, da visão e dos valores de uma empresa ou organização. Não se pode confundi-lo como o mero cumprimento de regras formais e informais, sendo o seu alcance bem mais amplo: "é um conjunto de regras, padrões, procedimentos éticos e legais, que, uma vez definido e implantado, será a linha mestra que orientará o comportamento da instituição no mercado em que atua, bem como a atitude dos seus funcionários" (RIBEIRO; DINIZ, 2015, p. 88).

A principal função do *compliance* é a de "garantir que a própria pessoa jurídica atinja a sua função social, mantenha intactas a sua imagem e confiabilidade e garanta a própria sobrevida com a necessária honra e dignidade" (PADOVINI, 2016, *apud* COELHO, 2016, p. 89).

Com efeito, um dos maiores riscos externos que o *compliance* pretende minorar é a quebra da reputação, pois a sua perda provoca "publicidade negativa, perda de rendimento, litígios caros, redução da base de clientes e, nos casos mais extremos, até a falência" (GRAZZIOLI; SABO PAES, 2018, p. 158-160).

Do ponto de vista do controle interno, representa, em essência, a preservação da *imagem* dos gestores e das próprias entidades. Estima-se que quando a alta administração não apenas prevê, mas respeita os valores éticos e as normas internas de controle, certamente irradia essa postura para todos os agentes e colaboradores. Ademais, entende-se que o procedimento de estruturação de um sistema de controle interno não pode considerar apenas aspectos preventivos e operacionais, sendo que deve "tratar, ainda, das medidas corretivas a serem adotadas, na hipótese de se identificar alguma irregularidade, garantindo à entidade estar sempre em *compliance* com todos os regramentos internos e externos (elaboração de um plano de contingências). Não se trata apenas de uma boa prática de governança corporativa, mas especialmente de *instrumento de integridade*" (GRAZZIOLI; SABO PAES, 2018, p. 166-167 e 174-175).

A *governança corporativa*, base da ideia de *governança pública*, estratégia complementar e interdependente ao *compliance*, trata do relacionamento entre *stakeholders* internos – sócios, diretoria, conselho de administração – e externos – órgãos de fiscalização, controle, regulamentação e a sociedade civil em sentido amplo.

A governança engloba ações voltadas para o reforço da reputação da organização, garantindo os benefícios internos de se trabalhar em regularidade ética e competividade por ser reconhecida como empresa/organização íntegra e confiável.

Como esclarece o Instituto Brasileiro de Governança Corporativa (IBGC):

> Governança Corporativa é o sistema pelo qual as empresas e demais organizações são dirigidas, monitoradas e incentivadas, envolvendo os relacionamentos entre sócios, conselho de administração, diretoria e órgãos de fiscalização e controle e demais partes interessadas. As boas práticas de governança corporativa convertem princípios em recomendações objetivas, alinhando interesses com a finalidade de preservar e otimizar o valor econômico de longo prazo da organização, facilitando seu acesso a recursos e contribuindo para a qualidade da gestão da organização, sua longevidade e o bem comum (IBGC, 2015).

As principais características da boa governança, em síntese, são: transparência, integridade, equidade, responsabilidade dos gestores e da alta administração e, sobretudo, a transparência e a prestação de contas (COELHO, 2016, p. 81-82).

3 O *compliance* (programa de integridade) no ordenamento jurídico nacional – uma abordagem panorâmica

Primeiramente, cabe destacar que a Lei Anticorrupção – Lei nº 12.846/2013, no seu art. 7º, inciso VIII, define *compliance* como:

> A existência de mecanismos e procedimentos internos de integridade, auditoria e incentivo à denúncia de irregularidades e a aplicação efetiva de códigos de ética e de conduta no âmbito da pessoa jurídica.

O art. 41 do Decreto nº 8.420/2015, que regulamentou a supracitada Lei nº 12.846/2013, acrescentou a essa definição os objetivos do *compliance*:

Programa de integridade consiste, no âmbito de uma pessoa jurídica, no conjunto de mecanismos e procedimentos internos de integridade, auditoria e incentivo à denúncia de irregularidades e na aplicação efetiva de códigos de ética e de conduta, políticas e diretrizes com objetivo de detectar e sanar desvios, fraudes, irregularidades e atos ilícitos praticados contra a administração pública, nacional ou estrangeira.

Por sua vez, a Lei nº 13.303/2016 – conhecida como Lei das Estatais – contempla uma *única* vez a expressão *compliance* ao determinar que o estatuto social deverá prever a possibilidade de que a respectiva área se reporte diretamente ao Conselho de Administração:

> Art. 9º A empresa pública e a sociedade de economia mista adotarão regras de estruturas e práticas de gestão de riscos e controle interno que abranjam:
> (...)
> §1º Deverá ser elaborado e divulgado Código de Conduta e Integridade, que disponha sobre:
> I - princípios, valores e missão da empresa pública e da sociedade de economia mista, bem como orientações sobre a prevenção de conflito de interesses e vedação de atos de corrupção e fraude;
> II - instâncias internas responsáveis pela atualização e aplicação do Código de Conduta e Integridade;
> III - canal de denúncias que possibilite o recebimento de denúncias internas e externas relativas ao descumprimento do Código de Conduta e Integridade e das demais normas internas de ética e obrigacionais;
> IV - mecanismos de proteção que impeçam qualquer espécie de retaliação a pessoa que utilize o canal de denúncias;
> V - sanções aplicáveis em caso de violação às regras do Código de Conduta e Integridade;
> VI - previsão de treinamento periódico, no mínimo anual, sobre Código de Conduta e Integridade, a empregados e administradores, e sobre a política de gestão de riscos, a administradores.
> (...)
> §4º O Estatuto social deverá prever, ainda, a possibilidade de que a área de *compliance* se reporte diretamente ao Conselho de Administração em situações em que se suspeite do envolvimento do diretor-presidente em irregularidades ou quando este se furtar à obrigação de adotar medidas necessárias em relação à situação a ele relatada.

Ademais, dispõe sobre os *Códigos de Conduta e Integridade*, criados de acordo com os valores mais relevantes para a entidade, e que se qualificam como a etapa mais importante na implementação de qualquer modelo de integridade eficiente e, ao mesmo tempo, como uma estratégica medida de governança corporativa que visa prever os padrões comportamentais a serem observados por todos os integrantes da organização e as eventuais consequências a serem impostas a quem deles se desviar (GRAZZIOLI; SABO PAES, 2018, p. 182 e 210-211).

É importante assinalar, no contexto do papel essencial do Código de Conduta e Integridade, que merece destaque o mecanismo de proteção ao denunciante, devendo resguardá-lo de retaliações de quaisquer espécies. O espírito da norma é estimular as denúncias de descumprimento das determinações éticas institucionais, porém é importante ressaltar o alerta de que a proteção deve ser direcionada ao denunciante de boa-fé, sob pena de frustrar a efetividade da proteção insculpida na Lei (JUSTEN FILHO, 2016, p. 116).

Cabe também destacar a criação da política de governança da administração pública federal direta, autárquica e fundacional por meio do Decreto nº 9.203/2017, que define governança pública nos seguintes termos:

> Conjunto de mecanismos de liderança, estratégia e controle postos em prática para avaliar, direcionar e monitorar a gestão, com vistas à condução de políticas públicas e à prestação de serviços de interesse da sociedade.

No âmbito do Distrito Federal, em relevante inovação, a política de governança pública e *compliance* da administração direta, autárquica e fundacional do poder executivo foi instituída pelo Decreto GDF nº 39.736/2019, do qual destaco os seguintes conceitos:

> I – *Governança pública* – conjunto de mecanismos de liderança, estratégia e controle voltadas para avaliar, direcionar e monitorar a gestão, com vistas à condução e geração de resultados nas políticas públicas e à prestação de serviços de interesse da sociedade;
> II – Compliance público – alinhamento e adesão a valores, princípios e normas para sustentar e priorizar o interesse público em relação ao interesse privado no setor público.

4 A visão da Controladoria-Geral da União (CGU)

De acordo com a CGU, *programa de integridade* é um programa de *compliance* específico para prevenção, detecção e remediação dos atos lesivos previstos na Lei nº 12.846/2013, que tem como foco, além da ocorrência de suborno, também fraudes nos processos de licitações e execução de contratos com o setor público (CGU, 2015).

A CGU, neste cenário, editou *importante* ato normativo infralegal, a Portaria nº 1.089/2018, que dispõe sobre as fases e os procedimentos para a estruturação, a execução e o monitoramento dos programas de integridade dos órgãos e entidades da administração pública federal direta, autárquica e fundacional.

Dela destaco os seguintes conceitos:

> I - Programa de Integridade: conjunto estruturado de medidas institucionais voltadas para a prevenção, detecção, punição e remediação de fraudes e atos de corrupção, em apoio à boa governança; e
> II - Riscos para a integridade: riscos que configurem ações ou omissões que possam favorecer a ocorrência de fraudes ou atos de corrupção.
> Parágrafo único. Os riscos para a integridade podem ser causa, evento ou consequência de outros riscos, tais como financeiros, operacionais ou de imagem.

Camila Mesquita, em estudo sobre a referida Portaria CGU nº 1.089/2018, assim qualificou o *compliance público*:

> Diferentemente dos demais, seria o programa normativo de integridade ou conformidade elaborado pelos órgãos e entidades da Administração Pública que, abarcando um conjunto de mecanismos e procedimentos setoriais, se destinaria a promover uma eficaz, eficiente e efetiva análise e gestão de riscos decorrentes da implementação, monitoramento e execução das políticas públicas, procuraria promover um fortalecimento tanto da comunicação

interna, como da interação entre os órgãos e entidades da Administração Pública na gestão das politicas públicas, traria uma maior segurança e transparência das informações e, por essa razão, promoveria um incentivo à denúncia de irregularidades e controle da corrupção, focado no resultado eficiente, ou seja, na maximização do bem-estar social e na realização dos direito fundamentais, sobretudo os de natureza social (MESQUITA, 2019, p. 165).

5 Tribunal de Contas da União (TCU) – alguns estudos e publicações fundamentais

O TCU editou e publicou três documentos fundamentais para a orientação do gestor e administrador público quanto aos pilares do *compliance* e da integridade. São eles:

Dez Passos para a Boa Governança (2014)
Governança no setor público compreende essencialmente os mecanismos de liderança, estratégia e controle postos em prática para avaliar, direcionar e monitorar a atuação da gestão, com vistas à condução de políticas públicas e à prestação de serviços de interesse da sociedade.
Cada vez mais a sociedade tem demandado dos governantes racionalização dos gastos públicos, equilíbrio fiscal, estabilidade monetária e investimentos em infraestrutura, saúde, educação, mobilidade urbana, habitação e segurança. A boa governança de organizações públicas contribui para a superação desses desafios (p. 5).

Passos:
1) Líderes devem possuir as competências necessárias ao exercício do cargo.
2) Adoção de código de ética e conduta para membros da Alta Administração e de colegiado superior ou conselhos.
3) Sistema de governança (instâncias internas).
4) Modelo de gestão de estratégia.
5) Considerar as necessidades das partes interessadas (otimização de resultados).
6) Estabelecer metas e responsabilidades, inclusive pela gestão de riscos. Modelo de liderança organizacional.
7) Estabelecer mecanismos de coordenação – abordagens colaborativas.
8) Gestão de riscos, que engloba, entre outras coisas, os controles internos. Aproveitamento das oportunidades e/ou redução da probabilidade e/ou impacto de eventos negativos.
9) Auditoria interna independente.
10) Transparência – prestar contas da implementação e dos resultados dos sistemas de governança e de gestão, de acordo com a legislação vigente e com o princípio da *accountability*.

Dez Passos para a Gestão de Riscos (2018)

A gestão de riscos, como definida no Decreto 9.203/2017, é um processo de natureza permanente, estabelecido, direcionado e monitorado pela alta administração, que contempla as atividades de identificar, avaliar e gerenciar potenciais eventos que possam afetar a organização, destinado a fornecer segurança razoável quanto à realização de seus objetivos (art. 2º, IV).
A gestão de riscos, quando corretamente implementada e aplicada de forma sistemática, estruturada e oportuna, fornece informações que dão suporte às decisões de alocação e uso apropriado dos recursos e contribuem para a *otimização do desempenho organizacional*.

Como consequência, *aumentam a eficiência e a eficácia na geração, proteção e entrega de valor público*, na forma de benefícios que impactam diretamente cidadãos e outras partes interessadas (p. 5-6, grifos não são do original).

Passos:
1) Decida gerenciar riscos de forma proativa.
2) Aprenda sobre gestão de riscos (IN MP/CGU 1/2016).
3) Defina papéis e responsabilidades – três linhas de defesa.
4) Estabeleça a política de gestão de riscos, que seja compatível com a estratégia organizacional.
5) Defina o processo de gestão de riscos – estabeleça procedimentos e selecione técnicas e ferramentas para *identificar, analisar, avaliar e registrar riscos* e defina procedimentos para monitorar a *ocorrência de riscos* e a *eficácia das respostas adotadas* (grifos não são do original).
6) Identifique os riscos-chave – obtenha uma lista abrangente de riscos e avalie a significância de cada um.
7) Trate e monitore os riscos-chave, incluindo avaliações de custo-benefício de cada opção de resposta para tratá-los. Dê ampla publicidade interna, o que facilita a obtenção de *insights* para gerenciá-los.
8) Mantenha canais de comunicação com as partes interessadas (elaborar um plano de comunicação) – órgãos de controle e cidadãos devem ser informados sobre as medidas adotadas para enfrentar os riscos e aproveitar as oportunidades mais significativas.
9) Incorpore a gestão de riscos aos processos organizacionais – elabore um plano e estabeleça um cronograma para incorporar a gestão de riscos aos processos organizacionais, de acordo com a priorização definida.
10) Avalie e aprimore a gestão de riscos – incorpore informações sobre avaliações e planos de aprimoramento aos relatórios de gestão e prestação de contas, dirigidos à sociedade e aos órgãos.

Referencial de Combate à Fraude e à Corrupção (2018)
(Aplicável a órgãos e entidades da Administração Pública)

(...) praticamente qualquer organização, como órgãos, autarquias, empresas públicas, sociedades de economia mista, parcerias público-privadas, fundações, organizações sociais, fundos de pensão etc., está sob risco de fraude e corrupção, bastando a existência de recursos públicos disponíveis para atrair a cobiça dessas máfias. Por vezes, nem isso é necessário. O poder regulatório ou decisório de um órgão ou entidade sobre questões que afetem o mercado ou o patrimônio de particulares atraem igualmente esse risco.

Ao mesmo tempo que isso ocorre, gestores dos mais variados órgãos e entidades, das três esferas e dos três poderes, lutam para melhorar a administração pública, em especial os serviços públicos. A sociedade cobra, e com razão, padrões cada vez mais altos de serviços, elevando os desafios da atividade para os gestores. No entanto, haverá um momento em que nem mais recursos ou servidores serão suficientes para atenuar e fazer frente às consequências dos desvios.

Assim, é preciso reconhecer a fraude e a corrupção como grandes obstáculos ao progresso social do país. Nesse sentido, torna-se necessário um salto de qualidade na governança e gestão pública, por meio da redução dos níveis de fraude e corrupção a patamares similares aos de países desenvolvidos. Este referencial visa justamente contribuir para o alcance desse objetivo (p. 12-13).

O referido documento expõe, de maneira detalhada, como atuar contra a ocorrência de fraude e corrupção no setor público, apresentando as cinco fases em que deve ocorrer a atuação proba e íntegra do gestor estatal:

1) Prevenção – gestão da ética e integridade e os controles preventivos.
2) Detecção – controles detectivos, canal de denúncias e auditoria interna.
3) Investigação – pré-investigação, execução da investigação e pós-investigação.
4) Correção – ilícitos éticos, administrativos, civis e penais.
5) Monitoramento – geral e contínuo.

6 Compliance e integridade na jurisprudência do TCU

Acórdão 1570/2005-Plenário[2]
Acórdão:
9.1. determinar ao Banco Central do Brasil, com fulcro no art. 43, inciso I, da Lei nº 8.443/92, c/c o art. 250, inciso II, do RI/TCU que:
9.1.1. elabore, no prazo de 180 dias, Manual de Procedimentos para Realização da Avaliação de Controle Interno e *Compliance* – ACIC de Câmbio e de Transferências Internacionais de Reais – TIR e insira-o no Manual de Supervisão Bancária.

Acórdão 1832/2006-Plenário[3]
Sumário:
Auditoria operacional. Riscos operacionais associados à administração da dívida pública. Determinações e recomendações. Ciência. Arquivamento.
Acórdão:
9.2.3. estude a viabilidade de implantação de uma área de Gestão de Risco Operacional no âmbito da STN, dotada de autonomia e independência com relação às outras coordenações-gerais, com funções (ou áreas) de gerência de risco operacional, controles internos, *compliance* (com foco em risco operacional), auditoria interna e gestão de segurança, abrangendo toda a estrutura da Secretaria do Tesouro Nacional.

Acórdão 2604/2018-Plenário[4]
Sumário:
Auditoria operacional coordenada pela Seccor. Avaliação dos controles de prevenção e detecção relacionados à fraude e à corrupção de 287 instituições federais em face dos respectivos poderes econômico e de regulação. Mapa de exposição com o status de cada unidade. Elevada exposição ao risco de fraude e corrupção. Fragilidades nos sistemas de integridade. Alto índice de instituições ainda em níveis iniciais de gestão de riscos e controles internos. Ausência ou deficiência dos modelos de dados abertos, transparência e accountability. Ausência de critérios mínimos e objetivos para indicação de dirigentes nas instituições federais. Publicação do mapa de exposição. Determinações. Recomendações. Ciência.

---

[2] Disponível em: https://pesquisa.apps.tcu.gov.br/#/resultado/acordao-completo/*/NUMACORDAO%2520ANOACORDAO%253A2005%2520COLEGIADO%253A%2522Plen%25C3%25A1rio%2522/%2520.

[3] Disponível em: https://pesquisa.apps.tcu.gov.br/#/resultado/acordao-completo/*/NUMACORDAO%253A1832%2520ANOACORDAO%253A2006%2520COLEGIADO%253A%2522Plen%25C3%25A1rio%2522/%2520.

[4] Disponível em: https://pesquisa.apps.tcu.gov.br/#/resultado/acordao-completo/*/NUMACORDAO%253A2604%2520ANOACORDAO%253A2018%2520COLEGIADO%253A%2522Plen%25C3%25A1rio%2522/%2520.

Acórdão 8661/2018-2ª Câmara[5]
Voto:

Os esclarecimentos prestados pelo Sest-Senat evidenciaram que a inabilitação não teria sido indevida, já que não teria decorrido da condenação dos então sócios da licitante, mas, sim, da deliberada omissão nas informações prestadas junto ao formulário para a avaliação de *compliance*, tendo a aludida empresa prestado informação incompleta ou inverídica, ao ser questionada sobre as autuações, acusações e/ou condenações contra a empresa ou qualquer dos seus sócios em face da Lei Anticorrupção Empresarial, nos termos do item 3.12 do aludido formulário.

Essas informações passaram, aliás, a ter grande relevância para o andamento dos processos licitatórios a partir da moderna exigência legal no sentido de as empresas instituírem e aplicarem os correspondentes programas de integridade e *compliance*.

Não subsiste, então, o insanável vício pela aludida exigência, devendo-se destacar que, após a fase de negociação dos valores, a 2ª colocada no certame cobriu o preço ofertado pela então 1ª colocada (ora representante) e, com isso, restou afastada a eventual discussão sobre a economicidade no certame.

De todo modo, o TCU deve determinar que o Sest-Senat passe a promover a exigência prevista no item 3.2.2 do Edital 15/2008, dentro do correspondente programa institucional de integridade e *compliance*, pois a mera exigência isolada pode resultar na eventual ofensa aos princípios da razoabilidade e da isonomia.

Acórdão:

9.4. determinar, nos termos do art. 250, II, do RITCU, que o Serviço Nacional de Aprendizagem do Transporte e o Serviço Social do Transporte atentem para a necessidade de desenvolver, normatizar e formalizar o correspondente programa institucional de integridade e *compliance*, pois a mera exigência isolada de mecanismos de integridade na avaliação dos processos de licitação pública pode resultar na eventual ofensa aos princípios da razoabilidade e da isonomia.

Acórdão 1845/2019-Plenário[6]
Voto:

26. De fato, consoante consignou o ilustre Ministro Benjamim Zymler no voto condutor do Acórdão 898/2019-TCU-Plenário, ao relatar o TC 003.560/2019-8, a utilização do GRI merece uma análise mais aprofundada, inclusive quanto à eventual necessidade de determinação para que a estatal altere o seu regulamento interno de licitações e contratos, no caso de esta Corte de Contas concluir em definitivo pela ilegalidade da aludida exigência.

27. No caso, cabe verificar se a apuração desse parâmetro é conduzida com objetividade e transparência e se sua adoção como critério de habilitação de licitantes configura a instituição de exigência restritiva e sem previsão legal.

28. Entendo, contudo, mais adequado, em substituição às diligências propostas pela Selog nos itens 32.5.c e 32.5.d, que tal exame seja realizado em processo apartado, a ser instruído pela Secretaria de Fiscalização de Infraestrutura de Petróleo e Gás Natural (SeinfraPetróleo), por se tratar de sua área de atuação, e sob a coordenação e direção do relator responsável pela LUJ na qual se insere a estatal.

---

[5] Disponível em: https://pesquisa.apps.tcu.gov.br/#/resultado/acordao-completo/*/NUMACORDAO%253A8661%2520ANOACORDAO%253A2018%2520COLEGIADO%253A%2522Segunda%2520C%25C3%25A2mara%2522/%2520.

[6] Disponível em: https://pesquisa.apps.tcu.gov.br/#/resultado/acordao-completo/*/NUMACORDAO%253A1845%2520ANOACORDAO%253A2019%2520COLEGIADO%253A%2522Plen%25C3%25A1rio%2522/%2520.

29. É que, consoante consta dos autos, a avaliação do Grau de Risco de Integridade (GRI) dos fornecedores por parte da Petrobras faz parte de um processo de investigação e coleta de informações sobre a idoneidade de uma empresa e dos integrantes do seu quadro societário, denominado Due Diligence de Integridade (DDI), cujo objetivo é fornecer subsídios aos gestores da estatal sobre os riscos potenciais de fraude e corrupção no relacionamento comercial com fornecedores, parceiros operacionais e demais partes com as quais se relacione em processos de aquisições ou desinvestimentos.

30. Segundo a estatal, o procedimento de DDI, que visa aumentar a segurança nas contratações de bens e serviços e mitigar riscos em relação às práticas de fraude e corrupção, compreende, de um lado, a identificação de fatos de risco de integridade atrelados a determinada contraparte e, de outro, a verificação de se tal contraparte possui mecanismos de controle proporcionais aos riscos identificados e capazes de mitigar a exposição da estatal enquanto contratante.

31. Esse procedimento integra os elementos estabelecidos no âmbito do Programa Petrobras de Prevenção à Corrupção (PPPC), que prevê mecanismos de prevenção, detecção e correção de atos não condizentes com as condutas estabelecidas e requeridas pela Companhia, pautando a atuação das partes interessadas em iniciar e manter relacionamento com a Petrobras.

32. Referido programa de integridade foi desenvolvido e tem sido aplicado pela estatal em cumprimento à Lei Anticorrupção (Lei 12.846/2013) e a seu regulamento (Decreto 8.420/2015), à Lei das Estatais (Lei 13.303/2016), à Lei Anticorrupção norte-americana (Foreign Corrupt Practices Act 1977 – FCPA), à qual se sujeita por possuir valores mobiliários negociados na Bolsa de Nova Iorque, e em observância ao "Guia de Implantação de Programa de Integridade nas Empresas Estatais: Orientação para a Gestão da Integridade nas Empresas Estatais", publicado pela Controladoria-Geral da União em dezembro de 2015.

33. Trata-se, portanto, da gestão de riscos, com foco em controles preventivos, da Petrobras em seus processos de aquisição.

34. Por envolver ações de aprimoramento dos controles internos, cuja implementação decorre inclusive de determinações legais, tal matéria se insere na política de governança corporativa da Petrobras, abarcando todas as contratações da estatal.

35. Ou seja, embora a aplicação do GRI/DDI se preste à área de compras, a sua definição e a avaliação é atribuição da governança da empresa, e não dos gestores responsáveis por suas aquisições. Tanto é que, segundo informado pela Petrobras, tais procedimentos competem à sua Gerência Executiva de Conformidade, a qual é ligada à Diretoria de Governança e Conformidade, que, por sua vez, não tem qualquer subordinação ou vinculação administrativa com a área de suprimento de bens e serviços.

36. Assim, o exame dessa matéria em um processo específico de fiscalização, conduzido pelos setores deste Tribunal envolvidos na avaliação do desempenho e da conformidade da gestão da Petrobras, que detêm conhecimento aprofundado acerca da sua organização e funcionamento, possibilitará a devida abrangência que o tema requer.

Acórdão:

9.5. determinar à Secretaria de Fiscalização de Infraestrutura de Petróleo e Gás Natural (Seinfra Petróleo) que examine, em processo apartado, a legitimidade e a legalidade dos procedimentos utilizados pela Petrobras para a aferição do Grau de Risco de Integridade – GRI de empresas e da utilização desse parâmetro como critério de habilitação em certames.

Acórdão 871/2020-Plenário[7]

Voto:

Um dos procedimentos levados a cabo pela unidade instrutora na inspeção foi a seleção de alguns projetos de alienação de ativos para melhor compreensão dos procedimentos adotados, malgrado o foco na sistemática em si dos desinvestimentos do banco.

Outrossim, é imperioso deixar claro que a IN BB 941/2019 teve sua vigência iniciada em abril do referido ano, e assim, até o fim da mencionada inspeção, nenhum processo de desinvestimento havia sido realizado inteiramente sob a égide da referida norma interna.

A unidade instrutora ainda aponta a ausência de sistemática objetiva de avaliação de riscos das alienações de ativos por parte do banco. Sem esse procedimento determinado, não há como a cúpula do banco, em seu dever supervisor, "acautelar a hiper ou hipossuficiência do compliance relacionados aos processos de desinvestimento", prejudicando, inclusive, a justificativa para uma eventual desvinculação ao Decreto 9.188/2017.

Isso porque foi identificada potencial falha da alta direção do banco, notadamente em alçada de Conselho de Administração, em apresentar apropriado processo de decisão atinente aos riscos inerentes aos movimentos societários, especialmente nos desinvestimentos (alienações de ativos), em afronta ao art. 18, II, da Lei 13.303/2016 c/c o art. 32, II, do Decreto 8.945/2016 (de mesma redação), que regulamenta a citada lei.

Acórdão:

9.1. realizar, nos termos dos arts. 157 e 250, V, do RI/TCU, oitiva do Banco do Brasil para que esclareça os seguintes pontos da sistemática de investimentos e desinvestimentos em participações societárias:

9.1.7. concentração de parte significativa do processo de desinvestimentos nos serviços a serem prestados pela assessoria financeira, como estruturação, suporte legal à *due diligence*, assessoramento nas negociações, preparo dos instrumentos da operação e *closing*, sem a necessária previsão, na norma, de avaliação da conformidade (*compliance*) por área de controle que garanta a necessária segregação de funções em relação ao gestor responsável por essas atividades, no caso a Direg, em conflito com o disposto na Política Específica de Participações Societárias – item 8.13 da IN BB 606-1 (item 119).

Acórdão 2763/2020-Plenário[8]

Voto:

Necessidade de estabelecimento de metas e instrumentos de *compliance* no repasse de recursos do BB à FBB

35. Sem prejuízo da conclusão que expus no tópico anterior, concordo com a unidade técnica quando assinala que o repasse de recursos do Banco do Brasil à FBB é feito sem os devidos controles que assegurem o alcance de metas e demais instrumentos de *compliance*, entre os quais destaco:

- pactuação de objetivos, metas e prazos;
- mecanismos fiscalização e controle da execução orçamentária;
- forma de prestação de contas da FBB ao Banco;
- mecanismos de responsabilização de agentes e cláusulas punitivas para a Fundação, em casos injustificados de não atingimento metas, inadimplemento de obrigações ou prática de irregularidades.

---

[7] Disponível em: https://pesquisa.apps.tcu.gov.br/#/resultado/acordao-completo/*/NUMACORDAO%253A871%2520ANOACORDAO%253A2020%2520COLEGIADO%253A%2522Plen%25C3%25A1rio%2522/%2520.

[8] Disponível em: https://pesquisa.apps.tcu.gov.br/#/resultado/acordao-completo/*/NUMACORDAO%253A2763%2520ANOACORDAO%253A2020%2520COLEGIADO%253A%2522Plen%25C3%25A1rio%2522/%2520.

36. Nesse sentido, é acertada a conclusão do titular da SecexFinanças ao assinalar a necessidade de um "termo de ajustamento de deveres e obrigações" a "permitir que o Banco do Brasil fiscalize a boa aplicação desses recursos, inclusive - e principalmente - quanto à finalidade e a eficiência de seus investimentos sociais."

37. Trata-se da aplicação de recursos de uma sociedade de economia mista, que, por isso, deve seguir, como regra geral, os princípios da Administração Pública fincados no *caput* do art. 37: legalidade, impessoalidade, moralidade, publicidade e eficiência.

38. Embora FBB tenha afirmado seguir o Regulamento de Licitações e Contratos do Banco do Brasil (RLBB) e esteja sujeita ao acompanhamento de auditoria externa e de seu conselho fiscal, o que revela alguma aderência a esses princípios, é imperioso estabelecer critérios para aferição da sua eficiência, o que requer a pactuação de metas e a definição de mecanismos de responsabilização.

39. Portanto, acolho em parte as determinações propostas pela Sece x Finanças nos subitens b.1.1, b.1.2 e b.1.2.2, cujo teor passo a sintetizar no seguinte comando:

Fixar o prazo de 90 (noventa) dias ao Banco do Brasil S.A., para que implemente, se ainda não o fez, e apresente a este Tribunal instrumentos formais para regulamentar os repasses de recursos à Fundação Banco do Brasil, com o estabelecimento de metas de aferição periódica e mecanismos de *compliance*, incluindo procedimentos de fiscalização e controle da execução orçamentária, forma de prestação de contas ao Banco do Brasil e previsão de responsabilização de agentes e cláusulas punitivas à Fundação, em casos injustificados de não atingimento de metas, inadimplemento de obrigações ou prática de irregularidades.

Acórdão 2764/2020-Plenário[9]
Sumário:
Relatório de Acompanhamento (conformidade). Fiscalização de Orientação Centralizada (FOC). Adequação das empresas estatais federais ao novo estatuto jurídico definido pela Lei 13.303/2016 (Lei de Responsabilidade das Estatais – LRE). Dificuldade de cumprimento de exigências que demandam mudanças na cultura organizacional. Implementação insuficiente de instrumentos exigidos nos arts. 85 a 90 da Lei 13.303/2016, relativos ao controle do poder público e da sociedade sobre as estatais. Outros achados e oportunidades de aperfeiçoamento. Recomendações. Ciência. Encaminhamento de cópia dos autos. Apensamento.

Acórdão 312/2021-Plenário[10]
Voto:
Vê-se que o código de boas práticas reconhece o conselho de administração como órgão que deve estar consciente dos impactos que as atividades da empresa podem causar na sociedade e que, como organismo central do sistema de governança corporativa, deve ser o guardião dos princípios, valores e do objeto social.

Por fim, considerando que o alcance do objeto social e a atuação dentro de parâmetros de conformidade e integridade, exige o monitoramento das atividades, o código prescreve que o conselho de administração avalie a eficácia do sistema de integridade/conformidade, que deve ser implementado nos termos do seu capítulo 4, Órgãos de Fiscalização e Controle, item 4.5, Gerenciamentos de Risco, Controles Internos e Integridade/Conformidade (*Compliance*).

---

[9] Disponível em: https://pesquisa.apps.tcu.gov.br/#/resultado/acordao-completo/*/NUMACORDAO%253A2764%2520ANOACORDAO%253A2020%2520COLEGIADO%253A%2522Plen%25C3%25A1rio%2522/%2520.

[10] Disponível em: https://pesquisa.apps.tcu.gov.br/#/resultado/acordao-completo/*/NUMACORDAO%253A312%2520ANOACORDAO%253A2021%2520COLEGIADO%253A%2522Plen%25C3%25A1rio%2522/%2520.

Assim, não há que se eximir as empresas controladoras da responsabilização apurada nos autos, tendo em vista as suas obrigações, via conselho de administração ou diretamente, de orientar suas controladas para que cumpram suas funções sociais e de monitorar a exposição a riscos e a eficácia dos sistemas de integridade dessas empresas.

As provas contidas nas ações penais e nos acordos de leniência representam fortes indícios de que os acionistas controladores praticaram atos com abuso de poder e que foram, no mínimo, negligentes quanto ao cumprimento de suas obrigações de monitoramento da eficácia dos sistemas de integridade das suas controladas.

O esquema de fraudes a licitações e pagamento de propinas relacionados aos contratos de construção do Cenpes e do CIPD não poderia ter prosperado sem o consentimento ou a negligência dos acionistas controladores das empresas signatárias.

Nesses termos, acompanhando a jurisprudência do Tribunal, incluo os acionistas controladores na relação processual para citação solidária com os demais responsáveis.

Acórdão 1302/2021-Plenário[11] e Acórdão 8463/2021-1ª Câmara[12]

Voto:

Cabe registrar que os princípios da legalidade, da legitimidade, da economicidade, da publicidade (transparência), da impessoalidade (isonomia/moralidade) e da eficiência não são caros apenas à administração pública. Estão guiando, sob os mesmos ou outros rótulos, a moderna gestão das entidades privadas, em acelerada corrida por novos modelos de governança, controle de riscos e *compliance*, que estão disponíveis às entidades estatais de direito privado e também às paraestatais, como os serviços sociais autônomos.

Acórdão 1627/2021-Plenário[13]

Voto:

Conforme informado pela estatal, a nomeação do Sr. (...) como membro da Diretoria Executiva da Petrobras foi precedida de avaliação dos critérios de integridade e *compliance*, o que se denomina como "*Background Check* de Integridade", e foram observados os requisitos mínimos e impedimentos para participação em cargos da administração, trazidos pela Lei 13.303/2016, de 30/6/2016.

(...)

Portanto, como se vê, não foram constatadas irregularidades na indicação do Sr. (...) para ocupar o cargo de diretor executivo da Petrobras, motivo pelo qual a presente representação deve ser julgada improcedente.

Em face do exposto, acolho os pareceres uniformes da SecexFinanças e voto por que o Tribunal adote a deliberação que ora submeto à apreciação do Plenário.

Acórdão:

9.1. com fundamento nos arts. 235 e 237, inciso VI, do Regimento Interno deste Tribunal, e no art. 103, §1º da Resolução/TCU 259/2014, conhecer da presente representação, uma vez preenchidos os seus requisitos de admissibilidade, para, no mérito, considerá-la improcedente.

---

[11] Disponível em: https://pesquisa.apps.tcu.gov.br/#/resultado/acordao-completo/*/NUMACORDAO%253A1302%2520ANOACORDAO%253A2021%2520COLEGIADO%253A%2522Plen%25C3%25A1rio%2522/%2520.

[12] Disponível em: https://pesquisa.apps.tcu.gov.br/#/resultado/acordao-completo/*/NUMACORDAO%253A8463%2520ANOACORDAO%253A2021%2520COLEGIADO%253A%2522Primeira%2520C%25C3%25A2mara%2522/%2520.

[13] Disponível em: https://pesquisa.apps.tcu.gov.br/#/resultado/acordao-completo/*/NUMACORDAO%253A1627%2520ANOACORDAO%253A2021%2520COLEGIADO%253A%2522Plen%25C3%25A1rio%2522/%2520.

Acórdão 1744/2021-Plenário[14]
Voto:
Demais disso, o estabelecimento de parcerias requer a observância aos princípios constitucionais e societários aplicáveis às empresas públicas e sociedades de economia mista, bem como às regras de gestão, governança e de *compliance* exigidas.

Desta forma, não há motivação suficiente a suportar a contratação direta, pelo BNDES, de consultorias especializadas, com fundamento no artigo 28, §3, inciso II, da Lei das Estatais.

Acórdão:

9.2. considerar juridicamente inviável a utilização do instituto de inaplicabilidade de licitação prevista no art. 28, §3º, II, da Lei 13.303/2016, para fundamentar a contratação de consultores técnicos especializados.

7 Considerações finais

Após tudo o que foi aqui exposto, podemos inferir que o TCU já possui uma longa atuação no exame, fiscalização e controle do *compliance*/programas de integridade no setor público federal, incluindo a administração direta e indireta.

A propósito, cabe salientar que em 2005 o TCU já tratava da questão, fazendo determinação ao Banco Central do Brasil para que elaborasse Manual de Procedimentos para Realização da Avaliação de Controle Interno e *Compliance* e o inserisse no Manual de Supervisão Bancária.

Destaque-se ser essa a decisão *mais antiga* em que aparece o termo *compliance* nos itens de deliberação.

No ano seguinte, ao realizar auditoria para verificar os riscos associados à administração da dívida pública, o Tribunal sugeriu a implantação de uma área de Gestão de Risco Operacional no âmbito da Secretaria do Tesouro Nacional, dotada de autonomia e independência, com funções de gerência de risco operacional, controles internos, *compliance* (com foco em risco operacional), auditoria interna e gestão de segurança, abrangendo toda a estrutura da STN.

Mais recentemente (2018), uma auditoria evidenciou uma situação preocupante, ao demonstrar a elevada exposição ao risco de fraude e corrupção em instituições federais, decorrente das fragilidades nos sistemas de integridade, dos níveis iniciais de gestão de riscos e controles internos, da ausência ou deficiência dos modelos de dados abertos, transparência e *accountability*, e da ausência de critérios mínimos e objetivos para indicação de dirigentes.

Também foram apresentadas deliberações que trataram de possível ofensa aos princípios da legalidade, da razoabilidade e da isonomia decorrente da mera exigência isolada de mecanismos de integridade em certames licitatórios, bem como da aferição do grau de risco de empresas e da sua utilização como critério de habilitação de licitantes, uma vez que podem configurar exigência restritiva e sem previsão legal.

Outro caso que chamou a atenção foi a verificação, em inspeção realizada pelo TCU, de possível concentração de parte significativa do processo de desinvestimentos nos serviços a serem prestados pela assessoria financeira de instituição bancária, sem

---

[14] Disponível em: https://pesquisa.apps.tcu.gov.br/#/resultado/acordao-completo/*/NUMACORDAO%253A1744%2520ANOACORDAO%253A2021%2520COLEGIADO%253A%2522Plen%25C3%25A1rio%2522/%2520.

a necessária previsão, na norma, de avaliação da conformidade (*compliance*) por área de controle que garanta a necessária segregação de funções em relação ao gestor responsável por essas atividades.

O Tribunal também evidenciou a necessidade de instrumentos formais para regulamentar os repasses de recursos da entidade à sua fundação, com o estabelecimento de metas de aferição periódica e mecanismos de *compliance*, incluindo procedimentos de fiscalização e controle da execução orçamentária, forma de prestação de contas e previsão de responsabilização de agentes e cláusulas punitivas, em casos injustificados de não atingimento de metas, inadimplemento de obrigações ou prática de irregularidades.

Em fiscalização para verificar a adequação das empresas estatais federais ao novo estatuto jurídico definido pela Lei nº 13.303/2016 (Lei de Responsabilidade das Estatais), constatou-se dificuldade de cumprimento de exigências que demandam mudanças na cultura organizacional e implementação insuficiente de instrumentos exigidos na norma, relativos ao controle do poder público e da sociedade sobre essas entidades.

Em outro caso, o TCU entendeu que não há que se eximir as empresas controladoras da responsabilização em face de fortes indícios de que tenham praticado atos com abuso de poder e que foram, no mínimo, negligentes quanto ao cumprimento de suas obrigações de monitoramento da eficácia dos sistemas de integridade das suas controladas, tendo em vista as suas obrigações, via conselho de administração ou diretamente, de orientá-las para que cumpram suas funções sociais e de monitorar a exposição a riscos e a eficácia dos sistemas de integridade dessas empresas.

Concluiu-se que o esquema de fraudes a licitações e pagamento de propinas não poderia ter prosperado sem o consentimento ou a negligência dos acionistas controladores das empresas signatárias.

Importante observar, ademais, que a Corte de Contas considerou improcedente representação que questionava a nomeação de um membro da Diretoria Executiva de estatal, tendo em vista a constatação de que o ato foi precedido de avaliação dos critérios de integridade e *compliance*, tendo sido observados os requisitos mínimos e impedimentos para participação em cargos da administração.

Por fim, foi apresentada deliberação por meio da qual o TCU considerou juridicamente inviável a utilização do instituto de inaplicabilidade de licitação prevista na Lei das Estatais para fundamentar a contratação direta de consultores técnicos especializados, uma vez que o estabelecimento de parcerias requer a observância aos princípios constitucionais e societários aplicáveis às empresas públicas e sociedades de economia mista, bem como às regras de gestão, governança e de *compliance* exigidas.

Feito esse breve relato da jurisprudência do Tribunal de Contas da União sobre a matéria, pode-se concluir que, sem dúvida, o caminho ainda é desafiador, mas os instrumentos necessários já estão postos à disposição dos órgãos de controle e, em especial, dos gestores e administradores públicos.

Gostaria, ao finalizar este ensaio, de trazer a lume citação que sempre utilizei ao encerrar as minhas palestras sobre o tema:

> Há que buscar uma efetiva mudança de pensamento, uma verdadeira alteração e aquisição de cultura por parte dos atores, o que somente ocorre no tempo próprio de cada empresa, não sendo eficiente a imposição, pois o '*compliance* é um estado de espírito'!! (CANDELORO; RIZZO, 2012, *apud* RIBEIRO; DINIZ, 2015, p. 98.) (grifos não são do original).

Referências

BRAGA, M. A. de A.; GRANADO, G.A.R. *Compliance* no setor público: necessário, mas suficiente? Equilíbrio entre *Compliance* e *Accountability* parece ser caminho razoável para mitigar corrupção. www.jota.info, 17.04.17, acesso em: 10 fev. 2022.

BRASIL. CGU. *Programa de Integridade* – Diretrizes para Empresas Privadas, 2015.

BRASIL. Tribunal de Contas da União. *10 passos para a boa gestão dos riscos* / Tribunal de Contas da União – Brasília: TCU, 2018.

BRASIL. Tribunal de Contas da União. *10 passos para a boa governança* / Tribunal de Contas da União – Brasília: TCU, 2018.

BRASIL. Tribunal de Contas da União. Referencial de Combate à Fraude e à Corrupção (Aplicável a órgãos e entidades da Administração Pública) / Tribunal de Contas da União – Brasília: TCU, 2018.

Instituto Brasileiro de Governança Corporativa – IBGC. *Código das melhores práticas de governança corporativa*. 5. ed. São Paulo: IBGC, 2015.

GRAZIOLLI, Airton; SABO PAES, José Eduardo. *Compliance no Terceiro Setor*. São Paulo: Editora Elevação, 2018.

JUSTEN FILHO, Marçal. *Estatuto Jurídico das Empresas Estatais*. Lei nº 13.303/2016 – Lei das Estatais. São Paulo: Revista dos Tribunais, 2016.

MESQUITA, C. B. C. de. O que é *compliance* público? Partindo para uma Teoria Jurídica da Regulação a partir da Portaria nº 1.089 (23 de abril de 2018) da Controladoria-Geral da União (CGU). *Revista de Direito Setorial e Regulatório*, Brasília, v. 5, n. 1, p. 147-182, maio 2019.

OCDE. Organização para a Cooperação e Desenvolvimento Econômico – Uma Estratégia para a Integridade Pública – A Recomendação da OCDE. Disponível em: oecd.org/gov/ethics/integrity-recommendation-brazilian-portuguese.pdf. Acesso em: 9 fev. 2022.

RIBEIRO, M. C. P.; DINIZ, P. D. F. *Compliance* e Lei Anticorrupção nas Empresas. *Revista de Informação Legislativa*, n. 205, p. 87-105, 2015.

Informação bibliográfica deste texto, conforme a NBR 6023:2018 da Associação Brasileira de Normas Técnicas (ABNT):

BUGARIN, Paulo Soares. *Compliance* e busca de integridade na gestão pública: breves notas sobre a atuação do Tribunal de Contas da União (TCU). *In*: CONTI, José Maurício; MARRARA, Thiago; IOCKEN, Sabrina Nunes; CARVALHO, André Castro (coord.). *Responsabilidade do gestor na Administração Pública*: aspectos fiscais, financeiros, políticos e penais. Belo Horizonte: Fórum, 2022. p. 126-143. ISBN 978-65-5518-411-2. v.2.

A RESPONSABILIDADE SUBJETIVA FINANCEIRA DO GESTOR PÚBLICO, COM FOCO EM SEUS LIMITES TEMPORAIS, LASTREADA NO PRINCÍPIO DA TRANSPARÊNCIA FISCAL E DA *ACCOUNTABILITY* – FINANÇAS PÚBLICAS SAUDÁVEIS PARA O DESENVOLVIMENTO ECONÔMICO MUNDIAL

VANESSA CERQUEIRA REIS DE CARVALHO

1 Introdução

Até ontem, antes da covid-19, a sociedade convivia com uma nova forma de Estado, o Estado Subsidiário, que não conseguia mais assumir sozinho todos os riscos sociais como seu garantidor universal, uma utopia vinda do Estado do Bem-Estar Social. Com a pluralidade de interesses e a consequente diversificação de problemas, o Estado talvez nunca tenha conseguido atingir todas as áreas. Agora, muito menos.

Os Estados tiveram que retomar a sua capacidade de soluções impositivas; ocorreram sucessivas alterações legislativas – até 2020 foram 3.050 normas relacionadas à covid-19, só no âmbito do Governo Federal, o que inclui quatro emendas constitucionais; além da normatização dos entes subnacionais, estados e municípios, que também disciplinam restrições de locomoção, concessão de auxílios e outros atos decorrentes da pandemia.

Esse trabalho vem reafirmar que a transparência é um princípio imperioso em todas as ações que envolvam a sociedade e o Estado, principalmente na alocação de recursos públicos e na imposição de responsabilidade ao gestor público, como forma de superação e amenização dos impactos da covid-19.

Em 2019, o Conselho de Integridade da OCDE relatou que a corrupção era a preocupação número um dos cidadãos. Não existe sustentabilidade econômica e fiscal sem a transparência das ações do Administrador Público. Assim, faz-se necessário desenvolver a busca de padrões aceitáveis, não somente com as limitações e sanções já existentes na lei, mas também com a interpretação desses limites, através de princípios morais existentes e positivos.

A ideia de punição severa não pode criar mecanismos para afugentar os bons administradores, muito menos emergir efeito ainda mais perverso, que é o do crescimento de um núcleo de pessoas, extremamente preparadas exatamente para burlar os limites,[1] criando uma aparência de legalidade e depois deixando, para o sucessor, e as gerações futuras, a dívida de suas decisões. Buscam-se, assim, administradores probos, com valores morais. Esse padrão moral pode ser muito difícil de delimitar, porém muito fácil de entender. Vincula-se à noção de honestidade, do bem, de correção e de virtude tida como padrão por uma determinada sociedade.

Daí a necessidade da fixação de limites para a responsabilização dos gestores, o que pode incluir marcos temporais, que podem ocorrer dentro do próprio mandato, sob a ótica da transparência e de um novo enfoque sobre a *accountability*.

Por fim, o presente artigo faz um breve ensaio sobre a importância das finanças públicas para o desenvolvimento econômico, como uma proposta instigante para cenas dos próximos capítulos.

2 O princípio da transparência e a moralidade como sua base densificadora[2]

A moral é um padrão de comportamento e varia segundo o tempo, o espaço e o lugar, isto é, ao longo da história dos homens. Na Idade Média, era propagada pela doutrina religiosa da Igreja, que tem Cristo e os ensinamentos de solidariedade, caridade e amor fraterno como fundamentos.

No período renascentista, a renovação das ideias e dos valores substitui Deus pelo próprio homem, e a fé que escraviza pela razão que liberta. Com a Reforma Protestante, o Direito passou a ter como fundamento a razão humana. Depois, com os regimes absolutistas por toda a Europa, os filósofos começaram a pensar em formas de proteger a liberdade individual contra os excessos cometidos pelos governos despóticos. No século XVIII, Jean-Jacques Rousseau preconizava que o homem era bom; a sociedade é que o corrompia. Assim, a própria sociedade deveria buscar seus direitos naturais em novas condições. Surgia a ideia de uma lei racional que representava a vontade geral, o contrato social.[3] Iniciam-se as codificações com o nascimento do positivismo jurídico. Surge a concepção do Direito como ciência. Ao lado da moral que se vincula à noção de honestidade, do bem, de correção e de virtude,[4] aparece agora a moralidade, como sendo caráter do que se conforma às normas morais[5] e serve de porta de entrada da moral no Direito. Nas palavras de Habermas,[6] a moral penetra no Direito através dos princípios e de seu conteúdo valorativo e, a partir daí, pode-se desenvolver uma metodologia de solução de conflitos e tensões que nos leve a soluções moralmente legítimas. E, de acordo com Ronald Dworkin, os princípios sintetizam valores e estão aptos

---

[1] ACKERMAN, Susan. *Corrupção e Governo*. Prefácio: Lisboa, 2002.
[2] CARVALHO, Vanessa Cerqueira Reis de. O Princípio da Transparência e seus desafios na aplicabilidade orçamentária, e breves considerações sobre o Covid-19. *Revista Eletrônica da Procuradoria-Geral do Estado do Rio de Janeiro* – PGE-RJ, Rio de Janeiro, v. 3 n. 2, maio/ago. 2020.
[3] ROUSSEAU, Jean-Jacques. *Du Contrat Social*. Paris: GF Flamarion, 2001, p. 55.
[4] Leia-se, a propósito, o verbete "moral", no *Dicionário Houaiss da Língua Portuguesa* (2001, p. 1958).
[5] ABBAGNANO, Nicola. *Dicionário de Filosofia*. São Paulo: Martins Fontes, 1998, p. 682.
[6] HABERMAS, Jürgen. *Consciência Moral e Agir Comunicativo*. Rio de Janeiro: Tempo Brasileiro, 1989, p. 143.

a captar mudanças da realidade e estão abertos às concepções cambiantes da verdade e da justiça. Ao contrário das regras, que se subordinam ao binômio "tudo ou nada". Elas não conhecem dimensão de validade, e sim de peso. Porém, o que nos interessa no momento não é essa moral flutuante e variável, própria das percepções puramente pessoais, mas sim a densificação dessa moral incipiente aos princípios. A partir daí se defende a moral como base nomogenética para o princípio da transparência, a moral objetiva, que, na concepção de Hegel,[7] é a transformação da moralidade subjetiva para a realidade da moralidade objetiva.[8] Extraindo-se de Dworkin, interessa, no momento, a moralidade política como sendo a moralidade da governação justa, bem como do resultado justo. Como exemplo, a moralidade em geral é a estrutura de uma árvore: o Direito é um ramo da moralidade política, que é, em si mesmo, um ramo da moralidade pessoal mais geral. E, por sua vez, é um ramo de uma teoria ainda mais geral daquilo que consiste em viver bem.[9] A estrutura da árvore é a moralidade pessoal, mas seus ramos vão se densificando em moralidade política, de certa forma, compatível com a moralidade objetiva de Hegel, que se materializa nos princípios. Dworkin ainda defende que a moralidade política "depende da interpretação e que a interpretação depende do valor"[10] e, assim, a única forma plausível de interpretação é pela transparência; segundo o autor, a "moral é um trabalho interpretativo por excelência".[11] Por fim, tem-se a clássica moralidade administrativa, que no conceito de Maurice Hauriou, é tida como um "conjunto de regras de conduta tiradas da disciplina interior da Administração", mesmo na atividade discricionária administrativa. Na clássica afirmativa de Hely Lopes Meirelles: "... a atividade discricionária permanece sempre sujeita a um duplo condicionamento: externo e interno. Externamente, pelo ordenamento jurídico a que fica subordinada toda atividade administrativa. Internamente, pelas exigências do bem comum e da moralidade da instituição administrativa".[12]Assim, diante das concepções de moralidade objetiva, moralidade política e moralidade administrativa, conclui-se que esse máximo de eficiência administrativa que pauta o administrador deverá ainda corresponder à vontade constante de viver honestamente, de não prejudicar outrem e de cada um dar o que lhe pertence, de forma proba.

O princípio da transparência tem como base nomogenética a moralidade objetiva, política e administrativa, pois o gestor que age moralmente dentro desses parâmetros não teme ser claro, pois o bom governante é aquele que deixa clara a aplicação das

---

[7] A moral objetiva, que na concepção de Hegel é a transformação da moralidade subjetiva em realidade da moralidade subjetiva, onde discorre que "O Bem, que é a substância universal da liberdade mas ainda uma forma abstrata, apela para determinações e para um princípio de tais determinações que lhe seja idêntico, ao passo que, reciprocamente, a consciência moral, que é princípio de determinação mas apenas abstrato, apela para a universalidade e para a objetividade. Estes dois termos, cada um deles por si elevado à totalidade, revelam-se como indefinidos e devem ser determinados. Ora, a integração destas duas totalidades relativas na identidade absoluta está já em si mesma efetuada precisamente quando a certeza subjetiva de si, ao desvanecer-se no vazio, se torna idêntica à universalidade abstrata do Bem. A identidade, agora concreta, do Bem e da vontade subjetiva, a sua verdade, é a moralidade objetiva." (HEGEL, G.W.F. *Princípios da Filosofia do Direito*. Tradução Orlando Vitorino. São Paulo: Martins Fontes, 1997, p. 138-139).
[8] HEGEL, G.W.F. *Princípios da Filosofia do Direito*. Tradução Orlando Vitorino. São Paulo: Martins Fontes, 1997, p. 138-139.
[9] DWORKIN, Ronald. *Justiça para Ouriços*. Almedina: 2012, p. 17.
[10] HAURIOU, p. 19 *apud* MOREIRA NETO, 2000, p. 58-60.
[11] *Ibid.*, p. 24 *apud* MOREIRA NETO, 2000, p. 58-60.
[12] MEIRELLES, Hely Lopes. Os Poderes do Administrador Público. *Revista de Direito Administrativo*, Rio de Janeiro, Seleção Histórica, p. 330, 1995.

suas regras e intenções para a obtenção de seus resultados. De acordo com Byung-Chul Han, em seu livro *Sociedade da Transparência:* "Transparência e poder não se coadunam muito bem. O poder prefere velar-se no oculto, e a práxis arcana é uma das práxis do poder".[13] Em contraponto, o autor, citando Gigerenzer em passagem sobre o excesso de informação e exposição, aduz que "está comprovado que uma maior quantidade de informações não leva necessariamente à tomada de decisões mais acertadas".[14] Hendriksen e Van Breda[15] aduzem que a divulgação deve ser adequada, justa e completa, devendo ser omitidas informações irrelevantes, mantendo-se as que realmente importam aos usuários. Os autores também destacam que os próprios usuários também são corresponsáveis pelo entendimento das informações, assim devem estar dispostos a ler atentamente as informações e, se for o caso, obter a formação técnica necessária, o que é mais difícil para o cidadão comum, porém não é impossível, criando um dever de autoinformação a fim de evitar inclusive interpretações equivocadas. Portanto, a informação deve ser tanto utilizada de forma correta por quem busca, como clara para quem fiscaliza e toma as decisões. Enfim, tudo o que se faz sob a forma de artimanhas, excessos ou falta, sem ser inteligível suficiente para o controle público, mesmo que aparentemente atenda ao princípio da publicidade, não será o suficiente para atender ao princípio da transparência. Assim, pode-se concluir, a transparência e o poder despótico não se coadunam, mas a transparência e a democracia são as únicas certezas que podemos ter, como esperança de um novo mundo que se desenha.

Tendo em conta hoje a preocupação com a corrupção, que inclusive polariza o pensamento político, cabe ordenar ou direcionar objetivamente como alcançar a materialização dessa busca[16] com método bem definido, sem impedir que venham os bons administradores afugentados pelo medo. Daí, delimitando o conceito do princípio da transparência, passa-se a análise de sua normatização existente. No Brasil, o princípio da transparência não tem assento expresso na Constituição da República de 1988, mas o traz implicitamente em vários dispositivos, como no art. 165, §6º – que dispõe que o projeto de lei orçamentária será acompanhado de demonstrativo regionalizado do efeito sobre as receitas e despesas, decorrentes de isenções, anistias, remissões, subsídios e benefícios de natureza financeira, tributária e creditícia –, no art. 70 – que trata da fiscalização contábil, financeira, orçamentária, operacional e patrimonial do Estado – e no art. 150, §§5º e 6º – que tratam do esclarecimento acerca dos impostos que incidem sobre mercadorias e serviços e da condição de ser editada lei específica para a concessão de subsídio, isenção, redução de base de cálculo, anistia ou remissão relativos a impostos, taxas ou contribuições. Outra obrigação constitucional que visa dar transparência ao processo orçamentário foi estabelecida pelo art. 165, parágrafo 3º, da CRFB/88, que prevê a publicação de relatório resumido da execução orçamentária

---

[13] HAN, Byung-Chul Han. *Sociedade da transparência.* Tradução Enio Paulo Giachini. Petrópolis: Vozes, 2017, p. 9.

[14] GIGERENZER, G. *Bauchentscheidungen* – Die Intelligenz des Unbewussten und die Macht der Intuition. Munique, 2007.

[15] HENDRIKSEN, Eldon S; VAN BREDA, Michael F. *Teoria da contabilidade* I. Tradução de Antonio Zoratto Sanvicente. São Paulo: Atlas, 1999, p. 515.

[16] DEMO, Pedro *Pesquisa e construção de conhecimento*: metodologia científica no caminho de Habermas. Rio de Janeiro: Tempo Brasileiro, 1996, p. 94. O autor discorre acerca de várias formas de aprendizagem para a metodologia de uma aula, onde é fundamental investir em disciplina e organização como método de conhecimento, mormente por conta de nossos vezos culturais. A ciência é sobretudo procedimento metódico, implicando um processo progressivo, cumulativo, sempre avaliado e controlado.

em até 30 dias após o encerramento de cada bimestre, além de outros dispositivos sobre informações e publicações que serão tratados na parte da legislação.

Como se pode verificar, apesar de implícito na Constituição Brasileira, o princípio da transparência norteia todo o texto ao dispor sobre as normas orçamentárias.

Já no âmbito da legislação infraconstitucional, o princípio da transparência tem positivação expressa na Lei de Responsabilidade Fiscal[17] que disciplina as finanças públicas, aduzindo logo em seu art. 1º, §1º, que responsabilidade na gestão fiscal pressupõe a ação planejada e transparente. Além disso, prevê um capítulo inteiro dedicado à transparência, cujos instrumentos são, de acordo com o art. 48, os planos, orçamentos e leis de diretrizes orçamentárias; as prestações de contas e o respectivo parecer prévio; o Relatório Resumido da Execução Orçamentária e o Relatório de Gestão Fiscal, cuja divulgação é ampla por meios eletrônicos. Em seus parágrafos, o artigo ainda prevê que a transparência também será assegurada mediante: (i) incentivo à participação popular e realização de audiências públicas, durante os processos de elaboração e discussão dos planos, lei de diretrizes orçamentárias e orçamentos; (ii) liberação ao pleno conhecimento e acompanhamento da sociedade, em tempo real, de informações pormenorizadas sobre a execução orçamentária e financeira, em meios eletrônicos de acesso público; e (iii) adoção de sistema integrado de administração financeira e controle, que atenda a padrão mínimo de qualidade estabelecido pelo Poder Executivo da União. De acordo com o art. 48-A da LRF qualquer pessoa física ou jurídica pode ter acesso a informações referentes à despesa de todos os atos praticados pelas unidades gestoras no decorrer da execução da despesa, no momento de sua realização, com a disponibilização mínima dos dados referentes ao número do correspondente processo, ao bem fornecido ou ao serviço prestado, à pessoa física ou jurídica beneficiária do pagamento e, quando for o caso, ao procedimento licitatório realizado; e quanto à receita, o lançamento e o recebimento de toda a receita das unidades gestoras, inclusive referente a recursos extraordinários.

Em Portugal o princípio da transparência orçamentária foi consagrado no art. 19 da LEO[18] portuguesa, que implica a disponibilização de informação sobre a implementação e a execução dos programas, objetivos da política orçamentária, orçamentos e contas do setor das administrações públicas. Essas informações devem ser fiáveis, completas, atualizadas, compreensíveis e comparáveis internacionalmente, de modo a permitir avaliar com precisão a posição financeira do setor das administrações públicas e os custos e benefícios das suas atividades, incluindo as suas consequências económicas e sociais, presentes e futuras. À época, a presidente do Conselho de Finanças de Portugal, Professora Nazaré Costa Cabral, demonstrou preocupação sobre a ausência de transparência orçamentária, ao aduzir que com os dados atuais não se tem como mensurar o saldo e a dívida pública, sendo que a obrigação do CFP é revelar aos cidadãos o resultado final do orçamento.[19] A lei do Orçamento do Estado para 2021, Lei

---

[17] O princípio foi consolidado na Lei nº 12.527, de 18 de novembro de 2011, que regula o acesso a informações previsto no inciso XXXIII do art. 5º, no inciso II do §3º do art. 37 e no §2º do art. 216 da Constituição Federal; altera a Lei nº 8.112, de 11 de dezembro de 1990; revoga a Lei nº 11.111, de 5 de maio de 2005, e dispositivos da Lei nº 8.159, de 8 de janeiro de 1991.

[18] PORTUGAL. *Lei nº 151/2015*. Disponível em: https://dre.pt/dre/legislacao-consolidada/lei/2015-105756679-105753636. Acesso em: 18 jan. 2022.

[19] ATAÍDE, Ânia. Nazaré da Costa Cabral: O princípio da verdade orçamental está posto em xeque. *O Jornal Económico*. Disponível em: https://jornaleconomico.sapo.pt/noticias/nazare-da-costa-cabral-o-principio-da-verdade-orcamental-esta-posto-em-xeque-703186. Acesso em: 4 abr. 2021.

nº 75-B/2020, também previu em seus dispositivos, por 12 vezes, a palavra transparência, sendo destaque o art. 14, que prevê a transparência no financiamento público a fundações, associações e demais entidades de direito privado; o art. 352 que traz a inovação quanto à implantação da Entidade para Transparência, que apreciará e fiscalizará a declaração de rendimentos, patrimônio e interesses dos titulares de cargos políticos e altos cargos públicos;[20] e o art. 360, que cria o Portal da Transparência do processo de execução dos fundos europeus.[21]

3 A nova *accountability*

À luz do novo serviço público e diante da complexidade, a *accountability* não pode mais ser compreendida como simples prestação de contas, devendo ter termos mais abrangentes que a tradicional,[22] dentro de um novo quadro de liderança compartilhada que se inserem os governos, como um instrumento de manutenção da legitimidade democrática por parte destes[23] e, claro, em conjunto com os órgãos de controle. A prestação de contas (*euthyna*) da Grécia Antiga, que consistia em um simples processo no fim de um mandato, hoje em dia é ampliada com a obtenção dos objetivos de boa governança, em um sentido mais amplo. Segundo Kelvin Kearns e Bernard Rosen, além da *responsability* e *answerability*, adotam a *responsiveness*, com a absorção de valores democráticos e éticos,[24] devendo, segundo M. Dubnick e B. Romzeck, a Administração Pública corresponder às expectativas legítimas das populações,[25] no caso do presente trabalho, a correta e boa aplicação dos recursos públicos, em bases democráticas. Em uma definição mínima de democracia, Bobbio entende como sendo o regime democrático "um conjunto de regras de procedimento para a formação de decisões coletivas, em que está prevista e facilitada a participação mais ampla possível dos interessados".[26] Em atendimento à boa governança e *accountability* democrática ora defendida, busca-se a preservação dos valores democráticos e éticos para o pleno desenvolvimento, o que abrange não só a atuação do gestor, como os órgãos de controle, tal como a atuação das Cortes de Contas, em atos de cooperação para a exequibilidade do definido pelas leis orçamentárias e auxílio na execução correta das políticas públicas.

A conjunção de forças para o desenvolvimento é de grande importância, inclusive na *accountability* das transferências voluntárias, cujos gestores, infelizmente, hoje em

---

[20] Ao que parece ainda não implementada conforme notícia colhida em VARZIM, Tiago. Governo diz não ter imóvel para a Entidade da Transparência e recorre ao arrendamento. *Eco*. Disponível em: https://eco.sapo.pt/2021/01/27/governo-diz-nao-ter-imovel-para-a-entidade-da-transparencia-e-recorre-ao-arrendamento/. Acesso em: 30 mar. 2021.

[21] O qual também parece que ainda não foi implementado (ECO. *Onde está o portal da transparência dos fundos?, questiona Cotrim Figueiredo*. Disponível em: https://eco.sapo.pt/2021/02/16/onde-esta-o-portal-da-transparencia-dos-fundos-questiona-cotrim-figueiredo/. Acesso em: 30 mar. 2021.

[22] COSTA, Paulo Nogueira. *O Tribunal de Contas e a Boa Governança*. Lisboa: Petrony, 2017. p. 155.

[23] *Ibid.*, p.156.

[24] COSTA, ob. cit., p. 237.

[25] COSTA, ob. cit., p. 238. Para o melhor aprofundamento sobre o tema, o autor Paulo Nogueira da Costa traz um estudo aprofundado sobre o caráter complexo da *accountability*, com diversos estudos entre os que se destacam Robert Behn sobre a "*accountability* democrática", "*accountability* pela lisura" "*accountability* pelos resultados, "*accountability* pelo uso (ou abuso) do poder, além de várias outras designações de cunho valorativo muito mais densa que a simples prestação de contas.

[26] BOBBIO, ob. cit., p. 12.

dia, estão reféns para o próprio financiamento das políticas públicas.[27] Nas palavras da Professora Nazaré Cabral, a função tradicional do controle, em que a gestão orçamentária estava nitidamente balizada somente na realização das despesas, tornou-se uma orçamentação de fins, onde o que importa são os cumprimentos dos objetivos traçados para a despesa, portanto, mais importante que os meios, agora são os fins, assim, a "*accountability* visa agora verificar se e em que medida os objetivos traçados foram, afinal, concretizados.[28] Na mesma linha da importância dos fins, de acordo com o Professor Marcus Abraham,[29] a atividade financeira se destina a atender as necessidades dos indivíduos, tais como nutrição, moradia, subsistência; necessidades da coletividade, como sistemas educacionais, de saúde e de justiça; e, por fim, as necessidades difusas, como preservação ambiental, defesa nacional, a proteção dos direitos humanos e o importante mote do presente trabalho, o desenvolvimento econômico. Nessa linha, é de grande importância que o princípio da democracia passe a conferir a força legitimadora ao processo de normatização.[30] Porém, a democracia tem um preço e consequências que nem sempre agradam a todos, pois as demandas são ampliadas, criando-se um processo de burocratização para a solução dos interesses.[31] A sociedade civil se torna uma fonte inesgotável de demandas que clamam por respostas.[32] Mas,

---

[27] MARTINS, Andrea Siqueira. *O Endividamento dos Estados-Membros em face da União*. Uma distorção grave e suas consequências para o Federalismo Fiscal Brasileiro. Belo Horizonte: Fórum, 2021, p. 204.

[28] CABRAL, Nazaré da Costa; MARTINS, Guilherme Waldemar D'Oliveira. *Finanças Públicas e Direito Financeiro – Noções Fundamentais*. Lisboa: AAFDL, 2018, p. 413.

[29] ABRAHAM, Marcus. *Teoria dos gastos fundamentais*: orçamento público impositivo da elaboração à execução. São Paulo: Almedina, 2021, p. 46-47.

[30] HABERMAS, Jürgen. *Direito e democracia: entre a facticidade e validade*. Tradução Flávio Beno Siebeneichler. Rio de Janeiro: Tempo Brasileiro, 1997, volume I, p.158.

[31] De acordo com Bobbio: "... o processo de burocratização foi em boa parte uma consequência do processo de democratização. Prova disso é que hoje o desmantelamento do estado de serviços – estado este que exigiu um aparato burocrático até agora jamais conhecido – esconde o propósito, não digo de desmantelar, mas de reduzir a limites bem circunscritos o poder democrático. Que democratização e burocratização caminharam no mesmo passo é algo evidente, como de resto havia já observado Max Weber. Quando os proprietários eram os únicos que tinham direito de voto, era natural que pedissem ao poder público o exercício de apenas uma função primária: a proteção da propriedade. Daqui nasceu a doutrina do estado limitado, do estado *carabiniere* ou, como se diz hoje, do estado mínimo, e configurou-se o estado como associação dos proprietários para a defesa daquele direito natural supremo que era exatamente, para Locke, o direito de propriedade. A partir do momento em que o voto foi estendido aos analfabetos tornou-se inevitável que estes pedissem ao estado a instituição de escolas gratuitas; com isto, o estado teve que arcar com um ônus desconhecido pelo estado das oligarquias tradicionais e da primeira oligarquia burguesa. Quando o direito de voto foi estendido também aos não-proprietários, aos que nada tinham, aos que tinham como propriedade tão-somente a força de trabalho, a consequência foi que se começou a exigir do estado a proteção contra o desemprego e, pouco a pouco, seguros sociais contra as doenças e a velhice, providências em favor da maternidade, casas a preços populares, etc. Assim aconteceu que o estado de serviços, o estado social, foi, agrade ou não, a resposta a uma demanda vinda de baixo, a uma demanda democrática no sentido pleno da palavra". (BOBBIO, Norberto. *O futuro da democracia*: uma defesa das regras do jogo. Tradução de Marco Aurélio Nogueira. Rio de Janeiro: Paz e Terra, 1997, p. 35).

[32] Para Bobbio, "tal processo de emancipação fez com que a sociedade civil se tornasse cada vez mais uma inesgotável fonte de demandas dirigidas ao governo, ficando este, para bem desenvolver sua função, obrigado a dar respostas sempre adequadas. Mas como pode o governo responder se as demandas que provêm de uma sociedade livre e emancipada são sempre mais numerosas, sempre mais urgentes, sempre mais onerosas? Afirmei que a precondição necessária de todo governo democrático é a proteção às liberdades civis: a liberdade de imprensa, a liberdade de reunião e de associação, são vias através das quais o cidadão pode dirigir-se aos governantes para solicitar vantagens, benefícios, facilidades, uma mais justa distribuição dos recursos. A quantidade e a rapidez destas demandas, no entanto, são de tal ordem que nenhum sistema político, por mais eficiente que seja, pode a elas responder adequadamente. Daí derivam a assim chamada "sobrecarga" e a necessidade de o sistema político fazer drásticas opções. Mas uma opção exclui a outra. E as opções não satisfatórias criam descontentamento. ... exatamente contrário do que ocorre num sistema autocrático, que

apesar deste aparente desequilíbrio de demandas frente à capacidade de estabelecer soluções, nada se compara à preservação do princípio que é a ferramenta necessária para o fomento das decisões. Em uma democracia, a produção legislativa estabelece a maior proximidade com as demandas do povo que elegeu seus representantes, o que, sem dúvida, significa o seu aumento, o que efetivamente acontece no Estado brasileiro.

4 Dos limites propostos da responsabilidade subjetiva na LRF

Não se pode negar que a Lei de Responsabilidade restaurou, por um bom tempo, o equilíbrio orçamentário. O estabelecimento de limitações mais rígidas na realização de gastos, a instituição de mecanismo de compensação compulsória para todo ato que implique aumento permanente de despesa, e a maior transparência das relações fiscais, e a própria responsabilização pela má gestão da coisa pública alicerçaram o equilíbrio das finanças públicas, alterando, por um tempo, a noção de responsabilidade dos gestores públicos e aumentando a eficiência administrativa.[33] De acordo com Rodrigo Medeiros de Lima,[34] após mais de uma década de aparente sucesso dos mecanismos de aperfeiçoamento e controle da gestão fiscal e redução do endividamento subnacional de acordo com os ditames instituídos pela Lei de Complementar nº 101, de 4 de maio de 2000 – a celebrada Lei de Responsabilidade Fiscal (LRF), o país se deparou com grave quadro de deterioração econômica, entre os anos de 2014 e 2016, com uma drástica redução da receita pública ao impactar o equilíbrio fiscal dos entes subnacionais, que, ao contrário do que se esperava em ajustes, aumentaram seus gastos com pessoal fazendo uso da "contabilidade criativa", por meio da qual "maquiavam-se" dados fiscais e ocultavam-se desequilíbrios, com fins de contornar as imposições da LRF. Com o surgimento na época da então ordem coativa, que se diferencia da moral com a dimensão sancionatória, presente na norma jurídica[35] com uma série de preceitos

---

está em condições de controlar a demanda por ter sufocado a autonomia da sociedade civil e é efetivamente muito mais rápido na resposta por não ter que observar os complexos procedimentos decisórios próprios de um sistema parlamentar. Sinteticamente: a democracia tem a demanda fácil e a resposta difícil; a autocracia, ao contrário, está em condições de tornar a demanda mais difícil e dispõe de maior facilidade para dar respostas" (BOBBIO, ob. cit., p. 36).

[33] Para Diogo de Figueiredo Moreira Neto, "somente através da restauração da realidade orçamentária, podem ser controlados e até reduzidos a níveis suportáveis os três vilões das finanças públicas: o déficit público, que ocorre quando os governos gastam mais do que arrecadam; a dívida pública, que é a expressão do déficit que se transfere de um orçamento para o outro, prejudicando novos programas que poderiam ser executados; e o endividamento público, que se instala, cronicamente, no processo de acumulação da dívida pública e passa a absorver cada vez mais recursos públicos para seu serviço e amortização. Esses três vilões – déficit, dívida e endividamento públicos – sobreviveram e prosperaram, alimentados por hábitos financeiros atrasados e nocivos, de prática comum na Administração Pública brasileira, mantidos pela baixa qualidade e, sobretudo, pela irresponsabilidade de gestores públicos, que não estão preocupados com eficiência administrativa, mas com sua 'eficiência' eleitoreira, na condução de práticas patrimonialistas, paternalistas e demagógicas". Conforme exposição apresentada no Seminário realizado pela EMERJ e pela Procuradoria-Geral do Estado do Rio de Janeiro, em 5 de julho de 2000, sobre a Lei Complementar nº 101/2000.

[34] JUNIOR, Ailton Cassettari et al. *Dívida Pública*. Adoção de uma Contabilidade Pública Uniforme em Âmbito Nacional como Instrumento de Aperfeiçoamento do Controle do Endividamento Subnacional e a Questão Federativa. São Paulo: Blucher, 2018, p. 189. Disponível em: https://www.blucher.com.br/livro/detalhes/divida-publica-1509. Acesso em: 22 jan. 2022.

[35] Para Kelsen, a norma, para ser reconhecida objetivamente como *norma jurídica*, tem de estatuir um ato de coação ou estar em essencial ligação com uma norma que o estatua. Para o autor, deve-se rejeitar qualquer definição de Direito que não o tenha como ordem coativa, "... porque só através da assunção do elemento coação no conceito de Direito este pode ser distintamente separado de toda e qualquer ordem social, e porque, com o elemento

estabelecidos na Lei Complementar nº 101/00, sanções de ordem fiscal[36] e penal,[37] disciplinadas de forma específica pela Lei nº 10.028/00, iniciou-se a proteção da tutela de um remodelado bem jurídico, as *finanças públicas*. A Lei Complementar nº 101/00 (Lei de Responsabilidade Fiscal) e a Lei nº 10.028/00 (Lei dos Crimes de Responsabilidade Fiscal) acrescentaram sanções que poderiam ser adaptadas aos tipos de responsabilidade que já conhecemos[38] (administrativa, civil e criminal), mas surgiu a adoção de um conceito separado de responsabilidade, a responsabilidade fiscal, tendo em vista a especificidade do tema e a existência de princípios e normas próprias que a informam.[39] Já tendo, à época, a oportunidade de tecer comentários sobre a legislação punitiva,[40] a inovação que ora se propõe é a criação de marcos temporais para a verificação não somente da responsabilidade subjetiva do gestor, como também parâmetros para a dosimetria da penalidade aplicada, a fim de dar efetividade à norma legal prevista no art. 22 da LINDB, que prevê que na "na interpretação de normas sobre gestão pública, serão considerados os obstáculos e as dificuldades reais do gestor e as exigências das políticas públicas a seu cargo, sem prejuízo dos direitos dos administrados", sendo certo ainda que a regulamentação do artigo, Decreto nº 9.830/2019, prevê expressamente em seu art. 2º, §2º, que a decisão será motivada com a contextualização dos fatos, quando cabível, e com a indicação dos fundamentos de mérito e jurídicos, indicando não só as normas, a interpretação jurídica e a jurisprudência como a *doutrina* que a embasaram. A Lei Complementar nº 101/00 prevê a publicação do relatório de gestão fiscal,[41] com periodicidade quadrimestral, no art. 55, §2º, que será feita até trinta dias após o encerramento do período a que corresponder, com amplo acesso ao público,[42] inclusive por

---

coação, se toma por critério um fator sumamente significativo para o conhecimento das relações sociais e altamente característico das ordens sociais a que chamamos 'Direito'" (KELSEN, Hans. *Teoria Pura do Direito*. Tradução João Batista Machado. São Paulo: Martins Fontes, 1998, p. 60).

[36] Art. 11, parágrafo único; art. 23, §3º, inciso II; art. 40, §9º.

[37] Art. 73 da Lei de Responsabilidade Fiscal.

[38] A Lei nº 1.079, de 10 de abril de 1950, já previa em seu art. 10 a tipificação de vários crimes de responsabilidade contra a lei orçamentária, procedendo a nova legislação ao acréscimo de novos incisos ao dispositivo, em conformidade com as novas diretrizes orçamentárias. Embora a Lei nº 1.079/50 utilize a nomenclatura de "crime contra a lei orçamentária", a doutrina balizada e a jurisprudência do Supremo Tribunal Federal já consolidaram o entendimento de que se trata de um ilícito político-administrativo. Tanto assim que as sanções são de natureza política, com a perda do cargo e a inabilitação até cinco anos para o exercício de qualquer função pública (art. 78 da lei). Frise-se, ainda, que a denúncia, que pode ser proposta por qualquer cidadão, perante a Assembleia Legislativa *não será recebida depois que o Governador, por qualquer motivo, houver deixado definitivamente o cargo* (art. 76, parágrafo único, da Lei).

[39] CARVALHO, Vanessa Cerqueira Reis de. A Lei de Responsabilidade Fiscal e a Responsabilidade Pessoal do Agente Público. *Revista da Procuradoria-Geral do Estado do Rio de Janeiro*, n. 56.

[40] Ibid.

[41] Outra obrigação constitucional que visa a dar transparência ao processo orçamentário foi estabelecida pelo art. 165, §3º, da CRFB/88, que prevê a publicação de relatório resumido da execução orçamentária em até 30 dias após o encerramento de cada bimestre.

[42] Sobre o acesso ao orçamento da União, a Lei nº 10.180/2001, que organiza e disciplina os Sistemas de Planejamento e de Orçamento Federal, de Administração Financeira Federal, de Contabilidade Federal e de Controle Interno do Poder Executivo Federal, em seus arts. 26 e 27 dispõe: "Art. 26. Nenhum processo, documento ou informação poderá ser sonegado aos servidores dos Sistemas de Contabilidade Federal e de Controle Interno do Poder Executivo Federal, no exercício das atribuições inerentes às atividades de registros contábeis, de auditoria, fiscalização e avaliação de gestão. §1º O agente público que, por ação ou omissão, causar embaraço, constrangimento ou obstáculo à atuação dos Sistemas de Contabilidade Federal e de Controle Interno, no desempenho de suas funções institucionais, ficará sujeito à pena de responsabilidade administrativa, civil e penal. §2º Quando a documentação ou informação prevista neste artigo envolver assuntos de caráter sigiloso, deverá ser dispensado tratamento especial de acordo com o estabelecido em regulamento próprio.

meio eletrônico, sujeitando o ente que não o fizer às sanções do art. 51, §2º, que veda que o ente receba transferências voluntárias e contrate operações de crédito, exceto as destinadas ao pagamento da dívida mobiliária. Por fim, o art. 67[43] consagra o princípio da transparência com a criação de um conselho de gestão fiscal que inclui a sociedade como parte ativa neste processo de democratização do conhecimento das normas e resultados atinentes ao orçamento, infelizmente ainda não implementado. Desde o início, o relatório de gestão fiscal tem sua importância destacada, tal como acatado na Decisão nº 211/2005-TCU-Plenário, TC-001.367/2001-9, Ata nº 14/2001/Plenário, Sessão de 18.4.2001, e Acórdão nº 543/2003-TCU-Plenário, TC-001.367/2001-9, Ata nº 18/2003/Plenário, Sessão de 21.5.2003. Na ocasião foi acolhida Representação do Procurador-Geral do Ministério Público junto ao TCU a fim de que se verificasse a omissão de órgãos públicos federais quanto à publicação do relatório de gestão fiscal, tendo em vista que vários órgãos tinham descumprido o prazo da lei. Porém, como todos ainda estavam em fase de adaptação, foi priorizada a orientação em vez da sanção pecuniária do art. 5º, §1º, da Lei nº 10.028/2000. Após, com a reincidência, o TCU julgou pela condenação do gestor responsável, o qual foi penalizado com multa de R$ 10.000,00, em razão do descumprimento do prazo estabelecido no §2º do art. 55 da LRF.[44] No tocante a essa multa,[45] a LCF estipulou o percentual fixo em 30% dos vencimentos anuais do

---

§3º O servidor deverá guardar sigilo sobre dados e informações pertinentes aos assuntos a que tiver Acesso em: decorrência do exercício de suas funções, utilizando-os, exclusivamente, para a elaboração de pareceres e relatórios destinados à autoridade competente, sob pena de responsabilidade administrativa, civil e penal. §4º Os integrantes da carreira de Finanças e Controle observarão código de ética profissional específico aprovado pelo Presidente da República. Art. 27. O Poder Executivo estabelecerá, em regulamento, a forma pela qual qualquer cidadão poderá ser informado sobre os dados oficiais do Governo Federal relativos à execução dos orçamentos da União". No mesmo sentido, os Decretos nºs 3.589, 3.590 e 3.91, os quais dispõem, respectivamente, sobre o sistema de Administração Financeira Federal e sobre o sistema de Controle Interno do Poder Executivo Federal (www.planalto.gov.br).

[43] Sobre o assunto, tramita o Projeto de Lei nº 3.744, que institui o Conselho de Gestão Fiscal e dispõe sobre a sua composição e a forma de funcionamento, nos termos do art. 67 da Lei Complementar nº 101, de 4 de maio de 2000, que, no art. 2º, estabelece as seguintes diretrizes gerais para o acompanhamento e avaliação permanente da política e da operacionalidade da gestão fiscal que devem ser seguidas pelo Conselho, competindo-lhe: "I - harmonizar e coordenar as práticas relativas à gestão fiscal entre todos os entes da Federação; II - disseminar práticas de eficiência na alocação e execução do gasto público, arrecadação, controle do endividamento e transparência da gestão fiscal; III - editar normas gerais para consolidação das contas públicas, padronização das prestações de contas e dos relatórios e demonstrativos de gestão fiscal; IV - adotar normas e padrões mais simples para os pequenos Municípios, bem como outros necessários ao controle social; V - divulgar análises, estudos e diagnósticos; VI - instituir premiação e reconhecimento público aos titulares de Poder que alcançarem resultados meritórios no desenvolvimento social e na gestão fiscal, na forma prevista em regimento interno; VII - atualizar os modelos do Relatório Resumido da Execução Orçamentária e do Relatório de Gestão Fiscal; e VIII - elaborar o seu regimento interno". Como o PL nº 3520/2019, o projeto Senado está desde 04.07.2019 concluso com o Relator Senador Fernando Bezerra Coelho. (Disponível em: https://www25.senado.leg.br/web/atividade/materias/-/materia/137306. Acesso em: 16 fev. 2022). Enquanto não implantado o Conselho de Gestão Fiscal para fins de consolidação das contas públicas foi editada a Portaria nº 767, de 15 de setembro de 2017, criando a Câmara Técnica de Normas Contábeis e de Demonstrativos Fiscais da Federação (CTCONF), cujo objetivo é propor recomendações baseadas no diálogo permanente, com a finalidade de reduzir divergências e duplicidades, em benefício das práticas relativas à gestão fiscal, da transparência da gestão fiscal, da racionalização de custos nos entes da Federação e do controle social (§2º do art. 50 da LRF). "As recomendações da CTCONF constituem-se os pilares atuais do processo de aperfeiçoamento do Manual de Demonstrativos Fiscais (MDF). Debruçaram-se nesse processo diversas instituições públicas e da sociedade civil organizada, além de diversas coordenações áreas gerais da STN, cujas participações são dignas de destaque". Disponível em: https://sisweb.tesouro.gov.br/apex/f?p=2501:9::::9:P9_ID_PUBLICACAO:40050. Acesso em: 17 jan. 2022.

[44] Acórdão nº 317/2003 - TCU-Plenário. TC-017.444/2001-0, Ata nº 11/2003/Plenário, Sessão de 2.4.2003.

[45] Art. 5º, §2º, da Lei nº 10.028, de 19 de outubro de 2000.

agente, mas o TCU, no julgamento do TC 017.444/2001-033,[46] mitigou a aplicação desse percentual fixo.[47] Nos dias de hoje, já se podem ter exemplos de aplicação de multa quanto ao atraso de divulgação do RGF, a exemplo do que ocorreu com o Prefeito de Irupi, condenado a pagar multa de R$ 23,7 mil por atrasar a divulgação do Relatório de Gestão Fiscal em 2020, em decisão proferida pela 1ª Câmara do Tribunal de Contas do Estado do Espírito Santo (TCE-ES).[48] O gestor atrasou em 8 dias a publicação com amplo acesso ao público, inclusive por meio eletrônico, conforme estabelecido na Lei de Responsabilidade Fiscal, ocasionando a subsunção à infração prevista no art. 5º, inciso I, da Lei nº 10.028/2000 (Lei de Crimes Fiscais), cuja punição é multa no valor de 30% dos vencimentos anuais do agente que lhe der causa. Inusitado que o gestor teria trazido aos autos uma declaração simples e de próprio punho, onde afirmou que fixou o referido relatório, conforme previsão da Lei de Responsabilidade Fiscal, no mural do município no dia 30 de julho de 2020, o que não foi acatado. O exemplo serve ao menos para ressaltar a importância do RGF e o cumprimento de seus prazos. Para descrever o conteúdo do RGF, traz-se à colação a descrição do Manual de Demonstrativos Fiscais[49] vigente para 2022:

> De acordo com o Manual de Demonstrativos Fiscais vigente para 2022:
> 04.00.01.01
> Conteúdo do Relatório O Relatório de Gestão Fiscal conterá demonstrativos comparativos com os limites de que trata a LRF, dos seguintes montantes:
> a) despesa total com pessoal, evidenciando as despesas com ativos, inativos e pensionistas;
> b) dívida consolidada líquida;
> c) concessão de garantias e contragarantias;
> d) operações de crédito.
> No último quadrimestre, o RGF deverá conter, também, o demonstrativo do montante da Disponibilidade de Caixa e dos Restos a Pagar referente às despesas liquidadas, às empenhadas e não liquidadas, inscritas até o limite do saldo da disponibilidade de caixa e às não inscritas por falta de disponibilidade de caixa e cujos empenhos foram cancelados; Além disso, o referido relatório indicará as *medidas corretivas* adotadas ou a adotar, se ultrapassado qualquer dos limites. Em todos os demonstrativos do Relatório de Gestão Fiscal, as receitas e despesas intraorçamentárias deverão ser computadas juntamente com as demais informações, não havendo, portanto, a necessidade de segregação em linhas específicas.
> 04.00.01.02 Objetivo do Relatório
> O objetivo do Relatório é dar *transparência* à gestão fiscal do titular do Poder/órgão realizada no período, principalmente por meio da verificação do cumprimento dos limites.
> ...

---

[46] Acórdão nº 317/2003 - TCU-Plenário. TC-017.444/2001-0, Ata nº 11/2003/Plenário, Sessão de 2.4.2003.

[47] SANTOS FILHO, Elmitho Ferreira dos. *A Atuação dos Tribunais de Contas para o Cumprimento da Lei de Responsabilidade Fiscal e sua Importância para as Punições Fiscais e Penais* – Brasília, 2006. Disponível em: https://portal.tcu.gov.br/lumis/portal/file/fileDownload.jsp?fileId=8A8182A24F0A328E014F0ACA0AD2C7F.

[48] TRIBUNAL DE CONTAS DO ESTADO DO ESPÍRITO SANTO. *Voto do Relator 03087/2021-1*. Disponível em: https://www.mpc.es.gov.br/wp-content/uploads/2021/07/TC-267-2021-Voto-do-relator-RGF-Prefeitura-de-Irupi.pdf. Acesso em: 18 jan. 2022.

[49] BRASIL. *Manual de Demonstrativos Fiscais*. Disponível em: https://siseweb.tesouro.gov.br/apex/f?p=2501:9::::9:P9_ID_PUBLICACAO:40050. Acesso em: 18 jan. 2022.

04.00.04.01

Não divulgação do RGF A não divulgação do Relatório, nos prazos e condições estabelecidos em lei, impede o Ente da Federação, até que a situação seja regularizada, de receber transferências voluntárias e contratar operações de crédito, exceto as destinadas ao refinanciamento do principal atualizado da dívida mobiliária.

...

04.00.04.02 Descumprimento dos limites da Despesa com Pessoal e da DCL

...

Na situação especial de baixo crescimento econômico prevista no art. 66 da LRF, caso o Poder ou órgão ultrapasse seu limite de despesa com pessoal, entende-se que ele disporá automaticamente de quatro quadrimestres para eliminação do excesso, devendo eliminar pelo menos um terço dele nos dois primeiros. Na mesma situação, se o limite ultrapassado for o da dívida consolidada, o ente deverá reduzir o excesso até o término dos seis quadrimestres subsequentes, observada a obrigação de diminuir o excedente em pelo menos vinte e cinco por cento nos dois primeiros quadrimestres. Conforme disposto no art. 66 da LC nº 101/2000, os prazos serão duplicados no caso de crescimento real baixo ou negativo do Produto Interno Bruto (PIB) nacional, regional ou estadual por período igual ou superior a quatro trimestres. Apesar da LRF dizer que poderá ser utilizado o PIB nacional, regional ou estadual, o PIB Nacional deverá ser utilizado como parâmetro devido à defasagem de 2 anos de divulgação do PIB regional e estadual.

Recomenda-se a inclusão de notas explicativas nos Relatórios de Gestão Fiscal a serem divulgados, informando, além das *medidas corretivas* de recondução ao limite adotadas ou a adotar, se o Poder ou órgão se encontra amparado pela situação *prevista no art. 66 da LC nº 101/2000*. Essa informação visa conferir maior transparência em relação à situação fiscal tanto à sociedade como aos Tribunais de Contas, que têm a atribuição de fiscalizar o cumprimento da LRF, possibilitando, assim, que sejam considerados, na avaliação da gestão fiscal, os impactos do baixo crescimento econômico. (BRASIL, 2022, p. 482-485)

Dito isso, percebe-se que a importância do documento e como os marcos quadrimestrais servem como um excelente parâmetro para balizar a responsabilidade subjetiva do gestor público. A proposta tem por base outra já realizada em artigo doutrinário sobre a aplicabilidade do primeiro ano de vigência da norma específica sobre o tema Restos a Pagar, que propunha que a Administração calculasse, para fins de transparência e informação contábil, a sua situação financeira em 30 de abril, data em que se inicia o prazo dos dois últimos quadrimestres, previsto no art. 42 da LRF. Assim: "De posse dessas informações contábeis que permitiriam aferir a situação financeira antes do início dos últimos oito meses do mandato, o cumprimento do artigo 42 sugeriria que, ao final desses oito meses, não pudesse o administrador apresentar resultado financeiro desfavorável em relação a 30.04.2000 se este fosse negativo, e, no máximo nulo, se este se apresentasse positivo".[50] Seriam três marcos temporais para avaliar o comportamento do gestor público, o qual, para fins de responsabilidade pessoal subjetiva, não poderia piorar a situação por ele encontrada no relatório anterior. Esse marco legal poderia servir como parâmetro para avaliação não somente entre sucessão de administradores, como

---

[50] CARVALHO, Vanessa Cerqueira Reis de. A interpretação do art. 42 da Lei de Responsabilidade Fiscal: dos restos a pagar. *Revista de Direito da Procuradoria-Geral do Estado*, Rio de Janeiro, n. 57, p. 404-422, 2003. O texto "Pareceres Administrativos" também foi utilizado para solução prática em parecer. Disponível em: https://pge.rj.gov.br/comum/code/MostrarArquivo.php?C=ODgwMA%2C%2C. Acesso em: 21 jan. 2022.

no próprio mandato, como forma de incentivo para o gestor, sem deixar consignado que o próprio RGF deve sempre prever medidas corretivas.

Um bom parâmetro, dentro desses limites temporais propostos, também seria a avaliação se a conduta do gestor, usando o exemplo do *odious debt*, citado pelo Professor Paz Ferreira, estaria dentro de uma conduta legítima do gestor (no caso do exemplo, a dívida), ou foi realizada no seu interesse pessoal, contrária aos interesses da população, com a existência de três elementos: "ausência de controle, falta de princípio de benefício e o conhecimento dos dois anteriores por parte do credor".[51] Destaca-se, contudo, que a defesa da presente proposta não é pregar uma "cultura do não pagamento" pelos governos subnacionais, como nos ensina Andrea Siqueira, que importe em que os credores percam os incentivos de fiscalização, tendo em conta que a União (no caso dos estados) sempre estará obrigada a intervir para a garantia da ordem pública ao apoiar um ente (ou gestor) não comprometido com finanças públicas, acostumado com os *bailouts*.[52] Por outro lado, sabe-se que os desequilíbrios regionais existem efetivamente, e o nível de emprego, crescimento, habitação, infraestrutura é uma preocupação constante, o que impende que a política macroeconômica tome uma dimensão espacial, onde são necessários não só incentivos, como subsídios, empréstimos e benefícios fiscais,[53] como também o balizamento do nível de responsabilidade e comprometimento do gestor. Daí a importância na criação de metas preestabelecidas detalhadas, dentro dos parâmetros aqui propostos. Portanto, isso não afasta a preocupação e o olhar atento de todos os órgãos de controle, e dos próprios cidadãos, sobre as despesas computadas e a transparência em sua alocação. No cenário atual, ainda lidamos com questões emergenciais com a pandemia, com as exclusões de limites e âncoras fiscais estabelecidas pelas Emendas Constitucionais nºs 106 e 109 e pela Lei Complementar nº 178/2021, quando medidas a planos de médio e longo prazo deverão surgir para a recomposição e recuperação da saúde e da economia, que vão gerar pressão sobre as gerações futuras.

Por isso, conforme Nazaré Cabral, a conta deve levar em consideração a real situação financeira em modelos baseados a médio e longo prazos; indicadores de sustentabilidade; modelo de contabilidade intergeracional e modelo de equilíbrio geral.[54] Retomar as metas fiscais e a busca da retomada do equilíbrio fiscal é imprescindível para atender ao outro princípio da equidade intergeracional. No entanto, nas palavras do Professor Paz Ferreira, deve-se buscar trocas intergeracionais justas, entre a geração que amplia a despesa e as gerações futuras, que sequer ainda possui representantes nos centros decisórios,[55] porém, essa conta deve ser corretamente repartida e aquilada, para que o gestor público possa atuar com responsabilidade e, também, tranquilidade

---

[51] FERREIRA, Eduardo Paz. *Ensaio de Finanças Públicas*. Coimbra: Almedina, 2020, p. 236.
[52] MARTINS, Andrea Siqueira. *O Endividamento dos Estados-Membros em face da União*. Uma distorção grave e suas consequências para o Federalismo Fiscal Brasileiro. Belo Horizonte: Fórum, 2021, p. 194.
[53] MARTINS, Antonio Carvalho. *As Finanças da Europa e a Política do Meio Ambiente*. Coimbra: Coimbra Editora, 1989, p. 18.
[54] CABRAL, Nazaré da Costa. *O princípio da sustentabilidade e a sua relevância nas finanças públicas*. Estudos em homenagem ao Professor Doutor Paulo de Pitta e Cunha. Coimbra: Almedina, v. 2, 2010, p. 614-615.
[55] FERREIRA, Eduardo. *Da dívida pública e das garantias dos credores do Estado*. Coimbra: Almedina, 1995, p. 86.

5 Finanças públicas e desenvolvimento

Se o desenvolvimento é a única forma de criarmos sociedades mais justas para transmitir às futuras gerações, tarefa que ultrapassa as esferas nacionais,[56] como já nos dizia Paz Ferreira, imagine-se agora quando esse desenvolvimento está estagnado por uma pandemia mundial. Em lúcida colocação, o ex-ministro das Finanças português, António Bagão Félix, manifestou-se na Revista Portuguesa de Cardiologia afirmando que a razão de ser da ciência econômica é de que os recursos disponíveis atendam às necessidades para o crescimento econômico. Porém, serão insuficientes se não resultarem em maior *desenvolvimento humano*. É a medida da quantidade (econômica) para se progredir na qualidade (humana). Aduz ainda que essa é uma inequação afeta também à atividade médica, onde a natureza finita dos recursos e a busca infinita de saúde e conclui: "Afinal, nada de diferente do que qualquer outra atividade, mas com uma enorme diferença de aqui estar em jogo o mais absoluto valor: o da *vida*".[57] De acordo com a ONU,[58] haverá uma queda no desenvolvimento global humano que não ocorre desde quando o índice foi instituído há 30 anos, a renda per capita global deveria cair 4% em 2020. Em número impressionante, apurado pelo Pnud, cerca de 60% das crianças não estão recebendo educação, um nível que não é visto desde os anos 80 e esse número sobe para 86% em países com baixo desenvolvimento humano. Para Paz Ferreira, a economia do desenvolvimento não ficou imune à polêmica econômica que marcou a segunda metade do século XX que foi o papel do Estado e dos mercados. Essas questões foram essenciais para a concepção de desenvolvimento, apesar de não serem as únicas. Ao citar Irma Adelman,[59] coloca como principais causas para as concepções de desenvolvimento: a *aprendizagem*, como resposta das políticas econômicas firmadas; *mudanças ideológicas*, determinadas pelas alterações das classes dirigentes, de seus valores e prioridades; *mudanças no ambiente internacional*, especialmente evidentes nas inovações e no domínio das comunicações; *mudanças nas instituições, constrangimentos*, aspirações nacionais e *cultura da disciplina*, correspondente à forma como as modificações assinaladas foram incorporadas no método e no discurso econômico. Em uma breve percepção dessas linhas traçadas, ao que vivemos inexplicavelmente hoje com a pandemia, em termos de desenvolvimento no Brasil, nas dimensões abordadas, podemos constatar que, quanto à aprendizagem, o país teve que se adaptar para estabelecer rapidamente um auxílio emergencial, a fim de evitar um colapso de extrema pobreza e recessão. As inovações tecnológicas foram implementadas a fórceps em uma sociedade que ainda não estava preparada tecnologicamente para tal mudança. Só daqui a alguns anos poderemos avaliar quantos ficaram para trás.

A ideia de um direito ao desenvolvimento tem assento na Declaração Universal dos Direitos do Homem a explicitar, no art. 28, que "Todo ser humano tem direito a uma ordem social e internacional em que os direitos e liberdades estabelecidos na

---

[56] PAZ FERREIRA, Eduardo. *Valores e interesses, desenvolvimento econômico e política de cooperação*. Coimbra: Livraria Almedina, 2004, p. 147.

[57] FÉLIX, António Bagão Félix. Desenvolvimento (pós-Covid): memória, discernimento, humanismo, ética, ciência e natureza. *Revista Portuguesa de Cardiologia*, v. 40, n. 5, 2021, p. 311-315, ISSN 0870-2551. Disponível em: https://www.sciencedirect.com/science/article/pii/S0870255120304406.

[58] ONU News. *Desenvolvimento humano global pode cair pela primeira vez em 30 anos por causa da pandemia*. 2020. Disponível em: https://news.un.org/pt/story/2020/05/1714192. Acesso em: 2 abr. 2021.

[59] PAZ FERREIRA, ob. cit., p. 47.

presente Declaração possam ser plenamente realizados".[60] O Pacto das Nações Unidas sobre Direitos Civis e Políticos e sobre Direitos Econômicos, Sociais e Culturais, de 1966, tem um artigo idêntico, com o seguinte teor em seu art. 1º incorporado pelo Decreto nº 592, de 6 de julho de 1992, pelo Governo Brasileiro: "Todos os povos têm direito à autodeterminação. Em virtude desse direito, determinam livremente seu estatuto político e asseguram livremente seu desenvolvimento econômico, social e cultural".[61] Nas palavras de Paz Ferreira é como um direito subjetivo e que exige para sua concretização a objetivação em regras gerais de direito, que constituem direito ao desenvolvimento,[62] lastreado na valorização plena da pessoa desenhada em uma generalidade de textos internacionais[63] que correspondem a um direito coletivo, que se traduz na cooperação, na criação de condições de vida digna, mesmo aos Estados que não se encontram em condições de assegurar essa promoção.[64] Porém, não há como ter desenvolvimento sem suporte sustentável em finanças. O próprio financiamento da Agenda 2030 da ONU foi expressamente tratado nos §§253 a 268 do resultado da Conferência das Nações Unidas sobre Desenvolvimento Sustentável (20-22 de junho de 2012), onde os Estados-Membros reconheceram "a necessidade de mobilização significativa de recursos de uma variedade de fontes e o uso eficaz de financiamento, a fim de dar forte apoio aos países em desenvolvimento em seus esforços para promover o desenvolvimento sustentável".[65] No estudo "Integrated national financing frameworks – a framework to build back better"[66] de outubro de 2020, da ONU, já se constatava que, mesmo antes da pandemia da covid-19, a recessão global minava os saldos fiscais e externos em muitos países para a realização dos Objetivos de Desenvolvimento Sustentável (ODS) e ainda diante da ausência de sustentabilidade da dívida soberana de muitos países. Sugere que uma estrutura integrada de financiamento ajudaria esses países a preencher essa lacuna, visando melhorar o alinhamento de todos os financiamentos, com vistas a levantar recursos para investimento em desenvolvimento sustentável e administrar um cenário de financiamento cada vez mais complexo; alinhar o financiamento com as prioridades de longo prazo, ajudando a superar o incrementalismo nos orçamentos públicos e a visão de curto prazo nos mercados financeiros; aumentar a coerência das diferentes políticas de financiamento. O documento ressalta que, obviamente, as ações nacionais por si só não serão suficientes para financiar a implementação da Agenda 2030 e sublinhou a necessidade de cooperação e apoio internacional. A verdade é que as noções e programações que tínhamos sobre desenvolvimento mudaram, para a compreensão dos desafios contemporâneos, por meio de um novo paradigma de desenvolvimento global, e não somente um desafio "internacional". O desenvolvimento global deve, portanto, focar nos desafios coletivos e compartilhados, diante do fracasso da saúde pública de forma generalizada, sem distinção entre o Sul e o Norte, com atenção à sua natureza e

---

[60] ONU – Declaração Universal dos Direitos Humanos.
[61] BRASIL. Decreto nº 592, de 6 de julho de 1992.
[62] PAZ FERREIRA, ob. cit., p. 166.
[63] O autor cita as páginas 171 a 173 da Assembleia-geral da Declaração sobre o Direito ao Desenvolvimento (Cimeira da Terra), em 1986.
[64] PAZ FERREIRA, ob. cit., p. 184.
[65] NAÇÕES UNIDAS. *Finance*. Disponível em: https://sdgs.un.org/topics/finance. Acesso em: 2 abr. 2021.
[66] NAÇÕES UNIDAS. *Integrated national financing frameworks – a frameworkto build back better*. Disponível em: https://www.un.org/sites/un2.un.org/files/pb_87.pdf. Acesso em: 21 jan. 2022.

impactos desiguais na recuperação, sendo que o mundo mais sustentável e equitativo requer transformação e cooperação com todos os países, em vez de pressionar o mundo "em desenvolvimento" a se tornar mais parecido com o chamado mundo "desenvolvido".[67] O aumento da dívida é claro para todos os países, mas para os países com menor estabilidade acabam por sofrer com a fuga de capitais, baixa do valor das moedas locais e com uma massa de trabalhadores informais que foram imediatamente lançados para a pobreza. Lado a isso, há uma queda na arrecadação em razão da queda do consumo.

O Relatório de Perspectivas Econômicas Mundiais do Fundo Monetário Internacional[68] prevê que o grupo de economias avançadas como os Estados Unidos e Japão irão se recuperar mais rapidamente do que a área do euro e do Reino Unido, que deve permanecer com níveis de crescimento em 2022 abaixo dos níveis do final de 2019. Essa divergência reflete, em grande medida, as diferenças entre os países em respostas comportamentais e de saúde pública às infecções, flexibilidade e adaptabilidade da economia, atividade para baixa mobilidade, tendências preexistentes e rigidez estrutural entrando na crise.

Ainda de acordo com o relatório, o comércio de serviços deverá se recuperar mais lentamente do que os volumes de mercadorias, e o turismo será somente o transfronteiriço e de viagens de negócios, isso enquanto perdurar a transmissão. Será, como já se percebe, uma retomada desigual que depende da gravidade da crise de saúde em cada país e da extensão das interrupções na atividade e, mais importante, da eficácia do apoio político para limitar os danos persistentes.

E outra constatação referida no relatório do FMI é que o peso da crise caiu de forma desigual entre os grupos: trabalhadores com menos educação, mulheres,[69] jovens e trabalhadores informais cujas perdas de subsistência e renda foram desproporcionais, aumentando ainda mais a desigualdade existente. Os países devem ter atenção especial para trabalhar em paralelo para essa retomada do desenvolvimento.

No campo social, no Brasil, o Governo instituiu um auxílio emergencial e incrementou outras ações sociais que já existiam, como o benefício de ação continuada, além do Bolsa Família.

---

[67] OLDEKOP, Johan A. *et al.* COVID-19 and the case for global development, *World Development*, v. 134, 2020. Disponível em: https://www.sciencedirect.com/science/article/pii/S0305750X20301704. Acesso em: 21 jan. 2022.

[68] FMI. *Policy Support and Vaccines Expected to Lift Activity*. Disponível em: https://www.imf.org/en/~/link.aspx?_id=B52E2E0927854FC8823D98E147138A43&_z=z. Acesso em: 3 abr. 2021.

[69] As mulheres têm prioridade no recebimento do auxílio emergencial e no caso dos países da zona do euro, o Mecanismo de Resiliência, instituído REGULAMENTO (UE) 2021/241 DO PARLAMENTO EUROPEU E DO CONSELHO, de 12 de fevereiro de 2021, prevê expressamente em (28) As mulheres foram particularmente afetadas pela crise da covid-19, na medida em que constituem a maioria dos trabalhadores do setor da saúde em toda a União e que asseguram o equilíbrio entre a prestação de cuidados não remunerada e as suas responsabilidades no emprego. A situação é particularmente difícil para progenitores que exercem sozinhos as responsabilidades parentais, dos quais 85 % são mulheres. A igualdade de gênero e a igualdade de oportunidades para todos e a integração desses objetivos deverão ser tidas em consideração e promovidas ao longo da preparação e da execução dos planos de recuperação e resiliência apresentados nos termos do presente regulamento. Também é fundamental investir em infraestruturas de cuidados sólidas por forma a garantir a igualdade de gênero e a emancipação econômica das mulheres, a fim de construir sociedades resilientes, combater as condições precárias num setor dominado por mulheres, reforçar a criação de postos de trabalho, prevenir a pobreza e a exclusão social e por forma a ter um efeito positivo no produto interno bruto (PIB), na medida em que permite que um maior número de mulheres exerça um trabalho remunerado. Disponível em: https://eur-lex.europa.eu/legal-content/PT/TXT/?uri=CELEX:32021R0241. Acesso em: 21 jan. 2022.

De acordo com o Relatório de Perspectivas Econômicas Mundiais do FMI,[70] deve haver respostas sincronizadas para ampliar a eficácia da política com o impulso de investimento público sincronizado pelas maiores economias para aumentar a eficácia das ações individuais, enfatizando a infraestrutura verde e digitalização para aumentar o crescimento da produtividade. Com gastos sincronizados elevariam a produção global a médio prazo mais significativamente do que se os países gastassem a mesma quantia individualmente, sendo que isso já foi discutido em Nota de Vigilância do G20 de novembro de 2020. Cooperação multilateral mais estreita e redobrar os esforços de mitigação das mudanças climáticas.

Não se pode negar a tendência de uma internacionalização em matéria de finanças públicas, onde as despesas e receitas de um país não podem ser estabelecidas sem análise da repercussão em outros países, bem como se as receitas públicas provenientes de um Estado não importem, de certa forma, nas despesas a serem realizadas por outra nação.[71] As finanças públicas tornaram nos últimos anos, e particularmente com a pandemia, a exercer uma ação mais profunda que antes na vida das pessoas, no nível de emprego, dos investimentos correspondendo a uma influência internacional,[72] o que já é uma realidade.[73]

Cada país buscará suas soluções internas, mas o pensamento para sair da crise e reduzir a pandemia, e possíveis outras, deve partir de um esforço de reunião global. Portanto, é nesse contexto global que deve ser inserido o gestor público, na atuação em prol das finanças públicas e retomada do desenvolvimento, com fortes balizas na transparência, tendo a democracia como seu esteio; na *accountability*, pautada na governança entre todos os envolvidos, e com a fixação de marcos temporais preestabelecidos como metas, tanto para justificar decisões em termos comparativos como para a retomada do crescimento.

Informação bibliográfica deste texto, conforme a NBR 6023:2018 da Associação Brasileira de Normas Técnicas (ABNT):

CARVALHO, Vanessa Cerqueira Reis de. A responsabilidade subjetiva financeira do gestor público, com foco em seus limites temporais, lastreada no princípio da transparência fiscal e da *accountability* – finanças públicas saudáveis para o desenvolvimento econômico mundial. *In*: CONTI, José Maurício; MARRARA, Thiago; IOCKEN, Sabrina Nunes; CARVALHO, André Castro (coord.). *Responsabilidade do gestor na Administração Pública*: aspectos fiscais, financeiros, políticos e penais. Belo Horizonte: Fórum, 2022. p. 145-161. ISBN 978-65-5518-411-2. v.2.

---

[70] FMI. *Relatórios de Perspectivas Econômicas Mundiais*. Disponível em: https://www.imf.org/en/~/link.aspx?_id=B52E2E0927854FC8823D98E147138A43&_z=z. Acesso em: 21 jan. 2022.
[71] MARTINS, Antonio Carvalho. *As Finanças da Europa e a Política do Meio Ambiente*. Coimbra: Coimbra Editora, 1989, p. 5.
[72] MARTINS, ob. cit., p. 8.
[73] *Ibid.*, p. 14.

RESPONSABILIZAÇÃO DOS GESTORES PÚBLICOS APÓS O ART. 28 DA LINDB: O QUE ESTÁ ACONTECENDO NA PRÁTICA DO TCU?

VICTORIA MALTA CORRADINI

1 Introdução

A temática envolvendo o controle[1] da Administração Pública não é nova, mas tem ganhado cada vez mais projeção no momento em que vivenciamos um "discurso de controle"[2] ante as demandas (da sociedade e da mídia, em especial) por maior probidade e ética na gestão pública. A importância do tema é tal que fundamentou a inserção de 10 (dez) artigos no texto do Decreto-Lei nº 4.567/41, a Lei de Introdução às Normas do Direito Brasileiro (LINDB), introduzidas via Lei nº 13.655, de 25 de abril de 2018, e regulamentadas mais recentemente pelo Decreto nº 9.830, de 10 de junho de 2019 ("Regulamento").

As alterações na LINDB têm como pano de fundo os desafios que vinham (e vêm) sendo enfrentados pelos gestores públicos submetidos ao controle no Brasil: o enaltecimento das instituições de controle e o fortalecimento dos mecanismos voltados a essa finalidade têm impactado a gestão pública e as formas de agir da Administração Pública. Dentre tais impactos, a sobreposição e o "agigantamento" das esferas de controle podem ter o efeito de criar gestores públicos temerosos de desempenharem suas funções de forma mais eficiente e inovadora, sob pena de serem pessoalmente responsabilizados.

Para enfrentar esse desafio, foi introduzido o *art. 28* na LINDB, voltado a delimitar as hipóteses de responsabilização pessoal dos agentes públicos apenas nas situações em que tiver agido com *dolo* ou *erro grosseiro*.

---

[1] O termo "controle" é utilizado no sentido de acompanhar e monitorar a regularidade da ação administrativa. No dizer de Vitor Rhein Schirato, essa é a "acepção mais classicamente verificada no Direito Administrativo, eis que normalmente, ao se falar em controle de uma perspectiva administrativa, fala-se do controle sobre a Administração Pública no que concerne ao acompanhamento de suas atividades e à verificação dos resultados por ela obtidos". Cf. SCHIRATO, Vitor Rhein. *As empresas estatais no direito administrativo econômico atual*. São Paulo: Saraiva, 2016, p. 134.

[2] Cf. MARQUES NETO, Floriano de Azevedo; PALMA, Juliana Bonacorsi de. Os sete impasses do controle da administração pública no Brasil. *In*: PEREZ, Marcos Augusto; SOUZA Rodrigo Pagani de. *Controle da administração pública*. Belo Horizonte. Fórum, 2017, p. 22.

À luz desse contexto, este artigo se propõe a focar (i) na análise das inovações trazidas pelo art. 28 da LINDB em matéria de responsabilização dos gestores públicos, e (ii) na análise da recente jurisprudência do Tribunal de Contas da União (TCU) com relação à aplicação prática do art. 28 da LINDB.

2 O art. 28 da LINDB

A justificativa do Projeto de Lei do Senado (PLS) nº 349/2015,[3] que resultou na inclusão de novas disposições na LINDB, se baseia na premissa de que existem "distorções" na atividade jurídico-decisória pública, especialmente no controle exercido sobre as atividades da Administração Pública federal, estadual e municipal.

As distorções na atividade jurídico-decisória pública se relacionam à ampliação e ao fortalecimento das esferas de controle: o controle, se exercido em excesso, tem o condão de gerar um clima de apreensão geral na atuação dos gestores administrativos e pode levar à criação de gestores públicos temerosos de desempenharem suas funções e, consequentemente, ineficientes na medida em que têm receio de inovarem e serem pessoalmente responsabilizados por tais atos.

Esses riscos estão atrelados ao temor dos agentes públicos de serem submetidos a processos de responsabilização pessoal pelos órgãos de controle, ainda que tenham tomado decisões fundamentadas e agido de boa-fé, em razão de diferenças de opinião nas formas de utilização de recursos públicos ou de divergências políticas. De fato, dentre as "distorções" identificadas e listadas no PLS nº 349/2015, inclui-se a "instabilidade dos atos jurídicos públicos" (isto é, que os atos proferidos pela Administração Pública sejam posteriormente modificados ou invalidados nas várias instâncias de controle).

Essa distorção cria incentivos para que os gestores públicos atuem de modo uniforme mediante a aplicação pura e simples da lei. Rodrigo Pagani de Souza aponta que, diante do poder dos órgãos de controle e dos riscos de abuso que esse poder encerra, os gestores públicos ficariam acuados e, por conta disso, aqueles gestores probos e aplicados optam por agir na "zona de conforto da regularidade", ainda que em prejuízo de soluções mais inovadores e eficientes de gestão pública.[4] No mesmo sentido, Gustavo Binenbojm e André Cyrino destacam que apenas o "administrador médio está confortável e seguro", o qual possui incentivos para adotar uma "postura estritamente burocrática" e se apresentar como um "sujeito preso a ritos e cautelas que tendem a gerar paralisia decisória".[5]

---

[3] Vide "justificativa" do Projeto de Lei do Senado nº 349/2015, Disponível em: https://www25.senado.leg.br/web/atividade/materias/-/materia/121664. Acesso em: 6 out. 2021.

[4] "Ficam os gestores públicos – probos e aplicados, que certamente existem – compreensivelmente acuados ante tal poderia, especialmente diante dos riscos de abuso que ele encerra. São gestores públicos brasileiros que, embora honestos, tendem a não inovar em prol da melhoria dos serviços que lhes foram confiados, não ousar na assunção de maiores compromissos com a qualidade dos resultados da gestão pública, por receio de saírem da zona de conforto da "regularidade". Agem com "regularidade", ainda que em prejuízo de melhores resultados". Cf. SOUZA, Rodrigo Pagani de. Em busca de uma Administração Pública de resultados. In: PEREZ, Marcos Augusto; SOUZA Rodrigo Pagani de. Controle da administração pública. Belo Horizontal: Fórum, 2017. p. 50.

[5] BINENBOJM, G.; Cyrino, A. (2018). O Art. 28 da LINDB – A cláusula geral do erro administrativo. Revista de Direito Administrativo, 203-224. Disponível em: https://bibliotecadigital.fgv.br/ojs/index.php/rda/article/view/77655/74318. Acesso em: 19 nov. 2021.

Carlos Ari Sundfeld alerta para o fato de a Administração Pública atual, ao invés de priorizar a boa gestão pública com vistas a tornar sua atuação mais eficiente, acaba por limitar, controlar e, até mesmo, "ameaçar" os gestores públicos, em princípio suspeitos de desvios.[6]

Além disso, o modelo de controle pode incentivar os gestores públicos a deixarem de priorizar o atingimento de atividades-fim da Administração Pública e passarem a agir de forma a melhor atender aos questionamentos e demandas (muitas vezes excessivos) dos controladores. São inúmeros os exemplos de questionamentos a que os gestores públicos são rotineiramente submetidos no contexto de processos de tomada de contas, processos de auditoria, processos de fiscalização originados de representações ou denúncias, dentre outros, que acabam consumindo o tempo já escasso dos gestores públicos e recursos públicos. Por essa razão, o atingimento das atividades-fim da Administração Pública pode ser deixado de lado para o atendimento de demandas dos órgãos de controle.[7]

Nesse sentido, Floriano de Azevedo Marques Neto e Juliana Bonacorsi de Palma apontam o risco de a gestão pública se tornar mais morosa e ineficiente em decorrência de demandas excessivas dos controladores, possivelmente motivadas por uma presunção de ilegitimidade dos atos dos gestores públicos.[8]

O apego ao viés punitivista da atividade de controle foi chamado de "Direito Administrativo do Medo",[9] em razão de o gestor público bem-intencionado tender a optar por fazer o mínimo e somente aquilo necessário para manter seu emprego (atuar na zona de conforto da regularidade), sem correr o risco de adotar soluções mais criativas (e, por vezes, mais eficientes para a Administração Pública) com receio de que esta venha a ser interpretada como um ato ímprobo pelo controlador.

À luz desse cenário, as diretrizes que nortearam as alterações promovidas na LINDB embutem a necessidade de se "impedir a responsabilização injusta de autoridade em caso de revisão de suas decisões".[10] Para essa finalidade, o art. 28 da LINDB dispõe que o "agente público responderá pessoalmente por suas decisões ou opiniões técnicas *em caso de dolo ou erro grosseiro*". Esse dispositivo foi regulamentado pelo art. 12 do Regulamento, que define "erro grosseiro" como aquele "manifesto, evidente e

---

[6] "É verdade que, em abstrato, ninguém no mundo jurídico contesta que a ação administrativa tenha de ser eficiente e eficaz. Até a Constituição cobra "eficiência" da administração pública (art. 37). Mas vamos falar a verdade: a boa gestão pública não é a prioridade da legislação brasileira, muito menos de seus intérpretes. A prioridade tem sido outra: limitar e controlar ao máximo - até ameaçar - os gestores, em princípio suspeitos de alguma coisa". Cf. SUNDFELD, Carlos Ari. *Chega de axé no direito administrativo*. Disponível em: artigos-carlos-ari-sundfeld-chega-de-axe-no-direito-administrativo.pdf (sbdp.org.br). Acesso em: 26 set. 2021.

[7] Ao tratar desse fenômeno, Floriano de Azevedo Marques Neto e Juliana Bonacorsi de Palma argumentam que o atendimento das demandas dos controladores poderia ser atribuído ao "custo da democracia", mas ressaltam o impacto de um excesso de controle quando consideramos a "sobreposição de instituições de controle na gestão pública". Cf. MARQUES NETO, Floriano de Azevedo; PALMA, Juliana Bonacorsi de. *Os sete impasses* ... cit., p. 28.

[8] "Demandas excessivas dos controladores – talvez ensejadas por uma possível presunção de ilegitimidade da atuação administrativa – podem tornar a gestão pública mais morosa e ineficiente. Isso porque o tempo que seria dedicado à atividade-fim desloca-se para atender aos questionamentos dos controladores". Cf. MARQUES NETO, Floriano de Azevedo; PALMA, Juliana Bonacorsi de. *Os sete impasses*... cit., p. 28.

[9] Cf. GUIMARÃES, Fernando Vernalha. O Direito Administrativo do Medo: a crise da ineficiência pelo controle. Disponível em: O Direito Administrativo do Medo: a crise da ineficiência pelo controle (direitodoestado.com.br). Acesso em: 26 set. 2021.

[10] Cf. "justificativa" do Projeto de Lei do Senado nº 349/2015.

inescusável praticado com culpa grave, caracterizado por ação ou omissão com elevado grau de negligência, imprudência ou imperícia".[11]

Em síntese, nos termos da LINDB e do Regulamento, para que o agente público possa ser pessoalmente responsabilizado por alguma ação ou omissão que venha a causar danos ao erário, exige-se que o respectivo processo de responsabilização comprove que esse agente agiu com dolo[12] ou erro grosseiro, o que inclui situações de negligência grave, imprudência grave ou de imperícia grave.

O Regulamento deixa claro que o mero resultado danoso não é, por si só, suficiente para justificar a responsabilização do agente público caso não seja comprovado dolo ou erro grosseiro.[13] Em outras palavras, ainda que a ação ou omissão do agente público tenha causado um dano "expressivo" ao erário, esse agente não poderá ser pessoalmente responsabilizado se não restar comprovado que agiu com dolo ou erro grosseiro.

Diante disso, o art. 28 da LINDB é uma inovação voltada a conferir maior segurança jurídica ao gestor público que tem receio de ser pessoalmente responsabilizado por eventualmente agir de forma inovadora (e de boa-fé) no desempenho de suas funções públicas, evitando a responsabilização pessoal por erros "não grosseiros".[14]

3 Aplicação prática do art. 28 DA LINDB pelo TCU

O TCU tem ganhado crescente protagonismo em temas ligados ao controle dos atos da Administração Pública, especialmente porque tem competência para responsabilizar agentes públicos nas esferas administrativa e civil.[15]

---

[11] O Regulamento relaciona o termo "erro grosseiro" como aquele erro praticado com "culpa grave". Originalmente o PLS continha no próprio art. 28, §1º, uma definição do que seria o "erro escusável" que impediria o gestor público de ser pessoalmente responsabilizado, mas a redação foi rejeitada pelo Presidente da República. O conceito então incluído no projeto de lei pode ser útil para contextualizar o que o legislador pretendeu com essa limitação da responsabilidade do gestor público, veja-se: "Art. 28. (...) §1º Não se considera erro grosseiro a decisão ou opinião baseada em jurisprudência ou doutrina, ainda que não pacificadas, em orientação geral, ou, ainda, em interpretação razoável, mesmo que não venha a ser posteriormente aceita por órgãos de controle ou judiciais".

[12] O dolo se caracteriza pela intenção de agir de determinada maneira considerada irregular (dolo direto) ou no mínimo pela assunção do risco de fazê-lo (dolo eventual).

[13] Cf. art. 12, §5º, do Regulamento da LINDB: "§5º O montante do dano ao erário, ainda que expressivo, não poderá, por si só, ser elemento para caracterizar o erro grosseiro ou o dolo".

[14] "Era preciso cuidar do gestor que quer fazer uma boa administração a partir de abordagens inovadoras, mas tem medo de agir. O legislador precisava lidar com o receio de qualquer espécie de criatividade administrativa, de não se querer assumir o risco do erro. Com efeito, o rigoroso sistema de controles administrativo, que nem sempre é suficiente para inibir casos graves de má gestão e corrupção, acaba por dissuadir a ação daqueles que poderiam sugerir mudanças. (...) O art. 28, LINDB, tem o escopo de proteger o gestor com boas motivações. Para que ele possa assumir o risco de deferir e dormir bem." Cf. BINENBOJM, G.; Cyrino, A. (2018). O Art. 28 da LINDB – A cláusula geral... cit., p. 206. No mesmo sentido, de acordo com Relatório de Pesquisa 2021 – Aplicação dos Novos Dispositivos da Lei de Introdução às Normas do Direito Brasileiro (LINDB) pelo Tribunal de Contas da União, elaborado pelo Grupo Público da Escola de Direito da Fundação Getúlio Vargas de São Paulo, a "LINDB visa a trazer mais segurança jurídica ao ambiente estatal por meio de *proteção ao gestor público de boa-fé*, do reconhecimento de que interpretar normas faz parte do cotidiano da atividade administrativa e do equilíbrio das relações entre Administração Pública e controle externo. (...) O art. 28 foi criado com o objetivo de garantir um ambiente de maior segurança jurídica para gestores públicos bem-intencionados e inovadores". Disponível em: https://sbdp.org.br/wp/wp-content/uploads/2021/09/Relatorio-LINDB-pelo-TCU.pdf. Acesso em: 19 nov. 2021.

[15] Cf. art. 71, VII, c/c §3º, da Constituição Federal.

Com relação à responsabilização na esfera administrativa, o TCU pode aplicar as sanções administrativas de *multa*[16] e de *inabilitação*[17] sobre os gestores públicos.[18] Já na esfera civil, o gestor público pode ser pessoalmente responsabilizado se restar comprovado que sua ação ou omissão resultou em dano ao erário, sujeitando o responsável ao pagamento da dívida atualizada monetariamente, acrescida de juros de mora (essa forma de responsabilização é conhecida como "imputação de débito").[19] Na hipótese de imputação de débito, o TCU ainda poderá aplicar multa de até 100% do valor atualizado do dano causado.[20]

O TCU apresentou críticas ao projeto de lei que deu origem às alterações inseridas na LINDB. De forma geral, se posicionou contrário ao artigo 28, às demais alterações então pretendidas na LINDB e aos fundamentos contidos no projeto de lei que justificaram tais alterações.[21]

Com relação às distorções na atividade jurídico-decisória pública identificadas no projeto de lei, a Consultoria Jurídica do TCU entendeu que "[n]ão há dúvida de que os órgãos de controle evitam que tanto o agente público quanto a iniciativa privada se acomodem em uma zona de conforto. (...) Uma certa dose de preocupação de todos com o acerto de seus atos revela nada mais nada menos do que a deferência esperada de todos para com os valores maiores estampados na nossa Constituição Federal". Por outro lado, o TCU destaca que "não nos parece acertado concluir que os órgãos de controle são os responsáveis para insegurança jurídica, ineficiência e paralisia da Administração Pública".[22]

Ao comentar a redação do art. 28, a Consultoria Jurídica do TCU apontou que "pela proposta, o agente público pode ser negligente, imprudente e imperito que nada lhe acontecerá, pois estará isento de responsabilidade", assim como alertou para o risco deste dispositivo ser invocado pelos "maus intencionados e até por alguns bem intencionados, mas de perfil acomodado, para simplesmente permanecerem em suas

---

[16] Aplicável quando o TCU verifica a presença de alguma das hipóteses estipuladas no art. 58 da Lei nº 8.443/1992 (Lei Orgânica do TCU), incluindo "ato de gestão ilegítimo ou antieconômico de que resulte injustificado dano ao Erário" e "ato praticado com grave infração à norma legal ou regulamentar de natureza contábil, financeira, orçamentária, operacional e patrimonial". A Portaria TCU nº 15/2021 estipulou o valor máximo da multa prevista no art. 58 da Lei Orgânica em R$ 67.854,38.

[17] A sanção de inabilitação para o exercício de cargo em comissão ou função de confiança no âmbito da Administração Pública pode variar de cinco a oito anos. O TCU está autorizado a aplicar a penalidade de inabilitação sempre que, por maioria absoluta de seus membros, considerar grave a infração cometida pelo agente público (art. 60 da Lei nº 8.443/1992).

[18] O TCU também possui competência para a imposição da sanção de declaração de inidoneidade de empresa responsável por fraude comprovada à licitação (art. 46 da Lei nº 8.443/1992), mas essa sanção se relaciona mais fortemente às empresas privadas que contratam com a Administração Pública, e não aos gestores públicos.

[19] Cf. art. 19 da Lei nº 8.443/1992.

[20] Cf. art. 57 da Lei nº 8.443/1992.

[21] Vide parecer emitido pela Consultoria Jurídica do TCU. Disponível em: https://cdn.oantagonista.net/uploads/2018/04/PL-7448-2017-Inteiro-teor-Altera-LINDB-Parecer-Conjur-2018-04-20.pdf. Acesso em: 19 nov. 2021. No mesmo sentido, de acordo com as informações disponibilizadas no *website* do TCU, o "ministro-presidente do TCU – que já havia externado, publicamente, sua apreensão sobre o texto do PL – expôs, no dia 16 de abril, durante reunião como o presidente da República, os riscos envolvidos na conversão em norma jurídica dessa proposição legislativa. E, assim, sugeriu o veto total ou parcial ao PL, especialmente aos artigos 25 – que versa sobre ação declaratória de validade de ato, contrato, ajuste, processo ou norma administrativa –, 23 – sobre dever de transição – e 28 – acerca de dolo ou erro grosseiro". Disponível em: https://portal.tcu.gov.br/imprensa/noticias/tcu-promove-tres-encontros-para-avaliar-novas-normas-de-controle-da-lindb.htm. Acesso em: 19 nov. 2021.

[22] Vide parecer emitido pela Consultoria Jurídica do TCU. Disponível em: https://cdn.oantagonista.net/uploads/2018/04/PL-7448-2017-Inteiro-teor-Altera-LINDB-Parecer-Conjur-2018-04-20.pdf. Acesso em: 19 nov. 2021.

zonas de conforto ou, o que é mais preocupante, adotarem uma conduta, por longos anos, negligente, imprudente ou imperita".[23]

Em que pese a relevante contribuição do TCU a respeito do art. 28 e das demais inovações da LINDB, vivenciamos uma sobreposição de instâncias e modalidades de controle simultaneamente competentes para fiscalizar as ações da Administração Pública e suas interações com terceiros, incluindo o controle exercido por Tribunais de Contas, Ministérios Públicos, Controladorias, Advocacias Públicas, dentre outras esferas específicas de controle, tais como as agências reguladoras de setores regulados, o Banco Central, a Comissão de Valores Mobiliários e o Conselho Administrativo de Defesa Econômica, sem mencionar o próprio ativismo judicial.[24] Essas instâncias de controle têm agido sem uma coordenação e metodologia definida, gerando uma sobreposição de funções.

A sobreposição dessas instâncias de controle se liga diretamente às "distorções" identificadas e listadas no PLS nº 349/2015, especialmente quanto à "instabilidade dos atos jurídicos públicos" (modificação ou invalidação dos atos proferidos pela Administração Pública nas várias instâncias de controle), que operam em prejuízo à tomada de decisões pelos gestores públicos e contribuem para o receio de serem pessoalmente responsabilizados.

Por exemplo, em acórdão recente, o TCU destacou que a notícia de que o Ministério Público Federal havia arquivado a investigação sobre os mesmos fatos apurados no âmbito no TCU não interferiria em nada na tomada de contas em andamento à luz das independências das instâncias de controle, que permitiria julgar a mesma conduta de forma diversa, em ações de natureza penal, civil e administrativa. Nesse mesmo precedente, o TCU reforçou o entendimento de que "exerce a sua jurisdição financeira independent das demais instâncias, gozando de competências próprias e privativas (...) inexistindo litispendência entre o processo do TCU e outro versando sobre idêntica matéria no âmbito do Poder Judiciário".[25]

---

[23] Cf. parecer emitido pela Consultoria Jurídica do TCU. Disponível em: https://cdn.oantagonista.net/uploads/2018/04/PL-7448-2017-Inteiro-teor-Altera-LINDB-Parecer-Conjur-2018-04-20.pdf. Acesso em: 19 nov. 2021. No mesmo sentido é o relatório preliminar emitido pelo TCU. Disponível em: https://www.conjur.com.br/dl/analise-consultoria-juridica-tcu-lindb.pdf. Acesso em: 19 nov. 2021.

[24] Ativismo judicial aqui entendido como o desrespeito aos limites normativos substanciais da função jurisdicional. Cf. RAMOS, Elival da Silva. *Ativismo Judicial Parâmetros Dogmáticos*. São Paulo: Saraiva. 2010. p. 138.

[25] "À luz do princípio da independência das instâncias, além de precedentes de Tribunais Superiores, o TCU firmou entendimento no sentido de que ele exerce a sua jurisdição financeira independente das demais instâncias, gozando de competências próprias e privativas, estatuídas pela Constituição Federal e pela sua Lei Orgânica (Acórdãos 1.324/2006-TCU-1ª Câmara e 344 e 1.000/2015-TCU-Plenário, bem como MS nos 21.948-RJ, 21.708-DF, 23.625-DF e 25.880-DF, do STF, e MS nos 7.080-DF, 7.138-DF e 7.042-DF, do STJ), inexistindo litispendência entre o processo do TCU e outro versando sobre idêntica matéria no âmbito do Poder Judiciário. (...) 6. Relativamente à notícia de arquivamento, no âmbito do Ministério Público Federal, dos fatos investigados nestes autos, destaco a inexistência de amparo para condicionar o julgamento pela irregularidade de contas à ocorrência de ato de improbidade administrativa (Acórdão 1881/2014-TCU-Segunda Câmara, rel. Min. José Jorge), assim como realço a independência de instâncias, que permite julgar a mesma conduta de forma diversa, em ações de natureza penal, civil e administrativa (Acórdão 344/2015-TCU-Plenário, relatores respectivamente os Ministros Walton Alencar Rodrigues e Benjamin Zymler, respectivamente). 7. Ademais, não há bis in idem caso ocorra condenação do responsável a ressarcir o erário em processos de natureza distintas, uma vez que a parte pode demonstrar a uma das instâncias a quitação do débito já efetuada à outra. Apenas a sentença absolutória no juízo penal fundada no reconhecimento da inexistência material do fato tem habilidade para repercutir no TCU e afastar a imposição de obrigações e sanções de natureza administrativa (Acórdão 1836/2018-TCU-Plenário, 961/2018-Plenário, 726/2017-Primeira Câmara e 984/2015-Segunda Câmara). 8. Por relevante, louvando e pedindo escusas ao representante do Ministério Público Federal (peça176) que promoveu o arquivamento da investigação dos fatos

A sobreposição de instâncias acima mencionada leva gestores públicos a serem rotineiramente submetidos a processos de tomada de contas, auditoria, fiscalização, dentre outros, os quais, além de consumirem recursos públicos, podem levar à responsabilização pessoal. Por exemplo, na esfera de competência do TCU de responsabilização administrativa[26], os gestores públicos podem ser punidos com a sanção de multa se (i) não atenderem, no prazo fixado, a diligência de relatores ou de decisões do TCU, (ii) agirem de forma a obstruir o livre exercício das inspeções e auditorias determinadas, (iii) sonegarem documentos ou informações no contexto de inspeções ou auditorias realizadas pelo TCU, e (iv) descumprirem uma determinação do TCU.

À luz desses desafios no exercício das funções pelos gestores públicos, foram sancionadas e introduzidas na LINDB as disposições sobre segurança jurídica e eficiência na criação e na aplicação do Direito Público, especialmente em matéria de controle, e está em vigor o art. 28 e seu Regulamento.

Por todas essas razões, é relevante observar como o TCU vem aplicando o art. 28 da LINDB em matéria de responsabilização dos gestores públicos. Nessa análise foram considerados 24 processos julgados entre abril e setembro de 2021,[27] nos quais foram feitas ao menos referências ao art. 28 da LINDB. Essa pesquisa não se destina a esgotar os precedentes do TCU em matéria de responsabilização nesse período, mas apenas a identificar as principais linhas que vêm sendo utilizadas pelo TCU na aplicação do art. 28 com base em precedentes recentes.

Os resultados se dividem em três principais aspectos analisados: (1) a definição adotada pelo TCU quanto ao termo "erro grosseiro", (2) os impactos do art. 28 na responsabilização civil e administrativa de gestores por atos dolosos, e (3) os impactos do art. 28 na responsabilização civil e administrativa de gestores por atos culposos, os quais serão analisados em seções separadas de acordo com cada esfera de responsabilidade (civil e administrativa) por conta das particularidades de cada caso.

Cada um desses temas será abordado a seguir.

(i) Definição de "erro grosseiro"

Os Acórdãos nºs 2.309/2021– Plenário e 2.291/2021 – Plenário sintetizam processos que trazem indicativos de como o TCU vem interpretando e definindo o conceito de "erro grosseiro":

> A conduta culposa do responsável que foge ao referencial do 'administrador médio' utilizado pelo TCU para avaliar a razoabilidade dos atos submetidos a sua apreciação caracteriza

---

em apuração, no âmbito daquele respeitável órgão, sigo aqui o detalhado e percuciente trabalho das unidades técnicas deste Tribunal e do representante do Parquet de Contas, Subprocurador-Geral Lucas Rocha Furtado (peça 175), que, observadas suas competências, são contrárias às conclusões originais do MPF. Nesse sentido, como o arquivamento mencionado foi anterior às análises técnicas das unidades especializadas deste Tribunal, sou por enviar as presentes conclusões ao douto Procurador da República responsável pela investigação ministerial para os fins que entender cabíveis." (Voto do Min. Augusto Nardes no Acórdão nº 5.850/2021 – Segunda Câmara).

[26] Cf. art. 58 da Lei nº 8.443/1992.

[27] Acórdãos 11289/2021 – 1ª Câmara, 5850/2021 – 2ª Câmara, 2309/2021 – Plenário, 16435/2021 – 2ª Câmara, 2291/2021 – Plenário, 2286/2021 – Plenário, 2273/2021 – Plenário, 15157/2021 – Primeira Câmara, 15126/2021 – Primeira Câmara, 2147/2021 – Plenário, 2131/2021 – Plenário, 12435/2021 – Segunda Câmara, 2093/2021 – Plenário, 1292/2021, 2032/2021 – Plenário, 10901/2021 – Segunda Câmara, 10896/2021 – Segunda Câmara.

o 'erro grosseiro' a que alude o art. 28 do Decreto-lei 4.657/1942 (Lei de Introdução às Normas do Direito Brasileiro), incluído pela Lei 13.655/2018. Interpretação originada do Acórdão 1628/2018-TCU-Plenário, Relator: Benjamin Zymler.

O erro grosseiro a que alude o art. 28 do Decreto-lei 4.657/1942 (Lei de Introdução às Normas do Direito Brasileiro), incluído pela Lei 13.655/2018, fica configurado quando a conduta do agente público se distancia daquela que seria esperada do administrador médio, avaliada no caso concreto. Interpretação originada do Acórdão 2860/2018-TCU-Plenário, Relator: Augusto Sherman.

Para fins do exercício do poder sancionatório do TCU, pode ser tipificado como erro grosseiro (art. 28 do Decreto-lei 4.657/1942 - Lindb) o descumprimento de normativo da entidade pelo gestor, especialmente o que resultar em danos materialmente relevantes. Interpretação originada do Acórdão 2677/2018-TCU-Plenário, Relator: Benjamin Zymler.

Em especial, o Acórdão nº 2.291/2021 – Plenário faz referência ao Acórdão nº 2.860/2018 – Plenário, segundo o qual o termo "erro grosseiro" é equiparável ao conceito de "culpa grave".

Nesse Acórdão nº 2.860/2018, o Min. Bruno Dantas elaborou declaração de voto detalhando que o erro grosseiro não é a simples conduta culposa do responsável que foge ao referencial do 'administrador médio' utilizado pelo TCU; para sua caracterização, deve existir uma distância *"plus"* do referencial do administrador médio. Isto é, o erro grosseiro é o que decorreu de uma grave inobservância de um dever de cuidado, isto é, que foi praticado com culpa grave.

Assim, nas palavras do Min. Bruno Dantas, não é qualquer desvio em relação à postura do homem médio que caracterizaria o erro grosseiro, mas sim aquele erro que seja equiparado "à negligência *extrema*, imperícia ou imprudência *extraordinárias*, que só uma pessoa *bastante* descuidada ou imperita comete. É o erro que poderia ser percebido por pessoa com diligência abaixo do normal, ou seja, que seria evitado por pessoa com nível de atenção aquém do ordinário, consideradas as circunstâncias do negócio. *Não se trata*, portanto, de 'culpa' simples ou leve, de mera culpa atribuível a qualquer desvio em relação à postura do homem médio. *O contrário seria supor que a lei conteria termo inútil e não traria qualquer inovação ao que já havia sendo adotado pelos órgãos julgadores*" (Declaração de Voto do Min. Bruno Dantas no Acórdão 2860/2018 – Plenário – grifamos).

Por essa razão, o Min. Bruno Dantas entendeu que o critério do "homem médio" ou do "administrador médio" não seria adequado para fins de caracterização do erro grosseiro, sendo necessário avaliar a presença da culpa grave (negligência extrema, imperícia ou imprudência extraordinárias).

Essa relativização do critério do "administrador médio" vem sendo utilizada em outros processos recentes do TCU (por exemplo, no Acórdão nº 2.291/2021 – Plenário), que têm dado maior ênfase à aproximação da noção de erro grosseiro àquela de culpa grave ao avaliar o elemento subjetivo de agentes públicos sujeitos à sua jurisdição.

De acordo com relatório de pesquisa sobre a aplicação da LINDB, essa aproximação com a ideia de culpa grave "agrega novos elementos que são compatíveis com a LINDB", pelas seguintes razões:

> Um deles é a menção à necessidade de se avaliar o nível de diligência do agente público à luz das "circunstâncias" do caso concreto, diretriz essa que está alinhada à regra prevista no art. 22, §1º, da LINDB (...). Além disso, atrelar o conceito de erro grosseiro ao de "grave inobservância de um dever de cuidado", como faz o Acórdão 2.391/2018 – Plenário, tende

a conferir, ao menos em tese, maior segurança jurídica e previsibilidade à atuação do TCU em processos de responsabilização. Isso porque a noção de "dever de cuidado" remete à existência de algum texto normativo que formalmente preveja o padrão de comportamento esperado do agente público.[28]

Além desse sentido de erro grosseiro contido nos processos analisados – isto é, de aproximação do erro grosseiro ao conceito de culpa grave –, identificou-se outros três sentidos distintos utilizados pelo TCU na caracterização do erro grosseiro com base em outros precedentes datados desde a entrada em vigor do art. 28 da LINDB, quais sejam: (1) a utilização do termo para a caracterização de condutas específicas que são submetidas à análise do TCU como erro grosseiro,[29] com a edição de enunciados que informam os tipos de irregularidades entendidas como erro grosseiro, (2) o descumprimento de normas jurídicas,[30] e (3) o descumprimento de determinação expedida pelo TCU.[31]

A ampliação das hipóteses de definição do conceito de erro grosseiro, incluindo a crescente edição de enunciados voltados ao enquadramento de condutas específicas no conceito de erro grosseiro, vem gerando questionamentos quanto à tendência de utilização desse conceito como instrumento de tipificação de condutas pelo TCU em reforço à sua competência sancionatória, ao invés de ser utilizado de modo a impor um maior rigor no ônus argumentativo pelo TCU na avaliação da culpabilidade do gestor público em cada caso concreto (isto é, na ponderação sobre se a irregularidade cometida seria um erro escusável capaz de afastar a responsabilização pessoal do gestor).[32]

---

[28] Cf. Relatório de Pesquisa 2021 – Aplicação dos Novos Dispositivos da Lei de Introdução às Normas do Direito Brasileiro (LINDB) pelo Tribunal de Contas da União. Disponível em: https://sbdp.org.br/wp/wp-content/uploads/2021/09/Relatorio-LINDB-pelo-TCU.pdf. Acesso em: 19 nov. 2021.

[29] "O TCU caracteriza como erro grosseiro condutas específicas que lhe chegam a controle: "a prestação de contas dos recursos oriundos do Fundo Nacional de Assistência Social (...) desacompanhada do parecer do Conselho Municipal de Assistência Social" (ac.4778/19-1ª C.); "o direcionamento de licitação para marca específica sem a devida justificativa" (ac.1264/19-P); "a realização de pagamento antecipado sem justificativa do interesse público na sua adoção" (ac.185/19-P); ou "a autorização de pagamento sem a devida liquidação da despesa" (ac.2699/19-1ª C.)". Cf. JORDÃO, Eduardo; TRISTÃO, Conrado. O que é erro grosseiro para o TCU? Disponível em: https://www.jota.info/opiniao-e-analise/colunas/controle-publico/o-que-e-erro-grosseiro-para-o-tcu-27052020. Acesso em: 29 nov. 2021.

[30] "O TCU entende por erro grosseiro o mero descumprimento de normas jurídicas: "grave ofensa a norma orçamentário-financeira" (ac.2659/19-P); "desconsideração de (...) normas de responsabilidade contábil" (ac.2924/18-P); "inobservância de normas contábeis aplicáveis" (ac.2892/19-P); "graves inobservâncias a disposições afetas aos procedimentos licitatórios" (ac.986/19-P)". Cf. JORDÃO, Eduardo; TRISTÃO, Conrado. O que é erro grosseiro ... cit.

[31] "O TCU diz ser erro grosseiro 'o descumprimento, sem a devida motivação, de determinação expedida pelo TCU' (ac.1941/19 P)." Cf. JORDÃO, Eduardo; TRISTÃO, Conrado. O que é erro grosseiro ... cit.

[32] "Após a edição da Lei n. 13.655/2018, o TCU já divulgou 18 enunciados de jurisprudência em que se descrevem condutas que podem ser enquadradas como erro grosseiro. O uso da ideia de erro grosseiro com o objetivo de fixar, em abstrato, os tipos de irregularidade que podem gerar a responsabilização de gestores públicos não parece cumprir a finalidade principal do art. 28 da LINDB, que seria a de delimitar, com maior precisão, as circunstâncias que tornam escusável determinado erro cometido pelo gestor público. Ao criar uma lista de condutas objetivamente qualificáveis como erro grosseiro, o Tribunal apenas reitera o fato de que essas condutas violam o ordenamento jurídico, em vez de se concentrar na verificação dos fatores subjetivos que tornariam essa violação aceitável ou não. Em outras palavras, caberia à legislação definir quais condutas encontram-se vedadas, ao passo que a aplicação do art. 28 pelos órgãos de controle deveria girar em torno da seguinte questão: considerando as circunstâncias específicas do caso concreto e a realidade vivenciada pelo gestor público, o erro cometido pode ser perdoado? Contudo, em parte dos casos analisados, não foi esse o raciocínio empregado pelo TCU. A pesquisa revela que o TCU, nesses primeiros dois anos de aplicação do dispositivo, pode ter dado menos importância à verificação do elemento verdadeiramente subjetivo do jurisdicionado, isto é, suas circunstâncias pessoais, suas atribuições funcionais, sua diligência e sua culpa, e mais importância à criação ou

(ii) Responsabilização (civil ou administrativa) por condutas dolosas: ausência de efeitos do art. 28 em caso de dolo

O art. 28 da LINDB não tem impactado os casos de responsabilização de gestores públicos por condutas dolosas. Antes das alterações promovidas na LINDB, a jurisprudência do TCU já permitia a responsabilização administrativa ou civil quando comprovado o dolo do agente infrator. Após a entrada em vigor do art. 28 da LINDB, essa possibilidade permanece (eis que o art. 28 autoriza a responsabilização pessoal em casos de dolo ou erro grosseiro).

De todo modo, com base nos precedentes analisados e na jurisprudência do TCU, verifica-se que a grande maioria dos processos de responsabilização pessoal dos gestores públicos envolve situações de condutas culposas (e não dolosas).

(iii) Responsabilização civil (imputação em débito) por condutas culposas: mitigação da aplicação do art. 28 em casos de reparação de danos

No entendimento do TCU, as alterações promovidas na LINB, em especial no art. 28, não têm o condão de modificar os requisitos necessários para a responsabilidade financeira por débito (responsabilização na esfera civil). O dever de indenizar os prejuízos ao erário permanece sujeito à comprovação de dolo ou culpa, sem qualquer gradação entre as situações de culpa levíssima, leve ou grave (isto é, desconsiderando se a conduta foi praticada com ou sem erro grosseiro).

Vide, nesse sentido, os seguintes exemplos:

> Especificamente quanto à possível aplicação do artigo 28 da LINDB (Lei 13.655/2018), esclareça-se que *o dispositivo não alcança as questões discutidas nestes autos, por se tratar expressamente de condenação em débito. Ou seja, o conceito de gradação da culpa revela-se inadequado quando se trata do dever de reparar ou indenizar por danos causados ao erário, consoante já decidiu este Tribunal em vários julgados*. Nesse sentido, relembro que a interpretação do aludido art. 28 não atinge os requisitos necessários à responsabilidade financeira pelo débito - o dever de indenizar os prejuízos ao erário permanece sujeito à comprovação de dolo ou culpa (Acórdão 2391/2018-TCU-Plenário e 5.547/2019-TCU-1ª Câmara). (Voto do Min. Vital do Rêgo no Acórdão 11289/2021 – Primeira Câmara – grifamos)

> 16. Por fim, relativamente ao art. 28 da Lei 13.655/2018, o qual, segundo o citado memorial, socorreria o recorrente Ednaldo Rodrigues de Almeida, que supostamente não teria agido com dolo ou erro grosseiro nos atos de gestão em exame - os quais ao final resultaram em prejuízo ao Erário, por culpa do mencionado recorrente, dentre outros -, refuto tal argumentação utilizando-me das palavras do Exmo. Ministro Benjamin Zymler, quando, ao relatar o recente Acórdão 2391/2018-TCU-Plenário (Sessão de 17/10/2018), asseverou: 146. Isso ocorre porque *as alterações promovidas na LINB (sic), em especial no art. 28, não provocaram uma modificação nos requisitos necessários para a responsabilidade financeira por débito*. 147. O dever de indenizar os prejuízos ao erário permanece sujeito à comprovação de dolo ou culpa, sem qualquer gradação, como é de praxe no âmbito da responsabilidade aquiliana, inclusive para fins de regresso à administração pública, nos termos do art. 37, §6º, da Constituição: "6º As pessoas jurídicas de direito público e as de direito privado

---

ao uso de presunções de erro grosseiro." Cf. Relatório de Pesquisa 2021 – Aplicação dos Novos Dispositivos da Lei de Introdução às Normas do Direito Brasileiro (LINDB) pelo Tribunal de Contas da União. Disponível em: https://sbdp.org.br/wp/wp-content/uploads/2021/09/Relatorio-LINDB-pelo-TCU.pdf. Acesso em: 19 nov. 2021.

prestadoras de serviços públicos responderão pelos danos que seus agentes, nessa qualidade, causarem a terceiros, assegurado o direito de regresso contra o responsável nos casos de dolo ou culpa." (grifos acrescidos). 148. Como regra, *a legislação civil não faz nenhuma distinção entre os graus de culpa para fins de reparação do dano. Tenha o agente atuado com culpa grave, leve ou levíssima, existirá a obrigação de indenizar.* A única exceção se dá quando houver excessiva desproporção entre a gravidade da culpa e o dano. Nesta hipótese, o juiz poderá reduzir, equitativamente, a indenização, nos termos do art. 944, parágrafo único, do Código Civil. 149. No presente caso, compreendo que o responsável agiu com culpa na consumação da irregularidade, não havendo nenhuma desproporcionalidade entre o seu grau de negligência, verificado no cometimento do ato inquinado, e o dano que causou ao erário. (Acórdão 2391/2018-TCU-Plenário e 5.547/2019-TCU-1ª Câmara). (Voto do Min. Augusto Nardes no Acórdão 5850/2021 – Segunda Câmara – grifamos)

> A responsabilização subjetiva foi caracterizada por meio da identificação da conduta omissa e culposa do recorrente na supervisão e determinação da correção das irregularidades verificadas nos autos (pagamentos indevidos e prorrogações contratuais com fragilidades na justificativa da vantajosidade econômica) e da demonstração do nexo de causalidade entre a conduta culposa e as irregularidades. Por este motivo, *não se aplica a disposição do art. 28 da Lei 13.655/2018 (dolo ou erro grosseiro)*." (relatório contido no Acórdão 2273/2021 – Plenário – grifamos)

Alguns dos votos recentes em matéria de responsabilidade civil sequer invocam os dispositivos da LINDB para fundamentar a decisão de responsabilização do gestor público, bastando a indicação do elemento de dolo ou culpa (em qualquer grau), a comprovação do dano ao erário e o nexo de causalidade entre a conduta do agente e o dano. Por exemplo:

> No que concerne à alegação da inocorrência de conduta dolosa, também estou de acordo com a Serur de que *a responsabilidade dos jurisdicionados perante o TCU é de natureza subjetiva, caracterizada mediante a presença de simples culpa stricto sensu*, sendo desnecessária a caracterização de conduta dolosa ou de má-fé do gestor para que ele seja instado a ressarcir os prejuízos que tenha causado ao erário, circunstância que, aliás, restou demonstrado nos autos, evidenciada a relação entre a conduta culposa do ex-prefeito e o dano ao erário por ele causado. (Voto do Min. Augusto Nardes no Acórdão 16435/2021 – Segunda Câmara – grifamos).[33]

A pesquisa mostra que o TCU vem expressamente afastando a necessidade de identificação de erro grosseiro como pressuposto para imputação de débito ao gestor, eis que o parâmetro do erro grosseiro não se aplica aos processos de responsabilização civil de agentes públicos.

Na visão do TCU, a Constituição Federal (art. 37, §6º) e a legislação civil (art. 186 do Código Civil) não fazem nenhuma distinção entre os graus de culpa para fins de

---

[33] No mesmo sentido: "A responsabilidade dos jurisdicionados perante o TCU é de natureza subjetiva, caracterizada mediante a presença de simples culpa stricto sensu, sendo desnecessária a caracterização de conduta dolosa ou má-fé do gestor para que este seja responsabilizado. Desse modo, é suficiente a quantificação do dano, a identificação da conduta do responsável que caracterize sua culpa, seja por imprudência, imperícia ou negligência, e a demonstração do nexo de causalidade entre a conduta culposa (stricto sensu) e a irregularidade que ocasionou o dano ao erário" (Acórdão nº 635/2017-TCU-Plenário, de relatoria do Ministro Aroldo Cedraz, constante da "Jurisprudência Selecionada"). Outro exemplo é o Acórdão nº 12.435/2021 – Segunda Câmara.

reparação do dano. Tenha o agente atuado com culpa grave, leve ou levíssima, existirá a obrigação de indenizar. Por consequência, o TCU continua a imputar débito a agentes públicos que agiram com culpa levíssima ou leve, sendo desnecessária a comprovação de culpa grave ou erro grosseiro para a responsabilização.

Por outro lado, em recente processo envolvendo a imputação de débito e de multa com base no art. 57 da Lei nº 8.443/1992, o ministro relator fez uso do conceito de "erro grosseiro" como elemento para fundamentar a responsabilização civil do gestor público, o que conflita com o posicionamento adotado nos precedentes citados de que a análise da presença do erro grosseiro não seria aplicável para os casos de responsabilidade financeira por débito, nos seguintes termos:

> 46. Com relação à multa, registro, inicialmente, que o Sr. Eduardo Marques de Souza, ao atuar na condição de dirigente de entidade que recebeu recursos oriundos de convênio celebrado com a União, agiu como gestor público, *o que atrai a incidência do regime da LINDB, com vistas à eventual aplicação de sanção.* 47. No caso, verifico que o responsável atuou com *grave negligência*, pois pactuou com o Ministério do Turismo a execução de convênio com importante objetivo social, assumindo diversos compromissos finalísticos e de execução financeira com vistas à regular utilização dos valores transferidos. Tais obrigações foram descumpridas, como revela o acervo probatório carreado aos autos. 48. Em minha visão, o conjunto fático permite afirmar que *o dirigente atuou com grande distanciamento frente ao dever de cuidado objetivo esperado*, pois violou frontalmente a disciplina normativa que rege a realização de convênios e instrumentos congêneres. 49. Dessa forma, compreendo que a atitude do Sr. Eduardo Marques de Souza é *passível de ser punida com multa, por configurar a ocorrência de erro grosseiro na gestão dos recursos públicos. Logo, reputo atendidos os pressupostos do art. 28 da LINDB.* (...) 54. Em face dessas premissas, *entendo cabível a aplicação de multa fundada no art. 57 da Lei 8.443/1992* ao Sr. Eduardo Marques de Souza, no valor de R$ 90.000,00, o qual equivale a aproximadamente 10% do valor do débito atualizado. (Voto do Min. BENJAMIN ZYMLER no Acórdão 15157/2021 – Primeira Câmara – grifamos).

No mesmo sentido, no julgamento de embargos de declaração que tinham o objetivo de reformar o Acórdão nº 686/2019 – Plenário (de imputação de débito e da multa prevista no art. 57 da Lei nº 8.443/1992), o ministro relator também fez uso do conceito de erro grosseiro para justificar a responsabilização civil do gestor, apontando que as condutas ali analisadas se adequavam ao "conceito de erro grosseiro, praticado com culpa grave, caracterizado por omissão com elevado grau de negligência":

> (...) justificam o juízo de mérito das contas do Sr. Antônio José Domingues de Oliveira Santos (pela irregularidade) e a *aplicação da multa prevista no art. 57 da Lei 8.443/1992*. 50. De fato, configurou-se grave omissão no desempenho das atribuições de supervisão hierárquica e acompanhamento por parte do então Presidente do Sesc/Senac (omissão com *elevado* grau de negligência), caracterizado pela *grave* inobservância do dever de cuidado, ou seja, praticado com *culpa grave* (...). Diante dessas circunstâncias, os elementos acostados aos autos permitem concluir que a conduta do Sr. Antônio José Domingues de Oliveira Santos, à luz do art. 12, §1º, do Decreto 9.830/2019, *adequa-se perfeitamente ao conceito de erro grosseiro, praticado com culpa grave, caracterizado por omissão com elevado grau de negligência* no dever de presidir o Conselho Nacional do Sesc/Senac e de cumprir com suas atribuições, dentro da competência funcional que lhe foi estabelecida pelos Regulamentos do Sesc e do Senac. Assim, rejeito as alegações constantes dos presentes embargos no sentido da impossibilidade de responsabilizar o recorrente, na condição de Presidente do Sesc/Senac,

diante da não caracterização de dolo ou erro grosseiro." (Voto do Min. Augusto Nardes no Acórdão 2147/2021 – Plenário – grifamos)

Cumpre destacar que identificamos outro processo – datado de setembro de 2018 – no qual o TCU afastou em sede de recurso de reconsideração as penalidades de imputação em débito e de multa (previstas nos artigos 19 e 57 da Lei nº 8.443/1992), que haviam sido previamente impostas ao gestor público, em razão da aplicação do art. 28 da LINDB, com base no entendimento de inexistência de erro grosseiro:

> (...) o Sr. Ildefonso estava no cargo de secretário há menos de um mês e nele permaneceu por apenas mais um mês. Penso que sua responsabilização pela decisão adversada, tendo por razoável dele se exigir uma atuação proativa de adotar as providências adequadas para exigir a complementação documental das contas então apresentadas, não se sustenta diante das alterações introduzidas pela Lei 13.655/2018, que alterou a Lei de Introdução às Normas do Direito Brasileiro (LINDB). (...) Nesse cenário, a menos que reste devidamente comprovado que o gestor máximo da pasta assistencial tenha atuado de forma deliberada a inviabilizar o adequado seguimento das contas apresentadas, *entendo que sua omissão, pelo interregno de apenas um mês, não foge do comportamento esperado de um homem médio, razão pela qual não se afigura como conduta suficiente a caracterizar erro grosseiro e, assim, ensejar sua responsabilização*, a teor do disposto no art. 28 da Lei 13.655/2018. Com essas considerações, *entendo que a condenação* imposta ao Sr. Ildefonso Antônio Tito Uchoa Lopes pelo Acórdão 4371/2016-TCU-Segunda Câmara *deve ser afastada* e suas contas julgadas regulares com ressalvas (Voto do Min. Vital do Rêgo no Acórdão 8327/2018 – Segunda Câmara – grifamos).

Estes processos indicam que ainda há divergências na aplicação do art. 28 para fins de responsabilização civil de gestores públicos. Em alguns processos, o TCU se refuta a analisar o elemento do erro grosseiro, com base no entendimento de que essa análise seria dispensável e desnecessária em casos envolvendo a imputação de débito e da multa prevista no art. 57 da Lei nº 8.443/1992. Em outros casos, utiliza-se o conceito de erro grosseiro justamente para fundamentar a responsabilização do gestor público (ou o afastamento da penalidade, tal como visto no Acórdão nº 8.327/2018 – Segunda Câmara), em clara contradição ao posicionamento anterior.

(iv) Responsabilização administrativa por condutas culposas: possibilidade de afastamento da penalidade na ausência de erro grosseiro

Já nos casos de responsabilização administrativa que ensejariam a aplicação da multa prevista no art. 58 da Lei nº 8.443/1992, verifica-se precedentes nos quais o TCU procedeu à análise do grau de culpabilidade do agente público como pressuposto para imposição da sanção, tendo inclusive afastado a aplicação de multa diante da baixa reprovabilidade da conduta (isto é, diante da inexistência de erro grosseiro). Por exemplo:

> Considerando que a *culpabilidade é pressuposto de aplicação de qualquer sanção*, entendo que, no presente caso, pelas razões acima elencadas e detalhadas no relatório que antecede este voto, *não há reprovabilidade suficiente da conduta*, consideradas as atenuantes mencionadas, que justifique a aplicação de multa ao responsável. (Voto do Min. Raimundo Carreiro no Acórdão 2309/2021 – Plenário – grifamos)

Cumpre destacar que o voto proferido no Acórdão nº 2.309/2021 não fez menção direta ao art. 28 da LINDB (ou a outros dispositivos da LINDB) ao analisar o grau de culpabilidade do agente público, mas se baseia nas considerações da unidade técnica do TCU, que, por sua vez, se utiliza do conceito de "erro grosseiro" contido no art. 28 da LINDB para afastar a hipótese de responsabilização administrativa, analisando se o ato foi efetivamente praticado com "grave infração" e se está presente o elemento de "erro grosseiro" como requisito de aplicação da pena, nos seguintes termos:

> No ponto, considerando as incertezas que envolvem qualquer processo negocial dessa extensão e natureza, entendemos que *não se tenha caracterizado ato praticado com grave infração à norma legal ou regulamentar de natureza contábil, financeira, orçamentária, operacional ou patrimonial, ou ato de gestão ilegítimo ou antieconômico de que resulte injustificado dano ao Erário. Assim, afasta-se a possibilidade de aplicação de multa do art. 58, inciso II, da Lei 8.443/1992 ao responsável*. No tocante ao exame do elemento subjetivo da conduta materializada nos atos administrativos adotados pelo dirigente, a Lei 13.665/2018 (Lei de Introdução às Normas do Direito Brasileiro – LINDB) trouxe ao cenário jurídico diversas inovações conceituais. Nessa linha, exige-se, para apenação, de ordinário, a presença dos elementos dolo ou culpa. *Exige-se, também, a nosso sentir, presença do erro grosseiro. (...). Por conseguinte, o agente atuou de maneira culposa, sem a presença de erro grosseiro*. Assim, ainda sobre a conduta do responsável, essa resultou em ato desconforme aos arts. 10, 11 e 18, inciso XIII, do Regimento Interno da ANP, todos da autoria do agente – relação de nexo causal. *Sobre a culpabilidade, a fortiori, não se constatou reprovabilidade na atuação do agente a ponto de ensejar aplicação de penalidade*. (Relatório da SeinfraPetróleo no Acórdão 2309/2021 – Plenário – grifamos)

Na mesma linha, no Acórdão nº 2.291/2021 – Plenário, o TCU afastou a penalidade de um dos agentes públicos investigados por entender que a conduta analisada não configurava erro grosseiro (ali entendido como culpa grave). Nesse caso, o TCU destacou que, embora fosse atribuir algum grau de culpa ao gestor público submetido ao processo de responsabilização dada a sua posição de autoridade máxima do órgão contratante, não era "esperado" que ele esmiuçasse cada uma das cláusulas do edital da licitação para eventualmente questionar ou afastar as restrições à competitividade do certame ali analisado, nos seguintes termos:

> Compulsando-se as informações presentes nos autos e cotejando-as com as orientações acima, *não restou possível concluir* que a abertura da fase externa da pré-qualificação 1/2009 ou a rejeição dos recursos interpostos pelas licitantes inabilitadas ou ainda a abertura da fase externa da concorrência 2/2010 e sua posterior homologação *consubstanciem a prática, pelo responsável, de ato com erro 'inescusável praticado com culpa grave*, caracterizado por ação ou omissão com elevado grau de negligência, imprudência ou imperícia' definido no art. 12, §1º, do Decreto 9.830/2019, restando apenas o 'nexo de causalidade entre a conduta e o resultado danoso' previsto no §3º. (...) *A unidade instrutora propõe acolher as razões de justificativa apresentadas pelo então secretário de estado, por não vislumbrar em sua conduta a ocorrência de culpa grave a caracterizar erro grosseiro passível de aplicação de penalidade*. (...) Quanto à responsabilidade do Secretário de Estado do Meio Ambiente, dos Recursos Hídricos e da Ciência e Tecnologia da Paraíba à época dos fatos, Francisco Jácome Sarmento, corroboro as conclusões da SeinfraCOM. Conforme anotou a unidade instrutora, o secretário agiu amparado em uma série de pareceres emitidos pela assessoria jurídica da secretaria e da controladoria-geral do estado, os quais não suscitaram questionamentos ou óbices relacionados à potencial restrição à competitividade do certame. Embora como autoridade máxima do órgão tivesse atribuição para rever os atos em qualquer fase, *entendo que não era*

esperado que o secretário esmiuçasse cada uma das cláusulas editalícias na mesma profundidade que os agentes públicos que atuaram diretamente na elaboração desses instrumentos, na apreciação dos recursos ou na confecção de pareceres técnicos e jurídicos. Portanto, *ainda que possa lhe atribuir algum grau de culpa no caso aqui examinado, dada a possibilidade de revisão dos atos dos seus subordinados, não me parece que tenha agido com elevado grau de culpabilidade a caracterizar erro grosseiro* como no caso da presidente da comissão permanente de licitação. (Voto do Min. Bruno Dantas no Acórdão 2291/2021 – Plenário – grifamos).

Em outros processos (indicados no relatório do Acórdão nº 2.309/2021 – Plenário) o TCU indicou a possibilidade de afastar a aplicação da multa prevista no art. 58 da Lei nº 8.443/1992 diante da inexistência de indícios de prejuízo ao erário (Acórdão 70/2020-TCU-Plenário) e/ou considerando os obstáculos e as dificuldades reais enfrentadas pelo gestor na linha do que dispõe o art. 22 da LINDB (Acórdão nº 60/2020 - Plenário; Acórdão nº 2.463/2019 - Primeira Câmara), conforme seguintes exemplos:

> Na aplicação de sanções, o TCU deve considerar os obstáculos e as dificuldades reais enfrentadas pelo gestor, bem como ponderar se as circunstâncias do caso concreto limitaram ou condicionaram a ação do agente (art. 22 do Decreto-lei 4.657/1942 - Lindb). Interpretação originada do Acórdão 60/2020-TCU-Plenário, Relator: Ana Arraes.
>
> Em caráter excepcional, havendo circunstâncias atenuantes e inexistindo quaisquer indícios de prejuízo ao erário ou de locupletamento, pode o TCU rejeitar as razões de justificativa do responsável, sem, contudo, aplicar-lhe a multa do art. 58 da Lei 8.443/1992, com base na interpretação do art. 22, §2º, do Decreto-lei 4.657/1942 (Lindb). Interpretação originada do Acórdão 70/2020-TCU-Plenário, Relator: Aroldo Cedraz.
>
> Na aplicação de sanções, o TCU deve considerar a natureza e a gravidade da infração, os danos que dela provieram para a Administração Pública, as circunstâncias agravantes ou atenuantes e os antecedentes do agente, nos termos do art. 22, §2º, do Decreto-lei 4.657/1942 (Lei de Introdução às Normas do Direito Brasileiro). Interpretação originada do Acórdão 2463/2019-TCU-Primeira Câmara, Relator: Bruno Dantas.

Tais processos indicam que, nos casos de responsabilização administrativa, o TCU admite a possibilidade de afastamento da penalidade (e não da tipicidade da conduta investigada). Isto é, o TCU não afastou a tipicidade da conduta, mas sim concluiu que essa conduta típica não ensejaria a aplicação de uma sanção no caso concreto, afastando a responsabilização pessoal considerando a inexistência de erro grosseiro (art. 28 da LINDB) e os obstáculos e as dificuldades reais enfrentadas pelo gestor (art. 22 da LINDB).

4 Conclusões

Nos termos do art. 28 da LINDB e do seu Regulamento, para que o agente público possa ser pessoalmente responsabilizado por alguma ação ou omissão que venha a causar danos ao erário, tais dispositivos exigem que o respectivo processo de responsabilização comprove que esse agente agiu com dolo ou erro grosseiro. O Regulamento deixa claro que o mero resultado danoso não é, por si só, suficiente para justificar a responsabilização do agente público caso não seja comprovado dolo ou erro grosseiro.

O art. 28 da LINDB é uma inovação voltada a conferir maior segurança jurídica ao gestor público que tem receio de ser pessoalmente responsabilizado por eventualmente agir de forma inovadora (e de boa-fé) no desempenho de suas funções públicas. Assim, esse dispositivo visa afastar a penalização do gestor bem-intencionado por erros "não grosseiros" e pelo cometimento de um erro escusável.

Dada a relevância das mudanças promovidas pelo art. 28 sobre a atividade de controle, este artigo se propôs a analisar como o TCU vem aplicando o art. 28 da LINDB. Os resultados se dividiram em três principais aspectos: (1) a definição adotada pelo TCU quanto ao termo "erro grosseiro", (2) os impactos do art. 28 na responsabilização civil e administrativa de gestores por atos dolosos, e (3) os impactos do art. 28 na responsabilização civil e administrativa de gestores por atos culposos.

Sobre a definição utilizada pelo TCU, os precedentes analisados indicam que o erro grosseiro tem sido equiparado à culpa grave (negligência extrema, imperícia ou imprudência extraordinárias, que só uma pessoa bastante descuidada ou imperita comete); exige-se, portanto, um fator *"plus"* com relação ao referencial do administrador médio.

Reitera-se que o TCU também tem empregado outros parâmetros para a caracterização do erro grosseiro a depender do caso, quais sejam: (1) a utilização desse conceito como um critério para a edição de enunciados voltados a identificar os atos ilícitos que ensejam a responsabilização pessoal dos gestores públicos, (2) o descumprimento de normas jurídicas, e (3) o descumprimento de determinação expedida pelo TCU.

A ampliação das hipóteses de definição do conceito de erro grosseiro tem gerado questionamentos quanto à tendência de utilização desse conceito como instrumento de tipificação de condutas pelo TCU em reforço à sua competência sancionatória, e não como um modo de impor um maior rigor no ônus argumentativo na avaliação da culpabilidade do gestor público em cada caso concreto (isto é, na ponderação, pelo TCU, sobre se a irregularidade cometida seria um erro escusável capaz de afastar a responsabilização pessoal do gestor).

Com relação ao segundo ponto, o art. 28 da LINDB não tem impactado as apurações de responsabilização de gestores públicos por condutas dolosas. Após a entrada em vigor do art. 28 da LINDB, permanece inalterada a possibilidade de responsabilização administrativa ou civil quando comprovado o dolo do agente infrator (eis que o art. 28 autoriza a responsabilização pessoal em casos de dolo ou erro grosseiro).

Por sua vez, o art. 28 da LINDB tem produzido efeitos sobre os casos de responsabilização por condutas culposas, com diferenças importantes a depender da natureza da responsabilidade (civil ou administrativa).

Na esfera civil, os precedentes analisados indicam que a aplicação do art. 28 está sendo substancialmente mitigada pelo TCU, que vem afastando a necessidade de identificação de erro grosseiro (ou culpa grave) como pressuposto para imputação de débito e da multa prevista no art. 57 da Lei nº 8.443/1992. Na visão do TCU, a legislação civil não faz nenhuma distinção entre os graus de culpa para fins de reparação do dano, existindo a obrigação de indenizar independentemente de o agente ter agido com culpa grave (ou erro grosseiro), leve ou levíssima.

No entanto, processos recentes mostram que ainda há divergências na aplicação do art. 28 para fins de responsabilização civil de gestores públicos. Em alguns precedentes analisados, o TCU fez uso do conceito de erro grosseiro justamente para fundamentar a responsabilização civil do gestor público (com a imputação de débito e aplicação conjunta de multa), em contradição ao posicionamento já mencionado de que esse conceito não seria aplicável a essa esfera de responsabilização.

Com relação à responsabilização administrativa, os precedentes do TCU apontam que o Tribunal vem se utilizando do conceito de "erro grosseiro" na análise do grau de culpabilidade do gestor público, tendo inclusive afastado a aplicação da sanção com fundamento na inexistência de erro grosseiro. Nesses precedentes, o TCU analisa se está presente o elemento de "erro grosseiro" na conduta omissiva ou comissiva do gestor público como requisito de aplicação da pena.

Diante da forma como os dispositivos da LINDB vêm sendo aplicados, verifica-se que o alcance dos objetivos pretendidos com o art. 28 da LINDB (quais sejam, o de conferir maior segurança e previsibilidade aos gestores públicos e limitar sua responsabilização pessoal aos erros de natureza grave) depende em grande medida da forma como tal dispositivo vem sendo e ainda será interpretado pelos órgãos de controle.

No que diz respeito ao controle exercido pelo TCU, a aplicação do art. 28 da LINDB está sendo afastada nos casos de imputação de débito (ou apenas utilizada com o objetivo de reforçar a condenação). Como os casos de responsabilização civil são bastante representativos com base na amostra de precedentes analisados, a interpretação adotada pelo TCU (de não aplicação do art. 28 para os processos de responsabilização pessoal envolvendo reparação de danos) acaba por mitigar os objetivos pretendidos com o art. 28.

Na hipótese de o TCU manter esse entendimento para os casos de responsabilização civil, um caminho possível para compatibilizar o posicionamento do TCU aos objetivos pretendidos com o art. 28 da LINDB seria a aplicação da multa prevista no art. 57 da Lei nº 8.443/1992 *apenas* para os casos em que estiver presente o elemento do erro grosseiro, eis que (i) de um lado, essa metodologia garantiria a reparação integral do dano ao erário, tal como defendido pelo TCU (isto é, garantindo a reparação do débito prevista no art. 19, *caput*, da Lei nº 8.443/1992), e (ii) de outro lado, afastaria a aplicação de multas significativas para os casos de erros escusáveis (isto é, evitando as multas previstas no art. 57 de até cem por cento do valor atualizado do débito), levando em consideração que o TCU já possui discricionariedade para optar por aplicar ou não essa multa.[34]

Referências

BINENBOJM, Gustavo. *Uma Teoria do Direito Administrativo*. Rio de Janeiro, Renovar, 2014.

BINENBOJM, Gustavo; CYRINO, André. O Art. 28 da LINDB – A cláusula geral do erro administrativo. Revista de Direito Administrativo, Rio de Janeiro, p. 203-224, nov. 2018. ISSN 2238-5177. Disponível em: fgv.br. Acesso em: 26 set. 2021.

CAMPANA, P. de S. P. A cultura do medo na administração pública e a ineficiência gerada pelo atual sistema de controle. *Revista de Direito*, v. 9, n. 01, p. 189-216, 11 out. 2017. Disponível em: https://periodicos.ufv.br/revistadir/article/view/252703892017090107/pdf. Acesso em: 26 set. 2021.

RAMOS, Elival da Silva. *Ativismo Judicial Parâmetros Dogmáticos*. São Paulo: Saraiva. 2010.

GRINBERG, Mauro. Em coautoria com ATHIAS, Daniel Tobias. Cade e judicialização: análise do mérito. Disponível em: https://www.jota.info/opiniao-e-analise/artigos/cade-e-judicializacao-analise-do-merito-19082019. Acesso em: 26 set. 2021.

---

[34] O art. 57 da Lei nº 8.443/1992 dispõe que o TCU "poderá" aplicar multa de até cem por cento do valor atualizado do dano causado ao erário.

GUIMARÃES, Fernando Vernalha. *O Direito Administrativo do Medo*: a crise da ineficiência pelo controle. Disponível em: direitodoestado.com.br. Acesso em: 26 set. 2021.

JORDÃO, Eduardo. *Controle judicial de uma administração pública complexa*: a experiência estrangeira na adaptação da intensidade do controle. São Paulo: Malheiros, 2016.

JORDÃO, Eduardo. Levando a deferência a sério. Disponível em: http://www.sbdp.org.br/wp/wp-content/uploads/2020/05/Jord%C3%A3o12.05.pdf. Acesso em: 26 set. 2021.

JORDÃO, Eduardo. Art. 22 da LINDB – Acabou o romance: reforço do pragmatismo no direito público brasileiro. *Revista de Direito Administrativo*, Rio de Janeiro, p. 63-92, nov. 2018. ISSN 2238-5177. Disponível em: http://bibliotecadigital.fgv.br/ojs/index.php/rda/article/view/77650/74313. Acesso em: 26 set. 2021.

JORDÃO, Eduardo; TRISTÃO, Conrado. O que é erro grosseiro para o TCU? Disponível em: https://www.jota.info/opiniao-e-analise/colunas/controle-publico/o-que-e-erro-grosseiro-para-o-tcu-27052020. Acesso em: 29 nov. 2021.

JUSTEN FILHO, Marçal. Art. 20 da LINDB – Dever de transparência, concretude e proporcionalidade nas decisões públicas. *Revista de Direito Administrativo*, Rio de Janeiro, p. 13-41, nov. 2018. ISSN 2238-5177. Disponível em: http://bibliotecadigital.fgv.br/ojs/index.php/rda/article/view/77648. Acesso em: 26 set. 2021.

LOUREIRO, Caio de Souza. Em coautoria com MARQUES NETO, Floriano de Azevedo. O Regime de Controle e Fiscalização das Parcerias Público-Privadas – O Papel do Projeto Executivo. *Revista de Direito Público da Economia*, v. 42, p. 81-107, 2013.

OLIVEIRA, Gustavo Henrique Justino de; SCHIEFLER, G. H. C. Justa Causa e Juízo de Prelibação (Admissibilidade) na Ação de Improbidade: a proteção e preservação dos direitos e garantias dos requeridos frente à busca de maior eficiência judicial no combate à corrupção na Era da Operação Lava Jato. *Revista SÍNTESE Responsabilidade Pública*, v. 12, p. 311-327, 2017.

RIBEIRO, Leonardo Coelho. Na dúvida, dorme tranquilo quem indefere, e o Direito Administrativo como caixa de ferramentas. Disponível em: http://www.direitodoestado.com.br/colunistas/leonardo-coelho-ribeiro/na-duvida-dorme-tranquilo-quem-indefere-e-o-direito-administrativo-como-caixa-de-ferramentas. Acesso em: 26 set. 2021.

PALMA, Juliana Bonacorsi de. Para o controle, reputação é poder. Disponível em: https://www.jota.info/opiniao-e-analise/colunas/controle-publico/para-o-controle-reputacao-e-poder-31052017. Acesso em: 26 set. 2021.

PEREZ, Marcos Augusto; SOUZA Rodrigo Pagani de. *Controle da administração pública*. Belo Horizontal: Fórum, 2017.

SCHIRATO, Vitor Rhein. *As empresas estatais no direito administrativo econômico atual*. São Paulo: Saraiva, 2016.

SUNDFELD, Carlos Ari. *Direito Administrativo para Céticos*. 2. ed. São Paulo: Malheiros, 2014.

SUNDFELD, Carlos Ari. Chega de axé no direito administrativo. Disponível em: artigos-carlos-ari-sundfeld-chega-de-axe-no-direito-administrativo.pdf (sbdp.org.br). Acesso em: 26 set. 2020

SUNDFELD, Carlos Ari; CÂMARA, Jacintho Arruda. Controle das contratações públicas pelos Tribunais de Contas. *Revista de Direito Administrativo*, Rio de Janeiro, v. 257, p. 111-144, mai. 2011. ISSN 2238-5177. Disponível em: http://bibliotecadigital.fgv.br/ojs/index.php/rda/article/view/8589. Acesso em: 26 set. 2021.

SUNDFELD, Carlos Ari; VORONOFF, Alice. Art. 27 da LINDB – Quem paga pelos riscos dos processos? *Revista de Direito Administrativo*, Rio de Janeiro, p. 171-201, nov. 2018. ISSN 2238-5177. Disponível em: http://bibliotecadigital.fgv.br/ojs/index.php/rda/article/view/77654. Acesso em: 26 set. 2021.

Informação bibliográfica deste texto, conforme a NBR 6023:2018 da Associação Brasileira de Normas Técnicas (ABNT):

CORRADINI, Victoria Malta. Responsabilização dos gestores públicos após o art. 28 da LINDB: o que está acontecendo na prática do TCU? In: CONTI, José Maurício; MARRARA, Thiago; IOCKEN, Sabrina Nunes; CARVALHO, André Castro (coord.). *Responsabilidade do gestor na Administração Pública*: aspectos fiscais, financeiros, políticos e penais. Belo Horizonte: Fórum, 2022. p. 163-180. ISBN 978-65-5518-411-2. v.2.

A INELEGIBILIDADE DECORRENTE DA IRREGULARIDADE DAS CONTAS DE GESTÃO RECONHECIDA PELO TRIBUNAL DE CONTAS: CRÍTICAS AO MODELO VIGENTE

ANDRÉ ZECH SYLVESTRE

1 Introdução

De acordo com o §9º do artigo 14 da Constituição Federal, "Lei complementar estabelecerá outros casos de inelegibilidade e os prazos de sua cessação, a fim de proteger a probidade administrativa, a moralidade para exercício de mandato considerada vida pregressa do candidato, e a normalidade e legitimidade das eleições contra a influência do poder econômico ou o abuso do exercício de função, cargo ou emprego na administração direta ou indireta".

A matéria regulamentada pela Lei Complementar nº 64/90 (Lei da Inelegibilidade) sofreu sensíveis mudanças com a edição da Lei Complementar nº 135/2010 (Lei da Ficha Limpa), destacando-se, para os fins desta pesquisa, a nova redação dada à hipótese de inelegibilidade constante do art. 1º, inciso I, alínea "g".

Da simples exigência de que a irregularidade na prestação de contas fosse insanável, por decisão irrecorrível do órgão competente, o que geraria um período de inelegibilidade de cinco anos, desde que a questão não tivesse sido judicializada – hipótese em que sua incidência seria suspensa –, passou a nova legislação a exigir, em acréscimo, que a irregularidade insanável caracterize "ato doloso de improbidade administrativa", além de elevar para oito anos o período da inelegibilidade e impedir que a mera discussão judicial da questão seja suficiente para o afastamento da regra, o que somente ocorre com a obtenção de provimento judicial que suspenda ou anule a decisão denegatória do registro.

De acordo com Luiz Carlos dos Santos Gonçalves, as principais inovações introduzidas pela LC nº 135/2010 foram a i) ampliação dos casos de inelegibilidade, ii) sua geração por decisões colegiadas, embora recorríveis, e iii) a fixação do prazo comum de oito anos para a restrição.[1]

---

[1] GONÇALVES, Luiz Carlos dos Santos. *Direito Eleitoral*. 3. ed. rev., atual. e ampl. São Paulo: Atlas, 2018, p. 135.

De acordo com o mesmo autor, ao comentar a inelegibilidade constante do art. 1º, inciso I, alínea "g", da LC nº 64/90, "não há necessidade de que tenha havido condenação, processo ou representação ao Ministério Público para que a irregularidade possa receber estes contornos de improbidade administrativa", sendo certo que "o requisito da configuração de ato doloso de improbidade administrativa é para qualificação da insanabilidade do vício, permitindo o afastamento de irregularidades meramente contábeis".[2]

Há na hipótese, pois, uma espécie de "condenação virtual" do gestor pela prática de alguma das infrações tipificadas na Lei nº 8.429/1992, a ser realizada pela Justiça Eleitoral, para os fins restritos da inelegibilidade ali prevista, isto é, saber da presença de um elemento negativo ao registro de candidatura.

É a Justiça Eleitoral a responsável pela definição da presença da "irregularidade insanável que configura ato doloso de improbidade administrativa", sendo sua a qualificação jurídica da irregularidade apontada pelo órgão competente no julgamento das contas para fins de incidência da inelegibilidade.

Tal estado de coisas, como não poderia deixar de ser, desperta uma série de questionamentos, sobretudo porque o acórdão do Tribunal de Contas, de que se vale a Justiça Eleitoral para negar o registro do candidato, com base na inelegibilidade prevista no art. 1º, inciso I, alínea "g", da LC nº 64/90, é fruto de procedimento administrativo com finalidade absolutamente estranha à verificação da ocorrência de improbidade administrativa, possuindo peculiaridades próprias do controle externo, a impor uma atuação tempestiva, célere e ampla, de modo que a cognição presente nestes feitos, em grande parte dos casos, mostra-se limitada no plano horizontal e sumária no plano vertical.

Objetiva o presente estudo, assim, lançar os olhos sobre essa – incongruente, segundo nos parece – relação e suas consequências.

2 Breve análise histórica da causa de inelegibilidade fixada no art. 1º, inciso I, alínea "g", da LC nº 64/90

Em substituição à Lei Complementar nº 5, de 29 de julho de 1971, votada por um Congresso controlado pelo Poder Executivo, no auge do regime autoritário, sancionou-se, no dia 18 de maio de 1990, após verdadeiro esforço conjunto de ambas as Casas do Congresso, a Lei Complementar nº 64/1990, com o objetivo de regulamentar o art. 14, §9º, da Constituição Federal, cuja redação, à época, era a seguinte: "Lei complementar estabelecerá outros casos de inelegibilidade e os prazos de sua cessação, a fim de proteger a normalidade e legitimidade das eleições contra a influência do poder econômico ou o abuso do exercício de função, cargo ou emprego na administração direta ou indireta".

Na anterior carta constitucional a matéria estava prevista no art. 151 da Emenda Constitucional nº 1, de 1969, remetendo à lei complementar o estabelecimento dos casos de inelegibilidade e os prazos respectivos, com vistas a preservar "o regime democrático", "a probidade administrativa", "a normalidade e legitimidade das eleições contra a influência ou o abuso do exercício de função, cargo ou emprego públicos da administração direta ou indireta, ou do poder econômico" e a "moralidade para o exercício do mandato, levada em consideração a vida pregressa do candidato".

---

[2] *Op. cit.*, p. 162.

Entre os casos de inelegibilidade previstos pela Lei Complementar nº 5/1970, figurava "os que tenham sido condenados ou respondam a processo judicial, instaurado por denúncia do Ministério Público recebida pela autoridade judiciária competente, por crime contra a segurança nacional e a ordem política e social, a economia popular, a fé pública e a administração pública, o patrimônio ou pelo direito previsto no art. 22 desta Lei Complementar, enquanto não absolvidos ou penalmente reabilitados" (art. 1º, inciso I, alínea "n").

O Supremo Tribunal Federal, por ocasião do julgamento do RE nº 86.667,[3] no qual figurou o Ministro Moreira Alves como relator, foi chamado a se manifestar sobre o dispositivo. O caso envolvia um prefeito municipal, denunciado por crime de peculato, cometido ao tempo que exercia tais funções e cujas contas restaram desaprovadas pelo Tribunal de Contas.

O entendimento do Relator pela constitucionalidade da referida inelegibilidade baseou-se, em síntese, nos seguintes argumentos:

> (...)
> Considero, assim, que, ao editar a Lei Complementar nº 5/70, e ao estatuir, entre os casos de inelegibilidade, o do art. 1º, I, n, ora em debate, se conteve o legislador na autorização constitucional.
> Não considerou ele qualquer infração penal, mas aquelas que, afetando a candidatos a cargos eletivos, porque nelas envolvidos, pudesse comprometer o regime democrático (segurança nacional, ordem política e social, economia popular, etc.), a probidade administrativa ou a moralidade para o exercício do mandato (a fé pública, a administração pública e o patrimônio).
> Demais, exigiu a instauração da ação penal; e foi além, por denúncia do Ministério Público; e, somente, após recebida.
> Por fim, para prevenir abusos na arguição infundada de inelegibilidade, considerou crime eleitoral dito procedimento (Lei Complementar nº 5/70, art. 22), última das infrações consideradas, certo visando preservar o regime democrático.
> (...)

As razões constantes do voto-vista do Ministro Leitão de Abreu são ainda mais contundentes quanto às razões que afastariam a pretendida pecha de inconstitucionalidade do indigitado dispositivo:

> (...)
> A letra 'n', do inciso I, do art. 1º da Lei Complementar n. 5/70, na parte que é atacada, afronta, com esta clareza, a Constituição?
> O pomo de discórdia encontra-se na convicção de uns de que se presume inocente o acusado até que seja ele condenado, enquanto que, na de outros, inexiste esta presunção, ou, em última hipótese, o princípio só tem aplicabilidade ao direito penal.
> Não entraremos nesta seara, porque ela já foi, larga e eruditamente, exposta por ambas as correntes e, além de não sermos capaz de acrescentar qualquer novidade aos argumentos expendidos, em um e outro sentido, não vemos necessidade de neles nos apoiarmos, para o deslinde da questão.

---

[3] RE nº 86.667, Relator(a): MOREIRA ALVES, Tribunal Pleno, julgado em 16.12.1977, DJ 01.04.1977 PP-01972 EMENT VOL-01053-04 PP-01052.

É que o dispositivo, data venia daqueles que votaram antes de mim, não se prende apenas ao fato de se considerar ou não inocente a pessoa, denunciada, mas ainda não condenada. Ele é mais amplo.

O que o nº IV do art. 151 da Constituição teve por objetivo foi evitar que exerça o mandato aquele que, normalmente, não se encontra apto ao seu exercício, ou melhor, desejou apurar a moralidade do candidato, tanto que acrescenta: "levada em consideração a vida pregressa do candidato".

Ora, pode ser inocentado, até por decisão judicial, aquele que é denunciado por determinado crime, e, no entanto, serem duvidosos seus princípios morais.

Daí, todas as Organizações Judiciárias, nos concursos para o ingresso na magistratura, permitem que a Comissão do Concurso, em sessão secreta, verifique, ante os documentos ou mesmo informações colhidas, se o candidato está, moralmente, apto para o exercício das funções.

(...)

Portanto, o problema, não é de presunção ou não de ser o cidadão denunciado inocente, antes de sua condenação, mas de saber se ele está moralmente apto ao exercício do mandato. O dispositivo constitucional fala em "moralidade para o exercício do mandato, levada em consideração a vida pregressa do candidato".

Ora, fixar a lei, como uma prova de moralidade, não estar o candidato denunciado por um dos crimes ali enunciados, não me parece haver afrontado o dispositivo constitucional. Pode ter sido rigorosa; inconstitucional, não.

Além disso, a pessoa denunciada por peculato, não resta dúvida, é de moralidade duvidosa, o que seria suficiente para não se poder considerar este fato como violador do n. IV do art. 151 da Constituição.

Daí não se poder dizer que a lei, considerando o denunciado por peculato como moralmente inapto para o exercício do mandato, haja ferido a Constituição.

Conforme se verifica do noticiário da época, bem assim dos anais do Congresso Nacional, a discussão acerca da nova Lei Complementar, tratando das inelegibilidades, teve como pano de fundo uma grande disputa entre grupos de poder.

Após chamá-la de "Lei Santos-Roriz", o Senador Carlos Alberto afirmou que "esse projeto é exatamente para retirar dois homens de circulação", acrescentando que "o projeto Santos-Roriz se vai satisfazer a alguns partidos em São Paulo, que não vão poder contar com Sílvio Santos participando; talvez, em Brasília, não vá ter Joaquim Roriz nem Hélio Costa, em Minas Gerais".[4]

A pretendida inelegibilidade dos então detentores de cargos no Executivo e sobretudo os prazos para que os comunicadores deixassem os respectivos veículos de comunicação anteriormente às eleições foram os grandes pontos de divergência entre os grupos de poder da época, não sendo desconhecido, quanto a este último, o *lobby* exercido na Constituinte pela bancada da comunicação.[5]

Nesse sentido, cumpre rememorar a inelegibilidade do apresentador Sílvio Santos, julgada pelo Tribunal Superior Eleitoral no ano anterior, conforme noticiado pelo Jornal Folha do Comércio, na publicação do dia 10 de novembro de 1989.[6]

---

[4] Disponível em: http://memoria.bn.br/pdf/170054/per170054_1989_35047.pdf.

[5] De acordo com Venício Lima e Cristiano Lopes, a bancada da comunicação, por ocasião da Constituinte, era formada por 146 parlamentares, dentre um total de 559 deputados e senadores. LIMA, Venício A. de; LOPES, Cristiano. Rádios comunitárias: coronelismo eletrônico de novo tipo (1999- 2004). *In*: LIMA, Venicio Artur de. *Regulação das comunicações*: história, poder e direitos. São Paulo: Paulo, 2011, p. 9.

[6] Disponível em: http://memoria.bn.br/pdf/170054/per170054_1989_35047.pdf.

A dificuldade na composição dos diversos interesses políticos, presente na aprovação da Lei Complementar nº 64/1990, é bem evidenciada pela manifestação do Senador Fernando Henrique Cardoso:

> Houve um entendimento entre a Câmara e o Senado, referendado pelos Partidos e por suas lideranças. Mais ainda: houve concessões de todos os lados, com vários parlamentares presentes, como os Senadores Marcos Maciel, Jarbas Passarinho, Ronan Tito etc.
> O modo de trabalhar foi claro e aqui foi dito: os interesses em jogo também estão expostos, completamente expostos, e ter interesse não desmerece ninguém. Mas estão expostos; e a nossa decisão está aqui neste substitutivo do Senador Francisco Rollemberg, que visa precisamente evitar o casuísmo.
> O que é casuísmo? É, pela Lei, impedir ou proteger uma decisão que deve ser do Tribunal. Não cabe a nós, por método de votação, num projeto que não tem nada a ver com essa matéria diretamente, coibir uma decisão do Tribunal.[7]

O casuísmo de algumas das disposições constantes da novel lei complementar não passou ao largo do Ministro Presidente do TSE, Francisco Rezek, conforme se vê de entrevista dada ao Jornal do Brasil, publicada em 14 de fevereiro de 1990,[8] quando afirmado que, não obstante o objetivo da lei – ainda não aprovada naquele momento – fosse a proteção da normalidade e moralidade do pleito, evitando a influência do poder, "por omissão estão beneficiados os dirigentes de grandes empresas estatais e de autarquias", acrescentando, nesse sentido, que "a política brasileira continua no estágio da suspeição", considerando ser "primário o recurso à desincompatibilização, sinal de que a fraude existe como costume político", para concluir, ao final, que "nossos antecedentes são conhecidos, tanto quanto a impunidade, daí as restrições".

Especificamente quanto ao art. 1º, inciso I, alínea "g", constata-se que a inelegibilidade decorrente da desaprovação das contas pelos Tribunais de Contas foi objeto de preocupação dos parlamentares, isso, basicamente, por duas razões: (i) erros ou deficiências nessa apreciação, somente detectáveis pelo Judiciário após o pleito, a impedir sua candidatura; e, sobretudo, (ii) a utilização da hipótese legal para perseguições políticas pelos Tribunais.

Essas preocupações podem ser extraídas da fala do então Senador Fernando Henrique Cardoso:

> Em tese isso é possível, mas a intenção do Senador Francisco Rollemberg, ao acolher sugestões de outros companheiros aqui do Senado e da Câmara, foi a de evitar, como chamou a atenção V. Exª., que por um ato, às vezes, de política local, um Tribunal de Contas ou um Conselho de Contas impeça alguém de ser candidato. Então, se essa pessoa recorrer ao Judiciário de alguma maneira ela já se torna elegível porque está subjudice.[9]

Com a aprovação da Lei Complementar nº 64/1990, referido dispositivo dispôs serem inelegíveis:

---

[7] Disponível em: http://www.senado.leg.br/publicacoes/anais/pdf/Anais_Republica/1990/1990%20Livro%204.pdf.
[8] Disponível em: http://memoria.bn.br/pdf/030015/per030015_1990_00310.pdf.
[9] Disponível em: http://www.senado.leg.br/publicacoes/anais/pdf/Anais_Republica/1990/1990%20Livro%204.pdf.

Os que tiverem suas contas relativas ao exercício de cargos ou funções públicas rejeitadas por irregularidade insanável e por decisão irrecorrível do órgão competente, salvo se a questão houver sido ou estiver sendo submetida à apreciação do Poder Judiciário, para as eleições que se realizarem nos 5 (cinco) anos seguintes, contados a partir da data da decisão.

As eleições de 1992, primeiras sob a vigência da referida norma, evidenciaram, contudo, que a ressalva para os casos em que "a questão houver sido ou estiver sendo submetida à apreciação do Poder Judiciário" muito dificultou a aplicação da inelegibilidade, conforme se verifica da entrevista intitulada "inelegibilidade fictícia", veiculada no jornal Folha de São Paulo, dada pelo então Presidente do Tribunal Superior Eleitoral, Ministro Paulo Brossard:

> Ocorre que a norma, aparentemente severa, se converte em ludíbrio patente, pois raramente a desaprovação das contas de administrador municipal, por mais ímprobo que ele seja, acarretará sua inelegibilidade; basta que antes de vir a ser novamente candidato o ex-prefeito, que teve desaprovadas suas contas pela Câmara Municipal segundo o parecer do Tribunal de Contas, ingresse em juízo alegando o que lhe aprouver, para que a inelegibilidade se desfaça (...) basta o ajuizamento da ação para que o milagre se opere; de mais a mais, a ação está sujeita ao duplo grau de jurisdição, cabendo sempre recurso para a instância superior. Quer isto dizer que, quando a ação chegar ao seu desfecho, o ex-prefeito que tenha sido eleito novamente já terá concluído o seu segundo mandato.[10]

Influenciada por tais circunstâncias, foi publicada, em 7 de junho de 1994, a Emenda Constitucional de Revisão nº 4, alterando a norma do art. 14, §9º, da Constituição Federal, para inserir, como objetos a serem protegidos pela Lei Complementar das Inelegibilidades ali prevista, em acréscimo aos outros valores já constantes do dispositivo, a "probidade administrativa, a moralidade para o exercício do mandato, considerada a vida pregressa do candidato".

Apesar dos diversos projetos de lei apresentados nesse ínterim, a Lei Complementar nº 64/1990, incluindo seu art. 1º, inciso I, alínea "g", somente veio a ser alterada vinte anos depois, por meio da conhecida "Lei da Ficha Limpa", conforme veremos a seguir.

3 A inelegibilidade decorrente da rejeição de contas públicas à luz da Lei da Ficha Limpa (Lei Complementar nº 135/10): aspectos gerais e requisitos para sua incidência

Não obstante a alteração do art. 14, §9º, da CF/88, com o objetivo de considerar, para fins de inelegibilidade, a vida pregressa do candidato, tornou-se pacífico na jurisprudência o entendimento pela não autoaplicabilidade do dispositivo, fato que impulsionou a sociedade civil, por meio do Movimento de Combate à Corrupção Eleitoral (MCCE), entidade formada por diversas instituições públicas, um movimento para colheita de assinaturas com vistas a apresentar, junto à Câmara dos Deputados, um projeto de iniciativa popular, o que ocorreu no segundo semestre de 2009, dando

---

[10] SOUZA PINTO, Paulo Brossard de. Inelegibilidade fictícia. *In: Folha de São Paulo*, 23.10.92.

vida, no ano seguinte, não sem certa relutância dos poderes políticos, à conhecida "Lei da Ficha Limpa" (Lei Complementar nº 135, de 7 de junho de 2010), a quarta lei fruto da iniciativa popular do país.[11]

Com a sua vigência, o artigo 1º, inciso I, alínea "g", passou a ostentar a seguinte redação:

> Art. 1º São inelegíveis:
> I - para qualquer cargo:
> (...)
> g) os que tiverem suas contas relativas ao exercício de cargos ou funções públicas rejeitadas por irregularidade insanável que configure ato doloso de improbidade administrativa, e por decisão irrecorrível do órgão competente, salvo se esta houver sido suspensa ou anulada pelo Poder Judiciário, para as eleições que se realizarem nos 8 (oito) anos seguintes, contados a partir da data da decisão, aplicando-se o disposto no inciso II do art. 71 da Constituição Federal, a todos os ordenadores de despesa, sem exclusão de mandatários que houverem agido nessa condição

Como se pode ver, de acordo com a nova redação, somente se "suspensa ou anulada pelo Poder Judiciário" é que poderá se cogitar da suspensão da causa de inelegibilidade em testilha, não mais bastando o simples ajuizamento de ação, situação que gerava aquela "inelegibilidade fictícia" vista anteriormente, aumentando-se, demais disso, de cinco para oito anos o prazo de inelegibilidade, além do acréscimo da qualificação "que configure improbidade administrativa" à expressão "contas rejeitadas por irregularidade insanável".

De forma paradoxal, contudo, a LC nº 135/2010, conforme bem observado por Olivar Coneglian,[12] "quis criar uma solução e criou um problema", isso porque, segundo o autor:

> A atual redação traz alguns problemas. Se os tribunais e conselhos municipais de contas devem declarar que a irregularidade insanável configura ato doloso de improbidade administrativa, passa-se a dar a esses conselhos função precípua do Poder Judiciário. Se não se pode exigir deles a decisão nesse sentido, então tal decisão só poderá vir do Poder Judiciário. E aí a pergunta: pode a Justiça Eleitoral examinar, num processo de registro de candidatura, com ou sem impugnação ao registro, se um ato do mandatário configurou ou não ato doloso de improbidade administrativa? Qualquer resposta positiva ou negativa, trará implicações profundas. Para que a resposta seja positiva, então deve ficar claro que haverá ação, no âmbito da Justiça Eleitoral, para que esta declare o dolo ou a ausência de dolo no ato normativo. E isso implica uma ação que foge do processo eleitoral. Se a resposta for negativa, ou seja, a competência é da Justiça Comum, estadual ou federal, então a declaração de inelegibilidade terá necessariamente que esperar a decisão judicial, não podendo ser declarada em processo de registro.

---

[11] SANTOS, Luciano Caparroz Pereira dos; TELLES, Olivia Raposo da Silva. *Lei da Ficha Limpa*: interpretação jurisprudencial. São Paulo: Saraiva, 2014, P. 19-21.
[12] CONEGLIAN, Olivar. *Eleições 2014*: radiografia da Lei 9.504/97. 8. ed. Curitiba: Juruá, 2014, p. 111.

A solução engendrada para o problema criado – e aqui acrescentaríamos ser esse apenas um entre os vários, conforme veremos – é explicada por Márlon Reis,[13] um dos redatores da Lei da Ficha Limpa:

> Ao fazer referência à improbidade administrativa, a lei obviamente não exigiu de qualquer modo a propositura da ação correspondente na órbita civil como requisito para a ocorrência da inelegibilidade.
>
> Para que o administrador com contas rejeitadas fique inelegível, basta que a irregularidade apurada pelo Tribunal de Contas corresponda abstratamente a uma das formas de improbidade relacionadas nos arts. 9º a 11 da Lei de Improbidade.
>
> Essa equação é feita a partir da leitura do parecer ou acórdão proferido pelo Tribunal de Contas, confrontando-se os fatos ali narrados com as figuras previstas nos referidos dispositivos da Lei de Improbidade Administrativa.

Sem deixar de reconhecer o louvável objetivo moralizador pretendido pela norma, tal solução nos parece inviável e temerária, além de mostrar-se contrária à Constituição Federal, segundo teremos a oportunidade de pontuar adiante.

Deve ser destacado, contudo, que a constitucionalidade da LC nº 135/2010 foi reconhecida pelo Supremo Tribunal Federal, por ocasião do julgamento das ADCs nºs 29 e 30 e da ADI nº 4.578.[14]

De acordo com a Corte Constitucional, a inelegibilidade prevista no art. 1º, I, "g", da LC nº 64/1990 não incide em todo e qualquer caso de rejeição de contas públicas, sendo exigível o preenchimento cumulativo dos seguintes requisitos: (i) rejeição das contas relativas ao exercício de cargos ou funções públicas; (ii) decisão do órgão competente que seja irrecorrível no âmbito administrativo; (iii) desaprovação decorrente de (a) irregularidade insanável que configure (b) ato de improbidade administrativa (c) praticado na modalidade dolosa; (iv) não exaurimento do prazo de oito anos contados da publicação da decisão; e (v) decisão não suspensa ou anulada pelo Poder Judiciário.[15]

Conforme veremos a seguir, muitos – e graves – são os problemas do modelo vigente.

---

[13] REIS, Marlon. *Direito Eleitoral Brasileiro*. Brasília: Alumnus, 2012, p. 227.

[14] STF decide pela constitucionalidade da Lei da Ficha Limpa – Notícias STF – Quinta-Feira, 16 de fevereiro de 2012. Disponível em: http://www.stf.jus.br/portal/cms/verNoticiaDetalhe.asp?idConteudo=200495. O entendimento, com a devida vênia, parece-nos mais atender à "voz das ruas" do que à Constituição. A crítica de Lenio Streck ao "papel moderador" do STF, defendido por Oscar Vilhena, parece-nos oportuna: "Em primeiro lugar, a pergunta: O que significa dizer que os ministros do Supremo têm a tarefa de recompor a autoridade do órgão, na exata semana em que o STF é alvo de críticas duríssimas pela decisão do Min. Marco Aurélio, na exata semana em que as redes sociais e um Procurador da República (!) fizeram eco à infame, perigosa, antidemocrática tese do "jipe, um cabo, e um soldado"? Vilhena não diz o que seria "restabelecer a autoridade". Por exemplo, (i) se o STF julgar de acordo com o texto da CF que trata da presunção da inocência, ele estará tumultuando "o processo" e perdendo a sua "autoridade"? (ii) O STF mantém o poder moderador quando substitui o direito pela moral em casos como a lei da ficha limpa? (iii) Corre o STF o risco de fortalecer o militarismo e se não recuperar a sua autoridade? Afinal, o que é isto, então, a autoridade do STF?" (STRECK, Lenio Luiz. A verdadeira autoridade do Supremo Tribunal Federal diante de crises. "Senso Incomum", Conjur, disponível em: https://www.conjur.com.br/2019-jan-03/lenio-streck-verdadeira-autoridade-supremo-tribunal-diante-crises).

[15] Recurso Especial Eleitoral nº 25092, Acórdão, Relator(a) Min. Edson Fachin, Relator(a) designado(a) Min. Luís Roberto Barroso, Publicação: DJE – Diário de justiça eletrônico, Tomo 217, Data 28.10.2020.

4 Da (in)constitucionalidade do juízo de valor virtual realizado pela Justiça Eleitoral: críticas ao modelo vigente

A inelegibilidade decorrente da desaprovação das contas, conforme já tivemos a oportunidade de pontuar, decorre, na prática, de uma de "condenação virtual" do gestor pelo cometimento de alguma das infrações tipificadas na Lei nº 8.429/1992. É a Justiça Eleitoral que define o que configura "irregularidade insanável que configura ato doloso de improbidade administrativa", sendo sua a qualificação jurídica da irregularidade apontada pelo órgão competente no julgamento das contas para fins de incidência da inelegibilidade.

Diz-se "condenação virtual" por dispensar a existência de ação de improbidade, bastando a simples correspondência abstrata daqueles tipos previstos no art. 9º ao 11 da Lei de Improbidade Administrativa com a irregularidade apurada pelo Tribunal de Contas.

Quem lida com processos relacionados ao patrimônio público, em especial os de improbidade administrativa, sabe da imensa dificuldade que enfrenta na apuração acerca da existência da prática de ato de improbidade pelo agente público. São processos dos mais complexos, com necessidade de variada e profunda análise de provas.

A questão relacionada com o elemento volitivo do agente, necessária à caracterização da conduta ímproba, é tarefa das mais complexas nas demandas judiciais veiculando pedido de condenação por improbidade administrativa, sendo bastante comum que condenações judiciais por tais atos acabem revistas pelos órgãos jurisdicionais de segundo grau ou mesmo os de superposição, conforme se verifica da recente notícia veiculada no sítio eletrônico do STJ:

> PRIMEIRA TURMA ANULA CONDENAÇÃO POR IMPROBIDADE DE EX-PREFEITOS DE PORTO ALEGRE
> A Primeira Turma do Superior Tribunal de Justiça (STJ) anulou a condenação por improbidade administrativa de três ex-prefeitos de Porto Alegre – Tarso Genro, Raul Pont e João Verle –, denunciados por contratar profissionais de saúde sem a realização de concurso público ou processo seletivo sumário. O colegiado manteve a conclusão do relator, ministro Napoleão Nunes Maia Filho, de que não é possível identificar conduta dolosa dos ex-prefeitos com o objetivo de ofender o princípio do concurso público, uma vez que há lei municipal que autoriza esse tipo de contratação. Em 2002, o Ministério Público do Rio Grande do Sul (MPRS) ajuizou ação civil pública por improbidade administrativa contra o município, os três ex-prefeitos e profissionais da saúde, após verificar que, em diferentes períodos, foram realizadas contratações temporárias para cargos desse setor com base na Lei Municipal 7.770/1996. O MPRS argumentou que a contratação prevista na lei deveria ocorrer apenas em caso de necessidade temporária de excepcional interesse público; no entanto, a demanda do município por profissionais de saúde seria permanente e haveria candidatos aprovados em concurso aptos à nomeação que teriam sido preteridos. Para o MPRS, a contratação violou os princípios constitucionais da legalidade, da impessoalidade, da moralidade administrativa e do concurso público. Na Justiça estadual, os ex-prefeitos foram condenados à suspensão dos direitos políticos por cinco anos, multa civil de R$ 10 mil e proibição de contratar com o poder público e dele receber benefícios e incentivos fiscais por três anos.
> ELEMENTO SUBJETIVO
> O ministro Napoleão Nunes Maia Filho afirmou que, de acordo com a Lei de Improbidade Administrativa, a má conduta do agente público pode resultar em enriquecimento ilícito

próprio ou alheio (artigo 9º), prejuízo ao erário (artigo 10) ou infringência aos princípios nucleares da administração pública previstos no artigo 37 da Constituição (artigo 11). *Segundo o relator, a conduta do agente, nos casos dos artigos 9º e 11 da Lei 8.429/1992, deve ser sempre dolosa – "por mais complexa que seja a demonstração desse elemento subjetivo" –, podendo ser culposa apenas nas hipóteses do artigo* 10. "Em nenhuma das hipóteses legais se diz que possa a conduta do agente ser considerada apenas do ponto de vista objetivo, gerando a responsabilidade objetiva", disse. *O ministro ressaltou que, em situações semelhantes à dos autos, o STJ tem entendido que não caracteriza ato de improbidade previsto no artigo 11 a contratação de servidores sem concurso baseada em legislação municipal, "por justamente nesses casos ser difícil de identificar a presença do elemento subjetivo necessário (dolo genérico) para a caracterização do ato de improbidade violador dos princípios da administração pública".*

PARALISIA DOS SERVIÇOS

No caso dos autos, Napoleão Nunes Maia Filho ressaltou que as contratações dos profissionais de saúde tinham por objetivo atender casos de emergência, combater epidemias e satisfazer atividades especiais e sazonais. O ministro também enfatizou que a lei local que embasou as admissões de pessoal não teve a constitucionalidade questionada no processo. Para o relator, as contratações temporárias são normalmente realizadas no início da gestão, como forma de evitar a paralisia dos serviços públicos – ainda que, em algumas situações, os administradores tenham "uma difusa leitura da realidade" que os leva a optar pela contratação temporária em vez de prestigiar os aprovados em seleção pública. No entanto, o ministro lembrou que, para a condenação por ato de improbidade, é preciso que o Ministério Público demonstre o intuito do agente de atentar contra os princípios básicos da administração. *"A prática maleficente, que compõe o núcleo do ato ímprobo, como elementar do ilícito, não foi verificada na hipótese em testilha, razão pela qual sobreveio daí o juízo de total improcedência da pretensão ministerial, no tocante à materialidade do ato ímprobo"*, concluiu o ministro. (sem grifos no original)[16]

A realidade presente nessas demandas, com efeito, é absolutamente anacrônica àquela apresentada pelo idealizador do Diploma Legal, Márlon Reis,[17] que faz crer, tal como positivado, tratar-se de tarefa que dispensaria qualquer instrução processual.

> Não é cabível, aqui, qualquer referência ao conceito que o dolo recebe em se tratando de Direito Penal. Lembremos que estamos diante de um pronunciamento da Justiça Eleitoral acerca de irregularidades descritas em um parecer ou acórdão de um Tribunal de Contas. Não há em tais documentos referências suficientes para se aquilatar o psiquismo do responsável pelas contas, a ponto de tornar possível uma análise minimamente sofisticada do seu elemento volitivo.
>
> A análise da vontade do agente, cuja perquirição é inafastável da verificação do dolo, é simplesmente impossível nessa matéria se buscamos aqui o mesmo conceito de dolo a que estão acostumados os penalistas.
>
> Mais uma vez, a mudança reafirma a independência epistemológica do Direito Eleitoral como disciplina jurídica, que se submete a institutos próprios.
>
> A referência a dolo foi inserida no texto do dispositivo com o específico fim de excluir da aplicação do dispositivo aquele administrador que evidentemente em nada concorreu para a ocorrência do vício detectado quando da tomada de contas.

---

[16] "Primeira Turma anula condenação por improbidade de ex-prefeitos de Porto Alegre" – Portal eletrônico do Superior Tribunal de Justiça – Notícia do dia 13.08.2020.

[17] *Op. cit.*, 271.

O autor objetiva, ao que parece, sustentar que a expressão "que configure improbidade administrativa", acrescentada pela LC nº 135/2010, de forma a qualificar "contas rejeitadas por irregularidade insanável", não deve ser analisada propriamente como "ato de improbidade administrativa" para incidência causa de inelegibilidade prevista no art. 1º, inciso I, alínea "g", objetivo esse que sobressai evidente da seguinte passagem:

> A lei passou a declarar o que é 'irregularidade insanável'. Não havia na redação anterior do dispositivo qualquer preocupação em indicar ao intérprete quais os aspectos que caracterizam a insanabilidade do vício.
> Agora, considera-se insanável a irregularidade 'que configure ato doloso de improbidade administrativa'.
> Uma leitura precipitada do texto poderia levar o intérprete à conclusão de que houve uma redução do escopo do instituto jurídico. Mas não foi o que ocorreu.
> A jurisprudência do Tribunal Superior Eleitoral já havia firmado há tempos o entendimento de que 'irregularidade insanável é aquela que indica ato de improbidade administrativa'. (Ver Acórdão n. 588, JTSE, 1/2003)[18]

Nada mais equivocado. A uma porque não há nada de epistemológico em buscar conferir a uma expressão, sobre cuja definição não paira qualquer dúvida no meio jurídico, tal como aquela acrescentada ao dispositivo ("que configure ato doloso de improbidade administrativa"), conteúdo diverso daquele que lhe pertence, já consagrado. A duas porque não é possível admitir que o acréscimo do referido qualificativo à anterior expressão "irregularidade insanável" não tenha diminuído seu alcance.

Repise-se que as normas parâmetros, relativamente ao juiz natural, para processar e julgar a prática de improbidade administrativa não foram objeto de análise pelo Supremo Tribunal Federal quando do julgamento da constitucionalidade das ADCs nºs 29 e 30 acerca da "Lei da Ficha Limpa". Isto é, não obstante tenha sido julgada constitucional, a discussão passou ao largo do órgão jurisdicional competente para analisar a prática de atos de improbidade administrativa, não detendo a Justiça Eleitoral, como cediço, tal competência.

Deve ser destacado, ainda, que o Acórdão do Tribunal de Contas, de que se vale a Justiça Eleitoral para negar o registro do candidato, com base na inelegibilidade prevista no art. 1º, inciso I, alínea "g", da LC nº 64/90, é fruto de procedimento administrativo com finalidade absolutamente estranha à verificação da ocorrência de improbidade administrativa, possuindo peculiaridades próprias do controle externo, a impor uma atuação tempestiva, célere e ampla, de modo que a cognição presente nestes feitos, em grande parte dos casos, mostra-se limitada no plano horizontal e sumária no plano vertical.

---

[18] *Op. cit.*, p. 270. Oportuna, no ponto, a lição de Rodrigo. O argumento padece de defeito em sua formulação. É fato que as decisões da Justiça Eleitoral que verificam a inelegibilidade com base na citada alínea "g" não geram ou sujeitam o agente – *per se* – às penas da Lei nº 8.429/92. Todavia, a análise "eleitoral" da matéria implica inarredável juízo constitutivo quanto à presença (ou não) de improbidade, mesmo que a finalidade de tal análise esteja limitada apenas à seara eleitoral. Ora, como é possível fazer tal juízo de valor senão verificando a ocorrência ou não de ato doloso de improbidade? Como enquadrar a rejeição de contas decorrente de ato doloso de improbidade senão verificando, concretamente, o dolo e a própria improbidade? Por certo que o parâmetro hermenêutico para análise da improbidade passa pela Lei nº 8.429/92 em seus *artigos 9º, 10, 10-A ou 11* (SANTOS, Rodrigo Valgas dos. *Direito administrativo do medo* [livro eletrônico]: risco e fuga da responsabilização dos agentes públicos / Rodrigo Valgas dos Santos. 1. ed. São Paulo: Thomson Reuters Brasil, 2020).

De acordo com Carlos Ayres Britto,[19] os processos instaurados pelos Tribunais de Contas têm sua própria ontologia, porque

> São processos de contas, e não processos parlamentares, nem judiciais, nem administrativos que não sejam processos parlamentares nem judiciais, já ficou anotado e até justificado (relembrando, apenas, que os Parlamentos decidem por critério de oportunidade e conveniência). Que também não sejam processos administrativos, basta evidenciar que as Instituições de Contas não julgam da própria atividade *externa corporis* (quem assim procede são os órgãos administrativos), mas da atividade de outros órgãos, outros agentes públicos, outras pessoas, enfim. Sua atuação é consequência de uma precedente atuação (a administrativa), e não um proceder originário. E seu operar institucional não é propriamente um tirar competências da lei para agir, mas ver se quem tirou competências da lei para agir estava autorizado a fazê-lo e em quê medida.

Por outro lado, a verificação da – ausência – das causas de inelegibilidades eleitorais, assim como da presença das causas de elegibilidade, condições necessárias à capacidade passiva eleitoral, são verificadas pela Justiça Eleitoral por ocasião do processo de registro de candidatura, por meio do qual o Juiz Eleitoral pode conhecer de ofício, ou mediante provocação, tais circunstâncias, regendo-se pelo rito previsto nos artigos 2º a 16 da Lei de Inelegibilidades, bem assim no art. 11, §3º, da Lei nº 9.504/1997.

Tais feitos devem ser finalizados até 20 dias antes das eleições, a teor do art. 93, §1º, do Código eleitoral, mesmo que haja impugnação ou recursos, o que torna compreensível, sobretudo diante do imenso volume de registros de candidatura submetidos, de uma só vez, ao Juiz Eleitoral, sua limitadíssima cognoscibilidade, tanto no plano vertical como horizontal.

O anacronismo existente entre o processo que tramitou no Tribunal de Contas, resultando na desaprovação das contas do gestor, e o procedimento de registro de candidatura da Justiça Eleitoral, seara na qual se analisa a incidência da causa de inelegibilidade do art. 1º, inciso I, alínea "g", da LC nº 64/1990, é bem apontado por Rodrigo Valgas dos Santos:

> Neste contexto, ocorre efetiva constituição de improbidade para fins eleitorais pela Justiça Eleitoral, em geral aduzida no processo de registro de candidatura, cuja processualística não é compatível com o devido processo legal de improbidade administrativa regrado na Lei 8.429/92, mais precisamente à ampla defesa e ao contraditório (art. 5º, LV, da CR), trazendo manifesto prejuízo à produção probatória (a exemplo da oitiva de testemunhas), além da violação a garantia do juiz natural (art. 5º, XXXVII e LIII, da CR). Afinal, o que pretende a justiça especializada é verificar a existência de irregularidade insanável que configure ato doloso de improbidade.
>
> Tal caráter constitutivo decorre do simples fato que as decisões provenientes das cortes de contas e dos parlamentos não enfrentam a questão de saber se existe ou não ato doloso de improbidade. Porém, isto não tem impedido a Justiça Eleitoral de fazê-lo. Tal modo de proceder, aparentemente, estaria autorizado pela dicção do próprio artigo 1º, I, "g", da LC 64/90, razão pela qual – de regra – não há na doutrina ou jurisprudências pátrias quaisquer tergiversações acerca deste ponto. Parece que tal constituição de improbidade é muito "natural".[20]

---

[19] BRITO, Carlos Ayres. O regime constitucional dos Tribunais de Contas. Disponível em: https://www.editoraforum.com.br/noticias/o-regime-constitucional-dos-tribunais-de-contas-ayres-britto/.

[20] *Op. cit.*, e-book.

Que dizer, ainda, da incompetência da Justiça Eleitoral para sindicar a ocorrência de atos de improbidade, matéria essa afeita, não por acaso, à Justiça Comum, que dispõe de ampla cognoscibilidade, por meio do procedimento ordinário previsto no Código de Processo Civil, com temperamentos da própria Lei nº 8.429/92, para saber da existência de dolo, subsunção das condutas aos tipos dispostos na referida lei, e para, se for o caso, aplicar a reprimenda proporcional às condutas ímprobas verificadas.

Tamanha a preocupação do legislador com o processamento dos atos de improbidade que, nos termos da própria LIA, inseriu uma etapa preliminar ao recebimento da ação de improbidade, na qual o acusado é notificado com vistas a possibilitar demonstrar a improcedência da ação, um verdadeiro juízo de admissibilidade da demanda.

Mesmo que se procure defender que nas causas de inelegibilidade baseadas no art. 1º, inciso I, alínea "g", da LC nº 64/90, não haveria propriamente um processo voltado à constatação da prática de improbidade administrativa, mas simples verificação da ocorrência de "vício insanável", mostra-se forçoso concluir que o acréscimo da expressão "que configure ato doloso de improbidade administrativa", realizado na "Lei da Ficha Limpa", passou a exigir do Juízo Eleitoral, quando da análise do registro de candidatura de administrador com contas rejeitadas pelo Tribunal de Contas, que verifique se o "vício insanável" que resultou na desaprovação de suas contas configura "ato doloso de improbidade administrativa".

Seja qual for a denominação que se dê para essa análise a cargo da Justiça Eleitoral, fato é que acaba por exigir que esta verifique, por ocasião da análise do registro, se os fatos que ensejaram a desaprovação de contas pelo Tribunal de Contas configuram atos dolosos de improbidade administrativa, constatação esta que na Justiça Comum, Órgão Jurisdicional competente para tanto, somente ocorreria com a sentença, decorrente de longo processo judicial, cuja instauração foi precedida de juízo de admissibilidade, e que possibilitou ampla análise probatória.

Não se pode perder de vista que, ao qualificar as irregularidades constantes do acórdão do Tribunal de Contas que desaprovou as contas do ex-gestor, a fim de saber se configuradores de atos dolosos de improbidade administrativa, muito além de simplesmente declarar uma situação já verificada naquele processo de contas, estará a Justiça Eleitoral conferindo ao referido acórdão efeitos que muito extrapolam os que delem usualmente decorrem, resultando, na prática, ainda que para fins de registro de candidatura, em uma "condenação virtual" do ex-gestor por ato de improbidade administrativa.

É que, muito embora detenham os acórdãos dos Tribunais de Contas – de que resultem em imputação de débito ou multa – eficácia de título executivo (art. 71, §3º, CF/88), tais decisões – ainda que não resultem em multa ou imputação de débito –, para fins de improbidade administrativa, servem, quando muito, como justa causa para futura ação, em um dos meios de prova de que pode se valer o Ministério Público (ou o ente público interessado) para indicar, nos momentos iniciais da Ação de Improbidade, a existência de fatos que, afora constituírem infrações administrativo-orçamentárias, configurariam, também, atos ímprobos.

Veja-se, a respeito, a lição de Marino Pazzaglini Filho quando aduz que

> As decisões dos Tribunais de Contas não vinculam a atuação do sujeito ativo da ação civil de improbidade administrativa, posto que são meramente opinativas e limitadas aos aspectos de fiscalização contábil, orçamentária e fiscal.

Devem, por isso, ser objeto de análise crítica do Ministério Público e dos demais co-legitimados ativos visando identificar, entre as irregularidades apontadas pelo Tribunal de Contas, se alguma delas realmente configura ato de improbidade administrativa.[21]

A realidade dos procedimentos extrajudiciais e ações de improbidade decorrentes de acórdãos que desaprovaram as contas de dado gestor evidenciam, com efeito, ser bastante comum que inquéritos civis instaurados a partir daí venham a ser arquivados ou mesmo que ações civis públicas daí decorrentes venham a ser inadmitidas ou julgadas improcedentes por falta de elementos mínimos de informação acerca da ocorrência das supostas condutas ímprobas, extraídas dos vícios insanáveis constatados pela Corte de Contas, ou mesmo porque tais vícios acabaram por restar infirmados durante os procedimentos apuratórios ou ações judiciais.

Nesta última situação inserem-se aqueles processos de contas nos quais o ex-administrador deixou de apresentar, *v.g.*, os procedimentos licitatórios ou procedimentos comprobatórios da realização das despesas tidos por inexistentes pelo Tribunal de Contas, mas, no bojo do inquérito civil ou no curso da ação civil pública, verificaram-se existentes.

Essa aparente contradição justifica-se não apenas pela limitação própria dos processos de contas – que possuem prazos mais exíguos, menor amplitude probatória e maior possibilidade de presunções legais, *v.g.*, efeitos da revelia etc. –, mas, sobretudo, por ocasião da troca de grupos políticos no poder, em especial em Municípios de pequeno porte, quando ocorrem os denominados "desmontes", com sonegação e até destruição de documentos da anterior gestão.

Fácil ver, desse modo, que a fórmula preconizada pelos idealizadores da LC nº 64/90 mostra-se absolutamente inadequada ao fim a que se destina. Como verificar "em tese" a ocorrência de "ato doloso" de improbidade administrativa a partir do simples cotejo das irregularidades constantes do acórdão do Tribunal de Contas e dos tipos abstratos da Lei de Improbidade?

Mais uma vez, com a devida *venia* que merecem seus idealizadores, tal "equação" não poderia ser mais inadequada, resultando em grave ofensa ao devido processo legal e, consequentemente, aos princípios do contraditório e da ampla defesa (5º, LV, da CF/88).

Além disso, importa destacar que, diferente da hipótese de desaprovação de contas de que trata esse estudo, todos os demais casos de inelegibilidade fixados pela LC nº 64/90 referem-se a condenações judiciais, políticas ou administrativas já debatidas em processos anteriores, cabendo à Justiça Eleitoral meramente subsumir a alegada inelegibilidade a decisões tomadas por outros órgãos que impuseram as mencionadas condenações, limitando-se, basicamente, a declarar tais decisões.

Na hipótese do art. 1º, inciso I, alínea "g", da LC nº 64/90, contudo, não foi previamente debatida a ocorrência ou não de improbidade nas cortes de contas ou mesmo nos respectivos parlamentos, sendo compreensível que assim o seja, considerando ser estranha ao processo de controle externo a verificação da presença da ocorrência de improbidade administrativa e, por consequência, da presença mesmo de dolo na conduta tida como ímproba, quer por falta de estrutura para tanto, quer, sobretudo, por não

---

[21] PAZZAGLINI FILHO, Marino. *Lei de Improbidade Administrativa Comentada*. 2. ed. São Paulo: Atlas, 2005, p. 78-79 e 220-221.

ser sua a competência para processar e julgar ações de improbidade, que, insistamos, é da Justiça Comum.

A situação é bem observada por Valgas:

> No plano da eficácia das sentenças, a decisão da Justiça Eleitoral é precipuamente constitutiva (ainda que não exclusivamente constitutiva) para fins de reconhecimento de ato doloso de improbidade, pois modifica a situação ou relação jurídica anterior; sua decisão tem eficácia modificativa. Assim, seu caráter constitutivo pode criar, alterar ou extinguir situação ou relação jurídica anterior. Exatamente é isto que ocorre quando a Justiça especializada estabelece efeitos constitutivos a partir de decisões anteriores quer dos tribunais de contas quer dos parlamentos quando da rejeição de contas.
>
> A constituição de ato doloso de "improbidade sumária" no âmago da Justiça Eleitoral contrasta radicalmente com as outras hipóteses de inelegibilidades previstas no art. 1º, I, da LC 64/90. Isto porque os demais casos de inelegibilidade referem-se a condenações judiciais, políticas ou administrativas já debatidas em processos anteriores, cabendo à Justiça Eleitoral meramente subsumir a alegada inelegibilidade a decisões tomadas por outros órgãos que impuseram as mencionadas condenações, sendo seu papel preponderantemente declaratório.[22]

A nós parece que a hipótese de inelegibilidade do art. 1º, inciso I, alínea "g", introduzida pela LC nº 64/1990, com as modificações promovidas pela LC nº 135/2010, não obstante bem-intencionada, não foi suficientemente amadurecida, circunstância que pode ser verificada das diversas e graves falhas na sua aplicação.

Aproveita-se um procedimento de controle externo, vocacionado para uma finalidade bastante específica, evidentemente inadequado para a verificação da prática de improbidade, conduzido por órgão administrativo/controlador com atribuição estranha à investigação de condutas ímprobas, para, na hipótese da desaprovação de contas do gestor, servir de base (aquele procedimento de controle externo), em um segundo momento, para a análise da ocorrência da prática de ato de improbidade administrativa, por órgão jurisdicional sem competência constitucional para processar demandas desta natureza – ainda que "virtualmente", *i.e.*, sem qualquer ação de improbidade –, tudo isso em sede de procedimento eleitoral de registro de candidatura, notoriamente conhecido pela celeridade de tramitação e, sobretudo, pela limitação cognitiva, tanto vertical como horizontal.

Uma combinação que não poderia ser mais disfuncional.

5 Conclusão

A título de conclusão, surpreende notar, ao cotejar o entendimento fixado pelo Supremo Tribunal Federal, por ocasião do julgamento do RE nº 86.667, em 1977, com aquele firmado nas ADCs nºs 29 e 30 e na ADI nº 4.578, já em 2012, que o art. 1º, inciso I, alínea "n", da revogada LC nº 05/70, ao exigir, ao menos, o recebimento da denúncia oferecida pelo Ministério Público, oferecia, quando comparado com o atual art. 1º, inciso I, alínea "g", da LC nº 53/90 (com a redação da LC nº 135/2010), maior segurança ao gestor do que este último dispositivo, cuja incidência pode ocorrer sem que haja qualquer

---

[22] *Op. cit.*, e-book.

ação de improbidade a respeito, bastando que a irregularidade constante do acórdão do Tribunal de Contas corresponda abstratamente a algum dos tipos de improbidade relacionados nos arts. 9º a 11 da Lei de Improbidade.

Como diria Cazuza, *"eu vejo o futuro repetir o passado"*.

Referências

BRITO, Carlos Ayres. O regime constitucional dos Tribunais de Contas. Disponível em: https://www.editoraforum.com.br/noticias/o-regime-constitucional-dos-tribunais-de-contas-ayres-britto/.

CONEGLIAN, Olivar. *Eleições 2014*: radiografia da Lei 9.504/97. 8. ed. Curitiba: Juruá, 2014.

GONÇALVES, Luiz Carlos dos Santos. *Direito Eleitoral*. 3. ed. rev., atual. e ampl. São Paulo: Atlas, 2018.

PAZZAGLINI FILHO, Marino. *Lei de Improbidade Administrativa Comentada*. 2. ed. São Paulo: Atlas, 2005.

REIS, Marlon. *Direito Eleitoral Brasileiro*. Brasília: Alumnus, 2012.

SOUZA PINTO, Paulo Brossard de. *Inelegibilidade fictícia*. *In*: Folha de São Paulo.

SANTOS, Luciano Caparroz Pereira dos; TELLES, Olivia Raposo da Silva. *Lei da Ficha Limpa*: interpretação jurisprudencial. São Paulo: Saraiva, 2014.

SANTOS, Rodrigo Valgas dos. *Direito administrativo do medo* [livro eletrônico]: risco e fuga da responsabilização dos agentes públicos / Rodrigo Valgas dos Santos. 1. ed. São Paulo: Thomson Reuters Brasil, 2020.

STRECK, Lenio Luiz. A verdadeira autoridade do Supremo Tribunal Federal diante de crises. "Senso Incomum", Conjur, disponível em: https://www.conjur.com.br/2019-jan-03/lenio-streck-verdadeira-autoridade-supremo-tribunal-diante-crises.

Informação bibliográfica deste texto, conforme a NBR 6023:2018 da Associação Brasileira de Normas Técnicas (ABNT):

SYLVESTRE, André Zech. A inelegibilidade decorrente da irregularidade das contas de gestão reconhecida pelo Tribunal de Contas: críticas ao modelo vigente. *In*: CONTI, José Maurício; MARRARA, Thiago; IOCKEN, Sabrina Nunes; CARVALHO, André Castro (coord.). *Responsabilidade do gestor na Administração Pública*: aspectos fiscais, financeiros, políticos e penais. Belo Horizonte: Fórum, 2022. p. 181-196. ISBN 978-65-5518-411-2. v.2.

O PRINCÍPIO DA INTRANSCENDÊNCIA SUBJETIVA DAS SANÇÕES FINANCEIRAS COMO MECANISMO FLEXIBILIZADOR DAS EXIGÊNCIAS PARA AS TRANSFERÊNCIAS VOLUNTÁRIAS: UMA ANÁLISE CRÍTICA

EVANDRO MACIEL BARBOSA

1 Introdução

No mês de maio de 2018, a Lei Complementar nº 101, de 4 de maio de 2000 – Lei de Responsabilidade Fiscal –, completou 18 anos, alcançando sua maioridade.

Na sua gênese havia o anseio por diretrizes que tinham como meta o equilíbrio fiscal, a consolidação de normas que guardassem as finanças públicas dos eventuais desmandos da má gestão administrativa ou, conforme esclarece Giambiagi:

> A lei representou apenas um primeiro passo na definição de um marco institucional mais rígido, que evite desmandos na administração pública, e não teve efeitos imediatos de caixa. Entretanto, por outro lado, ela foi considerada um avanço importante para um controle duradouro das contas fiscais, constituindo, nesse sentido, uma mudança estrutural favorável para o equilíbrio fiscal.[1]

O advento das normas de responsabilidade fiscal gerou certa expectativa na condução das finanças públicas nacionais, principalmente após o intenso processo inflacionário por que passou o Brasil durante os anos 1980 e 1990, período de excessiva instabilidade econômica no País, planos econômicos que não alcançavam os efeitos esperados e repercussão no crescimento da dívida pública.

Dentre as normas previstas na Lei de Responsabilidade Fiscal, evidencia-se, para os propósitos deste artigo, a norma contida no artigo 25 da Lei, que disciplina as transferências voluntárias e que, juntamente com as demais modalidades de transferências

---

[1] GIAMBIAGI, Fábio; ALÉM, Ana Cláudia. *Finanças públicas*: teoria e prática no Brasil. 5. ed. Rio de Janeiro: Elsevier, 2016. p. 180.

intergovernamentais, constitui eficiente mecanismo de atuação do federalismo cooperativo para a transferência de recursos financeiros entre os entes políticos nacionais.

Segundo o artigo 25 da LRF, "entende-se por transferência voluntária a entrega de recursos correntes ou de capital a outro ente da Federação, a título de cooperação, auxílio ou assistência financeira, que não decorra de determinação constitucional, legal ou os destinados ao Sistema Único de Saúde".

E como forma de implementar essa complexa engrenagem que é o federalismo cooperativo, por meio das transferências voluntárias, aliada aos anseios por equilíbrio fiscal trazidos pela LRF, não à toa a Lei em questão estabeleceu uma série de exigências a serem observadas e que refletem as diversas alternativas encontradas pelo legislador no sentido de induzir os gestores públicos na busca pela disciplina e equilíbrio das contas públicas.

Se por um lado coloca-se em evidência a maioridade da Lei de Responsabilidade Fiscal, de outro busca-se aferir se, atualmente, em mais de 20 anos de existência da Lei, o Brasil adquiriu maturidade suficiente para apreender seus conceitos e preceitos ou se ainda se encontra acorrentado às velhas práticas da gastança irresponsável e aos fisiologismos crônicos que nos aprisionam a uma patologia que, paulatinamente, atrofia nossa musculatura política e nos impede de caminhar rumo à democracia a que efetivamente aspiramos enquanto sociedade.

Velhas práticas tóxicas, contumazes na cultura da irresponsabilidade fiscal brasileira, levaram o economista Paul Krugman,[2] prêmio Nobel de Economia, a afirmar que "O Brasil é um país onde são muito fortes as forças em favor da gastança de recursos públicos sem lastro. Creio que deva ser um dos últimos países do mundo nessa situação".

E é partindo de tais premissas que o presente artigo buscará analisar como a rigidez dos mecanismos jurídicos constantes da LRF e que tem por finalidade conduzir o comportamento fiscal dos gestores e ordenadores, criando-se uma nova cultura fiscal, vem sendo flexibilizada diante de situações pontuais de desequilíbrio fiscal. O exame se fará mais especificamente por meio das decisões do Supremo Tribunal Federal que consagram o chamado princípio da "intranscendência subjetiva das sanções financeiras", corolário da garantia constitucional da intranscendência da pena. Analisar-se-á a maneira como tais decisões se refletem no âmbito do federalismo fiscal brasileiro, especialmente pelo fato de que a aplicação de tal princípio encontra-se umbilicalmente atrelada às transferências voluntárias, verificando-se sua ocorrência naquelas hipóteses em que o ente federado que recebe recursos, normalmente por meio da celebração de convênios administrativos, deixa de atender às exigências previstas no mencionado artigo 25 da LRF.

O artigo buscará traçar, de início, um breve escorço histórico da Lei de Responsabilidade Fiscal, suas fontes de inspiração em normas alienígenas, a exemplo das regras do *Fiscal Transparency Code* do Fundo Monetário Internacional e do *Fiscal Responsability Act* da Nova Zelândia, de forma a demonstrar os fatores que levaram a sua produção e, por consequência, a importância do cumprimento de seus rigorosos preceitos objetivando a consolidação de uma cultura fiscal equilibrada. Abordará, outrossim, os contornos jurídicos e políticos do federalismo fiscal brasileiro.

---

[2] Paul Krugman, economista norte-americano, em entrevista à revista *Veja*, 5 de maio de 1999.

2 A gênese da lei de responsabilidade fiscal

2.1 O contexto nacional e a grande reforma administrativa: o advento da ideia de austeridade fiscal

O nascedouro da Lei de Responsabilidade Fiscal deita suas raízes no Projeto de Lei Complementar (PLC) nº 18, de 1999,[3] encaminhado à Câmara dos Deputados por meio da Mensagem nº 483/99, oriunda do Poder Executivo Federal. De uma leitura de sua exposição de motivos[4] extrai-se que o aludido PLC foi apresentado como parte integrante de um conjunto de medidas do chamado Programa de Estabilidade Fiscal – PEF, que tinha como objetivo "a drástica e veloz redução do déficit público e a estabilização do montante da dívida pública em relação ao Produto Interno Bruto da economia".

O Brasil nunca teve em sua trajetória histórica hábitos de responsabilidade na gestão fiscal, assim como nunca teve no planejamento o pilar estrutural para a construção das políticas de governo, vindo o planejamento econômico-governamental a impor-se como dever estatal, em patamar constitucional, apenas com a Constituição Federal de 1988, por meio de seu artigo 174,[5] inserido no Título VII, da Ordem Econômica e Financeira.

A falta de planejamento certamente contribuiu para a intensa crise fiscal que o Brasil viveu nas duas décadas anteriores ao advento da LC nº 101/2000. Segundo Weder de Oliveira:

> Na raiz do processo inflacionário que o Brasil viveu nas décadas de 1980 e 1990 estava o descontrole fiscal, com repercussão no aumento da dívida pública. As consequências negativas para o desenvolvimento econômico advindas da constatação e percepção de descontrole fiscal pelos agentes econômicos são conhecidas: aumento da taxa de juros requerida pelos compradores de títulos públicos, redução dos níveis de investimentos, redução da taxa de criação de empregos, e, consequentemente, diminuição do bem-estar social.[6]

Da leitura da exposição de motivos da Lei, observa-se que, além de se buscar estabelecer formas de controle do endividamento público, havia manifesta preocupação em colocar limites para o gasto com pessoal. Murilo Portugal[7] aponta que:

> [...] já durante 1994 e no início de 1995 as sementes da deterioração fiscal que se seguiu estavam sendo plantadas. No segundo semestre de 1994, num procedimento usual para governos em fim de mandato, que mais tarde veio a ser proibido pela Lei de Responsabilidade Fiscal, o governo Itamar concedeu novos reajustes salariais a diversas categorias de

---

[3] PLC nº 18/1999. *Diário da Câmara dos Deputados*. Brasília-DF, ano LIV, n. 47, 18.03.1999. p. 10132. Disponível em: http://imagem.camara.gov.br/Imagem/d/pdf/DCD18MAR1999.pdf#page=110. Acesso em: 12 jul. 2019.
[4] PLC nº 18/1999, cit., p. 10145.
[5] Art. 174. Como agente normativo e regulador da atividade econômica, o Estado exercerá, na forma da lei, as funções de fiscalização, incentivo e planejamento, sendo este determinante para o setor público e indicativo para o setor privado. §1º A lei estabelecerá as diretrizes e bases do planejamento do desenvolvimento nacional equilibrado, o qual incorporará e compatibilizará os planos nacionais e regionais de desenvolvimento. [...]
[6] OLIVEIRA, Weder de. *Curso de responsabilidade fiscal*: direito, orçamento e finanças públicas. 2. ed. Belo Horizonte: Fórum, 2015. p. 43.
[7] PORTUGAL, Murilo. Política fiscal na primeira fase do Plano Real, 1993-1997. In: BACHA, Edmar (org.). *A crise fiscal e monetária brasileira*. 2. ed. Rio de Janeiro: Civilização Brasileira, 2017. p. 378.

servidores públicos. Embora com efeito menor em 1994, tais aumentos pesaram nas 13 folhas salariais de 1995. A Secretaria do Tesouro, que participava das negociações com servidores civis e militares e ministérios correspondentes, se opunha fortemente aos aumentos, mas acabou sendo voto vencido.

A lei do real previa o reajuste do IPC dos salários do funcionalismo federal em 1995, o que representou um aumento nominal de 26% face uma inflação de 22%. A STN também tentou sem sucesso alterar esse dispositivo da lei até o final de 1994. [...] em 1995 as despesas de pessoal apresentaram aumento real de 29,9% em relação ao ano anterior. Segundo estimativa realizada à época, o dispêndio de pessoal elevou-se de 5,12% do PIB em 1994 para 5,73% do PIB em 1995 [...].

Comportamento semelhante, de concessão de aumentos salariais no último ano de mandato, também tiveram diversos governos estaduais no ano eleitoral de 1994. Juntamente com a queda abrupta da inflação, esta foi uma das principais causas da crise fiscal ocorrida nos estados em 1995.

Acrescenta o Autor que a elevação do salário mínimo no montante de 42,9% em 1995, aliada ao aumento do custeio, principalmente o aumento das despesas com benefícios previdenciários, acirrou a crise que se iniciava naquele ano, comprometendo, inclusive, a meta de resultado primário.[8]

Daí a exposição de motivos do PLC nº 19/1999, em seu parágrafo 28, ter a preocupação de apontar o gasto com pessoal como aspecto crucial para o ajuste estrutural das contas do setor público.

Diante do quadro de deterioração fiscal que foi se consolidando ao longo dos anos 1990, fez-se necessário engendrar normas jurídicas que fixassem teto para despesa com pessoal, limitassem o endividamento público e, como bem lembra Giambiagi,[9] normas que definissem regras rígidas para gasto com pessoal especialmente em final de mandato das autoridades, assim como normas que vedassem a possibilidade de refinanciamentos ou postergação de dívidas entre os entes da federação, evitando a chamada "socialização de prejuízos" muitas vezes imposta ao Tesouro Nacional por parte dos Estados federados.

Ao lado das políticas de refinanciamento dos Estados, o duro golpe na política fiscal brasileira veio com a crise econômica da Ásia, de reflexos mundiais. Sobre ela esclarece Leite:

> Em 1997, a situação financeira dos governos estaduais estava insustentável. Ocorreu a crise econômica dos países do Leste Asiático e o governo federal reagiu a esta com um aperto nas políticas monetária e fiscal, o que criou um quadro de mais dificuldades para os estados e municípios. Neste contexto, o referido governo resolveu negociar a federalização das dívidas dos estados, estabelecendo no contrato de federalização as limitações de endividamento, tanto ARO como emissão de títulos públicos, por estado. Esta renegociação das dívidas dos estados foi feita por intermédio de um contrato de refinanciamento, dispensando a necessidade de uma reforma constitucional ou uma lei complementar.[10]

---

[8] PORTUGAL, Murilo. Política fiscal na primeira fase do Plano Real, 1993-1997, cit., p. 378-379.

[9] GIAMBIAGI, Fábio; ALÉM, Ana Cláudia. *Finanças públicas*, cit., p. 179.

[10] LEITE, Cristiane Kerches da Silva. Federalismo, processo decisório e ordenamento fiscal: a criação da Lei de Responsabilidade Fiscal. 1593: Texto para discussão. Brasília, março de 2011. Disponível em: http://www.ipea.gov.br/portal/images/stories/PDFs/TDs/td_1593.pdf.

Em função da crise financeira internacional, o Brasil bateu às portas do Fundo Monetário Internacional – FMI, e, em 1998, o Governo brasileiro concebeu o retromencionado Programa de Estabilidade Fiscal, citado na Mensagem do PLC nº 18/1999, fechando, por conseguinte, um acordo com o FMI. Estabelecia o referido programa que um dos instrumentos a serem aprovados para o equilíbrio das contas públicas seria uma lei de responsabilidade fiscal.[11]

No entanto, chama a atenção Afonso[12] para o fato de que a Lei de Responsabilidade Fiscal começou a ser concebida anteriormente mesmo ao ano de 1998, ou seja, não seria a Lei em questão, na visão do Autor, uma exigência do FMI, senão vejamos:

> O que muitos ignoram até hoje é que, na origem da LRF, está novamente o Congresso Nacional. O projeto de lei complementar do Executivo Federal para regular a matéria não nasceu espontaneamente, mas, sim, decorreu de uma exigência parlamentar: foi exigida pela Reforma Administrativa – a Emenda Constitucional nº 19, de 04.06.1998 –, que tramitou e foi promulgada meses antes de estourar a mais grave crise externa da década e o Brasil ter que recorrer ao FMI, tendo firmado acordo só em outubro daquele ano.
>
> A iniciativa parlamentar sobre a LRF, na verdade, é bem anterior a 1998 porque decorreu de sugestão apresentada para modificar a proposta de emenda datada de 1995 e introduzida logo no início de sua apreciação na Câmara dos Deputados. Vale reproduzir a norma, de caráter transitório, prevista naquela Emenda de 1998: "Art. 30. O projeto de lei complementar a que se refere o art. 163 da Constituição Federal será apresentado pelo Poder Executivo ao Congresso Nacional no prazo máximo de cento e oitenta dias da promulgação desta Emenda".

Conclui o Autor: "[...] ao contrário do que alegaram pouco depois os críticos do projeto da LRF, a sua proposição foi gestada por uma imposição – mas do Congresso Nacional. É uma criação genuinamente brasileira e não foi idealizada ou muito menos imposta pelo FMI ou qualquer organismo internacional".

Neste passo, duas conclusões são extraídas relativamente ao surgimento da Lei de Responsabilidade Fiscal:

– Da leitura da exposição de motivos da Lei, especificamente em seu parágrafo 10, observa-se que na intenção de uma lei de responsabilidade fiscal residia a preocupação com a estabilidade fiscal, ou seja, a construção de um regime fiscal capaz de assegurar o equilíbrio intertemporal das contas públicas, "entendido como bem coletivo, do interesse geral da sociedade brasileira, por ser condição necessária para a consolidação da estabilidade de preços e a retomada do desenvolvimento sustentável". Ou seja, não estava na gênese da Lei de Responsabilidade Fiscal qualquer preocupação com o combate à corrupção ou condutas imorais na condução da coisa pública. Aliás, tais aspectos sequer aparecem na exposição de motivos, não obstante haver preocupação com a transparência, porém relativa às contas públicas, conforme se infere do parágrafo 19 da exposição de motivos.

---

[11] OLIVEIRA, Weder de. *Curso de responsabilidade fiscal*, cit., p. 45.
[12] AFONSO, José Roberto. Uma história da lei brasileira de responsabilidade fiscal. *RDU*, Porto Alegre, Edição Especial, p. 126-154, 2016, p. 131.

– A concepção de uma lei de responsabilidade fiscal não teria surgido em função de exigência do Fundo Monetário Internacional. Em verdade, a exigência de normas que disciplinassem as finanças públicas, previstas no artigo 163 da Constituição Federal,[13] incluindo normas que dispusessem sobre os contornos jurídicos da dívida pública, foi decorrência do desdobramento da grande Reforma Administrativa por que passou o Estado brasileiro a partir de 1995, e que resultou na Emenda Constitucional nº 19, de 4 de junho de 1998, conhecida como a emenda da reforma administrativa do Estado. Segundo seu artigo 30, "o projeto de lei complementar a que se refere o art. 163 da Constituição Federal será apresentado pelo Poder Executivo ao Congresso Nacional no prazo máximo de cento e oitenta dias da promulgação desta Emenda", conforme já demonstrado.

Não à toa a ementa que identifica a matéria tratada pela Emenda Constitucional nº 19 assevera que a sua finalidade reside em modificar o regime e dispor "sobre princípios e normas da Administração Pública, servidores e agentes políticos, *controle de despesas e finanças públicas* e custeio de atividades a cargo do Distrito Federal, e dá outras providências" (grifo nosso).

Em meio à crise fiscal, bem como à crise referente aos meios de intervenção do Estado na economia e no plano social, buscava-se com a reforma, segundo Bresser-Pereira,[14] a transição entre a administração burocrática e a administração gerencial, cujas grandes qualidades são a segurança e efetividade, partindo-se das diretrizes existentes na administração de empresas, orientada, enfim, para o atendimento das demandas dos cidadãos.

2.2 A Lei de Responsabilidade Fiscal e suas influências externas

Por ocasião da idealização da Lei de Responsabilidade Fiscal, na sua concepção foram tomadas como referenciais as experiências de outros países. Nas palavras de Abraham:

> De fato, fomos fortemente influenciados pelas normas financeiras dos Estados Unidos, da Nova Zelândia, da Comunidade Econômica Europeia, Austrália, Dinamarca, Reino Unido, Suécia e outros.
> Apesar dessa multiplicidade de fontes de referência, expectativas e pressões do mercado externo, nossa legislação foi elaborada para atender, sobretudo, às necessidades e particularidades da sociedade brasileira, que demandava a implantação de uma nova cultura na gestão pública, baseada na responsabilidade fiscal e no bom uso dos recursos públicos.[15]

---

[13] *Art. 163.* Lei complementar disporá sobre: *I* – finanças públicas; *II* – dívida pública externa e interna, incluída a das autarquias, fundações e demais entidades controladas pelo Poder Público; *III* – concessão de garantias pelas entidades públicas; *IV* – emissão e resgate de títulos da dívida pública; *V* – fiscalização financeira da administração pública direta e indireta; *VI* – operações de câmbio realizadas por órgãos e entidades da União, dos Estados, do Distrito Federal e dos Municípios; *VII* – compatibilização das funções das instituições oficiais de crédito da União, resguardadas as características e condições operacionais plenas das voltadas ao desenvolvimento regional.

[14] BRESSER-PEREIRA, Luiz Carlos. Da Administração Pública burocrática à gerencial. *In*: BRESSER-PEREIRA, Luiz Carlos; SPINK, Peter (org.). *Reforma do Estado e administração pública gerencial*. 7. ed. Rio de Janeiro: FGV Editora, 2006. p. 249 e 265.

[15] ABRAHAM, Marcus. *Lei de Responsabilidade Fiscal comentada*. 2. ed. Rio de Janeiro: Forense, 2017. p. 9.

E não poderia ser de outra forma, uma vez que a concepção da Lei de Responsabilidade Fiscal é oriunda de um Programa de Estabilidade Fiscal desenhado a partir das idiossincrasias fiscais brasileiras.

Os principais modelos que foram tomados como referenciais, segundo Nascimento e Debus, foram:[16]

- o Fundo Monetário Internacional, organismo do qual o Brasil é Estado-membro, e que tem editado e difundido algumas normas de gestão pública em diversos países;
- a Nova Zelândia, por meio do *Fiscal Responsibility Act*, de 1994;
- a Comunidade Econômica Europeia, a partir do Tratado de Maastricht; e
- os Estados Unidos, cujas normas de disciplina e controle de gastos do governo central levaram à edição do *Budget Enforcement Act*, aliado ao princípio de *accountability*.

Segundo os Autores, em relação às normas do *Fiscal Transparency Code* do Fundo Monetário Internacional, a *transparência* dos atos dentro do setor público, decorrentes das funções de política e de gestão, é ponto fulcral a ser destacado, devendo tais atos ser bem definidos e divulgados ao público. Outrossim, o *planejamento* da política fiscal e orçamentária bem como os riscos fiscais devem ser objetivamente especificados. Por fim, no que tange à *publicidade, prestação de contas e relatórios fiscais*, as informações devem permitir sua análise de forma mais acessível e facilitada.

No que toca às regras do Tratado de Maastricht, chama a atenção Abraham[17] para o fato de que, por ser a Comunidade Europeia composta por diversos países com realidades econômicas e sociais distintas, "suas dificuldades e necessidades para implementação de um ajuste fiscal se assemelhariam ao de uma federação descentralizada, como o Brasil". Os Estados-membros, portanto, devem conduzir suas políticas de forma autônoma, convergindo para as regras acordadas, evitando déficits excessivos e sujeitando-se a punições.

Da inspiração vinda dos Estados Unidos encontram-se as regras de contenção do déficit público, chamando-se a atenção para o *Budget Enforcement Act*. Tal norma disciplina mecanismos de controle do déficit. Dois instrumentos das regras sob análise foram adotados no Brasil pela LRF, a saber,[18] o *Sequestration*, aqui conhecido como a limitação de empenhos, previstos no artigo 9º da LRF, assim como o *Pay as you go*, que é o equivalente à compensação orçamentária prevista no artigo 14, II, da Lei, ao exigir que as renúncias de receitas, a exemplo de incentivos fiscais ou benefícios de natureza tributária, sejam acompanhadas de medidas compensatórias, tais como o aumento de receitas, seja mediante majoração de tributo, elevação de alíquotas ou ampliação de base de cálculo.

Por fim, em relação ao *Fiscal Responsability Act* da Nova Zelândia, aponta Nóbrega[19] os seguintes instrumentos daquela legislação que inspiraram a LRF brasileira: "a) fixação do parâmetro do custo/benefício para o gasto público e melhora na qualidade

---

[16] NASCIMENTO, Edson Ronaldo; DEBUS, Ilvo. *Lei Complementar nº 101/2000*: entendendo a Lei de Responsabilidade Fiscal. Brasília: ESAF, 2002. p 14.
[17] ABRAHAM, Marcus. *Lei de Responsabilidade Fiscal comentada*, cit., p. 10-11.
[18] NASCIMENTO, Edson Ronaldo; DEBUS, Ilvo. *Lei Complementar nº 101/2000*, cit., p. 7.
[19] NÓBREGA, Marcos. Influências internas e externas da Lei de Responsabilidade Fiscal. *In*: NÓBREGA, Marcos; FIGUEIREDO, Carlos Maurício. *Responsabilidade fiscal*: aspectos polêmicos. Belo Horizonte: Fórum, 2006. p. 38.

dos bens e serviços prestados pelo Estado; b) aumento da transparência do setor público; c) imposição de limites e restrições aos gastos públicos para uma administração fiscal responsável".

Enfim, da leitura do artigo 1º da Lei de Responsabilidade Fiscal, já se mostra possível aferir essas correlações com as diretrizes colhidas das legislações estrangeiras, senão vejamos:

> Art. 1º Esta Lei Complementar estabelece normas de finanças públicas voltadas para a responsabilidade na gestão fiscal, com amparo no Capítulo II do Título VI da Constituição.
> §1º A responsabilidade na gestão fiscal pressupõe a ação planejada e transparente, em que se previnem riscos e corrigem desvios capazes de afetar o equilíbrio das contas públicas, mediante o cumprimento de metas de resultados entre receitas e despesas e a obediência a limites e condições no que tange a renúncia de receita, geração de despesas com pessoal, da seguridade social e outras, dívidas consolidada e mobiliária, operações de crédito, inclusive por antecipação de receita, concessão de garantia e inscrição em Restos a Pagar.
> §2º As disposições desta Lei Complementar obrigam a União, os Estados, o Distrito Federal e os Municípios.

Da citada norma legal é possível identificar instrumentos cuja inspiração advém das referidas normas estrangeiras, a exemplo do planejamento das ações, da transparência das decisões e condutas, da prevenção de riscos e da correção de desvios capazes de afetar as contas públicas, além da adoção de metas de resultados entre receitas e despesas e da imposição das normas a todos os entes da Federação.

Chama-se a atenção para a maneira como a fixação de metas fiscais influenciou a concepção de responsabilidade na gestão fiscal imanente à LRF. Alerta Nóbrega[20] que "a adoção de parâmetros macroeconômicos e o estabelecimento de metas fiscais influenciaram a nossa lei. Em diversas passagens da LRF a preocupação com as metas é bastante clara", a exemplo da exigência de se fazer constar anexo de metas fiscais às leis de diretrizes orçamentárias, nos moldes do artigo 4º, §1º, da LRF, bem como da demonstração da compatibilidade da programação dos orçamentos constante da lei orçamentária anual com as metas fixadas na LDO, conforme previsão do artigo 5º, I, da Lei.

Da mesma forma, ressalta-se a exigência de se juntar anexo de riscos fiscais também nas leis de diretrizes orçamentárias, conforme o artigo 4º, §3º, da Lei, visando à avaliação dos passivos contingentes e de outros riscos capazes de afetar as contas públicas.

Com a Lei de Responsabilidade Fiscal, criou-se um arcabouço de instrumentos voltados à busca da redução do endividamento público e da correção de desvios que refletem no equilíbrio das contas públicas, reforçando-se a preocupação do legislador com a criação de mecanismos de controle fiscal, mormente quando a boa administração também é reconhecida como direito fundamental.[21]

---

[20] NÓBREGA, Marcos. Influências internas e externas da Lei de Responsabilidade Fiscal, cit., p. 26.

[21] Segundo Juarez Freitas, "[...] na tomada das decisões administrativas, o Estado Constitucional precisa zelar pelo isento dever de oferecer legítimas e boas razões de fato e de direito. [...] Pois bem, a legitimidade (*conformação da tábua axiológica da Constituição e seus objetivos fundamentais, especialmente os arrolados no art. 3º*) pressupõe a observância dos limites finalísticos estatuídos pelo vinculante novo papel do Estado, em termos de respeito ao direito fundamental à boa administração [...]. Pressupõe, nessa linha, a geração de ambiente institucional favorável a parceiros produtivos, com a redução dos entraves oriundos da quebra reiterada da confiança. E mais:

3 O federalismo fiscal e as transferências voluntárias

3.1 Os contornos do federalismo fiscal

O federalismo brasileiro encontra-se estampado no artigo 1º da Constituição Federal de 1988, ao prever que "A República Federativa do Brasil, formada pela união indissolúvel dos Estados e Municípios e do Distrito Federal, constitui-se em Estado Democrático de Direito [...]", revelando como característica precípua, segundo José Afonso da Silva,[22] a *"união de coletividades regionais autônomas que a doutrina chama de Estados federados* (nome adotado pela Constituição, cap. III do tít. III), *Estados-membros* ou simplesmente *Estados* (muito usado na Constituição)".

A federação é forma de Estado, forma esta cuja escolha é de natureza política. No caso brasileiro, a Constituição de 1988, além de ter optado pela forma federativa, conferiu-lhe, também, o *status* de cláusula pétrea, nos moldes do artigo 60, §4º, I, que estabeleceu que nem mesmo será objeto de deliberação a proposta de emenda constitucional tendente a abolir a forma federativa de Estado.

Essa cláusula constitucional que elege a forma federativa como a adequada ao Estado brasileiro ainda estabelece como seus fundamentos a soberania, a cidadania, a dignidade da pessoa humana, os valores sociais do trabalho e da livre-iniciativa e o pluralismo político.

Segundo o magistério de Torres,[23] "[...] o federalismo brasileiro assume um modelo cooperativo, fundado na *solidariedade* e na garantia do *bem-estar*, que são valores típicos do Estado Social". Esse federalismo cooperativo, nas palavras do Autor, possui competências para:[24]

a) instituição de tributos pelas unidades do federalismo;
b) distribuição do produto arrecadado dos impostos entre as unidades de menor capacidade econômica, mediante atribuição direta, segundo percentuais previamente designados na própria Constituição, e indireta, por fundos, ordenados por critérios determinados em lei complementar.[25]

Esse aspecto financeiro do federalismo que exsurge da distribuição do produto arrecadado entre as unidades federativas de menor capacidade financeira é, certamente,

---

pressupõe, sem tardar, *a contínua sinergia entre as políticas públicas e o estabelecimento pactuado de metas e resultados. Pressupõe, enfim, a criatividade, a inovação e a sólida resistência às pressões espúrias do imediatismo, além da translucidez e controle social em matéria de orçamento público*" (*Discricionariedade administrativa e o direito fundamental à boa administração pública*. 2. ed. São Paulo: Malheiros, 2009. p. 20-21).

[22] SILVA, José Afonso da. *Curso de direito constitucional positivo*. 16. ed. São Paulo: Malheiros, 1999. p. 103.
[23] TORRES, Heleno Taveira. *Direito constitucional financeiro*: teoria da constituição financeira. São Paulo: Revista dos Tribunais, 2014. p. 267.
[24] TORRES, Heleno Taveira. *Direito constitucional financeiro*, cit., p. 263.
[25] Critérios esses atendidos pelos artigos 71 a 74 da Lei nº 4.320/1964, que estabelece as normas gerais de Direito Financeiro. O STF, por meio da ADI-MC 1.726/DF, Relator Maurício Correia, entendeu que "a exigência de prévia lei complementar estabelecendo condições gerais para a instituição de fundos, como exige o art. 165, §9º, II, da Constituição, está suprida pela Lei nº 4.320, de 17.03.64, recepcionada pela Constituição com *status* de lei complementar" (Pleno, julg. 16.09.1998, DJ 30.04.2004, p. 27).

o mais importante ao se falar em cooperação e solidariedade e constitui a base do federalismo fiscal.[26] Para Bercovici,[27] citando Celso Furtado, o federalismo:

> [...] deve expressar a ideia de que a organização política brasileira está fundada na solidariedade e na cooperação. Deste modo, a igualação das condições sociais de vida, em todo o território nacional, é a diretriz fundamental do nosso federalismo cooperativo. Esta homogeneização só é possível se os entes federados possuírem capacidade econômica e política para satisfazerem suas funções essenciais. Portanto, a igualação das condições sociais passa, necessariamente, pela igualação da capacidade dos entes federados. Busca-se, assim, um sistema federativo que responda às exigências de igualdade e solidariedade sem renunciar à sua própria estrutura federal.

O federalismo fiscal, nas palavras de Conti,[28] é o "estudo da maneira pela qual as esferas de governo se relacionam do ponto de vista financeiro". Partindo da ideia de solidariedade, porém sob o manto da igualdade, assevera o Autor[29] que:

> O princípio da igualdade deve, por conseguinte, ser aplicado à organização do Estado na forma federativa, o que nos leva à conclusão de que deve ser estendido aos componentes da Federação, a fim de que possa vir a atingir sua meta final, que é o cidadão.
> Logo, é fundamental que o Estado se organize de forma a manter equidade entre seus membros, o que importa na adoção de uma série de medidas redistributivas.

Configura-se, assim, o que Heleno Torres[30] denomina dimensão integradora do federalismo cooperativo e que tem por característica o chamado *financiamento centrífugo*, efeito, por sua vez, do *federalismo centrípeto*, em favor das autonomias (entes) de menor capacidade financeira. Pode-se afirmar, assim, que, na medida em que os poderes convergem para a unidade central do federalismo, esse ente assume a responsabilidade pelo financiamento dos entes periféricos, pelo princípio da cooperação mútua, ou *financiamento centrífugo*, traduzindo a ideia de uma *Constituição Financeira cooperativa de equilíbrio*.

3.2 As transferências voluntárias como instrumentos do federalismo cooperativo

Na medida em que o federalismo cooperativo possui na redistribuição dos recursos tributários arrecadados um mecanismo de redução de desigualdades, fazendo

---

[26] Segundo João Camilo de Oliveira Torres, na clássica obra *A formação do Federalismo no Brasil*, as desigualdades regionais que estão nas raízes do federalismo fiscal-cooperativo são conhecidas pela história político-econômica do Brasil desde o Império. Diz o Autor que "Uma análise em profundidade da questão revela que, na realidade, o problema central da organização das províncias residia em suas deficiências financeiras. É uma conclusão nada eloquente, terra a terra e pouco poética, mas verdadeira. E que não perdeu a sua atualidade – continuamos lutando por uma equitativa distribuição de rendas entre os três estratos da administração. Na realidade, as assembleias possuíam um campo de ação que, dinheiro havendo, daria margem para todas as reformas possíveis – caíam sob a sua alçada as três mais importantes necessidades do interior do Brasil – educação elementar, saúde pública e vias de comunicação" (Brasília: Câmara dos Deputados, Ed. Câmara, 2017. p. 124).
[27] BERCOVICI, Gilberto. *Desigualdades regionais, Estado e Constituição*. São Paulo: Max Limonad, 2003. p. 242.
[28] CONTI, José Maurício. *Federalismo fiscal e fundos de participação*. São Paulo: Editora Juarez de Oliveira, 2001. p. 24.
[29] CONTI, José Maurício. *Federalismo fiscal e fundos de participação*, cit., p. 31.
[30] TORRES, Heleno Taveira. *Direito constitucional financeiro*, cit., p. 244-245.

com que parte do produto da arrecadação chegue a unidades federativas de menor capacidade financeira, têm-se nas chamadas transferências intergovernamentais os instrumentos hábeis a operacionalizar os repasses dos recursos. Tais transferências podem ser de caráter obrigatório ou voluntário.

As transferências obrigatórias ou compulsórias são de índole constitucional, e, segundo Regis de Oliveira,

> [...] diante da maior arrecadação da União e dos Estados, determina o texto da Lei Maior que haja transferência de parte de alguns tributos aos entes menores. Tais transferências tributárias são obrigatórias e compulsórias, descabendo a qualquer deles impedir ou evitar o repasse. A eles não pertence o tributo, mas àquele que dele é titular, cabendo apenas ao que arrecada tal tarefa.[31]

Sua disciplina entre os artigos 157 e 162 do Texto Constitucional, na órbita da repartição das receitas tributárias, demonstra que o ente político arrecadador não é o titular dos valores descritos nas referidas normas, mas o ente a quem a Constituição expressamente atribui tal titularidade, cabendo ao ente arrecadador apenas o exercício da atividade material de arrecadação e repasse.

No que tange às transferências voluntárias, tema que interessa às reflexões do presente artigo, ao contrário da modalidade anterior de transferência, não são cogentes, atrelando-se, tão somente, à vontade do ente titular do produto arrecadado.

As transferências voluntárias no ordenamento jurídico brasileiro encontram-se disciplinadas no artigo 25 da Lei de Responsabilidade Fiscal, nos seguintes termos:

> Art. 25. Para efeito desta Lei Complementar, entende-se por transferência voluntária a entrega de recursos correntes ou de capital a outro ente da Federação, a título de cooperação, auxílio ou assistência financeira, que não decorra de determinação constitucional, legal ou os destinados ao Sistema Único de Saúde.
> §1º São exigências para a realização de transferência voluntária, além das estabelecidas na lei de diretrizes orçamentárias:
> I – existência de dotação específica;
> II – (VETADO)
> III – observância do disposto no inciso X do art. 167 da Constituição;
> IV – comprovação, por parte do beneficiário, de:
> a) que se acha em dia quanto ao pagamento de tributos, empréstimos e financiamentos devidos ao ente transferidor, bem como quanto à prestação de contas de recursos anteriormente dele recebidos;
> b) cumprimento dos limites constitucionais relativos à educação e à saúde;
> c) observância dos limites das dívidas consolidada e mobiliária, de operações de crédito, inclusive por antecipação de receita, de inscrição em Restos a Pagar e de despesa total com pessoal;
> d) previsão orçamentária de contrapartida.
> §2º É vedada a utilização de recursos transferidos em finalidade diversa da pactuada.
> §3º Para fins da aplicação das sanções de suspensão de transferências voluntárias constantes desta Lei Complementar, excetuam-se aquelas relativas a ações de educação, saúde e assistência social.

---

[31] OLIVEIRA, Regis Fernandes de. *Curso de direito financeiro*. 7. ed. São Paulo: Revista dos Tribunais, 2015. p. 784.

A norma legal em questão possui um aspecto tanto conceitual, ao definir transferência voluntária, traçando seus contornos jurídicos, quanto prescritivo, estabelecendo exigências que devem ser observadas pelo ente recebedor dos recursos, sob pena de restar juridicamente inviável a transferência.

Percebe-se que tais exigências, especificamente aquelas elencadas no inciso IV do §1º, adéquam-se aos ditames que se encontram nos fundamentos que levaram à publicação da Lei de Responsabilidade Fiscal, conforme constante do Programa de Estabilidade Fiscal – PEF mencionado na exposição de motivos da Lei.

Chama-se a atenção para os seguintes tópicos,[32] que devem ser observados para fins de celebração do instrumento que viabilizará a transferência dos recursos:

a) Existência de crédito orçamentário autorizador da despesa, o que se mostra uma exigência lógica, pois os recursos a serem repassados são, para o ente repassador, despesa pública. A Lei nº 4.320/1964 é clara em seu artigo 4º no sentido de que a Lei de Orçamento compreenderá todas as despesas próprias dos órgãos do Governo e da administração centralizada ou que por intermédio deles se devam realizar. O dispositivo legal em questão é consonante com o disposto no artigo 167, I, da Constituição Federal, que veda o início de programas ou projetos não incluídos na lei orçamentária anual.

b) Observância do disposto no artigo 167, X, da Constituição Federal, que veda "a transferência voluntária de recursos e a concessão de empréstimos, inclusive por antecipação de receita, pelos Governos Federal e Estaduais e suas instituições financeiras, para pagamento de despesas com pessoal ativo, inativo e pensionista, dos Estados, do Distrito Federal e dos Municípios", pois tal tipo de despesa se enquadra na hipótese de despesa corrente, nos moldes dos artigos 12 e 13 da Lei nº 4.230/1964. Despesa corrente deve ser custeada com as receitas correntes do ente responsável pela despesa.

Cumpre relembrar que, no Programa de Estabilidade Fiscal – PEF, que levou à produção da LRF, a fixação de limites com gasto de pessoal foi apontada como aspecto intrínseco e essencial à ideia de equilíbrio fiscal e controle do gasto público.

c) A Lei exige que o ente recebedor esteja em dia quanto ao pagamento de tributos, empréstimos e financiamentos devidos ao ente transferidor, bem como quanto à prestação de contas de recursos anteriormente dele recebidos, evitando, assim, que um ente federativo seja beneficiado com transferências voluntárias feitas por outro ente com quem se encontra em débito.

d) O ente a ser beneficiado deverá comprovar o cumprimento dos limites constitucionais relativos à educação e à saúde, previstos, respectivamente, nos artigos 212[33] e 198,[34] §2º, ambos da Constituição Federal, em caráter mínimo, conforme disposto nas referidas normas constitucionais.

---

[32] Conforme o inciso IV do §1º do artigo 25 da LRF.

[33] *Art. 212.* A União aplicará, anualmente, nunca menos de dezoito, e os Estados, o Distrito Federal e os Municípios vinte e cinco por cento, no mínimo, da receita resultante de impostos, compreendida a proveniente de transferências, na manutenção e desenvolvimento do ensino.

[34] *Art. 198.* As ações e serviços públicos de saúde integram uma rede regionalizada e hierarquizada e constituem um sistema único, organizado de acordo com as seguintes diretrizes: [...] §2º A União, os Estados, o Distrito Federal e os Municípios aplicarão, anualmente, em ações e serviços públicos de saúde recursos mínimos derivados da aplicação de percentuais calculados sobre: *I –* no caso da União, a receita corrente líquida do respectivo exercício financeiro, não podendo ser inferior a 15% (quinze por cento); *II –* no caso dos Estados e do Distrito Federal, o produto da arrecadação dos impostos a que se refere o art. 155 e dos recursos de que tratam

e) Observância, pelo ente recebedor, dos limites das dívidas consolidada e mobiliária, de operações de crédito, inclusive por antecipação de receita. Novamente cumpre chamar a atenção para o fato de que, relativamente aos limites das dívidas consolidada e mobiliária, bem como às operações de crédito, o Programa de Estabilidade Fiscal que ensejou a LRF sempre buscou centrar no controle da dívida pública o seu principal objetivo. Di Pietro, ao comentar o dispositivo em questão, alerta que

> [...] não apenas devem ser obedecidos os limites definidos pelo Senado, com base no art. 52, VI, VIII e IX, da Constituição, como também os constantes dos arts. 29 e s. da Lei de Responsabilidade Fiscal, que dão os conceitos de dívida pública consolidada, dívida pública mobiliária e operação de crédito, estabelecendo exigências a respeito da matéria.[35]

f) Observância, pelo ente beneficiado, dos limites de inscrição em restos a pagar e de despesa total com pessoal. Os restos a pagar estão definidos no artigo 36 da Lei nº 4.320/1964 como aquelas despesas empenhadas, mas não pagas até o dia 31 de dezembro, distinguindo-se as processadas das não processadas. Restos a pagar constituem hipótese de dívida flutuante, segundo as disposições do artigo 92[36] da Lei nº 4.320/1964, ou seja, aquelas dívidas contraídas a curto prazo.[37] Trata-se de exigência que tem por finalidade assegurar que a execução orçamentária se opere de forma transparente, eficiente, observando os contornos legais da responsabilidade fiscal, de modo a não permitir que as despesas de determinado exercício financeiro, inscritas em restos a pagar, venham a comprometer os orçamentos de exercícios seguintes, violando-se o regime contábil de exercício ou competência previsto no artigo 35, II, da Lei nº 4.320/1964, que estabelece que pertencem ao exercício financeiro as despesas nele legalmente empenhadas.

No tocante ao limite com gastos com pessoal, repise-se, trata-se de preocupação que sempre acompanhou a construção da Lei de Responsabilidade Fiscal. Neste passo, os limites estão fixados nos artigos 19 e 20 da LRF. A exposição de motivos da Lei demonstra, no seu parágrafo 28, "o tratamento dispensado aos gastos com pagamento de pessoal, questão crucial para ajuste estrutural das contas do conjunto do setor público", esclarecendo, na oportunidade, que os limites máximos previstos nas normas legais retrocitadas decorreram de sugestão majoritária do conjunto dos Estados e Municípios que participaram do processo de consulta pública anteriormente à publicação da Lei.

g) O ente a ser beneficiado deverá demonstrar a existência de previsão orçamentária para eventual contrapartida, o que também se mostra exigência lógica,

---

os arts. 157 e 159, inciso I, alínea "a", e inciso II, deduzidas as parcelas que forem transferidas aos respectivos Municípios; III – no caso dos Municípios e do Distrito Federal, o produto da arrecadação dos impostos a que se refere o art. 156 e dos recursos de que tratam os arts. 158 e 159, inciso I, alínea "b" e §3º.

[35] DI PIETRO, Maria Sylvia Zanella. Transferências voluntárias. *In*: MARTINS, Ives Gandra da Silva; NASCIMENTO, Carlos Valder do (org.). *Comentários à Lei de Responsabilidade Fiscal*. 7. ed. São Paulo: Saraiva, 2014. p. 231.

[36] Art. 92. A dívida flutuante compreende: I – os restos a pagar, excluídos os serviços da dívida;

[37] MACHADO JR., J. Teixeira; REIS, Heraldo da Costa. *A Lei 4.320 comentada*. 30. ed. Rio de Janeiro: IBAM, 2000/2001. p. 195.

pois a contrapartida é despesa para o ente recebedor dos recursos. Assim, sendo despesa, da mesma forma que o ente repassador, deverá comprovar a existência de crédito orçamentário específico.

Tais exigências, enfim, constituem instrumentos eficazes de controle das contas públicas, pois induzem os entes federados com menor capacidade financeira e que necessitam dos recursos voluntariamente transferidos ao controle das suas despesas.

As exigências postas no artigo 25 da Lei de Responsabilidade Fiscal possuem nítido caráter pedagógico relacionado ao equilíbrio fiscal dos entes federados.

3.3 O princípio da intranscendência subjetiva das sanções financeiras e a flexibilização das exigências para o recebimento das transferências voluntárias

Conforme já demonstrado, a Lei de Responsabilidade Fiscal possui razões para prescrever rígidas exigências voltadas às transferências voluntárias. A história fiscal brasileira relativamente recente mostra a necessidade de que o Brasil, de maneira urgente, busque implantar uma cultura de controle de gastos públicos eficiente e de endividamento, enfim, uma cultura de equilíbrio fiscal.

As transferências voluntárias constituem recursos vitais à implementação de programas e projetos no âmbito de Estados e Municípios. Segundo o magistério de Harrison Leite:

> A sua importância é vital para os Estados e principalmente para os Municípios, pois, para a maioria destes, a sua receita corrente apenas cobre a sua despesa corrente, sem qualquer margem para investimentos. Assim, a construção de quadras de esportes, pavimentação, aquisição de equipamentos, construção de unidades de saúde e escolas, dentre outros investimentos, só são possíveis por conta das transferências voluntárias existentes. A realidade revela que, a depender da receita própria, pouco ou nenhum investimento poderia ser feito na grande maioria dos municípios brasileiros.[38]

Por outro lado, a construção de discursos argumentativos levados a efeito pela jurisprudência brasileira vem flexibilizando as condições legais impostas pelo artigo 25 da LRF como necessárias à viabilização das transferências voluntárias, de forma a ensejar o descumprimento de referidas condições pelas pessoas políticas beneficiadas com os repasses financeiros.

Regis de Oliveira[39] chama a atenção para o fato de que "o ente que irá receber a receita deve estar em dia com todos os pagamentos constitucionais e legais que lhe cabem e deve demonstrá-los ao outro. Caso contrário, não haverá possibilidade do acordo de vontades e não haverá a transferência". Por outro lado, acrescenta o Autor que a jurisprudência do Superior Tribunal de Justiça, com fundamento nas dificuldades financeiras de determinados entes, flexibiliza o rigor das regras:

---

[38] LEITE, Harrison. *Manual de direito financeiro*. 8. ed. Salvador: JusPodivm, 2019. p. 536-537.
[39] OLIVEIRA, Regis Fernandes de. *Curso de direito financeiro*, cit., p. 785.

O Superior Tribunal de Justiça, atento à realidade da grande maioria dos pequenos municípios espalhados pelo nosso país continental, e sabedor das dificuldades dos prefeitos de tais municípios, já decidiu que: "O art. 25, §1º, IV, da LC 101/200 não ampara a recusa do Estado em transferir verbas públicas a determinado município cuja administração passada descumpriu o limite constitucional mínimo de aplicação nas áreas de educação e saúde, uma vez que as irregularidades cometidas pelos governantes anteriores não podem causar gravames à nova gestão que buscou efetivamente reverter a situação ilegal e punir os responsáveis, inclusive com o oferecimento de *notitia criminis* ao Ministério Público Estadual" (REsp 1.027.728/ES, 2ª T., 19.03.2009, rel. Min. Castro Meira, DJe 23.04.2009).

E nessa mesma linha o Supremo Tribunal Federal vem consolidando a sua jurisprudência, em que, sob o fundamento do "princípio da Intranscendência Subjetiva das Sanções Financeiras", determina, judicialmente, em situações outras que não apenas a conduta ilícita de gestões anteriores, o repasse das parcelas referentes às transferências no âmbito dos convênios administrativos, quando o ente concedente, diante do não preenchimento de quaisquer das já mencionadas exigências legais pelo ente recebedor, suspende os repasses.

Tal princípio é fruto de construção jurisprudencial e deriva da garantia constitucional da intranscendência da pena, prevista no artigo 5º, XLV, da Constituição, segundo o qual "nenhuma pena passará da pessoa do condenado, podendo a obrigação de reparar o dano e a decretação do perdimento de bens ser, nos termos da lei, estendidas aos sucessores e contra eles executadas, até o limite do valor do patrimônio transferido".

Destaquem-se os seguintes arestos da Excelsa Corte Constitucional que demonstram a flexibilização das regras legais de transferência:

> AGRAVO REGIMENTAL NA AÇÃO CÍVEL ORIGINÁRIA. CONSTITUCIONAL. ADMINISTRATIVO. FINANCEIRO. TOMADA DE CONTAS ESPECIAL. INSCRIÇÃO DE ESTADO-MEMBRO EM CADASTRO DE INADIMPLENTES. ATOS DECORRENTES DE GESTÕES ANTERIORES. *APLICAÇÃO DO PRINCÍPIO DA INTRANSCENDÊNCIA SUBJETIVA DAS SANÇÕES*. PRECEDENTES. INEXISTÊNCIA DE OFENSA AO PRINCÍPIO COLEGIADO. AGRAVO REGIMENTAL A QUE SE NEGA PROVIMENTO.
> 1. *O princípio da intranscendência subjetiva das sanções, consagrado pela Corte Suprema, inibe a aplicação de severas sanções às administrações por ato de gestão anterior à assunção dos deveres Públicos*. Precedentes: ACO 1.848-AgR, rel. Min. Celso Mello, Tribunal Pleno, DJe de 6/11/2014; ACO 1.612-AgR, rel. Min. Celso de Mello, Tribunal Pleno, DJe de 12/02/2015. 2. É que, em casos como o presente, o propósito é de neutralizar a ocorrência de risco que possa comprometer, de modo grave e/ou irreversível, a continuidade da execução de políticas públicas ou a prestação de serviços essenciais à coletividade. 3. A tomada de contas especial é medida de rigor com o ensejo de alcançar-se o reconhecimento definitivo de irregularidades, permitindo-se, só então, a inscrição do ente nos cadastros de restrição ao crédito organizados e mantidos pela União. Precedentes: ACO 1.848-AgR, rel. Min. Celso Mello, Tribunal Pleno, DJe de 6/11/2014; AC 2.032, Rel. Min. Supremo Tribunal Federal Documento assinado digitalmente conforme MP nº 2.200-2/2001 de 24/08/2001, que institui a Infraestrutura de Chaves Públicas Brasileira – ICP-Brasil. O documento pode ser acessado no endereço eletrônico http://www.stf.jus.br/portal/autenticacao/ sob o número 8698040. Supremo Tribunal Federal Inteiro Teor do Acórdão – Página 1 de 15 Ementa e Acórdão ACO 1393 A GR / MA Celso de Mello, Tribunal Pleno, DJe de 20/03/2009. 4. Agravo regimental a que se nega provimento (Ag. Reg. na ACO 1.393, 1ª T., rel. Min. Luiz Fux, 09.06.2015) (grifos nossos).

[...] O postulado da intranscendência impede que sanções e restrições de ordem jurídica superem a dimensão estritamente pessoal do infrator. Em virtude desse princípio, as limitações jurídicas que derivam da inscrição, no CAUC, das autarquias, das empresas governamentais ou das entidades paraestatais não podem atingir os Estados-membros ou o Distrito Federal, projetando, sobre estes, consequências jurídicas desfavoráveis e gravosas, pois o inadimplemento obrigacional – por revelar-se unicamente imputável aos entes menores integrantes da administração descentralizada – só a estes pode afetar. – Os Estados-membros e o Distrito Federal, em consequência, não podem sofrer limitações em sua esfera jurídica motivadas pelo só fato de se acharem administrativamente vinculadas, a eles, as autarquias, as entidades paraestatais, as sociedades sujeitas a seu poder de controle e as empresas governamentais alegadamente inadimplentes e que, por tal motivo, hajam sido incluídas em cadastros federais (CAUC, SIAFI, CADIN, v.g.) (STF, AC 2.094/RR, rel. Min. Marco Aurélio, *DJe* 05.08.2008).

AGRAVO REGIMENTAL NO RECURSO EXTRAORDINÁRIO. *PRINCÍPIO DA INTRANSCENDÊNCIA OU DA PERSONALIDADE DAS SANÇÕES E DAS MEDIDAS RESTRITIVAS DE ORDEM JURÍDICA. ART. 5º, XLV, DA CF.* IMPOSSIBILIDADE DE ATRIBUIÇÃO DE RESPONSABILIDADE AO ENTE ESTATAL POR ATO PRATICADO POR ENTIDADE DA ADMINISTRAÇÃO INDIRETA *OU PELO PODER LEGISLATIVO OU JUDICIÁRIO*. TESE ADOTADA EM COGNIÇÃO SUMÁRIA PELO PLENO DO STF. POSSIBILIDADE DE JULGAMENTO IMEDIATO. AGRAVO REGIMENTAL A QUE SE NEGA PROVIMENTO. I – O Supremo Tribunal Federal entende que as limitações jurídicas decorrentes do descumprimento de obrigação por entidade da administração indireta não podem ser atribuídas ao ente federal da qual participam e, pelo mesmo motivo, quando o desrespeito for ocasionado pelo Poder Legislativo ou pelo Poder Judiciário, as consequências não podem alcançar o Poder Executivo. II – Situação dos autos diversa daquela em que se afasta a adoção do princípio se a responsabilidade deriva de ato praticado por órgão do próprio Poder Executivo. III – O caráter provisório de orientação adotada pelo Pleno desta Corte, ainda que proferida em cognição sumária, não impede o julgamento imediato de causas que versem sobre idêntica controvérsia, nem dá ensejo a necessário sobrestamento do feito. IV – Agravo regimental a que se nega provimento (STF, 2ª T., RE 768238 PE, rel. Min. Ricardo Lewandowski, *DJe* 06.03.2014) (grifos nossos)

A leitura dos arestos retrotranscritos permite aferir que o STF aplica o princípio sob análise em três situações específicas: quando a conduta ilícita é praticada 1) por entidade da Administração Indireta do ente político a ser punido; 2) pelos Poderes Judiciário, Legislativo ou pelo Ministério Público e 3) por gestores anteriores.

Em síntese, à exceção da hipótese em que a responsabilidade advém de autarquias ou outras entidades das administrações indiretas, as decisões paradigmas afastam a personalidade jurídica do Estado para atribuição de responsabilidades a pessoas físicas ou órgãos públicos. A lógica do Supremo Tribunal Federal, conforme se colhe da decisão proferida no Ag. Reg. na ACO 1.393, retrocitado, "[...] é a de neutralizar a ocorrência de risco que possa comprometer, de modo grave e/ou irreversível, a continuidade da execução de políticas públicas ou a prestação de serviços essenciais à coletividade".

Conquanto seja louvável o fundamento utilizado pelo STF, este acaba por fragilizar os propósitos da Lei de Responsabilidade Fiscal concebidos na sua gênese, como se todo o arcabouço histórico de descontrole fiscal insistisse em estender seus tentáculos às gestões públicas atuais, além de olvidar aspectos da teoria do Estado no que tange à sua personalidade construída no âmbito da norma jurídica.

As transferências voluntárias se operam por instrumentos jurídicos que requerem uma pessoa jurídica para sua celebração, devendo estar, portanto, na sua plena capacidade de contrair direitos e obrigações. Segundo Abraham,

> [...] dentro do modelo de descentralização na execução de programas e ações governamentais, especialmente aquelas atividades de competência comum (art. 23 da CF) e com caráter tipicamente local, as atuações total ou parcialmente delegadas de um ente para outro, formalizadas através de convênios, contratos de repasse ou termos de parceria, se operacionalizam pelo repasse de recursos entre a União, Estados, Distrito Federal e Municípios, a título de cooperação, auxílio ou assistência financeira, não decorrentes de determinação constitucional ou legal ou destinados ao Sistema Único de Saúde.[40]

Ressalte-se, portanto, que as transferências se operam entre pessoas jurídicas e de direito público. Ou seja, o Estado é pessoa e é pessoa jurídica, cuja personalidade é concebida no âmbito da norma jurídica. Partindo da premissa de que "pessoa", para o ordenamento jurídico, é um conjunto de direitos e deveres, Sundfeld explica que

> [...] *pessoa física* é o centro de direitos e deveres referido a (ou, se preferirmos, "constituído por") um ser humano, cujo comportamento é diretamente regulado pela norma, e pessoa jurídica é o centro de direitos e deveres referido a um estatuto (isto é, referido a um conjunto de regras jurídicas indicando quais são os seres humanos obrigados a realizar os comportamentos impostos pela norma).
> A pessoa jurídica, *vista internamente*, não passa portanto de um conjunto de normas jurídicas: as normas que definem os seres humanos que realizarão os comportamentos impostos pelo Direito à pessoa jurídica. [...]
> Reconhecer ao Estado a condição de pessoa jurídica significa duas coisas. Inicialmente, que ele é pessoa, um centro de direitos e deveres (isto é, que ele tem direitos e deveres). Em segundo lugar, que, quando o Estado se envolver em relações jurídicas, titularizando direitos ou contraindo deveres, só saberemos quem é o ser humano cujo comportamento está sendo vinculado se consultarmos outras normas: as de organização deste centro unificador de direitos e deveres a que chamamos de Estado.
> Se o Estado é pessoa jurídica, quem lhe conferiu personalidade, quem lhe atribuiu direitos e deveres?
> Nos países, como o Brasil, onde exista uma Constituição como norma jurídica suprema, a personalidade jurídica do Estado é conferida pela Constituição.[41]

E, enquanto titular de personalidade conferida pela Constituição, é o Estado, pessoa jurídica, que está apto a contrair direitos e obrigações na ordem jurídica, a ele atribuída responsabilidade objetiva, respondendo pelos atos dos seus agentes pela norma do artigo 37, §6º, da Constituição:

> As pessoas jurídicas de direito público e as de direito privado prestadoras de serviços públicos responderão pelos danos que seus agentes, nessa qualidade, causarem a terceiros, assegurado o direito de regresso contra o responsável nos casos de dolo ou culpa.

---

[40] ABRAHAM, Marcus. Lei de Responsabilidade Fiscal comentada, cit., p. 194.
[41] SUNDFELD, Carlos Ari. Fundamentos de direito público. 4. ed. São Paulo: Malheiros, 2000. p. 64-66.

Nas relações obrigacionais, a exemplo dos convênios tendo por objeto a implementação de transferências voluntárias, são pessoas jurídicas (*v.g.*, Estado x Município, objetivando interesses comuns ou convergentes) que se encontram na condição de partícipes na relação.

Em análise das hipóteses de aplicação do princípio da intranscendência pela Suprema Corte, pode-se chegar às seguintes ilações:

1) Relativamente à atribuição de responsabilidade ao gestor anterior, além de se afastar, indevidamente, o princípio da responsabilidade direta da pessoa jurídica de Direito Público Estado, constitucionalmente concebida, viola-se, frontalmente, o princípio da impessoalidade administrativa, um dos nortes impostos à Administração Pública por força do *caput* do artigo 37 da Constituição Federal.[42] É que os atos do Estado são impessoais, ou seja, são atribuídos à própria pessoa jurídica e não ao agente que os pratica. Di Pietro, em comentários ao princípio em questão, leciona que:

> [...] o princípio significa, segundo José Afonso da Silva (2003:647), baseado na lição de Gordilho, que "os atos e provimentos administrativos são imputáveis não ao funcionário que os pratica, mas ao órgão ou entidade administrativa da Administração Pública, de sorte que ele é o autor institucional do ato. Ele é apenas o órgão que formalmente manifesta a vontade estatal". Acrescenta o autor que, em consequência, "as realizações governamentais não são do funcionário ou autoridade, mas da entidade pública em nome de quem as produzira. A própria Constituição dá uma consequência expressa a essa regra, quando, no §1º do artigo 37, proíbe que conste *nome, símbolo ou imagens* que caracterizem promoção pessoal de autoridades ou servidores públicos em publicidade de atos, programas, obras, serviços e campanhas dos órgãos públicos".[43]

O princípio da impessoalidade, dessa forma, afasta, a princípio, a responsabilidade da pessoa física – agente público pela prática de um ato, atribuindo-a diretamente ao Estado, que depois age regressivamente sobre a esfera jurídica do agente.

Portanto, nas relações obrigacionais voltadas à implementação das transferências intergovernamentais, é a pessoa jurídica pública que se faz presente como parte, em qualquer dos seus polos, e não o agente público, que apenas a representa.

2) Em relação à atribuição de responsabilidades a um órgão, ou bloco orgânico, como é o caso dos poderes constituídos, as decisões da Excelsa Corte, da mesma forma, ferem a regra da personalidade jurídica estatal, pois órgão público não possui personalidade jurídica. Recorrendo às clássicas lições do Mestre Hely Lopes Meirelles:

> *Órgãos públicos* – São centros de competência instituídos para o desempenho de funções estatais, através de seus agentes, cuja atuação é imputada à pessoa jurídica a que pertencem. São unidades de ação com atribuições específicas na organização estatal. [...] Os *órgãos* integram a estrutura do Estado e das demais pessoas jurídicas como partes desses corpos vivos, dotados de vontade e capazes de exercer direitos

---

[42] A Administração Pública direta e indireta de qualquer dos Poderes da União, dos Estados, do Distrito Federal e dos Municípios obedecerá aos princípios de legalidade, impessoalidade, moralidade, publicidade e eficiência e, também, ao seguinte: (art. 37, *caput*, da CF).

[43] DI PIETRO, Maria Sylvia Zanella. *Direito administrativo*. 29. ed. Rio de Janeiro: Forense, 2016. p. 99.

e contrair obrigações para a consecução de seus fins institucionais. Por isso mesmo, os órgãos não têm personalidade jurídica nem vontade própria, que são atributo do corpo e não das partes [...].[44]

Não se reconhece aos órgãos públicos personalidade jurídica, assim como não se reconhece aos órgãos internos de uma pessoa física. Órgãos são partes internas de um corpo e não se confundem com a própria pessoa. As pessoas jurídicas também possuem seus órgãos internos, dotados de competências, porém não se confundem com os corpos que integram.

Retira-se do RE 768238, retrotranscrito, que o Supremo Tribunal Federal parte da ideia de que, "quando o desrespeito for ocasionado pelo Poder Legislativo ou pelo Poder Judiciário, as consequências não podem alcançar o Poder Executivo", mormente pelo fato de o Executivo não possuir ingerência sobre a gestão dos outros poderes.

No entanto, repise-se, o Poder Executivo, presente nas relações obrigacionais por meio de um de seus órgãos, apenas representa a pessoa jurídica pública pelo fato de nas competências do referido Poder estarem o exercício de políticas públicas ou programas da Administração que são financiados pelas transferências voluntárias. Em síntese, Poder não é pessoa jurídica, mas um bloco orgânico com competências públicas definidas e que integra uma pessoa.

Assim, o "prejuízo" não é do Poder Executivo, mas do Estado, pessoa jurídica parte na relação obrigacional.

3) Por fim, em relação às condutas ilícitas produzidas pelas entidades da Administração Indireta do Estado, mostra-se possível a aplicação da intranscendência subjetiva das sanções, justamente pelo fato de tais entidades, como as autarquias, fundações públicas e empresas estatais, serem dotadas de personalidade jurídica própria, estando, portanto, aptas a contraírem direitos e obrigações na ordem jurídica.

A criação de tais entes constitui modalidade de descentralização administrativa por serviços, que, nas palavras de Di Pietro,

> [...] é a que se verifica quando o Poder Público (União, Estados ou Municípios) cria uma pessoa jurídica de direito público ou privado e a ela atribui a titularidade e a execução de determinado serviço público. No Brasil, essa criação somente pode dar-se por meio de lei e corresponde, basicamente, à figura da autarquia, mas abrange também fundações governamentais, sociedades de economia mista e empresas públicas, que exerçam serviços públicos. [...] Esse processo de descentralização envolve, portanto:
> 1. reconhecimento de personalidade jurídica ao ente descentralizado;[45]

A personalidade jurídica de tais entidades é reconhecida por lei, conforme as disposições da Lei nº 9.784/1999, que em seu artigo 1º estabelece da seguinte forma:

> Art. 1º Esta Lei estabelece normas básicas sobre o processo administrativo no âmbito da Administração Federal direta e indireta, visando, em especial, à proteção dos direitos dos administrados e ao melhor cumprimento dos fins da Administração.

---

[44] MEIRELLES, Hely Lopes. *Direito administrativo brasileiro*. 29. ed. São Paulo: Malheiros, 2004. p. 67-68.
[45] DI PIETRO, Maria Sylvia Zanella. *Direito administrativo*, cit., p. 519-520.

§1º Os preceitos desta Lei também se aplicam aos órgãos dos Poderes Legislativo e Judiciário da União, quando no desempenho de função administrativa.
§2º Para os fins desta Lei, consideram-se:
I – órgão – a unidade de atuação integrante da estrutura da Administração direta e da estrutura da Administração indireta;
II – *entidade – a unidade de atuação dotada de personalidade jurídica*; (grifamos)

Pela ótica legal, que não discrepa dos posicionamentos doutrinários apresentados, a Lei outorga apenas às entidades o atributo da personalidade jurídica, não o fazendo em relação aos órgãos públicos.

Chama a atenção Fernandes[46] para o fato de que o Supremo Tribunal Federal, ao adotar, inicialmente, o princípio da intranscendência das sanções financeiras, o fez analisando questão entre entes públicos dotados de personalidade jurídica própria, senão vejamos:

> A teoria da intranscendência das sanções foi aplicada inicialmente pelo Supremo Tribunal Federal, em casos envolvendo entes públicos, na Questão de Ordem em Ação Cautelar nº 266-4/São Paulo, de Relatoria do Ministro Celso de Mello, na qual o Estado de São Paulo se insurgia contra ato do Instituto Nacional do Seguro Social (INSS) que procedeu à inclusão do Estado no Cadastro Informativo de Créditos Não Quitados do Setor Público Federal (CADIN), em virtude de débitos previdenciários de sociedade de economia mista integrante da administração indireta do Estado de São Paulo, qual seja, a Companhia Paulista de Trens Metropolitanos. Em virtude da referida inclusão no CADIN, o Estado de São Paulo teve suspensas linhas de crédito a que faria jus, em financiamentos obtidos mediante recursos externos, para captação de recursos destinados a obras do metrô.

No acórdão colocado como paradigma, o débito para com o INSS tem origem na inadimplência provocada por pessoa jurídica distinta do Estado de São Paulo, não obstante inserir-se na estrutura de sua administração indireta, o que levou o Ministro Relator a reconhecer que a inscrição do Estado de São Paulo no CADIN findaria por "atingir e afetar terceira pessoa".

Lembra a ilustre Professora que, posteriormente à retrocitada decisão, o STF passou a estender a adoção do princípio da intranscendência a órgãos da Administração Direta e que, apesar de dotados de autonomia administrativa e financeira, como é o caso dos órgãos dos poderes Judiciário e Legislativo, são destituídos de personalidade jurídica própria.

Enfim, qualquer que seja a hipótese sobre a qual incida o princípio da intranscendência, sua aplicação atua como verdadeiro mecanismo de reforço positivo diante da ação irresponsável do ente recebedor dos recursos públicos via transferência voluntária.

---

[46] FERNANDES, Andressa Guimarães Torquato. A aplicação do princípio da intranscendência das sanções na jurisprudência do STF em casos envolvendo limites setoriais para despesa com pessoal. *In*: FIRMO FILHO, Alípio Reis; WARPECHOWSKI, Ana Cristina M.; RAMOS FILHO, Carlos Alberto de Moraes (coord.). *Responsabilidade na gestão fiscal*: estudos em homenagem aos 20 anos da Lei Complementar nº 101/2000. Belo Horizonte: Fórum, 2020. p. 128-129.

4 Conclusão

É de certa forma compreensível a postura do Supremo Tribunal Federal na construção do princípio da intranscendência subjetiva das sanções financeiras, uma vez que, se efetiva e rigorosamente aplicadas as exigências do artigo 25 da Lei de Responsabilidade Fiscal aos entes que necessitam dos recursos, de fato muitas políticas públicas e investimentos não poderiam ser implementados.

Por outro lado, é preciso insistir e trazer ao debate o primado da responsabilidade fiscal, do controle das contas públicas e do equilíbrio fiscal, uma vez que a adoção de posturas tais pelo STF acaba por provocar, aos poucos, a erosão da Lei de Responsabilidade Fiscal.

Retira-se o caráter pedagógico da norma e se desestimula o bom gestor, ao ver este a "premiação" dada a entes que descumprem as exigências legais, seja ultrapassando o limite de gasto com pessoal ou com perda de controle de seus restos a pagar, etc.

É preciso enfatizar que problemas relativos às finanças públicas constituem, antes de tudo, um problema de ordem política. Gaston Jèze,[47] há muito, já alertava que:

> Uma opinião ainda hoje muito difundida é que os problemas relativos às finanças públicas são de ordem essencial e exclusivamente econômica, de natureza técnica, para cuja solução correta basta possuir conhecimentos técnicos, econômicos e financeiros. Isso é um exagero!
>
> É certo que há um aspecto econômico e técnico muito importante: no âmbito das finanças públicas, o papel dos técnicos é considerável, mas *não é exclusivo*. Mais ainda, tal papel é secundário no sentido de que normalmente os técnicos só intervêm *após os políticos*, uma vez terem estes últimos resolvido as questões políticas que estão na base dos problemas financeiros. Técnicos não têm nada de particular a dizer, enquanto técnicos, sobre problemas políticos. Eles não têm outro papel a desempenhar, no que tange aos problemas políticos, que não aquele desempenhado por sociólogos ou por cidadãos esclarecidos (tradução própria).

Corte de gastos, enxugamento do quadro de servidores de cargos comissionados, renegociação de contratos administrativos, adoção de estratégias eficazes de planejamento econômico governamental e orçamentário, escolhas públicas alocativas que sejam prioritárias ao interesse público, dentre outras medidas administrativas, parecem consistir em opções políticas completamente fora da perspectiva de muitos gestores públicos.

Se de um lado a resolução dos problemas de finanças públicas perpassa por opções políticas, de outro a aplicação das exigências legais voltadas à indução do comportamento do gestor para fins de equilíbrio fiscal mostra-se cogente, devendo tais

---

[47] Diz o ilustre jurista francês: "C'est une opinion encore aujourd'hui très répandue que les problèmes dits financiers sont essentiellementt et exclusivement des problèmes d'ordre économique, des questions de technique, pour la solution desquels il fault et il suffit de posséder des connaissances techniques, économiques et financières. C'est là une exagération. Il est certain qu'il y a un aspect économique et technique très important: en finances publiques, le rôle des techniciens est considerable; *il n'est pas exclusif*. Bien plus, il est secondaire en ce sens que ordinairement les techniciens n'interviennent qu'*après les hommes politiques*, une fois que ceux-ci ont résolu le problème politique que est à la base des problèmes financiers. Les techniciens n'ont rien de particulier à dire, en tant que techniciens, sur le problème politique. Ils n'ont d'autre rôle a jouer, touchant le problème politique, que celui de sociologues ou de citoyens éclairés" (JÈZE, Gaston. *Cours de finances publiques*. Paris: Marcel Girard, 1933. p. 7).

exigências ser levadas a efeito também pelo Poder Judiciário, a exemplo do Supremo Tribunal Federal em suas decisões que implementem política fiscal responsável.

Se a Corte Constitucional brasileira se arvora da prerrogativa de flexibilizar as regras legais para recebimento dos recursos advindos das transferências voluntárias, deveria, da mesma forma, impor em suas decisões as devidas contrapartidas, exigindo a observância *in concreto* dos mecanismos legais que induzam os entes federados recebedores de recursos à busca da sustentabilidade de suas finanças.

Enfim, em resposta ao questionamento apresentado na introdução deste artigo, com tão pouco tempo de experimentação do regime democrático, o Brasil parece ainda estar bem distante da maturidade fiscal, conclusão a que se chega de maneira pragmática ao se observar a gastança irrefreada de recursos públicos, sustentando-se os fisiologismos institucionalizados e fruto do regime de coalizão política que envenena as relações de poder.

No Brasil, é mais fácil alterar as regras fiscais, legais ou constitucionais, do que buscar a maturidade e a responsabilidade na condução ética dos recursos públicos.

Referências

ABRAHAM, Marcus. *Lei de Responsabilidade Fiscal comentada*. 2. ed. Rio de Janeiro: Forense, 2017.

AFONSO, José Roberto. Uma história da lei brasileira de responsabilidade fiscal. *RDU*, Porto Alegre, Edição Especial, 2016, p. 126-154, 2016.

BERCOVICI, Gilberto. *Desigualdades regionais, Estado e Constituição*. São Paulo: Max Limonad, 2003.

BRASIL. *Diário da Câmara dos Deputados*, Brasília-DF, ano LIV, n. 47, 18.03.1999. Disponível em: http://imagem.camara.gov.br/Imagem/d/pdf/DCD 18MAR1999.pdf#page=110.

BRESSER-PEREIRA, Luiz Carlos. Da Administração Pública burocrática à gerencial. *In*: BRESSER-PEREIRA, Luiz Carlos; SPINK, Peter (org.). *Reforma do Estado e Administração Pública gerencial*. 7. ed. Rio de Janeiro: FGV Editora, 2006.

CONTI, José Maurício. *Federalismo fiscal e fundos de participação*. São Paulo: Editora Juarez de Oliveira, 2001.

DI PIETRO, Maria Sylvia Zanella. *Direito administrativo*. 29. ed. Rio de Janeiro: Forense, 2016.

DI PIETRO, Maria Sylvia Zanella. Transferências voluntárias. *In*: MARTINS, Ives Gandra da Silva; NASCIMENTO, Carlos Valder do (org.). *Comentários à Lei de Responsabilidade Fiscal*. 7. ed. São Paulo: Saraiva, 2014.

FERNANDES, Andressa Guimarães Torquato. A aplicação do princípio da intranscendência das sanções na jurisprudência do STF em casos envolvendo limites setoriais para despesa com pessoal. *In*: FIRMO FILHO, Alípio Reis; WARPECHOWSKI, Ana Cristina M.; RAMOS FILHO, Carlos Alberto de Moraes (coord.). *Responsabilidade na gestão fiscal*: estudos em homenagem aos 20 anos da Lei Complementar nº 101/2000. Belo Horizonte: Fórum, 2020.

FREITAS, Juarez. *Discricionariedade administrativa e o direito fundamental à boa administração pública*. 2. ed. São Paulo: Malheiros, 2009.

GIAMBIAGI, Fábio; ALÉM, Ana Cláudia. *Finanças públicas*: teoria e prática no Brasil. 5. ed. Rio de Janeiro: Elsevier, 2016.

JÈZE, Gaston. *Cours de finances publiques*. Paris: Marcel Girard, 1933.

LEITE, Cristiane Kerches da Silva. Federalismo, processo decisório e ordenamento fiscal: a criação da Lei de Responsabilidade Fiscal. *1593: Texto para discussão*. Brasília, março de 2011. Disponível em: http://www.ipea.gov.br/portal/images/stories/PDFs/TDs/td_1593.pdf.

LEITE, Harrison. *Manual de direito financeiro*. 8. ed. Salvador: Juspodivm, 2019.

LEWANDOWSKI, Enrique Ricardo. *Pressupostos materiais e formais da intervenção federal no Brasil*. São Paulo: RT, 1994.

MACHADO JR., J. Teixeira; REIS, Heraldo da Costa. *A Lei 4.320 comentada*. 30. ed. Rio de Janeiro: IBAM, 2000/2001.

MEIRELLES, Hely Lopes. *Direito administrativo brasileiro*. 29. ed. São Paulo: Malheiros, 2004.

NASCIMENTO, Edson Ronaldo; DEBUS, Ilvo. *Lei Complementar nº 101/2000*: entendendo a Lei de Responsabilidade Fiscal. Brasília: ESAF, 2002.

NÓBREGA, Marcos. Influências internas e externas da Lei de Responsabilidade Fiscal. *In*: NÓBREGA, Marcos; FIGUEIREDO, Carlos Maurício. *Responsabilidade fiscal*: aspectos polêmicos. Belo Horizonte: Fórum, 2006.

OLIVEIRA, Regis Fernandes de. *Curso de direito financeiro*. 7. ed. São Paulo: Revista dos Tribunais, 2015.

OLIVEIRA, Weder de. *Curso de responsabilidade fiscal*: direito, orçamento e finanças públicas. 2. ed. Belo Horizonte: Fórum, 2015.

PORTUGAL, Murilo. Política fiscal na primeira fase do Plano Real, 1993-1997. *In*: BACHA, Edmar (org.). *A crise fiscal e monetária brasileira*. 2. ed. Rio de Janeiro: Civilização Brasileira, 2017.

SILVA, José Afonso da. *Curso de direito constitucional positivo*. 16. ed. São Paulo: Malheiros, 1999.

SUNDFELD, Carlos Ari. *Fundamentos de direito público*. 4. ed. São Paulo: Malheiros, 2000.

TORRES, João Camilo de Oliveira. *A formação do federalismo no Brasil*. Brasília: Câmara dos Deputados, Edições Câmara, 2017.

TORRES, Heleno Taveira. *Direito constitucional financeiro*: teoria da constituição financeira. São Paulo: Revista dos Tribunais, 2014.

Informação bibliográfica deste texto, conforme a NBR 6023:2018 da Associação Brasileira de Normas Técnicas (ABNT):

BARBOSA, Evandro Maciel. O princípio da intranscendência subjetiva das sanções financeiras como mecanismo flexibilizador das exigências para as transferências voluntárias: uma análise crítica. *In*: CONTI, José Maurício; MARRARA, Thiago; IOCKEN, Sabrina Nunes; CARVALHO, André Castro (coord.). *Responsabilidade do gestor na Administração Pública*: aspectos fiscais, financeiros, políticos e penais. Belo Horizonte: Fórum, 2022. p. 196-219. ISBN 978-65-5518-411-2. v.2.

A APLICAÇÃO DO ART. 30 DA LINDB PELO PODER REGULAMENTAR DOS TRIBUNAIS DE CONTAS[1]

CLÁUDIO AUGUSTO KANIA

Art. 30. As autoridades públicas devem atuar para aumentar a segurança jurídica na aplicação das normas, inclusive por meio de regulamentos, súmulas administrativas e respostas a consultas.
(Incluído pela Lei nº 13.655, de 2018)

Parágrafo único. Os instrumentos previstos no caput deste artigo terão caráter vinculante em relação ao órgão ou entidade a que se destinam, até ulterior revisão.
(Incluído pela Lei nº 13.655, de 2018)

1 Introdução

A Lei Federal nº 13.655/2018 – que vem sendo denominada "Lei da Segurança Jurídica" – incluiu na LINDB[2] (Decreto-lei nº 4.657/1942) os arts. 20 a 30. Esses dispositivos impõem novos conceitos que devem ser aplicados aos processos administrativo e judicial. Ao utilizar a expressão "esfera controladora" em alguns dispositivos (*caputs*

---

[1] Artigo apresentado ao Programa de Pós-Graduação em Direito da Universidade de São Paulo, área de concentração *Direito Financeiro*, com a finalidade de aprovação na disciplina DEF 5898 – Gestão Pública e Responsabilidade dos Administradores. Docentes: Prof. Dr. José Maurício Conti, Prof. Dr. Estevão Horvath, Prof. Dr. Gustavo Justino de Oliveira, Prof. Dr. Thiago Marrara de Matos e Prof. Dr. André Castro Carvalho.
[2] Lei de Introdução às Normas do Direito Brasileiro.

do art. 20,[3] do art. 21,[4] do art. 24[5] e do art. 27[6]), a lei denota que o processo nos Tribunais de Contas também está sujeito à aplicação dos dispositivos da LINDB.

Curiosamente, o art. 30 não traz referência à esfera controladora, mas o Tribunal de Contas é autoridade pública, expressão esta mais abrangente que "esfera controladora". É autoridade pública, em regra, de natureza colegiada e, excepcionalmente, de natureza monocrática, quando cabe ao relator do processo decidir monocraticamente.

2 A gênese do art. 30 da LINDB

A lei em tela tem como origem o Projeto de Lei do Senado nº 349/2015, de autoria do Exmº. Sr. Antonio Anastasia, à época Senador da República. O texto do art. 30 não estava previsto no texto original, tendo sido incluído pela relatora do projeto na Comissão de Constituição e Justiça, Exmª. Srª. Senadora da República Simone Tebet, pela Emenda nº 15-CCJ, segundo as razões expostas no parecer:

> Após longamente meditarmos sobre o tema, além de ouvir diversos especialistas no assunto, resolvemos aproveitar o momento para propor algumas emendas, a maioria delas de mera redação, e que são a seguir enumeradas e explicadas:
> a) inclusão de um novo artigo (art. 30), para concretizar o princípio da segurança jurídica, prevendo, inclusive, a possibilidade de serem adotados pareceres e súmulas no âmbito interno da Administração;[7]

Conquanto a relatora faça referência tão somente a pareceres e súmulas, o texto do dispositivo apresenta três instrumentos para serem utilizados por autoridade pública no intuito de assegurar a segurança jurídica: regulamentos, súmulas administrativas e respostas a consultas.

No que tange às Cortes de Contas, todos os três instrumentos estão à sua disposição, haja vista o poder regulamentar que lhes é atribuído pelas respectivas leis orgânicas. Antes de abordar o poder regulamentar propriamente dito, cabe discutir a natureza jurídica dos Tribunais de Contas, cujos efeitos são fundamentais no alcance e profundidade do exercício daquele poder.

---

[3] Art. 20. Nas esferas administrativa, controladora e judicial, não se decidirá com base em valores jurídicos abstratos sem que sejam consideradas as consequências práticas da decisão. (Incluído pela Lei nº 13.655, de 2018)

[4] Art. 21. A decisão que, nas esferas administrativa, controladora ou judicial, decretar a invalidação de ato, contrato, ajuste, processo ou norma administrativa deverá indicar de modo expresso suas consequências jurídicas e administrativas. (Incluído pela Lei nº 13.655, de 2018)

[5] Art. 24. A revisão, nas esferas administrativa, controladora ou judicial, quanto à validade de ato, contrato, ajuste, processo ou norma administrativa cuja produção já se houver completado levará em conta as orientações gerais da época, sendo vedado que, com base em mudança posterior de orientação geral, se declarem inválidas situações plenamente constituídas. (Incluído pela Lei nº 13.655, de 2018)

[6] Art. 27. A decisão do processo, nas esferas administrativa, controladora ou judicial, poderá impor compensação por benefícios indevidos ou prejuízos anormais ou injustos resultantes do processo ou da conduta dos envolvidos. (Incluído pela Lei nº 13.655, de 2018)

[7] Disponível em: https://www25.senado.leg.br/web/atividade/materias/-/materia/121664. Acesso em: jun. 2017.

3 Natureza jurídica do Tribunal de Contas: órgão judicial ou administrativo?

Embora os Tribunais de Contas europeus, que serviram de inspiração para o legislador pátrio, pertençam ao ramo administrativo do Poder Judiciário, o entendimento dominante no Brasil é que aquele órgão pertence ao Poder Legislativo. Isso se deve a uma interpretação meramente topológica ou topográfica, decorrente do fato de que o Tribunal de Contas é tratado em capítulo pertencente àquele Poder.

Foi a Constituição de 1946 que inaugurou a colocação do Tribunal de Contas no Poder Legislativo, dentro de uma seção dedicada ao orçamento.[8] Houve o alerta, que não foi observado pelo constituinte de 1946, acerca do fato de estar sendo cometido um erro técnico, mediante a proposição da Emenda nº 2.994 (p. 10 do volume XVI dos Anais da Assembleia Constituinte de 1946[9]). Todavia, forçoso concluir que essa emenda não foi acolhida, posto que o texto da Constituição de 1946 é diverso:

> Nº 2.994
> Ao art. 141[10] diga-se: "A administração financeira, especialmente a execução do orçamento, será fiscalizada, na União e nos Estados, pelos respectivos Tribunais de Contas".
> Justificação:
> A redação do art. 141 *dá a impressão de ser o Tribunal de Contas um órgão do Poder Legislativo. Na realidade seria difícil classificá-lo dentro da esfera própria de cada um dos poderes, atuando precisamente naquelas zonas imprecisas que constituem os campos de atividades comuns entre êles, o que levou a Constituinte de 1934 a colocá-lo entre os órgãos de cooperação nas atividades governamentais.* De qualquer maneira parece preferível evitar uma redação que poderia corresponder a um êrro técnico.
> Clemente Mariani (grifos e itálicos nossos)

O equívoco da inserção do Tribunal de Contas no Poder Legislativo referente ao orçamento foi repetido nas Constituições seguintes e permanece no texto constitucional atual.

Parece totalmente inadequado considerar o Tribunal de Contas pertencente ao Poder Legislativo, haja vista que esse órgão não é titular de funções típicas legislativas, o que implicaria considerá-lo órgão auxiliar das casas legislativas, bem como permitiria às casas legislativas interferirem no andamento de suas atribuições. Sua função primordial é julgar contas, o que exige a independência de seu exercício funcional, sob pena de não haver a imparcialidade devida em relação aos jurisdicionados. A função judicante, técnica por excelência, é totalmente vinculada aos preceitos da ciência jurídica. Ademais, a razão de existência do Tribunal de Contas é exatamente essa: prover análise e julgamento de contas baseados em conhecimentos técnicos que são estranhos à atividade político-legislativa.

---

[8] Seção VI (do orçamento) do Capítulo II (do Poder Legislativo) do Título I (da organização federal).
[9] Disponível em: http://www.senado.leg.br/publicacoes/anais/pdf/Anais_Republica/1946/1946%20Livro%2016.pdf
[10] Refere-se ao primeiro projeto do constituinte de 1946, constante do Volume X dos Anais da Assembleia Constituinte de 1946. Nesse projeto, o Tribunal de Contas estava inserindo título referente à organização financeira (Título IV). Disponível em: http://bd.camara.leg.br/bd/handle/bdcamara/6/browse?value=Brasil.+Assembleia+Nacional+Constituinte+%281946%29&type=subject. Acesso em: jun. 2017.

Como não foi essa a opção da doutrina e da jurisprudência pátrias, a análise segue considerando o Tribunal de Contas como um órgão administrativo que, de alguma forma não devidamente explicitada, pertence ao Poder Legislativo sem prejuízo de sua autonomia funcional.

4 Poder regulamentar dos Tribunais de Contas

A CRFB explicitamente remete aos Tribunais de Contas o poder regulamentar de auto-organização, conforme a remissão ao art. 96 – que trata desse poder em relação aos Tribunais judiciários – no *caput* do art. 73:

> Art. 73. O Tribunal de Contas da União, integrado por nove Ministros, tem sede no Distrito Federal, quadro próprio de pessoal e jurisdição em todo o território nacional, exercendo, no que couber, as atribuições previstas no art. 96.
>
> Art. 96. Compete privativamente:
>
> I - aos tribunais:
>
> a) eleger seus órgãos diretivos e elaborar seus regimentos internos, com observância das normas de processo e das garantias processuais das partes, dispondo sobre a competência e o funcionamento dos respectivos órgãos jurisdicionais e administrativos;
>
> b) organizar suas secretarias e serviços auxiliares e os dos juízos que lhes forem vinculados, velando pelo exercício da atividade correicional respectiva;
>
> c) prover, na forma prevista nesta Constituição, os cargos de juiz de carreira da respectiva jurisdição;
>
> d) propor a criação de novas varas judiciárias;
>
> e) prover, por concurso público de provas, ou de provas e títulos, obedecido o disposto no art. 169, parágrafo único, os cargos necessários à administração da Justiça, exceto os de confiança assim definidos em lei;
>
> f) conceder licença, férias e outros afastamentos a seus membros e aos juízes e servidores que lhes forem imediatamente vinculados;

Embora o poder regulamentar em relação a outros órgãos da Administração Pública não conste expressamente do texto constitucional, a teoria dos poderes implícitos, aqueles que são necessários para que um órgão possa desincumbir-se integralmente de suas atribuições, já foi reconhecida como aplicável ao TCU pelo Supremo Tribunal Federal em julgamento de mandado de segurança:

> (...) a atribuição de poderes explícitos, ao Tribunal de Contas, tais como enunciados no art. 71 da Lei Fundamental da República, supõe que se lhe reconheça, ainda que por implicitude, a titularidade de meios destinados a viabilizar a adoção de medidas cautelares vocacionadas a conferir real efetividade às suas deliberações finais, permitindo, assim, que se neutralizem situações de lesividade, atual ou iminente, ao erário público. Impende considerar, no ponto, em ordem a legitimar esse entendimento, a formulação que se fez em torno dos poderes implícitos, cuja doutrina, construída pela Suprema Corte dos Estados Unidos da América, no célebre caso *McCulloch* v. *Maryland* (1819), enfatiza que *a outorga de competência expressa a determinado órgão estatal importa em deferimento implícito, a esse mesmo órgão, dos meios necessários à integral realização dos fins que lhe foram atribuídos*. (...) É por isso que entendo revestir-se de integral legitimidade constitucional a atribuição de índole cautelar, que, reconhecida com apoio na *teoria dos poderes implícitos*, permite, ao TCU, adotar as medidas necessárias ao fiel cumprimento de suas funções institucionais e

ao pleno exercício das competências que lhe foram outorgadas, diretamente, pela própria CR." (MS 24.510, Rel. Min. Ellen Gracie, voto do Min. Celso de Mello, julgamento em 19/11/2003, Plenário, *DJ* de 19/03/2004.) (grifos nossos)

Nessa tessitura, os Tribunais de Contas costumam expedir atos normativos referentes a suas atribuições, como, por exemplo, a composição dos processos de contas, a composição dos processos acerca de atos sujeitos a registro, o estabelecimento dos requisitos para conhecimento de representações, denúncias etc. A título de ilustração, são transcritos dispositivos das leis orgânicas do TCU, do TCE /ES, do TCE/PR e do TCE/SP que preveem a aplicação do poder regulamentar:

> Lei Federal nº 8.443/92 – Lei Orgânica do TCU
> Art. 3º Ao Tribunal de Contas da União, no âmbito de sua competência e jurisdição, assiste o *poder regulamentar*, podendo, em conseqüência, expedir atos e instruções normativas sobre matéria de suas atribuições e sobre a organização dos processos que lhe devam ser submetidos, obrigando ao seu cumprimento, sob pena de responsabilidade.
> Lei Complementar Estadual nº 621/2012 – Lei Orgânica do TCE/ES
> Art. 3º Ao Tribunal de Contas, no âmbito de sua competência e jurisdição, assiste o *poder regulamentar*, podendo, em consequência, expedir atos e instruções normativas sobre matéria de suas atribuições e sobre a organização dos processos que lhe devam ser submetidos, obrigando ao seu cumprimento, sob pena de responsabilidade.
> Lei Complementar Estadual nº 113/2005 – Lei Orgânica do TCE/PR
> Art. 116. Além de outras atribuições previstas no Regimento Interno e nesta lei, compete ao Tribunal Pleno, originariamente:
> (...)
> Parágrafo único. Para efeito do disposto no inciso XII, entende-se por Resolução os atos de caráter normativo, que têm por objeto a *regulamentação* desta lei, com observância obrigatória pelo próprio Tribunal e seus jurisdicionados.
> Lei Complementar Estadual nº 709/1993 – Lei Orgânica do TCE/SP
> Artigo 2º - Ao Tribunal de Contas do Estado de São Paulo, nos termos da Constituição Estadual e na forma estabelecida nesta lei, compete:
> (...)
> XXIII - *expedir atos e instruções normativas*, sobre matéria de suas atribuições e sobre a organização de processos que lhe devam ser submetidos, obrigando a seu cumprimento, sob pena de responsabilidade; (grifos nossos)

Soa como exagerado o exercício desse poder exclusivamente pelas Cortes de Contas já que, nos termos do *caput* do art. 71 da CRFB,[11] a titularidade do controle externo é do Poder Legislativo. É algo aparentemente paradoxal, pois de um lado o que justifica a existência do Tribunal de Contas é justamente o conhecimento técnico específico acerca da fiscalização contábil, financeira e orçamentária, sendo-lhe destinação natural a regulamentação dos assuntos que lhe cabe. De outro lado, a titularidade do controle externo é do Poder Legislativo, a quem o Tribunal de Contas deve remeter relatórios anuais e semestrais, o que denota a existência de freios e contrapesos entre esse tribunal e o Poder Legislativo.

---

[11] Art. 71. O controle externo, a cargo do Congresso Nacional, será exercido com o auxílio do Tribunal de Contas da União, ao qual compete:

De bom alvitre seria que também houvesse previsão de freios e contrapesos em relação ao poder regulamentar das Cortes de Contas. A submissão a exigências regulamentares emanadas pelos Tribunais de Contas destinadas a outros órgãos da Administração deveria estar prevista em lei ou, então, serem tais exigências submetidas à aprovação pelo respectivo Poder Legislativo mediante resolução (espécie de lei em sentido amplo voltada para assuntos externos às casas legislativas). Afinal, se de um lado da relação processual está a sociedade, que deseja a demonstração da correta aplicação dos dinheiros públicos, de outro está o gestor, que presta contas, desejoso de ver sua obrigação devidamente quitada. Não é difícil imaginar que a inexistência de freios e contrapesos pode conduzir a abusos em desfavor de quem presta contas.

Até aqui cuidou-se dos regulamentos a que faz alusão o art. 30 da LINDB no âmbito dos Tribunais de Contas. A edição de súmulas é tarefa rotineira de órgãos colegiados, não havendo necessidade de maiores considerações. Resta a análise das respostas a consultas formuladas perante os Tribunais de Contas.

5 Consultas aos Tribunais de Contas

De plano, cabe mencionar que existe o perigo da possibilidade de oferecer consultas que podem transformar o Tribunal de Contas em órgão de consultoria ou assessoramento de seus jurisdicionados. Por isso, o alcance das respostas e o número de legitimados devem ser ponderados pela prudência.

Outro risco é transformar a consulta em uma espécie de registro prévio de atos e contratos, pois, em que pese a formulação em tese, a preocupação de fundo sempre é um ou vários casos concretos. A respeito das mazelas do registro prévio, que transformaram o Tribunal de Contas em um gargalo da condução da Administração Pública nos anos 50 e no início dos anos 60 do século passado, vale citar o ensinamento de Seabra Fagundes:

> A jurisdição do Tribunal de Contas e o rito do seu funcionamento exigem reforma urgente e ampla, capaz de retirar ao contrôle financeiro o sentido de mera formalidade. Valeria a pena, talvez, conferir ao Tribunal, embora com reservas, o exame da moralidade dos contratos da Administração, admitido recurso para o Congresso das decisões denegatórias de registro. O atual contrôle, adstrito à legalidade, leva êsse órgão a homologar contratos, cuja falta de lisura é manifesta, mas cuja exterioridade se afigura regular. É preciso que, de permeio com negócio prejudicial ao interêsse da Fazenda, surja algum êrro de forma para que se chegue à recusa do registro. Dever-se-ia permitir à Côrte a determinação de diligências, *in loco*, a fim de verificar o exato emprêgo das dotações para obras públicas, quando dúvidas fossem argüídas quanto à utilização efetiva dos créditos orçamentários. O Tribunal teria então elementos para pilhar a malversação de dinheiro, fácil de ocorrer na construção de obras de vulto.[12]

Também esclarecedora a lição de José Nazaré Dias[13] acerca da inadequação do registro prévio de atos e contratos:

---

[12] SEABRA FAGUNDES, Miguel. Reformas Essenciais ao Aperfeiçoamento das Instituições políticas brasileiras. *Revista de Direito Administrativo*, Rio de Janeiro, p. 100, 2013. Disponível em: http://bibliotecadigital.fgv.br/ojs/index.php/rda/article/view/14102. Acesso em: 19 ago. 2020.

[13] DIAS, José de Nazaré Tavares. A reforma administrativa de 1967. *Cadernos de Administração Pública*, Rio de Janeiro, n. 73, p. 61, 1967.

O próprio Tribunal de Contas, em seus relatórios anuais de apreciação das contas do Govêrno, sempre deu destaque à sua insatisfação com os contrôles existentes. Todavia, havendo no passado sustentado posição muito rígida quanto à absoluta necessidade de lançar-se mão do registro *a priori*, por apegar-se demasiadamente à tradição do Código de Contabilidade e, em especial, por se recusar a adquirir consciência da indispensabilidade de se dar responsabilidade aos – e não cerceá-la ou diluí-la – não logrou o Tribunal, no curso dos anos oferecer contribuição eficaz ao equacionamento da grave questão. Não se valeu, em suma, de sua influência para levar o Poder Executivo a organizar sistemas de contrôle realmente operacionais e o Poder Legislativo – do qual é, por definição constitucional, órgão auxiliar – a se empenhar pela votação de medidas legais que a isso conduzissem. No parecer sôbre as contas de 1965, o Ministro Wagner Estelita Campos expende importantes considerações evidenciadoras da insatisfação do Tribunal de Contas com o quadro vigente e dá grande ênfase ao que denomina de *contrôle substancial*; mas não logrou liberar-se do tradicionalismo do regime de registro prévio. (*Diário Oficial*, Suplemento ao nº 96, de 23 de maio de 1966)

A denominada função consultiva dos Tribunais de Contas não está expressamente prevista na CRFB. Seria até mesmo questionável a constitucionalidade de sua adoção por leis orgânicas, como ocorre na realidade desses órgãos. O fato é curioso porque na evolução histórica abandonou-se o registro prévio de atos e contratos, mas adotou-se a consulta que, mesmo formulada em tese, acaba servindo de uma orientação prévia para as administrações públicas seguirem, assemelhando-se ao extinto registro de atos e contratos.

A favor das respostas às consultas pelos Tribunais de Contas pesaria a discussão, durante a Assembleia Constituinte de 1934, que inicialmente colocava a Justiça Eleitoral no capítulo reservado aos denominados "órgãos de cooperação nas atividades governamentais" (Capítulo VI), em que estavam também inseridos o Tribunal de Contas, o Ministério Público e os Conselhos Técnicos de Ministérios. Mas a redação final daquele texto constitucional agregou a justiça eleitoral ao Poder Judiciário, mantendo o TCU como órgão de cooperação.

Cabe destacar que algumas das funções da justiça eleitoral extrapolam a função judicante e se aproximam de funções administrativas, pois lhe cabe, entre outras atribuições, o planejamento e a execução dos pleitos eleitorais e, nos termos da Lei Federal nº 9.096/95, o julgamento de contas de partidos políticos. Além dessas atribuições já citadas, embora não haja previsão expressa constitucional, também cabe ao Tribunal Superior Eleitoral (art. 23, inciso XII, da Lei Federal nº 4.737/1965 – Código Eleitoral[14]) a resposta a consultas sobre matéria eleitoral. A constitucionalidade e a natureza não jurisdicional desse dispositivo já foram reconhecidas pelo STF:

MS 26604 / DF – DISTRITO FEDERAL
MANDADO DE SEGURANÇA
Relator(a): Min. CÁRMEN LÚCIA
Julgamento: 04/10/2007
Publicação: 03/10/2008

---

[14] Art. 23. Compete, ainda, privativamente, ao Tribunal Superior:
XII – responder, sobre matéria eleitoral, às consultas que lhe forem feitas em tese por autoridade com jurisdição federal ou órgão nacional de partido político;

Órgão julgador: Tribunal Pleno
EMENTA: DIREITO CONSTITUCIONAL E ELEITORAL. MANDADO DE SEGURANÇA IMPETRADO PELO PARTIDO DOS DEMOCRATAS – DEM – CONTRA ATO DO PRESIDENTE DA CÂMARA DOS DEPUTADOS. NATUREZA JURÍDICA E EFEITOS DA DECISÃO DO TRIBUNAL SUPERIOR ELEITORAL – TSE – NA CONSULTA N. 1.398/2007
(...)
1. Mandado de segurança contra ato do Presidente da Câmara dos Deputados. Vacância dos cargos de Deputado Federal dos litisconsortes passivos, Deputados Federais eleitos pelo partido Impetrante, e transferidos, por vontade própria, para outra agremiação no curso do mandato.
(...)
3. *Resposta do TSE a consulta eleitoral não tem natureza jurisdicional nem efeito vinculante.* Mandado de segurança impetrado contra ato concreto praticado pelo Presidente da Câmara dos Deputados, sem relação de dependência necessária com a resposta à Consulta n 1.398 do TSE.
4. O Código Eleitoral, recepcionado como lei material complementar na parte que disciplina a organização e a competência da Justiça Eleitoral (art. 121 da Constituição de 1988), estabelece, no inciso XII do art. 23, entre as competências privativas do Tribunal Superior Eleitoral – TSE "responder, sobre matéria eleitoral, às consultas que lhe forem feitas em tese por autoridade com jurisdição federal ou órgão nacional de partido político". A expressão "matéria eleitoral" garante ao TSE a titularidade da competência para se manifestar em todas as consultas que tenham como fundamento matéria eleitoral, independente do instrumento normativo no qual esteja incluído. (grifos nossos)

Veja-se que até mesmo as prestações de contas de partidos políticos podem ser objeto de consulta à justiça eleitoral, conforme decisão a seguir transcrita parcialmente:

Consulta. Financiamento coletivo. Intermediação. Associação ou sociedade de fato. Resposta negativa à primeira indagação. Prejudicialidade dos demais questionamentos. 1ª Pergunta: 'Considerando o disposto no art. 31 da Lei nº 9096/95, com a redação dada pelo art. 2º da Lei nº 13.488/2017, é legítimo e legalmente possível que pessoas naturais se associem, ou mantenham articulação de interesses comuns, como se constituíssem em sociedade ou associação de fato, para arregimentar recursos financeiros, como se fosse um fundo, destinados a selecionar cidadãos e cidadãs interessados em se candidatar a cargos eletivos?' Resposta: 1. Compete com exclusividade aos partidos políticos escolher candidatos a cargos eletivos, observadas as disposições da legislação eleitoral e partidária, assim como as normas estabelecidas no estatuto da respectiva agremiação. 2. No quadro normativo em vigor, as pessoas jurídicas de qualquer natureza não podem realizar doações para o financiamento de partidos políticos e de candidatos, sendo tal liberalidade permitida apenas se realizada por pessoas naturais. 3. O art. 23 da Lei 9.504/97 elenca os meios admitidos para a captação de recursos para campanhas eleitorais, entre eles as doações efetuadas por intermédio de instituições que promovam técnicas e serviços de financiamento coletivo (crowdfunding), devendo tais entidades ser cadastradas previamente na Justiça Eleitoral e atender, nos termos da lei e da regulamentação expedida pelo Banco Central do Brasil, aos critérios para operar arranjos de pagamento (art. 23, §§ 4º, IV, a, e 8º, da Lei 9.504/97, com a redação dada pela Lei 13.488/2017).
[...]
Consulta conhecida e respondida quanto ao primeiro questionamento, ficando prejudicadas as demais indagações. (Acórdão de 17.4.2018 na CTA nº 60413774, rel. Min. Admar Gonzaga)

O que deve ser destacado aqui é que as respostas a consultas do TSE, a despeito de ser órgão jurisdicional, têm cunho administrativo, a exemplo do que acontece com as respostas a consultas proferidas pelos Tribunais de Contas. Como a decisão do STF transcrita parcialmente havia sido tomada antes da edição da alteração da LINDB que incluiu o art. 30 e foi prolatada em espécie processual com eficácia limitada às partes, parece ser razoável entender que há efeito vinculante das respostas a consultas, seja do TSE, seja dos Tribunais de Contas.

Outro ponto a ser trazido à baila quanto às respostas a consultas é a sua inexistência nos países que adotam o modelo de Tribunal de Contas e que inspiraram o modelo brasileiro. Na França, em situação muito distante do que ocorre no Brasil, eventuais respostas a consultas formuladas por órgãos estatais são obrigatórias nos casos previstos nos arts. 38 e 39 da Constituição Francesa, em que deve ser ouvido o *Conseil d'État*: (tradução nossa)

> Artigo 38
> O Governo pode, na execução do seu programa, pedir ao Parlamento permissão para tomar por ordonnances, por um período limitado de tempo, medidas que normalmente estão no âmbito da lei.
> As ordonnances são tomadas no Conselho de Ministros após o parecer do Conseil d'Etat. Elas entram em vigor assim que são publicadas, mas se tornam sem efeito se o projeto de lei de ratificação não for apresentado ao Parlamento antes da data definida pela legislação. Somente podem ser ratificadas expressamente.
> Artigo 39
> A iniciativa das leis pertence concorrentemente ao Primeiro-Ministro e aos membros do Parlamento.
> Os projetos de lei são deliberados no Conselho de Ministros após o parecer do Conseil d'Etat e depositadas na mesa de uma das duas Assembleias. Os projetos de lei de financiamento e da lei de financiamento da seguridade social são submetidos inicialmente à Assembleia Nacional.[15]

A Itália adota regime semelhante ao francês, remetendo à *Corte dei Conti* a função consultiva de modo prévio à edição de atos normativos pelo governo italiano. Está previsto em linhas gerais em sua lei orgânica (*Regio Decreto 1214/1934*): (tradução nossa)

> TÍTULO II
> Tribunal de Contas
> Capítulo I – Atributos em geral
> 13. (artigo 10 substituído pelo artigo 1º, Decreto Real 18 de novembro de 1923, nº 2441 e artigos 13 e 34, Lei nº 14 de agosto de 1862, nº 800; Artigo 1º, lei 11 de julho de 1897, nº 256

---

[15] Texto original: Article 38. Le Gouvernement peut, pour l'exécution de son programme, demander au Parlement l'autorisation de prendre par ordonnances, pendant un délai limité, des mesures qui sont normalement du domaine de la loi. Les ordonnances sont prises en Conseil des ministres après avis du Conseil d'État. Elles entrent en vigueur dès leur publication mais deviennent caduques si le projet de loi de ratification n'est pas déposé devant le Parlement avant la date fixée par la loi d'habilitation. Elles ne peuvent être ratifiées que de manière expresse. Article 39. L'initiative des lois appartient concurremment au Premier ministre et aux membres du Parlement. Les projets de loi sont délibérés en conseil des ministres après avis du Conseil d'État et déposés sur le bureau de l'une des deux Assemblées. Les projets de loi de finances et de loi de financement de la sécurité sociale sont soumis en premier lieu à l'Assemblée nationale.

alterado pelo artigo 7º, Decreto-Lei Real 18 de junho de 1931, nº 788, artigo 90, parágrafo 8º, decreto real 17 de outubro de 1922, nº 1401; artigos 63, 81 e seguintes decretos reais 18 de novembro de 1923, nº 2440; Artigos 11, 18 e 19 da Lei nº 3 de abril de 1933, nº 255.) - O Tribunal de acordo com as leis e regulamentos:
(...)
- Faz suas propostas e dá parecer na formação dos atos e medidas administrativas conforme previsto em lei.[16]

Com efeito, a adoção de controle *a priori* no molde italiano, a fim de que o Tribunal de Contas se manifestasse quanto a alterações legislativas em matéria de sua competência, seria de grande valia para evitar a entrada em vigor de regras prejudiciais à preservação das contas públicas.

Cabe aqui uma reflexão acerca da eficácia do controle de constitucionalidade brasileiro. O modelo adotado – judicial repressivo – por vezes tem permitido que a ordem jurídica tenha em seu seio a existência de normas incompatíveis com a constituição, obrigando a adoção do artifício da modulação dos efeitos da decisão pela inconstitucionalidade, haja vista a nobre intenção de preservar atos jurídicos que se aperfeiçoaram sob a vigência da lei considerada inconstitucional. Ora, um controle de constitucionalidade *a priori*, especialmente no que tange às finanças públicas, evitaria a sangria dos cofres públicos no período em que fosse reconhecida a validade de uma lei inconstitucional.

6 O alcance e a eficácia das respostas a consultas pelos Tribunais de Contas

É certo que somente cabe ao Tribunal de Contas responder consultas que se refiram a assuntos de sua competência. De uma forma geral, com exceção dos atos sujeitos a registro, todos os processos nos Tribunais de Contas acabam desaguando no mesmo objeto: as contas.

Cabe ressaltar que os processos de prestação ou tomada de contas não se confundem com as contas, pois estas são o conteúdo daqueles continentes. A CRFB não definiu o que são contas, pois essa tarefa não lhe cabe. Entretanto, a legislação infraconstitucional também se cala quanto ao conceito. Isso implica dificuldades no conhecimento das consultas submetidas ao Tribunal de Contas, pois pode haver casos em que a resposta será dada fora da sua competência, já que as contas de um gestor público são, em última análise, atos administrativos, e em não havendo uma precisa definição do que sejam contas, pode ocorrer a manifestação acerca de atos administrativos que não são caracterizados como componentes de contas.

Por certo a definição contábil de contas não é suficiente para estabelecer o que são no âmbito da Administração Pública. Cabe aqui transcrever a definição constante do Dicionário de Contabilidade, de Antônio Lopes de Sá e Ana Maria Lopes de Sá:

---

[16] Texto original: TITOLO II. Attribuzioni della Corte dei conti. Capo I - Attribuzioni in generale 13. (art. 10 sostituito dall'art. 1, regio decreto 18 novembre 1923, n. 2441 e articoli 13 e 34, legge 14 agosto 1862, n. 800; art. 1, legge 11 luglio 1897, n. 256 modificato dall'art. 7, regio decreto-legge 18 giugno 1931, n. 788, art. 90, comma ottavo, regio decreto 17 ottobre 1922, n. 1401; articoli 63, 81 e seguenti regio decreto 18 novembre 1923, n. 2440; articoli 11, 18 e 19 legge 3 aprile 1933, n. 255.) - La Corte in conformità delle leggi e dei regolamenti: (...) - Fa le sue proposte e dà parere nella formazione degli atti e provvedimenti amministrativi indicati dalla legge.

CONTA: instrumento de registro que tem por finalidade reunir fatos contábeis da mesma natureza sendo aberta para encerrar os valores de realização passada, presente ou futura, recebendo um título que a identifica.[17]

Cumpre ressaltar que a expressão "fatos contábeis de mesma natureza" implica dizer de "mesma natureza contábil", ou seja, não há preocupação da definição com aspectos que escapem à ciência contábil, como o orçamento, por exemplo.

Da contabilidade pública vem o ensinamento de que as contas da Administração Pública englobam também o registro de fatos contábeis referentes à execução orçamentária, o que, nas entidades privadas, é dispensável do ponto de vista contábil.

Da norma NAG 1.000 consta uma definição conforme a seguir:

NAG 1.000
1103 – CONTAS: conjunto de informações orçamentárias, financeiras, econômicas, patrimoniais, de custos, operacionais, sociais e de outra natureza, registradas de forma sistematizada, ética, responsável e transparente com o objetivo de evidenciar os atos e fatos da gestão pública em determinado período, possibilitando o controle, a aferição de resultados e responsabilidades e o atendimento dos princípios e das normas.

A definição transcrita aparenta ser por demais abrangente, porquanto há informações de naturezas que não interessam à atividade contábil, e o objetivo de evidenciar atos e fatos da gestão pública na verdade constitui o princípio contábil da evidenciação, não constituindo conteúdo para definição de contas.

É certo que as contas englobam um conjunto de documentos e registros de natureza financeira, contábil, orçamentária e patrimonial. Até mesmo a natureza operacional (de desempenho) está inserida, desde que a legislação inclua indicadores das dimensões de desempenho no orçamento público.[18] Os demais aspectos da Administração Pública não estão abrangidos nesse contexto. Aliás, é o orçamento a espinha dorsal das contas. É nele que elas encontram sua razão de ser e sua destinação.

Quanto à natureza financeira, é imprescindível que as contas englobem a execução de despesas e receitas. Para tanto, ao menos devem ser evidenciados os fatos e atos referentes às etapas de ambas. As etapas de despesa e de receita públicas são estabelecidas, no Brasil, pela doutrina contábil, mas não estão claramente definidas na legislação, pois a Lei Federal nº 4.320/64 apenas as descreve, mas não explicita expressamente que compõem a despesa ou receita.

Quanto à despesa, a doutrina contábil fixa que possui três etapas: empenho, liquidação e pagamento. Os arts. 58 a 70 da Lei Federal nº 4.320/64[19] tratam dessas

---

[17] SÁ, Antônio Lopes de; SÁ, Ana Maria Lopes de. *Dicionário de Contabilidade*. 10. ed. rev. e ampl. São Paulo: Atlas, 2005.

[18] As metas físicas constantes dos orçamentos públicos não podem ser consideradas como indicadores de desempenho, pois se referem tão-somente à execução. Nelas não há indicadores referentes à medição de desempenho: eficácia, eficiência, efetividade e economicidade.

[19] Art. 58. O empenho de despesa é o ato emanado de autoridade competente que cria para o Estado obrigação de pagamento pendente ou não de implemento de condição. (Veto rejeitado no DOU, de 5.5.1964)
Art. 59. O empenho da despesa não poderá exceder o limite dos créditos concedidos. (Redação dada pela Lei nº 6.397, de 1976)
§1º Ressalvado o disposto no Art. 67 da Constituição Federal, é vedado aos Municípios empenhar, no último mês do mandato do Prefeito, mais do que o duodécimo da despesa prevista no orçamento vigente. (Incluído pela Lei nº 6.397, de 1976)

etapas, conforme já dito anteriormente. Entretanto, há aspectos da despesa que devem compor as contas e que transcendem essas etapas. A fixação da despesa no orçamento, as providências pré-empenho (processos licitatórios e celebração de contratos, celebração de convênios e outros instrumentos congêneres, entre outros) e a ordem de pagamento (que cabe ao ordenador de despesa). Em suma, seriam cinco as etapas da despesa: fixação, procedimentos legais pré-empenho, empenho, liquidação, ordem de pagamento e pagamento propriamente dito. Veja-se que, quanto à natureza, somente a última etapa é financeira, sendo todas as outras de cunho contábil e orçamentário.

Quanto à receita, apenas as etapas de lançamento, arrecadação e recolhimento têm previsão na doutrina contábil e são objeto dos arts. 58 a 70 da Lei Federal nº 4.320/64.[20]

---

§2º Fica, também, vedado aos Municípios, no mesmo período, assumir, por qualquer forma, compromissos financeiros para execução depois do término do mandato do Prefeito. (Incluído pela Lei nº 6.397, de 1976)
§3º As disposições dos parágrafos anteriores não se aplicam nos casos comprovados de calamidade pública. (Incluído pela Lei nº 6.397, de 1976)
§4º Reputam-se nulos e de nenhum efeito os empenhos e atos praticados em desacordo com o disposto nos parágrafos 1º e 2º deste artigo, sem prejuízo da responsabilidade do Prefeito nos termos do Art. 1º, inciso V, do Decreto-lei nº 201, de 27 de fevereiro de 1967. (Incluído pela Lei nº 6.397, de 1976)
Art. 60. É vedada a realização de despesa sem prévio empenho.
§1º Em casos especiais previstos na legislação específica será dispensada a emissão da nota de empenho.
§2º Será feito por estimativa o empenho da despesa cujo montante não se possa determinar.
§3º É permitido o empenho global de despesas contratuais e outras, sujeitas a parcelamento.
Art. 61. Para cada empenho será extraído um documento denominado "nota de empenho" que indicará o nome do credor, a representação e a importância da despesa bem como a dedução desta do saldo da dotação própria.
Art. 62. O pagamento da despesa só será efetuado quando ordenado após sua regular liquidação.
Art. 63. A liquidação da despesa consiste na verificação do direito adquirido pelo credor tendo por base os títulos e documentos comprobatórios do respectivo crédito.
§1º Essa verificação tem por fim apurar:
I - a origem e o objeto do que se deve pagar;
II - a importância exata a pagar;
III - a quem se deve pagar a importância, para extinguir a obrigação.
§2º A liquidação da despesa por fornecimentos feitos ou serviços prestados terá por base:
I - o contrato, ajuste ou acôrdo respectivo;
II - a nota de empenho;
III - os comprovantes da entrega de material ou da prestação efetiva do serviço.
Art. 64. A ordem de pagamento é o despacho exarado por autoridade competente, determinando que a despesa seja paga.
Parágrafo único. A ordem de pagamento só poderá ser exarada em documentos processados pelos serviços de contabilidade. (Veto rejeitado no DOU, de 5.5.1964)
Art. 65. O pagamento da despesa será efetuado por tesouraria ou pagadoria regularmente instituídos por estabelecimentos bancários credenciados e, em casos excepcionais, por meio de adiantamento.
Art. 66. As dotações atribuídas às diversas unidades orçamentárias poderão quando expressamente determinado na Lei de Orçamento ser movimentadas por órgãos centrais de administração geral.
Parágrafo único. É permitida a redistribuição de parcelas das dotações de pessoal, de uma para outra unidade orçamentária, quando considerada indispensável à movimentação de pessoal dentro das tabelas ou quadros comuns às unidades interessadas, a que se realize em obediência à legislação específica.
Art. 67. Os pagamentos devidos pela Fazenda Pública, em virtude de sentença judiciária, far-se-ão na ordem de apresentação dos precatórios e à conta dos créditos respectivos, sendo proibida a designação de casos ou de pessoas nas dotações orçamentárias e nos créditos adicionais abertos para êsse fim.
Art. 68. O regime de adiantamento é aplicável aos casos de despesas expressamente definidos em lei e consiste na entrega de numerário a servidor, sempre precedida de empenho na dotação própria para o fim de realizar despesas, que não possam subordinar-se ao processo normal de aplicação.
Art. 69. Não se fará adiantamento a servidor em alcance nem a responsável por dois adiantamentos. (Veto rejeitado no DOU, de 5.5.1964)
Art. 70. A aquisição de material, o fornecimento e a adjudicação de obras e serviços serão regulados em lei, respeitado o princípio da concorrência.

[20] Art. 51. Nenhum tributo será exigido ou aumentado sem que a lei o estabeleça, nenhum será cobrado em cada exercício sem prévia autorização orçamentária, ressalvados a tarifa aduaneira e o impôsto lançado por motivo de guerra.

Assim como a despesa, também a receita tem aspectos que interessam às contas e que transbordam essas etapas.

Não se olvide que as denominadas "contas de governo" – aquelas analisadas mediante Parecer Prévio – também poderiam ser e efetivamente são objeto de consultas às Cortes de Contas.

Note-se que são apreciadas por parecer prévio as contas do Chefe do Poder Executivo, ou seja, também há dois julgamentos a serem feitos pelo Poder Legislativo: 1) das contas, que o Parecer Prévio do Tribunal de Contas acompanha, mas não as compõe, e 2) da responsabilidade do Chefe do Poder Executivo. Esclareça-se a diferença: nas contas dos demais administradores, o Tribunal de Contas julga as contas e, a depender desse julgamento, impõe sanções ao responsável pelas contas.

Fica para ser definida a questão acerca da possibilidade de o Poder Legislativo responder a consultas referentes ao julgamento de contas que lhe cabe.

7 Conflito entre os atos normativos previstos no art. 30 da LINDB

No item anterior verificou-se a possibilidade que o art. 30 da LINDB, em tese, oferece aos Poderes Legislativos para responder consultas referentes ao julgamento de contas do respectivo Chefe do Poder Executivo. Não é difícil imaginar, embora haja a dicotomia entre o técnico (Parecer do Tribunal de Contas) e o político (julgamento das contas pela Casa Legislativa) que pode haver interferência de uma tarefa na outra, conforme seja respondida a consulta formulada.

Também em tese não é difícil imaginar que um parecer da Advocacia-Geral da União, de observância obrigatória pelos órgãos da Administração Pública federal, defenda, por exemplo, a desnecessidade de elaboração de documentos que componham um processo de admissão de pessoal ou a tomada de contas, ao passo que a regulamentação do Tribunal de Contas mantenha a exigência. A quem o titular de um órgão federal deve atender e a quem não deve atender?

É perturbador, pois exatamente esse tipo de dilema que passou a ser denominado como "apagão das canetas" e também de "direito administrativo do medo" e que serviu de razão para a aprovação da Lei Federal nº 13.655/2018.

Nem o art. 30 nem os demais dispositivos da lei sugerem como resolver esses conflitos. Reafirme-se aqui que a adoção de um controle de constitucionalidade e

---

Art. 52. São objeto de lançamento os impostos diretos e quaisquer outras rendas com vencimento determinado em lei, regulamento ou contrato.
Art. 53. O lançamento da receita é ato da repartição competente, que verifica a procedência do crédito fiscal e a pessoa que lhe é devedora e inscreve o débito desta.
Art. 54. Não será admitida a compensação da obrigação de recolher rendas ou receitas com direito creditório contra a Fazenda Pública.
Art. 55. Os agentes da arrecadação devem fornecer recibos das importâncias que arrecadarem.
§1º Os recibos devem conter o nome da pessoa que paga a soma arrecadada, proveniência e classificação, bem como a data a assinatura do agente arrecadador. (Veto rejeitado no DOU, de 5.5.1964)
§2º Os recibos serão fornecidos em uma única via.
Art. 56. O recolhimento de tôdas as receitas far-se-á em estrita observância ao princípio de unidade de tesouraria, vedada qualquer fragmentação para criação de caixas especiais.
Art. 57. Ressalvado o disposto no parágrafo único do artigo 3º desta lei serão classificadas como receita orçamentária, sob as rubricas próprias, tôdas as receitas arrecadadas, inclusive as provenientes de operações de crédito, ainda que não previstas no Orçamento.

legalidade prévio a edições de leis de cunho financeiro e administrativo, de caráter eminentemente técnico em vez de político como é a atividade parlamentar, teria a vantagem de evitar essas indagações.

8 Considerações finais

As alterações promovidas na LINDB pela Lei Federal nº 13.655/2018 são criticadas pelo emprego de termos genéricos que dificultam a sua escorreita aplicação. O art. 30 não é exceção e, como se viu, as críticas não são infundadas, ao menos no que toca à atividade de controle externo a cargo dos Tribunais de Contas brasileiros.

A instituição Tribunal de Contas já sofre, desde sempre, de pouca produção doutrinária a seu respeito, o que torna esse órgão um dos mais desconhecidos pelo cidadão brasileiro. A ausência de definições mais exatas dos assuntos que lhe são afetos, como o que são contas, a diferença entre contas e atos administrativos em geral, o alcance do exame de legalidade para registro de atos de pessoal, entre vários outros assuntos, acaba por prejudicar a adequação das respostas às consultas que lhe são formuladas.

De outro lado, o excesso de consultas pode corromper a execução da finalidade precípua dos Tribunais de Contas, ressuscitando o malfadado registro prévio de atos e contratos e transformando-o em um órgão consultivo ou de assessoramento da Administração Pública.

Referências

BRASIL. CÂMARA DOS DEPUTADOS. *Documentos da Assembleia Nacional Constituinte*. Disponível em: https://www2.camara.leg.br/atividade-legislativa/legislacao/Constituicoes_Brasileiras/constituicao-cidada/o-processo-constituinte/arquivos-1/. Acesso entre ago./set. 2020.

BRASIL. CÂMARA DOS DEPUTADOS. *Anais da Assembleia Constituinte de 1946*. Disponível em: http://bd.camara.leg.br/bd/handle/bdcamara/6/browse?value=Brasil.+Assembleia+Nacional+Constituinte+%281946%29&type=subject. Acessos entre ago./set. 2020.

BRASIL. CÂMARA DOS DEPUTADOS. Secretaria-Geral da Presidência. Constituição do Brasil de 1967 (anais). Brasília, 1969.

BRASIL. Constituição da República dos Estados Unidos do Brasil, de 24 de fevereiro de 1891.

BRASIL. Constituição da República dos Estados Unidos do Brasil, de 16 de julho de 1934.

BRASIL. Constituição dos Estados Unidos do Brasil, de 18 de setembro de 1946.

BRASIL. Constituição da República Federativa do Brasil, de 15 de março de 1967.

BRASIL. Constituição da República Federativa do Brasil, de 17 de outubro de 1969.

BRASIL. Constituição da República Federativa do Brasil, de 5 de outubro de 1988.

BRASIL. Decreto nº 9.830, de 10 de junho de 2019 – Regulamenta o disposto nos art. 20 a 30 do Decreto-Lei nº 4.657, de 4 de setembro de 1942, que institui a Lei de Introdução às Normas do Direito Brasileiro.

BRASIL. Decreto-Lei nº 4.657, de 4 de setembro de 1942 – Lei de Introdução às Normas do Direito Brasileiro.

BRASIL. Decreto-Lei nº 426, de 12 de maio de 1938 – Organiza o Tribunal de Contas.

BRASIL. Decreto-Lei nº 199, de 27 de fevereiro de 1967 – Lei Orgânica do Tribunal de Contas da União.

BRASIL. Lei nº 156, de 24 de dezembro de 1935 – Regula o funcionamento do Tribunal de Contas.

BRASIL. Lei nº 830, de 23 de setembro de 1949 – Reorganiza o Tribunal de Contas da União.

BRASIL. Lei nº 8.443, de 16 de julho de 1992 – Lei Orgânica do Tribunal de Contas da União.

BRASIL. Lei nº 13.655, de 25 de abril de 2018 – Inclui no Decreto-Lei nº 4.657, de 4 de setembro de 1942 (Lei de Introdução às Normas do Direito Brasileiro), disposições sobre segurança jurídica e eficiência na criação e na aplicação do Direito Público.

DIAS, José de Nazaré Tavares. A reforma administrativa de 1967. *Cadernos de Administração Pública*, Rio de Janeiro, n. 73, 1967.

KANIA, Cláudio Augusto. *Relevo Constitucional dos Tribunais de Contas no Brasil*. 1. ed. Rio de Janeiro: Lumen Juris, 2020.

MOREIRA, Egon Bockmann; PEREIRA, Paula Pessoa. Art. 30 da LINDB: O dever público de incrementar a segurança jurídica. *In:* Direito Público na Lei de Introdução às Normas de Direito Brasileiro – LINDB (Lei nº 13.655/2018). *Revista de Direito Administrativo*, Rio de Janeiro, edição especial, p. 243-274, nov. 2018. Disponível em: http://bibliotecadigital.fgv.br/ojs/index.php/rda/issue/view/4255. Acessos entre 15 nov. e 10 dez. 2020.

SEABRA FAGUNDES, Miguel. Reformas Essenciais ao Aperfeiçoamento das Instituições políticas brasileiras. *Revista de Direito Administrativo*, Rio de Janeiro, p. 87-109, 2013. Disponível em: http://bibliotecadigital.fgv.br/ojs/index.php/rda/article/view/14102. Acesso em: 19 ago. 2020.

Informação bibliográfica deste texto, conforme a NBR 6023:2018 da Associação Brasileira de Normas Técnicas (ABNT):

KANIA, Cláudio Augusto. A aplicação do art. 30 da LINDB pelo poder regulamentar dos Tribunais de Contas *In*: CONTI, José Maurício; MARRARA, Thiago; IOCKEN, Sabrina Nunes; CARVALHO, André Castro (coord.). *Responsabilidade do gestor na Administração Pública*: aspectos fiscais, financeiros, políticos e penais. Belo Horizonte: Fórum, 2022. p. 221-235. ISBN 978-65-5518-411-2. v.2.

RESPONSABILIDADE PESSOAL DOS GESTORES POR MULTAS E ENCARGOS LEGAIS PAGOS PELO ENTE FEDERATIVO

HARRISON FERREIRA LEITE

1 Introdução

Ao assumir cargo público, o gestor supõe que, auxiliado por bons técnicos, capazes de revelarem a determinação específica do ordenamento jurídico, terá soluções para os problemas que surgirem, sem lhe restar mácula pessoal. Contudo, após a posse, percebe que sua concepção era mera idealização e deveras irrealista quando aplicada aos casos concretos.

Dentre os temas passíveis de repercussão, ressoa com importância a responsabilidade pessoal do gestor em ressarcir o ente federativo pelos encargos legais (multas e juros) decorrentes do pagamento em atraso de obrigações legais. É dizer, se o ente federativo não paga, no prazo de vencimento, contas de consumo (água, energia, telefone) ou tributos (INSS, PASEP, Parcelamentos), por exemplo, condena-se o gestor pessoalmente ao ressarcimento integral dos acréscimos pagos pelo ente público.

Para os Tribunais de Contas, o pagamento desses encargos resultantes de injustificada mora da Administração configura hipótese de dano aos cofres públicos, cabendo, em consequência, a responsabilização do agente público que deu causa ao atraso no adimplemento da obrigação. E mais, a análise técnica geralmente é feita quando da emissão do parecer prévio sobre as contas anuais do Chefe do Executivo, hipótese em que não há espaço para análise da aferição da responsabilidade.

Mas seria possível responsabilizar pessoalmente o gestor pelas inadimplências do ente federativo que administra? Responder a essa pergunta é o que procuraremos fazer ao longo deste artigo. Isso envolverá investigação sobre a responsabilidade civil dos administradores públicos, a identificação do responsável pelo não pagamento, o instrumento jurídico hábil à apuração da responsabilidade, o estudo das excludentes da responsabilidade e a influência da ausência de recursos nessa solução. Não se analisará a responsabilidade civil que causa danos a terceiros, resultante de ação ou omissão, dolosa ou culposa, chamada de responsabilidade externa. O foco está na responsabilidade interna, na responsabilidade do gestor pelos danos causados à Administração.

O propósito é mostrar o quanto disfuncionalidades no controle, penalidades vultosas e interpretações irreais têm afastado interessados na vida pública, reduzido considerável mão de obra qualificada, gerado resistência a inovações administrativas ou estimulado atuação que não foge do meramente protocolar. Sobretudo, geram pressão sobre o gestor público, por vezes responsabilizado por limitações que fogem ao seu controle. A doutrina administrativa vem tratando do tema, com expressões como "administrador assombrado pelo controlador",[1] "direito administrativo do medo"[2] ou "gestores perplexos",[3] na alusão a uma paralisia decisória, fenômeno também conhecido como "apagão das canetas".

Não por outra razão que, ao se aproximar da vida política, o gestor é aconselhado a realizar planejamento patrimonial, a compartilhar previamente suas decisões com órgãos de controle para gerar empatia e não raramente a deixar de tomar decisões difíceis dado o risco das inesperadas consequências. É que o crescimento do controle dos atos públicos, mormente após a Constituição de 1988, e em que pese as suas virtudes pela qualificação dos seus técnicos, tem criado o instituto do gestor como segurador universal de qualquer dano sofrido pelo Estado, de sorte que inclusive atrasos das obrigações correntes lhe são imputados como responsabilidade pessoal.

O presente trabalho visa abordar esses temas, em que pese existir uma variedade de facetas para análise que precisariam ser contempladas. No entanto, algumas poucas serão abordadas, valendo-se da relação próxima do Direito Administrativo e do Direito Financeiro, mormente quanto aos reflexos da insegurança da receita pública para o planejamento do Executivo.

2 Da responsabilidade civil dos administradores públicos

Todo agente público, no exercício da sua função, bem como toda pessoa que mantenha relação com o Estado, responde pelos atos ilícitos que praticar, por culpa ou dolo. É a consequência do regime republicano, chamado por Geraldo Ataliba de "regime de responsabilidade. Os agentes públicos respondem por seus atos. Todos são, assim, responsáveis".[4]

Ao assumir a gestão pública, a pessoa se vincula, pela lei, a cumprir determinadas obrigações, de sorte que também, nos termos da lei, lhe é possível impor sanção pelo descumprimento de obrigação legal assumida. Surge a noção de responsabilidade, que impõe às pessoas assumirem as consequências em razão da violação de um dever jurídico. E isso é ser responsável: responder por seus atos.

Fala-se da responsabilidade sempre que há um dever jurídico e uma conduta que viola esse dever. Seu fundamento está no art. 927 do Código Civil, que determina: "Aquele que, por ato ilícito, causar dano a outrem, fica obrigado a repará-lo".

---

[1] SUNDFELD, Carlos Ari. *Direito Administrativo para céticos*. 2. ed. São Paulo: Malheiros, 2014.
[2] GUIMARÃES, Fernando Vernalha. O Direito Administrativo do Medo: a crise da ineficiência pelo controle. *Direito do Estado*, seção Colunistas, n. 71, 2016. Disponível em: http://www.direitodoestado.com.br/colunistas/fernando-vernalha-guimaraes/o-direito-administrativo-do-medo-a-crise-da-ineficiencia-pelo-controle. Acesso em: 23 jan. 2022.
[3] REIS, Tarcila; MONTEIRO, Vera. Os tipos de gestores públicos. Jota. 13 set. 2018. Disponível em: https://www.jota.info/opiniao-e-analise/artigos/os-tipos-de-gestores-publicos-brasileiros-12092018. Acesso em: 23 jan. 2022.
[4] ATALIBA, Geraldo. *República e Constituição*. 3. ed. São Paulo: Malheiros, 2011, p. 67.

Pela regra, ninguém pode ser responsabilizado sem uma causa, sem um fundamento, devendo existir quatro elementos conjugados para a sua aferição: a) a prática de um ato; b) a ocorrência de um dano; c) o nexo de causalidade entre o ato e o dano; e d) a existência de culpa. É a chamada responsabilidade subjetiva. Além disso, o parágrafo único do art. 927 do Código Civil possibilita a chamada responsabilidade objetiva, que independe de culpa, nos seguintes termos: "Haverá obrigação de reparar o dano, independentemente de culpa, nos casos especificados em lei, ou quando a atividade normalmente desenvolvida pelo autor do dano implicar, por sua natureza, risco para os direitos de outrem".[5]

Para configuração da responsabilidade subjetiva em estudo, a prática do ato seria o pagamento a destempo; a ocorrência do dano seria o acréscimo no pagamento, suportado pelo ente federativo; o nexo de causalidade seria o acréscimo decorrente do não pagamento na data certa, e a existência da culpa seria ou a vontade deliberada em não pagar no prazo (volição ativa) ou a negligência pelo não pagamento (culpa leve).

Enquanto na relação entre particular e Administração, pela regra, se aplica a teoria da responsabilidade objetiva, em que não se analisa a culpa para configuração do dever de indenizar; na relação entre agente público e Administração é aplicada a teoria da responsabilidade subjetiva, sendo crucial a presença de culpa lata para que haja o dever de reparação. Não há espaço para a responsabilidade objetiva. Em que pese o pendor pela objetivação da responsabilidade em Direito Administrativo, mormente no Direito Administrativo Sancionador, tal não se dá nas obrigações aqui tratadas.

Portanto, em relação ao tema proposto, quando da análise de conduta faltosa do gestor que tenha gerado dano ao erário, crucial seja apreciado se ocorreu hipótese de culpa, entendida ao menos como *culpa latu sensu*.

Nessa linha, há o dever de reparação quando o gestor, por exemplo, age com desídia, não adota as cautelas comuns à espécie ou simplesmente se omite em apurar a responsabilidade dos subordinados. Em suma, tem como resolver, mas, por um ato seu, não resolve.

Nesse contexto, identificados os elementos na apuração da responsabilidade, resta saber quem pode ser considerado o gestor responsável pela omissão do pagamento. Aqui entra a figura do ordenador de despesa, do responsável ou do gestor fiscal, cuja responsabilidade varia conforme a complexidade do ente federativo envolvido.

3 O ordenador de despesa. O responsável pelo não pagamento

Seguindo a regra geral, na área pública, o exercício das atividades e funções estatais recai sobre o agente público, que, nos termos da lei, representa a vontade do Estado e produz a concretização desse querer na satisfação dos interesses públicos. Por esta razão, deve ele agir com responsabilidade, sempre prestando contas dos seus atos.

---

[5] "Podemos conceituar a responsabilidade civil como a reparação de danos injustos resultantes da violação de um dever geral de cuidado. (...) Optamos por uma classificação tetrapartida dos pressupostos da responsabilidade civil, cujos elementos são: (a) ato ilícito; (b) culpa; (c) dano; (d) nexo causal. (...) Os quatro pressupostos ora elencados se amoldam à teoria subjetiva da responsabilidade civil, que provém da prática de ato ilícito." FARIAS, Cristiano Chaves de; ROSENVALD, Nelson; NETTO, Felipe Braga. *Manual de Direito Civil*. 5. ed. Salvador: Juspodivm, 2020. p. 628.

O agente público é quem tem autoridade para determinar os pagamentos, razão pela qual é chamado de ordenador de despesas. A lei o conceitua como "toda e qualquer autoridade de cujos atos resultarem emissão de empenho, autorização de pagamento, suprimento ou dispêndio de recursos da União ou pela qual esta responda" (art. 80, §1º, do Decreto-Lei nº 200/67). É quem diretamente tem poderes para realizar uma despesa, executar o orçamento, o que pode recair sobre um diretor, secretário, prefeito, chefe do Legislativo, do Judiciário, dentre tantas funções que envolvam atos gerenciais atinentes ao uso de recursos públicos.

Dada a impossibilidade de pessoalmente o gestor efetivar todos os pagamentos, surge a discussão em torno da possibilidade de delegação das atribuições de ordenador de despesas e suas consequências no âmbito da responsabilidade. De início, tem-se que os atos de emissão de empenho e de autorização de pagamento são plenamente delegáveis, inexistindo qualquer vedação do art. 13, da Lei nº 9.784/99.[6] Portanto, não havendo impedimento legal, e sendo o caso de conveniência, poderá haver a delegação de competência, com exceção das hipóteses previstas no art. 13 da sobredita lei. Contudo, para que a delegação seja válida, deverá observar os requisitos do art. 14 da Lei nº 9.784/99, dentre eles, a sua publicação em meio oficial, a necessidade de especificação da matéria tratada, os limites do ato, sua duração, objetivo e a possibilidade de revogação a qualquer momento.

Geralmente os gestores têm se valido do decreto como instrumento para a delegação de competências. E nele devem constar todos os requisitos descritos, como o delegante, o delegado, a matéria delegada, os limites da delegação, dentre outros. Portanto, não se pode dizer ter havido a delegação quando sequer há um ato formal nesse sentido. Daí que secretários municipais, sem o ato de transferência de competência para serem ordenadores de despesas, não podem ser aprioristicamente responsabilizados por dano ao erário. No caso, o ordenador de despesas responsável continua sendo o Prefeito.

No entanto, provado que o ilícito foi cometido efetivamente por outrem, mesmo sem o ato de delegação, não será a sua ausência excludente da responsabilidade. O que não pode é haver presunção de que há delegação, mesmo sem o ato.

Delegada a competência, o delegado adquire o direito de exercê-la dentro dos limites, no que será acompanhado pelo delegante, sob pena de, exorbitando os poderes, ser revogada, uma vez que poderá sê-lo a qualquer tempo, como reza o art. 14, §2º, da Lei nº 9.784/99.[7]

Esse acompanhamento é de extrema importância, pois o Chefe do Executivo é o responsável por administrar as finanças públicas e gerir os recursos em observância das normas legais. Por outro lado, é justamente esse dever de acompanhar que pode trazer consequências quanto ao alcance da responsabilidade. Daí a necessidade de fortalecimento dos controles internos dos entes públicos, dado que este revelará ao gestor eventual malversação de recursos públicos.

Decorrência lógica desse dever de acompanhar a observância das normas jurídicas é a responsabilidade daquele que escolheu quem causou dano ao erário. É que,

---

[6] "Art. 13. Não podem ser objeto de delegação: I – a edição de atos de caráter normativo; II – a decisão de recursos administrativos; III – as matérias de competência exclusiva do órgão ou autoridade".

[7] Art. 14. O ato de delegação e sua revogação deverão ser publicados no meio oficial. §2º O ato de delegação é revogável a qualquer tempo pela autoridade delegante.

mesmo delegando o papel de ordenador de despesas, o delegante ainda pode ser responsabilizado.

Para o Judiciário, há de se separar a responsabilidade civil da responsabilidade penal. No âmbito penal, assim se manifestou o Min. Carlos Ayres Brito:

> A mera subordinação hierárquica dos secretários não pode significar a automática responsabilização criminal do Prefeito. Configuração de crime requer demonstração de vontade livre e consciente. Os crimes do Decreto-Lei nº 201/67 são delitos de mão própria. Logo, somente são passíveis de cometimento pelo Prefeito mesmo (unipessoalmente, portanto), ou, quando muito, em coautoria com ele. Há que se comprovar o vínculo subjetivo, ou psicológico, entre o Prefeito e o Secretário, para a caracterização do concurso de pessoas.[8]

Noutro julgado, assim se manifestou o Min. Celso de Melo:

> Os Secretários exercem cargos de confiança para praticarem atos delegados pelo Prefeito, que os escolhe direta e imediatamente e tem a responsabilidade não somente pela escolha, mas também de fiscalizar diretamente seus atos. Por consequência, mostra-se inaceitável que, pelas dimensões da máquina administrativa e relacionamento direto, o Prefeito desconhecesse a liberação ilegal de pagamentos.[9]

No âmbito civil, há de se apurar a extensão da responsabilidade do gestor, seja por culpa *in eligendo*, seja por culpa *in vigilando*. Não pode haver afastamento automático pela existência do mero decreto, tendo em vista que o gestor não pode simplesmente substabelecer seus poderes sem controlar, de alguma forma, o substabelecido. Mas também não se pode pretender que todas as informações delegadas sejam revistas pelos delegantes, sob o sério risco de se inviabilizar a Administração.

Nesse sentido, afirma o TCU que "A delegação de competência não implica delegação de responsabilidade, competindo ao gestor delegante a fiscalização dos atos de seus subordinados, especialmente em situações nas quais, pela importância do objeto e pela materialidade dos recursos envolvidos, a necessidade de supervisão não pode ser subestimada".[10]

Noutro julgado, afirmou o TCU que "A responsabilidade da autoridade delegante pelos atos delegados não é automática ou absoluta, sendo imprescindível para definir essa responsabilidade a análise das situações de fato que envolvem o caso concreto. A falta de fiscalização (*culpa in vigilando*), o conhecimento do ato irregular praticado ou a má escolha do agente delegado (*culpa in eligendo*) podem conduzir, se comprovados, à responsabilidade daquela autoridade".[11]

Portanto, mesmo delegando, poderá o gestor ser responsável, a depender das circunstâncias fáticas envolvidas. E mesmo não delegando, poderá não ser responsável, se sequer praticou ou tinha conhecimento do ato.

Apurado que, pela complexidade dos atos praticados e pelas particularidades analisadas, não houve qualquer atuação do Chefe do Executivo, não se lhe pode imputar

---

[8] AP 447/RS, Relator Min. Carlos Ayres Brito, Julgamento 18.02.2009. Órgão Julgador: Tribunal Pleno (Dje – 099 29.05.2009).
[9] AI 631841/SP, Relator Min. Celso de Melo, Julgamento 24/04/2009 (Dje – 082 05.05.2009).
[10] Acórdão nº 2.457/2017, Plenário, 08.11.2017, Revisor José Múcio Monteiro.
[11] Acórdão nº 8.028/2016, Segunda Câmara, Relatora Ana Arraes, 05.07.2016.

a responsabilidade, sob o argumento de que foi ele quem recebeu do povo o mandato para gerir os recursos públicos. O mesmo vale para o Secretário e os seus subalternos. Pensar o contrário é tornar inócua a necessidade de subordinados e inviabilizar a Administração, tornando-a desatraente para os que almejam colaborar com o serviço público, dado que qualquer ato praticado por servidor subalterno sempre responsabilizaria o Chefe do Executivo e os Secretários, ainda que provada a inexistência de sua atuação no feito.

A responsabilidade objetiva, se fosse o caso, acabaria por estimular a desatenção de alguns servidores e de prestadores de serviços públicos, pois descansariam sempre na certeza de que apenas o Chefe do Executivo responderia por erros decorrentes de terceiros que se relacionaram com o Poder Público. Seria ele o garantidor universal.

É certo que o prefeito não pode substabelecer seus poderes sem controlar, mas provado através de processo administrativo que o substabelecido agiu com desvio de finalidade ou exorbitância dos poderes, sem qualquer conhecimento do seu superior, a responsabilidade não poderá lhe ser imputada. A abertura de procedimento específico é imprescindível.

Como há sempre a presença de diversos atores envolvidos nos atos de prestação de serviços públicos, deve-se realçar a importância da segregação do comportamento desempenhado por cada um dos envolvidos, a fim de não se responsabilizar quem não concorreu para o ato lesivo ao patrimônio público. E aqui se verá a questão-chave no âmbito da responsabilidade, que é a apuração fática dos elementos envolvidos.

4 Do papel do Tribunal de Contas na apuração dos danos

Os papéis desempenhados pelos Tribunais de Contas são variados e familiares aos que lidam com o Direito Público, mormente com o Direito Financeiro. Didaticamente, a doutrina agrupa suas competências em oito grandes grupos, a saber, de natureza fiscalizadora, judicante, sancionadora, consultiva, informativa, corretiva, normativa e de ouvidoria.[12]

No exercício das suas atribuições, de latitude ampla, o Tribunal de Contas não apenas aplica sanções aos administradores, mas também apura o dano infligido ao erário. Aí está sua competência sancionadora de natureza cível. Por isso se diz que o Tribunal de Contas importa do Direito Civil os ensinamentos das regras que permitem imputar débito a outrem em razão de dano causado ao erário.

Em que pese não ser um tribunal comum, tradicional da aplicação das normas civilistas de ressarcimento, trata-se de órgão preocupado com os danos causados por terceiros ao Estado, dada sua função de analisar as contas, momento em que percebe os aspectos financeiros dos prejuízos tomados pelo Estado e os seus responsáveis.

No caso, a depender da identificação do responsável pelo atraso no pagamento das obrigações do ente federativo, o Tribunal de Contas adotará legalmente posturas distintas, tendo em vista que, quanto ao Chefe do Executivo, o Tribunal de Contas emite parecer prévio em relação à sua prestação de contas anuais (art. 71, I, da CF/88), e quanto aos demais administradores e responsáveis por bens e valores públicos, julga as

---

[12] COSTA, Luiz Bernardo Dias. Tribunal de Contas: evolução e principais características no ordenamento jurídico brasileiro. *In: Tribunais de Contas.* Aspectos Polêmicos. Estudos em homenagem ao Conselheiro João Féder. Belo Horizonte: Fórum, 2009, p. 161.

contas (art. 71, II, da CF/88). Portanto, não apenas o Administrador que ordena despesas pode ser alcançado pelo controle do Tribunal de Contas, mas todo aquele que utilize, arrecade, guarde, gerencie ou administre dinheiros, bens e valores públicos, submete-se ao processo de tomada de contas (art. 70, parágrafo único, da CF/88).

Não pode ele, o Tribunal de Contas, na emissão de parecer prévio que envolve os Chefes do Poder Executivo, identificar responsáveis pelos pagamentos de encargos feitos pelos entes públicos, dado que a esse mister não se destina o parecer prévio. Esses agentes políticos não estão sujeitos a julgamento perante o Tribunal de Contas quando da análise anual das suas contas.

Nesse sentido, o STF, por maioria, fixou a definitividade do Poder Legislativo como órgão único de julgamento das contas de governo e das contas de gestão, com a seguinte tese:

> Para os fins do art. 1º, inciso I, alínea "g", da Lei Complementar 64, de 18 de maio de 1990, alterado pela Lei Complementar 135, de 4 de junho de 2010, a apreciação das contas de prefeitos, tanto as de governo quanto as de gestão, será exercida pelas Câmaras Municipais, com o auxílio dos Tribunais de Contas competentes, cujo parecer prévio somente deixará de prevalecer por decisão de 2/3 dos vereadores.[13]

Por esta razão, a apuração de danos causados ao erário nos termos aqui analisados não deve decorrer da competência do Tribunal de Contas na emissão do parecer prévio, mas através de procedimento específico, em que são assegurados o contraditório e a ampla defesa, com fundamento no art. 71, II, da Constituição Federal.

Em que pese esse entendimento, não são raras as cobranças de multas e ressarcimentos decorrentes do próprio parecer prévio sobre as contas anuais do Executivo.

5 Da impossibilidade de apuração de responsabilidade no parecer prévio. Necessidade de abertura de processo administrativo – Tomada de Contas

A responsabilidade civil do agente público ocorre nos casos de conduta comissiva ou omissiva antijurídica, culposa ou dolosa, prevista na legislação. Depende, sempre, da apuração oriunda de processo administrativo aberto com o fim de processar e julgar aquele que deu prejuízo ao erário, observados o contraditório e a ampla defesa.

Portanto, não é possível seu cabimento num parecer prévio (art. 71, I da CF/88), dado que esse parecer, conforme definição em Repercussão Geral no julgamento do RE 729.744 "tem natureza meramente opinativa, competindo exclusivamente à Câmara de Vereadores o julgamento das contas anuais do Chefe do Poder Executivo local, sendo incabível o julgamento ficto das contas por decurso de prazo".[14]

Patente, portanto, a natureza jurídica do parecer do Tribunal de Contas em relação ao Poder Executivo, de *mero pronunciamento opinativo*.[15] Tem função *ad coadjuvandum*,[16]

---

[13] Recurso Extraordinário 848.826 – CE. Pleno. Relator Min. Roberto Barroso. Julgamento em 10.08.2016.
[14] Recurso Extraordinário 729.744 – MG. Pleno. Relator Min. Gilmar Mendes. Julgamento em 10.08.2016.
[15] Expressão utilizada pelo Min. Sepúlveda Pertence, no seu voto, quando do julgamento da ADI nº 849-8, Mato Grosso.
[16] Expressão utilizada pelo Min. Celso de Mello, no julgamento da Rcl. 14.155 MC-AgR, em 22.08.2012.

ou seja, de subsidiar o julgamento das contas, este de competência do Legislativo. Até porque "nenhuma competência é mais auxiliar do que é dar parecer".[17]

Quando diferencia "comando jurídico" de "conselho", Norberto Bobbio deixa claro que conselho é prescrição com menor força vinculante que o comando. Lembra que "Nem todas as prescrições que encontramos quando estudamos um ordenamento jurídico no seu conjunto são comandos. Basta pensar que em todo ordenamento jurídico, ao lado dos órgãos deliberativos, há os *órgãos consultivos*, que têm justamente a tarefa não de emanar ordens, mas de dar conselhos".[18]

Para o autor, o que caracteriza os atos dos órgãos consultivos, ou pareceres, em confronto com os comandos ou ordens, é o fato de que os conselhos "têm a função de guiar ou dirigir o comportamento alheio, mas a sua orientação não é tão eficaz como a dos comandos, e esta menor eficácia se revela porque a pessoa ou as pessoas a quem são dirigidos não são obrigadas a segui-los, o que em linguagem jurídica se exprime dizendo que os pareceres não são vinculantes". No Direito, chamam-se também de pareceres "aquelas relações sobre determinados provimentos a tomar, cujo fim não é absolutamente o de guiar o comportamento alheio, mas só o de iluminar quem deve tomar uma deliberação, isto é, como se diz comumente, de fornecer os elementos de conhecimento suficientes para que quem deve deliberar o faça com razoes conhecidas".[19]

Não se nega o seu peso especial, tendo em vista que, no âmbito municipal, a sua rejeição demanda dois terços dos votos da Câmara, mas também não se lhe pode atribuir função que a Constituição expressamente não lhe outorgou. Como se trata de parecer, por óbvio, não é conclusivo, não é decisório, e, sendo assim, não poderia aplicar penalidades, pois apenas manifestações deliberativas podem ter essa carga impositiva.

Nessa linha, apenas o julgamento realizado pelo Legislativo é que pode impor multas e penalidades ao gestor, pois parecer não é julgamento. Conforme afirma Celso de Mello, "O parecer do Tribunal de Contas não consubstancia nem veicula qualquer deliberação, pois tem conteúdo meramente opinativo".[20]

Pautado no quórum especial para o julgamento das contas do Executivo Municipal, previsto no art. 31, §1º, da CF, o Min. Ayres Britto classificou os pareceres com base em dois regimes constitucionais:

> (...) O parecer singelo, opinativo, singelamente opinativo, e o parecer relativamente vinculante. O parecer emitido pelo Tribunal de Contas a propósito da prestação de contas de um prefeito é qualificado, por antecipação, como vinculante. Ele é relativamente vinculante. Por que não é absolutamente vinculante? Porque pode ser rejeitado. Agora, o parecer singelo, sem nenhuma eficácia vinculante, é do artigo 71, I, sobre as contas do Presidente da República. Olha como o discurso da Constituição é diferente: Diz a Constituição:
> (...) Art. 71. (...)
> I – apreciar as contas prestadas anualmente pelo Presidente da República, mediante parecer prévio que deverá ser elaborado em sessenta dias a contar do seu recebimento;
> Ou seja, esse parecer do artigo 71, I, não prevalece.

---

[17] Referência feita pelo Ministro Cesar Peluso ao Ministro Octavio Galloti, quando da sua fala no julgamento do RE 597.362.
[18] BOBBIO, Norberto. *Teoria da Norma Jurídica*. São Paulo: Edipro, 2003, p. 100.
[19] *Ibidem*.
[20] MELLO, Celso. Trecho do seu debate da discussão do Plenário quando do julgamento do RE n. 597.362, 07.02.2011. p. 05.

Prevaleceu no STF o entendimento de que, para todos os casos de análise de contas de Chefe do Poder Executivo, o parecer do Tribunal de Contas é de conteúdo opinativo, sem distinção entre pesos na sua vinculação. Embora as suas peculiaridades, o parecer continua enquadrado nos moldes do entendimento tradicional acerca da sua natureza. A modificação do quórum, no caso dos Municípios, também não altera a sua natureza.

Sendo parecer em todos os sentidos, questiona-se se penalidades poderiam ser por ele veiculadas ou se somente o Legislativo, quando do julgamento das contas, estaria habilitado para o seu proferimento (art. 49, IX, da CF/88). Ou, ainda, se deveria o Tribunal de Contas abrir processo específico para apurar dita responsabilidade.

É que, definido o caráter de parecer na manifestação do Tribunal de Contas em relação às contas do Executivo, não poderia aplicar penalidades ao encontrar alguma irregularidade nas contas analisadas. O correto seria abrir processo específico para análise da ocorrência e seu posterior julgamento, a fim de que, num mesmo instrumento, não haja atos decisórios de parecer e de acórdão.

Em que pese esse entendimento, é bastante comum nos Tribunais de Contas a aplicação de penalidades aos gestores no corpo do parecer prévio. É dizer, ao final do parecer, após analisar o cumprimento ou não das normas legais aplicáveis às contas, o Tribunal analisa o descompasso com as normas de regência e aplica multas e ressarcimento aos gestores, inclusive as relativas aos encargos suportados pela Administração.

Mas parece ser incompatível a veiculação em parecer prévio de penalidades aos gestores fiscalizados, até porque sua finalidade é analisar a conduta do Administrador no exercício das suas funções de planejamento, organização e controle das políticas públicas, e não julgar eventuais faltas cometidas. Nesses casos, correto é abrir procedimento em separado, com o fito de apurar a irregularidade encontrada e, embasado na competência atribuída pelo art. 71, II, da Constituição Federal, promover o seu adequado julgamento.

A jurisprudência dos Tribunais começa a perfilhar esse entendimento:

> Prefeito municipal. Prestação de contas anual. Tribunal de Contas. Competência. O Tribunal de Contas tem competência para apreciar as contas prestadas anualmente pelos Chefes do Executivo e oferecer parecer prévio para decisão do Legislativo. No bojo do processo de prestação anual de contas dos Chefes do Poder Executivo, constatando-se a existência de irregularidades, deverá abrir-se procedimento em separado para sua apuração e imposição de sanções. Não pode é, na própria prestação anual, impor-se qualquer penalidade ao gestor municipal. (TJ-RO – AC: 10000026420008220001 RO 1000002-64.2000.822.0001, Relator: Desembargador Eurico Montenegro, Data de Publicação: Processo publicado no Diário Oficial em 12.12.2005)

> CONSTITUCIONAL. APELAÇÃO CÍVEL. EMBARGOS À EXECUÇÃO. REJEIÇÃO DE CONTAS DE EX-PREFEITO PELO TCE. LEGITIMIDADE DO MINISTÉRIO PÚBLICO PARA EXECUTAR TÍTULO FORMADO PELA DECISÃO DO TCE. PRELIMINAR REJEITADA. AUSÊNCIA DE JULGAMENTO DAS CONTAS PELA CÂMARA MUNICIPAL. NECESSIDADE PARA FORMAÇÃO DO TÍTULO. PRELIMINAR ACOLHIDA. 1. Ministério Público tem legitimidade para promover ação de execução de título executivo extrajudicial decorrente de decisão do Tribunal de Contas, de acordo com posicionamento pacificado no STJ. 2. A Constituição Federal denota a existência de regime jurídico peculiar às contas do Chefe do Poder Executivo, isso implica dizer que o julgamento das contas anuais de prefeito somente se aperfeiçoa depois do julgamento pela

Câmara Municipal, antes só existe um parecer prévio do TCE, cujo caráter é opinativo. 3. Título Executivo Extrajudicial de decisões dos TCEs existem quando o próprio TCE julga as contas, o que ocorre na prestação de contas do Legislativo, Judiciário e demais administradores e responsáveis por dinheiros e bens públicos e prestação de contas de convênios e demais repasses de verbas aos Chefes do Executivo. 4. Apelação provida para extinguir o processo de Execução, sem resolução do mérito. Vistos, relatados e discutidos os presentes autos, acordam os Senhores Desembargadores integrantes da Terceira Câmara Cível do Egrégio Tribunal de Justiça do Estado do Maranhão, por unanimidade, em rejeitar a preliminar de ilegitimidade do Ministério Público e acolheu a preliminar de título inexequível, extinguindo o processo de execução sem julgamento do mérito. (TJ-MA – APL: 0160592012 MA 0002103-85.2011.8.10.0051, Relator: JAMIL DE MIRANDA GEDEON NETO, Data de Julgamento: 16/08/2012, TERCEIRA CÂMARA CÍVEL, Data de Publicação: 24.08.2012).

O parecer prévio é vocacionado à avaliação do desempenho do chefe do Executivo, principalmente quanto ao cumprimento das normas orçamentárias (PPA, LDO e LOA), bem como à observância da legalidade, legitimidade e alcance das metas aviadas. Tem nítido feitio consultivo, informador ou opinativo, mas nunca o sancionatório.

Nítida, portanto, a distinção entre apreciar e julgar as contas dos administradores de bens públicos. Na apreciação, não há julgamento e tampouco imposição de penalidades. Não pode ir além de aprovar, com ressalva ou sem ressalva, ou desaprovar as contas do Chefe do Executivo, não lhe cabendo imputar débito ou multa. A imputação, como já se disse, pode ser feita em separado e em outro momento, mas não no parecer.

Decorre, portanto, que quem detém o poder de julgar o Executivo quanto às suas contas de governo é quem poderia aplicar-lhe sanção. Sendo assim, cabe ao Legislativo, num verdadeiro *munus* de juiz natural, ao finalizar o processo de julgamento das contas globais do Executivo, motivar as suas razões e aplicar a penalidade, sempre com observância da legalidade na sua atuação.

6 Diferenciação injustificada. Ausência de isonomia. Irrazoabilidade da cobrança

Não raro se observa o tratamento diferenciado dos Tribunais de Contas aos Chefes do Executivo de instâncias distintas. É dizer, quanto maior o ente federativo, menor a responsabilidade pessoal, de sorte que, pela regra, prefeitos, como um todo, são mais apenados pelos mesmos fatos quando comparados aos governadores, muito embora haja distinção no âmbito municipal de acordo o tamanho do Município. Inclina-se mais para proteção de uns em detrimento de outros, com claro afastamento da igualdade.

Eventuais atrasos em obrigações contratuais e legais praticados por governadores não lhe são imputados como responsabilidade pessoal, com ausência de similitude do que ocorre nas gestões municipais. Basta se imaginar a infinidade de encargos que o Poder Público assume, seja em decorrência de contratos não cumpridos, obrigações no setor de pessoal definidas pelo Poder Judiciário, autos de infração dos diversos órgãos, prescrições nas cobranças, além de eventuais atrasos nas obrigações correntes.

No aspecto temporal, a isonomia também não é alcançada. Imagine a hipótese de um gestor que, durante sua gestão, não recolhe corretamente as obrigações previdenciárias e, desta omissão, o Tribunal de Contas não tem conhecimento. Contudo, finda sua gestão, é o Município fiscalizado e autuado com multas vultosas. Neste caso, a seguir a rigorosidade da Corte, deveria tal fato ser-lhe comunicado para imputar ao gestor, diretamente, os encargos descritos no auto de infração. É que, pelo que se percebe, os acréscimos do pagamento a destempo, por ser do período corrente, lhe alcançam. Mas os advindos de fiscalização pretérita, deles os Tribunais não se importam, sequer com os encargos existentes nos parcelamentos.

E note-se que os valores envolvidos são vultosos, na maioria das vezes impagáveis, a abarrotar o Judiciário com sua cobrança. Basta-se pensar no que ocorre com as obrigações previdenciárias, dado que os acréscimos de multa de mora, atualização, dentre outros, sobre um percentual da folha de pagamento, resultam em montas relevantes.

Ora, cabe ao Direito prevenir e reprimir condutas antijurídicas, é certo, mas a sanção daí decorrente não pode ser irrazoável, impraticável e impossível de ser alcançada. Deve ser justa. Em que pese inexistir fórmula da justiça das penalidades, é certo que nos extremos ela não se encontra. Na sábia dicção aristotélica, o justo "é a proporção", o injusto, "enquanto acepção oposta, é o que viola o princípio da proporção" e a "justiça corretiva é o meio entre os extremos perda e ganho", sendo o justo qualquer coisa como o meio. Os extremos são perigosos. A "justiça é uma posição intermediária, porque é a maneira de ser constitutiva do meio" e a injustiça "corresponde aos dois limites extremos".[21]

Pela redação do inciso VIII do art. 71, o Tribunal de Contas poderá aplicar aos responsáveis as "sanções previstas em lei". Essas sanções poderão ser de três espécies: (i) multa proporcional ao dano ao erário (art. 71, VIII, da CF); (ii) multa de até 30% dos vencimentos anuais (art. 5º da Lei nº 10.028/00) e (iii) multa simples (art. 58 da Lei nº 8.443/92). A multa proporcional ao dano ao erário está ligada ao *quantum* a ser ressarcido pelo agente fautor. É evidente sua natureza civil, de ressarcimento do dano, sem deixar de ser uma penalidade. A multa de até 30% dos vencimentos tem caracterizado o caráter punitivo nas hipóteses previstas em lei. E a multa simples é limitada a um valor absoluto, nos termos da lei. Dentre suas hipóteses está "II – ato praticado com grave infração à norma legal ou regulamentar de natureza contábil, financeira, orçamentária, operacional e patrimonial; e III – ato de gestão ilegítimo ou antieconômico de que resulte injustificado dano ao Erário;".

A multa proporcional ao dano ao erário, chamado aqui de ressarcimento, ocorre pela necessidade de se compensar o prejuízo causado ao erário, seja restituindo o Poder Público à situação anterior ao ilícito ou reavendo as quantias não aplicadas, mal aplicadas ou desviadas. As demais multas, por sua vez, não se destinam a qualquer ressarcimento ao erário. Podem ser aplicadas na existência ou não do dano.

Nas circunstâncias a seguir apresentadas, nada impede que haja aplicação da multa simples, dado que a ela se subsume hipótese de descumprimento de lei, qual seja, descumprimento do dever de pagar o tributo ou as obrigações na data do seu vencimento.

---

[21] ARISTÓTELES, *Ética a Nicômaco*. Tradução do grego de António de Castro Caeiro. São Paulo: Atlas, 2009, p. 110-114.

7 Das excludentes de ilicitude. Mora resultante de circunstância alheia à vontade do agente

O Executivo, diferente dos outros poderes e órgãos, sofre o influxo da variação de sua receita, decorrentes de instabilidades econômicas, políticas e financeiras. No caso dos Municípios, na sua imensa maioria, sua principal receita é o Fundo de Participação dos Municípios (FPM), composta pelo Imposto de Renda e pelo Imposto sobre Produtos Industrializados, de sorte que qualquer variação na arrecadação federal impacta nos repasses mensais na composição da sua receita. O mesmo vale para o ICMS, importante volume dessa composição.

Sendo assim, pode acontecer de na data de vencimento das suas obrigações, inexistir realmente valores no seu caixa, de sorte que a obrigação não é paga no prazo. Trata-se de hipótese real e fática de exaustão financeira ou de "exaustão da capacidade orçamentária", na expressão cunhada por Eros Grau.[22] No ponto, revela-se a impossibilidade material de pagamento das obrigações vencidas, até porque a lei não pode exigir mais do que a situação fática permite, nem pode a determinação do Tribunal exigir algo que, nas diversas alternativas de execução, a materialidade fenomênica demonstre ser irrealizável.

Não se trata de conflito de normas jurídicas, como ressalta Eros Grau, mas se está em presença de confronto entre dever jurídico e a realidade, vale dizer, entre a realidade e o direito.[23] Logo, não há como se observar o cumprimento obrigacional, pois faticamente é impossível concretizá-lo.[24] Há frustração material da legalidade e nada poderá ser feito. É a chamada 'reserva do possível fática'.

No ponto, não basta à Administração invocar a ausência de recursos para o gestor eximir-se da sua responsabilidade. Deve exaustivamente demonstrar e comprovar, diante do controle, que, dados os ingressos constantes do caixa e a previsibilidade de novos recursos, faticamente é impossível cumprir a obrigação. E, por outro lado, ainda que houvesse recursos em outras alocações, eventual remanejamento dos mesmos implicaria a ocorrência de grave lesão à ordem, à saúde e à economia públicas, de modo a não se justificar a excepcionalidade da utilização desses recursos (art. 167, VI, da CF/88).

Pode ocorrer também de o recurso público, por conta de circunstâncias de fato extraordinárias, serem deslocados para atuação urgente em outras áreas, dada a ameaça a outros bens jurídicos mais relevantes. Como o cobertor é curto, desse fato resultou inadimplência das obrigações legais, com os seus consequentes encargos.

É certo que a atitude não pode ser reiterada, visto que a ausência de recursos é temporária. Pode escassear num determinado momento em que se demanda exigibilidade imediata, mas pode haver recursos no futuro, quando o seu cumprimento se dará.

Nessas hipóteses de ausência real de recursos, não haveria de se falar em responsabilização pessoal do gestor.

É que não há responsabilização objetiva do ordenador de despesa, devendo haver a comprovação da culpa. E, como na maioria das ocorrências de multas e ressarcimentos

---

[22] Eros Grau, Despesa pública – princípio da legalidade – decisão judicial. Em caso de exaustão da capacidade orçamentária deve a Administração demonstrar, perante o Supremo Tribunal Federal, a impossibilidade do cumprimento da decisão judicial condenatória. *Revista de Direito Administrativo*, São Paulo, n. 191, p. 327, 1993.
[23] GRAU, *op. cit.*, p. 326.
[24] GRAU, *ibidem*, p. 317.

desse jaez a razão está na falta de recursos disponíveis para pagamento dos valores cobrados no dia do seu vencimento, não se pode falar em responsabilização pessoal do gestor, por inexigibilidade de conduta diversa. É jurídica e faticamente impossível realizar um pagamento quando não existe recurso para tanto. Contudo, se os encargos advierem de falta de planejamento ou ausência de organização dos setores competentes, correto é deslocar o dever de ressarcir a quem deu causa, após apurados os atos praticados pelos subordinados, tendo em vista o princípio da personalização da pena.

Portanto, só pode haver imposição de sanções administrativas se demonstrada a culpabilidade do agente público. Necessário o descumprimento voluntário de uma norma, o que não ocorre, por exemplo, nas hipóteses de ausência de caixa para a quitação de obrigações fiscais. No ponto, válidas as lições de Celso Antônio Bandeira de Melo:

> O Direito propõe-se a oferecer às pessoas uma garantia de segurança, assentada na previsibilidade de que certas condutas podem ou devem ser praticadas e suscitam dados efeitos, ao passo que outras não podem sê-lo, acarretando consequências diversas, gravosas para quem nelas incorrer. Donde, é de meridiana evidência que descaberia qualificar alguém como incurso em infração quando inexista a possibilidade de prévia ciência e prévia eleição, in concreto, do comportamento que o livraria da incidência na infração e, pois, na sujeição às sanções para tal caso previstas.[25]

O TCU, de maneira fundada, e na contramão de outros Tribunais de Contas, advoga o entendimento da responsabilidade subjetiva dos administradores de recursos públicos, nos seguintes termos:

> TOMADA DE CONTAS ESPECIAL. CONTRATO. INEXECUÇÃO. PROCESSUAL. RESPONSABILIDADE SUBJETIVA DOS GESTORES. IMPRUDÊNCIA E NEGLIGÊNCIA. FALTA DE CAUTELA E ZELO. CULPA IN ELIGENDO. RESPONSABILIDADE SOLIDÁRIA. CONTAS IRREGULARES E REGULARES COM RESSALVA.
> 1. A inexecução contratual da qual decorre dano ao erário federal só interessa ao TCU quando estiver presente uma conduta dolosa ou culposa de algum agente público, havendo responsabilidade solidária da entidade privada e dos agentes públicos envolvidos.
> 2. A responsabilidade dos administradores de recursos públicos segue a regra geral da responsabilidade civil, pois trata-se de responsabilidade subjetiva, a despeito de o ônus de provar a correta aplicação dos recursos caber àqueles. (BRASIL. Tribunal de Contas da União. Acórdão 2343/2006 – Plenário. 06/12/2006. Relator: Min. Benjamin Zymler).

Ainda no mesmo sentido, não se pode responsabilizar o gestor por erros decorrentes de informações prestadas por terceiros ou por atos praticados pelos subalternos. É inviável que todo ato realizado por um subalterno seja confirmado pelos superiores, até alcançar o Chefe do Executivo, sob pena de inviabilizar-se a Administração. A individualização da pena é imprescindível para evitar-se o favorecimento de terceiros, sempre em detrimento do gestor público.

Correta, portanto, a instauração de procedimento administrativo, a fim de apurar a razão do não pagamento no tempo das obrigações legais, se foi a completa ausência de caixa, sem qualquer culpa do gestor, bem como o responsável pelo não pagamento,

---

[25] MELLO, Celso Antônio Bandeira de. *Curso de Direito Administrativo*. 30. ed. rev. e atual. São Paulo: Malheiros, 2013. p. 863.

se for o caso, a fim de se evitar a responsabilidade pessoal do gestor, sequer prevista em lei, em toda e qualquer hipótese, mormente naquelas em que pode ser possível identificar o responsável que deu causa ao prejuízo.

É necessário assegurar a responsabilidade subjetiva na Administração Pública, com o fim de se debelar o agravamento progressivo do desestímulo à ocupação dos cargos públicos por pessoas preparadas, mas que se afastam da gestão tendo em vista, dentre tantos riscos, os decorrentes da queda de receita que lhe resultarão em prejuízos pessoais de soma impagável.

8 Do regramento próprio quanto às obrigações tributárias

Em se tratando de encargos decorrentes das obrigações fiscais, tem-se que a responsabilidade pessoal do gestor e do administrador está submetida a regras próprias, veiculadas em lei complementar, de sorte que não pode ser alterada por outra lei de diferente estatura e sem a respectiva especialidade.

O tema da responsabilidade pessoal em matéria fiscal é tratado no art. 135, I, do Código Tributário Nacional (CTN), que traça as hipóteses do seu cabimento, de sorte, nos termos da Súmula nº 430 do STJ, "O inadimplemento da obrigação tributária pela sociedade não gera, por si só, a responsabilidade solidária do sócio-gerente". Portanto, não pagar o tributo no prazo, por si só, não gera responsabilidade do sócio, diretor ou responsável pela pessoa jurídica, seja em relação ao tributo ou aos seus acréscimos legais.

E ainda que pretenda fazê-lo com base em outros diplomas normativos, firme é a jurisprudência no sentido de que a responsabilidade tributária não pode ser ampliada por lei estadual,[26] tampouco por lei nacional, fora das hipóteses previstas no CTN.[27] Além disso, não pode haver solidariedade na dívida tributária fora dos requisitos previstos no art. 135 do CTN.[28]

Portanto, não pode o Tribunal de Contas responsabilizar o gestor por encargos fiscais naquilo que a legislação específica afasta. Inclusive, no caso específico, quanto às multas aplicáveis por violação da lei que trata das contribuições especiais, havia artigo específico na Lei nº 8.212/98 que previa aludida extensão, com a seguinte redação:

> Art. 41. O dirigente de órgão ou entidade da administração federal, estadual, do Distrito Federal ou municipal, responde pessoalmente pela multa aplicada por infração de dispositivos desta Lei e do seu regulamento, sendo obrigatório o respectivo desconto em folha de pagamento, mediante requisição dos órgãos competentes e a partir do primeiro pagamento que se seguir à requisição.

---

[26] Na Ação Direta de Inconstitucionalidade (ADI) nº 4.845, o Supremo Tribunal Federal (STF) reconheceu que leis ordinárias dos entes tributantes não podem responsabilizar terceiros de forma diversa da matriz disciplinada pelo CTN. Foi fixada a seguinte Tese: "É inconstitucional lei estadual que disciplina a responsabilidade de terceiros por infrações de forma diversa da matriz geral estabelecida pelo Código Tributário Nacional".
[27] RE 562.276, Tese 13. Neste precedente, o Plenário do STF declarou a inconstitucionalidade material e formal do art. 13 da Lei nº 8.620/1993 por ter (i) criado hipótese de responsabilização não prevista no art. 135 do CTN; e (ii) estabelecido confusão entre os patrimônios da pessoa jurídica e da pessoa física.
[28] A Primeira Seção do Superior Tribunal de Justiça (STJ) também já entendeu que o legislador ordinário não pode impor solidariedade a administradores sem observar os requisitos taxativos do art. 135 do CTN (REsp 717.717).

No entanto, pela sua perniciosidade, a Lei nº 11.941/09 expressamente revogou essa redação, de sorte que o dirigente de órgão ou entidade pública não mais pode responder pessoalmente pelos encargos decorrentes de infração à lei que trata das contribuições especiais.

A jurisprudência se manifesta do seguinte modo:

TRIBUTÁRIO. CONTRIBUIÇÃO PREVIDENCIÁRIA. ERRO NO PREENCHIMENTO DAS GUIAS DE RECOLHIMENTO (GFIP). MULTA. RESPONSABILIDADE PESSOAL DE PREFEITO MUNICIPAL. ART. 41 DA LEI 8.212/1991. REVOGAÇÃO. RETROATIVIDADE BENÉFICA. ART. 106, II, A, DO CTN. 1. O art. 41 da Lei 8.212/1991, que previa a responsabilidade pessoal do dirigente de entidade municipal pela multa aplicada em decorrência de infração à legislação previdenciária, foi expressamente revogado pelo art. 79, I, da Lei 11.941/2009. 2. A lei nova, mais benéfica que aquela vigente ao tempo do fato, deve retroagir, nos termos do art. 106, II, a, do CTN. 3. Apelação e remessa oficial às quais se nega provimento. (TRF-1 - AC: 00010675320064013806, Relator: DESEMBARGADOR FEDERAL JOSÉ AMILCAR MACHADO, Data de Julgamento: 28/08/2018, SÉTIMA TURMA, Data de Publicação: 26/10/2018).

Sendo assim, em se tratando de responsabilidade atinente aos acréscimos oriundos do pagamento a destempo das obrigações fiscais, o silogismo simplista da responsabilidade pessoal do gestor não tem aceitação.

9 Do necessário processo administrativo para apuração de responsabilidades. Da proporcionalidade da pena

Como visto ao longo do escrito, para se aplicar eventual responsabilidade dos acréscimos legais imputados à Administração aos gestores, primeiro deve o Tribunal de Contas efetuar apuração específica, apartada do parecer prévio, em se tratando de Chefe do Executivo. Num parecer não se aplica penalidades. Quanto aos demais administradores, o Tribunal de Contas possui competência para esse específico julgamento. É que, como o gestor só deve responder pessoalmente por suas decisões em caso de dolo ou erro grosseiro, não cabendo a presente responsabilidade em casos de culpa leve ou notadamente de ausência de culpa, não resta alternativa ao Tribunal que não a apuração do dolo e do erro grosseiro através de procedimento específico, em que se analisarão as circunstâncias práticas que determinaram a ação do agente, seus obstáculos e suas dificuldades reais (art. 22 c/c art. 28 da LINDB).

Do contrário, está-se a se aplicar penalidade e pelo princípio da personalização da pena e sua individualização, não há como alcançá-la sem específico processo administrativo.

Quanto ao gestor, para municiar sua defesa, deve ele abrir processo administrativo para se apurar o verdadeiro responsável pelo pagamento a destempo, bem como se houve a excludente de ilicitude que é ausência de recursos na data aprazada. É que na presença de circunstâncias fáticas extraordinárias, inclusive na necessidade de atuação urgente que envolve ameaça a outros bens jurídicos mais relevantes, um processo administrativo específico pode justificar o porquê da ausência de recursos que gerou acréscimos legais ao erário.

Nesse sentido está o art. 22 da LINDB,[29] quando ordena que na interpretação de normas sobre gestão pública, o julgador abstraia-se da idealização quanto às condições materiais, factuais e objetivas para aplicação da norma, e conheça, de fato, os obstáculos e as dificuldades reais do gestor e as exigências das políticas públicas a seu cargo. É a prevalência do primado da realidade sobre a aparência, o dever de o controlador se colocar na posição do gestor e conhecer os ônus enfrentados para a decisão, é a leitura dos dispositivos com a consciência dos fatos e das condições relevantes para a sua aplicação, é o julgamento com conhecimento de causa e não a aplicação cega da lei.

Embora essa análise tenha se debruçado sobre dificuldades financeiras, há outras, de ordem material, temporal, orçamentária, técnica e de pessoal, que também podem ser levantadas, como impedimento à implementação ou ao cumprimento de determinada norma legal, dada a heterogeneidade da Administração Pública brasileira.

Nessa linha, constatada a real dificuldade, o controlador, de posse das circunstâncias fáticas limitadoras da atuação do agente, dará atenção à abertura interpretativa do texto, a fim de compreender o fato como algo lícito e, portanto, não aplicar a penalidade ao gestor.

Qualquer aplicação de penalidade não pode se afastar das normas jurídicas que visam à sanção justa. Normas alusivas à igualdade, equidade, razoabilidade, vedação de excesso, proporcionalidade, legalidade, tipicidade, individualização da pena, *non bis in idem*, dentre outras, dizem com a busca de equilíbrio quando do estabelecimento da sanção.

Aplicar o critério isolado do acréscimo legal, no seu todo, como valor devido pelo gestor, é inversão lógica do sistema.

10 Conclusões

O estudo da responsabilidade do administrador público, nas suas diversas áreas, e por vezes cumulativa, revela que não lidamos muito bem com os erros do gestor. Trata-se de pessoa que não pode errar, indefectível, com responsabilidade pelo risco integral na sua atuação. Uma espécie de segurador universal, dado que por qualquer problema na sua gestão fatalmente é responsabilizado, ainda que o erro não seja dele ou seja não intencional, numa verdadeira forçação de responsabilidade objetiva.

O presente artigo teve por finalidade analisar a aplicação da responsabilidade pessoal ao gestor nas hipóteses de pagamento a destempo das obrigações legais dos entes federativos. A ideia foi apontar que a escassez de recursos públicos, dentre outras ocorrências, pode gerar hipóteses em que as obrigações legais dos entes federativos não são cumpridas, o que por si só não poderá resultar na responsabilidade pessoal do gestor pelos encargos pagos pelo Poder Público.

Pensar o contrário é gerar ineficiência gerencial. Daí o dever de se introduzir uma dose de pragmatismo na interpretação e na operação das normas de Direito Público, nos termos recomendados com a reforma da LINDB.

---

[29] Art. 22. Na interpretação de normas sobre gestão pública, serão considerados os obstáculos e as dificuldades reais do gestor e as exigências das políticas públicas a seu cargo, sem prejuízo dos direitos dos administrados. §1º Em decisão sobre regularidade de conduta ou validade de ato, contrato, ajuste, processo ou norma administrativa, serão consideradas as circunstâncias práticas que houverem imposto, limitado ou condicionado a ação do agente.

Para tanto, não pode o Tribunal de Contas, na emissão de parecer prévio, apontar os valores a serem ressarcidos, dado que esse instrumento não é competente para esse fim. Deve ele através de procedimento especial abordar o tema e levá-lo a julgamento, com observância do contraditório e da ampla defesa.

Por outro lado, para que a defesa do gestor logre êxito, mister seja aberto processo administrativo para explicar os obstáculos e as dificuldades levadas em consideração quando do não pagamento no tempo aprazado, a fim de os julgadores analisarem a suficiência dos fatos "reais" como critério de superação da penalidade. Por óbvio que não se trata de um salvo-conduto para o gestor, mas de comprovadas circunstâncias limitadoras e determinantes da ação esperada do gestor.

O que não se pode é permitir interpretação rígida e draconiana do instituto da responsabilidade civil, o que ensejaria injustiça flagrante com a aplicação de penalidades impagáveis, afugentadoras de bons quadros na Administração Pública.

Não se está a criticar o controle exercido pelo Tribunal de Contas, no que é imprescindível para a correção de variados desmandos que ocorrem na Administração. No entanto, excessos de controle podem distorcer a lógica da especialização de funções, a provocar insegurança na gestão pública e o direito não atingir o seu fim, que é a realização da justiça.

Referências

ARISTÓTELES, *Ética a Nicômaco*. Tradução do grego de António de Castro Caeiro. São Paulo: Atlas, 2009.

ATALIBA, Geraldo. *República e Constituição*. 3. ed. São Paulo: Malheiros, 2011.

BOBBIO, Norberto. *Teoria da Norma Jurídica*. São Paulo: Edipro, 2003.

COSTA, Luiz Bernardo Dias. Tribunal de Contas: evolução e principais características no ordenamento jurídico brasileiro. *In: Tribunais de Contas. Aspectos Polêmicos*. Estudos em homenagem ao Conselheiro João Féder. Belo Horizonte: Fórum, 2009.

FARIAS, Cristiano Chaves de; ROSENVALD, Nelson; NETTO, Felipe Braga. *Manual de Direito Civil*. 5. ed. Salvador: Juspodivm, 2020.

GUIMARÃES, Fernando Vernalha. O Direito Administrativo do Medo: a crise da ineficiência pelo controle. *Direito do Estado*, seção Colunistas, n. 71, 2016. Disponível em: http://www.direitodoestado.com.br/colunistas/fernando-vernalha-guimaraes/o-direito-administrativo-do-medo-a-crise-da-ineficiencia-pelo-controle. Acesso em: 23 jan. 2022.

GRAU, Eros. Despesa pública – princípio da legalidade – decisão judicial. Em caso de exaustão da capacidade orçamentária deve a Administração demonstrar, perante o Supremo Tribunal Federal, a impossibilidade do cumprimento da decisão judicial condenatória. *Revista de Direito Administrativo*, São Paulo, n. 191, 1993.

MELLO, Celso Antônio Bandeira de. *Curso de Direito Administrativo*. 30. ed. rev. e atual. São Paulo: Malheiros, 2013.

REIS, Tarcila; MONTEIRO, Vera. Os tipos de gestores públicos. *Jota*. 13 set. 2018. Disponível em: https://www.jota.info/opiniao-e-analise/artigos/os-tipos-de-gestores-publicos-brasileiros-12092018. Acesso em: 23 jan. 2022.

SUNDFELD, Carlos Ari. *Direito Administrativo para céticos*. 2. ed. São Paulo: Malheiros, 2014.

Informação bibliográfica deste texto, conforme a NBR 6023:2018 da Associação Brasileira de Normas Técnicas (ABNT):

LEITE, Harrison Ferreira. Responsabilidade pessoal dos gestores por multas e encargos legais pagos pelo ente federativo. In: CONTI, José Maurício; MARRARA, Thiago; IOCKEN, Sabrina Nunes; CARVALHO, André Castro (coord.). *Responsabilidade do gestor na Administração Pública*: aspectos fiscais, financeiros, políticos e penais. Belo Horizonte: Fórum, 2022. p. 237-253. ISBN 978-65-5518-411-2. v.2.

POR QUE O DIREITO PENAL DEVE SER LEVADO A SÉRIO NOS TRIBUNAIS DE CONTAS?

ODILON CAVALLARI

1 Introdução

Entre as múltiplas competências que os Tribunais de Contas exercem estão as de prolatar decisões sancionadoras, condenatórias à reparação de dano ao erário e de juízos depreciativos sobre as contas dos administradores públicos. Como se vê, são decisões que ora se assemelham ao Direito Penal, mas ora se assemelham ao Direito Civil e em outras ocasiões ainda configuram decisões genuinamente administrativo-financeiras, todas, porém, com profundas repercussões na esfera jurídica dos agentes públicos.

Não obstante essa diversidade de decisões, os Tribunais de Contas, contrariamente ao que ocorre, por exemplo, com o Direito Civil e o Direito Penal, não dispõem de uma norma que discipline, com razoável densidade, a responsabilização que promovem, o que impõe uma constante construção de entendimentos acerca de qual instituto jurídico aplicar e de qual ramo do Direito extraí-lo. Tal circunstância decorre da concisão das leis orgânicas dos Tribunais de Contas, que não discorrem sobre o tema, sendo muito mais uma lei de organização, como o próprio nome diz.

A preocupação com a identificação de um regime jurídico coerente com as atividades dos Tribunais de Contas é justificada pela forte e crescente interferência que essas Cortes têm tido na vida da sociedade e, em especial, dos gestores públicos, com a prolação de decisões de alto impacto. Nesse sentido, é importante que todos, tanto os próprios Tribunais de Contas quanto os seus jurisdicionados, saibam de antemão quais são as regras e princípios a incidir sobre a responsabilização promovida por essas Cortes.

A hipótese a ser testada é a de que, não obstante os Tribunais de Contas lidarem com questões que se aproximam ora do Direito Civil ora do Direito Penal, são órgãos de controle público que atuam no âmbito do Direito Administrativo-Financeiro e, portanto, comprometidos com a verdade material, razão pela qual diversos institutos do Direito Penal devem, obrigatoriamente, ser aplicados pelos Tribunais de Contas, não somente quando prolatam decisões sancionadoras, mas também quando formulam juízos de reprovação, ainda que deles não resulte a imposição de pena, mas sim algum desdobramento de natureza administrativa, financeira, civil ou político-eleitoral.

Para tanto, serão examinadas as dificuldades na identificação do regime jurídico incidente sobre a responsabilização promovida pelos Tribunais de Contas, assim como a aplicação do Direito Penal ao Direito Administrativo Sancionador em geral e, em particular, aos Tribunais de Contas. Na sequência, sustentar-se-á a aplicação de diversos institutos de Direito Penal à responsabilidade subjetiva apurada pelos Tribunais de Contas e às suas múltiplas decisões.

2 Dificuldades na identificação do regime jurídico incidente sobre a responsabilização promovida pelos Tribunais de Contas: por que recorrer a outros ramos do Direito?

A identificação do regime jurídico que deve regular a responsabilização promovida pelos Tribunais de Contas tem sido um desafio em virtude de dois fatores: primeiro, a ausência de uma legislação específica sobre o tema; segundo, a existência de decisões que ora são de natureza genuinamente administrativa, mas ora são assemelhadas ao Direito Civil ou ao Direito Penal. O regime jurídico a incidir sobre a responsabilização promovida pelos Tribunais de Contas é de extrema importância, porquanto, a depender de qual seja, haverá repercussões muito distintas na esfera jurídica daqueles atingidos pelas decisões das Cortes de Contas, especialmente em virtude do tratamento diferenciado que é dado pela legislação civil, de um lado, e penal, de outro, no tocante à responsabilidade por atos ilícitos.

A ausência de normas específicas e sistematizadas sobre o Direito Administrativo Sancionador de um modo geral impõe um desafio que já vem sendo enfrentado, há algum tempo, por outros países, especialmente alguns da Europa, o que provocou o amadurecimento da questão, tanto no campo doutrinário quanto jurisprudencial e, até mesmo, legislativo. Na Espanha, tão logo o país deixou de ser comandado pelo regime ditatorial de Francisco Franco e promulgou a Constituição de 1978, que instalou um Estado Democrático de Direito, o legislador teve a preocupação de buscar, em tempo relativamente curto, a criação de normas específicas para o Direito Administrativo Sancionador.[1]

Surpreendentemente, no Brasil, passados mais de 30 anos da promulgação da Constituição Federal de 1988, que reintroduziu no país o Estado de Direito Democrático, a legislação sobre Direito Administrativo Sancionador é quase inexistente. A Lei nº 9.784/99, que dispõe sobre o processo administrativo no âmbito da Administração Pública Federal, é uma norma vocacionada para a disciplina processual administrativa. A Lei nº 9.873/99, por sua vez, trata apenas do prazo de prescrição para o exercício da ação punitiva pela Administração Pública Federal. Portanto, nenhuma das duas leis referidas traz disposições de Direito Material sobre o Direito Administrativo Sancionador.[2]

---

[1] Sobre a experiência espanhola, cf: RINCÓN, José Suay. El derecho administrativo sancionador: perspectivas de reforma. *Revista de Administración Pública*, n. 109, p. 185-191, enero/abril, 1986. Acerca da mesma questão, mas na Itália, cf: CAGNAZZO, Alessandra. *La sanzione amministrativa*: principi generali. Torino: G. Giappichelli, 2011, p. 3-4.

[2] Não se desconhece a posição do Ministro Luís Roberto Barroso, externada no julgamento do MS 32.201, que conferiu interpretação substancialmente ampliada à Lei nº 9.873/99. Explica-se. Diz o art. 1º o seguinte: "Art. 1º Prescreve em cinco anos a ação punitiva da Administração Pública Federal, direta e indireta, no exercício do poder de polícia, objetivando apurar infração à legislação em vigor, contados da data da prática do ato ou, no caso de infração permanente ou continuada, do dia em que tiver cessado". E o art. 5º tem a seguinte redação:

Relativamente à ausência de uma legislação específica sobre a responsabilização promovida pelos Tribunais de Contas, a dificuldade decorre da circunstância de a lei orgânica ser o principal, quando não o único, ato normativo legal a regular a sua atuação. Referida lei, no entanto, como o próprio nome diz, é vocacionada a dispor sobre a organização desses tribunais, razão pela qual não dispõe, de modo mais detido, sobre as regras e princípios a serem observados pelos Tribunais de Contas na sua atividade sancionadora e repressiva.

Os regimentos internos, nesse particular, não contribuem para reduzir a dificuldade, pois na qualidade de normas regulamentadoras não podem ultrapassar os limites fixados pela norma regulamentada, no caso, a lei orgânica de cada Tribunal de Contas. Ademais, os regimentos internos são normas infralegais e nessa condição não são normais hábeis para criar Direito novo, especialmente sobre regras e princípios a serem observados para a imputação de responsabilidade àqueles que forem considerados culpados.[3]

O segundo fator que dificulta a identificação do regime jurídico da responsabilização promovida pelos Tribunais de Contas é a existência de decisões que ora são de natureza genuinamente administrativa, mas ora são assemelhadas ao Direito Civil ou ao Direito Penal. Referidas decisões podem ser divididas em três categorias: primeira, decisões que impõem uma sanção; segunda, decisões que condenam à reparação de um dano ao erário; terceira, decisões que emitem um juízo depreciativo sobre as contas do agente público.

No tocante à primeira categoria, as decisões condenatórias que impõem uma sanção têm por fundamento o inciso VIII do art. 71 da Constituição Federal.[4] Sua regulamentação está, majoritariamente, nas Leis Orgânicas dos respectivos Tribunais de Contas, sem prejuízo de algumas outras leis que também preveem a aplicação de sanções pelos Tribunais de Contas. As sanções cabíveis, no caso do TCU, são as seguintes:[5]
- Multa proporcional ao dano causado ao erário, em percentual que pode alcançar até 100% do valor do dano;[6]

"Art. 5º O disposto nesta Lei não se aplica às infrações de natureza funcional e aos processos e procedimentos de natureza tributária". No entanto, apesar do teor do texto legal, o Ministro expressou o seguinte entendimento sobre o alcance da citada lei: "Portanto, é mais correto dizer, a rigor, que a Lei nº 9.783/1999 regula a ação punitiva da Administração Pública no exercício do poder administrativo sancionador – e não no exercício do poder de polícia, o qual abarca medidas preventivas de proteção de interesses públicos, mas não a aplicação de sanções" (In: STF, Primeira Turma, Mandado de Segurança 32.201, Rel. Min. Roberto Barroso. Julgado em 21.03.2017. DJe-173, de 07.08.2017). Embora esse entendimento comporte relevantes discussões sobre o tema, o assunto não será aprofundado neste trabalho, dada a sua baixa repercussão na hipótese que se pretende demonstrar, tendo em vista que referida lei se limita a tratar apenas de prescrição.

[3] A carência de uma legislação mais densa para os Tribunais de Contas é tanta que tem ensejado o oferecimento de propostas legislativas que buscam inserir nas competências legislativas da União a de editar norma geral, portanto de âmbito nacional, sobre o processo nas referidas Cortes. Nesse sentido, são, respectivamente, as Propostas de Emenda à Constituição nºs 329/2013, disponível em: https://www.camara.leg.br/proposicoesWeb/fichadetramitacao?idProposicao=597232, e 22/2017, disponível em: https://www25.senado.leg.br/web/atividade/materias/-/materia/129565.

[4] Art. 71. O controle externo, a cargo do Congresso Nacional, será exercido com o auxílio do Tribunal de Contas da União, ao qual compete:
VIII - aplicar aos responsáveis, em caso de ilegalidade de despesa ou irregularidade de contas, as sanções previstas em lei, que estabelecerá, entre outras cominações, multa proporcional ao dano causado ao erário;

[5] As leis orgânicas de alguns Tribunais de Contas não preveem todas as sanções contidas na lei orgânica do TCU.

[6] Lei nº 8.443/92, art. 57. Quando o responsável for julgado em débito, poderá ainda o Tribunal aplicar-lhe multa de até cem por cento do valor atualizado do dano causado ao Erário.

- Multa que não pode ultrapassar o valor fixado em lei, com as devidas atualizações pelos índices oficiais, quando não se verificar dano ao erário, mas ocorrer uma das seguintes situações: contas julgadas irregulares; prática de ato de gestão ilegal, ilegítimo ou antieconômico, do qual não tenha resultado dano ao erário; não atendimento de diligência ou de determinação do Tribunal; obstrução ao livre exercício de inspeções ou auditorias; e sonegação de processo, documento ou informação.[7]
- Multa de trinta por cento dos vencimentos anuais do agente público que cometer alguma das infrações administrativas contra as leis de finanças públicas descritas no art. 5º da Lei nº 10.028/2000.[8]
- Declaração de inabilitação do agente público para o exercício de cargo em comissão ou função de confiança no âmbito da Administração Pública Federal, pelo período de cinco a oito anos, sempre que o TCU, por maioria absoluta de seus membros, considerar grave a infração cometida;[9] e
- Declaração de inidoneidade do licitante fraudador para participar, por até cinco anos, de licitações promovidas pela Administração Pública Federal, sempre que o TCU verificar a ocorrência de fraude comprovada à licitação.[10]

---

[7] Lei nº 8.443/92, art. 58. O Tribunal poderá aplicar multa de Cr$ 42.000.000,00 (quarenta e dois milhões de cruzeiros), ou valor equivalente em outra moeda que venha a ser adotada como moeda nacional, aos responsáveis por:
I - contas julgadas irregulares de que não resulte débito, nos termos do parágrafo único do art. 19 desta Lei;
II - ato praticado com grave infração à norma legal ou regulamentar de natureza contábil, financeira, orçamentária, operacional e patrimonial;
III - ato de gestão ilegítimo ou antieconômico de que resulte injustificado dano ao Erário;
IV - não atendimento, no prazo fixado, sem causa justificada, a diligência do Relator ou a decisão do Tribunal;
V - obstrução ao livre exercício das inspeções e auditorias determinadas;
VI - sonegação de processo, documento ou informação, em inspeções ou auditorias realizadas pelo Tribunal;
VII - reincidência no descumprimento de determinação do Tribunal.
§1º Ficará sujeito à multa prevista no caput deste artigo aquele que deixar de dar cumprimento à decisão do Tribunal, salvo motivo justificado.
§2º O valor estabelecido no caput deste artigo será atualizado, periodicamente, por portaria da Presidência do Tribunal, com base na variação acumulada, no período, pelo índice utilizado para atualização dos créditos tributários da União.
§3º O Regimento Interno disporá sobre a gradação da multa prevista no caput deste artigo, em função da gravidade da infração.

[8] Lei nº 10.028/20000, Art. 5º Constitui infração administrativa contra as leis de finanças públicas:
I – deixar de divulgar ou de enviar ao Poder Legislativo e ao Tribunal de Contas o relatório de gestão fiscal, nos prazos e condições estabelecidos em lei;
II – propor lei de diretrizes orçamentárias anual que não contenha as metas fiscais na forma da lei;
III – deixar de expedir ato determinando limitação de empenho e movimentação financeira, nos casos e condições estabelecidos em lei;
IV – deixar de ordenar ou de promover, na forma e nos prazos da lei, a execução de medida para a redução do montante da despesa total com pessoal que houver excedido a repartição por Poder do limite máximo.
§1º A infração prevista neste artigo é punida com multa de trinta por cento dos vencimentos anuais do agente que lhe der causa, sendo o pagamento da multa de sua responsabilidade pessoal.
§2º A infração a que se refere este artigo será processada e julgada pelo Tribunal de Contas a que competir a fiscalização contábil, financeira e orçamentária da pessoa jurídica de direito público envolvida.

[9] Lei nº 8.443/92, art. 60. Sem prejuízo das sanções previstas na seção anterior e das penalidades administrativas, aplicáveis pelas autoridades competentes, por irregularidades constatadas pelo Tribunal de Contas da União, sempre que este, por maioria absoluta de seus membros, considerar grave a infração cometida, o responsável ficará inabilitado, por um período que variará de cinco a oito anos, para o exercício de cargo em comissão ou função de confiança no âmbito da Administração Pública.

[10] Lei nº 8.443/92, art. 46. Verificada a ocorrência de fraude comprovada à licitação, o Tribunal declarará a inidoneidade do licitante fraudador para participar, por até cinco anos, de licitação na Administração Pública Federal.

Segunda: decisões condenatórias à reparação de dano ao erário, que encontram fundamento na parte final do inciso II do art. 71 da Constituição Federal e cuja regulamentação é feita pelas respectivas Leis Orgânicas de cada Tribunal de Contas.[11]

Terceira: decisões que emitem juízos sobre as contas sob responsabilidade do agente público. Neste caso, as decisões são de duas espécies distintas: primeira, decisão que, nos termos do art. 71, inciso I, da Constituição Federal, aprecia, mediante parecer prévio, as contas prestadas pelo Chefe do Poder Executivo; segunda, decisão que, com fundamento no art. 71, inciso II, da Constituição Federal, julga as contas dos administradores e demais responsáveis por dinheiros, bens e valores públicos da administração direta e indireta, incluídas as fundações e sociedades instituídas e mantidas pelo Poder Público federal, e as contas daqueles que derem causa a perda, extravio ou outra irregularidade de que resulte prejuízo ao erário público.

As decisões impositivas de uma sanção decorrem do exercício do *jus puniendi* estatal e, por essa razão, são mais assemelhadas ao regime jurídico do Direito Penal; por outro lado, as decisões condenatórias à reparação do dano ao erário são mais próximas do Direito Civil; por fim, as decisões que emitem um juízo depreciativo sobre as contas do agente público são genuinamente do Direito Administrativo-Financeiro.

Diante da diversidade de decisões e respectivas naturezas jurídicas, poder-se-ia cogitar da aplicação dos respectivos regimes jurídicos com os quais referidas decisões mais se parecem. No entanto, a adoção de variadas fontes para a integração das lacunas é providência inviável nesse caso, pois, não raras vezes, em um mesmo processo o Tribunal de Contas julga as contas do agente público irregulares, o condena à reparação do dano ao erário e lhe aplica uma sanção, tudo pelo mesmo fato, como ocorre no caso de uma contratação superfaturada. Como haveria o Tribunal de apurar o fato ilícito se tivesse de aplicar, simultaneamente, regimes jurídicos distintos?

Portanto, é importante que a atividade sancionadora e repressiva dos Tribunais de Contas seja disciplinada por um único regime jurídico, que lhe ofereça balizas coerentes com essas atividades, razão pela qual, diante da lacuna da lei, é de se recorrer à analogia para a integração do direito, o que, neste caso, torna-se desafiador em face das diversas espécies de decisões prolatadas pelos Tribunais de Contas que imputam responsabilidade.

3 O Direito Penal e o Direito Administrativo Sancionador

A consequência natural da ausência de legislação específica e densa que discipline a responsabilização promovida pelos Tribunais de Contas é o recurso à analogia como método de integração do direito nas hipóteses de lacunas legislativas, nos exatos termos do art. 4º da Lei de Introdução às Normas do Direito Brasileiro (LINDB).[12]

---

[11] CF, art. 71. O controle externo, a cargo do Congresso Nacional, será exercido com o auxílio do Tribunal de Contas da União, ao qual compete:
II - julgar as contas dos administradores e demais responsáveis por dinheiros, bens e valores públicos da administração direta e indireta, incluídas as fundações e sociedades instituídas e mantidas pelo Poder Público federal, *e as contas daqueles que derem causa a perda, extravio ou outra irregularidade de que resulte prejuízo ao erário público*; (grifos não são do original)

[12] LINDB: Art. 4º Quando a lei for omissa, o juiz decidirá o caso de acordo com a analogia, os costumes e os princípios gerais de direito.

No entanto, o uso da analogia requer a identificação de semelhanças relevantes entre o caso concreto carente de regulação e o outro devidamente regulado por determinada norma, nos termos do brocardo jurídico segundo o qual "onde há a mesma razão deve haver a mesma disposição de direito" (*ubi eadem ratio, ibi eadem juris dispositio*).[13]

Larenz, porém, adverte que a analogia jurídica não se limita a uma simples operação mental lógico-formal, mas antes é um processo de pensamento valorativo, em que a *ratio legis*, ou seja, os fins e ideias fundamentais da regulação legal precisam ser considerados, para a melhor identificação de quais elementos da hipótese legal regulada na lei são importantes para a valoração legal, por meio da qual será possível decidir a norma a ser usada como fonte para analogia.[14]

Desse modo, na verificação da existência de semelhanças ou não entre o ilícito administrativo e o penal pode-se adotar três critérios: o qualitativo, o quantitativo e o formal. Segundo o critério qualitativo, a diferença entre os ilícitos administrativos e penais está na relevância do interesse jurídico ofendido, de modo que os crimes seriam aqueles ilícitos que agridem os interesses mais relevantes da sociedade, ao passo que os ilícitos administrativos seriam aqueles ofensivos a interesses menores ou até mesmo a interesses apenas da própria Administração Pública. Conforme noticia Rafael Munhoz de Mello, trata-se de critério construído pela doutrina alemã no início do século XX, em decorrência do processo de despenalização que buscava transferir do Direito Penal para o Direito Administrativo Sancionador os ilícitos de menor importância.[15]

Pelo critério quantitativo, a diferença entre ilícito administrativo e penal não reside no interesse jurídico tutelado que, por esse critério, é o mesmo, mas sim na gravidade da conduta em si, maior no crime e menor na infração administrativa. Trata-se de critério desenvolvido na Espanha, que, em processo inverso ao da Alemanha e Itália, não buscava a despenalização de ilícitos, mas, ao contrário, a imposição de limites à expansão e uso arbitrário do Direito Administrativo Sancionador.[16]

Por fim, conforme o critério formal, a diferença entre ilícito administrativo e penal é identificada com base na respectiva sanção, de modo que, se a sanção prevista pela legislação é administrativa, então o ilícito ao qual se refere será de mesma natureza, ao passo que se a sanção é penal assim também o será o ilícito correspondente.[17] E a definição da natureza jurídica da sanção, por sua vez, é da competência do Poder Legislativo, que, em decorrência das regras do jogo democrático, decide pela criminalização ou não de certas condutas ou pela criação de sanções a serem aplicadas por órgãos administrativos.

Desse modo, a partir da análise teleológica da legislação assim como da verificação de existência ou não de semelhanças relevantes, é de se concluir pela íntima

---

[13] Nesse sentido, entre outros: REALE, Miguel. *Lições preliminares de direito*. 25 ed. São Paulo: Saraiva, 2001, p. 278; BOBBIO, Norberto. *Teoria do ordenamento jurídico*. Tradução: Maria Celeste Cordeiro Leite dos Santos. 6. ed. Brasília: Editora Universidade de Brasília, 1995, p. 153.

[14] LARENZ, Karl. *Metodologia da ciência do direito*. 3. ed. Tradução: José Lamego. Lisboa: Fundação Calouste Gulbenkian, 1997, p. 541-542.

[15] MELLO, Rafael Munhoz de. *Princípios constitucionais de direito administrativo sancionador*: as sanções administrativas à luz da Constituição Federal de 1988. São Paulo: Malheiros Editores, 2007, p. 47-54.

[16] MELLO, Rafael Munhoz de. *Princípios constitucionais de direito administrativo sancionador*: as sanções administrativas à luz da Constituição Federal de 1988. São Paulo: Malheiros Editores, 2007, p. 54-57.

[17] MELLO, Rafael Munhoz de. *Princípios constitucionais de direito administrativo sancionador*: as sanções administrativas à luz da Constituição Federal de 1988. São Paulo: Malheiros Editores, 2007, p. 60-62.

proximidade entre o ilícito administrativo e o penal, pois, constatado um ilícito cujo autor mereça repreenda, haverá uma punição imposta pelo Estado, seja pelos seus órgãos administrativos ou jurisdicionais penais. Em qualquer dessas hipóteses, será sempre o Estado a punir o autor de uma conduta ilícita, o que atrai, ao menos no essencial, o mesmo regime jurídico. No mesmo sentido é o entendimento de Nelson Hungria, para quem "A ilicitude jurídica é uma só, do mesmo modo que um só, na sua essência, é o dever jurídico. (...) Assim, não há falar-se de um ilícito administrativo ontologicamente distinto de um ilícito penal".[18]

Eis a razão pela qual Geraldo Ataliba defende haver um regime jurídico punitivo único integrado por um conjunto de preceitos constitucionais e legais que fixa os limites da atuação do Estado, tanto os procedimentais quanto os processuais e os substanciais, no tocante à sua atuação nas hipóteses em que esteja no exercício do seu direito de punir o autor de uma conduta considerada ilícita.[19]

Não obstante também admita a compreensão de um regime jurídico punitivo estatal único, Zanobini sustenta não serem todas e quaisquer normas de Direito Penal que se aplicam incondicionalmente ao Direito Administrativo Sancionador como balizas seguras para a construção da decisão justa do caso concreto, mas apenas aquelas que tenham assento em princípios de Direito universalizáveis e cuja motivação não resida apenas em questões políticas ou jurídicas exclusivas do Direito Penal.[20]

Na Espanha, o Tribunal Supremo, desde a década de 1970, já aplicava diversos institutos do Direito Penal ao Direito Administrativo Sancionador como instrumento de integração do Direito, dadas as lacunas havidas na legislação espanhola.[21] De igual modo o Tribunal Constitucional espanhol tem entendido que, no caso de lacunas no quadro normativo que regula a aplicação de sanções administrativas, os princípios inspiradores do Direito Penal devem ser aplicados ao Direito Administrativo Sancionador, ainda que com certos matizes, pois os bens jurídicos podem ser protegidos pelo Estado tanto por técnicas administrativas quanto penais e, além disso, ambos os ramos do Direito são manifestações do regime jurídico punitivo do Estado.[22]

Fábio Medina Osório faz duas importantes observações sobre o tema. A primeira é no sentido de alertar que, embora haja outros ramos do Direito que também se valem de penas ou sanções, tais como o Direito Civil, o Processual e o Trabalhista, não se pode considerar que façam parte do regime jurídico punitivo unitário do Estado, porquanto o Direito Sancionador é composto apenas pelo Direito Administrativo e pelo Direito Penal, na condição de instrumentos básicos por meio dos quais o Estado promove a garantia da ordem pública e do ordenamento jurídico.[23]

A segunda observação refere-se à necessidade de se reconhecer que a unidade do regime jurídico punitivo não significa inexistência de diferenças substanciais entre

---

[18] HUNGRIA, Nelson. Ilícito administrativo e ilícito penal. *Revista de Direito Administrativo*, seleção histórica, 1945-1995, p. 15.
[19] ATALIBA, Geraldo. Imposto de renda – multa punitiva. *Revista de Direito Administrativo*, 126/550.
[20] ZANOBINI, Guido. *Le sanzioni amministrative*. Turim: Fratelli Bocca, 1924, p. 136.
[21] RINCÓN, José Suay. El derecho administrativo sancionador: perspectivas de reforma. *Revista de Administración Pública*, n. 109, enero/abril, 1986, p. 190, nota de rodapé.
[22] GARCÍA DE ENTERRÍA, Eduardo; FERNÁNDEZ, Tomás-Ramón. *Curso de derecho administrativo*. Tomo II, 13. ed. Madrid: Civitas, 2013, p. 174-175.
[23] OSÓRIO, Fábio Medina. *Direito administrativo sancionador*. 2. ed. São Paulo: Revista dos Tribunais, 2005, p. 138.

o Direito Administrativo e o Direito Penal. Este tem relação direta com as preocupações intensificadas pelo movimento iluminista de proteção dos direitos humanos e individuais, ao passo que aquele tem origem no poder de polícia do Estado. Aludidas diferenças, no entanto, não impedem a identificação de um núcleo básico do regime jurídico punitivo unitário, aplicável a esses dois ramos do Direito, desde que com matizes, exatamente em virtude das diferenças entre eles.[24]

4 O Direito Penal e a responsabilização promovida pelos Tribunais de Contas

A doutrina sobre o Direito Administrativo Sancionador, em sua grande maioria, ao cuidar do assunto, tem dispensado pouca atenção à responsabilização promovida pelos Tribunais de Contas. Com algumas poucas exceções, os estudos sobre a matéria têm se voltado, em grande medida, às sanções decorrentes do exercício do Poder de Polícia estatal. Trata-se de fenômeno cuja explicação pode ser encontrada nas especificidades da atividade sancionadora e repressiva dos Tribunais de Contas.[25]

Situação semelhante foi observada em relação às sanções disciplinares que, para alguns autores, guardam substanciais diferenças em relação às demais sanções administrativas, razão pela qual não se submeteriam ao regime punitivo unitário. Na Espanha, o Tribunal Constitucional, em um primeiro momento, entendeu que os princípios do Direito Penal não deveriam ser aplicados ao Direito Administrativo Sancionador, no que diz respeito às relações especiais de sujeição, na qual se insere a responsabilidade de servidor público por infração disciplinar. No entanto, posteriormente, o Tribunal Constitucional espanhol superou esse entendimento, sob o fundamento de que mesmo na responsabilidade decorrente de relações especiais de sujeição há o risco de ofensa aos direitos fundamentais, se não houver a incidência dos princípios do Direito Penal.[26]

Havia uma compreensão de que as sanções disciplinares seriam substancialmente distintas das demais sanções administrativas pela circunstância de as primeiras tutelarem o bom funcionamento da própria Administração Pública, motivo pelo qual não seriam expressão do *jus puniendi* estatal, mas sim manifestação da capacidade de auto-ordenação da própria Administração Pública.[27]

Enterría e Fernández reconhecem que as sanções disciplinares possuem um relevante ponto de distinção comparativamente com as demais sanções administrativas, marcado, por um lado, pela tutela da própria organização e funcionamento da Administração Pública e, por outro, pela definição do ilícito administrativo disciplinar cujo critério para tanto não é unicamente jurídico, mas também deontológico, porquanto se busca tutelar a probidade no âmbito estatal. No entanto, sustentam os autores que,

---

[24] OSÓRIO, Fábio Medina. *Direito administrativo sancionador*. 2. ed. São Paulo: Revista dos Tribunais, 2005, p. 141-148.

[25] Sobre o assunto, cf.: OSÓRIO, Fábio Medina. *Direito administrativo sancionador*. 2. ed. São Paulo: Revista dos Tribunais, 2005; OLIVEIRA, Regis Fernandes de. *Infrações e sanções administrativas*. 2. ed. São Paulo: Revista dos Tribunais, 2005; VITTA, Heraldo Garcia. *A sanção no direito administrativo*. São Paulo: Malheiros Editores, 2003; MELLO, Rafael Munhoz de. *Princípios constitucionais de direito administrativo sancionador*: as sanções administrativas à luz da Constituição Federal de 1988. São Paulo: Malheiros Editores, 2007. BLAZECK, Luiz Maurício Souza; MARZAGÃO JÚNIOR, Laerte I. (coord.). *Direito administrativo sancionador*. São Paulo: Quartier Latin, 2014; VORONOFF, Alice. *Direito administrativo sancionador no Brasil*. Belo Horizonte: Fórum, 2018.

[26] GARCÍA DE ENTERRÍA, Eduardo; FERNÁNDEZ, Tomás-Ramón. *Curso de derecho administrativo*. Tomo II, 13. ed. Madrid: Civitas, 2013, p. 175.

[27] NIETO, Alejandro. *Derecho administrativo sancionador*. 4. ed. Madrid: Tecnos, 2006, p. 228.

apesar dessa distinção, nada impede o reconhecimento das sanções disciplinares como sanções administrativas, que, de igual modo, devem sofrer os influxos dos princípios do Direito Penal como técnica de integração do Direito, no caso de lacunas.[28]

No Brasil, Fábio Medina Osório, embora admita a existência de diferenças entre as sanções disciplinares e as demais sanções administrativas, ao menos no plano abstrato, entende que ambas convergem quanto à finalidade de tutelar valores sociais, sejam eles internos ou externos à Administração Pública, restaurar a paz no ordenamento jurídico e punir o autor da conduta ilícita, razão pela qual sustenta que o Direito Administrativo Disciplinar integra o Direito Administrativo Sancionador, ainda que o primeiro tenha uma estrutura mais aberta e flexível e seus critérios de punição sejam orientados pela finalidade de preservação da ordem administrativa.[29]

Conquanto o Supremo Tribunal Federal já tenha decidido que a responsabilização promovida pelos Tribunais de Contas não se confunde com a sanção disciplinar, é de se reconhecer que há características comuns a essas duas sanções, pois em ambas se busca a tutela da ordem administrativa.[30] No caso dos Tribunais de Contas, no entanto, os objetivos são mais amplos, pois há ainda a própria defesa do erário e dos princípios que regem a Administração Pública, além da tutela dos direitos dos cidadãos, tendo em vista de que os Tribunais de Contas zelam pela eficiência da Administração Pública na prestação dos serviços públicos. Nenhuma dessas circunstâncias, porém, é motivo suficiente para afastar a aplicação dos princípios do Direito Penal da atuação sancionadora e repressiva dos Tribunais de Contas.

Sob outra perspectiva, o Direto Penal também não é afastado dos Tribunais de Contas pelo fato de suas decisões revelarem uma importante distinção em relação à atividade sancionadora própria da função administrativa. Trata-se de situação *sui generis* que não se enquadra na compreensão dominante na doutrina administrativista segundo a qual a sanção administrativa é, nas palavras de Celso Antônio Bandeira de Mello, "aquela decidida por uma autoridade no exercício de função administrativa".[31]

Tribunais de Contas, malgrado sejam órgãos administrativos, não exercem, na sua atividade-fim, função administrativa, também denominada executiva, que, nos termos da definição oferecida por José Afonso da Silva, se divide em função de governo, relativa a atribuições políticas, colegislativas e de decisão; e função administrativa, concernente às missões básicas de intervenção, fomento e serviço público.[32]

---

[28] GARCÍA DE ENTERRÍA, Eduardo; FERNÁNDEZ, Tomas-Ramon. *Curso de derecho administrativo*. Tomo II, 13. ed. Madrid: Civitas, 2013, p. 176-178.

[29] OSÓRIO, Fábio Medina. *Direito administrativo sancionador*. 2. ed. São Paulo: Revista dos Tribunais, 2005, p. 159-164.

[30] BRASIL. Supremo Tribunal Federal. Tribunal Pleno. Mandado de Segurança nº 24.961. Rel. Min. Carlos Velloso. DJ de 04.03.2005. EMENTA: CONSTITUCIONAL. ADMINISTRATIVO. TRIBUNAL DE CONTAS. TOMADA DE CONTAS ESPECIAL: CONCEITO. DIREITO DE DEFESA: PARTICIPAÇÃO DE ADVOGADO. I. - A Tomada de Contas Especial não constitui procedimento administrativo disciplinar. Ela tem por escopo a defesa da coisa pública. Busca a Corte de Contas, com tal medida, o ressarcimento pela lesão causada ao Erário. A Tomada de Contas é procedimento administrativo, certo que a extensão da garantia do contraditório (C.F., art. 5º, LV) aos procedimentos administrativos não exige a adoção da normatividade própria do processo judicial, em que é indispensável a atuação do advogado: AI 207.197-AgR/PR, Ministro Octavio Gallotti, "DJ" de 05.6.98; RE 244.027-AgR/SP, Ministra Ellen Gracie, "DJ" de 28.6.2002. II. - Desnecessidade de intimação pessoal para a sessão de julgamento, intimados os interessados pela publicação no órgão oficial. Aplicação subsidiária do disposto no art. 236, CPC. Ademais, a publicidade dos atos administrativos dá-se mediante a sua veiculação no órgão oficial. III. - Mandado de Segurança indeferido.

[31] MELLO, Celso Antônio Bandeira de. *Curso de direito administrativo*. 32. ed. São Paulo: Malheiros Editores, 2015, p. 871.

[32] SILVA, José Afonso. *Curso de direito constitucional*. 40. ed. São Paulo: Malheiros, 2017, p. 110.

Nos termos da Constituição Federal, art. 71, Tribunais de Contas exercem o controle externo da Administração Pública, razão pela qual Ayres Britto sustenta que seus processos não são processos parlamentares, nem judiciais, nem administrativos, mas, na realidade, processos de contas, pois proferem julgamentos sobre as atividades de outros órgãos, agentes públicos e pessoas, e não sobre as suas próprias atividades, e sua atuação não é originária, mas sim consequente a uma atuação administrativa, e "seu operar institucional não é propriamente um tirar competências da lei para agir, mas ver se quem tirou competências da lei para agir estava autorizado a fazê-lo e em que medida".[33]

Desse modo, as sanções e demais decisões dos Tribunais de Contas que imputam responsabilidade não decorrem do exercício de função administrativa. Decorrem do exercício do controle externo que lhe compete. A distinção ganhou o campo normativo a partir da edição da Lei nº 13.655/2018, que alterou a Lei de Introdução às Normas do Direito Brasileiro – LINDB, pois, ao indicar como destinatárias da norma as esferas administrativa, controladora e judicial, inaugurou a identificação autônoma da "esfera controladora", apartada, portanto, da esfera administrativa.[34]

A inovação legislativa trazida pela Lei nº 13.655/2018 alinhou-se, de certo modo, à jurisprudência do Supremo Tribunal Federal, que, já há um bom tempo, tem reconhecido as importantes distinções entre os atos praticados pelos Tribunais de Contas e aqueles praticados pelos administradores públicos, de modo que se tem atribuído às funções de controle exercidas pelas Cortes de Contas um "colorido quase-jurisdicional".[35]

Consequentemente, a atuação dos Tribunais de Contas é sempre imparcial, tanto na apuração dos fatos quanto no julgamento. Não é o Tribunal de Contas um preposto do Erário. É um defensor da sociedade, de direitos difusos, que pauta sua atuação pelo controle da aplicação da lei. Não aplica a lei para a promoção do bem comum, do que é exemplo a construção de uma escola ou de um hospital. Fiscaliza aqueles que aplicam a lei para a promoção do bem comum. Nesse ponto, observa-se, mais uma vez, que a Corte de Contas se distancia da função puramente administrativa.

É bem verdade que, na condição de órgãos administrativos, os Tribunais de Contas exercem na responsabilização por atos ilícitos todas as funções da competência

---

[33] BRITTO, Carlos Ayres. Regime Constitucional dos Tribunais de Contas. *In*: SOUZA, Alfredo José de *et al*. *O novo Tribunal de Contas*: órgão protetor dos direitos fundamentais. 3. ed. Belo Horizonte: Fórum, 2005, p. 73.

[34] Na doutrina, de longa data se reconhece que os Tribunais de Contas, a exemplo do que também ocorre com o Ministério Público, não se enquadram com facilidade na tripartição tradicional das funções do Poder. Nesse sentido: TORRES, Ricardo Lobo. *Curso de Direito Financeiro e Tributário*. 5. ed. Rio de Janeiro. Renovar. 1998, p. 177-178. Nas palavras do autor: "O Tribunal de Contas, por conseguinte, tem o seu papel dilargado na democracia social e participativa e não se deixa aprisionar no esquema da rígida separação de poderes". Cf. ainda: LAUBÉ, Vitor Rolf. Considerações acerca da conformação constitucional do Tribunal de Contas. *Revista de Informação Legislativa*, n. 113, p. 325, jan./mar. 1992; PARDINI, Frederico. *Tribunal de Contas da União*: órgão de destaque constitucional. Tese apresentada e aprovada no Curso de Doutorado da Faculdade de Direito da Universidade Federal de Minas Gerais. Belo Horizonte, 1997, p. 158-170.

[35] A expressão "colorido quase-jurisdicional" foi cunhada pelo Ministro Sepúlveda Pertence, que a inseriu na própria ementa do MS 23.550, que, na parte que interessa, ficou assim redigida: "Os mais elementares corolários da garantia constitucional do contraditório e da ampla defesa são a ciência dada ao interessado da instauração do processo e a oportunidade de se manifestar e produzir ou requerer a produção de provas; de outro lado, se se impõe a garantia do devido processo legal aos procedimentos administrativos comuns, a fortiori, é irrecusável que a ela há de submeter-se o desempenho de todas as funções de controle do Tribunal de Contas, de colorido quase – jurisdicional". (*In*: BRASIL. Supremo Tribunal Federal. Tribunal Pleno. Mandado de Segurança nº 23.550. Rel. para o Acórdão Min. Sepúlveda Pertence. Julgado em 04.04.2001. DJ de 31.10.2001).

do Poder Público, que, na apuração de um ilícito penal, que se processa por meio de uma ação penal pública, são exercidas por quatro instituições distintas, pois, neste último caso, a investigação fica a cargo da Polícia Judiciária, a acusação é da competência do Ministério Público, o julgamento é realizado pela instância judiciária competente e a revisão do julgado é cabível pela instância judiciária superior. Nos Tribunais de Contas, a seu turno, investigação, acusação, julgamento originário e julgamento dos recursos são atribuições desempenhadas pelo próprio órgão de controle.

Trata-se, a rigor, de desenho institucional estabelecido pela Constituição Federal, no art. 71, mas que, nem por isso, retira dos Tribunais de Contas a imparcialidade na sua atuação, pois não são órgãos de governo, mas sim de Estado, reconhecidos pela doutrina nacional e estrangeira como órgãos protetores dos direitos fundamentais e relevantes atores do sistema de freios e contrapesos.[36]

De qualquer modo, a incidência do Direito Penal atrai, por consequência, algumas disposições processuais também, entre as quais a de se preservar a necessária segregação das fases de instrução e de julgamento, cabendo a primeira à área técnica dos Tribunais de Contas e a segunda ao corpo deliberativo, tudo com a fiscalização do Ministério Público que oficia junto aos Tribunais de Contas. Em respeito ao princípio do devido processo legal, inclusive na sua vertente substantiva, relativa a um julgamento justo, todos os atores processuais devem atuar com independência, sem a interferência, portanto, de outros atores.[37]

Ou seja, o acúmulo das competências instrutórias e de julgamento é mais uma razão a reclamar a incidência dos princípios do Direito Penal e, em alguns casos, do processo penal também, nos processos de controle externo dos Tribunais de Contas que promovem a responsabilização de autores de condutas ilícitas, pois referido acúmulo exige atenção redobrada no que concerne ao respeito ao princípio da dignidade da pessoa humana, do qual decorre o direito a um julgamento justo, que contribua para desestimular condutas ofensivas ao interesse público e aos valores consagrados na Constituição Federal, regentes da Administração Pública, e, ao mesmo tempo, prestigie e incentive os bons gestores, ainda que eventualmente cometam erros, desde que de menor gravidade.

5 Institutos de Direito Penal aplicáveis à responsabilidade subjetiva apurada pelos Tribunais de Contas

Desse modo, a incidência do Direito Penal na responsabilização promovida pelos Tribunais de Contas se faz presente na apuração de todos os elementos da responsabilidade

---

[36] TORRES, Ricardo Lobo. *Tratado de direito constitucional financeiro e tributário. Volume V: O Orçamento na Constituição*. 3. ed. Rio de Janeiro: Renovar, 2008, p. 502.

[37] O assunto ganhou mais visibilidade e importância no âmbito dos Tribunais de Contas com a edição pela INTOSAI da norma principiológica P-50, que, expressamente, trata da necessidade de segregação das funções de auditoria (investigação e acusação), ministério público (fiscal da lei) e corpo deliberativo (julgamento). A INTOSAI é a Organização Internacional de Entidades Fiscalizadoras Superiores, da qual o TCU faz parte. Referida norma está disponível em: https://www.intosai.org/documents/open-access. No TCU, a independência dos auditores é não apenas garantia do jurisdicionado, mas dever do auditor, em virtude do que consta do art. 86, inciso I, da Lei nº 8.443/92 (Lei Orgânica do TCU), com o seguinte teor: "Art. 86. São obrigações do servidor que exerce funções específicas de controle externo no Tribunal de Contas da União: I - manter, no desempenho de suas tarefas, atitude de independência, serenidade e imparcialidade;".

subjetiva, a partir da apuração dos fatos, da identificação e caracterização da conduta dolosa ou culposa, omissiva ou comissiva e do estabelecimento do nexo de causalidade, assim como das excludentes de ilicitude e de culpabilidade, além das causas de extinção de punibilidade. Não se trata de uma importação automática e acrítica dos institutos do Direito Penal, mas sim de um aproveitamento, com matizes, daquilo que for viável, consideradas as características do Direito Administrativo Sancionador.

No tocante ao fato ilícito, um primeiro desafio decorre da tipicidade extremamente aberta dos ilícitos administrativos em comparação com os penais, que majoritariamente é formado por tipos fechados. Os tipos fechados são, por definição, aqueles que descrevem, de modo completo, a conduta indesejada pelo Direito, ao passo que os tipos abertos trazem descrições insuficientes da conduta indesejada pelo Direito, deixando para o aplicador da norma a tarefa de completá-la, mediante interpretação. É exemplo de tipo fechado o crime de homicídio previsto no art. 121 do Código Penal. Por outro lado, os crimes culposos são um bom exemplo de tipo aberto.[38]

No entanto, a tipicidade é uma exigência decorrente do princípio da legalidade, nos termos previstos no art. 5º, inciso XXXIX, da Constituição Federal, segundo o qual "não há crime sem lei anterior que o defina, nem pena sem prévia cominação legal", e visa permitir ao autor da conduta saber, antecipadamente, qual conduta é considerada ilícita pela norma e qual a respectiva sanção, caso a conduta proibida seja praticada.

A maioria dos atos administrativos sujeitos ao controle exercido pelos Tribunais de Contas é formada por tipos abertos que, embora permitam ao agente público identificar a conduta permitida e a proibida, não fornecem todos os elementos para a configuração completa do ilícito, entre outras razões pelo uso frequente de conceitos jurídicos de conteúdo indeterminado, cuja determinação somente ocorrerá diante das peculiaridades de cada caso concreto.

É, por exemplo, o caso previsto no §1º do art. 23 da Lei nº 8.666/93, segundo o qual as "obras, serviços e compras efetuadas pela Administração serão divididas em tantas parcelas quantas se comprovarem técnica e economicamente viáveis, procedendo-se à licitação com vistas ao melhor aproveitamento dos recursos disponíveis no mercado e à ampliação da competitividade sem perda da economia de escala". Semelhante comando, com pequenas variações, consta do art. 40, inciso V, alínea "b", e do art. 47, inciso II, ambos da Lei nº 14.133/2021, que sucederá a aludida Lei nº 8.666/1993 e a revogará após o vencimento do prazo de dois anos a contar de sua publicação.

Desse modo, em virtude do elevado número de tipos abertos, o Direito Administrativo Sancionador não trabalha com a mesma segurança jurídica do Direito Penal, o que impõe ônus argumentativo maior aos Tribunais de Contas no tocante aos casos submetidos à sua apreciação que envolvam tipos abertos, a fim de que na aplicação do Direito ao caso concreto haja a devida fundamentação para as escolhas interpretativas feitas pelo julgador.

Em outra perspectiva, é importante aplicar ao Direito Administrativo Sancionador os conceitos de ilícito de mera conduta, de ilícito continuado e de ilícito permanente, assim como de concurso material e formal, pois são conceitos que oferecem relevantes subsídios para análise de ilícitos administrativo-financeiros. É o caso, entre outros, do contingenciamento obrigatório decorrente da frustração de receitas, exigido pela Lei

---

[38] TOLEDO, Francisco de Assis. *Princípios básicos de direito penal*. 5. ed. São Paulo: Saraiva, p. 136.

de Responsabilidade Fiscal, que retrata hipótese de ilícito de mera conduta, porquanto busca tutelar a higidez das finanças públicas por meio da imposição de obrigação de fazer de caráter prudencial que, se não realizada, configura o ilícito administrativo-financeiro, independentemente de a meta fiscal ser posteriormente atingida ou não.[39]

Relativamente à avaliação da conduta, os Tribunais de Contas podem e devem aplicar a responsabilidade subjetiva, com o respectivo exame da presença ou não de dolo ou culpa, para fins de responsabilização. Embora Sergio Cavalieri entenda que o dolo e a culpa civil "são substancialmente iguais, têm os mesmos elementos; se diferença houver, será apenas de grau",[40] Anderson Schreiber observa que tem havido uma erosão da culpa como filtro da reparação do dano, de modo que o Direito Civil tem adotado diversas presunções desfavoráveis ao suposto devedor que acabam por criar uma tendência à objetivação da responsabilidade civil ou, no mínimo, reduzem drasticamente a importância da culpa nessas hipóteses.[41]

No campo do controle das finanças públicas, no entanto, no qual os Tribunais de Contas exercem, entre outras funções, a de defensores do erário, mas também dos princípios regedores da Administração Pública, é inaceitável a aplicação do tratamento civil da culpa. O compromisso com a busca da verdade e o dever de respeito aos direitos fundamentais impõem aos Tribunais de Contas que, na apuração de supostos danos ao erário, apliquem à apuração da culpa a compreensão que lhe é dada pelo direito penal, porquanto o exame procedido pela Corte de Contas não se limita à análise de mera relação contábil entre supostos credor, no caso o erário, e devedor, mas sim de avaliação sobre a conduta de um agente público, cuja conclusão pode afetar profundamente o seu nome, honra e carreira profissional.

Com relação ao nexo de causalidade, de igual modo, na ausência de norma sobre o assunto no âmbito do Direito Administrativo Sancionador, é de se buscar subsídio no Direito Penal.[42] Afasta-se, assim, desde logo, a teoria dos danos diretos e imediatos (também denominada teoria da causalidade direta e imediata ou teoria da interrupção do nexo causal) adotada no âmbito da responsabilidade civil, conforme expressamente previsto no art. 403 do Código Civil[43] e reconhecido amplamente pela doutrina e pela jurisprudência do Supremo Tribunal Federal, tanto para a responsabilidade

---

[39] Referido dispositivo da Lei Complementar nº 101/2000 (LRF) tem a seguinte redação: "Art. 9º Se verificado, ao final de um bimestre, que a realização da receita poderá não comportar o cumprimento das metas de resultado primário ou nominal estabelecidas no Anexo de Metas Fiscais, os Poderes e o Ministério Público promoverão, por ato próprio e nos montantes necessários, nos trinta dias subsequentes, limitação de empenho e movimentação financeira, segundo os critérios fixados pela lei de diretrizes orçamentárias". Um dos motivos para o TCU ter emitido parecer prévio pela rejeição das contas de governo da então Presidente da República, relativas ao exercício de 2014, foi exatamente o descumprimento do art. 9º da LRF. Disponível em: https://portal.tcu.gov.br/biblioteca-digital/contas-2014-relatorio-e-parecer-previo-sobre-as-contas-do-governo-da-republica-exercicio-de-2014.htm.

[40] CAVALIERI FILHO, Sergio. Programa de responsabilidade civil. 7. ed. São Paulo: Atlas, 2007, p. 31.

[41] SCHREIBER, Anderson. Novos paradigmas da responsabilidade civil: da erosão dos filtros da reparação à diluição dos danos. 3. ed. São Paulo: Atlas, 2011, p. 34-51.

[42] Não obstante o Decreto nº 9.830/2019, que regulamentou os artigos 20 a 30 da LINDB, e a Medida Provisória nº 966/2020 (que perdeu eficácia, por não ter sido convertida em lei), que dispôs sobre a responsabilização de agentes públicos, por ação ou omissão, em atos relacionados com a pandemia da covid-19, tenham feito referência ao nexo de causalidade como um dos elementos necessários para a imputação de responsabilidade, não indicaram qualquer baliza para a sua avaliação.

[43] Código Civil: Art. 403. Ainda que a inexecução resulte de dolo do devedor, as perdas e danos só incluem os prejuízos efetivos e os lucros cessantes por efeito dela direto e imediato, sem prejuízo do disposto na lei processual.

contratual quanto para a extracontratual.[44] A inadequação dessa teoria para o Direito Administrativo Sancionador decorre da regra que estabelece ser causa do dano apenas a conduta que lhe estabeleça relação direta, o que desconsidera outras condutas com relação indireta.[45]

Tal circunstância conduziria a profundas injustiças se essa teoria fosse adotada na avaliação de condutas de agentes públicos, pois a Administração Pública é marcadamente procedimental, de modo que os ilícitos, em sua maioria, quando ocorrem são o resultado de uma sucessão de condutas, na qual as posteriores são praticadas como consequência lógica das anteriores e baseadas nas informações nelas prestadas. Desse modo, a aplicação dessa teoria implicaria, invariavelmente, a responsabilização do superior hierárquico, ainda que tivesse apenas praticado ato com base em orientação prévia da sua equipe técnica.

Portanto, a teoria mais ajustada à realidade do Direito Administrativo Sancionador é a da equivalência dos antecedentes causais (conhecida também como teoria da *conditio sine qua non*),[46] aplicada na responsabilidade penal, nos termos expressos do art. 13 do Código Penal.[47] Por essa teoria todas as condutas anteriores ao resultado se equivalem, razão pela qual a investigação do nexo de causalidade deve considerá-las, a fim de identificar aquelas que teriam sido imprescindíveis para a produção do resultado. Conforme reconhecido pela doutrina, tanto penal quanto civil, a crítica de que essa teoria conduziria ao regresso infinitivo na cadeia de condutas é superada pela exigência de se considerar causa do resultado apenas aquelas condutas que, além de demonstrarem uma relação de causa e efeito no mundo naturalístico, tenham sido praticadas com dolo ou culpa.[48]

Ainda sobre o nexo de causalidade é de grande importância para o Direito Administrativo Sancionador e, particularmente, para a responsabilização promovida pelos Tribunais de Contas a regra estabelecida no §1º do art. 13 do Código Penal, no sentido de que "A superveniência de causa relativamente independente exclui a imputação quando, por si só, produziu o resultado; os fatos anteriores, entretanto, imputam-se a quem os praticou".

Trata-se de regra com grande utilidade e aplicação, especialmente pela circunstância mencionada anteriormente de a Administração Pública ser procedimental, o que significa dizer que o produto de sua atuação é sempre obra de uma sucessão de condutas praticadas por vários agentes públicos, cada qual com suas atribuições e

---

[44] Nesse sentido: TEPEDINO, Gustavo. *Temas de direito civil*. Tomo II. Rio de Janeiro: Renovar, 2006, p. 64. O autor registra a jurisprudência, de longa data, do Supremo Tribunal Federal no mesmo sentido.

[45] Anderson Schreiber observa que as limitações da aplicação da teoria dos danos diretos e imediatos, no âmbito da própria responsabilidade civil, tem levado os Tribunais a buscar outros critérios para a identificação do nexo de causalidade. Exemplifica com o caso do dano sexual que atinge um dos cônjuges em virtude de erro médico do qual o outro cônjuge foi vítima, hipótese na qual o dano sexual sofrido pelo cônjuge saudável tem causa remota e não direta e imediata (*In*: SCHREIBER, Anderson. *Novos paradigmas da responsabilidade civil: da erosão dos filtros da reparação à diluição dos danos*. 3. ed. São Paulo: Atlas, 2011, p. 61).

[46] Cf., entre outros: GRECO, Rogério. *Curso de direito penal*. Parte geral. Rio de Janeiro: Impetus, 2006, p. 231.

[47] Código Penal: Art. 13. O resultado, de que depende a existência do crime, somente é imputável a quem lhe deu causa. Considera-se causa a ação ou omissão sem a qual o resultado não teria ocorrido.

[48] Nesse sentido, na seara penal, cf.: JESUS, Damásio E. de. *Direito Penal*. 18. ed. São Paulo: Saraiva, 1994, p. 220. Na esfera cível, cf.: SCHREIBER, Anderson. *Novos paradigmas da responsabilidade civil*: da erosão dos filtros da reparação à diluição dos danos. 3. ed. São Paulo: Atlas, 2011, p. 57. Este último autor reconhece que a teoria da equivalência dos antecedentes causais, quando aplicada ao Direito Penal, não corre o risco do regresso infinito, exatamente em virtude da limitação imposta pela exigência de dolo ou culpa, mas entende que, na responsabilidade civil, seria inadequado aplicar referida teoria.

especialidades, níveis hierárquicos distintos e, às vezes, até mesmo lotados em órgãos ou entidades distintas. Exemplo clássico e rotineiro é o processo de contratação pública do qual participam diversos agentes públicos, desde aquele que apresenta a demanda pela contratação até a autoridade competente que homologa o resultado do certame licitatório e assina o contrato.

Por fim, importante observar que, conforme noticiam Enterría e Fernández, na Europa há algumas divergências em torno da aplicação do nexo de causalidade ao Direito Administrativo Sancionador, pois a Espanha e alguns outros países adotam a teoria da causalidade adequada, ao passo que na França há vários julgados em que se adotou a teoria da equivalência dos antecedentes causais. Como se vê, as divergências se limitam a essas duas teorias, não havendo, portanto, controvérsias quanto à não aplicação ao Direito Administrativo Sancionador da teoria civilista dos danos diretos e imediatos.[49]

No que concerne especificamente à culpabilidade, o Direito Penal é o ramo por excelência no qual a matéria recebeu sólido tratamento doutrinário e jurisprudencial e sobre o qual há diversas normas no Código Penal, o que naturalmente demanda a sua incidência no campo do Direito Administrativo Sancionador e, particularmente, na responsabilização promovida pelos Tribunais de Contas, tendo em vista que é pressuposto de aplicação da sanção administrativa como manifestação do poder punitivo estatal.[50]

A culpabilidade é compreendida como a reprovabilidade de conduta e seus elementos são a imputabilidade, o potencial conhecimento da ilicitude e a exigibilidade de conduta diversa. Reconhecida a culpabilidade haverá justificativa suficiente para a imposição da sanção, pois não é de se punir conduta que não seja considerada reprovável.[51] A doutrina, no entanto, reconhece a existência de causas supralegais de exclusão de culpabilidade, fundadas na cláusula geral da inexigibilidade de conduta diversa. Trata-se de importante hipótese que, com relativa frequência, vê o administrador público atingido, tendo em vista a necessidade de adoção de medida que, embora não seja a melhor ou mais adequada na perspectiva legal, é, por vezes, a viável, dadas certas circunstâncias.[52]

6 O Direito Penal diante das múltiplas decisões dos Tribunais de Contas

Conforme se afirmou no início, os Tribunais de Contas prolatam decisões que ora são assemelhadas ao Direito Penal ou ao Direito Civil e ora são de natureza genuinamente administrativo-financeira. Referidas decisões podem ser divididas em três categorias: primeira, decisões que impõem uma sanção; segunda, decisões que

---

[49] GARCÍA DE ENTERRÍA, Eduardo; FERNÁNDEZ, Tomás-Ramón. *Curso de direito administrativo.* Vol. II. 13. ed. Tradução: José Alberto Froes Cal. São Paulo: Revista dos Tribunais, 2015, p. 414. A teoria da causalidade adequada é um juízo de probabilidade que se busca fazer sobre as possíveis causas do ilícito, eliminando-se aquelas condutas que sejam de menor relevância para a produção do resultado. Sobre o assunto, confira, no Brasil, entre outros: PEREIRA, Caio Mario da Silva. *Responsabilidade civil.* 7. ed. Rio de Janeiro: Forense, 1996, p. 78-79.
[50] O Decreto nº 9.830/2019, que regulamentou os artigos 20 a 30 da LINDB, fez menção à necessidade de se considerar a culpabilidade para fins de aplicação de sanção, mas não fornece qualquer baliza ou critério para tanto.
[51] FRAGOSO, Heleno Cláudio. *Lições de direito penal.* 4. ed. Rio de Janeiro: Forense, 1994, p. 196.
[52] GRECO, Rogério. *Curso de direito penal.* Parte geral. Rio de Janeiro: Impetus, 2006, p. 450-451.

condenam à reparação de um dano ao erário; terceira, decisões que emitem um juízo depreciativo sobre as contas do agente público.

6.1 Decisões que impõem uma sanção

Embora os Tribunais de Contas tenham uma atuação de caráter pedagógico, de orientação, de prevenção e de correção, a sanção, em certas circunstâncias, é necessária para prevenir novos ilícitos e para provocar correção de rumos.

Desse modo, não obstante os Tribunais de Contas disponham da possibilidade de exarar determinações corretivas e recomendações, por vezes a sanção é o instrumento que se revela mais necessário, adequado e proporcional para produzir os efeitos de prevenção específica e de prevenção geral relativamente à repetição do ilícito.[53]

Portanto, as sanções aplicadas pelos Tribunais de Contas exercem relevante função para os casos em que se mostram necessárias. E nessas hipóteses, suas decisões sancionadoras possuem natureza jurídica assemelhada ao Direito Penal, o que justifica, na ausência de norma específica, a sua incidência na responsabilização promovida pelos Tribunais de Contas.

6.2 Decisões que condenam à reparação de um dano ao erário

Por outro lado, as decisões dos Tribunais de Contas que condenam à reparação de dano ao erário, por se assemelharem ao Direito Civil, podem colocar em dúvida a pertinência de se aplicar nessa hipótese os institutos do Direito Penal em vez daqueles previstos no Direito Civil. No entanto, é importante considerar que a condenação à reparação de um dano ao erário tem como pressuposto lógico e antecedente a identificação do fato ilícito, da conduta culposa ou dolosa, omissiva ou comissiva, e do nexo de causalidade, além da verificação de ocorrência ou não de alguma hipótese de exclusão de ilicitude ou de culpabilidade. Ou seja, avalia-se a conduta do agente público sob as regras e princípios da responsabilidade subjetiva.

Portanto, caso o Tribunal de Contas conclua pela ocorrência do ilícito, da culpa *lato sensu*, do nexo de causalidade e da reprovabilidade da conduta, terá formulado juízo pela ofensa ao ordenamento jurídico decorrente de agressão cometida pelo autor da conduta, por ter faltado com seus deveres de agente do Estado. Desse modo, a condenação à reparação do dano é uma consequência dessa conclusão, não a sua causa. Quando o agente público contrata com preço acima de mercado e causa um dano ao erário, ele primeiro falhou com seus deveres de diligência ao não se certificar que o preço ofertado não era compatível com a prática do mercado.

Portanto, antes da condenação à reparação do dano, competirá ao Tribunal de Contas proceder à avaliação individualizada da conduta do agente público, pois referidas Cortes, embora contribuam para a preservação e reparação do erário, devem respeito aos direitos fundamentais, motivo pelo qual seria inconstitucional aplicar as

---

[53] Estudo realizado no âmbito do departamento de economia da Universidade de Berkeley concluiu que o aumento das sanções e da probabilidade de os autores de ilícitos serem descobertos são as medidas mais eficazes no combate à corrupção. In: AVIS, Eric; FERRAZ, Cláudio; FINAN, Frederico. *Do Government Audits Reduce Corruption? Estimating the Impacts of Exposing Corrupt Politicians*. Disponível em: https://eml.berkeley.edu/~ffinan/Finan_PoliticalSelection.pdf.

regras do Direito Civil, relativas à tendência, antes comentada, de erosão dos filtros da reparação do dano, em face de uma paulatina objetivação da responsabilidade civil.

Importante registrar que o Supremo Tribunal Federal, em duas decisões da Segunda Turma, acolheu a posição do Ministro Ricardo Lewandowski, que, ao apreciar agravo regimental em mandados de segurança impetrados contra decisões do TCU que haviam condenado os impetrantes à reparação de danos ao erário, entendeu que referida condenação é uma sanção e, com base nesse entendimento, aplicou o prazo prescricional previsto da Lei nº 9.873/1999, que trata exclusivamente do prazo de prescrição para o exercício da ação punitiva pela Administração Pública Federal.[54]

Sobre o assunto, porém, o Ministro Luís Roberto Barroso, quando do julgamento do Recurso Extraordinário nº 852.475, deixou registrado o seu entendimento no sentido de que ressarcimento ao erário não é sanção, pois o "ressarcimento ao erário é a reposição da situação ao *status quo ante*. Devolver aquilo que alguém se apropriou indevidamente não é sanção. Sanção pode ser multa, sanção pode ser reclusão, sanção pode ser perda de direito".[55]

O Código Civil, por sua vez, estabelece nos arts. 186, 187 e 927 que a reparação do dano é uma obrigação,[56] ao passo que a Lei nº 8.429/1992, antes da alteração promovida pela Lei nº 14.230/2021, cuidava do assunto em dois artigos. No art. 5º tratava o ressarcimento do dano como uma obrigação, mas no art. 12 o tratava como se fosse uma das sanções.[57] Não obstante a aparente contradição, o Superior Tribunal de Justiça tinha jurisprudência pacífica, de longa data, no sentido de que o ressarcimento do dano não é sanção, mas sim consequência necessária do prejuízo causado.[58]

---

[54] BRASIL. Supremo Tribunal Federal. Segunda Turma. Agravo Regimental no Mandado de Segurança nº 35512. Rel. Min. Ricardo Lewandowski. Julgado em 04.06.2019. DJe de 21.06.2019.

[55] BRASIL. Supremo Tribunal Federal. Tribunal Pleno. Recuso Extraordinário nº 852475. Min. Rel. p/ Acórdão Edson Fachin. Julgado em 08.08.2018. DJe de 25.03.2019.

[56] Código Civil: Art. 186. Aquele que, por ação ou omissão voluntária, negligência ou imprudência, violar direito e causar dano a outrem, ainda que exclusivamente moral, comete ato ilícito.
Art. 187. Também comete ato ilícito o titular de um direito que, ao exercê-lo, excede manifestamente os limites impostos pelo seu fim econômico ou social, pela boa-fé ou pelos bons costumes.
Art. 927. Aquele que, por ato ilícito (arts. 186 e 187), causar dano a outrem, fica obrigado a repará-lo.

[57] Art. 5º Ocorrendo lesão ao patrimônio público por ação ou omissão, dolosa ou culposa, do agente ou de terceiro, dar-se-á o integral ressarcimento do dano.
Art. 12. Independentemente das sanções penais, civis e administrativas previstas na legislação específica, está o responsável pelo ato de improbidade sujeito às seguintes cominações, que podem ser aplicadas isolada ou cumulativamente, de acordo com a gravidade do fato: (Redação dada pela Lei nº 12.120, de 2009)
I - na hipótese do art. 9º, perda dos bens ou valores acrescidos ilicitamente ao patrimônio, ressarcimento integral do dano, quando houver, perda da função pública, suspensão dos direitos políticos de oito a dez anos, pagamento de multa civil de até três vezes o valor do acréscimo patrimonial e proibição de contratar com o Poder Público ou receber benefícios ou incentivos fiscais ou creditícios, direta ou indiretamente, ainda que por intermédio de pessoa jurídica da qual seja sócio majoritário, pelo prazo de dez anos;
II - na hipótese do art. 10, ressarcimento integral do dano, perda dos bens ou valores acrescidos ilicitamente ao patrimônio, se concorrer esta circunstância, perda da função pública, suspensão dos direitos políticos de cinco a oito anos, pagamento de multa civil de até duas vezes o valor do dano e proibição de contratar com o Poder Público ou receber benefícios ou incentivos fiscais ou creditícios, direta ou indiretamente, ainda que por intermédio de pessoa jurídica da qual seja sócio majoritário, pelo prazo de cinco anos;
III - na hipótese do art. 11, ressarcimento integral do dano, se houver, perda da função pública, suspensão dos direitos políticos de três a cinco anos, pagamento de multa civil de até cem vezes o valor da remuneração percebida pelo agente e proibição de contratar com o Poder Público ou receber benefícios ou incentivos fiscais ou creditícios, direta ou indiretamente, ainda que por intermédio de pessoa jurídica da qual seja sócio majoritário, pelo prazo de três anos.

[58] BRASIL. Superior Tribunal de Justiça. Segunda Turma. Recurso Especial nº 1.184.897. Rel. Min. Herman Benjamin. Julgado em 15.06.2010. Dje de 27.04.2011.

Exposta a divergência jurisprudencial, convém esclarecer que a posição sustentada anteriormente em favor da incidência do Direito Penal às decisões dos Tribunais de Contas condenatórias à reparação de dano ao erário não está assentada na compreensão externada pelo Ministro Ricardo Lewandowski de que a condenação à reparação de dano seria uma sanção, mas sim no entendimento de que referida condenação pressupõe a análise de todos os elementos da responsabilidade subjetiva e na conclusão de que o agente público descumpriu seus deveres de diligência ou eficiência ou até mesmo transgrediu os princípios da Administração Pública.

A presente situação assemelha-se, de certo modo, à da improbidade administrativa, em cuja seara também se promove a responsabilização pela reparação do dano e a aplicação de sanções. Sobre o assunto, José Roberto Pimenta Oliveira entende que o Direito Penal contribui de modo significativo para a investigação acerca dos elementos subjetivos dos tipos ilícitos previstos na Lei de Improbidade Administrativa assim como defende que a incidência das cláusulas excludentes de antijuridicidade deve ser buscada no Direito Penal sempre que ausentes na Lei de Improbidade Administrativa.[59]

Nesse sentido, o §4º do art. 1º da Lei nº 8.429/1992, inserido pela Lei nº 14.230/2021, prevê, expressamente, que se aplicam ao sistema da improbidade administrativa os princípios constitucionais do Direito Administrativo Sancionador.

6.3 Decisões que emitem um juízo depreciativo sobre as contas do agente público

Os juízos depreciativos sobre as contas do agente público são emitidos pelos Tribunais de Contas em duas hipóteses distintas: primeira, quando apreciam as contas prestadas anualmente pelo Chefe do Poder Executivo, conforme previsto na Constituição Federal, arts. 31 e 71, inciso I; segunda, quando julgam as contas dos administradores e demais responsáveis por dinheiros, bens e valores públicos da administração direta e indireta, incluídas as fundações e sociedades instituídas e mantidas pelo Poder Público federal, e as contas daqueles que derem causa a perda, extravio ou outra irregularidade de que resulte prejuízo ao erário público, nos exatos termos do art. 71, inciso II, da Constituição Federal. Por questões de clareza, a segunda hipótese será analisada primeiro.

Uma objeção que poderia ser apresentada à incidência do Direito Penal nas decisões dos Tribunais de Contas que julgam contas, com fundamento no art. 71, inciso II, da Constituição Federal, é o entendimento já defendido, na doutrina, por Cretella Júnior, para quem o "Tribunal de Contas 'aprecia', 'fiscaliza' ou 'julga' contas, ao passo que o Poder Judiciário julga pessoas".[60] Semelhante raciocínio foi, recentemente, externado pelo Ministro Alexandre de Moraes, quando do julgamento do Recurso Extraordinário 636886, no qual, com base na doutrina de José Cretella Júnior e de José Afonso da Silva, afirmou categoricamente que o TCU não julga pessoas, mas apenas contas. Em seu voto, transcreveu a seguinte afirmação daquele primeiro doutrinador

---

[59] OLIVEIRA, José Roberto Pimenta. *Improbidade administrativa e sua autonomia constitucional*. Belo Horizonte: Fórum, 2009, p. 272.
[60] CRETELLA JÚNIOR, José. Natureza das decisões do Tribunal de Contas. *Revista de Informação Legislativa*, n. 94, p. 193-195, abr./jun. 1987.

sobre os Tribunais de Contas: "As decisões proferidas dizem respeito à regularidade intrínseca da conta, e não sobre a responsabilidade do exator ou pagador ou sobre a imputação dessa responsabilidade".[61]

Trata-se de entendimento que destoa da jurisprudência do STF, que tem, reiteradamente, enfatizado que o dever de prestar contas é personalíssimo, da pessoa física responsável por bens e valores públicos, não da entidade,[62] e que, diante de alegações apresentadas em mandados de segurança impetrados contra o TCU de que o Tribunal não estaria procedendo à individualização das condutas, tem verificado que a Corte de Contas tem procedido ao escrutínio do fato ilícito, da individualização das condutas, do estabelecimento do nexo de causalidade e da aferição da culpabilidade.[63]

No campo das normas, é a própria Constituição Federal, no inciso VIII do art. 71, que prevê a competência do TCU para "aplicar aos responsáveis, em caso de ilegalidade de despesa ou irregularidade de contas, as sanções previstas em lei, que estabelecerá, entre outras cominações, multa proporcional ao dano causado ao erário". Na mesma linha é a Lei Orgânica do TCU (Lei nº 8.443/1992) que dispõe sobre as hipóteses de julgamento pela irregularidade das contas, sendo todas, sem exceção, relativas a uma conduta humana. Diz o art. 16 da referida lei que as contas do administrador público serão julgadas irregulares quando comprovada qualquer das seguintes ocorrências: a) omissão no dever de prestar contas; b) prática de ato de gestão ilegal, ilegítimo, antieconômico, ou infração à norma legal ou regulamentar de natureza contábil, financeira, orçamentária, operacional ou patrimonial; c) dano ao Erário decorrente de ato de gestão ilegítimo ao antieconômico; d) desfalque ou desvio de dinheiros, bens ou valores públicos.

Portanto, o julgamento das contas do administrador público é mera consequência do anterior juízo feito pelo Tribunal de Contas acerca da conduta praticada pelo responsável. E não poderia ser diferente, pois seria inadmissível a aplicação de sanção pelo Tribunal sem a avaliação individualizada da conduta do agente público, assim como seria inconstitucional o julgamento de suas contas pela irregularidade, sem que fossem apontados, de modo consistente, os ilícitos cometidos pelo gestor.

---

[61] BRASIL. Supremo Tribunal Federal. Tribunal Pleno. Recurso Extraordinário 636886. Rel. Min. Alexandre de Moraes. Julgado em 20.04.2020. DJe de 24.06.2020. No que diz respeito ao tema aqui mencionado, constou da ementa o seguinte: "3. A excepcionalidade reconhecida pela maioria do SUPREMO TRIBUNAL FEDERAL no TEMA 897, portanto, não se encontra presente no caso em análise, uma vez que, no processo de tomada de contas, o TCU não julga pessoas, nao perquirindo a existência de dolo decorrente de ato de improbidade administrativa, mas, especificamente, realiza o julgamento técnico das contas à partir da reunião dos elementos objeto da fiscalização e apurada a ocorrência de irregularidade que resulte dano ao erário, proferindo o acórdão em que se imputa o débito ao responsável, para fins de se obter o respectivo ressarcimento".

[62] BRASIL. Supremo Tribunal Federal. Tribunal Pleno. Mandado de Segurança 21644. Rel. Min. Néri da Silveira. Julgado em 04.11.1993. DJ de 08.11.1996. A ementa, na parte relativa ao tema, ficou assim redigida: "3. O dever de prestar contas, no caso, não é da entidade, mas da pessoa física responsável por bens e valores públicos, seja ele agente público ou não. 4. Embora a entidade seja de direito privado, sujeita-se à fiscalização do Estado, pois recebe recursos de origem estatal, e seus dirigentes hão de prestar contas dos valores recebidos; quem gere dinheiro público ou administra bens ou interesses da comunidade deve contas ao órgão competente para a fiscalização".

[63] BRASIL. Supremo Tribunal Federal. Segunda Turma. Mandado de Segurança 33092. Rel. Min. Gilmar Mendes. Julgado em 24.03.2015. DJe de 17.08.2015. Do voto do relator constou a seguinte afirmação: "É possível verificar nesse relatório que os achados de auditoria aparentam ter uma avaliação que contempla diversos critérios, tais como: descrição do achado; análise da situação encontrada; critérios utilizados para análise; evidências apuradas; indicação dos responsáveis pelo evento, seus nomes e identificação; descrição da conduta; informações sobre o nexo de causalidade; indicação de culpabilidade; e proposta de encaminhamento para providências".

Uma segunda objeção à incidência do Direito Penal nas decisões que julgam contas diz respeito à inversão do ônus da prova que decorre do próprio dever de prestar contas. Isso porque, nos termos do parágrafo único do art. 70 da Constituição Federal, "Prestará contas qualquer pessoa física ou jurídica, pública ou privada, que utilize, arrecade, guarde, gerencie ou administre dinheiros, bens e valores públicos ou pelos quais a União responda, ou que, em nome desta, assuma obrigações de natureza pecuniária". O Supremo Tribunal Federal, mesmo antes da atual Constituição, já entendia que, "Em direito financeiro, cabe ao ordenador de despesas provar que não é responsável pelas infrações, que lhe são imputadas, das leis e regulamentos na aplicação do dinheiro público.[64]

A inversão do ônus do prova, no entanto, não parece ser suficiente para afastar os institutos do Direito Penal da responsabilização promovida pelos Tribunais de Contas no âmbito do Direito Administrativo-Financeiro, tendo em vista que a administração de recursos alheios sempre atrai, em um primeiro momento, uma presunção de culpa, mas de natureza relativa (*juris tantum*), que começa a se desfazer a partir do momento em que o administrador público apresenta a prestação de contas e prova que bem geriu os recursos públicos.

Além disso, o dever de prestar de contas não exonera o Tribunal de Contas de ter de observar todos os requisitos da responsabilidade subjetiva, pois, como se disse, se trata de mera presunção relativa de culpa, o que não pode ser confundido com responsabilidade objetiva. A consequência prática do que ora se afirma é que, no caso, por exemplo, de o gestor prestar contas e pairar uma suspeita de superfaturamento, caberá ao responsável provar que contratou a preços de mercado, mas esse ônus não dispensará o Tribunal de também produzir a prova acerca de qual seria o preço de mercado, caso entenda por bem não se convencer da prova produzida pelo gestor.

O que se disse até aqui se aplica integralmente ao parecer prévio emitido pelos Tribunais de Contas sobre as contas de governo do Chefe do Poder Executivo, em cumprimento ao art. 71, inciso I, da Constituição Federal. Embora a decisão, nesses casos, seja meramente opinativa, tendo em vista que a competência originária para o julgamento das contas do Chefe do Poder Executivo é da Casa Legislativa respectiva, o parecer prévio do Tribunal pode desencadear o processo de *impeachment* e os fundamentos utilizados pelo Tribunal de Contas podem ser invocados, nos seus exatos termos, para justificar a responsabilização do Presidente da República e o seu afastamento do cargo, a exemplo do que ocorreu com a então Presidente da República, relativamente às suas contas dos exercícios financeiros de 2014 e 2015, que receberam parecer prévio do TCU pela rejeição e, em relação às quais, a Câmara dos Deputados e, posteriormente, o Senado Federal invocaram os fundamentos usados pelo TCU para decidir acerca da abertura do processo de *impeachment* e do seu julgamento.[65]

7 Conclusão

A ausência de uma legislação específica que discipline a responsabilização promovida pelos Tribunais de Contas impõe um desafio a ser superado na identificação de

---

[64] BRASIL. Supremo Tribunal Federal. Tribunal Pleno. Mandado de Segurança nº 20335. Rel. Min. Moreira Alves. Julgado em 13.10.1982. DJ de 25.02.1983.
[65] Pareceres prévios do TCU disponíveis em: https://portal.tcu.gov.br/contas/contas-do-governo-da-republica/.

um regime jurídico que ofereça segurança jurídica tanto para o órgão julgador quanto, em especial, para os seus jurisdicionados, o que tem forçado os Tribunais de Contas a um constante exercício de buscar em outros ramos do Direito institutos jurídicos que sejam compatíveis com o Direito Administrativo Sancionador e, particularmente, com a responsabilização administrativo-financeira da competência das Cortes de Contas.

Em face dos vários pontos de convergência entre o ilícito administrativo e o ilícito penal, é de se aplicar ao Direito Administrativo Sancionador e à responsabilização promovida pelos Tribunais de Contas diversos institutos do Direito Penal, mas com matizes que permitam ajustar à realidade administrativo-financeira os conceitos do Direito Penal sobre os quais não há disposição normativa no âmbito do controle da Administração Pública.

Por serem órgãos de Estado, comprometidos não apenas com a defesa do erário, mas também com a tutela dos princípios da Administração Pública e com o respeito e promoção dos direitos fundamentais, deve-se aplicar à responsabilidade subjetiva apurada pelos Tribunais de Contas diversos institutos do Direito Penal. Por outro lado, alguns institutos do Direito Civil devem ser evitados, especialmente aqueles que retratam a tendência moderna de objetivação da responsabilidade civil, com a consequente erosão dos filtros da reparação do dano, em especial no tocante a algumas presunções de culpa e a alguns critérios para identificação do nexo de causalidade.

Tribunais de Contas não julgam apenas contas, julgam também e principalmente as condutas das pessoas. O julgamento das contas é, a rigor, um consequente cujo antecedente lógico é exatamente o juízo acerca dos elementos da responsabilidade subjetiva, ou seja, do fato ilícito, da conduta culposa ou dolosa, omissiva ou comissiva, do nexo de causalidade, das excludentes de ilicitude, da culpabilidade e das causas de extinção de punibilidade. É a conclusão sobre a conduta do agente público, se reprovável ou não, que determina se as suas contas devem ou não ser julgadas irregulares. E essa conclusão deve, obrigatoriamente, sofrer os influxos de vários institutos do Direito Penal.

Referências

ATALIBA, Geraldo. Imposto de renda – multa punitiva. *Revista de Direito Administrativo*, 126/550.

AVIS, Eric; FERRAZ, Cláudio; FINAN, Frederico. *Do Government Audits Reduce Corruption?* Estimating the Impacts of Exposing Corrupt Politicians. Disponível em: https://eml.berkeley.edu/~ffinan/Finan_PoliticalSelection.pdf.

BLAZECK, Luiz Maurício Souza; MARZAGÃO JÚNIOR, Laerte I. (coord.). *Direito administrativo sancionador*. São Paulo: Quartier Latin, 2014.

BOBBIO, Norberto. *Teoria do ordenamento jurídico*. Tradução: Maria Celeste Cordeiro Leite dos Santos. 6. ed. Brasília: Editora Universidade de Brasília, 1995.

BRITTO, Carlos Ayres. Regime Constitucional dos Tribunais de Contas. *In*: SOUZA, Alfredo José de *et al*. *O novo Tribunal de Contas*: órgão protetor dos direitos fundamentais. 3. ed. Belo Horizonte: Fórum, 2005.

CAGNAZZO, Alessandra. *La sanzione administrativa*: principi generali. Torino: G. Giappichelli, 2011.

CAVALIERI FILHO, Sergio. *Programa de responsabilidade civil*. 7. ed. São Paulo: Atlas, 2007.

CRETELLA JÚNIOR, José. Natureza das decisões do Tribunal de Contas. *Revista de Informação Legislativa*, n. 94, p. 193-195, abr./jun. 1987.

FRAGOSO, Heleno Cláudio. *Lições de direito penal*. 4. ed. Rio de Janeiro: Forense, 1994.

GARCÍA DE ENTERRÍA, Eduardo; FERNÁNDEZ, Tomás-Ramón. *Curso de derecho administrativo*. Tomo II, 13. ed. Madrid: Civitas, 2013

GARCÍA DE ENTERRÍA, Eduardo; FERNÁNDEZ, Tomás-Ramón. *Curso de direito administrativo*. Vol. II. 13. ed. Tradução: José Alberto Froes Cal. São Paulo: Revista dos Tribunais, 2015.

GRECO, Rogério. *Curso de direito penal*. Parte geral. Rio de Janeiro: Impetus, 2006.

HUNGRIA, Nelson. Ilícito administrativo e ilícito penal. *Revista de Direito Administrativo*, seleção histórica, 1945-1995.

KELSEN, Hans. *Teoria pura do direito*. Trad. João Baptista Machado. 6. ed. São Paulo: Martins Fontes, 1998.

LARENZ, Karl. *Metodologia da ciência do direito*. 3. ed. Tradução: José Lamego. Lisboa: Fundação Calouste Gulbenkian, 1997.

LAUBÉ, Vitor Rolf. Considerações acerca da conformação constitucional do Tribunal de Contas. *Revista de Informação Legislativa*, n. 113, jan./mar. 1992.

MELLO, Celso Antônio Bandeira de. *Curso de direito administrativo*. 32. ed. São Paulo: Malheiros Editores, 2015.

MELLO, Rafael Munhoz de. *Princípios constitucionais de direito administrativo sancionador*: as sanções administrativas à luz da Constituição Federal de 1988. São Paulo: Malheiros Editores, 2007.

NIETO, Alejandro. *Derecho administrativo sancionador*. 4. ed. Madrid: Tecnos, 2006.

OLIVEIRA, José Roberto Pimenta. *Improbidade administrativa e sua autonomia constitucional*. Belo Horizonte: Fórum, 2009.

OLIVEIRA, Regis Fernandes de. *Infrações e sanções administrativas*. 2. ed. São Paulo: Revista dos Tribunais, 2005.

OSÓRIO, Fábio Medina. *Direito administrativo sancionador*. 2. ed. São Paulo: Revista dos Tribunais, 2005.

PARDINI, Frederico. *Tribunal de Contas da União: órgão de destaque constitucional*. Tese apresentada e aprovada no Curso de Doutorado da Faculdade de Direito da Universidade Federal de Minas Gerais. Belo Horizonte. 1997.

PEREIRA, Caio Mario da Silva. *Responsabilidade civil*. 7. ed. Rio de Janeiro: Forense, 1996.

REALE, Miguel. *Lições preliminares de direito*. 25. ed. São Paulo: Saraiva, 2001.

RINCÓN, José Suay. El derecho administrativo sancionador: perspectivas de reforma. *Revista de Administración Pública*, n. 109, ene./abr. 1986.

SCHREIBER, Anderson. *Novos paradigmas da responsabilidade civil*: da erosão dos filtros da reparação à diluição dos danos. 3. ed. São Paulo: Atlas, 2011.

SILVA, José Afonso. *Curso de direito constitucional*. 40. ed. São Paulo: Malheiros, 2017.

TEPEDINO, Gustavo. *Temas de direito civil*. Tomo II. Rio de Janeiro: Renovar, 2006.

TOLEDO, Francisco de Assis. *Princípios básicos de direito penal*. 5. ed. São Paulo: Saraiva.

TORRES, Ricardo Lobo. *Curso de Direito Financeiro e Tributário*. 5. ed. Rio de Janeiro: Renovar, 1998.

VITTA, Heraldo Garcia. *A sanção no direito administrativo*. São Paulo: Malheiros Editores, 2003.

VORONOFF, Alice. *Direito administrativo sancionador no Brasil*. Belo Horizonte: Fórum, 2018.

ZANOBINI, Guido. *Le sanzioni amministrative*. Turim: Fratelli Bocca, 1924.

Informação bibliográfica deste texto, conforme a NBR 6023:2018 da Associação Brasileira de Normas Técnicas (ABNT):

CAVALLARI, Odilon. Por que o Direito Penal deve ser levado a sério nos Tribunais de Contas? *In*: CONTI, José Maurício; MARRARA, Thiago; IOCKEN, Sabrina Nunes; CARVALHO, André Castro (coord.). *Responsabilidade do gestor na Administração Pública*: aspectos fiscais, financeiros, políticos e penais. Belo Horizonte: Fórum, 2022. p. 255-276. ISBN 978-65-5518-411-2. v.2.

OMISSÃO IMPOSITIVA FISCAL E INEFICIÊNCIA ADMINISTRATIVA: UMA PERSPECTIVA DE RESPONSABILIZAÇÃO NA GESTÃO PÚBLICA

SÉRGIO ASSONI FILHO

1 Introdução

Neste estudo, será feito um esforço analítico em torno da efetividade do fenômeno que convencionamos chamar de "impositividade fiscal", diante do que está disposto em nossa ordem jurídica nas suas dimensões constitucional e infraconstitucional.

As reflexões alcançarão dois aspectos inerentes ao exercício do *poder-dever de tributar*, cotejados sistematicamente em seus âmbitos *legislativo* (competência tributária) e *executivo* (capacidade tributária ativa), na qualidade de relevantes expressões da *função administrativa* ao prover os meios materiais indispensáveis à implementação das políticas públicas.

Torna-se imperioso investigar se a instituição e arrecadação de todos os tributos possíveis é uma obrigatoriedade ou mera faculdade à disposição dos entes políticos, assim como se há condicionantes a considerar neste processo decisório concernente à gestão fiscal.

Sob tal pano de fundo, será avaliada a importância de preservar a autonomia financeira dos entes políticos em uma república federativa, em especial, quanto à *eficiência administrativa*, pois é preciso aquilatar a eficácia gestora no atendimento das *necessidades públicas* que são transpostas para o ordenamento jurídico em cada contexto histórico ("direitos fundamentais"), servindo de norte à captação e utilização de recursos pelo aparato estatal.

Em particular, meditaremos sobre as consequências jurídicas, em termos sancionadores, não só institucionais, mas também pessoais, quando constatada a *omissão gestora* no que diz respeito ao cumprimento dos desígnios de índole fiscal, tendo em vista a vigência das leis de "responsabilidade fiscal" e "improbidade administrativa".

2 Federalismo e autonomia financeira dos entes políticos no Brasil

A forma federativa de Estado acompanha toda a história republicana pátria, haja vista que a edição do Decreto nº 1, em 15 de novembro de 1889, fragmentou o poder político central, originando uma compleição governamental com tendência centrífuga (técnica de segregação). Desde então, tornou-se estrutural a coexistência de diferentes ordens de poderes autônomos, partilhadas nas respectivas esferas de competência, embora sob o mesmo território.[1]

A referida multiplicidade autonômica federativa deve se concretizar nos espectros *político* (capacidade de editar a própria legislação de regência de suas atribuições), *administrativo* (aptidão para a auto-organização, por meio da criação de órgãos e instâncias internas) e *financeiro* (disponibilidade de recursos hábeis a financiar as próprias iniciativas). Até porque, sem o substrato material necessário, tornam-se irrealizáveis as decisões tomadas em cada âmbito federativo específico, restando aniquilados quaisquer ímpetos a título de exercício das referidas autonomias política e administrativa.[2]

A vigente Constituição de 1988 segue tal diretriz histórico-programática de composição orgânica, pois inicia seu texto proclamando a *união indissolúvel* das esferas federativas que integram esta República, conforme a dicção de seu dispositivo inaugural.[3]

Em particular, o *cooperativismo desenvolvimentista* vem adotado pelo texto magno, pois revela uma relação de interdependência socioeconômica entre os domínios nacional, regional e local, cuja consideração é imprescindível para buscar equilibrar as assimetrias de um país tão heterogêneo e de dimensões continentais, inclusive, a fim de reduzir paulatinamente as desigualdades sociais e regionais,[4] que é um dos objetivos fundamentais desta República.[5]

Desse modo, as iniciativas federativas isoladas precisam ceder espaço para as estratégias conjuntas, é dizer, a proficiente condução dos assuntos republicanos requer maior conexão entre todos os entes políticos proclamados autônomos.

Isso aflora da observação da própria discriminação das atribuições materiais federativas, por exemplo, como bem demonstra a inteligência do art. 23 da Constituição, que estabelece extensa relação de *competências comuns*, ou seja, a cargo de todos os entes federativos ao mesmo tempo.[6] No mais, existe um verdadeiro arsenal de dispositivos

---

[1] Cf. DÓRIA, Antônio Roberto de Sampaio. *Discriminação de rendas tributárias*. São Paulo: José Bushatsky, 1972, p. 09-14.

[2] Cf. CONTI, José Maurício. *Federalismo fiscal e fundos de participação*. São Paulo: Juarez de Oliveira, 2001, p. 11-16.

[3] Assim dispõe a Constituição de 1988, em seu art. 1º: "A República Federativa do Brasil, formada pela união indissolúvel dos Estados e Municípios e do Distrito Federal, constitui-se em Estado Democrático de Direito e tem como fundamentos: I - a soberania; II - a cidadania; III - a dignidade da pessoa humana; IV - os valores sociais do trabalho e da livre iniciativa; V - o pluralismo político".

[4] Cf. BERCOVICI, Gilberto. *Desigualdades regionais, estado e constituição*. São Paulo: Max Limonad, 2003, p. 161-163.

[5] Preceitua o art. 3º da Constituição de 1988: "Constituem objetivos fundamentais da República Federativa do Brasil: I - construir uma sociedade livre, justa e solidária; II - garantir o desenvolvimento nacional; III - erradicar a pobreza e a marginalização e *reduzir as desigualdades sociais e regionais* (grifo nosso); IV - promover o bem de todos, sem preconceitos de origem, raça, sexo, cor, idade e quaisquer outras formas de discriminação".

[6] Estabelece o art. 23 da Constituição de 1988, com alguns grifos nossos: "É *competência comum* da União, dos Estados, do Distrito Federal e dos Municípios: I - zelar pela guarda da Constituição, das leis e das instituições democráticas e conservar o patrimônio público; II - cuidar da saúde e assistência pública, da proteção e garantia das pessoas portadoras de deficiência; III - proteger os documentos, as obras e outros bens de valor histórico, artístico e cultural, os monumentos, as paisagens naturais notáveis e os sítios arqueológicos; IV - impedir a evasão, a destruição e a descaracterização de obras de arte e de outros bens de valor histórico, artístico ou cultural; V - proporcionar os meios de acesso à cultura, à educação, à ciência, à tecnologia, à pesquisa e à inovação; VI - proteger o meio ambiente e combater a poluição em qualquer de suas formas; VII - preservar as florestas, a fauna e a flora; VIII - fomentar a produção agropecuária e organizar o abastecimento alimentar; IX - promover programas de construção de moradias e a melhoria das condições habitacionais e de saneamento básico; X - combater as causas da pobreza e os fatores de marginalização, promovendo a integração social dos setores desfavorecidos; XI - registrar, acompanhar e fiscalizar as concessões de direitos de pesquisa e exploração

legais que se prestam ao financiamento dos entes políticos, para viabilizar a consecução dos respectivos escopos, tais como preceituam os arts. 145 a 149-A e 153 a 162, todos da vigente Constituição.

Em outras palavras, a coexistência normativa das diversas ordens federativas demanda cooperação, busca de equilíbrio e adequação das fontes de financiamento, as quais sejam compatíveis com as decisões que os entes políticos necessitam implementar, observado o balizamento material constitucional, sob pena de subsistir um mero "federalismo nominal", caracterizado pela crônica dependência financeira de repasses de outras esferas federativas,[7] em nada identificável com a concepção autonômica idealizada pelo constituinte originário.

Ademais, o *pacto federativo* foi erigido à condição de "cláusula pétrea", pois tal forma de Estado compõe o núcleo material intangível da Constituição de 1988, sendo insusceptível de supressão (e até mesmo de fragilização) por eventual intento legislativo reformador.[8]

Entretanto, ressalte-se, o nó górdio a desatar em matéria de viabilidade federativa sempre gira em torno da problemática de propiciar uma concreta autonomia financeira a todos os entes políticos, isto é, a disponibilidade de recursos financeiros que bastem à consecução das respectivas tarefas predeterminadas pelo ordenamento jurídico.

Nessa senda, foram adotadas duas técnicas constitucionais concomitantes, com o fito de angariar meios materiais suficientes, quais sejam: a) *discriminação de receitas pelas fontes*: recursos a arrecadar pela própria iniciativa de cada ente federativo; b) *discriminação de receitas pelo produto*: recursos oriundos da transferência de valores arrecadados por outrem, ou seja, auferidos originariamente por outras esferas federativas e depois repassados.

Daí se falar em um marcado *federalismo fiscal* em nosso modelo, diante desta complexa engenharia institucional voltada à obtenção de recursos, cujo precípuo propósito é o de assegurar a autonomia financeira dos entes políticos que integram a federação, a qual tem que ser perseguida *individual* e *coletivamente*, haja vista o ânimo cooperativo que lhe é inerente, ficando tal comunhão de esforços ainda mais latente por conta das transferências fiscais, tanto as obrigatórias quanto as voluntárias, ensejadas pelo nosso sistema normativo.

Assim sendo, o incremento arrecadatório deve ser uma preocupação constante, em todos os âmbitos federativos, coadjuvantes que são em termos de *governança* na seara fiscal, pois a postura de cada ente político invariavelmente repercutirá por toda a federação.

A efetividade autonômica é força motriz da cooperação interfederativa, conforme se extrai da interpretação sistemática do art. 18 da Constituição,[9] pois é instintivo

---

de recursos hídricos e minerais em seus territórios; XII - estabelecer e implantar política de educação para a segurança do trânsito. Parágrafo único. Leis complementares fixarão normas para a *cooperação* entre a União e os Estados, o Distrito Federal e os Municípios, tendo em vista o *equilíbrio do desenvolvimento* e do *bem-estar em âmbito nacional*".

[7] A este respeito, vide: HORTA, Raul Machado. Organização constitucional do federalismo. In: *Revista da Faculdade de Direito – FD UFMG*, v. 30, n. 28-29, p. 9-32, maio/out. 1985-1986.

[8] Nos termos da Constituição de 1988, em seu art. 60, §4º: "Não será objeto de deliberação a proposta de emenda tendente a abolir: I - *a forma federativa de Estado* (grifo nosso); II - o voto direto, secreto, universal e periódico; III - a separação dos Poderes; IV - os direitos e garantias individuais".

[9] Assim estabelece o art. 18 da Constituição de 1988: "A organização político-administrativa da República Federativa do Brasil compreende a União, os Estados, o Distrito Federal e os Municípios, *todos autônomos* (grifos nossos), nos termos desta Constituição".

perceber que ficará impossibilitado de funcionar como profícua peça da engrenagem federativa o ente político que não conseguir superar um quadro de hipossuficiência econômica.[10]

Saliente-se que a Constituição tem força normativa, isto é, os seus dispositivos não são meras recomendações, em vez disso, são *mandamentais*. Desse modo, erigida a forma estatal federativa, está ínsita a concepção de que cada ente político será financeiramente autônomo, para tanto, deverá buscar receitas para cumprir com suas tarefas constitucionais.[11]

Perdas arrecadatórias põem em risco o equilíbrio vislumbrado pelo legislador constituinte, o qual repartiu as competências visando à fixação de atribuições administrativas compatíveis com os meios materiais disponíveis. A displicência na obtenção destes recursos denota um desprendimento do escopo autonômico financeiro que os entes políticos precisam ter em mira, inclusive, culmina em dificultar ou obstaculizar possibilidades de cooperação com os demais. Portanto, em regra, tal desídia viola o "núcleo essencial" do princípio federativo.[12]

A *segmentação federativa do poder-dever de tributar*,[13] concernente à discriminação constitucional de parcelas impositivas, tem a finalidade de prover de autonomia financeira os seus entes políticos destinatários, porque esta é a lógica congruente com o espírito federalista. Nesta direção, o referido fatiamento entre tais pessoas políticas dá os contornos iniciais ao exercício de um *múnus público* compartilhado e a serviço deste intento autonômico. Portanto, o fenômeno impositivo fiscal tem início no plano constitucional, ainda que em grau abstrato, ficando a sua concretização por conta de cada esfera federativa competente.[14]

Dito de outro modo, disseminar a autonomia financeira pelas múltiplas esferas federativas deve ser a resultante de um esforço fiscal conjunto, típico de um genuíno "pacto federativo", consonante ao mencionado objetivo fundamental de propiciar equilíbrio desenvolvimentista. Dessa forma, nenhum ente político pode permanecer impassível no que atine ao exercício de suas tarefas impositivas fiscais, em particular, quando tais competências sejam exclusivas.

Legitimar o comodismo e/ou a covardia gestora frente aos custos político-eleitorais que as imposições dos ônus fiscais trazem consigo, para além de engendrar um desbalanceamento na equação federativa constitucional, também significa naturalizar as estratégias clientelistas, admitir as condutas perniciosas marcadas pelo fisiologismo e, no limite, até mesmo promover o locupletamento indevido no âmbito federativo, pois

---

[10] Cf. ASSONI FILHO, Sérgio. A lei de responsabilidade fiscal e o federalismo fiscal. In: CONTI, José Maurício (org.). *Federalismo fiscal*. Barueri: Manole, 2004, p. 258-259.

[11] Cf. HESSE, Konrad. *A força normativa da Constituição*. Trad. Gilmar Ferreira Mendes. Porto Alegre: Fabris Editora, 1991, p. 205.

[12] Cf. SALTINI, Pedro Vinícius Gropello. *As desonerações de ICMS nas exportações e o pacto federativo brasileiro*: a ação direta de inconstitucionalidade por omissão nº 25 como o marco do reequilíbrio federativo. São Paulo: Instituto Brasiliense de Direito Público – IDP (dissertação de mestrado), 2020, p. 33-35.

[13] Cf. CARRAZZA, Roque Antonio. *Impossibilidade de conflitos de competência no sistema tributário brasileiro*. Disponível em: https://www.ibet.com.br/wp-content/uploads/2019/07/Roque-Antonio-Carrazza.pdf. Acesso em: 19 nov. 2021.

[14] Cf. VALLE, Maurício Dalri Timm do. Considerações sobre as características da competência tributária no Brasil. *In: Revista do Instituto do Direito Brasileiro (RIDB)*, ano 2, n. 12, p. 14.385-14.395, 2013.

permite premiar justamente aqueles entes políticos que se beneficiam sorrateiramente das iniciativas fiscais alheias.[15]

3 Exercício da impositividade tributária em prol dos direitos fundamentais

A consecução da *autonomia financeira* dos entes federativos, fundamental ao cumprimento de suas atribuições, levou o legislador constituinte a estabelecer as fontes de financiamento correspondentes, com destaque para a *discriminação de receitas tributárias*, na qualidade de principal manancial de meios materiais fornecidos ao Poder Público, em grande medida pela sua própria *natureza compulsória*.

Nessa senda, para exercer o *poder-dever* de impor ônus fiscais multifacetados, pois o Supremo Tribunal Federal (STF) adota a classificação "pentapartida", que admite a existência de cinco espécies de tributos em nossa ordem jurídica,[16] houve uma partilha constitucional entre as esferas federativas, conforme as seguintes diretrizes impositivas:[17]
   a) *tributos contraprestacionais* são instituídos e arrecadados pelo ente político responsável por uma prestação estatal específica em favor do onerado (imposição constitucional implícita e lastreada neste *sinalagma*). Exemplos: taxas e contribuições de melhoria;
   b) *tributos não contraprestacionais* são instituídos e arrecadados pelo ente político prefixado pelo legislador e responsável por uma prestação estatal genérica (imposição constitucional explícita e fundada na *capacidade contributiva*, quando esta vier manifestada pelo onerado). Exemplos: impostos, empréstimos compulsórios e contribuições especiais.

A autonomia financeira dos entes políticos apenas será factível após a completude de cada ciclo impositivo fiscal, relativo aos respectivos tributos que lhes caibam instituir e arrecadar. Nesta direção, primeiramente, deve ser exercida a *competência tributária propriamente dita*, por parte da esfera federativa selecionada pelo constituinte (expressa ou implicitamente), incumbindo-lhe editar a espécie normativa que seja apta a *instituir* cada tributo.

Quando em vigor tal espécie normativa instituidora, a qual veicule a descrição abstrata das correspondentes *hipóteses de incidência* daquela espécie tributária, diz-se que o tributo foi efetivamente criado, pois, uma vez verificada no mundo concreto, fenomênico, a ocorrência daquela situação descrita "em tese" na norma, surge o *fato gerador tributário*, haja vista dele se originar uma obrigação exigível do sujeito passivo apontado pelo legislador.[18]

Ressalte-se que a competência para instituir tributos pode ser exercida a qualquer tempo, não sujeitando os entes políticos a nenhum prazo decadencial, é dizer,

---

[15] Entes políticos bem aquinhoados com transferências fiscais de outras esferas federativas não arrecadam tributos das próprias competências. Por exemplo, a grande maioria dos Municípios brasileiros não institui contribuições de melhoria. Vide: SILVA, José Flávio da. *A influência dos fatores econômicos na arrecadação da contribuição de melhoria nos municípios brasileiros*. Fortaleza: FE/UFC (dissertação de mestrado), 2013.
[16] A este respeito, vide o julgamento do Recurso Extraordinário (RE) 138.284/CE – Relator Min. Carlos Velloso – Data do julgamento: 01.07.1992.
[17] Cf. SCHOUERI, Luís Eduardo. *Direito tributário*. 4. ed. São Paulo: Saraiva, 2014, p. 251-255.
[18] Vide a obra: ATALIBA, Geraldo. *Hipótese de incidência tributária*. São Paulo: Revista dos Tribunais, 1973.

o transcurso de um grande lapso temporal não será um impeditivo,[19] bem como não acarretará sua transferência para outro ente político nem para outra esfera federativa.[20]

Na sequência, os órgãos fiscais competentes deverão exercer a *capacidade tributária ativa*, isto é, eles precisam *arrecadar* o montante correspondente à ocorrência dos fatos geradores identificados, seja por iniciativa própria ou por meio de delegação.[21]

Isso implica constatar que o ciclo impositivo fiscal apenas se completa com o efetivo ingresso nos cofres públicos (erário), em ânimo definitivo, dos recursos que quantificam aqueles ônus obrigacionais incidentes na forma da legislação aplicável. Até porque, não há espaço discricionário para que as autoridades fiscais possam fazer uma ponderação quanto à conveniência e oportunidade das exações, tendo em vista que tributo é prestação pecuniária compulsória a ser *cobrada mediante atividade administrativa plenamente vinculada*.[22]

Assim sendo, somente quando os tributos são devidamente instituídos e arrecadados pelos entes políticos, os quais exerçam com proficiência tanto as competências tributárias quanto as capacidades tributárias ativas, pode-se falar em verdadeiro "pacto federativo", cuja essência reside na permanente busca por autonomia financeira dentro do balizamento constitucional.

A despeito do exposto, o legislador constituinte de 1988 preceitua, no *caput* do art. 145, que os entes federativos "poderão" instituir os tributos de suas respectivas competências, levando a maioria avassaladora da doutrina especializada a concluir se tratar de uma singela *faculdade legislativa* das pessoas políticas, pois a dicção constitucional teria adotado um *modal deôntico permissivo*, ou seja, haveria mera *autorização* (discricionariedade legislativa) para a produção normativa hábil às instituições tributárias de cada esfera federativa.[23]

Desse modo, segundo tal ótica predominante, a Constituição de 1988 teria concedido uma *faculdade impositiva* aos entes federativos, os quais decidirão *política* e *discricionariamente* se utilizarão ou não tal aptidão jurídica para criar os tributos discriminados no texto magno.[24]

Contudo, a interpretação sistemática do nosso ordenamento indica que a referida faculdade não é absoluta, em vez disso, ela é *relativa*, pois os entes federativos não poderão exercer tal discricionariedade com cabal desprendimento de todo o contexto

---

[19] Cf. PAULSEN, Leandro. Curso de direito tributário. 8. ed. São Paulo: Saraiva, 2017, p. 93.

[20] Assim dispõe o art. 8º da Lei nº 5.172/1966, conhecida como Código Tributário Nacional (CTN): "O não exercício da competência tributária não a defere a pessoa jurídica de direito público diversa daquela a que a Constituição a tenha atribuído".

[21] Nos termos do art. 7º do CTN, que estabelece a indelegabilidade da "competência tributária" (instituir tributo), que tem índole *legislativa*, mas admite a delegação da "capacidade tributária ativa" (arrecadar tributo), a qual possui caráter meramente *administrativo*.

[22] Assim dispõe expressamente o art. 3º do CTN: "Tributo é toda prestação pecuniária compulsória, em moeda ou cujo valor nela se possa exprimir, que não constitua sanção de ato ilícito, instituída em lei e cobrada mediante atividade administrativa plenamente vinculada".

[23] Cf. TOMÉ, Fabiana Del Padre; FREIRE, Marcos Egg. Competência legislativa tributária e o seu não exercício ou exercício tardio: uma análise à luz da teoria dos atos de fala e da lógica jurídica. In: *Revista Quaestio Iuris*, v. 14, n. 2, p. 787-793, 2021.

[24] Cf. CARRAZZA, Roque Antonio. *Impossibilidade de conflitos de competência no sistema tributário brasileiro*. Disponível em: https://www.ibet.com.br/wp-content/uploads/2019/07/Roque-Antonio-Carrazza.pdf. Acesso em: 19 nov. 2021.

jurídico-social, isto é, aquela decisão política está sujeita às condicionantes constitucionais e infraconstitucionais.[25]

Afinal, toda a atividade financeira estatal (arrecadar, gerenciar e despender os recursos) concretiza as variadas formas de intervenção do poder político no âmbito socioeconômico, explicitando de que maneira o substrato material coletivo será empregado no atendimento das *necessidades públicas*.[26]

Dessa forma, a faculdade impositiva atribuída aos entes políticos deve passar por tal crivo de legitimidade, haja vista dizer respeito à gestão da coisa alheia (patrimônio público).[27] Portanto, a decisão tomada pelos Poderes instituídos deve estar pautada na satisfação das demandas públicas prioritárias, erigidas a tal condição pela ordem jurídica vigente.

Os gestores públicos precisam ter uma visão conjunta do volume de recursos disponíveis, observadas as peculiaridades federativas, a fim de conciliar interesses financeiros autônomos, bem como considerar a transversalidade dos impactos fiscais das políticas públicas que pretendam adotar,[28] sem descurar da persecução aos *objetivos fundamentais desta República*, os quais vêm elencados no art. 3º, I a IV, da Constituição.[29]

Em tal direção, *direitos sociais* ganham primazia no atendimento das demandas coletivas, nos termos do art. 6º constitucional.[30] Ademais, não existe maior prioridade pública do que a garantia do *mínimo existencial* à população,[31] pois é inerente à *dignidade humana* assegurar um patamar material que baste ao suprimento das "necessidades vitais básicas", que são expressamente mencionadas e elencadas quando a Constituição preceitua o que cabe a um salário mínimo prover, na forma de seu art. 7º, IV.[32]

Eis os principais parâmetros constitucionais para a tomada das *decisões políticas fiscais*, figurando a *dignidade humana* como vetor interpretativo da nossa ordem jurídica, não à toa, reputada um fundamento da República Federativa do Brasil (art. 1º, III, da Constituição).[33]

---

[25] Cf. AGUSTINI, Rodrigo. *A competência tributária confrontada com o artigo 11 da lei complementar nº 101/2000*. Disponível em: https://www.ibet.com.br/wp-content/uploads/2017/07/Rodrigo-Agustini-A-compet%C3%AAncia-tribut%C3%A1ria-confrontada-com-o-artigo-11-da-lei-complementar-n%C2%B0-1012000..pdf. Acesso em: 19 nov. 2021.

[26] Cf. OLIVEIRA, Regis Fernandes de. *Curso de direito financeiro*. 5. ed. São Paulo: Revista dos Tribunais, 2013, p. 77-80.

[27] Cf. LIMA FILHO, João Almeida de Barros. *A distribuição da competência legislativa tributária no Brasil e a obrigatoriedade do seu exercício*. Recife: FD/UFPE (dissertação de mestrado), 2003, p. 184-191.

[28] Cf. CONTI, José Maurício. *O planejamento orçamentário da administração pública no Brasil*. São Paulo: Blucher, 2020, p. 249-256.

[29] O art. 3º da Constituição de 1988 determina: "Constituem objetivos fundamentais da República Federativa do Brasil: I - construir uma sociedade livre, justa e solidária; II - garantir o desenvolvimento nacional; III - erradicar a pobreza e a marginalização e reduzir as desigualdades sociais e regionais; IV - promover o bem de todos, sem preconceitos de origem, raça, sexo, cor, idade e quaisquer outras formas de discriminação".

[30] Dispõe o art. 6º da Constituição de 1988: "São direitos sociais a educação, a saúde, a alimentação, o trabalho, a moradia, o transporte, o lazer, a segurança, a previdência social, a proteção à maternidade e à infância, a assistência aos desamparados, na forma desta Constituição".

[31] Sobre esta temática, vide: SCAFF, Fernando Facury. Reserva do possível, mínimo existencial e direitos humanos. *In*: PIRES, Adilson Rodrigues; TORRES, Heleno Taveira (org.). *Princípios de direito financeiro e tributário* – Estudos em homenagem ao Professor Ricardo Lobo Torres. Rio de Janeiro: Renovar, 2006.

[32] Estabelece a Constituição de 1988, em seu art. 7º, caput e inciso IV: "São direitos dos trabalhadores urbanos e rurais, além de outros que visem à melhoria de sua condição social: (...). IV - salário mínimo, fixado em lei, nacionalmente unificado, capaz de atender a suas necessidades vitais básicas e às de sua família com moradia, alimentação, educação, saúde, lazer, vestuário, higiene, transporte e previdência social, com reajustes periódicos que lhe preservem o poder aquisitivo, sendo vedada sua vinculação para qualquer fim; (...)".

[33] Cf. ASSONI FILHO, Sérgio. Controle de constitucionalidade da lei orçamentária. *In*: CONTI, José Maurício; SCAFF, Fernando Facury (org.). *Orçamentos públicos e direito financeiro*. São Paulo: Revista dos Tribunais, 2011, p. 33-38.

Abdicar do *poder-dever* de instituir e arrecadar tributos precisa ser algo muito excepcional, haja vista que a regra é tentar angariar *receitas públicas* sempre que possível. Até porque, a Lei Complementar nº 101/2000, chamada de "Lei de Responsabilidade Fiscal" (LRF), em seu art. 11, fixa como *requisitos essenciais* de uma gestão fiscal responsável que cada ente federativo não só institua, mas também efetivamente arrecade todos os tributos de sua competência, inclusive, sob pena de sofrer uma *sanção institucional*, a saber: a proibição de receber recursos via transferências voluntárias de outros entes políticos.[34]

Assim sendo, um ente federativo só está "dispensado" de seu múnus público de instituir e arrecadar os tributos de sua competência quando ficar evidente a *inviabilidade econômica* da exação em determinadas circunstâncias, o que justificaria sua inércia impositiva fiscal.[35]

Portanto, não há uma genuína "faculdade" à disposição dos entes políticos, mas apenas a possibilidade de comprovação de que a instituição e arrecadação tributárias poderão ser contraproducentes em determinadas situações, por exemplo, quando objetivamente restar demonstrado que os custos administrativos da cobrança superam a estimativa arrecadatória. Até porque, deve prevalecer o ímpeto impositivo, o "esforço fiscal", para auferir recursos capazes de conferir efetividade aos referidos direitos fundamentais.[36]

Saliente-se que esse raciocínio também se estende às *despesas públicas indiretas*, ou seja, ao fenômeno da *concessão de benefícios fiscais*, que requerem autorização legal específica, em nome do *princípio da indisponibilidade do patrimônio público*, com fulcro no que dispõe o art. 150, §6º, da Constituição de 1988.

Nessas situações, o Poder Público também sofre perdas arrecadatórias (*gastos tributários*), pois se vale de uma técnica de fomento indireto de certas categorias de contribuintes, as quais são beneficiadas pela desoneração tributária (estratégia extrafiscal), com o fito de induzir comportamentos reputados de interesse coletivo.

Tal técnica indutora é chamada de *renúncia de receita*,[37] uma expressão ampla e adotada pelo legislador para abranger diferentes modalidades de benesses fiscais, cujos impactos orçamentários precisam ser mensurados, ainda que por estimativa, para a sua oportuna compensação, na forma determinada pela legislação de regência, especialmente o disposto no art. 14 da "Lei de Responsabilidade Fiscal" (LRF).[38]

---

[34] Conforme a exata dicção do art. 11 da LRF: "Constituem requisitos essenciais da responsabilidade na gestão fiscal a instituição, previsão e efetiva arrecadação de todos os tributos da competência constitucional do ente da Federação. *Parágrafo único*. É vedada a realização de transferências voluntárias para o ente que não observe o disposto no *caput*, no que se refere aos impostos".

[35] Cf. ASSONI FILHO, Sérgio. Imposto sobre grandes fortunas: reflexões à luz da ordem jurídica pátria. In: *Revista dos Tribunais*, ano 110, vol. 1023, p. 188-190, jan. 2021.

[36] Cf. SOUZA, Alessandra da Silva. *Da obrigatoriedade do exercício da competência tributária quanto ao ISSQN em municípios economicamente viáveis*. Disponível em: https:// www.emerj.tjrj.jus.br/revistas/curso-de-especializacao-em-direito-tributario/edicoes/3_2018/pdf/AlessandradaSilvaSouza.pdf. Acesso em: 18 nov. 2021.

[37] A Lei Complementar nº 101/2000 (Lei de Responsabilidade Fiscal – LRF) regulamenta tal fenômeno na Seção II (art. 14, *caput* e §§), de seu Capítulo III, que se intitula "*Da Renúncia de Receita*".

[38] Nos termos da LRF: "Art. 14. A concessão ou ampliação de incentivo ou benefício de natureza tributária da qual decorra renúncia de receita deverá estar acompanhada de estimativa do impacto orçamentário-financeiro no exercício em que deva iniciar sua vigência e nos dois seguintes, atender ao disposto na lei de diretrizes orçamentárias e a pelo menos uma das seguintes condições: I - demonstração pelo proponente de que a renúncia foi considerada na estimativa de receita da lei orçamentária, na forma do art. 12, e de que não afetará as metas de resultados fiscais previstas no anexo próprio da lei de diretrizes orçamentárias; II - estar acompanhada de

Em suma, a discricionariedade em matéria impositiva fiscal é apenas relativa, pois é prioritária a obtenção de recursos para concretizar os objetivos constitucionais fundamentais, tendo que ser criteriosa e bem motivada toda decisão pelo não exercício impositivo, máxime em cenários de escassez material, pois não é lídimo à prática gestora fiscal, e até paradoxal, deixar de explorar todo o potencial de captação de recursos em cada esfera federativa e, paralelamente, tentar justificar a realização de "escolhas trágicas" em razão da insuficiência de meios financeiros.[39]

Dessa maneira, do que se extrai do próprio ordenamento, a intervenção estatal no domínio econômico, tanto na provisão quanto na alocação de recursos, deve ser a expressão concreta de políticas públicas que persigam a eficácia social dos direitos fundamentais.[40]

No mais, decisões gestoras por tributar ou deixar de tributar, seja com o fim precípuo de arrecadar ou mesmo de induzir comportamentos, mediante estímulos ou desestímulos fiscais, precisam ser tomadas para instrumentalizar o cumprimento das atribuições legalmente fixadas para cada esfera federativa. Neste sentido, para serem legítimas, tais decisões políticas fiscais não podem se apartar dos referidos parâmetros constitucionais e infraconstitucionais.

4 Ineficiência na gestão fiscal e perspectiva de responsabilização

A gestão pública deve estar voltada ao atendimento das demandas coletivas prioritárias, para tanto, o exercício da *função administrativa*, a cargo do Poder Executivo de forma típica e dos Poderes Legislativo e Judiciário de forma atípica,[41] assenta-se em diretrizes básicas, como dispõe o art. 37, *caput* da Constituição de 1988, que elenca expressamente cinco princípios a observar no trato da coisa pública, a saber: legalidade, impessoalidade, moralidade, publicidade e eficiência. Em particular, no que respeita à fiscalização e controle da atividade financeira estatal, o mesmo texto magno, em seu art. 70, *caput*, põe em evidência os aspectos da legalidade, legitimidade, economicidade e da concessão de benefícios fiscais.

A consideração dos supramencionados predicados constitucionais torna factível avaliar a adequação no trato administrativo dos recursos financeiros disponíveis (coletados e a coletar), reservados que estarão à satisfação das necessidades da cidadania.

---

medidas de compensação, no período mencionado no caput, por meio do aumento de receita, proveniente da elevação de alíquotas, ampliação da base de cálculo, majoração ou criação de tributo ou contribuição. §1º. A renúncia compreende anistia, remissão, subsídio, crédito presumido, concessão de isenção em caráter não geral, alteração de alíquota ou modificação de base de cálculo que implique redução discriminada de tributos ou contribuições, e outros benefícios que correspondam a tratamento diferenciado. §2º. Se o ato de concessão ou ampliação do incentivo ou benefício de que trata o caput deste artigo decorrer da condição contida no inciso II, o benefício só entrará em vigor quando implementadas as medidas referidas no mencionado inciso. §3º. O disposto neste artigo não se aplica: I - às alterações das alíquotas dos impostos previstos nos incisos I, II, IV e V do art. 153 da Constituição, na forma do seu §1º; II - ao cancelamento de débito cujo montante seja inferior ao dos respectivos custos de cobrança".

[39] A este respeito, vide a obra: CALABRESI, Guido; BOBBITT, Philip. *Tragic choices*: the conflicts society confronts in the allocation of tragically scarce resources. New York: W. W. Norton & Company, 1978.

[40] Cf. COSTA, Mariana Falcão Bastos. *A competência tributária na produção e no controle normativo*: da repartição constitucional das competências tributárias na federação brasileira ao seu (in) exercício pelos entes políticos municipais. Maceió: FD/UFAL (dissertação de mestrado), 2013, p. 120-123.

[41] Cf. MELLO, Celso Antônio Bandeira de. *Curso de direito administrativo*. 30. ed. São Paulo: Malheiros, 2013, p. 32-37.

Assim sendo, é fundamental que o gestor público demonstre comprometimento finalístico, sob pena de sua responsabilização, pois ele apenas administra os meios materiais submetidos aos seus cuidados, mas que nunca lhe pertenceram, tendo em vista que a sua titularidade foi atribuída pela ordem jurídica à coletividade dos cidadãos-administrados.[42]

A busca por autonomia financeira dos entes políticos é um teste elementar quanto aos referidos ímpetos gestores, pois a sua ausência fere mortalmente o pacto federativo, justamente por inviabilizar as bases de uma genuína República federativa, a qual se estrutura em diferentes esferas autonômicas para a consecução das respectivas atribuições materiais.

Não há como qualificar de eficiente uma gestão fiscal marcada pela inércia quanto ao seu poder-dever de implementação autônoma, especialmente no aspecto financeiro, uma vez que a inanição de recursos se irradia para todas as possíveis vertentes de atuação em prol da coletividade, gerando assim paralisia em cada âmbito federativo.

Nesse cenário, só pode ser qualificada como "eficiente" a gestão fiscal capaz de viabilizar *autossuficiência financeira* em cada esfera federativa, embora isso não seja o bastante, pois seu *caráter gerencial*[43] ainda terá que passar pelo crivo adicional da *eficácia social*. Isso quer designar que os processos decisórios dos entes políticos, concernentes à equação, de um lado, das receitas que se pode auferir pela via da tributação e, de outro, das destinações de despesas por meio das alocações orçamentárias, precisam ter seu padrão de desempenho avaliado não de maneira meramente formal, mas efetiva, mediante a apresentação dos *resultados obtidos* em face das necessidades públicas existentes.[44]

A eficiência administrativa é relevante balizador da discricionariedade na gestão pública, no sentido de que os valores constitucionais fundamentais precisam ser concretizados e, nesta medida, as políticas fiscais adotadas devem priorizar a garantia dos direitos sociais, haja vista a habitual insuficiência de recursos à disposição do aparato governamental.

Saliente-se que, constatada essa limitação material, virá a lume o desafiador binômio qualidade/economia, é dizer, a gestão fiscal deve ensejar um planejamento que possa prover ao menos o essencial, a despeito da contínua rarefação dos meios.

Ademais, negligenciar tal primazia em nosso sistema impele à provocação da jurisdição, instando o Poder Judiciário a promover um controle de legalidade diante da inadequação do *planejamento financeiro* dos entes políticos, pois em um Estado Democrático de Direito há natural possibilidade de apuração judicial de eventuais desvios de finalidade nas práticas gestoras *comissivas* ou *omissivas*.[45]

A persecução ao atendimento dos *interesses públicos primários* também é o fio condutor da *moralidade administrativa* em um Estado Democrático e Social de Direito. Em tal direção, será "moral" a gestão pública que pautar o exercício da função administrativa na consecução dos valores maiores de um Estado, os quais vêm revelados em sua própria Constituição.

---

[42] Cf. GOMES, Emerson Cesar da Silva. *Responsabilidade financeira:* uma teoria sobre a responsabilidade no âmbito dos tribunais de contas. Porto Alegre: Núria Fabris, 2012, p. 54-59.
[43] A tal respeito, vide a obra: BRESSER-PEREIRA, Luiz Carlos; SPINK, Peter Kevin (org.). *Reforma do estado e administração pública gerencial*. 7. ed. Rio de Janeiro: Editora FGV, 2014.
[44] Cf. NOHARA, Irene Patrícia. *Direito administrativo*. 9. ed. São Paulo: Atlas, 2019, p. 94.
[45] Cf. BROLIANI, Jozélia Nogueira. O controle judicial nas omissões no planejamento financeiro. In: *A&C – Revista de Direito Administrativo e Constitucional*, ano 5, n. 21, p. 126-133, jul./set. 2005.

A observância desse elemento finalístico, imanente a um contexto normativo republicano, confere respeitabilidade às decisões gestoras, cuja apuração se dará mediante três parâmetros: a) *probidade*; b) *razoabilidade*; e c) *cooperação*. Quanto à probidade, entenda-se a boa-fé dos gestores, os quais não podem se desviar das precípuas finalidades públicas em nome de outros interesses, tanto pessoais quanto meramente institucionais. No que respeita à razoabilidade, será responsável a decisão discricionária exercida após cotejar a adequação entre meios e fins, as necessidades prementes e a relação de custo-benefício em cada caso concreto. Por sua vez, a cooperação exige um agir administrativo que materialize uma comunhão de iniciativas, observadas as normas de competência fixadas pelo ordenamento jurídico.[46]

Assim sendo, todo ente federativo que dependa da aquisição de substrato material, para conseguir implementar políticas públicas voltadas ao atendimento das necessidades coletivas, terá no exercício da impositividade fiscal uma expressão da eficiência e moralidade gestoras, pois a tributação servirá de principal instrumental apto a fazer frente aos custos decorrentes da garantia aos direitos fundamentais, imprescindíveis à preservação da dignidade humana, na qualidade de fundamento republicano e supremo vetor da interpretação constitucional.

Afinal, arcar com encargos fiscais é *dever social fundamental* nas hodiernas Repúblicas,[47] sendo sagrada a proteção da propriedade privada, na condição de direito e garantia individual, contudo, a partir da consideração das seguintes premissas: a) ônus tributários serão suportados em consonância com a capacidade contributiva, também verificável pela própria expressão patrimonial da propriedade privada; b) não é absoluto o exercício do direito de propriedade, sendo primordial a sua função social; c) o direito de propriedade será exercido livremente apenas quanto ao patrimônio residual, isto é, quanto aos meios materiais restantes, que são aqueles mantidos legitimamente, após as incidências tributárias legalmente previstas.[48]

Por outro lado, como mencionado anteriormente, a decisão gestora pelo não exercício da impositividade fiscal também pode ter ensejo excepcionalmente, desde que haja justificativa plausível para tanto, como no caso das *renúncias de receitas* realizadas com fins extrafiscais (chamados regulatórios ou interventivos no domínio socioeconômico), sendo empregadas como técnica de fomento indireto, igualmente com potencial para alcançar escopos públicos, desde que sejam apontadas as medidas de compensação das desonerações tributárias a adotar, após a devida mensuração dos impactos orçamentários delas decorrentes.[49]

Fora dessas diretrizes republicanas, o não exercício impositivo fiscal se mostra iníquo, um verdadeiro desserviço ao pacto federativo, seja por não editar ato normativo apto à instituição dos tributos da respectiva competência (*omissão legislativa*), ou

---

[46] Cf. MATOS, Thiago Marrara de. *O conteúdo do princípio da moralidade: probidade, razoabilidade e cooperação*. Disponível em: http://www.revistas.usp.br/rdda/article/view/108986/107560. Acesso em: 24 nov. 2021.

[47] Sobre esse tema, vide a obra: NABAIS, José Casalta. *O dever fundamental de pagar impostos*: contributo para a compreensão constitucional do estado fiscal contemporâneo. Coimbra: Almedina, 2009.

[48] Cf. COSTA, Mariana Falcão Bastos. *A competência tributária na produção e no controle normativo*: da repartição constitucional das competências tributárias na federação brasileira ao seu (in) exercício pelos entes políticos municipais. Maceió: FD/UFAL (dissertação de mestrado), 2013, p. 65-69.

[49] A respeito da temática, vide: CORREIA NETO, Celso de Barros. *O avesso do tributo*: incentivos e renúncias fiscais no direito brasileiro. São Paulo: FD/USP (tese de doutorado), 2012.

por deixar de fazer valer sua capacidade tributária ativa, referente à cobrança e efetiva arrecadação dos correspondentes créditos tributários (*omissão executiva*).

Essas omissões impositivas fiscais, atentatórias ao federalismo cooperativo e ao equilíbrio do desenvolvimento socioeconômico do País, precisam ser reconhecidas e coibidas, ainda que isso requeira a provocação da jurisdição, inclusive, para que o juízo competente possa fixar medidas capazes de suprir o vazio institucional deixado pelos demais Poderes instituídos, nos termos da inércia declarada judicialmente e que haverá de ser superada.[50]

Nessa senda, algum legitimado do rol taxativo do art. 103, *caput*, I a IX, da Constituição[51] deve suscitar tal apreciação perante o Supremo Tribunal Federal (STF), mediante ajuizamento da competente *Ação Direta de Inconstitucionalidade por Omissão* – "ADO", na forma do art. 103, §2º, da Constituição,[52] que vem regulamentado nos arts. 12-A a 12-H da Lei nº 9.868/99, ou mesmo, em caráter subsidiário (omissão impositiva fiscal na esfera municipal), por meio da propositura da *Arguição de Descumprimento de Preceito Fundamental* – ADPF, nos termos do art. 102, §1º, da Constituição,[53] cuja regulamentação consta da Lei nº 9.882/99.

Reconhecida judicialmente a inconstitucional omissão impositiva fiscal no viés *legislativo*, isto é, quando o STF declarar que o não exercício da *competência tributária* não se justifica, tendo havido inércia indevida na edição do ato normativo instituidor do tributo, será fixado um prazo razoável para que a omissão seja sanada pelo respectivo Poder Legislativo, ao final do qual, a persistir tal omissão, caberá ao próprio tribunal adotar uma posição *concretista*,[54] em que ele mesmo elabora a norma ou indica norma análoga a aplicar no caso concreto, provisoriamente, até que cesse a *inertia deliberandi* daquela casa legislativa.

Desse modo, será prestigiada a efetividade das normas constitucionais, que possuem força normativa (caráter mandamental), além de preservar, a um só tempo, a intangibilidade da forma federativa de Estado e da separação dos Poderes, erigidas ao patamar constitucional das "cláusulas pétreas", na forma do art. 60, §4º, incisos I e III, do texto magno vigente.[55]

Tudo isso, sem prejuízo da aplicação da *sanção institucional* prevista no art. 11, parágrafo único, da Lei Complementar nº 101/2000 (LRF), no sentido de que o ente

---

[50] Cf. AFONSO, José Roberto Rodrigues; PORTO, Laís Khaled; CORREIA NETO, Celso Barros. As compensações financeiras da União aos Estados e a ação direta de inconstitucionalidade por omissão nº 25. *In: Revista do PPGD UFC*, v. 38, n. 1, p. 278-286, jan./jun. 2018.

[51] Na forma do art. 103, *caput* da Constituição de 1988: "Podem propor a ação direta de inconstitucionalidade e a ação declaratória de constitucionalidade: I - o Presidente da República; II - a Mesa do Senado Federal; III - a Mesa da Câmara dos Deputados; IV - a Mesa de Assembleia Legislativa ou da Câmara Legislativa do Distrito Federal; V - o Governador de Estado ou do Distrito Federal; VI - o Procurador-Geral da República; VII - o Conselho Federal da Ordem dos Advogados do Brasil; VIII - partido político com representação no Congresso Nacional; IX - confederação sindical ou entidade de classe de âmbito nacional".

[52] Assim estabelece a Constituição de 1988, no art. 103, §2º: "Declarada a inconstitucionalidade por omissão de medida para tornar efetiva norma constitucional, será dada ciência ao Poder competente para a adoção das providências necessárias e, em se tratando de órgão administrativo, para fazê-lo em trinta dias".

[53] Preceitua a Constituição de 1988, em seu art. 102, §1º: "A arguição de descumprimento de preceito fundamental, decorrente desta Constituição, será apreciada pelo Supremo Tribunal Federal, na forma da lei".

[54] A título de exemplo paradigmático, a respeito da posição *concretista* adotada pelo STF, vide o julgamento do Mandado de Injunção (MI) nº 708/DF – Relator Min. Gilmar Mendes – Data do julgamento: 25.10.2007.

[55] A Constituição de 1988 preceitua, em seu art. 60, §4º: "Não será objeto de deliberação a proposta de emenda tendente a abolir: I - *a forma federativa de Estado*; II - o voto direto, secreto, universal e periódico; III - *a separação dos Poderes*; IV - os direitos e garantias individuais" (grifos nossos).

federativo reconhecidamente omisso, quanto à impositividade fiscal em seu caráter legislativo, não receberá transferências voluntárias de recursos oriundos dos outros entes políticos.

Por sua vez, a situação é ainda mais grave quando seja reconhecida a inconstitucionalidade da omissão impositiva fiscal em sua perspectiva *executiva*, ou seja, quando o STF declarar que, a despeito da criação de um tributo economicamente viável, mediante a regular edição de seu ato normativo instituidor, o ente político não exerceu a sua *capacidade tributária ativa*, leia-se, a gestão deixou de fiscalizar a ocorrência dos fatos geradores, de constituir os créditos tributários e/ou de arrecadar os montantes correspondentes, mesmo sem justificativa aceitável para tal inação, o que denota uma *deliberada omissão*.

Registre-se que se entregar à "preguiça impositiva" pode ser uma tática da gestão pública, que tem ensejo por razões pragmáticas, embora nada republicanas: a) *estratégia eleitoreira*: agradar aos cidadãos-eleitores, que deixam de ser onerados pelo tributo instituído e, por conta disso, não identificam na pessoa do gestor a indesejada figura do "coletor de tributos", o que pode lhe render bons frutos eleitorais. Entretanto, será maior a probabilidade dos cidadãos permanecerem desatendidos em suas necessidades, em virtude da insuficiência de receitas, imprescindíveis à implementação das políticas públicas; b) *estratégia clientelista*: o gestor molda as políticas públicas a implementar conforme a disponibilidade de recursos exclusiva ou majoritariamente advindos das transferências fiscais obrigatórias de outros entes políticos. Desse modo, deixa de buscar receitas de acordo com as fontes arrecadatórias próprias, o que desequilibra o pacto federativo e, invariavelmente, acarreta menor disponibilidade material, fragilizando assim as iniciativas para concretizar políticas públicas em geral.

Dessa maneira, resta evidente que a omissão impositiva, em sua vertente executiva fiscal, configura *improbidade administrativa*, na forma da Lei nº 8.429/92, com as suas alterações posteriores, inclusive pela recente Lei nº 14.230/21, pois, *dolosamente se omitir de arrecadar tributos*, quando sejam notórias e generalizadas as carências materiais dos entes federativos, demonstra um comportamento refratário à preservação da integridade do patrimônio público e social (*violação intencional ao seu dever de agir*), uma vez que exercer o "poder-dever" de tributar é inerente à função administrativa. Mais precisamente, não arrecadar propositalmente receitas imprescindíveis à satisfação dos anseios coletivos prioritários (direitos fundamentais) é uma conduta ímproba, haja vista a vontade livre e consciente de alcançar resultado ilícito e típico, no caso, a *lesão ao erário*, na forma do art. 10, inciso X, da Lei nº 8.429/92.[56]

Saliente-se que a *omissão dolosa*, quanto à impositividade fiscal em seu aspecto executivo, não pode ser equiparada à mera "conduta irregular", verificada naqueles casos concretos em que decisões gestoras acabaram se revelando antieconômicas, pois as aplicações financeiras feitas não lograram êxito, em termos de alcançar os resultados vislumbrados.[57] Até porque, não exercer a "capacidade tributária ativa", em um cenário

---

[56] Estabelece a Lei nº 8.429/92, no art. 10, *caput* e inciso X: "Constitui ato de improbidade administrativa que causa *lesão ao erário* qualquer ação ou *omissão dolosa*, que enseje, efetiva e comprovadamente, perda patrimonial, desvio, apropriação, malbaratamento ou dilapidação dos bens ou haveres das entidades referidas no art. 1º desta Lei, e notadamente: (...). X - *agir ilicitamente na arrecadação de tributo* ou de renda, bem como no que diz respeito à conservação do patrimônio público; (...)" (grifos nossos).

[57] A respeito da diferenciação entre *improbidade* (conduta ilícita) e *irregularidade* (conduta antieconômica), vide: SALLES, Alexandre Aroeira. Ação de improbidade, controle externo e economicidade – as diferentes

de escassez material e sem ter em mira uma estratégia extrafiscal que possa compensar os impactos das "renúncias de receitas", é promover deliberadamente o pior resultado financeiro possível.

Em outras palavras, os investimentos governamentais sujeitos aos riscos de mercado (e que não deram o retorno esperado) não são comparáveis à decisão gestora de não arrecadar um tributo economicamente viável (coleta fiscal factível), pois esta, diferentemente daqueles, vem tipificada na Lei nº 8.429/92 (art. 10, inciso X), portanto, desde a sua gênese, vem indicada pelo legislador como uma forma temerária de gestão do patrimônio público e social.

Quando o legislador adotou a "lesão ao erário" como conduta típica e ilícita, deu ensejo à apuração da improbidade administrativa por meio de um *critério objetivo*, qual seja: a necessidade de comprovação de um *dano concreto*, isto é, de um efetivo prejuízo patrimonial sofrido pelos cofres públicos.[58] No mais, o ímpeto sancionador não deve ser contaminado pelo subjetivismo da atuação seletiva e de inspiração ideológica e/ou político-partidária.[59]

A Lei nº 8.429/92 fixa diversas *sanções pessoais* ao gestor público que der causa à comprovada "lesão ao erário", na forma do art. 12, caput, inciso II e §2º, quais sejam:[60]
  a) perda dos bens ou valores acrescidos ilicitamente ao patrimônio (caso ocorra);
  b) perda da função pública (vínculo existente no momento da infração, como regra);
  c) suspensão dos direitos políticos por até doze anos;
  d) pagamento de multa civil equivalente ao valor do dano (o juiz poderá aplicar em dobro);
  e) proibição de contratar com o Poder Público ou de receber benefícios ou incentivos fiscais ou creditícios, por até doze anos.

Lembrando que também se aplica a *sanção institucional* prevista no art. 11, parágrafo único, da Lei Complementar nº 101/2000 (LRF) ao ente federativo que estiver ligado ao gestor responsável pela omissão na impositividade fiscal executiva, ficando impedido de receber transferências voluntárias de recursos originários dos demais entes políticos. Desse modo, o reconhecimento judicial desta omissão dolosa, de fato, é mais gravoso, pois enseja tanto responsabilização pessoal (sanção do gestor público) quanto institucional (sanção do ente federativo).

---

consequências jurídicas entre a atuação administrativa ilegal e a antieconômica (ou irregular). *In: Revista de Direito Administrativo (RDA)*, v. 271, p. 223-250, jan./abr. 2016.

[58] Cf. FERRAZ JÚNIOR, Tércio Sampaio. *Renúncia fiscal, improbidade e ação civil pública*. Disponível em: https://revista.jfpe.jus.br/index.php/RJSJPE/article/view/31/33. Acesso em: 16 nov. 2021.

[59] Cf. SALGADO, Eneida Desiree; VIANA, Ana Cristina Aguilar. *Infrações na lei brasileira de improbidade*. Disponível em: https://www.academia.edu/42886298/Infra%C3%A7%C3%B5es_na_lei_brasileira_de_ improbidade. Acesso em: 20 nov. 2021.

[60] Assim determina a Lei nº 8.429/92, em seu art. 12, *caput*, inciso II e §2º: "Art. 12. Independentemente do ressarcimento integral do dano patrimonial, se efetivo, e das sanções penais comuns e de responsabilidade, civis e administrativas previstas na legislação específica, está o responsável pelo ato de improbidade sujeito às seguintes cominações, que podem ser aplicadas isolada ou cumulativamente, de acordo com a gravidade do fato: (...). II - na hipótese do art. 10 desta Lei, *perda dos bens ou valores acrescidos ilicitamente ao patrimônio*, se concorrer esta circunstância, *perda da função pública, suspensão dos direitos políticos até 12 (doze) anos, pagamento de multa civil equivalente ao valor do dano e proibição de contratar com o poder público ou de receber benefícios ou incentivos fiscais ou creditícios*, direta ou indiretamente, ainda que por intermédio de pessoa jurídica da qual seja sócio majoritário, *pelo prazo não superior a 12 (doze) anos*; (...). §2º. A multa pode ser aumentada até o dobro, se o juiz considerar que, em virtude da situação econômica do réu, o valor calculado na forma dos incisos I, II e III do caput deste artigo é ineficaz para reprovação e prevenção do ato de improbidade. (...)" (grifos nossos).

5 Conclusão

A coexistência de esferas federativas financeiramente autônomas depende de um esforço fiscal conjunto, é dizer, cabe a cada ente político explorar ao máximo suas próprias fontes de financiamento, pois estas foram delineadas de modo compatível com as atribuições fixadas pelo ordenamento, sob pena de não ser alcançado um equilíbrio desenvolvimentista, além de tornar inoperante o "pacto federativo" tal qual concebido pelo legislador constituinte.

Em nome desse escopo autonômico, os ciclos impositivos fiscais precisam ser completados com proficiência, isto é, como regra, os entes federativos têm que instituir e arrecadar os tributos que lhes caibam, exercendo em toda a sua extensão tanto as *competências tributárias* quanto as *capacidades tributárias ativas*, nos termos da partilha constitucional.

Uma interpretação sistemática do ordenamento indica haver *relativa faculdade impositiva*, no sentido de que os entes federativos podem deixar de instituir e de arrecadar seus tributos, com a condição de comprovar uma *excepcionalidade de interesse público*, por exemplo, demonstrando terem atingido autossuficiência material, ou que certas exações são inviáveis economicamente, ou que adotaram estratégias regulatórias de desoneração fiscal de setores específicos, os quais têm potencial para compensar o impacto das perdas arrecadatórias.

Assim, não há uma absoluta discricionariedade impositiva à disposição dos entes políticos, mas apenas a possibilidade de comprovar que, em caráter excepcional, também pode ser uma expressão republicana deixar de instituir e de arrecadar tributos.

De toda forma, para ser considerada *eficiente*, a gestão fiscal de cada ente político precisa pautar suas decisões na satisfação das demandas coletivas prioritárias, isto é, urge demonstrar a evolução dos resultados obtidos na persecução da *eficácia social dos direitos fundamentais*, pois qualquer política pública deve se voltar precipuamente à garantia da *dignidade humana*, na qualidade de fundamento desta República e de vetor interpretativo da Constituição.

Nessa direção, a desídia gestora para com o atendimento dos *interesses públicos primários* incita a provocação da jurisdição à realização do controle de legalidade, atinente ao desvio de finalidade no *planejamento financeiro* dos entes federativos. Até porque, revela-se atentatório ao federalismo cooperativo e ao equilíbrio do nosso desenvolvimento socioeconômico deixar de exercer a "impositividade fiscal" sem uma justificativa verossímil, a qual seja capaz de legitimar a decisão de não instituir os tributos da respectiva competência (*omissão legislativa*) ou de não arrecadar efetivamente os créditos tributários (*omissão executiva*).

A intervenção judicial se prestará a declarar a indevida inércia gestora, além de suprir tal vazio institucional em algumas situações (adoção da posição concretista pelo STF), em sede da *Ação Direta de Inconstitucionalidade por Omissão* (ADO), ou ainda, de forma subsidiária, quando se constatar omissões na esfera federativa municipal, mediante a propositura de uma *Arguição de Descumprimento de Preceito Fundamental* (ADPF).

Tal reconhecimento judicial, a cargo do STF, implicará a *sanção institucional* prevista no art. 11, parágrafo único, da Lei Complementar nº 101/2000, no sentido de que o ente federativo *omisso* quanto ao exercício do seu poder-dever impositivo fiscal (legislativo e/ou executivo) não receberá *transferências voluntárias* de recursos dos outros entes políticos.

No caso da omissão impositiva no viés executivo, o gestor público *dolosamente negligente* na arrecadação de tributo de sua competência (não exercício ilícito do poder-dever de agir) suportará diversas *sanções pessoais*, pois isso configura uma *conduta lesiva ao erário*, que é tipificada no art. 10, inciso X, da Lei nº 8.429/92, cujas penalidades aplicáveis vêm detalhadas no art. 12, *caput*, inciso II e §2º, deste diploma legal.

Resta contida em tal perspectiva sancionadora a esperança dos cidadãos-administrados de que as políticas públicas serão conduzidas de forma eficiente e republicana, ao menos no que respeita à coibição de indevidas omissões quanto ao exercício da "impositividade fiscal".

Referências

AFONSO, José Roberto Rodrigues; PORTO, Laís Khaled; CORREIA NETO, Celso Barros. As compensações financeiras da União aos Estados e a ação direta de inconstitucionalidade por omissão nº 25. *In: Revista do PPGD UFC*, v. 38, n. 1, p. 269-289, jan./jun. 2018.

AGUSTINI, Rodrigo. A competência tributária confrontada com o artigo 11 da lei complementar nº 101/2000. Disponível em: https://www.ibet.com.br/wp-content/uploads/2017/07/Rodrigo-Agustini-A-compet%C3%AAncia-tribut%C3%A1ria-confrontada-com-o-artigo-11-da-lei-complementar-n%C2%B0-1012000..pdf. Acesso em: 19 nov. 2021.

ASSONI FILHO, Sérgio. A lei de responsabilidade fiscal e o federalismo fiscal. *In*: CONTI, José Maurício (org.). *Federalismo fiscal*. Barueri: Manole, 2004.

ASSONI FILHO, Sérgio. Controle de constitucionalidade da lei orçamentária. *In*: CONTI, José Maurício; SCAFF, Fernando Facury (org.). *Orçamentos públicos e direito financeiro*. São Paulo: Revista dos Tribunais, 2011.

ASSONI FILHO, Sérgio. Imposto sobre grandes fortunas: reflexões à luz da ordem jurídica pátria. *In: Revista dos Tribunais*, ano 110, v. 1023, p. 183-206, jan. 2021.

ASSONI FILHO, Sérgio. *Transparência fiscal e democracia*. Porto Alegre: Núria Fabris, 2009.

ATALIBA, Geraldo. *Hipótese de incidência tributária*. São Paulo: Revista dos Tribunais, 1973.

BERCOVICI, Gilberto. *Desigualdades regionais, estado e constituição*. São Paulo: Max Limonad, 2003.

BRESSER-PEREIRA, Luiz Carlos; SPINK, Peter Kevin (org.). *Reforma do estado e administração pública gerencial*. 7. ed. Rio de Janeiro: Editora FGV, 2014.

BROLIANI, Jozélia Nogueira. O controle judicial nas omissões no planejamento financeiro. *In: A&C – Revista de Direito Administrativo e Constitucional*, ano 5, n. 21, p. 119-134, jul./set. 2005.

CALABRESI, Guido; BOBBITT, Philip. *Tragic choices*: the conflicts society confronts in the allocation of tragically scarce resources. New York: W. W. Norton & Company, 1978.

CANOTILHO, José Joaquim Gomes. *Direito constitucional e teoria da constituição*. 7. ed. Coimbra: Almedina, 2003.

CARRAZZA, Roque Antonio. Impossibilidade de conflitos de competência no sistema tributário brasileiro. Disponível em: https://www.ibet.com.br/wp-content/uploads/2019/07/Roque-Antonio-Carrazza.pdf. Acesso em: 19 nov. 2021.

CONTI, José Maurício. *Federalismo fiscal e fundos de participação*. São Paulo: Juarez de Oliveira, 2001.

CONTI, José Maurício. *O planejamento orçamentário da administração pública no Brasil*. São Paulo: Blucher, 2020.

CORREIA NETO, Celso de Barros. *O avesso do tributo*: incentivos e renúncias fiscais no direito brasileiro. São Paulo: FD/USP (tese de doutorado), 2012.

COSTA, Mariana Falcão Bastos. A competência tributária na produção e no controle normativo: da repartição constitucional das competências tributárias na federação brasileira ao seu (in) exercício pelos entes políticos municipais. Maceió: FD/UFAL (dissertação de mestrado), 2013.

DÓRIA, Antônio Roberto de Sampaio. *Discriminação de rendas tributárias*. São Paulo: José Bushatsky, 1972.

FERNANDES, Flávio Sátiro. Improbidade administrativa. In: *Revista de Direito Administrativo (RDA)*, v. 210, p. 171-181, out./dez. 1997.

FERRAZ JÚNIOR, Tércio Sampaio. Renúncia fiscal, improbidade e ação civil pública. Disponível em: https://revista.jfpe.jus.br/index.php/RJSJPE/article/view/31/33. Acesso em: 16 nov. 2021.

GOMES, Emerson Cesar da Silva. *Responsabilidade financeira*: uma teoria sobre a responsabilidade no âmbito dos tribunais de contas. Porto Alegre: Núria Fabris, 2012.

HESSE, Konrad. *A força normativa da Constituição*. Trad. Gilmar Ferreira Mendes. Porto Alegre: Fabris Editora, 1991.

HORTA, Raul Machado. Organização constitucional do federalismo. In: *Revista da Faculdade de Direito – FD UFMG*, v. 30, n. 28-29, p. 09-32, maio/out. 1985-1986.

LIMA FILHO, João Almeida de Barros. *A distribuição da competência legislativa tributária no Brasil e a obrigatoriedade do seu exercício*. Recife: FD/UFPE (dissertação de mestrado), 2003.

LÔBO, Marcelo Jatobá. Uma reflexão sobre o exercício da competência para instituir a contribuição de melhoria. Disponível em: https://core.ac.uk/download/pdf/79073416.pdf. Acesso em: 18 nov. 2021.

MATOS, Thiago Marrara de. O conteúdo do princípio da moralidade: probidade, razoabilidade e cooperação. Disponível em: http://www.revistas.usp.br/rdda/article/vie w/108986/107560. Acesso em: 24 nov. 2021.

MELLO, Celso Antônio Bandeira de. *Curso de direito administrativo*. 30. ed. São Paulo: Malheiros, 2013.

MENDONÇA, Cristiane. *Competência tributária*. São Paulo: Quartier Latin, 2004.

MORAES, Allan. *Competência tributária*: instituição e arrecadação de tributos no regime federativo. São Paulo: FD/PUC-SP (dissertação de mestrado), 2014.

MOTA, Marina Giacomelli. *O pacto federativo na constituição federal de 1988*: análise da competência tributária e da repartição das receitas tributárias. São Paulo: PPGD da UPM (dissertação de mestrado), 2015.

NABAIS, José Casalta. *O dever fundamental de pagar impostos*: contributo para a compreensão constitucional do estado fiscal contemporâneo. Coimbra: Almedina, 2009.

NOHARA, Irene Patrícia. *Direito administrativo*. 9. ed. São Paulo: Atlas, 2019.

OLIVEIRA, Regis Fernandes de. *Curso de direito financeiro*. 5. ed. São Paulo: Revista dos Tribunais, 2013.

PAULSEN, Leandro. *Curso de direito tributário*. 8. ed. São Paulo: Saraiva, 2017.

PISCITELLI, Tathiane. *Direito financeiro*. 5. ed. São Paulo: Método, 2015.

SALGADO, Eneida Desiree; VIANA, Ana Cristina Aguilar. Infrações na lei brasileira de improbidade. Disponível em: https://www.academia.edu/42886298/Infra%C3%A7%C 3%B5es_na_lei_brasileira_de_improbidade. Acesso em: 20 nov. 2021.

SALLES, Alexandre Aroeira. Ação de improbidade, controle externo e economicidade – as diferentes consequências jurídicas entre a atuação administrativa ilegal e a antieconômica (ou irregular). In: *Revista de Direito Administrativo (RDA)*, v. 271, p. 223-250, jan./abr. 2016.

SALTINI, Pedro Vinícius Gropello. *As desonerações de ICMS nas exportações e o pacto federativo brasileiro*: a ação direta de inconstitucionalidade por omissão nº 25 como o marco do reequilíbrio federativo. São Paulo: Instituto Brasiliense de Direito Público – IDP (dissertação de mestrado), 2020.

SARLET, Ingo Wolfgang. *A eficácia dos direitos fundamentais*. 2. ed. Porto Alegre: Livraria do Advogado, 2001.

SCAFF, Fernando Facury. Reserva do possível, mínimo existencial e direitos humanos. In: PIRES, Adilson Rodrigues; TORRES, Heleno Taveira (org.). *Princípios de direito financeiro e tributário* – Estudos em homenagem ao Professor Ricardo Lobo Torres. Rio de Janeiro: Renovar, 2006.

SCHOUERI, Luís Eduardo. *Direito tributário*. 4. ed. São Paulo: Saraiva, 2014.

SILVA, José Flávio da. *A influência dos fatores econômicos na arrecadação da contribuição de melhoria nos municípios brasileiros*. Fortaleza: FE/UFC (dissertação de mestrado), 2013.

SOUZA, Alessandra da Silva. Da obrigatoriedade do exercício da competência tributária quanto ao ISSQN em municípios economicamente viáveis. Disponível em: https:// www.emerj.tjrj.jus.br/revistas/curso-de-especializacao-em-direito-tributario/edicoes/3_ 2018/pdf/AlessandradaSilvaSouza.pdf. Acesso em: 18 nov. 2021.

TOMÉ, Fabiana Del Padre; FREIRE, Marcos Egg. Competência legislativa tributária e o seu não exercício ou exercício tardio: uma análise à luz da teoria dos atos de fala e da lógica jurídica. *In: Revista Quaestio Iuris*, v. 14, n. 2, p. 779-796, 2021.

VALLE, Maurício Dalri Timm do. Considerações sobre as características da competência tributária no Brasil. *In: Revista do Instituto do Direito Brasileiro (RIDB)*, ano 2, n. 12, p. 14.381-14.415, 2013.

Informação bibliográfica deste texto, conforme a NBR 6023:2018 da Associação Brasileira de Normas Técnicas (ABNT):

ASSONI FILHO, Sérgio. Omissão impositiva fiscal e ineficiência administrativa: uma perspectiva de responsabilização na gestão pública. *In*: CONTI, José Maurício; MARRARA, Thiago; IOCKEN, Sabrina Nunes; CARVALHO, André Castro (coord.). *Responsabilidade do gestor na Administração Pública*: aspectos fiscais, financeiros, políticos e penais. Belo Horizonte: Fórum, 2022. p. 276-294. ISBN 978-65-5518-411-2. v.2.

A CARÊNCIA DE EFICÁCIA DA RESPONSABILIZAÇÃO FRENTE À INOBSERVÂNCIA DA ORDEM CRONOLÓGICA DE PAGAMENTOS NAS CONTRATAÇÕES PÚBLICAS: INOVAÇÕES INTRODUZIDAS PELA LEI Nº 14.133/2021

DORIS DE MIRANDA COUTINHO

1 Introdução

O Estado, como modo de organização política do poder, reclama estruturas administrativas que permitam levar a efeito atividades voltadas à consecução dos interesses do povo, o que lhe fornece legitimidade. Para atingir esse propósito – por meio da prestação de bens e serviços –, o Poder Público atua diretamente, mediante aparato próprio dos quadros administrativos, mas também indiretamente, por intermédio da contratação de particulares. Essa dualidade de regimes pelos quais o Estado persegue os objetivos públicos deflui da incapacidade de que este assuma por completo e de forma exauriente todas as atividades necessárias ao atendimento das demandas sociais.

Diante da necessidade de contratar obras, serviços e o fornecimento de bens, mediante a estipulação de contratos administrativos, e porque inserido numa ordem democrática de Direito, cumpre ao Estado conceder um modelo que possibilite a quitação das obrigações de pagamento oriundas dessas avenças de forma a prevenir abusos. Em outros termos, conforme coloca Barros (2020, p. 63), trata-se de indagar "como organizar o dispêndio desses recursos públicos empregados no pagamento de particulares de forma isonômica e pessoal".

Ainda como decorrência da submissão do Estado à ordem democrática e republicana de Direito, não se lhe atribui liberdade irrestrita para a regência das atividades públicas; atua, portanto, dentro das balizas normativas (impregnadas em regras e princípios jurídicos) fundadas na objetificação do propósito funcional do Estado – o alcance do interesse coletivo. A ideia motriz deste enquadramento, de efeito, é afastar os espaços de subjetividade que possam se converter em arbitrariedade e favoritismos ou atuações à margem do Direito e que, por isso, revelem-se injustas.

Tal é a razão subjacente para a realização de concursos públicos; para a efetivação de procedimentos licitatórios e, por que não, para a operacionalização dos pagamentos devidos pela Administração Pública àqueles com quem ela contrata.

Dado que o funcionamento do aparato administrativo e a consecução dos fins públicos demandam a firmação de um número significativo de contratos administrativos com particulares prestadores de serviços e fornecedores de bens, que geram obrigações pecuniárias para o Poder Público, o ordenamento jurídico deve consagrar esquemas que permitam conciliar o adimplemento destas obrigações à pauta de valores que rege a Administração, em especial os princípios da isonomia, da impessoalidade e da moralidade, que encontram eco na Constituição Federal, bem assim que forneçam segurança aos credores de que os seus créditos não serão preteridos. Este é o sentido que orientou a inserção do art. 5º na Lei nº 8.666/1993, cuja dicção transcreve-se:

> Art. 5º Todos os valores, preços e custos utilizados nas licitações terão como expressão monetária a moeda corrente nacional, ressalvado o disposto no art. 42 desta Lei, devendo *cada unidade da Administração*, no pagamento das obrigações relativas ao *fornecimento de bens, locações, realização de obras e prestação de serviços*, obedecer, *para cada fonte diferenciada de recursos*, a estrita ordem cronológica das *datas de suas exigibilidades*, salvo quando presentes relevantes razões de interesse público e mediante prévia justificativa da autoridade competente, devidamente publicada.

A consignação de termos cujos contornos são imprecisos, a utilização de conceitos jurídicos indeterminados e a ausência de aprofundamento em outros dispositivos a respeito da operacionalização do dispositivo resultaram em impasses interpretativos quanto às fronteiras jurídicas do dever de observância do pagamento conforme a ordem cronológica; somadas tais circunstâncias à carência de mecanismos efetivos de controle sobre o cumprimento da norma, observou-se, ao longo da vigência da Lei nº 8.666/93, um déficit atávico de eficácia na responsabilização calcada na inobservância da fila de pagamentos em relação às obrigações pecuniárias da Administração Pública. Tais aspectos serão defrontados nos dois primeiros segmentos deste trabalho.

Com o advento da Lei nº 14.133/2021, que introduziu novo regime jurídico das licitações e contratações públicas no Brasil, trazendo maior detalhamento normativo acerca da ordem de adimplência, nada obstante compartilhe vigência com a Lei nº 8.666/1993 até abril de 2023,[1] pode-se aventar a potencialidade de reversão do vácuo eficacial em termos de responsabilização dos administradores públicos que não cumprem tal obrigação. Este é o objeto do segmento final do trabalho.

---

[1] Esta é a inteligência que ressai dos artigos 191, 193, incisos I e II, e 194 da Lei nº 14.133/2021, ao propugnarem que o diploma entra em vigor na data de sua publicação, sem embargo da vigência simultânea das Leis nº 8.666/1993, nº 10.520/2002 e dos artigos 1º a 47-A da Lei nº 12.462/2011, as quais serão revogadas apenas após 2 (dois) anos da publicação da Lei nº 14.133/2021, que se deu em 1º de abril de 2021. Ademais, até o decurso do aludido prazo de vigência simultânea, a Administração poderá optar por licitar ou contratar diretamente de acordo com a nova lei ou de acordo com as leis até então vigentes, e a opção escolhida deverá ser indicada expressamente no edital ou no aviso ou instrumento de contratação direta, vedada a combinação das leis.

2 Traçando as fronteiras jurídicas acerca do dever de atendimento à ordem cronológica de pagamentos

Conforme assinalado, o art. 5º, *caput*, da Lei nº 8.666/1993 estatui que o pagamento das obrigações pertinentes ao fornecimento de bens, locações, realização de obras e prestação de serviços deve obedecer, em cada unidade administrativa, conforme cada fonte diferenciada de recursos, à estrita ordem cronológica de suas exigibilidades. E, no caso da quebra de ordem, por força de relevantes razões de interesse público, deve haver justificativa, devidamente publicada, da autoridade competente.[2]

Em ordem a compreender o conteúdo da obrigação extraída do dispositivo legal, surge imprescindível interpretar sistematicamente as expressões empregadas pelo legislador, mormente em virtude da ausência de detalhamento que viabilize a apreensão plena do verdadeiro alcance da ordem de preferência ali instituída, o que reclamou a instituição de procedimentos internos em cada unidade pagadora responsável.[3]

Nesse diapasão, importa elucidar os elementos que compõem a formação da fila de preferência e suas subdivisões.

De início, avulta destacar a referência legal à existência de ordens específicas para cada unidade da Administração, compreendida como a estrutura desconcentrada das entidades públicas dotadas de personalidade jurídica. Desta feita, existiriam tantas cronologias para o pagamento das obrigações relativas a fornecedores quantos fossem os órgãos públicos integrantes da arquitetura administrativa. Assim, conecta-se a descentralização dos recursos financeiros à existência de várias filas nos órgãos setoriais, de sorte que, a título de exemplo, o numerário liberado à Secretaria do Estado da Educação estaria restrito ao pagamento cronológico das obrigações exigíveis deste órgão público. Aludida interpretação, a propósito, encontra amparo na Instrução Normativa nº 2, de 6 de dezembro de 2016, cujo §1º do art. 2º propugna o desdobramento da ordem cronológica de pagamentos por unidade administrativa, dispondo incumbir à autoridade competente de cada unidade estabelecer a ordem de priorização de pagamento entre as categorias contratuais.

---

[2] Sobreleva destacar que a Lei nº 8.666/93 previa, em seu artigo 92, crime consistente no pagamento de fatura com preterição da ordem cronológica de sua exigibilidade; dispositivo que quedou revogado pela Lei nº 14.133/2021, que fez incluir, todavia, disposição semelhante no artigo 337-H do Código Penal, consignando, neste caso, pena de reclusão de 4 (quatro) a 8 (oito) anos, e multa.

[3] Com efeito, buscando fortalecer a fiscalização sobre o cumprimento do art. 5º da Lei nº 8.666/1993, a Associação dos Membros dos Tribunais de Contas no Brasil (Atricon) editou a Resolução nº 08/2014, que aprovou as diretrizes de controle externo Atricon 3.206/2014 relacionadas à temática "Os Tribunais de Contas do Brasil e o controle do cumprimento do art. 5º da Lei nº 8.666/93: ordem nos pagamentos públicos". Dentre as diretrizes fixadas no documento, situa-se a exortação aos jurisdicionados, para que promovam a edição de norma local que discipline o cumprimento do art. 5º da Lei nº 8.666/93, contemplando: (i) a ocasião em que o credor deverá ser inserido na respectiva sequência, considerando (a) a demonstração, para ingresso na fila, do adimplemento da parcela contratual mediante a apresentação de fatura ou documento equivalente pelo contratado, a ser conformada na liquidação de despesa; (b) o cumprimento das demais condições legais e contratuais exigíveis, como a regularidade fiscal, trabalhista e com a seguridade social, dentre outras, também a serem confirmadas na liquidação da despesa; (ii) as hipóteses de suspensão da inscrição do crédito na ordem cronológica de pagamento, em razão da ausência de demonstração do cumprimento das condições legais e contratuais pelo contratado; (iii) a fixação de prazo máximo para a realização da liquidação e para o efetivo pagamento, a contar do ingresso na linha de preferência, ou para a rejeição dos serviços prestados ou bens fornecidos, por desatendimento das exigências legais ou contratuais; (d) as situações que poderão vir a constituir, ainda que não de forma taxativa, relevantes razões de interesse público, a permitir excepcionar a regra da ordem cronológica, a propósito do que estabelece a parte final do artigo 5º, caput, da Lei nº 8.666/93".

Noutro viés, o dispositivo em comento determina também a divisão da ordem de pagamentos conforme cada fonte diferenciada de recursos. Trata-se da identificação da despesa a ser realizada para o adimplemento da contratação. A fonte de recursos de uma despesa é definida na utilização do orçamento da unidade gestora, ou seja, quando o empenho é emitido, ele vincula determinado recurso a uma despesa. Pode-se fazer alusão, neste caso, às categorias econômicas descritas no capítulo III, art. 12, da Lei nº 4.320/1964, referentes às despesas correntes (despesas de custeio e transferências correntes) e despesas de capital (investimentos, inversões financeiras e transferências de capital).

Outrossim, o art. 5º, *caput*, da Lei nº 8.666/93 alude, para efeito de inclusão na esteira de pagamentos, as obrigações relativas a diferentes categorias contratuais ou elementos de despesa – fornecimento de bens, locações, realização de obras e prestação de serviços –, o que poderia conduzir à necessidade de promover nova subdivisão em termos de adimplemento. Essa possibilidade, todavia, foi rechaçada pelo Tribunal de Contas da União, quando da prolação do Acórdão nº 2.360/2018-Plenário, de relatoria do Ministro Vital do Rêgo, em 10.10.2018, ocasião em que, ao acolher os argumentos da unidade instrutiva, negou que se possa dessumir da redação do art. 5º, *caput*, daquele diploma normativo, autorização para organização da ordem de pagamento com base no critério de categorias do contrato, vez que o critério principal a ser adotado diz respeito à fonte diferenciada de recursos, determinando, destarte, à Secretaria de Gestão do Ministério do Planejamento, Desenvolvimento e Gestão, que adequasse a sua normativa interna, com vistas a suprimir referido desdobramento da ordem cronológica. Confira-se, pois, excerto do voto condutor do acórdão em referência:

> Não há dúvidas de que o art. 5º, caput, da Lei nº 8.666/1993 estabeleceu, de forma clara, que a ordem de pagamento deve se dar para cada fonte diferenciada de recursos. Em adição, trouxe a especificação dos tipos de contratos/gastos, a exemplo de fornecimento de bens, locações, prestação de serviços e realização de obras, sem, contudo, autorizar a organização da ordem de pagamento com base em tal critério, a exemplo do que restou estabelecido pela dita IN [Seges/MP nº 02/2016, de 6 de dezembro de 2016] em seu art. 2º.
> [...]
> Desse modo, ao acolher as conclusões da equipe de auditores, com as considerações adicionais da diretora da Selog (peça 45), julgo adequado que seja recomendado à Seges/MP que promova a revisão do IN Seges/MP 2/2016, em especial de seu art. 2º, de sorte a adequá-la aos estritos termos do que restou disposto no art. 5º, caput, da Lei nº 8.666/1993.

Assentados tais critérios de conformação da fila de créditos relativos a obrigações dos fornecedores a serem pagas pela Administração, importa avançar para definir a posição do crédito na ordem cronológica; assim, é preciso situá-lo no tempo. Nesse sentido, exsurge indispensável determinar o momento a partir do qual um crédito se torna exigível. Busca-se responder à questão relativa à ocasião (marco inicial) em que o credor deverá ser inserido na sequência de pagamentos, considerando a demonstração do adimplemento da parcela contratual e o cumprimento das demais condições legais e contratuais exigíveis.

Com efeito, a previsão lacônica consubstanciada na Lei nº 8.666/1993 quanto à apuração da exigibilidade não permite fixar um momento específico ou ato concreto cuja ocorrência determine a inserção do crédito na ordem de pagamentos. A falta de especificação normativa a este respeito prejudica o estabelecimento de rotinas e prazos para cada etapa da execução das despesas: atestes, conformidade documental, autorização de pagamento e efetivo pagamento. Desta feita, a identificação do ato cuja realização desencadeia a qualificação da obrigação como exigível não se apresenta clara, podendo-se identificar duas posições quanto à data de exigibilidade: uma primeira sustenta que essa se dá no dia imediatamente subsequente à ocorrência do recebimento definitivo do objeto contratado pela Administração Pública, nos termos do art. 73, inciso I, alínea "b", da Lei nº 8.666/93,[4] conforme constatação pelo gestor do contrato, surgindo prescindível a formalização do ato de recebimento mediante a apresentação de faturas ou conferência de atestos. Essa, por exemplo, é a posição sufragada por Marçal Justen Filho (2012, p. 119-120), para quem:

> É irrelevante se o recebimento definitivo verificou-se através da modalidade explícita, implícita ou presumida. Portanto, no primeiro dia subsequente ao recebimento definitivo produz-se automaticamente o efeito de inscrição do direito do particular na ordem de preferências instituída pelo art. 5º. [...]. A aquisição da eficácia média da obrigação da Administração dá-se de modo automático, sem necessidade de formalização em ato escrito. Dispensa interferência do particular tanto quanto da própria Administração. Ou seja, a dívida não depende, para tornar-se exigível, de algum documento formal encaminhado pelo particular. Justamente por isso, a prática de encaminhamento de faturas é algo irrelevante para o efeito da exigibilidade.

De outro lado, alega-se que o marco inicial, para fins de inclusão do crédito na esteira de pagamentos, é o recebimento da nota fiscal ou fatura pela unidade administrativa responsável pela gestão do contrato, de sorte que se considera ocorrido o recebimento [da nota fiscal ou fatura] no momento em que o órgão contratante atestar a execução do objeto do contato, bem assim analisar a conformidade documental.

Conquanto tenha endossado a posição que advoga o marco inicial da ordem cronológica a partir do ateste, o TCU consignou não ser desejável que referido ato seja seguido pela análise de conformidade documental, em face da ineficiência que impõe ao procedimento de liquidação da despesa, conforme firmado no Acórdão nº 2.938/2010-Plenário, de relatoria do Ministro Aroldo Cedraz. Nesta senda, defendeu a corte de contas que a Administração deve implementar controles que promovam a regular gestão contatual e que permitam identificar se todas as obrigações do contratado foram cumpridas antes do ateste do serviço.

Indicadas as principais vertentes a respeito da data de exigibilidade, parece assistir razão à primeira, eis que consonante com a interpretação lógica do quanto disposto no art. 40, inciso XIV, alínea "a", da Lei nº 8.666/1993, ao dispor que o prazo para pagamento (salvo aqueles decorrentes de despesas cujos valores não ultrapassem o

---

[4] Lei nº 8.666, de 21 de junho de 1993
Art. 73. Executado o contrato, o seu objeto será recebido:
I – em se tratando de obras e serviços:
a) provisoriamente, pelo responsável por seu acompanhamento e fiscalização, mediante termo circunstanciado, assinado pelas partes em até 15 (quinze) dias da comunicação escrita do contratado;
b) definitivamente, por servidor ou comissão designada pela autoridade competente, mediante termo circunstanciado, assinado pelas partes, após o decurso do prazo de observação, ou vistoria que comprove a adequação do objeto aos termos contratuais, observado o disposto no art. 69 desta Lei.

limite do inciso II do art. 24, cujo prazo é de cinco dias úteis, nos moldes do §3º do art. 5º daquela lei) não poderia superar trinta dias, contado a partir da data final do período de adimplemento de cada parcela. Em outros termos: se depois de ultrapassada a data final do período de adimplemento da parcela, inaugura-se o lapso de trinta dias para pagamento, deduz-se que a partir daí ela se torna exigível, a despeito da necessidade de formalidades adicionais. Além disso, submeter a inserção do crédito proveniente de obrigação adimplida pelo contratado na sequência de pagamentos a atos formais (atesto) a cargo do gestor facilita transações ilícitas.

Aspecto sobremodo relevante à definição do conteúdo normativo referente ao dever de observância da ordem cronológica, mas cujo tratamento na lei restou igualmente deficiente, dada a abertura em que escritos os seus termos, diz respeito às hipóteses excepcionais nas quais se viabilize a subversão ou quebra da sequência cronológica de pagamentos. No caso da Lei nº 8.666/93, o gestor pode se apartar da regra quando presentes "relevantes razões de interesse público", a teor do disposto na parte final do art. 5º, *caput*, previsão que abre margem inegavelmente ampla para o enquadramento de situações que, na prática, não são representativas das relevantes razões de interesse público, senão para os motivos subjetivos de administradores imbuídos de má-fé. Exige-se, ao menos, que a excepcionalização da cronologia dê-se mediante "prévia justificativa da autoridade competente, devidamente publicada", a significar que recairá sobre este pesado ônus argumentativo, a fim de comprovar a necessidade de antecipar determinados créditos.

3 Ineficácia dos impactos da norma contida no art. 5º, *caput*, da Lei nº 8.666/1993

De modo geral, é possível definir eficácia simplesmente como aptidão para produzir efeitos. Neste diapasão, uma norma jurídica revela-se eficaz caso esteja apta a produzir efeitos. Contudo, tal definição, por simples, não permite apontar a que tipo de efeitos se faz referência (SILVA, 2021). A este propósito, a doutrina costuma aludir a uma dicotomia que coopera para clarear as diferenças. De um lado, situa-se a eficácia jurídica, que corresponde à aptidão da norma para regular por completo as situações que se pretende regular, é dizer, a capacidade para criar direitos, impor deveres, estabelecer permissões, definir competências, entre outras. Noutro rumo, subsiste a eficácia social, também chamada efetividade, que remete à efetiva produção de efeitos e à efetiva regulação da realidade (SILVA, 2021). Cuida-se, neste último caso, de dar substrato social ao comando normativo, dotando-o de efetividade real à medida que se vê concretizado no plano dos fatos, atendendo à finalidade normativa de regular ou moldar comportamentos, ou seja, correspondente, ao "fato real de ela [a norma] ser efetivamente aplicada e observada, da circunstância de uma conduta humana conforme à norma se verificar na ordem dos fatos" (BARROSO, 1993, p. 85). Calha a lição de José Afonso da Silva (1964, p. 236), segundo o qual "a lei é tanto mais eficaz quanto mais se projeta no meio social, em que deve atuar; quanto mais seus termos abstratos se enriquecem de conteúdo social, do Direito".

Tais categorias eficaciais aproximam-se da abordagem empreendida por Khaitan (2021, p. 6-9), ao delinear o modelo teórico subjacente à definição das "instituições garantidoras (*guarantor institutions*)". Com efeito, o autor diferencia a eficácia em relação ao conteúdo das normas (similar à eficácia jurídica), para cuja realização se faz necessário implementar deveres primários de respeito (*respect*) e fortalecimento (*nourish*) do conteúdo da norma, de modo que não perca a sua relevância normativa sob circunstâncias cambiantes; e da eficácia em relação aos impactos da norma (similar à eficácia social), que concerne aos efeitos reais produzidos na sociedade em decorrência de sua aplicação, para cuja realização se fazem necessários deveres primários materiais reconduzíveis a ações físicas para implementação de direitos. Adiante se reproduzem, em tradução livre, as lições de Khaitan (2021, p. 8) sobre a dimensão de impacto das normas:

> Garantir o impacto de uma norma usualmente requer que essa seja tornada efetiva no mundo "real", normalmente através do exercício de capacidades materiais, ao invés de meramente expressivas. Elas normalmente requerem a realização de atos físicos: urnas precisam ser contabilizadas, estradas construídas, ruas patrulhadas, tributos coletados, riscos avaliados, e assim por diante. Ocasionalmente, porém, um ato-fala pode ser suficiente para satisfazer um dever primário material: por exemplo, um registrador de casamentos pode desempenhar a sua tarefa de casar um casal que satisfaça os requisitos legais necessários simplesmente pronunciando que estão casados nos termos reconhecidos pela lei, após seguiram o devido processo.

O fato é que o texto legal não produz efeitos sozinho.

Mirando, pois, o dever consignado no artigo 5º, *caput*, da Lei nº 8.666/93, consistente na observância da ordem cronológica de pagamentos, conforme a data de suas exigibilidades, sob a perspectiva da eficácia social ou da dimensão dos impactos reais produzidos pela norma, vê-se que tal dispositivo não encontrou supedâneo robusto no plano fático, eis que insubsistentes, na maioria dos entes federativos, políticas legislativas e executivas que intentem tornar efetiva a explicitação e o cumprimento da fila de créditos. O cenário revelado pela prática administrativa hodierna é de menoscabo à normatividade do texto legal, dada a quase inexistência de metodologias levadas a efeito pelas entidades públicas com vistas a dar transparência à cronologia e conferir isonomia aos pagamentos. Não se afigura incomum se deparar com notícias a respeito de esquemas corruptos montados a partir da cobrança de vantagens ilícitas pelo administrador público em ordem a proceder a antecipação do pagamento de faturas, em preterição àquelas cujas exigibilidades remonta a período anterior.

A tal propósito, impera trazer à baila o resultado de auditoria realizada pelo Tribunal de Contas, objeto do Acórdão nº 2.360/2018-Plenário, Rel. Min. Vital do Rêgo, de 10.10.2018, anteriormente referenciado, que promoveu o acompanhamento em órgãos federais a fim de perquirir a observância às disposições do art. 5º da Lei nº 8.666/93.[5] Com efeito, a corte federal de contas defrontou-se com deficiências atávicas na matéria,

---

[5] O acompanhamento objeto da decisão foi empreendido na Coordenação de Execução Orçamentária e Financeira do Ministério do Planejamento, Desenvolvimento e Gestão (CEOFI/MP), na Coordenação de Administração do Departamento de Polícia Federal (COAD/DPF, MJ) e na Secretaria do Superior Tribunal de Justiça (Secretaria/STJ), no período compreendido de 9.11.2017 a 17.11.2017 (fase de planejamento), 20.11.2017 a 8.12.2017 (fase de execução) e 11.12.2017 a 15.12.2017 e 17.1.2018 a 22.1.2018 (fase de elaboração do relatório). O escopo do trabalho de auditoria pretendeu verificar, por amostragem, os procedimentos adotados pelos órgãos para garantir a observância da ordem cronológica dos pagamentos, conforme cada fonte de recursos, nos termos do art. 5º da Lei nº 8.666/1993.

expressadas na falta de rotinas e prazos máximos para ateste nos recebimentos de material/serviço e para verificação da conformidade documental, de formato/metodologia ou ferramenta própria de acompanhamento dos processos de pagamento que detalhe e organize a ordem cronológica de conformidade com respectivas exigibilidades, a exemplo da elaboração de planilhas ou registros sistêmicos dos eventos relacionados ao pagamento, acessíveis aos agentes públicos envolvidos no processo e aos interessados; a ausência de registro e disponibilização aos interessados das justificativas para os casos de não realização do pagamento nas datas previstas em planilhas de execução financeira.

Cumpre destacar, para mais, na linha do quanto averbado por Binenbojm (2020, p. 77), que uma vez que os agentes respondem ao sinal de incentivos produzidos por determinadas estruturas institucionais, a percepção de ineficácia das normas jurídicas concernentes à adimplência de pagamentos devidos pelo Poder Público afeta a estrutura de custos, porquanto incute nos agentes de mercado a expectativa de inadimplemento ou adimplemento tardio do Estado, culminando no incremento dos preços ofertados nos processos de contratação. Por isso Justen Filho (2012, p. 117) assimila a regra da ordem de pagamentos à intangibilidade da equação econômico-financeira do contrato, nos seguintes termos:

> A relação entre encargos e vantagens, externada na oferta do particular aceita pela Administração integra, sem qualquer dúvida, a equação econômico-financeira do contrato administrativo. Quando o particular formula sua proposta, toma em vista a dilação de tempo necessária à obtenção do pagamento. Com efeito, é relevante para o particular o prazo em que sua obrigação é exigível, o que envolve um encargo para ele, mas também a determinação do prazo previsto na lei, no ato convocatório ou no contrato para que a Administração satisfaça própria obrigação
> Observe-se que de nada serviria a Constituição fornecer todas as garantias à intangibilidade da equação econômico-financeira se, ao mesmo tempo, liberasse a Administração para realizar o pagamento como e quando bem entendesse [...].

Logo, a implementação das medidas necessárias à concreção eficaz do comando vertido na Lei de Licitações assume relevância adicional, pois o desbalanceamento do complexo de incentivos que dimana das falhas regulatórias afeta a estrutura de preços e, no limite, a própria consecução do interesse público. Daí por que se revela importante a análise dos acréscimos produzidos por força do novo disciplinamento jurídico conferido ao tema das licitações públicas.

4 Regime jurídico-normativo proporcionado pela Lei nº 14.133/2021 e a expectativa de reversão do cenário de ineficácia

Passados 29 anos desde a promulgação da Lei nº 8.666/1993, a premência em remodelar e renovar as regras do procedimento licitatório, buscando solucionar as fragilidades do arcabouço normativo vigente, bem assim incorporar os entendimentos jurisprudenciais emanados do TCU[6] e as legislações supervenientes que trataram de

---

[6] Importa registrar o teor da Súmula nº 222/TCU, que impõe a observância, pelos demais entes federativos, das decisões do TCU acerca da aplicação das normas gerais de licitação. Confira-se: Súmula nº 222: As decisões o Tribunal de Contas da União, relativas à aplicação de normas gerais de licitação, sobre as quais cabe

aspectos inovadores acerca de licitações e contratos administrativos, a exemplo da Lei nº 10.520/2002 (Lei do Pregão), Lei nº 12.462/2011 (Lei do Regime Diferenciado de Contratação) e Lei nº 13.303/2016 (Lei das Empresas Estatais), o legislador brasileiro promulgou a Lei nº 14.133, de 1º de abril de 2021, trazendo novo regime jurídico-normativo concernente às licitações e contratos administrativos.

Dentre outras inovações salutares, destaca-se, para o propósito específico deste trabalho, o disciplinamento, em capítulo específico (capítulo X) acerca dos pagamentos realizados pela Administração Pública. Neste tópico se insere a necessidade de observância da ordem cronológica dos pagamentos, conforme se retira da dicção dos artigos 141 e 142 da nova lei, cuja transcrição acosto adiante:

> Art. 141. No dever de pagamento pela Administração, será observada a ordem cronológica para cada fonte diferenciada de recursos, subdividida nas seguintes categorias de contratos:
> I - fornecimento de bens;
> II - locações;
> III - prestação de serviços;
> IV - realização de obras.
>
> §1º A ordem cronológica referida no *caput* deste artigo poderá ser alterada, mediante prévia justificativa da autoridade competente e posterior comunicação ao órgão de controle interno da Administração e ao tribunal de contas competente, exclusivamente nas seguintes situações:
> I - grave perturbação da ordem, situação de emergência ou calamidade pública;
> II - pagamento a microempresa, empresa de pequeno porte, agricultor familiar, produtor rural pessoa física, microempreendedor individual e sociedade cooperativa, desde que demonstrado o risco de descontinuidade do cumprimento do objeto do contrato;
> III - pagamento de serviços necessários ao funcionamento dos sistemas estruturantes, desde que demonstrado o risco de descontinuidade do cumprimento do objeto do contrato;
> IV - pagamento de direitos oriundos de contratos em caso de falência, recuperação judicial ou dissolução da empresa contratada;
> V - pagamento de contrato cujo objeto seja imprescindível para assegurar a integridade do patrimônio público ou para manter o funcionamento das atividades finalísticas do órgão ou entidade, quando demonstrado o risco de descontinuidade da prestação de serviço público de relevância ou o cumprimento da missão institucional.
> §2º A inobservância imotivada da ordem cronológica referida no *caput* deste artigo ensejará a apuração de responsabilidade do agente responsável, cabendo aos órgãos de controle a sua fiscalização.
> §3º O órgão ou entidade deverá disponibilizar, mensalmente, em seção específica de acesso à informação em seu sitio na internet, a ordem cronológica de seus pagamentos, bem como as justificativas que fundamentarem a eventual alteração dessa ordem.
> Art. 142. Disposição expressa no edital ou no contrato poderá prever pagamento em conta vinculada ou pagamento pela efetiva comprovação do fato gerador.

Percebe-se, de pronto, ter havido a substituição da expressão "unidade da Administração", consignada no art. 5º, *caput*, da Lei nº 8.666/93, pelo termo

---

privativamente à União legislar, devem ser acatadas pelos administradores dos Poderes da União, dos Estados, do Distrito Federal e dos Municípios.

"Administração". Referida alteração, conquanto sutil, traduz mudança substancial no regime de cronologia dos pagamentos, uma vez que extingue o desdobramento das filas de créditos entre unidades administrativas desconcentradas, centralizando a ordem cronológica nas pessoas jurídicas de direito público, privilegiando, destarte, os critérios de fontes de recursos e por categoria de controle. Assim, por exemplo, falece sentido na existência de filas distintas para Secretarias vinculadas ao Poder Executivo, que passa a concentrar a sequência de pagamentos. A alteração apresenta-se positiva, pois encerra maneira de simplificar a estruturação de ordens de preferência na Administração Pública, reduzindo o esforço burocrático fragmentário que exigia o regime anterior, e que, por isso, gerava incentivos à inobservância da lei.

Aliás, releva destacar que o regramento proporcionado pela Lei nº 14.133/2021, neste tocante, afasta a incongruência jurídica decorrente da Lei nº 8.666/93, porquanto cumpre aos entes dotados de personalidade jurídica própria efetivar contratações, e não às unidades fracionadas (órgãos), visto que essas não são sujeitos de direitos e obrigações.

Em segundo plano, nota-se a referência expressa, contida no art. 141 da Lei nº 14.133/2021, à subdivisão da ordem cronológica à luz do critério correspondente a categorias de controle, elencadas nos quatro incisos desse dispositivo (fornecimento de bens, locações, prestação de serviços e realização de obras). Aqui, resta clara a inspiração que buscou o legislador no teor do disposto do art. 2º da Instrução Normativa nº 2, de 6 de dezembro de 2016, da Secretaria de Gestão do Ministério do Planejamento, Desenvolvimento e Gestão, outrora referida. Aludida previsão, contudo, ao trazer a necessidade de adoção de diversas planilhas (uma para cada categoria de contrato), tende a burocratizar e enrijecer o processo de execução dos pagamentos, dificultando a operacionalização e o controle pelo órgão e, em qualquer cenário, as despesas deverão estar vinculadas às respetivas fontes indicadas no momento do empenho. Logo, não parece prudente a separação por categoria de gasto para a ordenação de pagamentos, visto que gera complexidades que podem obstar a efetividade da norma em questão, repristinando o cenário anterior de ineficácia.

Outro aspecto merecedor de destaque respeita à retirada da menção à exigibilidade dos créditos para efeito de inclusão na sequência de pagamentos. Enquanto o regime legal pertinente à Lei nº 8.666/93 ressentia de especificação quanto ao conteúdo jurídico e semântico da "exigibilidade", a Lei nº 14.133/2021 suprimiu o termo, tornando ainda mais incerto o marco inicial da inscrição na ordem de pagamento, cujos contornos deverão se dar mediante regramentos internos que disciplinem as planilhas para obediência ao art. 141 da nova lei.

Tendente a fomentar a efetividade dos pagamentos é a enumeração, em rol exaustivo,[7] das hipóteses excepcionais nas quais se admite a quebra da ordem de pagamentos, consignadas nos incisos I, II, III, IV e V, §1º, do art. 141 da nova lei, em reposição à textura aberta que caracteriza a exceção contida no art. 5º, *caput*, da Lei nº 8.666/93. Veja-se, nesse sentido, que a integridade das situações arroladas no art. 141, §1º, está associada a contratações emergenciais, cujo pagamento, caso tenha de aguardar o andamento das obrigações com datas de exigibilidade precedentes, poderá comprometer

---

[7] Tal inferência decorre da utilização do vocábulo "exclusivamente", pelo art. 140, §1º, da Lei nº 14.133/2021, ao se referir às situações autorizadoras da alteração da ordem cronológica de pagamentos.

a continuidade do objeto do contrato, da prestação de serviço público de relevância ou da própria existência da empresa.

Vale registrar, acerca dos casos excepcionais, a observação de Barros (2020, p. 70), no sentido de que, nos casos pertinentes ao pagamento a microempresas, empresas de pequeno porte, agricultor familiar, produtor rural pessoa física, microempreendedor individual e sociedades cooperativas, bem assim o pagamento de serviços necessários ao funcionamento dos sistemas estruturantes e aqueles cujo objeto seja imprescindível para assegurar a integridade do patrimônio público ou para manter o funcionamento das atividades finalísticas do órgão ou entidade, haverá de ser demonstrado o risco de descontinuidade do cumprimento do objeto contratual. Essa restrição, contudo, deve ser interpretada extensivamente, de sorte a se assumir que o risco de descontinuidade referido nos dispositivos em tela deve ser real, objetivamente comprovado e não imputável ao contratado. Sendo assim, aduz Barros (2020, p. 70-71),

> [...] se o risco de descontinuidade ocorrer não por atraso imputável à Administração ou pela possibilidade de insuficiência de recursos para a realização futura do pagamento, mas sim devido à comprovada má-gestão ou gestão temerária da contratação pelo empresário, não há possibilidade de subversão à ordem cronológica para favorece-lo. Nesse caso, deve ser resolvido o contrato quando de seu inadimplemento e, se for o caso, levada a efeito uma contratação emergencial.

A propósito do acionamento das hipóteses excepcionais de quebra da ordem cronológica, a Lei nº 14.133/2021, no §1º do art. 141, passou a integrar as instâncias de controle interno e externo na apuração de enquadramento ou subsunção da justificação declinada pelo administrador e as situações tipificadas no dispositivo legal, eis que estabeleceu que deverá suceder a alteração motivada da ordem cronológica "a posterior comunicação ao órgão de controle interno da Administração e ao tribunal de contas competentes".

Além disso, fez-se incrementar no regime legal previsão específica a respeito do sancionamento do agente que deixar de observar, imotivadamente, a cronologia dos pagamentos. Caberá aos órgãos de controle levar adiante processos tendentes à responsabilização do gestor, tomando em perspectiva, por óbvio, os parâmetros dados pela Lei de Introdução às Normas do Direito Brasileiro, nos acréscimos produzidos pela Lei nº 13.655/2018, em particular no que toca à evidenciação do elemento subjetivo doloso ou do erro grosseiro, a teor do disposto no art. 28 daquela norma.

Por fim, importa assinalar o conteúdo do §3º do art. 141, da Lei nº 14.133/2021, que veicula a obrigação — aplicável a todos os entes federativos, ante o caráter nacional da norma neste ponto, por versar sobre normas gerais de licitação – da disponibilização, em base mensal, em seção específica de acesso à informação em seu sítio na internet, da ordem cronológica de seus pagamentos, bem como das justificativas que fundamentarem a eventual alteração dessa ordem. Nesse rumo, entendo que o descumprimento do preceito em questão, além de fazer incidir as sanções institucionais descritas no Capítulo IX da Lei Complementar nº 101/2000, referente à "Transparência, Controle e Fiscalização", reconduz à previsão contida no §2º do próprio art. 141, ao aduzir a aplicação de sanções pessoais ao agente que descumprir a ordem cronológica.

Depreende-se, destarte, do esquema normativo implementado pela nova lei de licitações e contratos, o enrijecimento do tratamento conferido à cronologia de pagamentos, dando papel de destaque às esferas de controle na apuração dos motivos que consubstanciam o ato de escape à ordem das exigibilidades, bem assim no monitoramento da publicidade dada aos registros.

5 Conclusão

A regra descrita no art. 5º, *caput*, da Lei nº 8.666/1993, reproduzida e ampliada em seu escopo na Lei nº 14.133/2021, perfaz mecanismo de tutela da isonomia, da moralidade e da impessoalidade no âmbito das contratações públicas, além de incidir diretamente na estrutura de custos da contratação, pois interfere na expectativa do licitante no tocante ao prazo de adimplemento da Administração.

A complexidade da operacionalização de sistema cronológico para pagamentos das obrigações relativas ao fornecimento de bens, locação, prestação de serviços e realização de obras, combinada com a deficiência de regulamentação verificada na Lei nº 8.666/93 forneceram as razões para a falta de eficácia social ou dimensão de impacto real da norma, de modo que se verificou, no plano fático, a insubsistência de metodologias transparentes que atendessem à exigência de observância da fila de créditos.

O incremento de regras que enrijeceram o tratamento conferido à ordem de pagamentos bem assim promoveu a integração das instâncias de controle interno e externo, pela Lei nº 14.133/2021, e permite evidenciar o alcance do dever de observância da ordem de pagamentos, além de dar supedâneo claro ao sancionamento do gestor descumpridor e impor às administrações a transparência com relação à sequência de pagamentos, conforme as respectivas datas de exigibilidade. A despeito das fraquezas regulatórias remanescentes na lei – vale citar a ausência de referência à exigibilidade, à segmentação sob o critério das categorias de contratos –, o parâmetro normativo favorece a implementação prática da ordem cronológica.

Referências

BINENBOJM, Gustavo. *Liberdade Igual*: o que é e por que importa. Rio de Janeiro: História Real, 2020.

BARROS, Pedro Henrique Fernandes. Ordem cronológica de pagamentos nas contratações públicas: procedimentos, relevância e inovações trazidas pela nova Lei de Licitações e Contratações Públicas aprovada pelo Congresso Nacional (Projeto de Lei nº 4.253/20). *In: Controle Externo: Revista do Tribunal de Contas do Estado de Goiás*, Belo Horizonte, ano 2, n. 4, p. 63-75, jul./dez. 2020.

BARROSO, Luís Roberto. *O Direito Constitucional e a efetividade de suas normas* – limites e possibilidades da constituição brasileira. 2. ed. Rio de Janeiro: Renovar, 1993, p.85.

BRASIL. Lei nº 8.666, de 21 de junho de 1993. Disponível em: http://www.planalto.gov.br/ccivil_03/leis/l8666cons.htm. Acesso em: 21 fev. 2022

BRASIL. Lei nº 14.133, de 1 de abril de 2021. Disponível em: http://www.planalto.gov.br/ccivil_03/_ato2019-2022/2021/lei/L14133.htm. Acesso em: 21 fev. 2022.

JUSTEN FILHO, Marçal. *Comentários à Lei de Licitações e Contratos Administrativos*. São Paulo: Dialética, 2012.

KHAITAN, Tarunabh. Guarantor Institutions. *Asian Journal of Comparative Law* (2021), 1-20 doi:10.1017/asjcl.2021.19. Cambridge University Press, 2021.

SILVA, José Afonso da. *Princípios do Processo de Formação das Leis no Direito Constitucional*. São Paulo: Revista dos Tribunais, 1964.

SILVA, Virgílio Afonso. *Direito Constitucional Brasileiro*. São Paulo: Editora da Universidade de São Paulo, 2021.

Informação bibliográfica deste texto, conforme a NBR 6023:2018 da Associação Brasileira de Normas Técnicas (ABNT):

COUTINHO, Doris de Miranda. A carência de eficácia da responsabilização frente à inobservância da ordem cronológica de pagamentos nas contratações públicas: inovações introduzidas pela Lei nº 14.133/2021. *In*: CONTI, José Maurício; MARRARA, Thiago; IOCKEN, Sabrina Nunes; CARVALHO, André Castro (coord.). *Responsabilidade do gestor na Administração Pública*: aspectos fiscais, financeiros, políticos e penais. Belo Horizonte: Fórum, 2022. p. 295-307. ISBN 978-65-5518-411-2. v.2.

O PESO DOS ENTENDIMENTOS DO TCU DIANTE DO SUPREMO E VICE-VERSA: QUEM POSSUI A PALAVRA FINAL SOBRE O CONTROLE PÚBLICO?

JOSÉ VICENTE SANTOS DE MENDONÇA
LUCIANO MORANDI BATALHA

1 Introdução

O artigo estuda alguns pontos de contato entre interpretações constitucionais realizadas pelo Supremo Tribunal Federal e pelo Tribunal de Contas da União. Buscar-se-á entender qual é a importância conferida pelo Supremo às interpretações constitucionais realizadas pelo TCU e vice-versa.

O trabalho se dividirá em quatro partes. Em primeiro lugar, apresentar-se-á a literatura que discute a competência judicial para dar um "sentido final" ao texto constitucional. Em seguida, serão apresentados casos em que a interpretação constitucional realizada pelo TCU foi submetida ao crivo do STF e se analisará como a Suprema Corte se portou. Também será avaliada a possibilidade de o TCU realizar modulação acerca das determinações do STF que limitam seu espaço de atuação. Por fim, serão apresentadas as conclusões.

2 A questão da "última palavra" acerca do sentido da Constituição

2.1 A discussão sobre a "última palavra" na interpretaçao constitucional

O sistema constitucional brasileiro reservou ao Supremo Tribunal Federal, em seu art. 103, o controle último da constitucionalidade das normas jurídicas. Seja pela competência de julgar originalmente ações de controle concentrado, seja pela análise dos casos que chegam à Corte pelo controle difuso incidental, cabe ao STF o juízo final sobre a conformidade do ordenamento infraconstitucional com a Constituição de 1988.

Entretanto, a noção de que a "última palavra" sobre a constitucionalidade de normas jurídicas cabe *exclusivamente* ao STF, ou mesmo ao Judiciário, vem sendo posta em xeque pela literatura e pelo funcionamento das instituições democráticas. Reconhece-se que há um espaço de disputa pelo sentido do texto constitucional, que não tem origem e não se encerra quando transita em julgado a decisão prolatada pelo órgão de cúpula do Judiciário. Há uma pluralização do universo de intérpretes,[1] com uma consequente e inevitável interação entre eles.

Além disso, verifica-se que atribuir ao Judiciário, ou a qualquer outra instituição, a palavra última sobre o sentido da constituição, pressupõe que o escolhido haveria de ser um intérprete melhor e mais legitimado para realizar tal julgamento, o que não parece justificável em uma democracia contemporânea.[2] De igual forma, as mudanças constantes nas situações fáticas em uma sociedade complexa – como a brasileira – dificultam a permanência de conceitos julgados.[3]

De fato, o reconhecimento da existência de um caráter "político"[4] da jurisdição constitucional não é novidade. O amplo catálogo de participantes no processo de busca do sentido do texto da constituição é fruto da sociedade plural dos dias de hoje, em que diversos agentes dialogam moldando o sentido da Constituição. Tal miríade de envolvidos configura o que Häberle chamou de "sociedade aberta dos intérpretes da constituição".[5]

Esta participação se reflete em mudanças no processo da jurisdição constitucional. É o caso, por exemplo, daquelas ocorridas no processo constitucional e que permitem maior permeabilidade da representação de grupos interessados na produção normativa, como as audiências públicas, ou na atividade jurisdicional, como a atuação de *amici curiae*.[6]

De igual modo, no cenário americano, Friedman reconheceu que a atuação da Suprema Corte é influenciada por forças que, *a priori*, seriam externas ao funcionamento de um tribunal. As cortes não possuiriam, sozinhas, a palavra final sobre o sentido da constituição, mas haveria interação constante do Judiciário com fatores externos. No estudo, o autor sistematizou os pontos de contato e as influências entre as funções exercidas por cortes constitucionais e fatores não jurídicos, como as interações entre magistrados das diferentes instâncias e com os Poderes Legislativo e Executivo.[7]

A abertura ultrapassa, inclusive, os limites da estrutura estatal. Há participação de agentes não ligados às instituições públicas.[8] A opinião pública, em particular, possui influência no funcionamento dos tribunais constitucionais.

Assim, a interpretação constitucional é entendida não como competência exclusiva de uma instituição estatal, mas sim como atividade desempenhada por uma miríade

---

[1] SOUZA NETO, Cláudio Pereira de; SARMENTO, Daniel. *Direito constitucional*: teoria, história e métodos de trabalho. Belo Horizonte: Fórum, 2012.

[2] TUSHNET, Mark. *Taking the constitution away from the courts*. New Jersey: Princeton University Press, 1999.

[3] VERSTRAELEN, Sarah. The Temporal Limitation of Judicial Decisions: The Need for Flexibility Versus the Quest for Uniformity. *German Law Journal*, 14 (9), 1687-1730, 2013.

[4] O termo "política" aqui não tem o sentido de um envolvimento partidário ou eleitoral, mas sim relacionado às interações do Poder Judiciário com outras esferas de poder, como o Executivo, o Legislativo, ou, como será o foco maior deste artigo, os Tribunais de Contas.

[5] HÄBERLE, Peter. *A sociedade aberta dos intérpretes da constituição*: contribuição para a interpretação pluralista e "procedimental" da constituição. Porto Alegre: Sérgio Antônio Fabris, 2002.

[6] SOUZA NETO, Cláudio Pereira de; SARMENTO, Daniel. *Op. cit.*

[7] FRIEDMAN, Barry. The Politics of Judicial Review. *Texas Law Review*, Vol. 84, p. 257, 2005, NYU, Law and Economics Research Paper No. 06-05, NYU Law School, *Public Law Research Paper* No. 06-04. Disponível em: https://ssrn.com/abstract=877328. Acesso em: 29.11.2021.

[8] HÄBERLE, Peter. *Op. cit.*

de forças, estatais ou não. Não se trata de esvaziar o papel de guarda da constituição dos Tribunais Constitucionais, mas de reconhecer que a atividade é mais complexa do que, em uma canetada, definir permanentemente o que diz a Constituição.

No próximo item, estudaremos o papel do TCU nesta multiplicidade de intérpretes.

2.2 O TCU como intérprete da Constituição na sociedade aberta

A Constituição da República traz diversos dispositivos que devem ser enfrentados no cotidiano da corte de contas federal. Isto sem falar na multitude de princípios previstos nas normas infraconstitucionais, que, em razão da constitucionalização do Direito Administrativo, deverão passar pela lente interpretativa da Constituição.[9]

O fenômeno ocorre em cenário de complexificação da sociedade e das relações sociais. Nele, as atribuições impostas à administração evoluem rapidamente, seja em sua estrutura burocrática, seja nos próprios serviços que lhe cabe regular.

Não é de se espantar que o controlador externo seja confrontado com casos em que a resposta final não seja clara ou imediata. Tomemos exemplo no qual há calamidade pública. Em razão da urgência, o gestor público realiza contratação emergencial. Ao fim da crise, solucionada pela atitude do gestor, percebe-se que a opção acabou por não respeitar item formal da dispensa de licitação. Neste cenário, o gestor será julgado pelo órgão controlador.

Aqui, estar-se-á diante de conflito entre os princípios constitucionais da legalidade e da eficiência. O TCU irá ponderar dois mandados de otimização, escolhendo um em detrimento do outro ou optando por meio-termo. É exercício interpretativo similar ao realizado pelos tribunais constitucionais nos casos difíceis.

Além da similitude metodológica, tem-se que a sistematização e os efeitos das interpretações prolatadas pelo TCU guardam outras semelhanças com as decisões do STF. O controlador externo federal pode editar súmulas, uniformizar entendimentos, reconhecer e retirar direitos dos administrados após o devido trâmite processual etc.

A atividade do TCU se mostra relevante inclusive para a efetivação de julgados do STF e de decisões legislativas, que, por vezes, determinam a implementação de políticas públicas e requerem acompanhamento.[10] O controle externo, ao interpretar o texto constitucional, pode atuar na garantia de direitos fundamentais em duas frentes: a primeira, no julgamento de demandas que orientam despesas públicas; a segunda, como auxiliar dos demais atores públicos, sempre dentro de suas competências.

O TCU é órgão que, frente à complexidade das atividades estatais, acaba frequentemente chamado para interpretar normas constitucionais. Cabe, portanto, estudar como o intérprete legitimado como final do texto constitucional – o STF – se porta diante da aplicação da Constituição pelo controlador externo federal.

---

[9] Apenas na nova lei de licitações (Lei Federal nº 14.133/21) há previsão de 21 princípios.
[10] Sobre a importância de acompanhamento contínuo de resultados para a efetivação de direitos fundamentais, ver: BARCELLOS, Ana Paula de. 30 anos da constituição de 1988: Direitos fundamentais, políticas públicas e novas questões. *In*: BARROSO, Luís Roberto; MELLO, Patrícia Campos. *A república que ainda não foi*: trinta anos da constituição de 1988 na visão da escola de Direito constitucional da UERJ. Belo Horizonte: Fórum, 2018.

3 O STF, o TCU e o sentido da Constituição

Há dois possíveis campos de interação entre as interpretações constitucionais do STF e do TCU. Elas ocorrem em (i) debates acerca do alcance das competências constitucionais atribuídas ao Tribunal de Contas; e em (ii) debates acerca do sentido das normas constitucionais aplicadas pelo TCU.

3.1 O peso da interpretação do controlador acerca de suas próprias competências: o alcance dos "poderes implícitos" da Corte de Contas

O rol de competências do Tribunal de Contas da União está previsto no art. 71 da Constituição da República. Além deste dispositivo, há previsão de competências no regimento interno do TCU e na lei de licitações e contratos.[11]

Ora, mas o fato é que a delimitação do campo de atuação da Corte de Contas passa por uma interpretação do texto constitucional. Eventuais divergências sobre o sentido do art. 71 se mostram fator fundamental para se entender como o STF valora a interpretação do TCU acerca de *suas próprias competências*.

A literatura especializada se divide em duas correntes em relação ao alcance desta extensão interpretativa. A primeira é contrária à expansão dos poderes de comando do TCU. Por essa vertente, a determinação de ordens de cumprimento obrigatório pelos gestores públicos ocorre apenas nos casos em que a Corte esteja analisando a legalidade do ato, e não sua performance ou sua eficácia. Em tais casos, o TCU estaria apenas autorizado a emitir recomendações não vinculantes, e não passíveis de sanção em caso de descumprimento.[12] De igual modo, haveria um dever de deferência, que impediria que o controle externo substituísse as atividades finalísticas dos demais agentes da administração.[13]

Por outro lado, para os defensores de postura intervencionista do TCU, a interpretação legitimadora parte de certa abertura constitucional. Segundo a corrente, a não definição de um rol limitado de medidas possíveis a serem aplicadas pelo TCU atrairia os chamados *poderes implícitos*,[14] justificados na medida em que seriam essenciais ao

---

[11] São previstas as seguintes competências: (i) aprovar ou rejeitar contas de responsáveis pela gestão de recursos públicos (CRFB, art. 71, II); (ii) aplicar multas a agentes públicos em caso de ilegalidade de despesas (art. 71, VIII); (iii) sendo identificado algum débito, imputá-lo a quem o tiver causado, constituindo título executivo (art. 71, §3º); (iv) determinar que sujeitos que tiverem fraudado licitações fiquem impossibilitados de contratar com o Poder Público por tempo determinado (art. 46 da Lei Orgânica do TCU); (v) determinar mudanças em editais de licitação já publicados, caso se constate ilegalidade (CRFB, art. 113, §2º, da Lei nº 8.666, de 1993); e (vi) suspender o curso de procedimentos licitatórios caso ilegalidades previamente apontadas pelo TCU não sejam sanadas pela Administração Pública (CRFB, art. 71, X, c/c art. 113, §2º, da Lei nº 8.666, de 1993).

[12] SUNDFELD, Carlos Ari; CÂMARA, Jacintho Arruda. Competências de controle dos Tribunais de Contas: Possibilidades e limites. *In*: SUNDFELD, Carlos Ari; ROSILHO, André. *Tribunal de Contas da União no Direito e na realidade*. São Paulo: Almedina, 2020.

[13] MENDONÇA, José Vicente Santos de. A propósito do controle feito pelos Tribunais de Contas sobre as agências reguladoras: em busca de alguns *standards* possíveis. *Revista de Direito Público da Economia – RDPE*, Belo Horizonte, ano 10, n. 38, p. 147-164, abr./jun. 2012.

[14] Com origem no Direito americano, mais especificamente no caso McCulloch vs. Maryland, julgado pela Suprema Corte Americana em 1819, esta teoria afirma que uma vez estabelecidas expressamente as competências e atribuições de um órgão estatal, este está implicitamente autorizado a utilizar os meios necessários para poder exercer essas competências.

cumprimento das funções da Corte.[15] Além disto, a previsão constitucional para que o Tribunal realize auditorias operacionais[16] daria ao TCU a competência para implementar medidas mais interventivas.[17]

Ainda segundo os defensores da posição, a expansão para um juízo qualitativo acerca da atividade administrativa não encontraria vedação no texto constitucional, que não haveria definido expressamente os limites dos efeitos de decisões do controlador na função de revisor de performance. Assim, a corrente defende que caberia ao Tribunal de Contas um papel de revisor não apenas da legalidade dos gastos e da execução orçamentária da Administração, mas também da qualidade da execução de suas funções precípuas.

Alguns entendimentos do TCU, como era de se esperar, adotam a posição mais expansiva de seu espaço de atuação. São exemplos disso a intervenção do TCU sobre a atuação das agências reguladoras em suas atividades-fim;[18] a possibilidade de se sustar diretamente contratos administrativos;[19] a desconsideração da personalidade jurídica de fornecedores de bens e serviços da Administração;[20] a decretação da indisponibilidade de bens de contratados.[21]

O STF, quando chamado a se manifestar acerca da interpretação do art. 71, frequentemente reconhece a existência dos poderes implícitos do TCU. É recorrente, nos julgados do Supremo, o reconhecimento de um "poder geral de cautela" do TCU.[22] O STF já manteve o bloqueio de bens de pessoa jurídica privada fornecedora de serviços da Administração Pública[23] e a invalidação de contrato diretamente pelo Tribunal de Contas da União.[24]

Apesar disto, a autointerpretação do TCU sobre suas competências não é absoluta diante do Supremo. Precedentes do STF afirmam que o art. 71 deve ser ponderado com outros dispositivos constitucionais. Medidas fundamentadas pela teoria dos poderes implícitos não poderiam se sobrepor, por exemplo, às garantias constitucionais do devido

---

[15] DANTAS, Bruno; GOMES, Valdecyr. A governança nas agências reguladoras: uma proposta para o caso de vacância. *Revista de Informação Legislativa: RIL*, Brasília, v. 56, n. 222, abr./jun. 2019.

[16] A INTOSAI define auditorias operacionais como "análise independente, objetiva e contável para determinar se as ações, sistemas, operações, programas, atividades e iniciativas públicas estão operando de acordo com os princípios da economicidade, eficiência e efetividade e se há oportunidade para aprimoramentos". (ISSAI 3100, disponível em: https://portal.tcu.gov.br/lumis/portal/file/fileDownload.jsp?fileId=8A8182A15C416B68015C82A2E40A6E52. Acesso em: 20 fev. 2022).

[17] RODRIGUES, Walton Alencar. O controle da regulação no Brasil. *Interesse Público – IP*, Belo Horizonte, ano 7, n. 33, p. 345-358, 2005.

[18] Vide Acórdão nº 1.704/2018 – plenário.

[19] Vide Acórdão nº 508/2018 Plenário.

[20] Neste sentido: Acórdão nº 1.421/2019 plenário; Acórdãos nºs 2005/2017 plenário, e 2014/2017 plenário.

[21] Neste sentido, vide os Acórdãos nºs 2.018/2018 plenário; 1.639/2018 plenário; 296/2018 plenário; 874/2018 plenário, além do incidente de uniformização de jurisprudência que culminou no Acórdão nº 321/2019 plenário.

[22] Neste sentido, observe-se o seguinte trecho do voto do min. Celso de Mello no MS nº 24.510/DF: "assentada tal premissa, que confere especial ênfase ao binômio utilidade/necessidade, torna-se essencial reconhecer especialmente em função do próprio modelo brasileiro de fiscalização financeira e orçamentária, e considerada, ainda, a doutrina dos poderes implícitos "que a tutela cautelar apresenta-se como instrumento processual necessário e compatível com o sistema de controle externo, em cuja concretização o Tribunal de Contas desempenha, como protagonista autônomo, um dos mais relevantes papéis constitucionais deferidos aos órgãos e às instituições estatais" (trecho do voto do Ministro Celso de Mello proferido no MS nº 24.510/DF, Relatora a Ministra Ellen Gracie, Plenário, DJ 19.03.2004).

[23] Vide MS nº 5.205/RS, MS nº 35.489/DF e MS nº 34.446/DF.

[24] Neste sentido: MS nº 26.547/DF.

processo legal. Assim, segundo precedente do STF, "o exercício da prerrogativa do TCU relacionada com a competência constitucional implícita para garantir o cumprimento de suas atribuições, conforme o art. 71 da Constituição Federal, encontra-se delimitada por outros valores constitucionais, em especial, o do devido processo legal", e o "poder geral de cautela não exime o TCU de observar o contraditório e a ampla defesa".[25]

No mesmo julgado, o Supremo entendeu que a Corte de Contas não pode substituir o juízo administrativo das agências reguladoras. No caso, estava *sob judice* um acórdão do TCU que, cautelarmente, determinou que a ANTT procedesse à revisão de rodovia concedida. Entendeu-se que a medida determinada pelo Tribunal de Contas havia usurpado competência da agência. Com efeito, parece se tratar do prestígio de uma "reserva de regulação" em detrimento de uma "reserva de controle".[26]

Outro aspecto, reconhecido pelo STF como limitador da atuação do TCU, é a necessidade de respeito à coisa julgada. Trata-se de prestigiar a primazia do Judiciário. Não havendo fato novo modificativo de direito, não cabe ao controlador desconsiderar a coisa julgada.[27]

Percebe-se, então, que a interpretação realizada pelo TCU acerca do art. 71 goza de peso relevante no Supremo, que aceita a existência de um "poder geral de cautela implícito" em prol do controlador. Não se trata, contudo, de peso absoluto. Há casos em que o STF impõe restrições à autointerpretação expansiva das competências do TCU. Em tais situações, ponderam-se os poderes implícitos com valores como a segurança jurídica, o devido processo legal e a separação de poderes.

3.2 O peso da intepretação do TCU acerca de normas de Direito Público

Além do debate acerca do alcance das competências do Tribunal de Contas da União, o STF também avalia se o decidido pela Corte de Contas estava materialmente certo ou errado.

O espaço para realização deste tipo de análise é menor. O STF consolidou a jurisprudência no sentido da deferência ao mérito das decisões do TCU. Há várias decisões afirmando que não compete ao Judiciário rever o acerto das decisões tomadas pelo controle externo. Caberia ao Supremo a anulação de ato do controle com base em erros de procedimento, e não na avaliação da qualidade do controle.[28]

Trata-se de postura que não apenas confere uma força argumentativa relevante aos entendimentos da corte de contas, tal como na interpretação realizada acerca do

---

[25] Vide MS nº 35.715/DF. Min. Rel. Marco Aurélio. Min. Red. Alexandre de Moraes. Primeira turma. Julgado em 03.08.2021.

[26] O STF já fundamentou um dever de deferência do judiciário às agências reguladoras com base na (i) falta de expertise e capacidade institucional de tribunais para decidir sobre intervenções regulatórias, que envolvem questões policêntricas e prognósticos de natureza técnica e (ii) na possibilidade de a revisão judicial ensejar efeitos sistêmicos nocivos à coerência e dinâmica regulatória administrativa. STF. RE 1083955 AgR, Rel. Min. Luiz Fux, j. em 28.05.2019.

[27] Neste sentido: MS 30.557-AgR, Rel. Min. Rosa weber, Primeira Turma; MS 33.106-AgR, Rel. Min. Roberto Barroso, Primeira Turma; MS 33.603-AgR, Rel. Min. Dias Toffoli, Segunda Turma.

[28] Neste sentido: STF. MS 33726/DF. Rel. Min. Rosa Weber, julgado em 17.03.2017; STF, MS 316677/DF. Rel. Min. Luis Fux. Julgado em 04.05.2020. STF. ACO nº 2.068. rel. Min. Luiz Fux. Decisão monocrática de 28.05.2015.

art. 71. Nestes casos o STF vai além, alegando que sequer pode adentrar na avaliação o acerto das decisões do controlador.

Mas há casos isolados, em que, apesar de sua jurisprudência, o Supremo ingressa no mérito de julgados do controlador federal. Recentemente, o STF deferiu medida cautelar na qual anulou acórdão do TCU, autorizando a aquisição de medicamentos pelo Ministério da Saúde.[29] A decisão do TCU foi tomada de acordo com recomendação de seu corpo técnico e restou referendada pelo plenário. A ação, proposta pela União, buscava anular acórdão do TCU que determinou a suspensão de pregão para a compra de medicamentos. Para justificar seu pedido, o autor trouxe argumentos consequencialistas, como a perda da oportunidade da compra de quantia significativa do fármaco e o risco de desabastecimento do SUS.

Percebe-se que, em tese, o caso se encontraria dentro do espaço comumente visto como defeso à intervenção do STF, de acordo com seus precedentes. Afinal, trata-se de exame técnico, emitido pelo corpo técnico da Corte de Contas, dentro de seu espaço de atuação como controlador dos gastos públicos federais. Nada obstante, não apenas o STF adentrou no mérito da decisão do TCU, mas também a modificou.

Pois bem. O fato é que, para o Supremo, o peso da interpretação do TCU acerca do conteúdo de suas decisões é maior do que o peso da interpretação sobre suas competências. Ao invés de representar ônus argumentativo sólido, mas não intransponível, tem-se que ele se aproxima de uma "reserva", tanto que o STF se vê impedido de adentrar no mérito de tais manifestações. Apesar disso, há casos em que o Supremo revisa, ainda assim, o mérito das decisões do TCU. O peso é maior – mas nunca absoluto.

4 A outra via da relação: a modulação do TCU a entendimento do Supremo

O artigo buscou, até aqui, avaliar o peso das interpretações do TCU diante do STF. Entretanto, como já se disse, o trânsito em julgado de um processo no Supremo Tribunal Federal não encerra o debate acerca do sentido da Constituição. Da mesma forma que uma manifestação do TCU é fator relevante nos processos em trâmite no Supremo, o que é decidido pelo tribunal constitucional influi nas decisões da Corte de Contas.

Apesar disto, a implementação do que é definido pelo órgão jurisdicional depende, em certa medida, de como o controlador interpreta a aplicabilidade do julgado judicial. Não se trata de afirmar que o TCU pode ignorar o que é decidido pelo STF. Entretanto, há margem para uma possível modulação a ser realizada pela Corte de Contas. Se, como se viu no item anterior, o TCU tende à interpretação que prestigia sua expansão de competências, não seria implausível imaginar que ela esteja presente também nestes casos.

Veja-se o debate acerca do alcance do tema 889 da Repercussão Geral do STF nos processos em trâmite no TCU. Este talvez seja o grande precedente acerca da reação da Corte de Contas a um julgamento do STF. A Corte de Contas não nega o mérito do decidido no Supremo, mas realiza exercícios argumentativos para ditar a forma como o precedente será aplicado.

---

[29] STF. Medida cautelar no MS 38625/DF. Min. Rel. Dias Toffoli. Julgado em 29.12.2021.

Trata-se do reconhecimento da prescritibilidade da pretensão de ressarcimento ao erário fundada em decisão do Tribunal de Contas sobre condutas não dolosas, firmado após o julgamento do Recurso Extraordinário nº 636.886. O entendimento tem sido modulado pelo TCU, que já definiu, tanto em acórdão[30] quanto em boletim de jurisprudência,[31] que o decidido seria aplicável só às fases judiciais da execução do título executivo extrajudicial formado pela decisão da Corte de Contas. O prazo definido pelo STF não seria, segundo o TCU, impeditivo ao início do processo no Tribunal de Contas, mas sim de sua execução em sede judicial. Em outras oportunidades, o controlador federal realizou análise acerca do aspecto subjetivo doloso da conduta, afastando a prescritibilidade nos casos de dolo.[32]

Por outro lado, o STF vem formando jurisprudência buscando responder à modulação feita pelo TCU. Há casos em que o Supremo entendeu que o TCU estaria se esquivando de aplicar a prescritibilidade reconhecida no tema 889. Assim o fez, por exemplo, quando o Tribunal de Contas da União abriu novo procedimento administrativo de tomada de contas em face de cidadão que já havia tido *habeas corpus*, deferido em seu favor, reconhecendo a prescrição quinquenal.[33]

Percebe-se, portanto, que o Supremo é deferente ao mérito dos julgados pelo TCU, mas há exceções; e o TCU, em uma questão relevante, contorna, sem jamais negar, a efetividade do julgamento do Supremo.

5 Encerramento

O artigo buscou responder à pergunta sobre como se relacionam as atividades interpretativas realizadas pelo TCU e pelo STF.

O STF analisa basicamente duas formas de interpretação realizadas pelo TCU: (i) as referentes aos limites de suas competências, dispostos no art. 71 da Constituição da República, e (ii) as referentes ao conteúdos das normas interpretadas pelo Tribunal de Contas. Em ambos os casos, verifica-se posição de deferência relativa do Tribunal Constitucional.

Em relação à interpretação do art. 71, o STF possui posição tradicional de prestigiar a "doutrina dos poderes implícitos". Em relação ao segundo debate, o Supremo costuma deferir a uma "reserva de controle" em favor do TCU. O limite da intervenção judicial seriam os erros de procedimento. Apesar de geralmente deferente ao mérito do decidido pelo TCU, o Supremo, em casos isolados, pode superá-lo.

Já o TCU, em caso importante, vem apresentando uma espécie de resistência silenciosa ao Supremo. Ele vem modulando a incidência do tema 889, julgado pelo STF, com reações posteriores do próprio Tribunal Constitucional.

A relação entre os entendimentos do TCU e do STF é, afinal, de deferência relativa, com correções dinâmicas. Uma questão a ser posteriormente investigada diz respeito a se e em que medida o cenário de autoafirmação das competências do Supremo ('ativismo

---

[30] Vide Acórdão nº 1.282/2019 plenário
[31] Vide boletim de jurisprudência 315/2020.
[32] Neste sentido, vide os Acórdãos nºs 1.482/2020 plenário, 7.687/2020 plenário, 8.498/2020 plenário.
[33] Reclamação nº 39.497/DF, Min. Rel. Ricardo Lewandowski. J. em 29.06.2020. A decisão monocrática foi referendada pela segunda turma do STF em 10.10.2020.

judicial') está correlacionado ao cenário de autoafirmação das competências do TCU ('ativismo do controle').

Referências

ALEXANDER, Larry; SCHAUER, Fredrick. *Defending judicial supremacy*: A reply. Constitutional Commentary, 603.

BARCELLOS, Ana Paula de. 30 anos da constituição de 1988: Direitos fundamentais, políticas públicas e novas questões. *In*: BARROSO, Luís Roberto; MELLO, Patricia campos. *A república que ainda não foi*: trinta anos da constituição de 1988 na visão da escola de Direito constitucional da UERJ. Belo Horizonte: Fórum, 2018.

DANTAS, Bruno; GOMES, Valdecyr. A governança nas agências reguladoras: uma proposta para o caso de vacância. *Revista de informação legislativa*: RIL, Brasília, v. 56, n. 222, abr./jun. 2019.

FRIEDMAN, Barry. The Politics of Judicial Review. Texas Law Review, vol. 84, p. 257, 2005, NYU, Law and Economics Research Paper No. 06-05, *NYU Law School, Public Law Research Paper* No. 06-04.

HÄBERLE, Peter. *A sociedade aberta dos intérpretes da constituição*: contribuição para a interpretação pluralista e "procedimental" da constituição. Porto Alegre: Sérgio Antônio Fabris, 2002.

RODRIGUES, Walton Alencar. O controle da regulação no Brasil. *Interesse Público – IP*, Belo Horizonte, ano 7, n. 33, p. 345-358, 2005.

SOUZA NETO, Cláudio Pereira de; SARMENTO, Daniel. *Direito constitucional*: teoria, história e métodos de trabalho. Belo Horizonte: Fórum, 2012.

SPECK, Bruno Wilhelm. *Inovação e rotina no Tribunal de Contas da União*: o papel da instituição superior de controle financeiro no sistema político administrativo do Brasil. São Paulo: Fundação Konrad Adenauer, 2000.

SUNDFELD, Carlos Ari; CÂMARA, Jacintho Arruda. Competências de controle dos Tribunais de Contas: Possibilidades e limites. *In*: SUNDFELD, Carlos Ari; ROSILHO, André. *Tribunal de Contas da União no Direito e na realidade*. São Paulo: Almedina, 2020.

TUSHNET, Mark. *Taking the constitution away from the courts*. New Jersey: Princeton University Press, 1999.

VERSTRAELEN, Sarah. The Temporal Limitation of Judicial Decisions: The Need for Flexibility Versus the Quest for Uniformity. *German Law Journal*, 14 (9), p. 1687-1730, 2013.

Informação bibliográfica deste texto, conforme a NBR 6023:2018 da Associação Brasileira de Normas Técnicas (ABNT):

MENDONÇA, José Vicente Santos de; BATALHA, Luciano Morandi. O peso dos entendimentos do TCU diante do Supremo e vice-versa: quem possui a palavra final sobre o controle público? *In*: CONTI, José Maurício; MARRARA, Thiago; JOCKEN, Sabrina Nunes; CARVALHO, André Castro (coord.). *Responsabilidade do gestor na Administração Pública*: aspectos fiscais, financeiros, políticos e penais. Belo Horizonte: Fórum, 2022. p. 309-317. ISBN 978-65-5518-411-2. v.2.

RESPONSABILIDADE PENAL DOS ADMINISTRADORES PÚBLICOS. CRIMES CONTRA AS FINANÇAS PÚBLICAS

NINO OLIVEIRA TOLDO

1 Introdução

Tema ainda pouco desenvolvido na doutrina e pouco visto na jurisprudência é o dos crimes praticados por administradores públicos contra as finanças públicas, previstos nos artigos 359-A a 359-H do Código Penal, nele incluídos pela Lei nº 10.028, de 19 de outubro de 2000.

Foi do Poder Executivo a iniciativa do projeto de lei, que o encaminhou à Câmara dos Deputados na mesma época em que se discutia o projeto de lei complementar que na Lei de Responsabilidade Fiscal.

Em 13 de abril de 1999, na mensagem de encaminhamento ao Presidente da República, subscrita pelos Ministros da Fazenda, do Orçamento e Gestão, da Justiça e da Previdência e Assistência Social, constou a justificativa do projeto:

> Inspirado nas normas que constam no Projeto de Lei Complementar que regula os arts. 163, incisos I, II, III e IV, e o art. 169 da Constituição, o Projeto de Lei ora submetido à consideração de Vossa Excelência objetiva dotar o ordenamento de preceitos necessários à efetiva e permanente observância dos princípios fundamentais que norteiam o regime de gestão fiscal responsável prestes a ser instituído, mediante a previsão de condutas que tipificam novos crimes comuns e de responsabilidade contra as finanças públicas e a lei orçamentária.

Dessa justificativa se extrai que a objetividade jurídica dos novos tipos penais, ou seja, o bem jurídico que se visa proteger, são as finanças públicas e a sua gestão. Ao se procurar criminalizar certas condutas na administração pública financeira, objetiva-se evitar a prática de certas condutas que podem colocar em risco a gestão responsável das finanças públicas e, por via de consequência, a estabilidade fiscal e orçamentária.

Em outras palavras, o Direito Penal não prevê condutas que devam ser praticadas, mas, pela previsão de sanção, tipifica as condutas que não devem ser praticadas porque afetam bem (ou interesse) jurídico relevante que deve ser protegido pelo Direito. No caso, é interesse do Estado proteger as finanças públicas, evitando que a irresponsabilidade de gestores públicos quanto a receitas e despesas (em desobediência às regras previstas na Constituição e na Lei de Responsabilidade Fiscal) possa ser prejudicial à estabilidade fiscal e orçamentária e, consequentemente, à sociedade como um todo.

No presente artigo, sem, evidentemente, a pretensão de esgotar o tema, serão analisados alguns aspectos desses (ainda novos) tipos penais.

2 Art. 359-A: contratação de operação de crédito

O art. 359-A do Código Penal dispõe:

> Art. 359-A. Ordenar, autorizar ou realizar operação de crédito, interno ou externo, sem prévia autorização legislativa:
> Pena – reclusão, de 1 (um) a 2 (dois) anos.
> Parágrafo único. Incide na mesma pena quem ordena, autoriza ou realiza operação de crédito, interno ou externo:
> I – com inobservância de limite, condição ou montante estabelecido em lei ou em resolução do Senado Federal;
> II – quando o montante da dívida consolidada ultrapassa o limite máximo autorizado por lei.

Nesse tipo penal, busca-se evitar que o administrador, por qualquer das condutas nele previstas (*ordenar, autorizar ou realizar operação de crédito, interno ou externo*), haja sem prévia autorização do Poder Legislativo, comprometendo as finanças públicas.

É crime próprio do chefe do Poder Executivo, que é o agente público legitimado para ordenar, autorizar ou praticar operações de crédito. Nesse tipo também incide quem não observar limite, condição ou montante estabelecido em lei ou resolução do Senado Federal para a operação de crédito (interno ou externo) ou permitir que o montante da dívida consolidada ultrapasse o limite máximo autorizado por lei.

Importante observar, no entanto, que, pela pena prevista (um a dois anos de reclusão), o legislador entendeu que esse crime é de *menor potencial ofensivo*.

Com efeito, a Lei nº 9.099, de 26 de setembro de 1995, dispõe, em seu art. 61 (com a redação dada pela Lei nº 11.313, de 28.6.2006), que se consideram infrações penais de menor potencial ofensivo, para os efeitos dessa lei, as contravenções penais e os crimes a que a lei cominar pena máxima não superior a dois anos, cumulada ou não com multa.

A consequência prática de se considerar uma infração penal como de menor potencial ofensivo é que não haverá prisão do agente, ou seja, não haverá cumprimento de pena em regime inicial fechado. Para esse tipo de delito, a Lei nº 9.099 prevê uma fase preliminar em que, perante o juízo, busca-se a conciliação para composição dos danos civis (arts. 72 a 74). Não sendo obtida a composição e, como no caso do tipo ora examinado, tratando-se de ação penal pública incondicionada, não sendo caso de arquivamento, o Ministério Público poderá propor a aplicação imediata de pena restritiva de direitos ou multas, a ser especificada na proposta (art. 76). Se a proposta for aceita, encerra-se o processo, mediante aplicação de penas restritivas de direitos ou multa (art. 76, §4º) e a punibilidade será extinta após o seu adimplemento.

Não sendo proposta ou aceita a transação penal, o feito terá seguimento, nos termos da lei. Todavia, como o tipo em exame é praticado por chefe de Poder Executivo e no exercício do cargo e em razão dele, o administrador público que o pratica terá direito a prerrogativa de foro: no Supremo Tribunal Federal, se for o presidente da República; no Superior Tribunal de Justiça, se for governador de estado; em Tribunal Regional Federal ou Tribunal de Justiça, se for prefeito municipal (conforme a natureza do crédito). Isso significa que terá que ser observada a Lei nº 8.038, de 28 de maio de 1990, e o que preverem os regimentos internos dos tribunais.

Não é propósito deste artigo entrar em detalhes do procedimento. Pretende-se, neste ponto, apenas chamar a atenção para a dificuldade procedimental quanto ao fato de se tratar de crime praticado por chefe do Poder Executivo e para uma análise se um crime dessa natureza deveria ser considerado de menor potencial ofensivo, já que pode lesar significativamente as finanças públicas do ente federado.

Uma observação em relação a esse tipo penal é a previsão de *reclusão*, já que a pena máxima prevista é de dois anos.

Ocorre que, nos termos do art. 33, *caput*, do Código Penal, a pena de *reclusão* deve ser cumprida inicialmente em regime fechado, semiaberto ou aberto, enquanto a pena de *detenção* deve ser cumprida inicialmente em regime semiaberto ou aberto.

Segundo o §1º desse art. 33, considera-se: a) regime fechado a execução da pena em regime de segurança máxima ou média; b) regime semiaberto a execução da pena em colônia agrícola, industrial ou estabelecimento similar; c) regime aberto a execução da pena em casa de albergado ou estabelecimento adequado.

Segundo o §2º desse art. 33, as penas privativas de liberdade deverão ser executadas em forma progressiva, segundo o mérito do condenado, observados os seguintes critérios e ressalvadas as hipóteses de transferência a regime mais rigoroso: a) o condenado a pena superior a oito anos deverá começar a cumpri-la em regime fechado; b) o condenado não reincidente, cuja pena seja superior a quatro anos e não exceda a oito, poderá, desde o princípio, cumpri-la em regime semiaberto; c) o condenado não reincidente, cuja pena seja igual ou inferior a quatro anos, poderá, desde o início, cumpri-la em regime aberto.

Se o tipo penal tem pena máxima cominada de dois anos, em princípio não faz sentido que possa haver previsão da possibilidade de cumprimento inicial da pena no regime mais rigoroso existente, o fechado. Em tese, somente na hipótese de várias práticas cumuladas de delitos dessa natureza (em concurso material, formal ou em continuidade delitiva) é que se poderia alcançar a elevada pena de oito anos para que o condenado viesse a iniciar o cumprimento da pena privativa de liberdade em regime fechado.

Como medida de política criminal, se a opção é por tipificar determinada conduta como sendo infração penal de menor potencial ofensivo, não parece ser congruente a opção pela possibilidade de cumprimento de pena em regime fechado, o que ocorre quando se prevê a pena de reclusão.

Ademais, pela própria opção legislativa de desencarceramento, que vem sendo adotada há anos no Brasil, penas aplicadas inferiores a quatro anos podem ser substituídas por penas restritivas de direitos, nos termos do art. 44 do Código Penal.

Enfim, a observação que se faz é, como dito antes, para chamar a atenção para uma melhor reflexão sobre o que (e como) se pretende tutelar quando se fala em crimes contra as finanças públicas.

3 Art. 359-B: inscrição de despesas não empenhadas em restos a pagar

O art. 359-B do Código Penal dispõe:

> Art. 359-B. Ordenar ou autorizar a inscrição em restos a pagar, de despesa que não tenha sido previamente empenhada ou que exceda limite estabelecido em lei:
> Pena – detenção, de 6 (seis) meses a 2 (dois anos).

Restos a pagar, nos termos do art. 36 da Lei nº 4.320, de 17 de março de 1964, são as despesas empenhadas, mas não pagas, até o dia 31 de dezembro, distinguindo-se as processadas das não processadas.

Esse tipo penal tem por objetivo evitar que o agente público responsável pela ordenação de despesas deixe para o exercício seguinte aquilo que deveria ser empenhado no exercício em curso, evitando o comprometimento do orçamento subsequente.

Nos termos do art. 42 da Lei de Responsabilidade Fiscal (Lei Complementar nº 101, de 4.5.2000), é vedado ao titular do Poder ou órgão referido no seu art. 20,[1] nos últimos dois quadrimestres do seu mandato, contrair obrigação de despesa que não possa ser cumprida integralmente dentro dele ou que tenha parcelas a serem pagas no exercício seguinte sem que haja suficiente disponibilidade de caixa para este efeito.

É sujeito ativo para esse crime o ordenador de despesas, que é quem pode subscrever o empenho de despesa.[2] Para a segunda figura, é necessário que haja lei estabelecendo o limite possível para se deixar em restos a pagar despesa empenhada.

Vale para esse tipo penal a mesma observação feita anteriormente quanto à forma de cumprimento inicial de eventual pena aplicada. Aqui se previu a detenção, mais consentânea com o delito de que se trata.

4 Art. 359-C: assunção de obrigação no último ano do mandato ou legislatura

O art. 359-C do Código Penal dispõe:

> Art. 359-C. Ordenar ou autorizar a assunção de obrigação, nos dois últimos quadrimestres do último ano do mandato ou legislatura, cuja despesa não possa ser paga no mesmo exercício financeiro ou, caso reste parcela a ser paga no exercício seguinte, que não tenha contrapartida suficiente de disponibilidade de caixa:
> Pena – reclusão, de 1 (um) a 4 (quatro) anos.

Esse tipo penal é relativamente parecido com o anterior. Enquanto naquele já existe uma obrigação de pagamento prevista, mas não empenhada, ou empenhada para

---

[1] Ministério Público (da União e estaduais); Câmara dos Deputados, Senado Federal, Tribunal de Contas da União, no Poder Legislativo Federal; Assembleias Legislativas e Tribunais de Contas, no Poder Legislativo Estadual; Câmara Legislativa e Tribunal de Contas, no Distrito Federal; Câmara de Vereadores e Tribunal de Contas (onde houver), nos municípios; Supremo Tribunal Federal, Conselho Nacional de Justiça, Superior Tribunal de Justiça, Tribunal Superior do Trabalho, Tribunais Regionais Federais (e juízes federais diretores do foro), Tribunais Regionais do Trabalho (e juízes do trabalho ordenadores de despesa), Tribunais Eleitorais, Tribunais Militares, no Poder Judiciário da União; Tribunais de Justiça, nos Estados.

[2] Ato emanado de autoridade competente que cria para o Estado a obrigação de pagamento pendente ou não de implemento de condição (Lei nº 4.320/64, art. 58).

pagamento no exercício seguinte em montante superior ao permitido em lei, neste caso, o detentor do poder de criar obrigação de pagamento para o Estado ordena ou autoriza a assunção de obrigação sabendo que não poderá cumpri-la no exercício financeiro em que assumida ou, caso reste parcela a ser paga no exercício seguinte, que não existe contrapartida suficiente de disponibilidade de caixa.

Esse crime tutela a gestão responsável das finanças públicas, procurando evitar a expansão das despesas sem previsão orçamentário-financeira. Relaciona-se ao que dispõe o art. 15 da Lei de Responsabilidade Fiscal, segundo o qual "serão consideradas não autorizadas, irregulares e lesivas ao patrimônio público a geração de despesa ou assunção de obrigação que não atendam o disposto nos arts. 16 e 17" (criação, expansão ou aperfeiçoamento de ação governamental que acarrete aumento de despesa e despesa obrigatória de caráter continuado).

Neste caso, o legislador tratou como crime de *médio potencial ofensivo* a conduta lesiva às finanças públicas ao prever pena mínima de um ano e máxima de quatro anos de reclusão. Isso porque, segundo o art. 89 da Lei nº 9.099/95, nos crimes em que a lei comine pena mínima igual ou inferior a um ano, "o Ministério Público, ao oferecer a denúncia, poderá propor a suspensão do processo, por dois a quatro anos, desde que o acusado não esteja sendo processado ou não tenha sido condenado por outro crime, presentes os demais requisitos que autorizariam a suspensão condicional da pena".

Assim, os crimes para os quais se prevê a possibilidade de suspensão condicional do processo são considerados de médio potencial ofensivo, numa contraposição aos de menor potencial ofensivo, para os quais se prevê a possibilidade de transação penal.

No entanto, com a promulgação da Lei nº 13.964, de 24 de dezembro de 2019, houve uma significativa alteração nesse quadro. Ocorre que essa lei (que ficou conhecida como *Pacote Anticrime*) incluiu o art. 28-A no Código de Processo Penal, que introduziu a figura do Acordo de Não Persecução Penal (ANPP), nos seguintes termos:

> Art. 28-A. Não sendo caso de arquivamento e tendo o investigado confessado formal e circunstancialmente a prática de infração penal sem violência ou grave ameaça e com pena mínima inferior a 4 (quatro) anos, o Ministério Público poderá propor acordo de não persecução penal, desde que necessário e suficiente para reprovação e prevenção do crime, mediante as seguintes condições ajustadas cumulativa e alternativamente:
> I - reparar o dano ou restituir a coisa à vítima, exceto na impossibilidade de fazê-lo;
> II - renunciar voluntariamente a bens e direitos indicados pelo Ministério Público como instrumentos, produto ou proveito do crime;
> III - prestar serviço à comunidade ou a entidades públicas por período correspondente à pena mínima cominada ao delito diminuída de um a dois terços, em local a ser indicado pelo juizo da execuçao, na forma do art. 46 do Decreto-Lei nº 2.848, de 7 de dezembro de 1940 (Código Penal);
> IV - pagar prestação pecuniária, a ser estipulada nos termos do art. 45 do Decreto-Lei nº 2.848, de 7 de dezembro de 1940 (Código Penal), a entidade pública ou de interesse social, a ser indicada pelo juízo da execução, que tenha, preferencialmente, como função proteger bens jurídicos iguais ou semelhantes aos aparentemente lesados pelo delito; ou
> V - cumprir, por prazo determinado, outra condição indicada pelo Ministério Público, desde que proporcional e compatível com a infração penal imputada.

Para a proposição de ANPP, a nova lei não limitou sua possibilidade a crimes com pena máxima inferior a determinado montante, mas a previu para crimes com pena mínima inferior a quatro anos, o que ampliou significativamente as hipóteses em que a ação penal poderá ser evitada.

Não é propósito deste artigo detalhar o ANPP, mas destacar que, para o tipo em exame, talvez seja mais interessante a suspensão condicional do processo, já que nesse caso não haveria assunção de culpa, enquanto, para o ANPP, é imprescindível a confissão.

De qualquer modo, há aspectos ainda controvertidos quanto a essa nova figura, os quais ultrapassam os limites do presente artigo e, por isso, não serão abordados. O que importa destacar, neste momento, é que, embora o legislador tenha considerado essa figura típica mais grave que as anteriores, ainda a previu como crime não tão grave, ainda que possa ser severamente lesivo às finanças públicas.

5 Art. 359-D: ordenação de despesa não autorizada

O art. 359-D do Código Penal dispõe:

> Art. 359-D. Ordenar despesa não autorizada por lei:
> Pena – reclusão, de 1 (um) a 4 (quatro) anos.

Esse tipo legal visa impedir que o ordenador de despesa determine o pagamento de despesa que não estava autorizada por lei. Pune o gestor público que desrespeita o princípio da legalidade para as despesas públicas. Trata-se de crime de médio potencial ofensivo, como visto anteriormente.

Segundo o Superior Tribunal de Justiça, trata-se de norma penal em branco, pois tem necessidade de lei que estabeleça as despesas não autorizadas (APn 594/ES, Corte Especial, Relator Ministro Jorge Mussi, j. 04.11.2015, DJe 18.11.2015).

6 Art. 359-E: prestação de garantia graciosa

O art. 359-E do Código Penal dispõe:

> Art. 359-E. Prestar garantia em operação de crédito sem que tenha sido constituída contragarantia em valor igual ou superior ao valor da garantia prestada, na forma da lei:
> Pena – detenção, de 3 (três) meses a 1 (um) ano.

A Lei de Responsabilidade Fiscal, em seu art. 29, IV, define a concessão de garantia como o "compromisso de adimplência de obrigação financeira ou contratual assumida por ente da Federação ou entidade a ele vinculada".

Em seu art. 40, autoriza aos entes da Federação conceder garantia em operações de crédito internas ou externas, condicionada ao oferecimento de contragarantia, em valor igual ou superior ao da garantia a ser concedida, e à adimplência da entidade que a pleitear, relativamente a suas obrigações junto ao garantidor e às entidades por este controladas (§1º).

O tipo penal em exame visa punir o gestor público que descumpra essa regra. Todavia, como política criminal, o legislador considerou tratar-se essa conduta de crime de menor potencial ofensivo, cominando pena bastante baixa para quem ponha em risco as finanças do ente federado.

7 Art. 359-F: não cancelamento de restos a pagar

O art. 359-F do Código Penal dispõe:

> Art. 359-F. Deixar de ordenar, de autorizar ou de promover o cancelamento do montante de restos a pagar inscrito em valor superior ao permitido em lei:
> Pena – detenção, de 6 (seis) meses a 2 (dois) anos.

Nesse tipo penal, pune-se a omissão do gestor que não cancela restos a pagar em limite superior ao permitido em lei. Em certa medida, complementa o tipo do art. 359-B já visto. Se naquele tipo a conduta punível é a inscrição indevida em restos a pagar de despesa que exceda limite estabelecido em lei (segunda figura), neste pune-se a conduta omissiva do agente que, ciente de que a despesa inscrita em restos a pagar excede o limite estabelecido em lei, não a cancela.

Trata-se, pois, de crime omissivo próprio e, assim como o crime do art. 359-B, foi considerado pelo legislador um crime de menor potencial ofensivo.

8 Art. 359-G: aumento de despesa total com pessoal no último ano do mandato ou legislatura

O art. 359-G do Código Penal dispõe:

> Art. 359-G. Ordenar, autorizar ou executar ato que acarrete aumento de despesa total com pessoal, nos cento e oitenta dias anteriores ao final do mandato ou da legislatura:
> Pena – reclusão, de 1 (um) a 4 (quatro) anos.

Esse tipo penal visa punir a conduta populista de agentes públicos que, no último ano de gestão, comprometam as finanças públicas para os exercícios seguintes por meio de aumento de despesa com pessoal. Complementa o que dispõe o art. 21, II, da Lei de Responsabilidade Fiscal, que prevê ser nulo de pleno direito "o ato de que resulte aumento da despesa com pessoal nos 180 (cento e oitenta) dias anteriores ao final do mandato do titular de Poder ou órgão referido no art. 20".

Assim, o gestor público que promova tal aumento de despesa não só estará sujeito à declaração de nulidade do seu ato, como também estará sujeito a sanções penais, sem prejuízo de eventual improbidade administrativa.

No entanto, trata-se de crime de médio potencial ofensivo, passível de obtenção de benefícios como o ANPP ou a suspensão condicional do processo.

9 Art. 359-H: oferta pública ou colocação de títulos no mercado

O art. 359-H do Código Penal dispõe:

> Art. 359-H. Ordenar, autorizar ou promover a oferta pública ou a colocação no mercado financeiro de títulos da dívida pública sem que tenham sido criados por lei ou sem que estejam registrados em sistema centralizado de liquidação e de custódia:
> Pena – reclusão, de 1 (um) a 4 (quatro) anos.

O tipo penal visa punir o gestor público que ordena, autoriza ou promove a oferta pública ou a colocação no mercado financeiro de títulos da dívida pública sem que tenham sido criados por lei ou não estejam registrados em sistema centralizado de liquidação e custódia. É um crime grave, vez que ultrapassa os limites das finanças públicas, na medida em que o bem jurídico afetado também é a credibilidade do mercado financeiro e a segurança do sistema financeiro nacional.

Todavia, o legislador considerou tal conduta como de médio potencial ofensivo, prevendo a pena máxima de quatro anos, com possibilidade de proposição de ANPP ou de suspensão condicional do processo.

Para que se tenha ideia da discrepância entre essa conduta e a de outra semelhante no setor privado, a Lei nº 7.492, de 16 de junho de 1986, que define os crimes contra o sistema financeiro nacional, prevê pena de dois a oito anos de reclusão para quem emita, ofereça ou negocie, de qualquer modo, títulos ou valores mobiliários sem registro prévio de emissão junto à autoridade competente, em condições divergentes das constantes do registro ou irregularmente registrados, bem como sem autorização prévia da autoridade competente, quando legalmente exigida (art. 7º, II e IV).

10 Conclusão

Os crimes contra as finanças públicas têm sido pouco tratados pela doutrina e pouco discutidos na jurisprudência, até pela natureza que possuem (vários casos de crimes de menor potencial ofensivo, demora na apuração e penas baixas que favorecem, muitas vezes, que ocorra a prescrição da pretensão punitiva).

Muitas discussões podem ser iniciadas acerca da relevância do Direito Penal para esse tema e sobre a necessidade de tipificação de certas condutas como forma de fazer valer princípios reitores da boa administração das finanças públicas, protegendo-se os bons gestores e punindo-se os maus.

Como política criminal e dentro desses objetivos, é necessário que se discutam os aspectos abordados neste artigo de forma bastante simples, pois é preciso saber o grau de valoração que se dá à conduta de quem pratica atos que afetam as finanças públicas, comprometendo a estabilidade financeira e orçamentária.

O presente artigo, portanto, teve por objetivo suscitar alguns pontos para reflexão dos estudiosos do Direito Financeiro e daqueles que atuam na área penal.

Informação bibliográfica deste texto, conforme a NBR 6023:2018 da Associação Brasileira de Normas Técnicas (ABNT):

TOLDO, Nino Oliveira. Responsabilidade penal dos administradores públicos. Crimes contra as finanças públicas. *In*: CONTI, José Maurício; MARRARA, Thiago; IOCKEN, Sabrina Nunes; CARVALHO, André Castro (coord.). *Responsabilidade do gestor na Administração Pública*: aspectos fiscais, financeiros, políticos e penais. Belo Horizonte: Fórum, 2022. p. 319-326. ISBN 978-65-5518-411-2. v.2.

ASPECTOS DO COMBATE À CORRUPÇÃO EM CRIMES CONTRA AS FINANÇAS PÚBLICAS (ARTIGO 359-A A 359-H DO CÓDIGO PENAL)

MARIANA SEIFERT BAZZO
DIOGO LUIZ CORDEIRO RODRIGUES

1 Introdução

A corrupção é um mal que assola o Brasil há séculos. Dessa forma, a Constituição Federal cidadã de 1988 traz diversos dispositivos que buscam resguardar a preservação do patrimônio público, que, não raramente, é arruinado pelos gestores em todas as esferas da Federação.

Para além dos princípios expostos pelo art. 37, *caput*, os artigos 5º, 163, 165 e outros da Constituição fundamentaram a publicação da Lei nº 101/2000, conhecida como Lei de Responsabilidade Fiscal, e da Lei nº 8.429/92, conhecida como Lei de Improbidade Administrativa, ambas prevendo punições para os agentes públicos pelo mau gerenciamento dos recursos públicos.

No âmbito do Direito Penal, atualmente, também há uma série de delitos previstos como "crimes contra o Erário", entre eles: 1) crimes praticados por funcionário público contra a administração em geral (arts. 312 a 327 do CP), 2) crimes praticados por particular contra a administração em geral (arts. 328 a 337-A do CP), 3) crimes contra a administração pública estrangeira (arts. 337-B a 337-D do CP), 4) crimes contra a administração da Justiça (arts. 338 a 359 do CP), 5) crimes contra as finanças públicas (arts. 359-A a 359-H do CP), 6) crimes do Decreto-Lei nº 201/67 e 7) crimes da antiga Lei nº 8.666/93 (revogados pela Lei nº 14.133, de abril de 2021).

No presente artigo, o foco da pesquisa se refere às previsões de sanções expostas no capítulo do Código Penal destinado aos crimes contra finanças públicas, os quais guardam relação direta com conceitos da LRF, especialmente para que se identifique a efetividade de tal normativa no real combate a atos de corrupção.

2 Corrupção: conceito amplo, histórico de suas origens no Brasil

A partir de trabalho da Comissão Econômica para a América Latina e o Caribe (Cepal) e do Instituto de Pesquisa Econômica Aplicada (Ipea), em atividades conjuntas desde 1971, no texto "Corrupção e controles democráticos no Brasil" (AVRITZER; FILGUEIRAS, 2011, p. 32), registra-se que as origens históricas da corrupção no Brasil referem-se a um contexto de colonização portuguesa que remunerava mal funcionários públicos, sempre garantindo prerrogativas extras, como se houvesse a naturalização desse aspecto não oficial de recebimento de verbas públicas.

Nesse contexto histórico, há que se considerar, portanto, que o conceito de corrupção desenvolveu amplos limites, chegando a se confundir com clientelismo, patronagem, nepotismo, malversação de recursos públicos, extorsão, concussão, suborno, prevaricação, entre outras condutas hoje equivalentes a inúmeros crimes previstos na legislação pátria.

De acordo com pesquisa da UFMG, em parceria com o Instituto Vox Populi, 73% dos brasileiros consideram a corrupção como muito grave, contudo, 66% concordam com a frase: "para diminuir a corrupção, estão faltando novas leis, com penas maiores e mais duras" e 22% concordam que "se estiver necessitada e um político oferecer benefícios em troca do voto, não está errado a pessoa aceitar" (FILGUEIRAS, 2009).

Tem-se, portanto, no Brasil, a corrupção culturalmente entendida como natural e a ideia de que o mal será combatido com o surgimento de novas leis e maiores penas. Conforme afirma Luciano Anderson Souza (2019), apresenta-se um "Surto Neocriminalizador" que caracteriza a superprodução normativa de crimes correspondentes a atos de corrupção como exacerbação punitiva. O mesmo autor critica a ineficácia penal como própria força motriz da constante sensação de impunidade, o que geraria um círculo vicioso. Finalmente, atenta para o fato de que a reação ou crítica ao punitivismo não está na sociedade e sim se limita ao mundo acadêmico. No âmbito da imprensa e da concepção predominantes da população, desde há algumas décadas predomina um populismo punitivo que se revela em acontecimentos históricos como foram "Mar de lama" (Getulio Vargas), "Varre vassoura" (Jânio Quadros) e "Caçador de Marajás" (Collor), sendo que, na atualidade, há um número muito maior de políticos sendo acusados e fácil divulgação pelos meios de comunicação midiáticos:

> O moralismo na política proporciona um discurso balizado na antipolítica, fazendo que o descontentamento com as instituições passe à indiferença, neutralizando a ação da cidadania democrática (FILGUEIRAS, 2008, p. 175-176).

Na obra já citada, Avritzer e Filgueiras desconstituem a visão mais positiva acerca do Direito Penal como resposta no combate à corrupção enumerando alguns fatores: 1. há um grande número de atitudes criminalizadas sem diferenciação do que seria mais grave, 2. o processo penal brasileiro está ultrapassado, com regras que impedem sanção, facilitam apelações contínuas e favorecem a prescrição dos crimes, 3. há dificuldade para a produção de provas, principalmente em casos de conexões internacionais que demandam cooperação jurídica entre diferentes países para condenações. Trazem, em contrapartida, possíveis soluções alternativas à criminalização da corrupção, tais como a capacidade de gestão e eficiência do setor público; a diminuição do controle administrativo-burocrático e aumento da administração por resultados; o controle público para compensar a diminuição do controle administrativo-burocrático e o controle judicial como um processo rápido e eficiente de punição legal de casos de corrupção apenas gravíssimos (só esses poderiam, portanto, adentrar a esfera criminal).

É nesse contexto que se analisa e mesmo se questiona a eficácia da alteração legislativa objeto do presente estudo: a Lei nº 10.028, de 19 de outubro de 2000, que, em conformidade com o art. 2º da Lei Complementar nº 101, incluiu na legislação pátria o capítulo IV do Código Penal, os *crimes contra finanças públicas* (arts. 359-A a 359-H CP). Nesse sentido:

> Faz-se necessário, por uma questão de justiça, a despeito do alarde dos sãos propósitos das leis moralizadoras (LC n. 101/2000 e Lei 10.028/2000) afirmar que são tendenciosas e demagógicas, afora suas flagrantes deficiências técnicas e graves inconstitucionalidades (BITENCOURT, 2010, Introdução)

3 Crimes contra as finanças públicas (art. 359-A a 359-H CP): aspectos gerais

Atendendo a normas constitucionais previstas nos artigos 163 e parágrafo 9º do art. 165 da Constituição Federal de 1988, surge a Lei de Responsabilidade Fiscal (LRF), Lei Complementar nº 101, de 4 de maio de 2000, a qual estabelece em seu art. 73 o seguinte: "as infrações dos dispositivos desta lei complementar serão punidas segundo o Decreto-Lei nº 2.848, de 7 de dezembro de 1940 (Código Penal); a Lei nº 1.079, de 10 de abril de 1950 (que define os crimes de responsabilidade de Presidente da República, ministros de Estado, ministros do STF, procurador-geral da República, governadores e secretários de Estado, e regula o respectivo processo de julgamento de competência do Congresso Nacional e das Assembleias Legislativas); o Decreto-Lei nº 201, de 27 de fevereiro de 1967 (que define os crimes de responsabilidade de prefeitos); a Lei nº 8.429, de 2 de junho de 1992 (que dispõe sobre as sanções aplicáveis aos agentes públicos nos casos de atos de improbidade e de enriquecimento ilícito no exercício de mandato, cargo, emprego ou função na administração pública direta, indireta ou fundacional); e demais normas da legislação pertinente".

No aspecto penal, surge a Lei nº 10.028, de 19 de outubro de 2000, a qual altera o Código Penal, a Lei nº 1.079/50 (crimes de responsabilidade ou *impeachment*) e o Decreto-Lei nº 201/67 (crimes de responsabilidade de prefeitos).

O foco da mudança legislativa, no presente trabalho, novo capítulo IV do Código Penal, está nas condutas dos gestores públicos e ordenadores de despesas públicas que violam preceitos da Lei de Responsabilidade Fiscal, dolosamente, de forma lesiva ao interesse público. Quaisquer chefes dos Poderes Executivo e Legislativo de Municípios, Estados e em âmbito federal e mesmo presidentes dos Tribunais Superiores, dos Tribunais Federais, do Trabalho e Eleitorais, dos Tribunais Estaduais, dos Tribunais de Contas, o procurador-geral da República e os procuradores-gerais de Justiça, no âmbito do Ministério Público, o advogado-geral da União e os procuradores-gerais dos Estados, e, enfim, todos os agentes públicos que atuam como ordenadores de despesa. O bem jurídico protegido é a probidade administrativa e a regularidade das finanças públicas.

Entre as características comuns desses crimes está o fato de que são todos processáveis por ação penal pública incondicionada e admitem a celebração da suspensão condicional do processo (art. 89 da Lei nº 9.099/95) por possuírem pena mínima igual ou inferior a um ano.

Importante ressaltar a necessidade da inter-relação de conceitos da Lei de Responsabilidade Fiscal e do Direito Financeiro como um todo, no momento de aplicação da lei penal.

4 Crimes em espécie

4.1 Contratação de operação de crédito

> Art. 359-A. Ordenar, autorizar ou realizar operação de crédito, interno ou externo, sem prévia autorização legislativa: Pena – reclusão, de 1 (um) a 2 (dois) anos. Parágrafo único. Incide na mesma pena quem ordena, autoriza ou realiza operação de crédito, interno ou externo: I – com inobservância de limite, condição ou montante estabelecido em lei ou em resolução do Senado Federal; II – quando o montante da dívida consolidada ultrapassa o limite máximo autorizado por lei.

O tipo em questão engloba ações que acarretem a realização de operação de crédito sem prévia autorização legislativa ou com ofensa a regras estipuladas em lei (notadamente a LRF) e em resolução do Senado, incluindo as que digam respeito ao montante da dívida consolidada.

Como em quase todos os tipos penais previstos pelo capítulo IV do CP, trata-se de norma penal em branco na qual devem ser analisados os montantes fixados em lei ou em resolução do Senado Federal (artigo 52, V, da Constituição Federal).

Trata-se de crime formal doloso, ou seja, consolidou-se na jurisprudência ser irrelevante a ausência de prejuízo ao erário público.[1]

O verbo "realizar" traduz o ato de contrair obrigação conceituada como operação de crédito, ao passo que os demais verbos – "ordenar" e "autorizar" – referem-se a ações previamente praticadas pela autoridade competente para comprometer o ente.

O verbo "ordenar", à luz do Direito Financeiro, remete às funções do ordenador de despesas. Segundo o Decreto-Lei nº 200/1967, aplicável à esfera federal, "ordenador de despesas é toda e qualquer autoridade de cujos atos resultarem emissão de empenho, autorização de pagamento, suprimento ou dispêndio de recursos da União ou pela qual esta responda".

O ordenador de despesas, em síntese, é o agente público imbuído de autoridade decisória para contrair obrigação em nome de certa entidade pública, razão pela qual é responsável por assegurar a lisura de todos os estágios da despesa pública, incluindo a legalidade de seus pressupostos administrativos (licitação ou contratação direta, *e.g.*) e de seus aspectos financeiros (empenho, liquidação e pagamento da despesa).[2]

Vale ressaltar que a operação de crédito gera um fluxo de receita para o ente contratante, mas também acarreta contrapartidas na vertente da despesa, como revela

---

[1] Nesse sentido Ação Penal nº 70029353687 (TJRS), citada por BEZERRA FILHO, p. 317.
[2] Nessa linha, já entendeu o TCU que "a função de ordenador de despesa não está adstrita ao mero acatamento ou acolhimento das solicitações de outras instâncias administrativas, porquanto deve representar um verdadeiro controle da regularidade e da legalidade da despesa pública" (Acórdão nº 1.568/2015-Segunda Câmara).

o art. 5º, §1º, da LRF,³ e contribui para o incremento do estoque da dívida. Em tese, portanto, o ordenador de despesas também zelaria pela lisura das operações de crédito contraídas pelo órgão ou ente.

Como se pode notar, o verbo "ordenar" inclui ações de natureza autorizativa. Disso não decorre que o verbo "autorizar" seja despiciendo, até porque o responsável por autorizar o ente a contrair operação de crédito pode não coincidir com a figura do ordenador de despesas. É que, embora a função do ordenador de despesas costume ser atribuída em caráter primário à autoridade máxima do órgão ou ente, admite-se a delegação dessa função a outros agentes públicos.⁴

O núcleo do tipo objetivo é o conceito de operação de crédito. Para José Maurício Conti, as operações de crédito são aquelas realizadas pela União, Estados, Distrito Federal e Municípios, contemplando compromissos de pagamento a serem honrados no futuro (GANDRA, 2014, p. 220).

O conceito de operação de crédito é trazido pelo artigo 29, III, da Lei Complementar nº 101/00, onde se diz: "é o compromisso financeiro assumido em razão de mútuo, abertura de crédito, emissão e aceite de título, aquisição financiada de bens, recebimento antecipado de valores provenientes da venda a termo de bens e serviços, arrendamento mercantil e outras operações assemelhadas". Adverte ainda Abraham que "as operações de crédito são conceituadas pela LRF de maneira ampla e não taxativa" e que "equiparam-se à operação de crédito, a assunção, o reconhecimento ou a confissão de dívidas pelo ente da Federação (§1º)" (ABRAHAM, 2021, p. 232). Finalmente, há que se destacar que a Resolução nº 48/2007 do Senado Federal também define operações de crédito no seu art. 3º.⁵

O fato de se tratar de crime formal pode gerar perplexidades, tendo em vista que uma operação de crédito formalmente solicitada por um ente federativo atrai o controle prévio do Ministério da Economia, nos termos do art. 32 da LRF e do Manual para Instrução de Pleitos, editado pela Secretaria do Tesouro Nacional – STN (BRASIL, 2021a). Nesse contexto, é comum que o Chefe do Executivo declare expressamente a intenção de contrair operação de crédito e que a STN, antes da formalização do negócio, requeira ajustes e retificações em seu pleito, dada a complexidade desse tipo

---

3   Art. 5º O projeto de lei orçamentária anual, elaborado de forma compatível com o plano plurianual, com a lei de diretrizes orçamentárias e com as normas desta Lei Complementar: (...) §1º Todas as despesas relativas à dívida pública, mobiliária ou contratual, e as receitas que as atenderão, constarão da lei orçamentária anual.

4   Confira-se o seguinte julgado do TCU: "Se a lei instituidora do Fundo Municipal de Saúde não dispuser diferentemente, o ordenador de despesas, a priori, é o prefeito, titular da administração municipal, a quem cabe, também, a prerrogativa de desconcentração do processo decisório. A delegação dessa competência a servidor do município, inclusive ao secretário municipal de saúde, deverá ser formalizada por meio de instrumento legal apropriado, no qual deverão estar detalhadas as correspondentes atribuições do agente público delegado" (Acórdão nº 1.133/2017-Primeira Câmara).

5   Art. 3º Constitui operação de crédito, para os efeitos desta Resolução, os compromissos assumidos com credores situados no país ou no exterior, em razão de mútuo, abertura de crédito, emissão e aceite de título, aquisição financiada de bens, recebimento antecipado de valores provenientes da venda a termo de bens e serviços, arrendamento mercantil e outras operações assemelhadas, inclusive com o uso de derivativos financeiros. Parágrafo único. Equiparam-se a operações de crédito: I - recebimento antecipado de valores de empresa em que o Poder Público detenha, direta ou indiretamente, a maioria do capital social com direito a voto, salvo lucros e dividendos, na forma da legislação; II - assunção direta de compromisso, confissão de dívida ou operação assemelhada, com fornecedor de bens, mercadorias ou serviços, mediante emissão, aceite ou aval de títulos de crédito; III - assunção de obrigação, sem autorização orçamentária, com fornecedores para pagamento a posteriori de bens e serviços.

de transação. Por óbvio, não se pode atribuir crime ao Chefe do Executivo nesse caso, seja pela insignificância da conduta, seja porque a autorização da operação de crédito, aqui, se dá pela prática de um ato administrativo complexo, a demandar a conjunção de vontades diversas (a do Chefe do Executivo solicitante, a da STN e a do Senado Federal).

Desse modo, o art. 359-A do Código Penal fica reservado para situações em que a ordenação, autorização ou realização de operação de crédito ocorra completamente à margem do procedimento instituído pelas normas e manuais em vigor.

Atenção especial deve ser dedicada a transações equiparadas a operações de crédito pelo art. 37 da LRF.[6] Estariam tais operações abrangidas pelo art. 359-A do Código Penal? Entendemos que não, especialmente porque o tipo penal requer interpretação estrita, não incluindo transações somente *equiparadas* a operações de crédito. Fossem tais operações verdadeiras operações de crédito, a LRF tê-las-ia incluído no próprio art. 29, não em um rol à parte.

4.2 Inscrição de despesas não empenhadas em restos a pagar

> *Art. 359-B. Ordenar ou autorizar a inscrição em restos a pagar, de despesa que não tenha sido previamente empenhada ou que exceda limite estabelecido em lei: Pena – detenção, de 6 (seis) meses a 2 (dois) anos.*

Mais uma vez, a aplicação correta da lei penal demanda estudos de Direito Financeiro no sentido de bem delimitar "Restos a pagar" como despesas empenhadas, que não forem pagas no exercício financeiro, esgotado de 31 de dezembro, distinguindo-se as processadas das não processadas (art. 36 da Lei nº 4.320/64). Empenho é o comprometimento de parcela do orçamento – delimita reserva de numerário para o pagamento de despesa comprometida dentro de dotação específica. Da leitura das normas financeiras previstas pela Lei nº 4.320/64, especialmente entre os artigos 58 a 61, nenhuma despesa administrativa pode ser paga sem o prévio empenho.

Segundo Regis Fernandes de Oliveira, restos a pagar "constituem a denominada dívida flutuante e devem ser registrados em conta própria" (OLIVEIRA, 2001). "Há, portanto, duas espécies de restos a pagar. Os não processados, que abarcam os empenhos pendentes de liquidação e pagamento. E os restos a pagar processados, que se referem a empenhos de despesas já liquidadas. Ou seja, a execução da despesa orçamentária, nestes casos, já se encontra a caminho do último estágio do ciclo da despesa, isto é, o pagamento" (BRASIL, 2021b, p. 136; e RODRIGUES; SANTOS, 2021).

---

[6] Art. 37. Equiparam-se a operações de crédito e estão vedados:
I - captação de recursos a título de antecipação de receita de tributo ou contribuição cujo fato gerador ainda não tenha ocorrido, sem prejuízo do disposto no §7º do art. 150 da Constituição;
II - recebimento antecipado de valores de empresa em que o Poder Público detenha, direta ou indiretamente, a maioria do capital social com direito a voto, salvo lucros e dividendos, na forma da legislação;
III - assunção direta de compromisso, confissão de dívida ou operação assemelhada, com fornecedor de bens, mercadorias ou serviços, mediante emissão, aceite ou aval de título de crédito, não se aplicando esta vedação a empresas estatais dependentes;
IV - assunção de obrigação, sem autorização orçamentária, com fornecedores para pagamento a posteriori de bens e serviços.

Vale lembrar que empenho e nota de empenho não se confundem. A nota de empenho materializa um empenho prévio e pode até mesmo ser dispensada, consoante o art. 60, §1º, da Lei nº 4.320/64[7] (cf. KANAYAMA, 2016, p. 129; e LEITE, 2015, p. 239). Portanto, a inscrição de despesa previamente empenhada sem emissão de nota de empenho não se revela conduta sujeita à proibição do art. 359-B do Código Penal, podendo caracterizar ilícito na esfera controladora, caso a dispensa da nota não tenha sido autorizada pela legislação específica.[8]

Ainda, verifica-se norma penal em branco quando deve ser conhecido "o limite estabelecido por lei", na segunda modalidade de crime prevista no artigo, "porquanto pendente de complementação por norma de Direito Financeiro que fixe os limites a serem observados pelo agente estatal no empenho de despesas públicas" (PRADO, 2013, p. 431). Por razões de ordem genética, por assim dizer, o tipo refere-se principalmente aos limites previstos na LRF, incluindo aqueles aplicáveis às despesas com pessoal. Parece incluir também os limites percentuais à abertura de créditos adicionais, por força do art. 167, VII, da Constituição[9] e do art. 7º, I, da Lei nº 4.320/1964,[10] que fundamentam a chamada "margem de remanejamento" (LOCHAGIN, 2016, p. 105/106). Outro limite de que se pode cogitar aqui diz respeito ao da disponibilidade financeira, já que os restos a pagar devem ser cobertos por recursos devidamente reservados no exercício em que a despesa foi empenhada (BRASIL, 2021b, p. 133).

Consuma-se o crime quando a ordem ou autorização é executada, quando se opera a inscrição em restos a pagar, ou seja, mais um crime formal doloso. Contudo, há divergência doutrinária sobre ser ou não de mera conduta: "Para o vetor doutrinário que entende ser crime de mera conduta (unissubsistente), será impossível a tentativa". (MAYRINK DA COSTA, 2018, p. 364). "Parece-nos perfeitamente possível o fracionamento da ação tipificada, tratando-se de crime plurissubsistente, dependendo das circunstâncias. Luiz Flávio Gomes admite a possibilidade de tentativa. Damásio de Jesus não admite, nesse caso, a tentativa" (BITTENCOURT, 2010 p. 47).

4.3 Assunção de obrigação no último ano do mandato ou legislatura

> *Art. 359-C. Ordenar ou autorizar a assunção de obrigação, nos dois últimos quadrimestres do último ano do mandato ou legislatura, cuja despesa não possa ser paga no mesmo exercício financeiro ou, caso reste parcela a ser paga no exercício seguinte, que não tenha contrapartida suficiente de disponibilidade de caixa: Pena - reclusão, de 1 (um) a 4 (quatro) anos.*

Segundo Prado (2013, p. 947), "pune o Código Penal o agente público que contrai obrigação sabendo que não poderá pagá-la até o fim de seu mandato ou legislatura ou contrai dívidas que, embora vencíveis no exercício financeiro subsequente, não

---

[7] Art. 60. É vedada a realização de despesa sem prévio empenho. §1º Em casos especiais previstos na legislação específica será dispensada a emissão da nota de empenho.
[8] Discordamos, assim, de Bezerra Filho, 2018, p. 319.
[9] Art. 167. São vedados: (...) VII - a concessão ou utilização de créditos ilimitados.
[10] Art. 7º A Lei de Orçamento poderá conter autorização ao Executivo para: I - Abrir créditos suplementares *até determinada importância* obedecidas as disposições do artigo 43 (grifos nossos).

disponham de caixa suficiente para o seu cumprimento". Procura-se não onerar a próxima administração em razão do endividamento anterior.

Mais uma vez o legislador fez uso de norma penal em branco, razão pela qual a extensão do conceito de "disponibilidade de caixa" deve ser buscada no Direito Financeiro positivo.[11] Note-se que a leitura predominante do art. 42 da LRF,[12] que estabelece vedação semelhante para fins fiscais, é no sentido de que a disponibilidade de caixa deve abranger recursos necessários ao pagamento das despesas oriundas de obrigações contraídas nos dois últimos quadrimestres do mandato ou legislatura e vincendas até 31 de dezembro, data de encerramento do exercício.

Importante é o alerta sobre exclusão de responsabilidade do presente crime: "Não atinge as novas despesas contraídas no primeiro quadrimestre do último ano do mandato, ainda que de duração continuada superior ao exercício financeiro. Também não deverá alcançar outras despesas contraídas no final do exercício para socorrer calamidade pública ou extraordinária para atender urgências necessárias" e ainda no caso de todos os crimes previstos no capítulo do Código Penal ora analisado: "Pode ocorrer hipótese de estado de necessidade ou mesmo de inexigibilidade de conduta diversa, a justificar o gasto realizado ao arrepio da Lei de Responsabilidade Fiscal" (NUCCI, 2020, p. 669). O art. 65, §1º, II, da LRF, com redação dada pela Lei Complementar nº 173/2020, corrobora a afirmação do autor quanto ao estado de calamidade.[13]

Trata-se de mais um crime formal doloso, e como na discussão dos demais delitos, há divergência doutrinária sobre a possibilidade ou não de tentativa, pelos fundamentos já expostos.

4.4 Ordenação de despesa não autorizada

359-D. Ordenar despesa não autorizada por lei: Pena – reclusão, de 1 (um) a 4 (quatro) anos.

Como mais uma hipótese de norma a ser complementada por definições do Direito Financeiro, o art. 15 da LRF define expressamente o que são despesas não autorizadas, irregulares e lesivas ao patrimônio público (aquelas que violem os artigos 16 e 17 da própria LRF). Interessante, inclusive, é julgado do STJ no sentido de que a denúncia é falha se não menciona de forma expressa a norma integradora, ou seja, não informa qual é a "lei".[14]

---

[11] Cf. art. 164 da Constituição e art. 43 da LRF. Na jurisprudência, v. ADI nº 2.661 MC, rel. min. Celso de Mello, DJ de 23.08.2002 e ADI nº 3.075, rel. min. Gilmar Mendes, DJ 5.11.2014.

[12] Art. 42. É vedado ao titular de Poder ou órgão referido no art. 20, nos últimos dois quadrimestres do seu mandato, contrair obrigação de despesa que não possa ser cumprida integralmente dentro dele, ou que tenha parcelas a serem pagas no exercício seguinte sem que haja suficiente disponibilidade de caixa para este efeito. Parágrafo único. *Na determinação da disponibilidade de caixa serão considerados os encargos e despesas compromissadas a pagar até o final do exercício.*

[13] Art. 65. Na ocorrência de calamidade pública reconhecida pelo Congresso Nacional, no caso da União, ou pelas Assembleias Legislativas, na hipótese dos Estados e Municípios, enquanto perdurar a situação: (...) §1º Na ocorrência de calamidade pública reconhecida pelo Congresso Nacional, nos termos de decreto legislativo, em parte ou na integralidade do território nacional e enquanto perdurar a situação, além do previsto nos inciso I e II do caput: (...) II - *serão dispensados os limites e afastadas as vedações e sanções previstas e decorrentes dos arts. 35, 37 e 42,* bem como será dispensado o cumprimento do disposto no parágrafo único do art. 8º desta Lei Complementar, *desde que os recursos arrecadados sejam destinados ao combate à calamidade pública.*

[14] STJ, APN: 389 ES 2004/0029317-3, Rel.: Ministro Nilson Naves, Data de Publicação: DJ 21.08.2006.

Questão interessante se inaugura ao se vislumbrar se essas despesas são ou não justificáveis ou até benéficas pela Administração. Nesse sentido, posicionam-se Luiz Flávio Gomes e Alice Bianchini: "a inexistência de autorização constitui, tão somente, indício de irregularidade, havendo necessidade, para se criminalizar a conduta, que se verifique, diretamente, a existência de uma lesão não justificada ao bem jurídico" (*apud* NUCCI, 2020, p. 671). Em sentido contrário posiciona-se Bittencourt, contudo tal autor alerta sobre a possibilidade de se considerar causa supralegal de exclusão de culpabilidade em caso de administrador probo e honesto que possua meras dificuldades administrativo-orçamentárias (BITTENCOURT, 2010, p. 63). Também o supracitado julgado do STJ referente a esse crime afirma que "para se criminalizar a conduta, é necessária a existência de lesão não justificada ao bem jurídico, isto é, às finanças públicas, o que, no caso, não ocorreu".

Trata-se de mais um crime formal doloso, e como na discussão dos demais delitos, há divergência doutrinária sobre a possibilidade ou não de tentativa, pelos fundamentos já expostos.

Finalmente, há que se ponderar jurisprudência do STJ indicando que pode se tratar de mero crime meio para o peculato, quando há dolo de assenhoreamento dos valores públicos.[15]

4.5 Prestação de garantia graciosa

Art. 359-E. Prestar garantia em operação de crédito sem que tenha sido constituída contragarantia em valor igual ou superior ao valor da garantia prestada, na forma da lei: Pena – detenção, de 3 (três) meses a 1 (um) ano.

O crime se relaciona ao fato de que não se presta garantia em operação de crédito sem que tenha sido constituída contragarantia em igual valor ou superior, na forma da lei. A LRF, no art. 29, IV, trata desse necessário compromisso de adimplência da obrigação. "Em suma, a conduta típica objetivada nesse crime é impedir que o administrador apto a prestar garantia em operação de crédito possa valer-se dessa faculdade sem a devida exigência de contragarantia, o que é indispensável, para conferir segurança ao ente que assegurou o compromisso alheio" (NUCCI, 2020, p. 674).

A concessão de créditos de garantia em operações de crédito é prevista no art. 40, *caput*, da LRF, contudo, está condicionada a essa contragarantia em igual ou maior valor que a garantia oferecida (§1º do art. 40). Quando exigida pela União dos Estados ou Municípios, ou pelos Estados dos Municípios, pode consistir na vinculação de receitas tributárias diretamente arrecadadas ou provenientes de transferências constitucionais (inciso II do referido artigo).

Trata-se de mais um crime formal doloso e, como na discussão dos demais delitos, há divergência doutrinária sobre a possibilidade ou não de tentativa, pelos fundamentos já expostos. "Consuma-se o crime quando o sujeito ativo presta efetivamente a garantia em operação de crédito sem exigir a contragarantia exigida por lei" (BITTENCOURT, 2010, p. 72).

---

[15] STJ, APN 702, Rel. João Otávio de Noronha, Data da Publicação: 03.06.2015.

Quanto ao sujeito ativo, pode-se destacar a particularidade de que "só pode ser o servidor público que tenha atribuição para autorizar a prestação de garantia em operação de crédito, sem exigir a contragarantia de igual ou superior valor ao da garantia prestada" (MAYRINK DA COSTA, 2018, p. 370). Trata-se de crime, portanto, somente praticado por integrante do Poder Executivo. "No âmbito do Poder Legislativo e do Poder Judiciário, bem como do Ministério Público, a conduta em apreço não poderá ser perpetrada, visto que apenas aos integrantes do Poder Executivo é possível levar a cabo operações de crédito, e, de conseguinte, nelas prestar garantia, cujos limites e condições de realização, na esfera de cada ente da Federação, serão fiscalizados pelo Ministério da Fazenda (ora Economia), inclusive quanto às empresas por eles controladas, direta ou indiretamente (art. 32, LC nº 101/2000)" (PRADO, 2013, p. 953).

4.6 Não cancelamento de restos a pagar

> *Art. 359-F. Deixar de ordenar, de autorizar ou de promover o cancelamento do montante de restos a pagar inscrito em valor superior ao permitido em lei: Pena – detenção, de 6 (seis) meses a 2 (dois) anos.*

O núcleo do tipo é deixar de ordenar, autorizar ou promover o cancelamento do montante de restos a pagar inscrito em valor superior ao permitido em lei, norma penal em branco que vai demandar a indicação do montante objeto de lei orçamentária anual.

Entende-se, no campo do Direito Financeiro, que a inscrição de despesas em restos a pagar é excepcional e, quando excessiva, pode violar o princípio da anualidade e fomentar um verdadeiro orçamento paralelo à margem do orçamento anual em curso (CONTI, 2019, 215/218). Nessa linha segundo o TCU:

> A prática recorrente de elevada inscrição e rolagem de recursos orçamentários na rubrica de restos a pagar ofende os princípios da anualidade orçamentária e da razoabilidade, sendo incompatível com o caráter de excepcionalidade dos restos a pagar, contrariando o disposto no art. 165, inciso III, da Constituição Federal, c/c o art. 2º da Lei 4.320/1964. (Acórdão 2033/2019-Plenário).

Desse modo, as hipóteses de inscrição e de cancelamento dos restos a pagar não processados sujeitam-se aos termos da legislação de cada ente federativo, não havendo norma geral expressa a esse respeito, mas devem ser observados os princípios da anualidade e da razoabilidade, conforme a jurisprudência do TCU. Além disso, o montante de restos a pagar deve limitar-se à disponibilidade financeira existente, sob pena de serem onerados indevidamente os orçamentos seguintes (BRASIL, 2021b, p. 133).

Note-se que os restos a pagar processados são de inscrição compulsória, em regra, já que se referem a obrigações cumpridas pelo credor. Os restos a pagar processados, portanto, não devem ser cancelados, conforme o Manual de Contabilidade Aplicada ao Setor Público (BRASIL, 2021b, p. 136).

Quanto ao tipo penal em sim "esse é um caso de crime omissivo, que se materializa quando o agente público responsável pelo ato verifica a situação descrita – valor superior ao permitido em lei inscrito em restos a pagar – e deixa de cancelá-lo. Para tanto, previamente deverá ter necessariamente ocorrido o tipo do art. 359-B, ou seja, a irregular inscrição em despesas não empenhadas em restos a pagar, pois, em sequência, surgirá para o sucessor daquele que cometeu o crime do art. 359-B a obrigação de cancelar o pagamento desautorizado para o exercício seguinte" (ABRAHAM, 2021, p. 83). Nesse caso, portanto, importante o alerta de Nucci de que, em sendo o mesmo administrador a praticar anteriormente o crime do art. 359-B, haverá fato posterior impunível (NUCCI, 2020, p. 1093).

Trata-se de mais um crime formal doloso e, por se tratar de crime omissivo, incabível a tentativa.

Finalmente, interessante o destaque de Bittencourt de que "o não cancelamento de restos a pagar cujo limite não ultrapasse o permitido em lei, mesmo que não tenha sido previamente empenhada, não tipificará esse crime, pois a omissão somente é criminalizada quando a inscrição for superior ao legalmente permitido. Nesse particular, há uma lacuna na lei que, aliás, é exageradamente minuciosa e detalhista. Poderá constituir infração administrativa, fiscal, contábil, mas não constituirá crime" (BITTENCOURT, 2010, p. 77).

4.7 Aumento de despesa total com pessoal no último ano do mandato ou legislatura

> *Art. 359-G. Ordenar, autorizar ou executar ato que acarrete aumento de despesa total com pessoal, nos cento e oitenta dias anteriores ao final do mandato ou da legislatura: Pena – reclusão, de 1 (um) a 4 (quatro) anos.*

Mais uma vez o bem jurídico a ser protegido é o equilíbrio das contas públicas com vistas à administração seguinte. A norma penal em branco demanda explicação do artigo 18 da Lei Complementar nº 101/00. Ainda, dispõe o artigo 21 da Lei Complementar nº 101/00, ser nulo, de pleno direito, o ato de que resulte aumento da despesa com pessoal expedido nos cento e oitenta dias anteriores ao final do mandato do respectivo poder ou órgão. Devem ser lidos os limites estabelecidos pelo artigo 19 da Lei Complementar nº 101/00, em conformidade com o disposto no artigo 109 da Constituição Federal.

Bittencourt citado por Costa alerta para o fato de que "é indiferente, para a configuração do crime, que haja suficiência de recursos orçamentários para o pagamento, pois a vedação é expressa e tem por finalidade evitar as tentações beneméritas e eleitoreiras de final de mandato" (MAYRINK DA COSTA, 2018, p. 376).

Ainda, o mesmo autor delimita as diferenças entre esse tipo penal e aquele previsto pelo art. 359-C já descrito:

> naquele dispositivo, proíbe-se a assunção de obrigação cuja despesa não possa ser liquidada no mesmo exercício financeiro, ou eventual resto a pagar no exercício seguinte não tenha contrapartida suficiente ou disponibilidade de caixa; nesse artigo pune-se o aumento de pessoal, independentemente de poder ser resgatado no mesmo exercício (...) por outro lado, a proibição constante do art. 359-C é abrangente, genérica, englobando toda e qualquer despesa, enquanto a criminalização deste art. 359-G é restrita, específica, limitando-se à despesa com pessoal. Por fim, o prazo depurador do primeiro dispositivo é de oito meses (dois quadrimestres), enquanto o do segundo é de seis meses (cento e oitenta dias) (BITTENCOURT, 2010, p. 88).

Trata-se de mais um crime formal doloso e, mais uma vez, diverge a doutrina sobre a possibilidade de tentativa, com Regis Prado aduzindo ser possível apenas no último caso (Execução) (PRADO, 2013, p. 961).

4.8 Oferta pública ou colocação de títulos no mercado

> *Art. 359-H. Ordenar, autorizar ou promover a oferta pública ou a colocação no mercado financeiro de títulos da dívida pública sem que tenham sido criados por lei ou sem que estejam registrados em sistema centralizado de liquidação e de custódia. Pena – reclusão, de 1 (um) a 4 (quatro) anos.*

O controle da dívida pública é o bem jurídico a ser aqui protegido, num crime em que o agente público que tenha atribuição legal para ordenar, autorizar ou promover oferta pública ou a colocação no mercado financeiro de títulos da dívida pública o faça sem que esses títulos tenham sido criados por lei ou sem que estes estejam registrados em sistema centralizado de liquidação e de custódia.

Como norma penal em branco, deve-se registrar que os títulos da dívida pública se definem como:

> os documentos que se prestam à comprovação da efetivação de uma operação de crédito entre Poder Público tomador e prestamistas em consta a verdadeira representação de todas as vantagens e garantias oferecidas a estes quando do cumprimento da obrigação assumida por aquele. Em suma, cada título emitido representa uma parcela da dívida a ser paga pelo tomador ao prestamista, observado seu valor de face, bem como as condições que convenceram o proprietário do montante a transferi-lo ao Poder Público, que se torna devedor da quantia emprestada, somada aos encargos ofertados ao credor e que, em última análise, viabilizaram a concretização dessa operação consensual de transferência patrimonial (ASSONI FILHO; BLIACHERIENE; ANDRADE *in*: CONTI; OLIVEIRA (coord.), 2015, p. 101).

Os títulos da dívida pública emitidos pela União, Estados e Municípios constituem dívida pública mobiliária (artigo 29, II, da Lei Complementar nº 101/00).

Trata-se de mais um crime formal doloso e, novamente, diverge a doutrina sobre a possibilidade de tentativa, sintetizando Bittencourt que "nas figuras ordenar e autorizar é admissível a tentativa, embora seja de difícil comprovação (...) quanto à figura de promover não há qualquer dificuldade sobre a possibilidade de tentativa, vez que se trata de crime material" (BITTENCOURT, 2010, p. 92).

Costa ainda traz a importância de ser avaliado, quando da análise dessa figura típica, o artigo 3º da Lei nº 10.179/2001, que define formas de ofertas públicas (leilões) e de colocação no mercado financeiro dos títulos da dívida pública da União (MAYRINK DA COSTA, 2018, p. 378).

5 Conclusão

A Lei de Responsabilidade Fiscal nº 101, de maio de 2000, surgiu com o propósito de bem desenvolver a gestão pública, a partir de normas, condições e sanções, para que o administrador público seja diligente no trato com a coisa pública, de modo a ser responsável, especialmente no que se refere às finanças públicas. O Supremo Tribunal Federal já decidiu inclusive que a responsabilidade na gestão fiscal deriva diretamente dos princípios constitucionais que regem a Administração Pública.[16] Como se não bastasse, a LRF possui respaldo em normas específicas da Constituição, como revelam os artigos 163 e 169.

"Ocorre que o cumprimento espontâneo dos comandos da lei não é, na prática, o que se vê acontecer em nosso país, especialmente se estamos falando do setor público, onde o gestor administra recursos de terceiros (do Estado) e nem sempre o faz com a mesma preocupação e disciplina com que faria caso se tratasse de seu próprio patrimônio" (ABRAHAM, 2021, p. 73).

A própria LRF traz uma série de sanções pelo descumprimento de suas normas, como as sanções institucionais consistentes na suspensão de transferências voluntárias, na suspensão de contratação de operações de crédito e de obtenção de garantias (v. artigos 23, 31 e 70).

Aparentemente, a cultura de corrupção já descrita neste artigo, traduzida não somente na apropriação de verba pública, mas também como clientelismo, patronagem, nepotismo, malversação de recursos públicos, extorsão, concussão, suborno, prevaricação, entre outras condutas, estaria sendo transformada/superada no Brasil, por conta do número grande de sanções previstas pela atual legislação. Entretanto, há fortes críticas a esse mecanismo como o melhor ou suficiente para o aprimoramento da gestão pública.

Já chegou a ser utilizada a expressão *Direito Administrativo do Medo*, em Conferência de 8 de maio de 2015, tendo em vista possível controle externo disfuncional que vê improbidade ou ilicitudes em tudo (VALGAS, 2020). Também foram ponderadas no presente artigo as críticas expostas por Avritzer e Filgueiras, Bittencourt e Souza acerca de um surto criminalizador da atividade do agente público.

No caso da pesquisa em tela, observou-se que os diversos crimes previstos no artigo 359-A a 359-H do Código Penal, ou seja, os que zelam especialmente pela regularidade das finanças públicas, são tipificados mediante normas penais em branco, devendo ser avaliados sempre com o auxílio de conceitos do Direito Financeiro (únicos hábeis a dar conta das inúmeras normas penais em branco ali descritas). Além disso, devem ser examinados com imenso cuidado no que se refere à evidência de que houve dolo do gestor acusado, ou seja, nítido ato de corrupção intencional.

Referências

ABRAHAM, Marcus. *Lei de Responsabilidade Fiscal Comentada*. Rio de Janeiro: Forense, 2021.

AVRITZER, Leonardo; FILGUEIRAS, Fernando. *Corrupção e controles democráticos no Brasil*. Brasília: CEPAL. Escritório no Brasil/IPEA, 2011 (Textos para Discussão CEPAL-IPEA, 32).

BEZERRA FILHO, Aluizio. *Manual dos Crimes Contra o Erário*. Salvador: Juspodivm, 2018.

BITTENCOURT, Cezar Roberto. *Crimes contra as finanças públicas e crimes de responsabilidade de prefeitos*. São Paulo: Saraiva, 2010.

BRASIL. Ministério da Economia. *Manual para instrução de pleitos*. Brasília: Ministério da Economia, 2021a.

---

[16] Cf. ADI 2238, rel. Min. Alexandre de Moraes, Tribunal Pleno, DJ 01.09.2020.

BRASIL. Ministério da Economia. Secretaria do Tesouro Nacional. *Manual de contabilidade aplicada ao setor público*. 9. ed. Brasília: Secretaria do Tesouro Nacional, 2021b.

CONTI, José Maurício. *In*: GANDRA, Ives (coord.). *Comentários à Lei de Responsabilidade Fiscal*. São Paulo: Saraiva, 2014.

CONTI, José Maurício. *Levando o direito financeiro a sério*. 3. ed. São Paulo: Editora Blucher, 2019.

COSTA, Álvaro Mayrink da. *Crimes contra a Administração Pública*. Rio de Janeiro: GZ, 2018.

KANAYAMA, Rodrigo. *Orçamento Público*. Rio de Janeiro: Lumen Juris, 2016.

LEITE, Harrison. *Manual de Direito Financeiro*. 4. ed. Salvador: Juspodivm, 2015.

LOCHAGIN, Gabriel Loretto. *A execução do orçamento público*: flexibilidade e orçamento impositivo. São Paulo: Editora Blucher, 2016.

NUCCI, Guilherme de Souza. *Curso de Direito Penal*. Vol. 3. Rio de Janeiro: Forense, 2020.

NUCCI, Guilherme de Souza. *Manual de Direito Penal*. Rio de Janeiro: Forense, 2020.

OLIVEIRA, Regis Fernandes de; HORVATH, Estevão; CONTI, José Maurício; SCAFF Fernando Facury (coord.). *Lições de Direito Financeiro*. São Paulo: Revista dos Tribunais, 2015.

OLIVEIRA, Regis Fernandes de. *Responsabilidade Fiscal*. São Paulo: RT 2001.

PRADO, Luiz Regis. *Curso de Direito Penal Brasileiro*. São Paulo: RT, 2013.

RODRIGUES, Diogo Luiz Cordeiro; SANTOS, Rafael Costa. Empenho e restos a pagar de obrigações administrativas plurianuais: uma visão jurídica. *Revista de Direito da Administração Pública*. No prelo.

SOUZA, Luciano Anderson. *Crimes contra a administração pública*. 2. ed. São Paulo: Thompson Reuters Brasil, 2019.

VALGAS, Rodrigo. *Direito Administrativo do medo*. São Paulo: Revista dos Tribunais, 2020.

Informação bibliográfica deste texto, conforme a NBR 6023:2018 da Associação Brasileira de Normas Técnicas (ABNT):

BAZZO, Mariana Seifert; RODRIGUES, Diogo Luiz Cordeiro. Aspectos do combate à corrupção em crimes contra as finanças públicas (artigo 359-A a 359-H do Código Penal). *In*: CONTI, José Maurício; MARRARA, Thiago; IOCKEN, Sabrina Nunes; CARVALHO, André Castro (coord.). *Responsabilidade do gestor na Administração Pública*: aspectos fiscais, financeiros, políticos e penais. Belo Horizonte: Fórum, 2022. p. 327-340. ISBN 978-65-5518-411-2. v.2.

O ABUSO DE AUTORIDADE NAS INVESTIGAÇÕES CONDUZIDAS PELO MINISTÉRIO PÚBLICO E O DISTANCIAMENTO DE SUA ATUAÇÃO PERANTE OS COMANDOS CONSTITUCIONAIS

CESAR CAPUTO GUIMARÃES

GABRIELA LUIGGI SENATORE

1 Introdução

A Constituição Federal de 1988, elaborada após 21 anos de ditatura militar, é fruto da manifestação popular em busca de direitos até então cerceados em razão do período ditatorial e representa uma preocupação em construir uma sociedade mais justa e igualitária. Para tanto, na esfera penal, trouxe à luz os princípios do respeito à dignidade humana (artigo 1º, inciso III), da garantia à duração razoável do processo (artigo 5º, inciso LXXVIII), do devido processo legal (artigo 5º, inciso LIV) e da presunção de inocência.

Ao órgão do Ministério Público atribuiu, dentre outras, as funções de: i) titularidade exclusiva da ação penal pública e ii) fiscalização da lei. Isso se deu como um reflexo de aproximação do sistema processual penal ao modelo acusatório, que, até então – 1988 –, era regido pelo Código de Processo Penal, instituído em 1941, durante o Estado Novo, período em que vigia a ditadura Getúlio Vargas, e, portanto, com forte influência do Código Rocco italiano de 1930, de natureza inquisitiva.

Importante mencionar que o sistema processual penal adotado em um país está intimamente ligado ao contexto histórico e social e funciona como espécie de termômetro para identificar as tendências autoritárias ou democráticas.

Como será demonstrado no presente trabalho, as funções do Ministério Público e sua atuação na esfera penal deveriam convergir com os princípios constitucionais da dignidade humana (artigo 1º, inciso III), da garantia à duração razoável do processo (artigo 5º, inciso LXXVIII), do devido processo legal (artigo 5º, inciso LIV) e da presunção de inocência.

Assim, a presente pesquisa buscará analisar os reflexos que as condutas, em um espectro geral, adotadas pelo Ministério Público no âmbito penal e de suas investigações trazem ao cotidiano, não apenas àqueles que são alvos, mas a todos os indivíduos que compõem a sociedade, porquanto a violação a princípios e garantias fundamentais afetam toda a coletividade.

Cumpre destacar, por fim, que o método utilizado foi o crítico-reflexivo, por meio de pesquisa doutrinária, documental e jurisprudencial, estabelecendo, deste modo, opiniões diferentes, debates que repercutem em outras searas do Direito e propiciam a propagação do conhecimento.

2 As funções do Ministério Público

Ao longo dos séculos a estrutura do processo penal adotada em cada país variou de acordo com o pensamento ideológico predominante nos respectivos períodos, seguindo ora uma ideologia punitiva, ora libertária.

Para entender o papel do órgão ministerial dentro do ordenamento jurídico brasileiro, importante ter em mente que a principal diferença entre os sistemas processuais inquisitivo e acusatório é a quem cabe exercer o papel da acusação: no sistema inquisitivo, as funções de investigar, acusar e de julgar cabem a uma só pessoa ou órgão; já no sistema acusatório, as funções são exercidas distintamente, reservando-se a atividade de julgar para aquele que não exerce a função de acusador.

No primeiro, verifica-se que os interesses persecutórios são resguardados pelo poder central, alargando as possibilidades para abertura do processo repressivo, já que a ele é conferido o poder de promover a acusação e julgar. Portanto, este método foi abarcado pelo Código de Processo Penal de 1941. Ainda neste modelo a gestão da prova é atividade do juiz-ator com faculdade de colher as provas. Não era rara, na Idade Média, a prática de tortura para fins de confissão do acusado, como forma de perseguir a verdade material e mantê-lo preso durante todo o processo.[1]

Já o segundo é caracterizado pela distinção entre as atividades de investigar, acusar e julgar. É um processo de partes, constituído pela contraposição entre a acusação e a defesa, em igualdade de posição, com um juiz sobreposto a ambas. Nele, a titularidade da pretensão punitiva pertence ao Estado, representado pelo *Parquet*, e não ao magistrado, a quem cabe a aplicação imparcial da lei, para dirimir conflitos entre o *jus puniendi* e a liberdade do acusado.[2]

Neste passo, a Constituição Federal de 1988 buscou aproximar o processo penal do modelo acusatório, embasado no contraditório, na ampla defesa, na imparcialidade do julgador e demais regras do devido processo penal[3] e, para tanto, delimitou no capítulo IV, nos incisos do artigo 129, as funções do Ministério Público, sem apontar de forma expressa a possibilidade de realizar investigações criminais diretamente.

Ocorre que, por conta do supramencionado artigo, em seu inciso VIII, ao dispor a função de requisitar diligências investigatórias e a instauração de inquérito policial, estabeleceu-se que o Ministério Público é dotado de competência para elaborar investigação criminal.

---

[1] BADARÓ, Gustavo Henrique. *Processo Penal*. 4. ed. São Paulo: Revista dos Tribunais, 2016, p. 95.
[2] MARQUES, José Frederico. *Elementos de direito processual penal*. v.1. 1. ed. Campinas: Bookseller, 1997, p. 71.
[3] LOPES JR., Aury. *Direito Processual Penal*. 18. ed. São Paulo: Saraiva Educação, 2021, p. 51.

Tal discussão – pertinente – se estende, ao longo dos anos, em voga nas supremas cortes brasileiras. Isso porque, a partir do momento que se centraliza o poder de investigar nas mãos do titular da ação penal pública, pode-se concluir que a investigação criminal produzida pelo Ministério Público é destituída de imparcialidade, porquanto "desponta o risco da procura orientada de prova, para alicerçar certo propósito, antes estabelecido; com abandono, até, do que interessa ao envolvido. Imparcialidade viciada desatende à Justiça".[4]

Transportar todo o poder investigatório às mãos Ministério Público – figura elegida pelo Estado como órgão acusador, titular da ação penal pública – acarreta a concentração de poderes, possibilitando a ele afastar do cenário tudo o que não sirva à acusação. Tal situação, em tese, não ocorre quando a investigação é feita pela polícia judiciária, já que ela colhe elementos probatórios, colhe dados, de forma equidistante, uma vez que ela não é parte do processo na ação penal.[5]

Outro ponto que deve ser observado é que tais incumbências atribuídas ao Ministério Público acerca do poder investigatório são adotadas em total descompasso com uma outra função também atribuída ao aludido órgão público, estabelecida no artigo 127, qual seja, a de atuar como fiscal da lei.

Portanto, a ele também é atribuída a função de zelar pela proteção dos princípios constitucionais que norteiam o sistema processual penal da dignidade humana (artigo 1º, inciso III), da garantia à duração razoável do processo (artigo 5º, inciso LXXVIII), do devido processo legal (artigo 5º, inciso LIV) e da presunção de inocência.

3 Das medidas investigativas em caráter *"ad aeternum"* – evidente utilização da prática de fishing expedition

Como já mencionado, a função atribuída ao Ministério Público no artigo 129, VIII, da Constituição Federal de 1988 deu a ele a possibilidade de instaurar investigações, requerer medidas cautelares, de maneira a permitir uma forma de atuação mais próxima do sistema processual penal inquisitório.

Isso porque, em posse de tais funções, a ele foi dado o poder de atuar como único ator na condução de seus procedimentos investigatórios, distanciando-se dos controles de legalidade e limites impostos ao Poder de punir do Estado, bem como dos princípios constitucionais que norteiam o sistema processual penal acusatório, dando margem ao órgão acusador, – em posse do poder de requerer e descartar provas –, de empreender verdadeiras caçadas judiciais, em desfavor de sujeitos presumidamente inocentes.

Com o poder investigatório em suas mãos, ao órgão acusador é oportunizada a utilização da censurável prática processual de *fishing expedition* (técnica de pesca), em desfavor de seus alvos, meio pelo qual ele insiste no requerimento, de forma discricionária ou aleatória (*fishing expedition*), na coleta de informações inúteis ou excessivas (*overuse of discovery* ou *overdiscovery*), acarretando verdadeiro temor psicológico ao sujeito-alvo, que se vê diante de uma investigação infinita, impossibilitado sequer de

---

[4] *Apud* PITOMBO, *Reformas no processo penal*/organizador Guilherme Nucci, 1. ed. Porto Alegre: Verbo Jurídico, p. 2 e 83.

[5] STF. HC 188.888/MG, Relator Ministro Celso de Mello, 2ª Turma. Julgado em 06.8.2020, DJe em 10.08.2020.

entender sobre qual fato está sendo investigado (*bulk discovery* ou *hide and seek play*). Trata-se de um meio prospetivo que desconsidera o fato de que muitas pessoas inocentes serão averiguadas.

Tal expediente ainda não tem notoriedade no sistema penal brasileiro, mas nos Estados Unidos já é um método conhecido e pode configurar um abuso de direito, na medida em que "naquele ordenamento costuma-se identificar, genericamente, como exercício abusivo da *discovery* a postulação que causa 'aborrecimento, embaraço, opressão, ou um excessivo ônus ou gasto', ou ainda, com ilegítimo propósito de 'causar atrasos ou despesas à parte adversa'".[6]

Essa prática denota que o que se busca é punir o investigado, a qualquer custo independentemente da existência do fato criminoso ao qual foi destinada a apuração.

Nesse sentido, inclusive, entende o Ministro do Superior Tribunal de Justiça Sebastião Reis Júnior:

> Entendo que deve ser acolhido o pedido de trancamento do inquérito em questão. Afinal, passados quase três anos da apreensão da elevada quantia, depois das infrutíferas investigações feitas pela Polícia a respeito de eventual lavagem de dinheiro e das diligências requeridas pelo Ministério Público estadual, *não foram reunidos elementos probatórios necessários para validar eventual denúncia contra o paciente. Está caracterizada a ineficiência estatal. E o prolongamento injustificado desse inquérito não só gera gravame certo e concreto, como acaba por transformar a investigação que deveria ser de um fato criminoso, na investigação da pessoa, o que não se pode admitir no Direito Penal.*[7] (grifamos)

Adicionalmente, por esta técnica a defesa do investigado se vê, diante da quantidade de documentos "jogados" no processo, – de forma totalmente desconexa, sem qualquer justificativa –, incumbida de empreender uma verdadeira "pesca" aos elementos probatórios e selecionar quais de fato são objeto de apuração, tornando seu exercício praticamente impossível.

Ou seja, *o ônus probandi* acaba sendo transferido à defesa do investigado, o que representa uma nítida afronta à Constituição Federal. Neste ponto, é o entendimento consolidado pelo Supremo Tribunal Federal, já que "o princípio da presunção de inocência ou de não culpabilidade, insculpido no art. 5º, LVII, da Constituição Federal, preceitua, na sua acepção probatória, *que cabe ao órgão acusatório o ônus de comprovar a ocorrência de todas as circunstâncias elementares do tipo penal atribuído ao acusado na incoativa, sob pena de tornar inviável a pretendida responsabilização criminal. (...)*".[8]

A utilização da técnica de *fishing expedition* pelo órgão acusador em um processo criminal é matéria que merece ser enfrentada pela jurisprudência brasileira, já que ela configura um nítido abuso do poder estatal, além de criar uma enorme disparidade com a parte investigada.

E se observa isso na medida em que: i) as investigações se tornam intermináveis já que a qualquer momento pode a acusação, sem o controle por outro órgão do Poder Judiciário, requerer novos documentos que julgar pertinente, sem qualquer justificativa;

---

[6] Cf. *Antecipação da prova sem o requisito da urgência e direito autônomo à prova*. 1. ed. São Paulo: Malheiros Editores Ltda., 2009, p. 194-205.

[7] STJ HC 516.079. Min. Relator Sebastião Reis Júnior. 6ª Turma. Julgado em 22.10.2019. Dje em 04.11.2019.

[8] AP 1.018, 2ª Turma, Relator Ministro Edson Fachin, Julgado em 18.9.2018, DJe em 12.12.2018.

ii) desrespeita o art. 41 do CPP, já que a quantidade excessiva de documento juntados de forma aleatória e arbitrária ao procedimento possibilita ao autor da ação penal descrever as imputações de forma não objetiva e, consequentemente, não indicando as provas que as amparem, impossibilitando à Defesa Técnica estabelecer quais os elementos de que deverá contrapor na sua defesa.

4 Do excesso de prazo para conclusão das investigações

Os princípios constitucionais do respeito à dignidade humana (artigo 1º, inciso III), da garantia à duração razoável do processo (artigo 5º, inciso LXXVIII) e do devido processo legal (artigo 5º, inciso LIV) afastam a possibilidade de manutenção de investigações instauradas há muito tempo inconclusas.

Tal questão é de suma importância quando se trata de investigações perpetradas no âmbito do Ministério Público. Isso porque a ele cabe a função de requisitar diligências investigatórias em seus procedimentos, sem o controle por outro órgão do Poder Judiciário, o que torna, muitas vezes, interminável esta etapa pré-processual.

As Colendas Turmas do Superior Tribunal de Justiça que tratam de matéria criminal já firmaram entendimento no sentido do necessário arquivamento das investigações com base na garantia à razoável duração do processo:

> (...) 2. Atribui-se ao Estado a responsabilidade pela garantia da razoável duração do processo e pelos mecanismos que promovam a celeridade de sua tramitação, quer no âmbito judicial, quer no administrativo. Em razão disso, não é possível aceitar que o procedimento investigatório dure além do razoável, notadamente quando as suas diligências não resultem em obtenção de elementos capazes de justificar sua continuidade em detrimento dos direitos da personalidade, contrastados com o abalo moral, econômico e financeiro que o inquérito policial causa aos investigados. (...) 4. Recurso provido para, concedendo a ordem, determinar o trancamento do inquérito policial.[9]
>
> (...) 1. As leis processuais não estipulam prazo para a conclusão do inquérito policial, contudo, em observância ao princípio da razoabilidade, deve ser célere o andamento de procedimentos administrativos e judiciais. 2. Não se admite que alguém seja objeto de investigação eterna, notadamente, porque essa é uma situação que conduz a um evidente constrangimento, seja ele moral, ou, até mesmo financeiro e econômico. (...).[10]

Sobre o tema, conforme entendimento firmado pelo Supremo Tribunal Federal, "a pendência de investigação, por prazo irrazoável, sem amparo em suspeita contundente, ofende o direito à razoável duração do processo (art. 5º, LXXVIII, da CF)", bem como "*a dignidade da pessoa humana* (art. 1º, III, da CF)", uma vez que "esta norma deve ser projetada também para a fase de investigação".[11]

Acrescente-se que a Suprema Corte, ao determinar o arquivamento de investigações que violavam os artigos 1º, inc. III, e 5º, incisos, LIV e LXXVIII, da CF, indicou

---

[9] RHC 82.559/RJ, 6ª T., Rel. Min. Nefi Cordeiro, j. 5.12.2017, DJe 8.03.2018. No mesmo sentido, da mesma 6ª T., cf. HC 480.079/SP, Relator Ministro Sebastião Reis Júnior, j. 11.4.2019, DJe 21.05.2019; AgRg no RMS 49.749/BA, redator para o acórdão Ministro Nefi Cordeiro, j. 8.11.2018, DJe 6.12.2018.

[10] RHC 58.138/PE, 5ª T., Relator Ministro Gurgel de Faria, j. 15.12.2015, DJe 4.02.2016. No mesmo sentido, da C. 5ª T., cf. HC 444.293/DF, Relator Ministro Ribeiro Dantas, j. 3.12.2019, DJe 13.12.2019.

[11] AgR no INQ 4393/DF, 2ª T., Relator Ministro Gilmar Mendes, j. 23.10.2018, DJe 26.08.2020.

os lapsos de duração considerados intoleráveis: a) *1 ano e 2 meses*, no AgR no Inquérito 4393/DF, 2ª T., Relator Ministro Gilmar Mendes, j. 23.10.2018, DJe 26.8.2020; b) *1 ano e 3 meses*, no Inquérito 4429/DF, decisão monocrática do Ministro Alexandre de Moraes, j. 8.6.2018, DJe 13.6.2018; c) *1 ano e 4 meses*, no Inquérito 4660/DF, 2ª T., Relator Ministro Gilmar Mendes, j. 23.10.2018, DJe 10.12.2018; e d) *2 anos*, na Petição 8186/DF, 2ª T., Redator do acórdão Ministro Gilmar Mendes, j. 15.12.2020, DJe 5.4.2021.

Conclui-se, portanto, que a manutenção de investigação com relação a um indivíduo que dure por mais de 1 a 2 anos, sem que se verifiquem nos autos suficientes indícios de autoria e/ou prova da materialidade, maltrata a dignidade da pessoa humana e viola o devido processo legal e a garantia à duração razoável do processo.

5 Distanciamento do Ministério Público como fiscal da lei

Conforme dispõe o artigo 127 da Constituição Federal, "o Ministério Público é instituição permanente, essencial à função jurisdicional do Estado, incumbindo-lhe a defesa da ordem jurídica, do regime democrático e dos interesses sociais e individuais indisponíveis".

Ainda, no que concerne aos processos investigatórios, o artigo 129, inciso VII, conferiu a ele a função de fiscalizar a atividade policial.

Ocorre que, como exposto nos tópicos anteriores, por uma sequência de fatores que podem ser resumidamente explicados no anseio social de "fazer justiça", o órgão responsável por fiscalizar e zelar pela aplicação dos princípios constitucionais da dignidade humana (artigo 1º, inciso III), da garantia à duração razoável do processo (artigo 5º, inciso LXXVIII), do devido processo legal (artigo 5º, inciso LIV) e da presunção de inocência acaba atuando em detrimento deles, acarretando o nítido confronto entre a dignidade da pessoa humana e a efetividade do aparato penal.

É deixado de lado, por exemplo, o fato de que manter alguém como alvo de investigação configura uma verdadeira tortura psíquica degradante imposta pelo Estado, que fere de morte os princípios constitucionais basilares democráticos de direito.

Muitas vezes, o Ministério Público, que deveria zelar pela aplicação dos princípios constitucionais no âmbito de uma investigação, lança mão do fato de que possui essa função. É deixado de lado o fato de que as medidas cautelares devem ser requeridas com o máximo de cuidado.

Elas são cruéis ao investigado, sua família e amigos – a quem elas também se estendem –, já que também são penas criminais, ainda que sob forma camuflada da legalidade, ou conforme procedimentos prévios do devido processo legal. Nas palavras do promotor do Paraná, Jacson Zílio, ao denunciar a morte de seu irmão, "a inversão do princípio da presunção de inocência é o sinal mais claro da farsa ideológica que move a sanha punitiva do atual processo penal brasileiro".[12]

O anseio social de "fazer justiça" é um estigma que permeia a sociedade brasileira desde sempre. Tal afirmação pode ser demonstrada pela simples verificação da quantidade de presos provisórios no sistema carcerário. É deixado de lado o princípio da presunção de inocência e o fato de que a privação de liberdade é a *ultima ratio*.

---

[12] Disponível em: https://jornalggn.com.br/direitos-humanos/levaram-meu-irmao-por-jacson-zilio. Acesso em: 14 fev. 2022.

Não são raros os casos em que o indivíduo preso cautelarmente passa tanto tempo no cumprimento da preventiva, que, por vezes, esta ultrapassa a pena propriamente dita, ao passo que tal questão passa desapercebida pelo órgão ministerial incumbido, em tese da função de fiscalizar a lei e garantir aos cidadãos a aplicação dos princípios constitucionais.[13]

Tal fato restou evidente em 2017 quando a Desembargadora do Tribunal de Justiça de São Paulo sofreu pena de censura, após ser denunciada pelo próprio órgão, depois de expedir alvará de soltura de presos provisórios que já haviam cumprido suas sentenças, mas ainda estavam atrás das grades.[14]

Neste ponto, recente julgado do Superior Tribunal de Justiça elucida bem o panorama mencionado ao apontar que o Ministério Público é "instituição que, acima de tudo, se caracteriza pela função fiscalizatória do direito (custos iuris), espera-se (...) uma atuação funcional imbuída da percepção de que o Direito Penal é o meio mais contundente de que dispõe o Estado para manter um grau de controle sobre o desvio do comportamento humano (...) não se mostrando, portanto, racionalmente defensável que a complexidade do atual perfil de atribuições 'converta os agentes de execução do Ministério Público em simples 'despachantes criminais'".[15]

No caso citado, o Relator, além de conceder a ordem do habeas corpus para cassar o acórdão proferido em segundo grau que deu provimento à apelação interposta pelo Ministério Público e restabeleceu a sentença de primeiro grau que havia desclassificado a imputação de tráfico de drogas para o art. 28, *caput*, da Lei nº 11.343/2006, também alertou o Ministério Público de São Paulo "para que seus membros deixem de atuar como meros "despachantes criminais", ocupados em "pleitear meramente o emprego do rigor sistemático de dogmática jurídico-penal, ademais de meros fiscais da aplicação sistemática e anódina da pena".

Deste modo, conclui-se que os agentes dos órgãos ministeriais, de forma geral – sempre existem exceções – estão se descolando de uma de suas funções de suma importância, qual seja, a de atuar em favor da ordem jurídica – e, como consequência, zelar pela devida aplicação dos princípios constitucionais garantidos ao cidadão, –, para atuar como perseguidores implacáveis, ignorando nulidades e outras garantias a favor da defesa, do anseio punitivista.

6 Conclusão

A história da sociedade passou por diversas mudanças, reflexões e alternâncias ao longo do tempo. A luta por direitos foi o estopim para que os indivíduos se rebelassem e se unissem para a construção de uma sociedade mais justa e igualitária, onde a dignidade da pessoa humana fosse a espinha dorsal da reconstrução social.

A Constituição Federal de 1988 trouxe inovações com relação ao modo de proceder na esfera penal e, para tanto, colocou nas mãos no Ministério Público a titularidade da ação penal e de fiscalizar as atividades policiais.

---

[13] Disponível em: https://m.folha.uol.com.br/cotidiano/2017/08/1914524-cnj-resgatou-minha-honra-e-deu-recado-a-justica-diz-juiza-censurada.shtml. Acesso em: 15 fev. 2021.
[14] Disponível em: https://m.folha.uol.com.br/cotidiano/2017/08/1914524-cnj-resgatou-minha-honra-e-deu-recado-a-justica-diz-juiza-censurada.shtml. Acesso em: 15 fev. 2021.
[15] HC 681.680/SP, 6ª T., Relator Ministro Rogerio Schietti Cruz, j. 21.9.2021, DJe 29.09.2021.

Ocorre que, na medida em que delimitou as funções do aludido órgão, oportunizou a ele o direito de instaurar investigações, requerer medidas cautelares. Em que pese a discussão seguir sendo alvo de debates, fato é que, muito embora a atual tendência da Corte seja a de validar tais investigações, não se reveste de caráter vinculante, podendo, inclusive, ser completamente modificada.

Fato é que, conforme exposto, o poder investigatório nas mãos de um órgão que é também o responsável por promover a acusação, que permite a este a atuação de forma imparcial, nos distancia de um sistema processual penal acusatório.

Ao Ministério Público também foi instituído o poder de atuar em favor do ordenamento jurídico, bem como de fiscalizar a polícia judiciária no âmbito das investigações. Isso se deu por um propósito: a busca pela preservação dos direitos fundamentais na esfera processual penal, quais sejam, o da presunção de inocência, o da razoabilidade, o da proporcionalidade e o da dignidade da pessoa humana.

No entanto, a realidade brasileira é bastante diferente das disposições legais, uma vez que em diversos casos indivíduo vira réu no trâmite de uma investigação, antes mesmo que se prove e, nesta toada, acaba por vezes sofrendo com medidas cautelares de cunho punitivista sem qualquer propósito.

Assim, o indivíduo, sua família e pessoas próximas pagam uma prestação ao Estado antes mesmo de este ser julgado e devidamente condenado pelo Judiciário (após análise de provas, oitivas de testemunhas e etc.), o que, definitivamente, é contrário ao ordenamento jurídico brasileiro e às lições adquiridas na vida em sociedade.

Portanto, é dever do Estado assegurar que nenhum ser humano seja submetido a medidas arbitrárias e não justificadas por parte do poder punitivo, devendo assumir que o sujeito-alvo de uma investigação se trata de um inocente, e não o contrário.

Destarte, necessária a promoção de debates sobre o tema, já que o poder conferido ao Ministério Público merece maior rigor na aplicação dos preceitos trazidos pela Carta Cidadã, bem como a efetiva garantia da dignidade da pessoa humana e dos valores que fomentam a existência do Estado Democrático de Direito.

Em que pese os argumentos expostos neste trabalho com relação ao poder investigativo do Ministério Público, conferido pelo artigo 129, inciso VIII, da Constituição Federal, fato é que cabe ao Supremo Tribunal Federal decidir sobre essa permissiva, por meio do *leading case*.

Para a uniformização da compreensão do processo penal brasileiro e sua adequação ao processo desenhado pela Constituição, acusatório, ainda há muito chão. No entanto, os primeiros passos já foram dados e seguem avançando. Aos operadores do Direito cabe observar as mudanças e lutar pela preservação e garantia dos direitos dentro do aparato penal, nesse aspecto, perante a alta Corte do país.

Referências

Constituição da República Federativa do Brasil de 1988. Disponível em: http://www.planalto.gov.br/ccivil_03/constituicao/constituicao.htm. Acesso em: 10 dez. 2022.

Exposição de motivos do Código de Processo Penal – Decreto-Lei nº 3.689/41. 9. ed. São Paulo: Revista dos Tribunais, 2014.

BADARÓ, Gustavo Henrique. *Processo Penal*. 4. ed. São Paulo: Revista dos Tribunais, 2016.

LOPES JR., Aury. *Direito Processual Penal*. 18. ed. São Paulo: Saraiva Educação, 2021.

NUCCI, Guilherme. *Reformas no processo penal*. 1. ed. Porto Alegre: Verbo Jurídico, 2009.

YARSHELL, Flavio. *Antecipação da Prova sem o requisito da urgência e direito autônomo à prova*.1. ed. São Paulo: Malheiros Editores Ltda, 2009.

ZILIO, Jacson. *Levaram meu irmão, por Jacson Zilio*. Disponível em: https://jornalggn.com.br/direitos-humanos/levaram-meu-irmao-por-jacson-zilio. Acesso em: 14 fev. 2022.

Fonte: Disponível em: https://m.folha.uol.com.br/cotidiano/2017/08/1914524-cnj-resgatou-minha-honra-e-deu-recado-a-justica-diz-juiza-censurada.shtml. Acesso em: 15 fev. 2021.

Informação bibliográfica deste texto, conforme a NBR 6023:2018 da Associação Brasileira de Normas Técnicas (ABNT):

GUIMARÃES, Cesar Caputo; SENATORE, Gabriela Luiggi. O abuso de autoridade nas investigações conduzidas pelo Ministério Público e o distanciamento de sua atuação perante os comandos constitucionais. *In*: CONTI, José Maurício; MARRARA, Thiago; IOCKEN, Sabrina Nunes; CARVALHO, André Castro (coord.). *Responsabilidade do gestor na Administração Pública*: aspectos fiscais, financeiros, políticos e penais. Belo Horizonte: Fórum, 2022. p. 341-349. ISBN 978-65-5518-411-2. v.2.

INSTRUMENTOS DE CONTROLE DA RESPONSABILIDADE POLÍTICA: OS CRIMES DE RESPONSABILIDADE E A REVOGAÇÃO DO MANDATO

ESTEVÃO HORVATH
MARCELO SIGNORINI PRADO DE ALMEIDA

1 Introdução

O Direito Financeiro possui função primordial nos mecanismos de controle da gestão da coisa pública. Dentre as diversas formas de fiscalização da gestão, os crimes de responsabilidade e o não tão novo, mas contemporâneo, *recall* se tornam instrumentos de equilíbrio e controle de uma gestão pública eficiente e democrática. Sob este aspecto, a democracia como dimensão constitucional deve ser respeitada e colocada à frente de qualquer forma de se controlar a gestão, já que a República Federativa do Brasil constitui-se em *Estado Democrático de Direito* (art. 1º da Constituição da República – doravante CRFB).

Diante de tais considerações, o controle dessa gestão deve ser analisado com esmero, uma vez que o mandato popular representa a participação popular e a própria coisa pública (*res publica*), pois todo poder emana do povo (art. 1º, parágrafo único, da CRFB).[1]

Em um primeiro cenário, vemos que o controle financeiro pode e deve ser feito com participação dos Poderes da República, como mecanismo interno de validação e de atribuição de legitimidade de gestão, até mesmo como reafirmação de uma divisão de poderes e do sistema de freios e contrapesos. Algumas das principais atividades dos Poderes Executivo e Legislativo são exercidas por aqueles a quem a vontade popular atribuiu um mandato, uma função a ser exercida.

Não é de hoje que o exercício do mandato corresponde à ideia de atribuir a alguém um encargo ou tarefa que deve ser cumprida, sob pena de revogação dos poderes e consequente responsabilização pelos atos praticados.

---

[1] Art. 1º, parágrafo único: "Todo o poder emana do povo, que o exerce por meio de representantes eleitos ou diretamente, nos termos desta Constituição".

Nesse contexto, a participação popular tem ganhado destaque, já que, da mesma forma que cabe ao povo a escolha de seus representantes políticos, também pode o povo se manifestar quanto à responsabilização política pelos atos de seus governantes, o que tem reflexos latentes sobre o controle financeiro.

Assim, alguns instrumentos de controle e responsabilização financeira se ligam diretamente ao raciocínio de se punir criminalmente pelos abusos do poder ou mesmo permitir que aquele que outorgou certa responsabilidade tenha a prerrogativa de retirar tal incumbência, de forma democrática e eficiente, não se submetendo a qualquer interferência política de outros poderes, de modo a preservar a democracia como fundamento essencial da Constituição da República.

2 O controle do Poder Público e o mandato popular no contexto democrático

O exercício da função administrativa[2] e a busca pela vontade popular devem estar intrinsecamente conectados, respeitando-se o disposto na CRFB, a fim de evitar qualquer interferência de interesses individuais. Evidente que a Administração Pública deve ser transparente, como meio de concretizar a democracia e a vontade popular, demandando fiscalização e mecanismos de correção de eventuais atos abusivos contrários à lei.

Quando nos deparamos com responsabilização política e seu controle, convém retornarmos às origens da expressão "mandato", já que está intimamente ligada ao conceito de democracia. Etimologicamente, tal expressão tem origem nas expressões latinas *mandare* e *mandatum*, que significam "dar a mão" a um representante ou lhe outorgar poder de forma autorizada. Mandado e mandato popular nos remetem a conceitos de democracia e outras diversas concepções variáveis.

No Direito romano o mandato surgiu como mecanismo, no final da República,[3] associado àquele *manus dare*, que dá a mão – ou aquele que autoriza – em uma relação de *manus data*, que remete à ideia de dar as mãos unindo em um contrato duas vontades, com direitos e garantias para realizar a vontade do mandatário.[4]

A ideia estava relacionada ao poder transferido a outro, necessariamente ligado com fidelidade e lealdade diante de uma delegação. Por isso, o instituto do mandato por vezes está relacionado a questões processuais, comerciais, mandato popular eletivo e todas outras possíveis que se vinculam à ideia de contrato com poderes de representação, tal como ocorre no Direito Privado.

Com o desenvolvimento das sociedades, cada vez mais se tornou difícil a função política diretamente representativa, pois deixou de ser viável a consulta direta ao povo acerca de todas as decisões a serem tomadas, tal como nas históricas democracias diretas.

---

[2] Sobre o conceito de função Pérez Ayala e González García ensinam que "é função toda atividade juridicamente relevante como tal, independentemente da relevância dos atos isolados que a integram... No campo do Direito Público, certamente, existe a atividade como conceito juridicamente relevante, autônomo e substantivo frente à relevância jurídica dos atos isolados que a podem integrar. E é precisamente 'função' a atividade que, em seu conjunto e como tal, é juridicamente relevante" (PÉREZ DE AYALA, José Luis; GONZÁLES GARCÍA, Eusebio. *Curso de Derecho Tributario*. 5. ed. Tomo II, Madrid: Editoriales de Derecho Reunidas, 1989).

[3] *Cf.* ALVES, Moreira, *Direito romano*. Rio de Janeiro: Forense, 1972, v. 2, p. 179.

[4] Apesar de a doutrina afirmar este posicionamento em relação à origem do "mandato", é prudente registrar a posição de Giuseppe Provera, que defende a origem do instituto em relações de comércio internacional datadas do século III a. C. (PROVERA, Giuseppe. *Enciclopedia del diritto*. Milão: Giuffrè, 1980).

No caso de representação do povo, é evidente que o mandato popular está na função de representação temporária para que exerça sua vontade decorrente de um contrato político, tal como disposto no art. 1º da CRFB. Assim, como todo poder emana do povo por meio de representantes eleitos ou diretamente, o mandato popular está nas mãos daquele que se submete à fidelidade e lealdade ao interesse público. Em Direito Público, portanto, a delegação política aos representantes é o mandato popular, para o exercício de todos os atos que corresponderiam ao povo na gestão da coisa pública.

Neste ponto devemos nos atentar ao conceito de democracia representativa, especialmente vista como regime de governo mais adequado à complexidade da sociedade em que vivemos, o que inviabiliza a participação direta do povo em todas as decisões políticas, ainda mais em um país de dimensões continentais como o nosso.

O eleito representa vontade de seu povo e, obviamente, deve buscar o interesse comum, sendo que abusos ou desvios em proveito próprio, ou sua displicência, devem ser rechaçados pelo sistema jurídico. Evidentemente, nestes casos a democracia perde espaço, já que o representante eleito inevitavelmente se afasta de seu representado, que por sua vez acaba por se desinteressar por assuntos políticos, a ponto de a democracia representativa perder sua identidade. Aí o mandato popular acaba por se tornar um verdadeiro círculo vicioso de desgaste das instituições e da própria democracia.

Quando tratamos de democracia, ou mais pontualmente, de democracia indireta, temos que passar pelo tema do formato democrático possível na sociedade atual. Hodiernamente, a gestão pública passa por representantes eletivos no Poder Executivo e no Legislativo. A denominada democracia moderna é vista como elemento essencial do próprio mandato popular, inevitável na gestão de Estados complexos e populosos.

Vê-se que o *mandare* e o *mandatum* se afastam e a interação se torna arredia e distante, com o interesse pelo zelo da coisa pública se tornando cada vez menos interessante e com pouca ou nenhuma iniciativa. O reflexo natural é que os representados passam a questionar a validade ou até mesmo a necessidade de sua participação, já que supostamente seus desejos não são concretizados por seus mandatários.

A democracia atual sofre diversas críticas, nem sempre com fundamento jurídico, baseados especialmente no costume condenável da corrupção. Claramente esses vícios, talvez atinentes à própria natureza humana, devem ser combatidos com controles diversos, mas com um olhar mais rigoroso quando se trata de financiamento público. Assuntos como corrupção, desvio de verbas públicas ou benefícios indevidos com a utilização da coisa pública se tornam cada vez mais frequentes, contaminando a gestão pública, com a necessidade cada vez maior de imposição de responsabilidade dos administradores, sob pena de se ver cada vez mais esfacelado o mandato popular e a própria democracia. Tal problema acarreta, inclusive, o esvaziamento dos partidos políticos e de suas ideologias.

Até mesmo nas eleições vê-se a grande problemática da ingerência do poder econômico, desestabilidade política no financiamento de campanhas e desproporcionalidade na representação regional, que só agravam o desinteresse na participação em eleger seus representantes. O pior reflexo é que acabam refletindo valores e culturas desinteressadas e discrepantes da ideia da busca pelo bem comum.

Não se afirma aqui que a democracia tem relação direta com a corrupção:[5] pelo contrário, a história já demonstrou em diversas oportunidades que regimes ditatoriais só agravam o movimento corruptivo, sendo que quanto mais intensa a ideia de democracia e de concretização do interesse comum, maiores serão as chances de se mitigar a fragilidade de se corromper, sendo terreno fértil para o alcance do bem comum de forma mais rápida e efetiva.

Quando se trata de controle e gasto público, estas constatações se agravam, ainda mais em um Estado em que a carga tributária se revela altíssima, sedimentada em aspectos de consumo em que o povo se frustra diante da falta de contraprestação estatal compatível – leia-se retorno em forma de serviços e utilidades públicas – com a carga tributária que lhe é imposta. Quanto maior a cobrança pela prestação de contas, maior a possibilidade de o mandato ser efetivamente uma forma representativa do interesse público e não de interesses particulares (por vezes escusos).

Por tal razão, o controle específico da gestão financeira do Estado se revela não como salvador da democracia ou representatividade, mas é de suma relevância para que os mandatários "resgatem" o seu próprio Estado. O controle financeiro do dinheiro de quem detém todo poder (o povo) é o primeiro passo para iniciar o restabelecimento da fidelidade e lealdade esperadas (do mandatário), refletindo-se na confiança das instituições políticas, com maior controle e interatividade.

3 O mandato popular e a representação política no controle financeiro

O sistema jurídico é amplo e complexo,[6] vislumbrado, em sentido amplo, como conjunto de elementos ou regras que fundamentam a organização de uma ciência jurídica. A partir desta concepção, o sistema jurídico caracteriza-se por ser um conjunto de regras que fundamentam a organização da Ciência do Direito, explicando seus fenômenos jurídicos, sua formação, elementos e estruturas que compõem o ordenamento jurídico; é uma coordenação de normas jurídicas.[7]

Há diversas classificações das Cartas Republicanas, lógicas e úteis nas mais variadas situações. Nossa Constituição da República é classificada como dirigente, contendo parâmetros e valores a serem perseguidos pelo Estado,[8] ou seja, há previsão no texto constitucional de princípios, metas e preceitos considerados primordiais que vinculam os administradores do Estado, direcionando os rumos de seus atos em busca do bem comum, sob pena de ilicitude de sua atuação.

Ideologicamente o conteúdo de nossa Carta Republicana espera uma atuação positiva do Estado, especialmente no campo social e do bem-estar comum, com grandes objetivos a nortear o rumo da atuação do Estado. Deste modo, o cidadão e seus representantes não detêm liberdade extrema, sem interferência constitucional

---

[5] Cf. OLIVEIRA, Regis Fernandes. *Curso de direito financeiro*. 8. ed. São Paulo: Malheiros, 2019, p. 374.

[6] Norberto Bobbio sobre o tema afirma que "o termo 'sistema' é um daqueles termos de muitos significados, que cada um usa conforme suas próprias conveniências" (BOBBIO, Norberto. *Teoria do ordenamento jurídico*. Brasília: Editora Universidade de Brasília, 1989, p.76).

[7] Neste sentido, Lourival Vilanova afirmava que: "onde há sistema há relações e elementos, que se articulam segundo as leis" (VILANOVA, Lourival. *Estruturas lógicas e o sistema do direito positivo*. São Paulo: Noeses, 2005, p. 87).

[8] Cf. CANOTILHO, José Joaquim Gomes. Rever ou romper com a constituição dirigente? Defesa de um constitucionalismo moralmente reflexivo. *Revista de Direito Constitucional e Internacional*, v. 4, n. 15, p 7-17, abr./jun. 1996.

nos limites estatais. De fato, as Constituições migram daquelas que impediam a ação do Estado, em um ato de consagração do liberalismo extremo, para as Constituições sociais, em que o Estado intervém para corrigir desigualdades e prestigiar a igualdade e o crescimento mútuo, inclusive no âmbito do controle financeiro de gastos.

Os atos e a própria representação política estão dentro do sistema jurídico, com regras constitucionais pontuais, em que o exercício da representação está rigorosamente disciplinado nas atribuições e competências constitucionais, inclusive com mecanismos de controle da gestão pública. Por isso é que todo "fazer" da representação política deve estar previsto claramente sob pena de ilicitude da ação política.

Quando cuidamos de representação política, temos que nos reportar às suas diversas facetas, ora envolvendo conceitos de Direito Privado, ora de Direito Público. Considerando o ponto de partida o regime representativo, é evidente que tratamos de um sistema de competências fixadas dentro desse sistema jurídico, que serão exercidas por representantes eleitos para certo prazo. Assim, tal processo repercute na aprovação dos atos de seu representado, que agiu em seu nome. Daí a ideia de mandato imperativo,[9] chegando ao ponto de doutrinadores, a exemplo de Rousseau, afirmarem que o mandato não representa a vontade do povo, mas dos seus eleitores.

De fato, os cidadãos são titulares de uma parcela de soberania do Estado e elegem seus representantes. Assim, se os cidadãos podem atribuir poderes de mandato, também devem ter a prerrogativa de retirá-los, pois o representante é mero mandatário dos eleitores. Além de retirar, o povo pode limitar o mandato concedido, com fixação dos poderes e instruções dos atos que os representantes deverão realizar em nome do povo.

Esta ideia pode ser vista desde a França do século XVI, em que, em situações específicas, o rei convocava os Estados-Gerais, compostos pelo clero, nobreza e o povo. Estes três grupos indicavam os seus representantes, mostrando como deveriam ser as respostas aos questionamentos do rei. A outorga de poderes era tão cerrada nesta época que, no caso da discussão tomar rumo distinto daquela autorizada, a sessão deveria ser adiada por falta de instruções, com clara referência aos institutos de Direito Privado e a relação direta de confiança e lealdade.

Com o desenvolvimento histórico do governo representativo, a vinculação absoluta à vontade do representado perde força, especialmente no sistema parlamentarista inglês na baixa Idade Média e com a *Magna Carta* em 1215, atribuindo direitos e deveres de um governo representativo, não mais somente em situações pontuais. No século XIV, a divisão de câmaras distintas entre lordes e comuns é parte fundamental para a sedimentação da representatividade, passando a ter mandatários de forma definitiva com prerrogativas de decisão em diversos temas de interesse da coletividade.

---

[9] Sobre o tema, Canotilho assim resume: "Desde logo, em Rousseau, para quem soberania nacional e representação política são termos inconciliáveis. A soberania nacional é inalienável porque se identifica com a vontade geral. Se o povo concede o seu poder soberano a outro sujeito deixará de ser soberano. Quando se recorre, nos Estados modernos, por exigências funcionais, a um corpo de deputados, estes não são representativos do povo, são representantes dos eleitores. Em relação ao povo são simples comissários, colocados na dependência dos comitentes e subordinados à vontade popular. Daqui decorria uma dupla consequência prática: em primeiro lugar, se o deputado é um simples mandatário, deve agir e votar na assembleia segundo as instruções imperativas que lhe foram dadas pelos seus eleitores (mandato imperativo); em segundo lugar, a lei aprovada em assembleia só se tornará um instrumento perfeito depois de ter a aprovação popular. A teoria do mandato imperativo mereceu a aprovação de Robespierre («*Le mot de représentant ne peut être apliqué à aucun mandataire du peuple, parce que la volonté ne peut se représenter*») e viria a merecer consagração expressa, no moderno constitucionalismo, nas constituições soviéticas (CANOTILHO, José Joaquim Gomes. *Direito constitucional e teoria da constituição*. 7. ed. 16. reimp. Coimbra: Almedina, 2003, p. 259).

Com o tempo surge a ideia de uma autoridade exercendo a representatividade, como referido por Thomas Hobbes no "O Leviatã", em que o representante fala em nome do povo.[10] Com a Revolução Francesa se consolida o fim do mandato imperativo e a fixação do mandato representativo, com o indivíduo possuindo direitos e deveres e o governo no papel de ente legitimador das leis, onde a soberania estatal é da nação. Deste modo, o representante possui liberdade nas suas decisões, mas deve buscar o interesse da nação, procurando o benefício comum, não mais como simples delegação de poderes aos representantes. Tal circunstância recebeu crítica por parte de Hans Kelsen[11] por tratar-se de uma ficção, porquanto não bastaria a eleição representativa, mas deveria existir uma obrigação jurídica de cumprir com o propósito e a vontade dos representados.

Com o passar do tempo, porém, surge a crise de representatividade, tornando-se um desafio jurídico, à espera de uma regulamentação do sistema para fixar parâmetros da representação política e seus limites visando à manutenção da essência da representatividade e da própria democracia, já que se tem observado a real crise e que as eleições não mais expressam a soberania popular. A crise de representação política não se verifica apenas no Brasil, mas decorre do próprio sistema, que cada vez mais cai em descrédito, com escândalos descobertos a cada dia.

Fato é que a natureza jurídica da representação política se relaciona a uma legitimação e validade do Poder Público e deve estar atrelada necessariamente a uma prestação de atividade constitucional, já que, por mais elementar que pareça, o texto maior não dá conselhos ou recomendações, mas impõe eficácia jurídica e responsabilidade pelos seus atos, ainda mais em se tratando de uma república como forma de governo,[12] caracterizada pela representação da coisa pública.[13]

Neste contexto, deve-se respeitar mais do que nunca a máxima de "não gastar mais do que se arrecada", ainda mais quando se trata de recursos alheios. Evidentemente os recursos públicos são finitos e não há possibilidade de atender a todos os desejos do povo de forma imediata, abrindo-se margem para prestigiamento de certos grupos de preferência do gestor.

A decisão de gastar e onde gastar é evidentemente uma decisão política, visto que os representantes elaboram um plano de ação em áreas que julgam ser mais emergenciais ou de maior prioridade, materializando-as no orçamento com a previsão das despesas, dentro de parâmetros constitucionais e legais.

Por isso, a representação política necessariamente deve passar constantemente por um controle financeiro de gastos, com previsão de punição àqueles que extrapolarem os limites impostos constitucional e legalmente, com participação dos poderes da república, conforme passamos a discorrer.

---

[10] HOBBES, Thomas. *Leviatã*. São Paulo: Martin Claret, 2009, p. 126.
[11] *Cf.* KELSEN, Hans. *Teoria Geral do Direito e do Estado*. São Paulo: Martins Fontes, 1992, p.286-287.
[12] Geraldo Ataliba com precisão cirúrgica afirma: "regime republicano é regime de responsabilidade. Os agentes públicos respondem por seus atos" (ATALIBA, Geraldo. *República e Constituição*. 2. ed. São Paulo: Malheiros, 2001, p. 65)
[13] John Rawls bem sintetiza esta posição: "Embora a distribuição da riqueza e do rendimento não tenha de ser igual, ela deve ser feita de modo a beneficiar todos e, simultaneamente, as posições de autoridade e responsabilidade devem ser acessíveis a todos" (RAWLS, John. *Uma teoria da justiça*. Lisboa: Editorial Presença, 1993, p. 68).

4 O mandato popular, a representação política e a tripartição de poderes

Nos ensinamentos de Montesquieu a respeito da divisão de poderes, com sistema de freios e contrapesos, há de se observar que cada um dos poderes exerce sua competência sem qualquer interferência dos demais. Por outro lado, a fiscalização de poderes está distribuída entre cada um deles, sem que isto represente uma ameaça à sua independência.

Uma das mais importantes funções do Poder Legislativo é a de fiscalizar o Poder Executivo, inclusive na atuação direta da elaboração do orçamento público[14] e seu controle, já que é, talvez, um dos maiores elementos de divisão de poderes e seu sistema de freios e contrapesos.

Por essa razão, parece evidente que estes poderes são relativos e variam de acordo com a organização constitucional de cada Estado e sua forma de governo. De fato, em um sistema parlamentarista, o Poder Legislativo está mais próximo do Executivo, com reflexos diretos na disciplina financeira destes Estados e, consequentemente, no controle de sua execução. Este diálogo entre poderes e a execução e confiança na execução está de tal forma arraigado, que qualquer desvio pode ocasionar a queda do gabinete.

Na Alemanha, por exemplo, os comitês parlamentares de orçamento têm alguma influência, mas o Parlamento está limitado ao pactuado com o Governo. Na França, por sua vez, o Parlamento autoriza o limite das despesas do Estado, mas não fixa o limite, que fica a cargo do Governo.

No berço da teoria dos freios e contrapesos, ou *check and balances*, na Inglaterra transparece a luta contra o absolutismo, desde as limitações ao poder de tributar até "controlar o emprego dos fundos que haviam votado, ou seja, os gastos públicos".[15]

De fato, o Estado, por meio de seus órgãos exerce atos públicos para cumprir com as suas funções. Posteriormente ao absolutismo busca-se evitar que as funções públicas estejam concentradas nas mãos de um único órgão ou mesmo de uma única pessoa, esquivando-se da ideia de que o governante se confundiria com o próprio Estado, assim como a célebre frase atribuída ao Rei Luiz XIV, na França – *L'État c'est moi*.

A partir desta concepção é que surge a Teoria da Separação de Poderes, distribuindo o exercício das funções do Estado e o seu controle, de modo a evitar abusos e ao mesmo tempo assegurar a independência e a harmonia do sistema, especialmente no controle financeiro e orçamentário de cada um deles.

Este sistema, denominado de "freios e contrapesos",[16] ganha destaque na Constituição estadunidense de 1787, já que foi a primeira a institucionalizar os três poderes, prevendo mecanismos de controle a fim de frear e coibir excessos, assim

---

[14] *Cf.* Fernando Pérez Royo, *Derecho Financiero y Tributario.* Parte General, p. 463. Frisa o professor que, do ponto de vista político, o orçamento é o principal instrumento de controle da ação de governo. Diz: "*En este sentido, podemos decir que el concepto mismo de la institución va unido al nacimiento y desarrollo de las formas democráticas de gobierno, al Estado constitucional, el cual, en todas sus formas, incluidas las más imperfectas o embrionarias, incluye la prerrogativa del legislativo de aprobar el presupuesto*".

[15] VILLEGAS, Héctor. *Curso de finanzas, derecho financiero y tributario.* Buenos Aires: Depalma, 1973, p 126.

[16] *Cf.* MONTESQUIEU, Charles de Secondat. *O espírito das leis.* 2. ed. 2. tiragem. São Paulo: Martins Fontes, 2000.

como a Declaração dos Direitos do Homem e do Cidadão de 1789[17] e diversas outras Constituições contemporâneas.[18]

Em um regime presidencialista puro, a separação de poderes e o sistema de freios e contrapesos se tornam mais evidentes, inclusive por meio de controles firmados no texto constitucional, sem que nenhum deles se sobreponha ao outro.

Por mais que a democracia atual não consiga ter a representação direta dos mandatários do poder, há mecanismos que aproximam o gestor de seu mandatário. Talvez um dos mais efetivos mecanismos de controle do gestor do Estado esteja na elaboração das leis orçamentárias, controlando os gastos e políticas públicas dirigidas – espera-se – à melhoria social. A própria Lei de Responsabilidade Fiscal busca esta aproximação, mediante incentivo à participação popular e realização de audiências públicas (art. 48, §1º) como forma de debate e oitiva daqueles que conhecem mais de perto suas necessidades e anseios, além do importante auxílio do Tribunal de Contas.

Alega-se que há pouca representatividade e que o governo pouco absorve os conselhos do povo, afastando inclusive o Poder Legislativo das principais decisões financeiras do Estado. Certo que em se tratando de orçamento público não se cumpre fielmente o que está disposto na Constituição da República, razão por que há necessidade de se reverter este comodismo a ponto de se retomar o debate social e controle do emprego dos fundos.

A carta republicana já prevê mecanismos para os Poderes Executivo e Legislativo decidirem com segurança os destinos da sociedade em termos financeiros; basta que apliquem o conteúdo constitucional para melhor resultado social.

5 Os poderes do mandato e a responsabilidade política

Como já visto, a delegação de poderes no âmbito público está intrinsicamente ligada ao instituto de Direito Privado, em que o legítimo possuidor confere a um representante alguns parâmetros estritos de ação enumerados na Carta da República. Em caso de desvio os representantes serão punidos com a perda do mandato e responderão pelos prejuízos causados à sociedade. Importante destacar que o exercício de poder engloba a tomada de decisões e a programação de tomada de ações futuras, especialmente quando se trata de gastos públicos de longo prazo.

Com o crescimento populacional há grande fixação pela ideia do Estado-Nação, ampliando significativamente o direito ao voto, o que fatalmente leva à necessidade de miscigenação da representatividade e à garantia da representação das minorias, asseguradas pelo texto constitucional.

Neste ponto, interessante notar que a teoria da força normativa da Constituição vem ganhando muito espaço nas discussões doutrinárias brasileiras, influenciada especialmente pela obra de Konrad Hesse quando cuida da "vontade de Constituição", ou *wille zur verfassung*. Essa teoria contraria aquela de Ferdinand Lassalle, tendo Hesse

---

[17] *Déclaration des Droits de l'Homme et du Citoyen de 1789*, art. 16. *Toute société dans laquelle la garantie des droits n'est pas assurée, ni la séparation des pouvoirs déterminée, n'a point de Constitution.*

[18] A Constituição da República de 1988 previu o princípio da separação de poderes em seu art. 2º: "São Poderes da União, independentes e harmônicos entre si, o Legislativo, o Executivo e o Judiciário", firmando sua importância como cláusula pétrea no §4º, III, do art. 60: "Não será objeto de deliberação a proposta de emenda tendente a abolir: (...) III – a separação dos Poderes;".

rebatido a doutrina defendida por este último autor na conferência em 1862, acerca da essência da Constituição.

Ferdinand Lassalle sustentava que a Constituição não passaria de um "pedaço de papel", em referência à frase dita por Frederico Guilherme IV, rei da Prússia, que em seu contexto histórico se posicionava contra a promulgação da Constituição de 1848. Nessa época, as monarquias absolutistas, compostas pelo rei e sua aristocracia, compunham a denominada Câmara Alta, que comandavam o exército e assim coagiam os camponeses e a burguesia. Ou seja, o rei e a nobreza faziam parte da Constituição, pela força que detinham.

Diversamente, Konhad Hesse, sem levar em conta o contexto histórico em que vivia Lassalle, entendia que a Constituição deveria ser compreendida como algo mais do que uma simples representação da força dominante; como a norma superior a todas as outras em um sistema jurídico.[19]

Em outros termos, para Hesse, há influência do mundo real, em especial os aspectos políticos e sociais, mas a Constituição possui uma vontade e somente terá uma força ativa se a realidade e o texto constitucional estiverem próximos; quanto maior a proximidade, maior sua força normativa.

Muito se discute qual teoria seria a mais adequada ao nosso ordenamento, mas, considerando o momento histórico diverso, não podemos colocar em embate as duas teorias. A Constituição da República deve ser cumprida na sua essência, independentemente de se atribuir maior credibilidade à teoria de Hesse ou à de Lassalle. Nestes termos, para a Constituição da República ser uma norma superior, deve estar presente na mente dos componentes do Estado e orientar suas condutas, transformando e cumprindo a real vontade constitucional. Ou seja, uma Constituição não tem força normativa de forma automática, mas se constrói com todo o ordenamento e com os atos da sociedade jurisdicionada.

Registre-se que, para possibilitar o exercício do mandato, a representação deve ser livre e o mérito das decisões não deve ser questionado se não houver abusos, se os atos não fugiram da razoável busca pelo interesse público.

Portanto, as delimitações dos poderes do mandato são formas de realizar a força normativa da Constituição da República, impondo limites para que ela seja eficaz na sociedade em que vivemos. A vontade constitucional de regulamentar e impor limites a estes poderes faz com que a função constitucional de cada um se torne mais eficiente, com uma democracia mais próxima da realidade social.

Neste sentido, as delimitações e sanções administrativas, civis, políticas e penais traçam as diretrizes de como é que o país pretende utilizar o recurso público e cumprir com os objetivos fundamentais da Constituição da República.

As estimativas de receita e gastos representam o desejo da sociedade em um determinado momento histórico e por isso devem ser seguidos de forma pontual a fim de

---

[19] A Constituição não configura, portanto, apenas expressão de um ser, mas também de um dever ser; ela significa mais do que o simples reflexo das condições fáticas de sua vigência, particularmente as forças sociais e políticas. Graças à pretensão de eficácia, a Constituição procura imprimir ordem e conformação à realidade social e, ao mesmo tempo, determinante em relação a ela, não se pode definir como fundamental nem a pura normatividade, nem a simples eficácia das condições sócio-políticas e econômicas (...). A Constituição adquire força normativa na medida em que logra realizar essa pretensão de eficácia" (HESSE, Konrad. *A força normativa da constituição*: Die normative Kraft der Verfassung; Trad. Gilmar Ferreira Mendes. Porto Alegre: Sérgio Antônio Fabris Editor, 1991. p. 15 e 16).

evitar desvios da vontade popular, entre interesses diversos competitivos e conflitantes entre si.[20] De fato, sempre o destino das verbas públicas no orçamento decorre de uma escolha política; em outros termos, a decisão de onde se entende mais relevante o gasto público será uma decisão daquele munido de poder do mandato, de caráter político. Isto não quer dizer que esta decisão não possua limitações, especialmente aquelas delineadas pelo constituinte originário.

Além desses balizamentos, é importante notar as consequências de seu descumprimento, especialmente para reafirmar a mencionada força normativa da Constituição e estabilizar o sistema jurídico na qual está inserida. Neste ponto, reforçando o princípio da legalidade,[21] a Lei de Responsabilidade Fiscal, em seu art. 73, pune as infrações aos seus dispositivos com tipos penais. Digna de menção também a previsão dos crimes de responsabilidade no art. 85 da Constituição da República, na Lei nº 1.079/1950 e no Decreto-Lei nº 201/1967, com importantes alterações trazidas pela Lei nº 10.028/2000, conforme passamos a analisar.

6 O crime de responsabilidade como instrumento de controle

Importante instrumento de controle dos atos de gestão é o denominado crime de responsabilidade, que se relaciona diretamente com a probidade administrativa, uma vez que sanciona as infrações decorrentes da atuação política e administrativa. A punição administrativa está ligada à perda do cargo e, conforme o caso, à inabilitação do exercício da função pública, com julgamento pelo Legislativo, sem desconsiderar as consequências no âmbito judicial daquilo que propriamente se denomina o crime.

Assim, pretende-se que o interesse público seja protegido, medindo-se as consequências pela má gestão da máquina administrativa de forma ilícita. Além disso, releva atentar para o fato de que essas punições são formas de inibir – dado o seu caráter pedagógico – o cometimento de ilícitos, valorando cada desvio conforme o interesse da sociedade. Por isso a sanção penal deve não só medir o dano efetivo à sociedade, mas também evitar que os atos dos representantes recaiam em um círculo de impunidade e descrédito do sistema jurídico.

Visto que os poderes do mandato são atingidos pela ilicitude cometida pelo gestor, o sistema prevê a aplicação de sanções, incluindo o processo do *impeachment* decorrente dos crimes de responsabilidade há pouco tempo visto no nosso país. Este mecanismo de revogação do mandato está subordinado à decisão de outros poderes, em clara manifestação de instrumento de controle no sistema de freios e contrapesos, subordinando uma revogação do mandato a outros poderes da República, não do próprio povo.

---

[20] Sobre o tema Cf. KAHN, Aman; HILDRETH, W. Bartley (coord.). *Budget theory in the public sector*. Westport: Praeger Publishers, 2002.

[21] Genaro Carrió assim nos ensina: "Sólo si existe una norma de derecho que permite afirmar que un acto de fuerza está imputado, como sanción, al acto x se puede afirmar que alguien tiene el deber jurídico de realizas el acto no-x. (Es así, por lo tanto, que los órganos o funcionarios supremos no tienen deberes jurídicos). Pero no toda norma que ordena o autoriza un acto de fuerza configura un delito ni indirectamente, un deber jurídico; sólo puede hablarse de delito, deber y sanción (en sentido estricto) si en la proposición jurídica el acto de fuerza está imputado a un comportamiento humano. (Es así, por lo tanto, que la norma que faculta u obliga a un funcionario a internar a un enfermo contagioso no basta para crear un deber jurídico al último. El acto de fuerza puede ser llamado aquí sanción si se da a esta palabra un sentido amplio)" (CARRIÓ, Genaro Rúben. *Notas sobre derecho y lenguaje*. 4. ed. corrigida e aumentada. Buenos Aires: Abeledo-Perrot, 1990, p. 180).

7 O instituto do *recall* no Brasil – sistema revocatório de mandato

Os diversos sistemas jurídicos possuem mecanismos de controle político e punição de desvios ilícitos. Alguns institutos se destacam neste ponto, como *compliance*, o *Ombusdman* e o voto de revogação ou, como denominado nos Estados Unidos, o *recall*.

O *recall* possui origens gregas, quando aqueles que eram considerados cidadãos e que detinham o poder de voto tinham o poder de destituir determinado membro que tinha sido eleito para o exercício de funções públicas. No caso do mandato imperativo, como visto, a revogação do mandato era possível da mesma forma em que é utilizada no âmbito privado. Nos Estados Unidos, no ponto que nos interessa, o *recall* representa um mecanismo de destituição política para que os eleitores possam se arrepender do mandato de seus representantes,[22] assim como o *Abberufungsrecht* da Suíça.[23] Porém, o instituto suíço possui um caráter um tanto mais abrangente de revogação de todos os mandatos políticos, ou seja, é uma verdadeira dissolução popular do parlamento de uma única vez, de forma coletiva.

O *recall* nos Estados Unidos ganhou força no século XX para reafirmar a democracia representativa diante da expansão das cidades e da necessidade de amparo dos serviços públicos, tendo-se em vista a pouca efetividade do instituto do *impeachment*, pois este dependeria da comprovação de um crime para aplicar a sanção da perda do mantado, enquanto no *recall* as provas eram mais fáceis de alcançar, de forma que a destituição da autoridade guarda relação com a falta de representatividade. Ao passo que no *impeachment* há uma dependência de um procedimento de julgamento e comprovação criminal, a motivação no *recall* para a destituição dos poderes é fruto da vontade direta do povo.[24]

Em outros termos, o *recall* está relacionado com a vontade do povo e não sujeito aos acordos políticos de recebimento e processamento existentes no processo de *impeachment*. Diversamente do *impeachment*, tal controle se inicia por uma vontade do eleitorado, instaurando o procedimento de destituição do mandato por meio de uma nova votação.

Por mais que seja mais plausível de acionar o referido procedimento, é um instrumento de controle político tratado com muita seriedade para apurar a responsabilidade do representante e dar maior legitimidade ao mandato. Relevante registrar que, ao menos em boa parte do Direito estadunidense, se faz necessário o depósito de uma caução em dinheiro por aquele que instaura o procedimento, já que em caso de não destituição, o valor será utilizado para reparar os danos causados por uma acusação

---

[22] Na explicação de Dalmo Dallari: "O *recall* é uma instituição norte-americana, que tem aplicação em duas hipóteses diferentes; ou para revogar a eleição de um legislador ou funcionário eletivo, ou para reformar decisão judicial sobre constitucionalidade de lei. No primeiro caso, exige-se que um certo número de eleitores requeira uma consulta à opinião do eleitorado, sobre a manutenção ou a revogação do mandato conferido a alguém, exigindo-se dos requerentes um depósito em dinheiro. Em muitos casos dá-se àquele cujo mandato está em jogo a possibilidade de imprimir sua defesa na própria cédula que será usada pelos eleitores. Se a maioria decidir pela revogação, esta se efetiva. Caso contrário, o mandato não se revoga e os requerentes perdem para o Estado o dinheiro depositado (DALLARI, Dalmo de Abreu. *Elementos de teoria geral do Estado*. São Paulo: Saraiva, 2000, p. 155).

[23] *Cf.* BEÇAK, Rubens. A democracia na modernidade: evolução histórica. *Revista de Direito constitucional e internacional*, v. 22, n. 87, p. 169-182, abr./jun. 2014.

[24] Em outubro de 2003, no estado da Califórnia, o Governador Gray Davis foi submetido ao processo de *recall* em razão de uma crise orçamentária e de eletricidade e perdeu seu mandato por vontade popular.

vazia. A destituição de mantado por *impeachment* baseado em crimes de responsabilidade está atrelada a ato muitas vezes de difícil identificação e sujeito às negociações políticas, com procedimento nem sempre com credibilidade e transparência.

Por isso, referido instrumento é tratado com muito cuidado, equiparando-se a uma demissão por justa causa do representante do povo, como mais uma característica de tratar a coisa pública como bem próprio, típico da colonização de povoamento. De fato, o mandato tem origem em uma espécie de contrato que também comporta sua extinção. Dessarte, quem outorgou todos os poderes extingue o mandato.

No nosso sistema jurídico no século XIX, no Brasil Império, tem-se notícia de algumas previsões legislativas permitindo a perda do mandato de agentes públicos em caso de não cumprimento de suas atividades.[25] Por outro lado, as Constituições da República[26] não possuem nenhuma menção ao instituto do *recall*, apesar de alguns registros de tentativa de implantar o instituto.

Algumas tentativas de implantação deste instituto se revelaram nas Propostas de Emenda Constitucional nºs 80/2003, 73/2005, 8/2015 e 21/2015, que pretendiam instituir o referendo revocatório do mandato de Presidente da República e de Congressistas.

Vale a menção ao instituto da "revogação popular do mandato" instituído na Constituição Venezuelana de 1999, em seu artigo 233.[27] Referido instituto é semelhante ao dos Estados Unidos, atribuindo ao eleitorado uma medida excepcional para destituir o Presidente da República, como aconteceu em 2004, quando Hugo Chávez foi submetido a uma avaliação popular e, com o resultado, a agitação popular se acalmou e a instabilidade política foi temporariamente afastada com um voto de confiança popular.

Na Bolívia, o referido instituto também já foi utilizado em 2008 com referência ao Presidente Evo Morales, gerando estabilização da crise política e aumento do apoio popular.[28] Tal instituto se repetiu na Constituição da Bolívia de 2009,[29] assim como

---

[25] CALIMAN, Auro Augusto. O *recall* no Estado de São Paulo. *Revista de Informação Legislativa*, Brasília, v. 42, n. 165, p.197-203, jan./mar. 2005.

[26] Vale o registro do art. 6º, §3º, da Constituição do Estado de São Paulo de 1891: Art. 6º O Congresso, salvo caso de convocação extraordinária ou adiamento, deve reunir-se na capital do Estado, independentemente de convocação, no dia 7 de abril de cada ano. §3º Poderá, entretanto, ser a qualquer tempo cassado o mandato legislativo, mediante consulta feita ao eleitorado por proposta de um terço dos eleitores e na qual o representante não obtenha a seu favor metade e mais um, pelo menos, dos sufrágios com que houver sido eleito.

[27] Artículo 233. Serán faltas absolutas del Presidente o Presidenta de la República: su muerte, su renuncia, o su destitución decretada por sentencia del Tribunal Supremo de Justicia; su incapacidad física o mental permanente certificada por una junta médica designada por el Tribunal Supremo de Justicia y con aprobación de la Asamblea Nacional; el abandono del cargo, declarado como tal por la Asamblea Nacional, así como la revocación popular de su mandato.

[28] *Cf.* SOUZA, Raphael Ramos Monteiro de; VIEIRA, José Ribas. Recall, democracia direta e estabilidade institucional: Estudo comparado sobre a revogação de mandato conhecida como recall na Califórnia, Colômbia, Venezuela, Equador e Bolívia. *Revista de Informação Legislativa – RIL*, Brasília, v. 51, n. 202, p. 43-57, abr./jun. 2014.

[29] Artículo 240. I. Toda persona que ejerza un cargo electo podrá ser revocada de su mandato, excepto el Órgano Judicial, de acuerdo con la ley. II. La revocatoria del mandato podrá solicitarse cuando haya transcurrido al menos la mitad del periodo del mandato. La revocatoria del mandato no podrá tener lugar durante el último año de la gestión en el cargo. III. El referendo revocatorio procederá por iniciativa ciudadana, a solicitud de al menos el quince por ciento de votantes del padrón electoral de la circunscripción que eligió a la servidora o al servidor público. IV. La revocatoria del mandato de la servidora o del servidor público procederá de acuerdo a Ley. V. Producida la revocatoria de mandato el afectado cesará inmediatamente en el cargo, proveyéndose su suplencia conforme a ley. VI. La revocatoria procederá una sola vez en cada mandato constitucional del cargo electo.

possui previsão expressa na Constituição da Colômbia de 1991[30] e na Constituição da República do Equador de 2008.[31]

Tais institutos latino-americanos, com sistemas jurídicos mais próximos de nossa realidade, comprovam a possibilidade de implementação em nosso país, especialmente em se tratando dos limites do uso abusivo do *recall* em detrimento da democracia. A título de exemplo, vemos que nestes países há delimitação temporal em sua utilização, diversamente da realidade estadunidense, evitando que o excesso acabe por causar uma instabilidade e não a esperada harmonização social.

Assim, a representação política encontra no instituto do *recall* importante forma de controle, com uma tendência natural de se tornar cada vez mais comum nas democracias populares. Com novas tecnologias e resposta infinitamente maior da representatividade por meio de mídias sociais, há chances muito mais concretas de o instituto do *recall* ou outro sistema revocatório de mandato se tornar uma realidade no sistema jurídico, passando a determinar um novo instrumento para a representação e o controle da responsabilidade política.

8 Conclusão

A gestão pública demanda estrito controle em um Estado Democrático de Direito, com constante atualização visando a acompanhar a sociedade, cada vez mais complexa, e seus gastos diversos. Sob esse aspecto também, o Direito Financeiro atual recobra maior prestígio nos debates democráticos. Por outro lado, experiências infrutíferas ou aventureiras podem causar prejuízos na sociedade e na democracia com reparos custosos, demandando longo prazo para a sua restauração. Por isso, institutos e experiências de outros sistemas jurídicos – como o *recall* – se fazem importantes a fim de que sejam estudados e ajustados à realidade social e eleitoral de nosso país.

Os poderes de um Estado e a seriedade na sua gestão são reflexos de uma sociedade madura e que preza pelo zelo da coisa pública, com efetividade na aplicação dos crimes de responsabilidade e possibilidade de se instituir a revogação do mandato atribuído aos seus representantes.

Por mais de uma vez houve tentativas de implementação de sistema revocatório de mandato, mas não se seguiu o correspondente desenvolvimento e sedimentação da vontade popular, consoante se pôde perceber em casos que se enquadravam na "lei da ficha limpa" (Lei Complementar nº 135, de 2010). A simples existência dessas tentativas

---

[30] Artículo 103. Son mecanismos de participación del pueblo en ejercicio de su soberanía: el voto, el plebiscito, el referendo, la consulta popular, el cabildo abierto, la iniciativa legislativa y la revocatoria del mandato. La ley los reglamentará. El Estado contribuirá a la organización, promoción y capacitación de las asociaciones profesionales, cívicas, sindicales, comunitarias, juveniles, benéficas o de utilidad común no gubernamentales, sin detrimento de su autonomía con el objeto de que constituyan mecanismos democráticos de representación en las diferentes instancias de participación, concertación, control y vigilancia de la gestión pública que se establezcan.

[31] Art. 105. Las personas en goce de los derechos políticos podrán revocar el mandato a las autoridades de elección popular. La solicitud de revocatoria del mandato podrá presentarse una vez cumplido el primero y antes del último año del periodo para el que fue electa la autoridad cuestionada. Durante el periodo de gestión de una autoridad podrá realizarse sólo un proceso de revocatoria del mandato.
La solicitud de revocatoria deberá respaldarse por un número no inferior al diez por ciento de personas inscritas en el registro electoral correspondiente. Para el caso de la Presidenta o Presidente de la República se requerirá el respaldo de un número no inferior al quince por ciento de inscritos en el registro electoral.

históricas revela que o instituto do *impeachment* não se confunde com a revogação direta do voto, já que são institutos com via de mão dupla, ou seja, o mesmo voto que lhe atribuiu a responsabilidade a retira por uma falta cometida e comprovada.

Isso não obstante, não se espera que o instituto do *recall*, ou qualquer outra denominação que lhe seja dada, se revele como divisor de águas, alterando radicalmente a vontade popular pela participação na coisa pública. Vê-se claramente que a previsão dos crimes de reponsabilidade são instrumentos importantes e de claro controle da gestão, mas não podem ser utilizados como ferramentas de demonstração de força política ou manutenção de poder em oligarquias veladas.

Deste modo, com estas reflexões se pretendeu analisar os quadros que se revelam na nossa sociedade; institutos novos são bem-vindos desde que sejam aplicados de forma a fomentar a evolução e o amadurecimento social e não só mais um recurso ofensivo da democracia com escusas de uma participação engendrada para manutenção da velha "democracia" colonial de controle social.

Referências

ABRAHAM, Marcus. *Curso de Direito Financeiro*. Rio de Janeiro: Forense, 2018.

ALVES, Moreira. *Direito romano*. Rio de Janeiro: Forense, 1972, v. 2.

ATALIBA, Geraldo. *República e constituição*. 2. ed. São Paulo: Malheiros, 2001.

BALEEIRO, Aliomar. *Uma introdução à ciência das finanças*. 15. ed. Rio de Janeiro: Forense, 1998.

BEÇAK, Rubens. A democracia na modernidade: evolução histórica. *Revista de Direito constitucional e internacional*, v. 22, n. 87, p. 169-182, abr./jun. 2014.

BONAVIDES, Paulo. *Teoria constitucional da democracia participativa*. São Paulo: Malheiros, 2001.

CALIMAN, Auro Augusto. O *recall* no Estado de São Paulo. *Revista de Informação Legislativa*, Brasília, v. 42, n. 165, p.197-203, jan./mar. 2005.

CAMPILONGO, Celso Fernandes. *Representação política*. São Paulo: Ática, 1988.

CANOTILHO, José Joaquim Gomes. *Direito constitucional e teoria da constituição*. 7. ed. 16. reimpr. Coimbra: Almedina, 2003.

CANOTILHO, José Joaquim Gomes. Rever ou romper com a constituição dirigente? Defesa de um constitucionalismo moralmente reflexivo. *Revista de Direito Constitucional e Internacional*, v. 4, n. 15, p 7-17, abr./jun. 1996.

CARVALHO, André Castro. Pele em jogo: a LINDB e as assimetrias ocultas no cotidiano do administrador público brasileiro. *In*: CUNHA FILHO; ISSA; SCHWIND (coord.). *LINDB anotada*. v. II. São Paulo: Quartier Latin, 2019, p. 438-444.

CARRIÓ, Genaro Ruben. *Notas sobre derecho y lenguaje*. 4. ed. corrigida e aumentada. Buenos Aires: Abeledo-Perrot, 1990.

CONTI, José Maurício. *Levando o direito financeiro a sério*. 3. ed. São Paulo: Blucher-Conjur, 2019.

CONTI, José Maurício (coord.). *Orçamentos públicos*. A Lei 4.320 comentada. 4. ed. São Paulo: Revista dos Tribunais, 2019.

CONTI, José Maurício (coord.). *Poder Judiciário*: orçamento, gestão e políticas públicas. Vol. I. São Paulo: Almedina, 2017.

COUTINHO, Diogo R. *Direito econômico e desenvolvimento democrático*: uma abordagem institucional. 2014. 380 p. Tese (Titularidade em Direito) – Faculdade de Direito, Universidade de São Paulo, São Paulo, 2014.

DALLARI, Dalmo de Abreu. *Elementos de teoria geral do Estado*. São Paulo: Saraiva, 2000.

FERNANDES, André Dias. As repercussões da sentença judicial no processo administrativo e o novel entendimento do STF alusivo à pena de prisão derivante de condenação criminal em segunda instância. *In*: *Revista de Direito Brasileira*, São Paulo, v. 19, n. 8, p. 348-365, jan./abr. 2018.

HACHEM, Daniel Wunder. Responsabilidade do Estado por omissão. *In*: MARQUES NETO, Floriano; MENEZES DE ALMEIDA, Fernando; NOHARA, Irene; MARRARA, Thiago (org.). *Direito e Administração Pública*: estudos em homenagem a Maria Sylvia Zanella Di Pietro. São Paulo: Atlas, p. 1131-1155.

HESSE, Konrad. *A força normativa da constituição*: Die normative Kraft der Verfassung. Trad. Gilmar Ferreira Mendes. Porto Alegre: Sérgio Antônio Fabris Editor, 1991.

HOBBES, Thomas. *Leviatã*. São Paulo: Martin Claret, 2009.

HORVATH, Estevão. *O orçamento no século XXI*: tendências e expectativas. São Paulo: Universidade de São Paulo, 2014.

KAHN, Aman; HILDRETH, W. Bartley (coord.). *Budget theory in the public sector*. Westport: Praeger Publishers, 2002.

KELSEN, Hans. *Teoria Geral do Direito e do Estado*. São Paulo: Martins Fontes, 1992.

MONTESQUIEU, Charles de Secondat, *O espírito das leis*. 2. ed. 2. tiragem. São Paulo: Martins Fontes, 2000.

OLIVEIRA, Regis Fernandes. *Curso de direito financeiro*. 8. ed. São Paulo: Malheiros, 2019.

OLIVEIRA, Regis Fernandes; HORVATH, Estevão; CONTI, José Mauricio; SCAFF, Fernando Facury (coord.). *Lições de direito financeiro*. São Paulo: Revista dos Tribunais, 2016.

PÉREZ DE AYALA, José Luis; GONZÁLES GARCÍA, Eusebio. *Curso de Derecho Tributario*. 5. ed. Tomo II. Madrid: Editoriales de Derecho Reunidas, 1989.

PROVERA, Giuseppe. *Enciclopedia del diritto*. Milão: Giuffrè, 1980.

RAWLS, John. *Uma teoria da justiça*. Lisboa: Editorial Presença, 1993.

ROYO, Fernando Pérez. *Derecho Financiero y Tributario*. Parte General. Madrid: Civitas,1991.

SCAFF, Fernando Facury. *Responsabilidade do Estado intervencionista*. São Paulo: Saraiva, 1990.

SILVA, Luís Virgílio Afonso da. *Sistemas eleitorais*: tipos, efeitos jurídico-políticos e aplicação ao caso brasileiro. São Paulo: Malheiros Editores, 1999.

SOUZA, Raphael Ramos Monteiro de; VIEIRA, José Ribas. *Recall*, democracia direta e estabilidade institucional: estudo comparado sobre a revogação de mandato conhecida como recall na Califórnia, Colômbia, Venezuela, Equador e Bolívia. *Revista de Informação Legislativa – RIL*, Brasília, v. 51, n. 202, p. 43-57, abr./jun. 2014.

TEMER, Michel. *Democracia e cidadania*. 22. ed. São Paulo: Malheiros, 2008.

VILLEGAS, Héctor. Curso de finanzas, derecho financiero y tributario. Buenos Aires: Depalma, 1973.

Informação bibliográfica deste texto, conforme a NBR 6023:2018 da Associação Brasileira de Normas Técnicas (ABNT):

HORVATH, Estevão; ALMEIDA, Marcelo Signorini Prado de. Instrumentos de controle da responsabilidade política: os crimes de responsabilidade e a revogação do mandato. *In*: CONTI, José Maurício; MARRARA, Thiago; IOCKEN, Sabrina Nunes; CARVALHO, André Castro (coord.). *Responsabilidade do gestor na Administração Pública*: aspectos fiscais, financeiros, políticos e penais. Belo Horizonte: Fórum, 2022. p. 351-365. ISBN 978-65-5518-411-2. v.2.

SOBRE OS AUTORES

André Zech Sylvestre
Doutorando e mestre em Direito Financeiro pela Universidade de São Paulo (USP). Especialista em Direito Eleitoral. Promotor de Justiça do Ministério Público do Estado do Ceará.

Cesar Caputo Guimarães
Bacharel em Direito pela FMU. Especialista em Advocacia Municipal pela UFRGS e em Criminal *Compliance* pelo Instituto de Direito Penal Econômico da Universidade de Coimbra. Especialização em Direito Penal Econômico pela Universidade de Salamanca e em Direito Penal e *Compliance* pela Universidade Castilha La Mancha, Espanha. Mestre em Direito Penal pela Uninove, exerceu diversos cargos na administração pública municipal, estadual e federal. Palestrante e pesquisador internacional.

Cláudio Augusto Kania
Auditor (Conselheiro-Substituto) do Tribunal de Contas do Estado do Paraná. Foi Auditor Federal de Controle Externo do Tribunal de Contas da União entre 2001 e 2007. Pós-graduado em Auditoria Governamental pelo Instituto Serzedello Correa. Doutorando em Direito Econômico e Financeiro pela Universidade de São Paulo.

Diogo Luiz Cordeiro Rodrigues
Doutorando em Direito Financeiro pela Universidade de São Paulo (USP). Mestre em Direito do Estado pela Universidade Federal do Paraná (UFPR), com período de pesquisa na Universidade de Toronto, Canadá. MSc in Regulation (Financial and Commercial Regulation) pela London School of Economics and Political Science (LSE). Procurador do Estado do Paraná.

Donato Volkers Moutinho
Doutor em Direito Econômico e Financeiro pela Faculdade de Direito da Universidade de São Paulo (USP). Bacharel em Direito e em Engenharia Elétrica, ambos pela Universidade Federal do Espírito Santo (UFES). Auditor de Controle Externo no Tribunal de Contas do Estado do Espírito Santo (TCE-ES), onde atualmente exerce o cargo de Secretário-geral de Controle Externo. E-mail: donatovolkers@gmail.com.

Doris de Miranda Coutinho
Conselheira do Tribunal de Contas do Estado do Tocantins. Doutoranda em Direito Constitucional. Mestre em prestação jurisdicional e direitos humanos. Especialista em política e estratégia e em gestão pública com ênfase em controle externo. Membro honorário do (IAB) Instituto dos Advogados Brasileiros.

Estevão Horvath
Professor de Direito Tributário da PUC-SP e de Direito Financeiro da USP.

Evandro Maciel Barbosa
Mestre em Direitos Fundamentais (FDV – Vitória-ES). Procurador do Estado do Espírito Santo. Doutorando em Direito Financeiro (Faculdade de Direito da USP).

Gabriela Luiggi Senatore
Advogada. Graduada em Direito pela Universidade Presbiteriana Mackenzie (2016). Cursou extensão em Direito Penal Econômico – IASP e USP (2019-2020). Membro do Instituto de Defesa do Direito de Defesa (IDDD). Membro da Comissão de Direitos e Prerrogativas da OAB/SP.

Geraldo Costa da Camino
Doutor em Direito pela UFRGS e Dottore di Ricerca in Scienze Giuridiche pela Università degli Studi di Firenze (Itália), em cotutela. Mestre em Direito e bacharel em Ciências Jurídicas e Sociais pela UFRGS. Pós-doutorando em Controle Externo na EACH/USP. Procurador-Geral do Ministério Público de Contas junto ao TCE-RS.

Harrison Ferreira Leite
Doutor em Direito Financeiro e Tributário pela UFRGS. Professor de Direito Financeiro e Tributário da UFBA e da UESC. Advogado.

José Vicente Santos de Mendonça
Professor da UERJ. Mestre e doutor em Direito Público. Advogado e procurador do estado.

Leandro Maciel do Nascimento
Doutor em Direito Econômico e Financeiro pela USP. Mestre em Direito Constitucional pela PUCRS. Bacharel em Direito pela UFPI. Procurador do Ministério Público de Contas do Piauí e Professor. Ex-Procurador da Fazenda Nacional. Ex-Procurador Federal.

Luciano Morandi Batalha
Mestrando em Direito Público pela UERJ e bacharel em Direito pela UFF. Advogado.

Marcelo Signorini Prado de Almeida
Mestre em Direito Econômico, Financeiro e Tributário pela USP. Pós-graduado *lato sensu* em Direito Tributário pelo Instituto Brasileiro de Estudos Tributários (IBET/SP). Pós-graduado *lato sensu* em Direito Empresarial e Tributário pela UNIRP. Professor do curso de pós-graduação em Direito Tributário do IBET/SP. Professor da Universidade Paulista – Unip (campus São José do Rio Preto). Professor do Centro Universitário de Rio Preto (UNIRP). Associado ao IBDT e advogado.

Mariana Seifert Bazzo
Doutoranda em Direito Financeiro pela Universidade de São Paulo (USP). Mestra em "Estudos sobre Mulheres – Gênero, Cidadania e Desenvolvimento" pela Universidade Aberta de Portugal (2018). Pós-graduada em Justiça Europeia dos Direitos do Homem pela Faculdade de Direito da Universidade de Coimbra, Portugal (2008). Promotora de Justiça no Ministério Público do Estado do Paraná desde o ano de 2004. Autora de diversos artigos relacionados ao tema da violência contra a mulher e direitos humanos e do livro "Crimes contra Mulheres: Lei Maria da Penha, Crimes Sexuais e Feminicídio" (Juspodium 2019).

Mário Saadi
Sócio de Direito Público do Cescon, Barrieu, Flesch & Barreto Advogados. Professor do mestrado profissional da FGV DIREITO SP. Doutor (USP), mestre (PUC-SP) e bacharel (FGV-SP) em Direito.

Matheus Palhares Vieira
Advogado de Direito Público do Cescon, Barrieu, Flesch & Barreto Advogados. Pós-graduando em Direito Público (IDP) e bacharel (UFMG) em Direito.

Nino Oliveira Toldo
Doutor em Direito Financeiro pela Universidade de São Paulo (USP). Desembargador Federal no Tribunal Regional Federal – 3ª Região.

Odilon Cavallari
Doutorando em Direito pelo Centro Unificado de Brasília (UniCeub). Mestre em Direito Constitucional pelo Instituto Brasiliense de Direito Público (IDP). Professor convidado da Universidade de Brasília (UnB) e do IDP em cursos de pós-graduação *lato sensu*. Auditor federal de controle externo e assessor de Ministro do Tribunal de Contas da União. Advogado.

Paulo Soares Bugarin
Subprocurador-Geral do Ministério Público de Contas junto ao TCU (MPTCU). Procurador-Geral de 2013 a 2017.

Rafael Antonio Baldo
Bacharel em Direito pela Faculdade de Direito da Universidade Federal do Paraná (UFPR). Mestre em Direito do Estado pela Faculdade de Direito da Universidade Federal do Paraná (UFPR). Master in Global Rule of Law and Constitutional Democracy pela Università degli Studi di Genova. Doutor em Direito Financeiro pela Faculdade de Direito da Universidade de São Paulo (USP). Atuou como Promotor de Justiça junto ao Ministério Público do Estado do Paraná. Procurador do Ministério Público junto ao Tribunal de Contas do Estado de São Paulo / Titular da 5ª Procuradoria. E-mail: rbaldo@tce.sp.gov.br.

Sérgio Assoni Filho
Doutor e mestre pelo Departamento de Direito Econômico, Financeiro e Tributário da Faculdade de Direito da Universidade de São Paulo (USP – Largo São Francisco). Graduado em Direito pela Universidade Estadual Paulista "Júlio de Mesquita Filho" (UNESP – Franca). Professor convidado da Escola Paulista da Magistratura (EPM). Parecerista e conferencista em temas de Direito Público. Advogado. E-mail: sergioassoni@hotmail.com.

Vanessa Cerqueira Reis de Carvalho
Doutoranda em Direito Financeiro e Econômico Global da Universidade de Lisboa. Árbitra no Centro Brasileiro Mediação e Arbitragem (CBMA). Mestre em Direito da Administração Pública. Procuradora do Estado do Rio de Janeiro. Professora da Escola Superior da Advocacia Pública (ESAP). Advogada.

Victoria Malta Corradini
Mestranda em Direito do Estado pela Universidade de São Paulo. Graduada pela Faculdade de Direito da Universidade de São Paulo. Advogada das áreas de Direito Concorrencial e Direito Público e Regulação.

Paulo Soares Bugarin
Subprocurador-Geral do Ministério Público de Contas junto ao TCU (MPTCU). Procurador-Geral de 2013 a 2017.

Esta obra foi composta em fonte Palatino Linotype, corpo 10
e impressa em papel Offset 75g (miolo) e Supremo 250g (capa)
pela Gráfica Formato.